AG SPAK Bücher
Arbeitsgemeinschaft sozialpolitischer Arbeitskreise

Simone Odierna, Ulrike Berendt (Hrsg.)

Im Auftrag des Faches „Praxisorientierte Sozialwissenschaft"
an der Universität Duisburg-Essen

Gemeinwesenarbeit

Entwicklungslinien und Handlungsfelder

Gemeinwesenarbeit Jahrbuch 7

Festschrift für Prof. Dieter Oelschlägel

AG SPAK Bücher – M 165 – Reihe Gemeinwesenarbeit

Impressum

1. Auflage Februar 2004

ISBN 3-930830-44-2

Satz + Titelgestaltung: H. Zimmermann, W. Schindowski

Herstellung: Digitaldruck leibi.de, Neu-Ulm

Erscheinungsort: Neu-Ulm

Die Veröffentlichung erscheint als M 165
in der Reihe Materialien der AH SPAK bei
AG SPAK Bücher
Holzheimer Str. 7
89233Neu-Ulm
Tel. 07308/919261
Fax 07308/919095
E-mail: spak-buecher@leibi.de
Internet: www.leibi.de/spak-buecher

Auslieferung für den Buchhandel: SOVA, Frankfurt, Fax 069/410280

Bibliografische Informationen Der Deutschen Bibliothek

Die Deutsche Bibliothek verzeichnet diese Publikation in der Deutschen Nationalbibliografie. Detaillierte bibliografische Daten sind im Internet unter: http://dnb.de abrufbar.

Inhaltsverzeichnis

Foto: Marianne Lauhof

Dieter Oelschlägel, Documenta Kassel 2002

Simone Odierna

Editorial

Mit diesem umfangreichen und lesenswerten Jahrbuch 7 der Reihe Gemeinwesenarbeit – zugleich Festschrift für Prof. Dieter Oelschlägel – greift der Verlag der AG SPAK gemeinsam mit dem Fach „Praxisorientierte Sozialwissenschaften"[1] an der Universität Duisburg-Essen eine ganze Palette interessanter Themen und Ansätzen rund um die Gemeinwesenarbeit auf – viele davon zeichnen auch das Engagement von Dieter Oelschlägel nach. Zahlreiche Autorinnen und Autoren, darunter viele KollegInnen, die direkt mit Dieter Oelschlägel in Berlin, Kassel, Duisburg, Dinslaken und im Raum Chemnitz gewirkt haben, beteiligten sich an dem Band und spiegeln mit ihrer Sicht und ihren Erfahrungen die historische Entwicklung und den aktuellen Stand der Gemeinwesenarbeit in der Bundesrepublik, in Australien, Lateinamerika und Pakistan wider. Alle stammen aus der Praxis und beteiligen sich kontinuierlich auch am Prozess der Theorieweiterentwicklung der Gemeinwesenarbeit.

Dieter Oelschlägel hat die spannenden Auseinandersetzungen im Rahmen und um die Gemeinwesenarbeit begleitet und mitbestimmt. Er ist beharrlich immer dabei, „für die gute Sache" zu wirken. In der politischen Diskussion kann er auch sehr scharf werden und damit eine „Sache auf den Punkt bringen" – immer jedoch bleibt er sachlich. In seine verbindlichen Art bringt er manches in Bewegung, weil er nicht polarisiert, sondern durch gezielte Fragen einen Prozess in Bewegung hält und weiter entwickelt.

Er nimmt andere in allen Situationen ernst, greift auf, was sie äußern. Wahrscheinlich führt dieses Auftreten dazu, dass die Studierenden besonders gerne in seine Lehrveranstaltungen kommen, bei ihm ihre Prüfungen ablegen und ihre Diplomarbeiten schreiben.

Am Anfang seiner Biographie steht Rabenstein, ein kleiner Ort zwischen kleinen Bergen bei Chemnitz, ein pietistisch geprägtes Milieu. Damit die Berge und was es in der DDR der 50er Jahre sonst noch gab, ihm die Sicht nicht nahmen, ging Dieter Oelschlägel nach Berlin, um Medizin zu studieren. Jahrelang war er als Pfleger in der Psychiatrie tätig, schrieb sich dann an der Pädagogischen Hochschule ein und geriet dort in die Studentenbewegung. Als Asta-Vorsitzender gestaltete er sie bald mit. In seinem Engagement im Gemeinwesenarbeitsprojekt an der Heerstraße Nord und anschließend als Assistent von C.W. Müller sammelte er viele Erfahrungen.

C.W. Müllers Umgang mit den Studierenden prägte Dieter Oelschlägels Haltung den Studierenden gegenüber und seine Didaktik. Es folgte ein Umzug nach Kassel, wo er als Studienplaner im Modellprojekt wichtige Aufbauarbeit am Projektstudiengang leistete. Nebenbei schrieb er zusammen mit Jacques Boulet und Jürgen Krauß das berühmte Buch: „Gemeinwesenarbeit als Arbeitsprinzip. Eine Grundlegung". Zwischenzeitlich als „Gemeinwesenarbeitspapst" hoch angesehen, erhielt Dieter Oelschlägel 1981 eine Professur an der Gesamthochschule Duisburg, wo er seither „Methoden der Erwachsenenbildung/Sozialarbeit" lehrt. Dreizehn Jahre Gemeinwesenarbeit im Duisburger Armutsstadtteil Bruckhausen, Geschichtsforschung zum Thema Zwangsarbeit und der Einstieg in die Kommunalpolitik sind einige Meilensteine seiner Tätigkeit im Revier. Als Fraktionsvorsitzender von Bündnis 90 / Die Grünen in seiner neuen Heimatstadt Dinslaken (seit 1994), in der seit der letzten Wahl 1999 schwarz-grüne Politik realisiert wird, kann er die Bereiche Sozialpolitik und Kultur maßgeblich mitgestalten. Auf der kommunalen Ebene gibt es wohl kaum jemanden, der „den grünen Professor" nicht kennt. Daneben leistet er seit dem Ende der DDR in Chemnitz beim Aufbau von Gemeinwesenarbeitsprojekten wichtige Unterstützung.

Dieter Oelschlägel geht nun in einen – sicherlich hochaktiven – „Ruhestand", die Arbeit an der Universität Duisburg-Essen ist abgeschlossen. Dieses Buch entstand als Dankeschön des Faches „Praxisorientierte Sozialwissenschaften"[1].

Zum Inhalt des Jahrbuchs Gemeinwesenarbeit 7

Der Band wird eingeleitet durch eine Würdigung von **C.W. Müller**, Dieter Oelschlägels Lehrer, der kurz auf dessen Biographie eingeht und die besondere Entdeckung von Boulet, Krauß und Oelschlägel hervorhebt, als sie die in den Niederlanden entwickelte Differenzierung in territoriale, funktionale und kategoriale Gemeinwesenarbeit aufgriffen und ihr Interesse der kategorialen Zielgruppenarbeit zuwandten. Sie vollbrachten damit eine Leistung, welche die Entdeckung der „Gruppe" als vermittelnder Gesellungsform zwischen Individuum und Gesamtgesellschaft wiederholte. Damit zusammen hängt nach C.W. Müller eine zweite Leistung von Jacques Boulet, Jürgen Krauß und Dieter Oelschlägel, der umfangreiche Band „Gemeinwesenarbeit als Arbeitsprinzip. Eine Grundlegung"[2]. Die drei Autoren, vor allem aber Dieter Oelschlägel, befreiten nach seiner Auffassung darin „Gemeinwesenarbeit" aus dem bornierten Streit in der deutschen Rezeptionsgeschichte der drei klassischen *„methods of social work"*.

Im ersten Abschnitt des vorliegenden Jahrbuches werden **Geschichte und Theorie der Gemeinwesenarbeit** aus unterschiedlicher Fachlichkeit heraus und von verschiedenen Blickwinkeln her beleuchtet. Allen Autoren dieses Teils gemeinsam ist eine ausgesprochen langjährige Erfahrung mit der Entwicklung der Gemeinwesenarbeit. Zu Beginn stehen Rudolph Bauer und Peter Szynka mit ihrem Artikel über Saul Alinski. Anschließend setzen sich Wolfgang Hinte, Wolfgang Krebs, Jürgen Krauß, Peter Krahulec und Günter Rausch mit dem Begriff der Gemeinwesenarbeit als einer radikalen, parteilichen, sich einmischenden Sozialen Arbeit auseinander. Den Abschluss des Kapitels bildet Kurt Baders Artikel über Alltagsbewältigung im Gemeinwesen aus der Position der kritischen Psychologie.

Der zweite Abschnitt behandelt den Aspekt der **Regionalisierung**: die Regionalisierung sozialer Dienste (Peter Marchal), den Aspekt der aktuellen Regionalisierungsdebatte in der staatlich-kommunalen Mittelebene der Landespolitik Nordrhein-Westfalens (Thomas Rommelspacher) und Partizipation im Bereich der Stadtteilentwicklungsplanung (Maria Lüttringhaus) sowie „problembehaftete Gebiete" (Hartmut Häußermann), Gemeinwesenarbeit als Qualitätsmerkmal von Quartiersmanagement (Tilo Klöck) und Stadtteilzentren und Nachbarschaftshäuser als Orte der Gemeinwesenarbeit (Georg Zinner).

Im dritten Teil des Buches finden sich Artikel, die sich aus unterschiedlicher Perspektive mit **Gemeinwesenökonomie** befassen (Elsen und Wendt).

Teil vier des Bandes beinhaltet Beiträge zu **Zielgruppen der Gemeinwesenarbeit**. Manfred Kappeler schreibt zum Thema Partizipation von Kindern und Jugendlichen: „Einmischen jetzt". Margarete Thaden-Steinhauer ist vertreten mit einem abstrakteren Artikel zu generativem Körpervermögen und patriarchal-sexistischer Bevormundung der Frau, Sabine Stövesand beschreibt frauenorientierte Stadtteilarbeit gegen Gewalt, Emilija Mitrovic bearbeitet das Thema Prostitution und Stefan Gillich beschreibt das Arbeitsprinzip Gemeinwesenarbeit in der Arbeit mit Wohnungslosen. Richard Sorg stellt abschließend ein Projekt sozialer Arbeit mit Migranten in der Schweiz unter Globalisierungsbedingungen vor.

Im fünften Abschnitt des Buches geht es um die Nutzung unterschiedlicher **Medien in der Gemeinwesenarbeit**: Eine umfassende Untersuchung zu Stadtteilzeitungen wird von Regina Kirsch, Jens Maienschein und Florian Tennstedt vorgestellt, es folgen Burkhard Hill zu Musik und Soziokultur („Rockmobil") und Simone Odierna zu Forumtheater in der Gemeinwesenarbeit.

Der sechste Teil umfasst Artikel zur **Gemeinwesenarbeit in den neuen Bundesländern**. So beschreibt Jochen Köhnke Orte der Gemeinwesenarbeit in Ost und West, Lothar Stock die Gemeinwesenarbeit in Ostdeutschland und Antje Graupner, Manuela Lehnert und Thomas Lang von der Sächsischen Sozialakademie stellen Gemeinwesenarbeit in Dieter Oelschlägels Heimatregion in Chemnitz-Hutholz vor.

Im vorletzten Teil des Buches geht es um **internationale Erfahrungen mit Gemeinwesenarbeit**. Mit einem Artikel zum Thema Gemeinwesenarbeit und extreme Gewalt/Armut beginnt Dieter von Kietzell den Abschnitt, es folgt Jacques Boulet zu „Commitment to place and community...“, anschließend beschreibt Reinhard Aehnelt „Soziale Stadt in Havanna“ und Mohammad-Anwar Butt die „Gemeinwesenarbeit in Pakistan“.

Den Abschluss des Buches bilden ein Interview, das Sabine Hering mit Dieter Oelschlägel führte und eine Würdigung seiner Arbeit als Gemeinwesenarbeiter und Kommunalpolitiker in Dinslaken durch die Bürgermeisterin von Dinslaken, Sabine Weiss.

Zu den Beiträgen des Jahrbuchs Gemeinwesenarbeit 7

Im ersten Abschnitt des Buches zu **Geschichte und Theorien der Gemeinwesenarbeit** stellen einleitend **Rudolph Bauer** und **Peter Szynka** die Arbeit Saul Alinskis und den hohen Stellenwert seines Konzeptes des *Community Organizing* vor. Sie analysieren seine theoretischen Ursprünge und die politisch-gesellschaftlichen Entstehungsbedingungen für die Entwicklung der Gemeinwesenarbeit in den USA. Bauer und Szynka halten weitere Untersuchungen für sinnvoll, bei denen unter anderem den Fragen nachzugehen sei, ob die Nicht-Rezeption von *Community Organizing* hierzulande einen ihrer Gründe darin hat, dass sich die Soziale Arbeit im Bereich der Ausbildung, bei den Trägern und im professionellen Selbstverständnis vorwiegend weltanschaulich, wissenschaftsfern und theoriefeindlich positioniert, statt wissenschaftlich-kritisch. Weiterhin sei zu klären, ob ein so radikaler Ansatz, welcher im Sinne Alinskys gesellschaftliche und politische Kontroversen sowie die daraus notwendigerweise sich ergebende Austragung von Konflikten positiv bewerte, hierzulande untergründige Ängste und prinzipielle Abwehrhaltungen auslöse.

Alinskys *Community Organizing*-Praxis basiere zentral auf dem Grundsatz, gewerkschaftliche und kirchliche Kreise im Kampf für die Interessen der Stadtteilbevölkerung zusammenzuführen. Sei es nicht denkbar, dass die Rezeption des *Community Organizing*-Konzepts deshalb behindert und erschwert werde, weil sich in Deutschland aus historischen Gründen die christlichen Kirchen und ihre Gemeinden auf der einen Seite und die Gewerkschaften auf einer anderen befänden?

Wolfgang Hinte erläutert am Beispiel des Falles „Willi“ die stabilisierenden „Nebenwirkungen“ einer sozialraumorientierten Arbeit in den 70er Jahren, er diskutiert die heute von allen denkbaren Seiten vereinnahmten Begriffe Aktivierung, Beteiligung und Lernen, die in Theorie und Praxis häufig recht unbedarft und wie selbstverständlich im Kontext einer modernen sozialen Arbeit genutzt werden und – heute wie damals – gelegentlich dazu beitragen, patriarchale, betroffenenfeindliche und lebensweltferne Strukturen, Verfahren und Haltungen zu verschleiern. In seiner Schlussfolgerung fordert er auf, wach zu bleiben und konkret hinzuschauen, welche Praxis sich hinter Begriffen verbergen könnte, und so eventuell Unschärfen rechtzeitig zu benennen. „Die zu Beginn des Beitrags erzählte Geschichte aus den 70er Jahren könnte sich auch heute noch (mit einigen anderen Vorzeichen) in ähnlicher Weise abspielen. Unklar ist indes zum einen, ob Fachkräfte aus der Gemeinwesenarbeit heute immer noch über eine entsprechende Verankerung in den Wohnquartieren verfügen, und zum anderen, ob nicht heute das Jugendamt zumindest sprachlich-konzeptionell die Gemeinwesenarbeit vereinnahmt oder überholt hätte, so dass Willi Kloos zwar zu einem Fall für sozialraumorientierte Hilfen zur Erziehung und dennoch 'an einem anderen Ort' landen würde."

Wolfgang Krebs beschreibt die historische Entwicklung von Gemeinwesenarbeit in Deutschland mit dem Bild von „fünf Wellen". Er knüpft an Dieter Oelschlägels „drei Wellen der Gemeinwesenarbeit" von 1995 an. Mit der ersten Welle kommt Gemeinwesenarbeit Ende der 40er / Anfang der 50er Jahre nach Europa. Die zweite Welle ist in der „Einführung" des Arbeitsprinzips Gemeinwesenarbeit durch das Buch von Krauß, Boulet, Oelschlägel „Gemeinwesenarbeit – eine Grundlegung" aus dem Jahr 1980 zu sehen. Mit der dritten Welle tritt *community organisation* durch FOCO in Deutschland auf. Welle vier bewegt sich um die Gemeinwesenökonomie (1995) und die fünfte Welle ist „Gemeinwesenarbeit im Rahmen der Sozialen Stadt".

Im Artikel: „Einmischung – Ein Element von Strategien der Gemeinwesenarbeit" entwickelt **Jürgen Krauß** die Einmischung als ein Element der Strategien professioneller Sozialer Arbeit. Er bezeichnet Gemeinwesenarbeit nicht als „dritte Methode", als spezialisierte Tätigkeit in der Sozialen Arbeit, sondern als ein Arbeitsprinzip, das allen Feldern Sozialer Arbeit mehr oder weniger nützlich werden könne, weil es die Wirkungsmöglichkeiten Sozialer Arbeit erweitere. Krauß vertritt die Meinung, dass – um der begrifflichen Klarheit willen – nicht weiterhin von Einmischungsstrategie geredet werden sollte, „sondern von Einmischung in politische und administrative Prozesse und Strukturen als einem Element zielgerichteter Handlungspläne". Professionalisierung sieht Krauß als wesentliche Voraussetzung für die Wirksamkeit von Gemeinwesenarbeit und „Einmischung" an.

Er stellt die Frage nach den heutigen städtischen Problemlagen und Potenzen, die für kommunale Sozialpolitik wichtig sind, und resümiert, dass die objektiven Möglichkeiten zur sozial gerechten oder mindestens erträglichen Gestaltung der Stadtgesellschaft im Sinne bisheriger kommunaler Sozialpolitik – zusätzliche Gelder für neue sinnvolle Projekte – von minimal bis auf Null tendieren. Angesichts dieser Rahmenbedingungen könne die Frage nur lauten, wie die monetären Ressourcen anders als bisher zur Wirkung gebracht werden und wie bisher vernachlässigte Ressourcen erschlossen werden können, insbesondere die nicht-monetären. Für die Gemeinwesenarbeit ließe sich als Zwischenschritt feststellen: „sie muss sich zu einem einmischungsfähigen Subjekt im Spiel der kommunalen Interessen entwickeln, damit sie sich in die kommunale Sozialpolitik einmischen kann“. Die Hauptelemente der Einmischungsstrategie seien Anregen und Moderieren. Diese Anregungs- und Moderationsfunktion ist der spezifische Beitrag der Gemeinwesenarbeit für die kommunale Sozialpolitik. Mit diesem Arbeitstypus als Spezifizierung der Einmischung für Gemeinwesenarbeit könne sie zu einer „Politik für die soziale Stadt“ beitragen.

Günter Rausch beschreibt in seinem historischen Aufriss zur Sozialen Arbeit die Selbstverständlichkeit mit der Soziale Arbeit sich als „parteilich“ begriff. In Kreisen moderner GemeinwesenarbeiterInnen (oder trendiger: QuartiersmanagerInnen) sei der Begriff vielerorts mittlerweile verpönt. Globalisierung, Ökonomisierung, Monetarisierung, Pluralisierung, Individualisierung hätten zwar inzwischen die Welt stark verändert. Dennoch, fordert Rausch, solle soziale Arbeit und auch Gemeinwesenarbeit an dem Begriff festhalten, den er wie folgt formuliert: „Parteilichkeit als Grundmaxime“ soll sich traditionell im Sinne einer gesellschaftlich politischen Dimension, eines beruflichen sozialarbeiterischen Handelns verstehen. Mit Staub-Bernasconi soll Soziale Arbeit als Menschenrechtsprofession verstanden werden, deren Berufsethos geradezu zur Parteilichkeit gegenüber Unterdrückten und Ausgegrenzten verpflichtet. Danach ist Sozialarbeit der einzige Beruf, der als Beruf zur Solidarität mit denjenigen verpflichtet, die in und an der Gesellschaft und Kultur leiden. Soziale Arbeit wird also in der Traditionslinie von Befreiung und Emanzipation gesehen, wie es von Boulet/Kraus/Oelschlägel 1980 schon grundlegend formuliert wurde.

Getreu dem Motto „Global denken, lokal handeln“ sollte nach Rausch auf der kommunalpolitischen Ebene angesetzt werden, um so die klassischen Ziele der Gemeinwesenarbeit zu erreichen. Wesentlich sei es, im lokalen Bereich wieder Solidarität einzuüben. Solidarität biete durchaus eine hoffnungsvolle Perspektive für das Zusammenleben in der Risikogesellschaft. Im gemeinschaftlichen Handeln sei das „Prinzip Hoffnung“ aufgehoben, hier bestünden am ehesten Chancen, Entfremdung und Ausgrenzung zu überwinden und neue, zeitgemäße Formen des solidarischen Zusammenlebens zu entwickeln.

Peter Krahulec behandelt in seinem Artikel „Heimat – die andere Fremde“ den Einfluss Dieter Oelschlägels auf die Kasseler Diskussion in den 1970er Jahren. Er erläutert dies mit einem umfassenden Bericht über die Aktionen zur „Rettung des Eisenbergs“ in der Rhön. Der Eisenberg sollte Truppenübungsplatz werden. „Sehr früh hat ein mutiger Kommunalpolitiker die Öffentlichkeit informiert. Diese erkennt, noch spontan und unorganisiert, die Bedrohung ihrer Lebensinteressen und zeigt Widerstandsbereitschaft. Das zwingt Organisationen und Parlamentarier zur Parteinahme, noch ehe die Militärbürokratie und willfährige Administrationen Fakten schaffen können." Die folgenden Aktivitäten der außerparlamentarischen Initiativen und bürgerschaftlichen Kräfte wirkten mobilisierend, insbesondere weil bereits in der Frühphase qualifizierte Berufsgruppen mit hoher Akzeptanz (Biologen, Pfarrer, Naturschützer, Friedenspädagogen) und kulturtragende Institutionen über angesehene Einzelmitglieder (Kirche, Gewerkschaft, BUND) den Widerstand durch Sachkompetenz und Sozialstatus auszeichneten und so einen Transmissionsriemen bildeten zwischen parlamentarischen und außerparlamentarischen Strömungen.

Diese Basisaktivitäten multiplizierten sich über drei Stränge: Prominente boten Beratung und überörtliche Sprachhilfe an, die Massenmedien stiegen ein und schließlich wurde die Diskussion auch in den Landtag getragen. Die Stadt Schlitz weigerte sich, die Ansiedlung des Militärs zu dulden, und fasste einen Boykott-Beschluss. Schließlich hatten die Initiativen Erfolg und der Truppenübungsplatz kam nicht. Peter Krahulec zeigt in seinem Artikel auch, wie wichtig für die nachwachsenden Generationen die Kenntnis über solche Erfolge ist, um dem Begriff „Heimat" einen anderen vorwärtsweisenden Charakter im Sinne Blochs zu geben.

Der Artikel von **Kurt Bader** zu „Alltäglicher Lebensführung im Gemeinwesen" schließt diesen Teil des Buches zu Geschichte und Theorien der Gemeinwesenarbeit ab. Es geht ihm um die Weiterentwicklung gemeinwesenorientierten Handelns. Er stellt den theoretisch gestützten Zusammenhang von Gemeinwesenarbeit und Lebensführung her. Wird das „Gemeinwesen" als Handlungsraum von Menschen verstanden, so komme dem Begriff „Gemeinwesen" auf individueller Ebene jener der „alltäglicher Lebensführung" sehr nahe. „Lebensweise" und „alltägliche Lebensführung" könnten eine der zentralen Kategorien von „Gemeinwesenarbeit" sein. Lebensführung sei nicht nur ein individueller Prozess in bestimmten sozialen Zusammenhängen, sondern sei immer auch gesellschaftlich vermittelt. Methodisch gesehen empfehlenswert für die Bestandsaufnahme hinsichtlich der subjektiv gestalteten/erlebten Lebensführung der Menschen wäre, mit den interessierten und beteiligten Menschen nach neuen, ihrer Lebensführung angemessenen Formen zu suchen, diese auszuprobieren und im Verlaufe des Prozesses auch zu verändern.

Der zweite Abschnitt des vorliegenden Buches behandelt den Aspekt der **Regionalisierung**.

Den Anfang bildet der Artikel von **Peter Marchal** zur der Regionalisierung sozialer Dienste. Er beschreibt die historischen Etappen und insbesondere die Entwicklungsphasen der Regionalisierung des ASD. Anschließend behandelt er Chancen und Konsequenzen dieses Prozesses. Er diskutiert Regionalisierung versus Vernetzung (vor Ort) und merkt an, dass die bloße räumliche geo-graphische Verlagerung von Diensten in den Stadtteil die althergebrachten Arbeitsvollzüge der Professionellen nicht verändern müsse. Abschließend berichtet er von einem gelungenen Beispiel für die Regionalisierung Sozialer Dienste im Jugendamtsbereich in Oberhausen.

Den Aspekt der aktuellen Regionalisierungsdebatte der staatlich-kommunalen Mittelebene in der Landespolitik Nordrhein-Westfalens behandelt **Thomas Rommelspacher**. Er skizziert die politischen und ökonomischen Grundlagen, die diesen Diskurs nicht nur in NRW prägen. Dabei verwendet er einen pragmatischen Begriff, der Regionen als Räume mit intensiven funktionalen Zusammenhängen begreift. Insgesamt können – seiner Auffassung nach – dabei drei Tendenzen festgehalten werden. In den letzten Jahrzehnten habe ein Typus von Aufgaben und Problemen an Gewicht gewonnen, für deren Bearbeitung auch große Kommunen zu klein sind, während sie für den Staat zu kein und zu feinteilig seien. Der traditionelle Wettbewerb unter den Kommunen werde durch einen teilweise international verlaufenden Wettbewerb der Regionen überlagert. Vermutlich würden Räume, denen es gelingt den Regionalisierungsprozess optimal zu gestalten, hier einen deutlichen Vorteil erzielen. Es handele sich um ein sehr breites Feld von Aufgaben, das von der Flächen- und Standortplanung über Flächenentwicklung, Planung und Trägerschaften für überlokale Infrastrukturen bis hin zur Wirtschaftsförderung und zum Regionalmarketing reiche. Thomas Rommelspacher hält eine verstärkte Kooperation der Kommunen für sinnvoll, wägt mögliche Gegentendenzen ab und schlägt eine staatliche Förderung von Kooperationen vor.

Maria Lüttringhaus beschäftigt sich mit Partizipation im Bereich der Stadtteilentwicklungsplanung. Dabei gehe es insbesondere um die Förderung von Partizipation und zwar als eines kontinuierlichen Prozesses, um die kommunalen Gestaltungsverfahren grundlegend zu demokratisieren. Sie möchte in ihrem Beitrag den Nutzen der Partizipation konkret begründen. Dazu zeigt sie Funktionen von Partizipation in der Stadt(teil)entwicklung für Staat, Wirtschaft und zivile Gesellschaft auf. Sie beschreibt den Nutzen sozialen Lernens in der Partizipation.

Bei der Auswahl der Themen und der Initiierung der entsprechenden Partizipationsforen von Seiten der InitiatorInnen des politisch-administrativen Bereichs müsse jedoch die jeweilige Bildungssituation, Kultur und die Relevanz der Themen für die Bevölkerung beachtet werden, wenn man diese gestaffelten Lernmöglichkeiten bieten wolle. Gerade für eine solche Auffächerung biete das Wohnumfeld mannigfache Möglichkeiten. Die Förderung von Partizipation in der Stadt(teil)entwicklung fängt – ihrer Auffassung nach – also nicht erst mit der Aufstellung eines Bebauungsplans an. Genau darin liege aber auch der wesentliche Bruch in zahlreichen Partizipationskonzepten.

Hartmut Häußermann behandelt in seinem Beitrag „problembehaftete Gebiete" das Bund-Länder-Programm „Soziale Stadt". Es sei zwar ressortübergreifend angelegt, aber noch stark von der Städtebauförderung geprägt. Kein Wunder, dass bei der Aufzählung der „Probleme", mit denen eine Aufnahme in die Förderung gerechtfertigt wird, bauliche Merkmale überwiegen und Hinweise auf soziale Probleme in der Regel nur zusätzlich genannt werden. Eine präzise Definition dafür, was ein „Problemgebiet" sei, liege dem Programm nicht zugrunde. Auch schreibe es nicht, wie bei der klassischen Stadterneuerung, den Gemeinden vorbereitende Untersuchungen für die Aufnahme in die Förderung vor. Um welche Problemlagen es sich im Einzelnen handele, warum in den Quartieren etwas verändert werden soll, ist daher in vielen Fällen unklar. Und dies habe Folgen für die geplanten Maßnahmen.

Anschließend beschreibt Häußermann die Ambivalenz von Segregation in Quartieren. Die Tatsache, so seine These, dass man in einer bestimmten Gegend wohnt, wird selbst ein Faktor der Benachteiligung. Soziale Ungleichheit werde damit nicht nur verfestigt, sondern verschärft. Er geht auf Begriff und Wirkungen sozialer Milieus ein und schreibt in seinem Resümee: „Wir haben hier nur einige Argumente dafür zusammengetragen, dass ein bestimmtes Quartiersmilieu benachteiligende Effekte haben kann. Die materielle Ausstattung des Quartiers und symbolische Dimensionen wären hinzuzufügen. Ob diese benachteiligenden Effekte tatsächlich vorhanden sind, lässt sich jedoch nicht an einem rasch zusammengestellten Bündel von Indikatoren zur Bausubstanz und zu einigen sozialstrukturellen Merkmalen ablesen. Die Lebenswirklichkeit in einem Quartier erfordert sehr viel sensiblere und tiefer gehende Untersuchungen, in die die Perspektive der Bewohner auf jeden Fall ebenso eingehen sollte, wie die von Stadtpolitikern, Stadtplanern oder Sozialarbeitern. Andernfalls besteht die Gefahr, dass ein politisches Programm, das zum ersten Mal ausdrücklich soziale Zielsetzungen hat, vorhandene soziale Qualitäten eher zerstört als stützt und entwickelt."

Das Arbeitsprinzip Gemeinwesenarbeit als Qualitätsmerkmal von sozialraumorientierter Sozialer Arbeit und Quartiersmanagement ist das Thema des Aufsatzes von **Tilo Klöck**. Er diskutiert breit und engagiert die Themenbereiche: Wofür steht die Gemeinwesenarbeit gesellschaftlich und was kann sie handlungstheoretisch bringen? Ist sie nicht eine Sonderform, eine Task-force für kritische Phasen in Quartieren oder nur eine Methode der Sozialen Arbeit? Ist es ein gescheitertes Projekt, ein Auslaufmodell, ein ramponierter Oldtimer, der eigentlich schrottreif, aber vielleicht noch recyclebar ist? Was hat Gemeinwesenarbeit eigentlich mit der Sozialen Arbeit zu tun, und was weist über das „Nur-Soziale" hinaus in andere Disziplinen – wie zum Beispiel in die Regional- und Stadtplanung und in die Dömänen der lokalen Wirtschaftsförderung hinein? Die folgenden Qualitätsmerkmale im Arbeitsprinzip Gemeinwesenarbeit können nach Klöcks Auffassung als Prüfsteine für die Praxis gelten:

- fachhistorische und handlungstheoretische Fundierung
- mehrdimensionale Netzwerkarbeit
- Sozialraumorientierung
- Alltags- und Lebensweltorientierung
- Arbeit von und mit bürgerschaftlichen Organisationen
- Methodenintegration
- Träger und Ressorts, Leitungsebenen von Institutionen
- kommunale Quartierspolitiken zwischen Regierbarkeit und Bürgerwillen
- solidarische Ökonomie / Gemeinwesenökonomie
- Instandsetzung, Qualifizierung und Evaluation als Perspektiven

Angesichts der Komplexität und Vielfalt von Aufgaben und angesichts gesellschaftlicher Verwerfungen, Polarisierungen, Spaltungen und institutioneller Verkrustungen und Entwertungen von Biographien steht nach Klöcks Auffassung das Arbeitsprinzip Gemeinwesenarbeit für eine „sehr moderne und lebensnahe Form der Professionalität ohne Bevormundung". Aus ihren Wurzeln und Modellen könnten seiner Ansicht nach Selbstbewusstsein und Qualitäten von Beteiligung und Empowerment auch in ökonomischer Hinsicht geschöpft werden. Er merkt an, dass das Arbeitsprinzip Gemeinwesenarbeit dann noch durchsetzungsfähiger werden könnte.

Georg Zinner beschreibt in seinem Artikel „Stadtteilzentren und Nachbarschaftshäuser als Partner lokaler Politik und bürgerschaftlichen Engagements". Er untersucht den gesellschaftlichen Problemstau und das Grundrecht auf bürgerschaftliches Engagement und kommt zu dem Schluss, Nachbarschafts- und Stadtteilzentren sollten sich als Partner lokaler Politik und bürgerschaftlichen Engagements begreifen. Zinner stellt die These auf, dass das Festhalten an überkommenen Strukturen (aufgeblähten, inkompetenten und passiven Verwaltungen und zudem in bürgerfernen, nicht mehr zeitgemäßen sozialen Einrichtungen) sinnlos finanzielle Mittel bindet, die dringend für Reformen gebraucht würden, und weist nach, dass die Qualität staatlichen und kommunalen Handelns dadurch stark gefährdet ist. Im folgenden kritisiert er politischen Aktionismus mit dem Mittel kurzfristiger – oft auch schlagzeilenträchtiger – Programme, der nach seiner Ansicht allzu oft langfristige politische Strategie ersetzt und Wildwuchs sowie anhaltenden Reformstau hinterlässt. „Trendig sollen die Programme wirken – Nachhaltigkeit ist nicht gefragt."

Als zukunftsweisendes Gegenmodell beschreibt er die Gestaltung dezentraler Strukturen und Institutionen, die für den Bürger erreichbar und ihnen gegenüber verantwortlich sind, die die Probleme eines Stadtviertels genau kennen und mit ausreichenden Kompetenzen und Ressourcen ausgestattet sind. Ein Positivbeispiel ist der Berliner Vertrag zur Förderung der Stadtteilzentren, der Selbsthilfe und des bürgerschaftlichen Engagements. Er resümiert, lokale Politik brauche starke regionale Partner, die Aufgaben schultern, bürgerschaftliches Engagement fördern und zusätzliche Mittel akquirieren. Wie das praktisch aussehen kann, zeigt Zinner an Beispielen einer langjährigen Kooperation zwischen dem Bezirksamt Tempelhof-Schöneberg und dem Nachbarschaftsheim Schöneberg e.V.

Den dritten Teil des Buches bilden zwei Artikel von Susanne Elsen und Wolf Rainer Wendt, die sich aus unterschiedlicher Perspektive mit **Gemeinwesen und Ökonomie** befassen.

Susanne Elsen stellt in ihrem Beitrag den Zusammenhang von Gemeinwesenarbeit und Lokaler Ökonomie aus der Perspektive der Sozialen Arbeit dar. Im ersten Abschnitt analysiert sie vor dem Hintergrund der Globalisierungsfolgen den Stellenwert von Gemeinwesenarbeit für die Erhaltung der Lebensgrundlagen. Sie erläutert die schwierige Beziehung von Gemeinwesenarbeit und Lokaler Ökonomie in Deutschland und geht anschließend auf die Rolle ökonomischer Selbstorganisation in der Bürgergesellschaft ein. Sie plädiert für eine aktive ökonomische Gestaltung lokaler und regionaler Räume als erweiterte sozialpolitische Aufgabe. Gemeinwesenökonomie benötigt nach Elsens Auffassung genossenschaftliche und eigenwirtschaftliche Eigentumsformen. Sie erzeuge in solidarökonomischen Formen der Gemeinwesenökonomie selbst zukunftsfähige und emanzipatorische Formen gesellschaftlichen Eigentums.

Die Autorin beschreibt anschließend den Zusammenhang von Gemeinwesenökonomie und Community-Empowerment. Nach Diskussion vieler Aspekte der Gemeinwesenökonomie kommt sie zu dem Schluss, Selbstorganisation ersetze nicht die sozialstaatliche Absicherung von Lebensrisiken, doch ist ihre aktive Förderung eine vorrangige gesellschaftliche Entwicklungsaufgabe, um soziale Integration und eigenständige Existenzsicherung von Menschen sowie die Zukunftsfähigkeit der Gemeinwesen zu erreichen.

Thema des umfassenden Artikels von **Wolf Rainer Wendt** ist der sozialwirtschaftliche Zusammenhang von Sozialer Arbeit und der Ökonomie im Gemeinwesen. Er vertritt eingangs die Auffassung, die Neugestaltung von Gemeinwesenarbeit in den letzten Jahren sei nicht abgeschlossen, zu ihrer künftigen Positionierung könne die Sozialwirtschaftslehre beitragen. Davon ausgehend kann die These vertreten werden: Emanzipatorische Gemeinwesenarbeit lässt sich (dialektisch) aufheben in der wirtschaftenden Weise einer Entwicklungsarbeit am individuellen und sozialen Leben im Gemeinwesen. Wendt untersucht vor dem Hintergrund historischer Entwicklung

Gegensatz und Zusammenhang einer sozialraumbezogenen zivilen Gemeinwesenarbeit mit dem Theorierahmen einer lokalen und individuellen Ökonomie des Lebens im Gemeinwesen, dem sozialwirtschaftlichen Ansatz. Der zivilen Ausprägung von Gemeinwesenarbeit lässt sich – wie Wendt nachweist – ein ökonomischer Handlungsrahmen gegenüberstellen. In ihm wird der Einsatz von Kraft und Zeit, von materiellen Mitteln und immateriellem Vermögen reflektiert, es kommt zu einem Dualismus der Orientierung des zivilen und wirtschaftlichen Handlungsrahmens.

Wendt konstatiert abschließend: Eine Gemeinwesenökonomie, die sich nicht darin erschöpft, der „Wirtschaft" lokal aufzuhelfen, hat sich als ein Wirtschaften für die Bürger und mit ihnen auszulegen, das heißt, deren persönliche und familiäre Ökonomie einzubeziehen, wie sie sich in der individuellen Lebensführung darstellt. Damit wird der sozialwirtschaftliche Zusammenhang wahrgenommen, der zwischen der „Lebensführung als Arbeit" der Bürgerinnen und Bürger und der im Gemeinwesen organisierten und sozialdienstlichen Arbeit besteht.

In Teil vier des Jahrbuches geht es um **Gemeinwesenarbeit und deren unterschiedliche Zielgruppen**.

Manfred Kappeler fordert zum Thema Partizipation von Kindern und Jugendlichen eingangs: „Einmischen jetzt". Er diskutiert den Charakter des aktuellen Diskurses über politische Beteiligungs- und Mitwirkungsformen für Kinder und Jugendliche. Seiner Auffassung nach ist Einmischung etwas, was nicht per staatlich verordneter Beteiligung erzielt werden kann. Selbstbestimmtes Handeln von Kindern und Jugendlichen wird durch die Einladung zum Mitreden und Mithandeln und vor allem zum Mit-Entscheiden in der Asymmetrie gesellschaftlicher Machtverhältnisse gehalten. Es müsse stattdessen die demokratische Kultur einer Zivilgesellschaft entwickelt werden, die auf der Wertschätzung, der Achtung, dem Respekt vor der Würde des anderen beruht und die trennende Hierarchien aufbricht.

Er behandelt umfassend die Ambivalenz, die darin steckt, dass „Einmischung" – weil sie prinzipiell unerwünscht ist, weil sie das Hinhören der Verweigerer erzwingen muss – nicht dialogisch sein kann. Einmischen und Beteiligung seien zwei verschiedene Formen des Handelns. Beteiligungsformen, Mitbestimmung, Anhörungsrechte, Beteiligungsrechte, Mitgestaltungs-, Beratungs- und Vorschlagsrechte, Interessen- und Bedürfniswahrnehmung, Bedürfnisse formulieren und vertreten können, Demokratie-Lernen und Konfliktfähigkeit erwerben – um diese Punkte, die alle wichtige Aspekte des großen Themas Partizipation seien, gehe es im „Beteiligungs-Diskurs" der sozialpädagogischen Fachöffentlichkeit. Partizipation aber, wo sie praktiziert werde, mache ein wirkliches „Einmischen jetzt" überflüssig, zumindest bis das Partizipative an seine Grenzen stößt, die in der Regel dort erreicht werden, wo es um Mit-Entscheiden oder um ein Veto-Recht bei materiellen „Ernstfragen“ gehe, bei denen die demokratischen Sandkastenspiele verlassen werden.

Den Übergang im Kapitel zur „Zielgruppe: Frau“ bildet der (abstraktere) Artikel von **Margarete/Annegret Thaden-Steinhauer** zum generativen Körpervermögen und zur patriarchal-sexistischen Bevormundung der Frau. Sie beschreibt die gesellschaftlichen Herrschaftsverhältnisse und die damit verbundenen Verfügungen über das Fortpflanzungsvermögen der Frau.

In der modernen bürgerlichen Gesellschaft herrschen nach Auffassung der Autorin im gesellschaftlichen Bewusstsein bis heute Bilder- und Rollenstereotype über Männer und Frauen vor. Diese legitimieren und rechtfertigen eine faktische Unterordnung der Frauen unter die Männer im Rahmen gesellschaftlicher Macht-Ohnmacht-Verhältnisse und Herrschaftsbeziehungen. Tjaden-Steinhauer führt die Entwicklung der patriarchal-sexistischen Bevormundung der Frau auf ihre Fähigkeit zur physischen Reproduktion der Bevölkerung und auf die institutionalisierten patriarchal-sexistischen Familienverhältnisse zurück. Wenngleich klischeehaft-stereotype Frauenbilder und Rollenzuschreibungen in den verschiedenen Gesellschaften je spezifische Ausprägungen aufweisen, so liege ihnen doch ein generelles Muster zugrunde, das sich über lange historische Zeiträume hinweg nicht wesentlich verändert habe. Nicht zuletzt Untersuchungen von Emily Martin (1989, 1991) hätten deutlich gemacht, dass sich das patriarchal-sexistische Frauenbild der Moderne bis heute gehalten habe.

Sabine Stövesand beschreibt frauenorientierte Stadtteilarbeit gegen Gewalt am Beispiel von *Tarantula*, einem stadtteil-orientierten Projekt zur Prävention und zum Abbau von Gewalt gegen Frauen, das unter anderem darauf abzielt, soziale Netze und die nachbarschaftliche Einmischungsbereitschaft zugunsten der betroffenen Frauen zu stärken. *Tarantula* passe inhaltlich und methodisch relativ gut in den Paradigmenwechsel von der Sozial- zur Ordnungspolitik. Daher dient Stövesand das Projekt als Ausgangspunkt für eine Darstellung der Ambivalenzen im Verhältnis von Gemeinwesenarbeit und Themenkomplexen wie zu Sicherheit und Kriminalprävention in diesem Kontext. Die Autorin diskutiert, ob es sich bei lokaler Kriminalprävention um Konkurrenz oder den Zwilling von Gemeinwesensarbeit handele und stellt Prinzipien für eine erfolgreiche Gewaltprävention vor: Lebensweltorientierung, durch Vernetzung und Kooperation vorhandene Ressourcen nutzen, Empowerment, Selbstverantwortlichkeit fördern, soziale Kompetenzen erweitern, geschlechtsspezifisch arbeiten, Unterstützung in Notlagen, Öffentlichkeitsarbeit entwickeln.

Nach umfassender, historisch und international vergleichender Diskussion des Charakters von Prävention kommt sie zu dem Schluss, dass all diese Einwände und Anforderungen nicht dazu führen sollten, die traditionelle Tabuisierung der privat ausgeübten Gewalt mit neuen Argumenten festzuschreiben. Stövesand plädiert dafür, das Thema Sicherheit aufzugreifen, ohne seine Verkürzungen mitzutragen; sie tritt für die Stärkung der eigenständigen Bedeutung von Sozialer Arbeit und die Schärfung ihres fachlichen Profils ein und für die klare Grenzziehung zur Kriminalpolitik. Anders gesagt, könnte die Losung für die Gemeinwesenarbeit lauten: *„Mit Sicherheit Sozialarbeit!"*

Emilija Mitrovic beschreibt eingangs die historische Entwicklung des gesellschaftlichen Umgangs mit Prostitution in Deutschland. Der Einfluss feministischer Forscherinnen im Bereich der Soziologie und Psychologie führte in den 1980er und 1990er Jahren zu einer Betrachtungsweise, die Prostitution unter dem darin indizierten Geschlechterverhältnis wahrnimmt. Verstärkt werden aktuelle Themenkomplexe wie Minderjährigenprostitution, Beschaffungsprostitution, Migrantinnen in der Prostitution und Sextourismus aufgegriffen. Die neue Gesetzgebung in Deutschland trüge dem vollzogenen Paradigmenwechsel Rechnung: Die Prostituierte rückt nun als Subjekt mit eigenen Interessen in den Vordergrund.

Mitrovic zeigt die wirtschaftlichen Hintergründe und den großen Umfang der Prostitution in Deutschland auf: In der BRD arbeiten etwa 400.000 Frauen in diesem Bereich. Etwa 1,2 Millionen Männer nehmen täglich ihre sexuellen Dienstleistungen in Anspruch. Die Autorin stellt die Positionen der Dienstleistungsgewerkschaft *Ver.di* hinsichtlich des Arbeitsverhältnisses von Prostituierten dar, gibt Einblick in ihre rechtliche Situation und stellt die kritischen Positionen der Prostituiertenbewegung besonders zur Situation von illegalen Migratinnen, die als Prostituierte tätig sind, vor. Abschließend beschreibt sie den unterschiedlichen Umgang mit Prostitution in den Hamburger Stadtteilen St. Pauli und St. Georg.

Stefan Gillich beschäftigt sich in seinem Beitrag mit Gemeinwesenarbeit in der Wohnungslosenhilfe. Er stellt seine eigenen Zugänge zur Gemeinwesenarbeit vor und geht dann auf zwei wesentliche inhaltliche Stränge der Arbeit mit Wohnungslosen ein. Traditionell sei die Wohnungslosenhilfe als Einzelfallhilfe organisiert. Demgegenüber stehe, dass Wohnungslose sich als integrierte Bestandteile eines ökologischen und sozialen Zusammenhangs verstehen.

Gillich erläutert das Verhältnis von Straßensozialarbeit und Gemeinwesenarbeit, stellt den sozialräumlichen Ansatz der Wohnungslosenarbeit vor und präsentiert Prinzipien der Gemeinwesenarbeit in der Wohnungslosenhilfe. Gemeinwesenarbeit verstehe sich als präventiver Ansatz in der Sozialarbeit. Sie nutze vorhandene Ressourcen zur Prävention von Wohnungslosigkeit und arbeite zielgruppenübergreifend für die Integration der Wohnungslosen bzw. gefährdeten Gruppen. Sie unterstütze Selbstorganisation und Selbsthilfekräfte und arbeite an den Bedürfnissen und Themen der Wohnungslosen orientiert. Arbeit mit ihnen muss besonders niederschwellige strukturiert sein, ein ressort- und methodenübergreifendes Handeln ist gefragt. Der Bereich des Sozialen liege quer zu anderen Feldern kommunaler Politik. Sozialraumbezogene Wohnungslosenhilfe müsse sich offensiv und aktiv in die Politikfelder einmischen mit denen Wohnungslose zu tun haben: Beschäftigungspolitik, Wohnungspolitik, Wirtschaftsförderung, Gesundheitspolitik, Stadtentwicklung. Vernetzung und Kooperation möglichst vieler Akteure sind nach Erfahrung von Gillich nötig: sowohl die Vernetzung der Menschen im Gemeinwesen als auch die Vernetzung der Professionellen.

Richard Sorg stellt im Kapitel Zielgruppenarbeit abschließend ein Projekt sozialer Arbeit mit Migranten in der Schweiz vor: „Soziale Arbeit unter Globalisierungsbedingungen oder: Wie das Schweizer „TikK“ interkulturelle Konflikte gemeinwesenorientiert bearbeitet“. Sorg portraitiert damit ein exemplarisches Modell hochprofessioneller, zukunftsbezogener sozialer Arbeit. Beeindruckend ist seiner Auffassung nach das facettenreiche Profil des TikK („Taskforce interkulturelle Konflikte“): In seinen gemeinwesenorientierten, vernetzenden Arbeitsformen, Interventions- und Präventionsaspekten, Arbeit und Bilden/Weiterbilden kombinierenden Tätigkeiten vereinige es Funktionen, die gewöhnlich auf unterschiedliche Institutionen verteilt seien. Es sei dadurch in der Lage, die unterschiedlichsten Akteure zusammenzuführen und die dadurch potenzierten Ressourcen zu erschließen und zu bündeln. Es praktiziere zudem nicht nur modernste Arbeits- und Organisationsformen, sondern wende diese in einer wissenschaftlich basierten, politisch reflektierten und normativ orientierten Weise auf zentrale Gegenstände und Problematiken der Gegenwartsgesellschaft an.

So könne man in der Arbeit des TikK eine Form Sozialer Arbeit sehen, die als „fortschrittlich“ zu bezeichnen sei. Unabhängig von diesem Prädikat handele es sich bei der Arbeit des TikK um eine qualitativ bemerkenswerte Soziale Arbeit unter den Bedingungen einer sich zunehmend weiter ausprägenden – nach wie vor und mehr denn je kapitalistischen – Weltgesellschaft.

Im fünften Abschnitt des Buches geht es um die Nutzung unterschiedlicher **Medien in der Gemeinwesenarbeit**.

Den Einstieg bildet eine umfassende Untersuchung zu Stadtteilzeitungen als Medium Sozialer Arbeit in sozialen Brennpunkten von **Regina Kirsch, Jens Maienschein, Florian Tennstedt**. Stadtteilzeitungen sind ein wesentliches Informationsmedium in der Öffentlichkeitsarbeit von sozialen Brennpunkten bzw. dienen als

Medien von Gemeinwesenarbeit. Die AutorInnen stellen ausführlich, kenntnisreich und mit zahlreichen Beispielen untermauert verschiedene Kasseler Projekte (u.a. Philippinenhof) aus dem Hochschulzusammenhang und andere Beispiele aus verschiedenen Bundesländern dar. Die konkreten Zielgruppe und die Ausgestaltung der Projekte variieren hier. Am dargestellten Philippinenhof-Projekt entwickelte sich fast zwanzig Jahre danach im Rahmen des Projektstudiums an der GhK wieder ein Nordstadtprojekt (1991-1995), geleitet von Ingeborg Pressel und Florian Tennstedt. Als vorläufige Bilanz sind aus einer Studienarbeit von Jens Maienscheid die „Erfahrungen und Regeln für eine Stadtteilzeitung" hervorgegangen.

„Musik und Soziokultur im Gemeinwesen" ist der Titel des Beitrags von **Burkhard Hill**. Er arbeitete als praktizierender Rockmusiker mit unterschiedlichen Mitteln daran, Jugendliche an den Diskussionen und Entscheidungsprozessen im ländlichen Gemeinwesen zu beteiligen, und wendete sich zunehmend handlungsorientierten Methoden zu. Die *„cultural studies"* und ihre Rezeption in Deutschland in den frühen 80er Jahren eröffneten ihm neue Felder. Musik wurde als zentrales Medium der Jugendkulturen identifiziert und bald darauf entstanden erste Konzeptionen für „Rockmusik in der Jugendarbeit". Das war auch der Beginn einer Bewegung, in der Soziokultur als konzeptioneller Rahmen für die Kulturarbeit im Gemeinwesen entwickelt wurde. Musik wurde neben anderen kreativen Ausdrucksformen als relevantes Gestaltungsmittel einer soziokulturellen Praxis akzeptiert.

Wesentlich ist, dass Rockmusik aus sozialen Brennpunkten die Verknüpfung eines Gemeinwesenansatzes mit Musik ermöglicht: Um sie ging es im „Rockmobil" der Landesarbeitsgemeinschaft Soziale Brennpunkte Hessen.

Simone Odierna beschreibt das Forumtheater nach Augusto Boal, eine Methode des Theaters der Unterdrückten / „theatre of the oppressed", als in der Gemeinwesenarbeit neue und adäquate Möglichkeit einer klientInnenorientierten und kreativen Methode zur Aktivierung unterschiedlicher Zielgruppen der Gemeinwesenarbeit mit theaterpädagogischen Mitteln. Die Autorin schildert alte und neue Erfahrungen mit dem Forumtheater im Duisburger Elendsstadtteil Bruckhausen. Sie verweist auch auf die Weiterentwicklungsmöglichkeiten zum legislativen Theater hin, dem *Teatro Legislativo*, mit dessen Hilfe Boal und seine Theaterleute – den „Coringas" (Jokern) – in Rio de Janeiro sogar reale Gesetzesinitiativen für den sozialen Bereich entwickelt haben. Forumtheaterstücke über die Alltagsprobleme „vor Ort" wurden dabei geschaffen und in Aktionen der Öffentlichkeit vorgestellt. Die verschiedenen Themen wurden von Boals politisch-legislativem Team gesammelt, thematisch gruppiert und ausgewertet. Nach der Analyse wurden die in den Forumtheateraktionen entwickelten Lösungen dann in Projekten zur Erarbeitung eines neuen Gesetzes bzw. zur Änderungen existierender Vorschriften oder in Initiativen bzw. politischen Aktionen weiterentwickelt.

Der sechste Teil des Bandes dreht sich um die **Gemeinwesenarbeit in den neuen Bundesländern**.

Hier beschreibt **Jochen Köhnke** Orte der Gemeinwesenarbeit in Ost und West. Er kann auf umfassende Verwaltungserfahrung zurückblicken. Stationen seiner Aktivität sind Düsseldorf, Karl-Marx-Stadt, Chemnitz und Münster, entlang derer er die Unterschiede und Gemeinsamkeiten der Arbeitsfelder in der Gemeinwesenarbeit in Ost und West kenntnisreich darstellen kann. Er kommt zu dem Ergebnis, dass die Probleme, die es in seinem ersten Projekt in Düsseldorf-Garath-Südost bezüglich „Rollenverteilung und Systemimmanenz" kontra „unlegitimierter Basisdemokratie Vermarktung" gab, nicht ausgeräumt seien. Dies gelte es bis zum heutigen Tag zu erreichen, und es wird seiner Meinung nach eine der größten Herausforderungen für die Zukunft sein, den tätigen Kolleginnen und Kollegen genau in diesem Feld den notwendigen Freiraum zu verschaffen.

Der Autor **Lothar Stock** betrachtet die Ausgangsvoraussetzungen und Rahmenbedingungen für die aktuelle Praxis der Gemeinwesenarbeit in Ostdeutschland. Die Soziale Arbeit insgesamt, insbesondere aber die Gemeinwesenarbeit, traf und trifft in Ostdeutschland auf gänzlich andere Ausgangsvoraussetzungen und Rahmenbedingungen, als sie aus der alten Bundesrepublik bekannt sind. Diese deutlichen Unterschiede zu beleuchten, ist Inhalt des Beitrages.

Stock kommt zu dem Schluss, Gemeinwesenarbeit bewege sich in Ostdeutschland nach wie vor auf einem schwierigen Terrain. Das Feld für die Gemeinwesenarbeit müsse nach wie vor äußerst behutsam, die Erfahrungen sowie die subjektiven Empfindlichkeiten der Bevölkerung aus 40 Jahren Realsozialismus respektierend, vorbereitet werden. Schließlich stehe die Gemeinwesenarbeit vor der Aufgabe, sich etwa in den neueren Konzepten von Quartiermanagement und „Sozialer Stadt" – noch viel intensiver als im Westen – mit ihrer eigenständigen Fachlichkeit und mit ihrem spezifischen Handlungsrepertoire zu profilieren und sich damit von ihrer Vereinnahmung insbesondere durch die Stadtplanung zu befreien.

Der Artikel von **Antje Graupner, Manuela Lehnert** und **Thomas Lang** hat das Thema: „Vom GWA-Projekt zum Nachbarschaftstreff in Chemnitz-Hutholz. Fünf Jahre Gemeinwesenarbeit an der Sächsischen Sozialakademie e.V.". Die AutorInnen stellen das Konzept, die Entwicklung und die Erfolge der Gemeinwesenarbeit in dem von Dieter Oelschlägel seit 1992 kontinuierlich unterstützten Projekt in Chemnitz-Hutholz dar, durch das sich Gemeinwesenarbeit erstmals in Chemnitz etablieren konnte.

Der vorletzte Teil des Buches umfasst Artikel zu **internationalen Erfahrungen mit Gemeinwesenarbeit.**

Zu Beginn behandelt **Dieter von Kietzell** das Thema: Gemeinwesenarbeit unter den Bedingungen extremer Armut und Gewalt. Der Autor berichtet von gesellschaftlichen Verhältnissen, in denen desintegrierenden Prozesse, Verarmung und Gewalt sehr viel weiter fortgeschritten sind, als bei uns. Was wir derzeit erleben an so genannter Flexibilisierung des Arbeitsmarktes, an Entmachtung der Gewerkschaften, an Privatisierung sozialer Einrichtungen, an so genannter Eigenverantwortung für Lebenskrisen sei in El Salvador nahezu an einen Endpunkt gekommen. Aber es gäbe wunderbare Projekte einer Gemeinwesenarbeit, in denen Solidarisierung entstehe.

Zusammengefasst sei der Kern dieser Gemeinwesenarbeit die Weckung und Stützung von *autoestima* (Selbstachtung). Dem Autor ist in El Salvador vor Augen geführt worden, wohin uns der Weg des Neoliberalismus führen wird, wenn wir zulassen, dass die Traditionen verblassen und die Kräfte geschwächt werden, die dagegen Widerstand leisten können. Außerdem sei ihm die resignative Attitüde unmöglich geworden, „man kann ja doch nichts ändern“. Aus einer armen, gewalttätigen Gesellschaft habe er die Erfahrung mitgebracht, die Dorothee Sölle in einem Vortrag so formuliert hat: „Resignation ist ein Luxus, den sich nur reiche Leute leisten können. Arme Leute brauchen zum Überleben die Hoffnung und den Mut zum arbeiten und kämpfen“.

Jacques Boulet reflektiert in einem imaginären Zwiegespräch mit Agnes Heller die Bedeutung von Heimat im Sinne eines Ortes und eines Gemeinwesens angesichts der globalen Annäherung und Angleichung von Orten und Landschaften bei gleichzeitiger Enteignung der Bewohner des Lokalen.

Der Verschränkung von globalem und lokalem Bezug entspricht in einer anderen Dimension der Verschränkung von Theorie und Praxis, und der Eigenwilligkeit der Grenzgebiete („Borderlands“) entspricht der fruchtbare Focus der Analyse auf das „Dazwischen“ der wissenschaftlichen Disziplinen.

Nächster Autor des Kapitels „Internationale Aktivitäten im Gemeinwesen“ ist **Reinhard Aehnelt**, er beschreibt die Stadtteilentwicklung von unten in Havanna und weist auf Ähnlichkeiten zwischen dem Ansatz des Bund-Länder-Programm „Soziale Stadt“ und den Bemühungen hin, in Havanna Stadtentwicklung ressortübergreifend und mit den Bewohnern zu betreiben: Quartiersentwicklung wird diesseits und jenseits des Atlantik zunehmend zum Sozialmanagement. Aber auch wenn die Entwicklungen in der Praxis recht unterschiedlich verliefen, zeige sich hier wie dort: Staatliche Bürokratien sind zäh und die sozialen Probleme auch. Die eigentliche Gefahr für die Stadtteilinitiativen sei jedoch, dass sie durch die zunehmende

Normalisierung des wirtschaftlichen Lebens in Frage gestellt werden. Die zeitweilig Arbeitslosen gingen wieder zur Arbeit, in den Geschäften gäbe es wieder Waren, die man sich vorher selbst herstellen musste, und statt im eigenen Stadtteil zu bleiben, könne man wieder in die Kinos und Diskotheken im Zentrum fahren. So wie die Kubaner die Fahrräder in den Keller gestellt hätten, als es wieder Kraftstoff gab, so könnte – nach Meinung des Autors – auch geschehen, dass sie künftig durch die Versorgung von oben das Interesse an Projekten von unten wieder verlieren.

Mohammad-Anwar Butt beschreibt die aus der Kolonialzeit stammenden, komplizierten Strukturen der Verwaltung in Pakistan in ihrer Entwicklung seit Beginn der internationalen Hilfe. Jahrzehntelang praktizierte „Top-Down-Politik" in Koppelung mit postkolonialen Strukturen habe eine Nachhaltigkeit der Entwicklungspolitik und der Politik Pakistans in allen Politiksektoren verhindert. Der Autor analysiert kritisch die aktuelle Situation und beschreibt Probleme und Handlungsmöglichkeiten für die Gemeinwesenarbeit unter durch neue Entscheidungsstrukturen sich eventuell positiv entwickelnden Bedingungen.

Sabine Hering, eine Kollegin Dieter Oelschlägels aus dem Kasseler Modellprojekt, hat vor einiger Zeit ein biographisches Interview mit Dieter Oelschlägel durchgeführt. Sie hat sich dazu entschlossen, es an dieser Stelle der geneigten Öffentlichkeit zugänglich zu machen.

Bisher – man weiß ja nie – letzte Station von Dieter Oelschlägels Reise durch Deutschland ist Dinslaken. Dort lebt er seit Anfang der 1980er Jahre. Die Entscheidung fiel, wie wir von ihm wissen, nach Konsultation der Statistik, genauer der Umweltdaten, wegen der verhältnismäßig guten Luft, die Dinslaken hat!

Sabine Weiss – Bürgermeisterin von Dinslaken, Mitglied der CDU-Fraktion und langjährige Kennerin von Dieter Oelschlägels kommunalpolitischem Engagement für die Grüne Fraktion in seiner neuen Heimat – dankt ihm als Vertreterin „seiner Stadt" mit einem Artikel mit dem Titel: Theorie und Praxis zum Nutzen der Heimatstadt oder vom Propheten im eigenen Lande... (man könnte auch sagen: Der Herr Professor in der kommunalpolitischen Praxis).

Anmerkungen

1 POS – ehemals „Soziale Arbeit und Erziehung", SAE

2 erschien 1980 im Bielefelder AJZ Verlag

C. Wolfgang Müller

Von der Methode zum Prinzip
Dieter Oelschlägel als Gemeinwesenarbeiter

Erst spät habe ich erfahren, dass wir Nachbarn waren. Er kam aus Rabenstein, auf der anderen Seite der Autobahn vor Chemnitz. Ich bin in Rottluff auf die Volksschule gegangen und später am Chemnitzfluss aufs Realgymnasium. Wir lebten also geraume Zeit zwei Stunden Fußweg von einander entfernt.

Kennen gelernt haben wir uns viel später an der renommierten Pädagogischen Hochschule in Berlin-Lankwitz, der Brutstätte der „Berliner Schule der Didaktik“ mit Paul Heimann, Wolfgang Schulz und Gunther Otto an der Schnittstelle zwischen Reformpädagogik und modernen Lehr-Lern-Theorien. Dieter Oelschlägel wollte, wie viele in der damaligen Zeit, Pädagogik studieren (wir nannten es „Erziehungswissenschaft“), aber auf keinen Fall „Lehrer“ werden. Dazu fand er auch keine Zeit, denn als Vorsitzender des Allgemeinen Studentenausschusses war er tagesfüllend damit beschäftigt, den Tatendrang seiner Kommilitoninnen und Kommilitonen in produktive Bahnen zu lenken. Er erschien dem damals eher jüngeren Teil unserer Hochschullehrerinnen und Hochschullehrer fast so wie ein idealer Student der 70er Jahre: neugierig, nachdenklich, praxisverbunden und theoriehungrig. Er wollte wissen, wie man es macht. Aber er wollte auch wissen, warum.

1970 richtete die Pädagogische Hochschule Berlin als eine der ersten (west-)deutschen Hochschulen den Diplomstudiengang in Erziehungswissenschaft mit den Schwerpunkten Schule, Berufs- und Wirtschaftspädagogik, Sozialpädagogik und Sonderpädagogik ein. Dieter Oelschlägel war als wissenschaftlicher Assistent und Studienberater richtungsgebend und anleitend tätig. Gleichzeitig aber arbeitete er als Gemeinwesenarbeiter in dem Neubauviertel „Heerstraße Nord“ am nordwestlichen Rande der Stadt, dort, wo die traditionsreiche Bundesstraße 5 die Stadt verlässt und nach Hamburg führt. Dieter Oelschlägel entdeckte damals offensichtlich sein Herz und seine Hand für das, was wir heute „Sozialraum“ und seine Entwicklung nennen.

Ältere Leserinnen und Leser werden sich vielleicht noch dunkel erinnern: Die frühen 70er Jahre des letzten Jahrhunderts waren in der eher theoretischen Fachdiskussion der Sozialen Arbeit durch zwei kontroverse Positionen geprägt, die ich in verkürzender Vorläufigkeit mit den beiden Aussagesätzen charakterisieren möchte „Methodisches Arbeiten als Weg in die Profession" und „Historisch-materialistische Erkenntnistheorie als Weg aus der revisionistischen Sackgasse". In den täglichen Diskussionen gab es natürlich nicht nur diese beiden reinlichen und sich ausschließenden Alternativen, sondern Mischformen, die zu Aussagen wie „Mehr oder weniger Theorie" und „Mehr oder weniger Praxis" versimpelt wurden.

Für Kolleginnen und Kollegen, die einerseits an der professionellen Weiterentwicklung Sozialer Arbeit durch methodisches Herangehen interessiert waren, aber gleichzeitig der Prüfung eines politisch-ökonomisch fundierten Begründungszusammenhangs dieser Arbeit und ihrer historischen Entwicklung nicht im Wege stehen wollten, bot sich die damals für (West-)Deutschland neu entdeckte „Gemeinwesenarbeit" als ein professionelles Verfahren an, das einerseits an damals virulente soziale Bewegungen im Reproduktionsbereich anknüpfen konnten und das weder in der Gefahr war, soziale Probleme, die in einzelnen Menschen als „Symptomträgern" manifest geworden waren, zu individualisieren, noch in der anderen Gefahr, Kinder, Jugendliche und Klienten der Sozialen Arbeit summarisch den beiden Hauptgruppen der Klassentheorie zuordnen zu müssen und dabei einerseits falsche Hoffnungen und andererseits falsche Befürchtungen zu wecken. Für diese Kolleginnen und Kollegen (und für diese Studierenden) wurde Anfang der 70er Jahre „GWA unser Ding". Selbstverständlich waren wir genötigt, diese „dritte Methode der Sozialarbeit" zu differenzieren. Ich unterschied am Beispiel von Murray Ross und Saul Alinsky harmonisierende und aggressive Strategien von GWA und Strategien von oben, Strategien von unten und Strategien aus der Mitte der Fachbasis. Boulet, Krauß und Oelschlägel bedachten die in den Niederlanden entwickelte Differenzierung in territoriale, funktionale und kategoriale Gemeinwesenarbeit und wandten ihr Interesse der kategorialen Zielgruppenarbeit zu. Ich denke, sie vollbrachten damit eine Entdeckungsleistung, welche die Entdeckung der „Gruppe" als vermittelnde Gesellungsform zwischen Individuum und Gesamtgesellschaft wiederholte, die 1887 von Ferdinand Tönnies angedacht und 1902 von Charles Cooley ausgeführt worden war.

Damit zusammen hängt eine zweite Leistung von Jaak Boulet, Jürgen Krauß und Dieter Oelschlägel in dem umfangreichen Band „Gemeinwesenarbeit als Arbeitsprinzip. Eine Grundlegung", der 1980 in einem leider wenig bekannten Bielefelder Verlag (AJZ Druck und Verlag) erschien. Die drei Autoren, vor allem aber Dieter Oelschlägel befreiten darin „Gemeinwesenarbeit" aus dem bornierten Streit in der deutschen Rezeptionsgeschichte der drei klassischen „methods of social work". Deutsche Pädagogen befürchteten damals, die instrumentellen Nebentöne von „Methoden" könnten den hellen Klang pädagogisch wertvoller Vielstimmigkeiten verunreinigen. Sie wussten nicht (oder konnten nicht wissen), dass „method" in der angloamerikanischen Tradition eine große Bandbreite besitzt und sowohl philosophische Maxime wie Menschenbilder und auch diesen Leitbildern angemessene Verfahrensweisen enthält. Indem Oelschlägel und seine Mitautoren Gemeinwesenarbeit als „Arbeitsprinzip“ reformulierten, hofften sie, auch die anderen klassischen „Methoden“ Einzelfallhilfe und Gruppenpädagogik aus der handlungslähmenden Alternative zu befreien, in der wir entweder gebannt auf die gesamte Gesellschaft und ihre schädigenden Wirkungen schauen oder nur das individuelle „well being“ eines leidenden Individuums empathisch ins Auge fassen. „GWA als Arbeitsprinzip professioneller Sozialarbeit/Sozialpädagogik will die Individuen und Gruppen eines räumlich-historischen erkennbaren Gemeinwesens unterstützen, in einen selbstständigen Entwicklungsprozess einzusteigen, damit sie zunehmend in die Lage versetzt werden ... auf Strukturen Einfluss zu nehmen, die das Gemeinwesen bedingen, entstehende Entfremdung und ihre Folgeprobleme tendenziell aufheben zu können (und) die durch gesellschaftliche Prozesse gestörten Mensch-Mensch- und Mensch-Umwelt-Beziehungen ... exemplarisch verbessern zu lernen“ (Boulet, Krauß, Oelschlägel 1980, 290).

Es geht also um eine auf Emanzipation gerichtete Hilfe zur Selbsthilfe im Reproduktionsbereich (Wohnen, Erziehen, Regenerieren), wenn mit Emanzipation die selbsttätige Befreiung von selbstgesetzten und fremderzwungenen Einschränkungen menschlicher Lebenstätigkeit verstanden wird. Erst durch diese zielführende Konkretisierung wird die Formel vom Arbeitsprinzip, das allen Formen und Feldern Sozialer Arbeit eigen ist, anschlussfähig an eine allgemeinere gesellschaftswissenschaftliche Diskussion. Nicht im Alleingang ist diese auf Emanzipation gerichtete Selbsthilfe zu erreichen. Auch nicht durch ein Warten auf emanzipatorische Veränderungen, die von *allen* Menschen oder gar vom Staat gewollt und bewirkt werden, sondern ein solidarisches Handeln in einem erfahrbaren – also sozialräumlichen – Bezug.

Das ist es, was ich mit „anschlussfähig“ meine. Denn hier können Beziehungen zu den Stichwörtern „Alltagswende“ und „Lebenswelt-Orientierung“ hergestellt werden, welche von Hans Thiersch und anderen in den 80er und 90er Jahren in der Akzentverschiebung von eher globalen oder doch gesamtstrukturellen Fortschrittshoffnungen formuliert worden sind. Ein so verstandenes Konzept von „alltäglichem Lebensraum“ könnte die traditionellen Begriffe von „Selbsttätigkeit“ und „Solidarität“ verbinden. Sie könnte „Geben“ und „Nehmen“ miteinander verbinden. Sie könnte helfen, die falsche und fortschritthemmende Vorstellung zu überwinden *der* Staat müsse geben und *der* Einzelne dürfe nehmen, weil Eigenleistung nicht mehr gefragt sei.

Ich bin nicht sicher, ob die Designer des ehrgeizigen sozialen Stadtsanierungsprogramms der Bundesregierung („Die soziale Stadt“) und die eilfertigen Promotoren der „Sozialraumorientierung“ die „Grundlegung“ von Boulet, Krauß und

Oelschlägel gelesen haben. Ich vermute, eher nicht. Hätten sie es getan, wären sie mit Sicherheit auf ein Zitat von Frigga Haug aus dem Jahre 1978 gestoßen:

„... die Methoden müssen den Gegenständen angemessen sein ... Was für einen Gegenstand angemessen wäre, bestimmt sich danach, was ich mit dem Gegenstand zu tun haben will – ist mithin eine Frage der Praxis" (Dialektische Theorie und empirische Methodik. Argument 1978, Heft 111). Und weil das so ist, deshalb wiederholen die Diskussionen um die „Sozialräumlichkeit" die alten Diskussionen um die „Gemeinwesenarbeit" zum wiederholten Male, ohne sie wirklich voranzutreiben. Denn genauso, wie damals Gemeinwesenarbeit betrieben wurde, einmal, um das Spendenaufkommen im Stadtteil zu erhöhen, oder um Straßenlampen einzuführen und so die Sicherheit der Bürger zu gewährleisten, oder um Jugendliche und Hausfrauen zu mobilisieren, die über die Betriebe nicht erreicht werden konnten, weil sie (noch) keine Lohnarbeiter waren ... genauso verbergen sich hinter der modischen Formel von der Sozialraumorientierung sowohl die Interessen von Kommunalverwaltungen, sinnvolle (und kostensparende) Verwaltungsräume zu schaffen und Synergieeffekte zu erzielen. Aber auch die Interessen von Stadtplanern, welche die Infrastruktur der Neubauviertel, die sie am Reißbrett entwerfen, optimieren möchten. Aber auch die Interessen von Politikern, die sich von „schräg" geschnittenen Wahlkreisen keine Chancen ausrechnen, wiedergewählt zu werden. ... Aber auch die Interessen von Müttern, die fürchten, dass der Weg ihrer Kleinkinder in Kita, Grundschule und Hort über vielbefahrene Durchgangsstraßen führt, die noch keine gesicherten Ampelanlagen aufweisen. ...

Ich habe Dieter Oelschlägel lange nicht gesehen. Ich konnte auch seine weitere persönliche und wissenschaftliche Entwicklung nicht verfolgen. Duisburg und Berlin sind eben weiter von einander entfernt als Rabenstein und Rottluff.

Aber ich weiß, dass der starke Impuls des studierenden Dieter Oelschlägel, Theorie und Praxis nicht auseinander driften zu lassen, sondern das, was er professionell tut, theoretisch zu begründen und das, was er für theoretisch angemessen hält, auch zu praktizieren, dass dieser starke Impuls des studierenden Dieter Oelschlägel im lehrenden und forschenden Dieter Oelschlägel lebendig geblieben ist, und dass wir beide uns freuen können, als Sachsen in einem Lande zu wirken, das nicht immer pflegeleicht ist.

Rudolph Bauer / Peter Szynka

Wer war Saul D. Alinsky?

Das Konzept von Community Organizing, seine theoretischen Ursprünge und die politisch-gesellschaftlichen Entstehungsbedingungen

Über Saul D. Alinsky konnten die Leser/innen deutschsprachiger Literatur zur Gemeinwesenarbeit erstmals 1971 etwas Näheres erfahren. In einer Buchveröffentlichung mit dem Titel „Stadtplanung und Gemeinwesenarbeit" erschien unter der Überschrift „Die Rolle informeller Führer beim Aufbau von Volksorganisationen" ein von C. Wolfgang Müller ins Deutsche übersetzter Aufsatz Alinskys aus dessen Schrift *Reveille for Radicals*. Dort, im Autorenverzeichnis des Bandes, stand über den Verfasser folgendes zu lesen: „SAUL ALINSKY, Jahrgang 1909, studierte an der Chicagoer Universität Soziologie und arbeitete anschließend als Kriminologe im Staatsgefängnis von Joliet. Um 1940 organisierte er die 'Bewegung der Hinterhöfe' in Chicago. Mit Hilfe einer 'Stiftung für Industriegebiete' und mit Unterstützung progressiver Kirchengemeinden organisierten Alinsky und sein Stab später das Negerviertel von Rochester, New York und die mexikanischen Wanderarbeiter in Kalifornien. Heute unterhält Alinsky ein Trainingszentrum für Gemeinwesenarbeiter in den USA. Sein Buch 'Reveille for Radicals'... erscheint in deutscher Übersetzung..." (Müller/Nimmermann 1971, S.255)

Der zitierte Text beschreibt in Kurzform wichtige Facetten des biografisch-beruflichen Hintergrunds einer Persönlichkeit, die aus mehreren Gründen von besonderem Interesse ist. Alinsky entstammte einem jüdischen Elternhaus. Er hat im 20. Jahrhundert – in den Jahren des *New Deal*, des Zweiten Weltkriegs, des *Cold War* und des „Krieges gegen die Armut" – theoretisch und praktisch das *Community Organizing* (CO)[1] entwickelt. In der Theorie basiert der CO-Ansatz auf dem wissenschaftlichen Fundament des Studiums und den Forschungsarbeiten Alinskys an der *Chicago School of Sociology*. Praktisch hat er seinen Ansatz ab 1939 zunächst im Stadtteil *Back of the Yards* (Hinter den Schlachthöfen) in Chicago umgesetzt. Dort ist es dem *Back-of-the-Yards Council*, einer von ihm ins Leben gerufenen Bewohner/innen/organisation, unter seiner Anleitung und durch die Einbeziehung kirchlicher und gewerkschaftlicher Kreise gelungen, die bestehenden Wohn-, Arbeits- und Lebensverhältnisse der Menschen im Quartier erkennbar und nachhaltig zu verbessern.

Ein weiteres Motiv des besonderen Interesses an Alinsky liegt in der Rezeption – richtiger: der Nicht-Rezeption – des Ansatzes von *Community Organizing* hierzulande, d.h. in Deutschland-West, Deutschland-Ost zu DDR-Zeiten und in der um die Neuen Länder erweiterten Bundesrepublik nach 1989/90. Wie schon C. Wolfgang Müller im Jahre 1971, so kann man trotz mancher gegenteiliger Anzeichen[2] im Grunde genommen auch heute noch den Eindruck gewinnen, „als handele es sich bei dieser „dritten Methode der Sozialarbeit" [also der Gemeinwesenarbeit; R.B./ P.S.] in der Tat um einen Rückfall selbst hinter jene reformatorischen Positionen, die inzwischen innerhalb von Beratung und Gruppenpädagogik gezogen worden sind" (Müller 1971, S.235). Bei der deutschen Rezeption der gemeinwesenbezogenen Handlungsansätze und ihrer Methode seien die praktische Arbeit Alinskys ebenso wenig einbezogen und berücksichtigt worden, wie die des Sizilianers Danilo Dolci oder die Erkenntnisse von Ralph M. Kramer und Harry Specht (siehe Kramer/Specht 1969).

In erweiterter Form lautet unsere Frage daher: Was für ein Mensch und Akteur war dieser Saul D. Alinsky, und was ist das Besondere seines *Community Organizing*-Ansatzes, der in der Sozialen Arbeit hierzulande bislang keine theoretisch-konzeptionelle und praktisch-richtungsweisende Resonanz gefunden hat? Der folgende Beitrag versucht darauf eine Antwort zu geben, indem wir zunächst die Biografie, die politische Zeitgenossenschaft und einige Schriften Alinkys darstellen, um dann – ausgehend von seiner religiösen, philosophischen und wissenschaftlichen Sozialisation – das Besondere seines Ansatzes zu kennzeichnen und dessen (nicht zuletzt für deutsche Verhältnisse) schwierige Kommensurabilität zu begründen.[3]

Saul D. Alinsky: Die Biografie[4]

Saul D. Alinsky wurde am 30. Januar 1909 in einem – wie er es formulierte – „Slum im Slum von Chicago" geboren. Seine Mutter Sarah war eine geborene Tannenbaum, sein Vater Benjamin Alinsky war Schneider. Beide Eltern waren orthodoxe Juden, die nach den Pogromen von 1881 aus Weißrussland in die USA eingewandert sind. Ihren Sohn schickten sie im schulpflichtigen Alter zum *Cheder*, der jüdischen Elementarschule, und zur *Jeshiwa*, der Talmudschule. 1922, als Saul David 13 Jahre alt war, wurde die Ehe seiner Eltern geschieden. Die Mutter blieb in Chicago, der Vater zog nach Los Angeles.

Saul wohnte zeitweise bei der Mutter, dann wieder beim Vater in Los Angeles, wo er 1926 die *Hollywood Highschool in California* absolvierte. In der Folgezeit schrieb er sich an der *University of Chicago* im Fach Altertumskunde ein und erwarb 1930 den Grad eines *Bachelor in Archeology*. Anschließend an sein Archäologie-Studium belegte er das Fach Kriminologie an der *Chicago School of Sociology*[5], wo er schon ab 1928 an Lehrforschungsprojekten von Ernest W. Burgess (1886–1966)[6] teilgenommen hatte und 1930 ein Graduiertenstipendium erhielt. 1931 lernte er auf Empfehlung von Burgess den Kriminologen Clifford R. Shaw[7] kennen, der das *Institute for Juvenile Research* (IJR) leitete.

Nachdem er seine erste Frau Helene Simon Alinsky[8] geheiratet hatte, verließ er 1932 die Universität. Um die Familie zu ernähren, arbeitete er zunächst als Feldforscher am IJR, dann bei der *Illinois State Division of Criminology* und ab 1933 am *State Prison Classification Board* des Staatsgefängnisses in Joliet. In dieser Zeit engagierte sich Alinsky auch politisch. Er unterstützte den Kampf der Farmpächter und Kleinbauern im Süden der USA[9] sowie die jüdischen Unterstützungskomitees für die Internationalen Brigaden in Spanien,[10] indem er sich an *Fundraising*-Kampagnen beteiligte.

Alinsky hatte damals die Überzeugung gewonnen, dass Armut und gesellschaftliche Diskriminierung die Hauptursachen der Kriminalität sind. Deshalb teilte er auch die Kritik des Soziologen Robert E. Park an den Projekten der *Do-Gooders.*[11]

1935 wechselte Alinsky in das von Shaw und Burgess gegründete *Chicago Area Project* (CAP)[12], um im Westteil von Chicago die Arbeit in einem Stadtteil mit dem Namen *Back of the Yards* (Hinter den Schlachthöfen) aufzunehmen. Im Jahre 1939 hatte er im Schlachthof-Viertel von Chicago seine ersten Erfahrungen als *Community Organizer* beim *Back-of-the-Yards Neighborhood Council* (BYNC) gesammelt. Daraufhin wurde seine Arbeit finanziell aus Mitteln der Erzdiözese Chicago und von philanthropisch gesinnten Geschäftsleuten unterstützt. Dadurch war Alinsky in der Lage, zur Organisation und Unterstützung von *Community Organizing* die *Industrial Areas Foundation* (IAF) zu gründen, deren *Executive Director* er 1939 wurde.

Später folgten regelmäßige Einsätze als CO-Berater: unter anderem in Kansas City (ab 1940), wo er im Jahr 1945 festgenommen wurde und im Gefängnis einsitzen musste,[13] in St. Paul (ab 1941), in Los Angeles (ab 1947) sowie in New York (1957), Montana (1959), Chicago (1963), Syracuse (1965), Kansas City und Missouri (1966), Buffalo (1967), Rochester und erneut in Chicago (1971).

Publizistischen Erfolg hatte Alinsky 1946 mit der Veröffentlichung des Buches „Weckruf für Radikale“ (*Reveille for Radicals*), dessen zweite Auflage – die *Vintage Edition* – 1969 als Taschenbuch erschienen ist und um ein Vor- und ein Nachwort ergänzt war. 1949 veröffentliche Alinsky eine unautorisierte Biografie von John L. Lewis (1880–1969), dem Gewerkschaftsführer und Gründer der im *Congress of Industrial Organizations* (CIO) neu organisierten *American Federation of Labor* (AFL).[14]

1971 erschien als zweites Hauptwerk in Sachen *Community Organizing* der Band *Rules for Radicals – A Pragmatic Primer for Realistic Radicals* („Regeln für Radikale – Eine pragmatische Vorbereitung für realistische Radikale"). Ein Jahr später, am 12. Juni 1972, starb Alinksy im Alter von 63 Jahren an einem Herzinfarkt.

Saul D. Alinsky: Die Zeitgenossenschaft

Alinskys US-amerikanische Zeitgenossenschaft war von verschiedenen innen- und außenpolitischen Entwicklungen und Ereignissen bestimmt. Für das Kind und den Jugendlichen erwiesen sich zunächst die Erfahrungen der Vereinigten Staaten als eines Einwanderungslandes und die besondere Situation der jüdischen Immigranten aus Russland als prägend. Als Student und Wissenschaftlicher Mitarbeiter erlebte er in der Zeit nach dem Ersten Weltkrieg die durch den Börsenkrach am 24. Oktober 1929 ausgelöste Weltwirtschaftskrise (*Great Depression*) sowie die Auswirkungen der Roosevelt'schen Reformpolitik des *New Deal* (1933–1935).

Während Alinsky in Chicago mit dem *Back of the Yards*-Projekt startete, propagierten Stalins Fünfjahrespläne ab 1928 dem „Aufbau des Sozialismus in einem Lande", und der Sowjetische Staat entwickelte sich zunehmend zu einem diktatorischen Regime. Zur gleichen Zeit bauten die Nationalsozialisten in Deutschland ihre totalitäre Herrschaft aus. Der organisierte deutsche Antisemitismus steigerte sich von den Nürnberger Rassengesetzen 1933 und den Ausschreitungen der 'Reichskristallnacht' (9./10. November 1938) bis hin zur systematischen Ausrottung aller Juden und anderer Minderheiten in den Arbeits- und Konzentrationslagern. In Spanien war Bürgerkrieg (1936–1939), und mit dem Einmarsch deutscher Truppen in die Tschechoslowakei am 17. März sowie mit dem deutschen Angriff auf Polen am 1. September begann 1939 der Zweite Weltkrieg. Daran beteiligten sich auf Seiten der alliierten Anti-Hitler-Koalition bis Kriegsende 1945 auch die USA. In dieser Zeit fand in den Vereinigten Staaten die große interne Wanderungsbewegung der Afroamerikaner vom Süden in den industrialisierten Norden statt: *the Great Migration*.

Weitere historisch bedeutsame Etappen, von denen Alinsky und seine Arbeit in den USA in der Folgezeit nicht unberührt geblieben sind, waren ab 1949 die „Kommunistenjagd" unter Senator McCarthy zur Verfolgung fortschrittlicher Zeitgenossen, die Bürgerrechtsbewegung und das *Students' Movement* der 1960er Jahre, der *War on Poverty*[15] sowie die Entstehung und der politische Kampf der *Black Power*-Bewegung[16] von Stokeley Carmichael. Stichworte zur Kennzeichnung der damaligen außenpolitischen Entwicklung sind: der Kalte Krieg, der Korea- (1950ff.) und der sich noch bis 1975 hinziehende Vietnamkrieg, die Berlin- (1958) und die Kuba-Krise (1962).

Saul D. Alinsky: Die Schriften[17]

Der im Jahre 1946 publizierte „Weckruf" ist eine Art Handbuch für CO-Aktivist/inn/en. Der Band umfasst zwei Teile: einen politischen und einen methodischen. Im politischen Teil entfaltet Alinsky sein Begriffsverständnis der *American Radicals*. Dabei nimmt er zum einen Bezug auf bedeutende Persönlichkeiten aus der Geschichte der Vereinigten Staaten, die sich – wie zum Beispiel Präsident Thomas Jefferson (1743–1826) oder der Schriftsteller und Politiker Thomas Paine (1737–1809) – mit vollem persönlichen Engagement für die demokratischen Ideale, den Wert des Individuums und die Rechte von Minderheiten eingesetzt haben.

Zum anderen erwähnt Alinsky als 'Radikale von heute' wichtige Repräsentanten der US-amerikanischen Arbeiterbewegungen und der Katholischen Kirche, unter anderem etwa den Gewerkschafter John L. Lewis und den Chicagoer Bischof George B. Sheil (1888–1969).[18] Entsprechend ist es auch für Alinskys CO-Praxis eine Aufgabe von zentraler Bedeutung, gewerkschaftliche und kirchliche Kreise im Kampf für die Interessen der Stadtteilbevölkerung zusammenzuführen.

Der zweite Teil des „Weckruf"-Bandes trägt den Titel „Der Aufbau von Volksorganisationen" und fokussiert das methodisch-praktische Vorgehen dabei. Alinsky beschreibt Verfahrensweisen der teilnehmenden Beobachtung, der Intervention und der politischen Bildung. Im einzelnen geht es ihm vor allem um Fragen des Programms einer *People's Organization*, um ihre Leitungsstruktur und die Traditionen des betreffenden Wohnquartiers sowie um Konfliktstrategien, um Fragen der Kommunikation, der Bildungsarbeit mit Erwachsenen und um sozialpsychologische Aspekte bei Themen wie Partizipation, Aggression und Organisation bzw. Desorganisation.

Der Band enthält im Anhang eine Art Mustersatzung, die Aufschluss gibt über die rechtliche und organisatorische Struktur einer zu gründenden *People's Organization*. Diese *By-Laws* wurden in der *Vintage Edition* von 1969 nicht mehr veröffentlicht.

Alinskys für die *Vintage Edition* verfasstes Vorwort stellt den Versuch dar, seine seit der Erstveröffentlichung gemachten persönlichen, politischen und gesellschaftlichen Erfahrungen zu thematisieren. Persönlich habe er gelernt, seine wütende Auflehnung in kühlen Zorn zu verwandeln und seine vormals intuitive Respektlosigkeit bewusst zu gestalten. Er erinnert an die Erfolge der Gewerkschaftsbewegung, verurteilt den Faschismus und beschreibt die gesellschaftlichen Veränderungen seit dem Ende des Zweiten Weltkriegs.

Hier knüpfen auch Alinskys Überlegungen im Nachwort an, in welchem er die akuten Krisen der Nachkriegsgesellschaft auflistet: die „städtische Krise", den Rassenkonflikt, die Studentenunruhen, die Verschärfung der Armut, die weltweiten Krisen sowie die Krisen der freien und offenen Gesellschaft. Um diesen Krisen zu begegnen, sei die Tradition der *American Radicals* wiederzubeleben. Es führe zu keinen befriedigenden Lösungen, wenn auf die gesellschaftlichen Krisen lediglich in 'wohlfahrtskolonialistischer' Weise reagiert wird.

Der Titel des zweiten Hauptwerks von Alinsky, des 1971 veröffentlichten Bandes *Rules for Radicals*, sollte ursprünglich *Rules for Revolution* lauten.[19] Anliegen des Autors ist die Betonung der Einsicht in die Notwendigkeit des permanenten gesellschaftlichen Wandels. Erforderlich sei die Befreiung des Revolutionsbegriffs aus der exklusiven Identifikation mit dem Kommunismusverständnis der damaligen Zeit und seine Rückgewinnung für Veränderungsprozesse auch in demokratischen Gesellschaften. Alinskys „Regel"-Buch enthält einerseits – wie schon der „Weckruf" – eine Absage an den „Wohlfahrtskolonialismus", andererseits plädiert sein Verfasser für die unbestechliche Analyse der herrschenden Verhältnisse sowie für einen nüchternen und selbstbewussten Realismus bei der Ansammlung organisatorischer Macht „von unten".

Ebenso wie den strategisch rationalen Grundsatz *Policy after Power* – er bringt zum Ausdruck, dass Macht die Voraussetzung für ein erfolgreiches politisches Handeln ist –, so benennt dieser Band eine ganze Reihe weiterer Handlungsprinzipien. Er enthält ferner grundsätzliche terminologische Überlegungen zu wichtigen konzeptionellen Begriffen (beispielsweise *Power*, *Self-Interest*, *Conflict* und *Compromise*) sowie eine Fülle von taktischen Ratschlägen und politischen Forderungen an den *Organizer*.[20]

Saul D. Alinsky: Sein jüdisch-religiöses und philosophisches „Erbe"

Auch wenn Alinsky als Jugendlicher und später als Erwachsener gegen seine religiöse Erziehung im Kindesalter rebellierte, finden sich in seinem Denken und in seinem Handlungskonzept zahlreiche Motive aus der jüdischen Tradition und Parallelen zu jüdischen Denkern. Er beruft sich auf den biblischen Moses der Gesetzestafeln, der sein Volk aus der ägyptischen Sklaverei befreite, und auf Rabbi Hillel[21] (60–10 v.u.Z.), eine wichtige Figur im Talmud. Er formulierte Gedanken, die Parallelen zur Philosophie des jüdischen Aufklärers Moses Mendelssohn (1729–1786) beinhalten und zu Rabbi Nachman von Brazlaw (1772–1810), der als Vertreter einer spätchassidischen Konfliktlehre gilt.[22]

Das jüdisch-talmudische „Erbe" hat auch Alinskys Praxisverständnis und sein handlungsorientiertes Denken geprägt. Wenn es beispielsweise im Buch Exodus 24,7 heißt: „Wir wollen tun und hören“, dann bringt sich in dieser Reihung – erst tun, dann hören! – die Bereitschaft zum Ausdruck, durch Handeln zu lernen bzw. – wie es die Reihung „Lernen und Tun“ ausdrückt – zu lernen, um zu handeln. Jedes Lernen oder Studium, das nicht aus Handeln hervorgeht oder zum Handeln führt, erweist sich aus dieser Sicht als bedeutungslos: ein Hinweis auf die religiös-philosophische Motivation von Alinskys Wissenschaftsverständnis und -kritik.

Die jüdische Aufklärung brachte Alinsky auch mit der Geschichte und Gedankenwelt der griechischen Klassik in Kontakt. Besondere Bedeutung erlangte für ihn die Methode des geduldig-besonnenen Dialogs, mit welcher Sokrates (470–399 v.u.Z.) seine Philosophie verbreitete, oder – als Gegenpart dazu – die Auseinandersetzung mit der kriegerisch-ungestümen Figur von Sokrates‘ Lieblingsschüler, dem athenischen Politiker und Feldherrn Alkibiades (450–404 v.u.Z.).

Zusammenfassend lässt sich behaupten, dass Alinskys religiöse und philosophische Sozialisation sowohl sein positives Verständnis von Streitkultur und Konfliktaustragung geprägt haben dürfte als auch seinen Begriff von Solidarität und seine Bereitschaft zur praktischen Zusammenarbeit mit nicht-staatlichen Organisationen, vor allem mit den christlichen Kirchen und anderen Religionsgemeinschaften, aber auch mit den Gewerkschaften.

Saul D. Alinsky: Der Archäologe, Soziologe und Kriminologe

Ungeachtet seiner wissenschaftskritischen Position, die sich nicht zuletzt der jüdisch-talmudischen Moral und Tradition verdankt, die zu seiner Zeit aber auch von soziologischen Fachvertretern geteilt wurde,[23] basieren die Denkmuster und Handlungskonzepte Alinskys auf bestimmten Erfahrungen und Erkenntnissen seiner akademischen Sozialisation. Sie beruhen einerseits auf der „archäologischen“ Suchhaltung beim Studium der Altertumswissenschaft, und zwar nicht zuletzt hinsichtlich der zu entdeckenden Handlungspotenziale der Adressat/inn/en Sozialer Arbeit. Sie basieren andererseits auf der wissenschaftlichen Auseinandersetzung mit wichtigen soziologischen Begriffen sowie mit kriminologischen Fragestellungen und Forschungsmethoden.

Zu den soziologischen Grundbegriffen, die ihren Niederschlag gefunden haben in der Konzeptualisierung von *Community Organizing*, gehören Termini wie beispielsweise „Macht“ (*Power*) und *Community*. Beim *Power*-Begriff rekurriert Alinsky zunächst auf das bei Robert E. Park und Ernest W. Burgess im Abgrenzung zum Verständnis von Einzelfaktoren entwickelte Konzept der *Social Forces*, die neben den ökologischen, kulturellen und politischen Kräften gesellschaftlich am Werk sind.

Später ersetzt Alinsky das *Forces*-Konzept bewusst durch den Machtbegriff und definiert: „Macht ist die Fähigkeit zu handeln."

Alinsky wendet sich ausdrücklich dagegen, anstelle des Wortes „Macht" andere Begriffe zu verwenden, welche die tatsächlichen Verhältnisse verschleiern, statt sie klar zur Sprache zu bringen. Im Verhältnis von Mittel und Zweck sei der Einsatz besonderer (Macht-)Mittel immer dann zu befürworten, wenn es das besondere Ziel der Handelnden ist, die Situation von Unterprivilegierten zu verbessern.

Ähnlich wie beim *Power*-Begriff entwickelt Alinsky ein Verständnis von *Community*, das zunächst die von William I. Thomas als Primärgruppen untersuchten Einwanderergemeinden im Blick hat sowie die von Burgess und Park erforschten *Natural Areas* der Stadtentwicklung. Später reflektiert Alinskys *Community*-Begriff aber sowohl die Würde des Individuums in der Gemeinschaft als auch die besonderen Bedingungen und Interessengegensätze der mobilen urbanisierten Gesellschaft. Er erläutert und macht deutlich: „*To organize a community, you must understand, that in a highly mobile, urbanized society the word 'community' means community of interests, not physical community*."

Angesichts der im Nationalsozialismus mit dem Missbrauch des Gemeinschaftsbegriffs gemachten Erfahrungen betont er: „*Always remember that the guiding star is the 'dignity of individual'. This is the purpose of the program. Obviously any program that opposes people because of race, religion, creed, or economic status, is the antithesis of the fundamental dignity of the individual.*" Die Achtung der Würde des einzelnen Individuums habe der leitende Gedanke eines jeden *Community*-Programms zu sein. Die traditionelle Gemeinschaft in Einwandererstadtteilen ist Ausgangspunkt, nicht Ziel seiner Bemühungen.

Saul D. Alinsky: Thesen und Fragen zu den Gründen der Nicht-Rezeption

Wie kommt es, so lautet abschließend nochmals die eingangs gestellte Frage, dass der *Community Organizing*-Ansatz in der deutschen Sozialen Arbeit keine theoretisch-konzeptionelle und praktisch-richtungsweisende Resonanz gefunden hat? Eine zufriedenstellende Antwort darauf kann gegenwärtig noch nicht gegeben werden. Sie setzt weitere Untersuchungen voraus, bei denen unter anderem den folgenden Hypothesen und Fragen nachzugehen sein wird:

1. Alinskys Handlungskonzept basiert auf der kritischen wissenschaftlichen Auseinandersetzung mit soziologischen Fragestellungen und Forschungsmethoden. Es ist daher zu fragen, ob die Nicht-Rezeption von *Community Organizing*

hierzulande einen ihrer Gründe darin hat, dass sich die Soziale Arbeit im Bereich der Ausbildung, bei den Trägern und im professionellen Selbstverständnis vorwiegend weltanschaulich, wissenschaftsfern und theoriefeindlich positioniert statt wissenschaftlich-kritisch?

2. Alinskys handlungsorientiertes Denken und sein Praxisverständnis sind geprägt von radikalen Denkmustern und Erziehungselementen der jüdischen Moral und Tradition. Es ist daher zu prüfen, ob hierzulande bis heute noch ein latentes Klima des antisemitischen Ressentiments vorhanden ist, das die Rezeption seines Ansatzes blockiert oder immerhin erschwert. Weiterhin ist zu klären, ob ein so radikaler Ansatz, welcher im Sinne Alinskys gesellschaftliche und politische Kontroversen sowie die daraus notwendiger Weise sich ergebende Austragung von Konflikten positiv bewertet,[24] hierzulande untergründige Ängste und prinzipielle Abwehrhaltungen auslöst.
3. Alinskys CO-Praxis basiert zentral auf dem Grundsatz, gewerkschaftliche und kirchliche Kreise im Kampf für die Interessen der Stadtteilbevölkerung zusammenzuführen. Ist es nicht denkbar, dass die Rezeption des CO-Konzepts deshalb behindert und erschwert wird, weil sich in Deutschland aus historischen Gründen die christlichen Kirchen und ihre Gemeinden auf der einen Seite und die industriebetrieblich orientierten Gewerkschaften auf der anderen als gesellschaftspolitische Gegner und Konfliktparteien verstehen? Zumindest dürften auch heute noch gegenseitige Vorurteile und „Berühungsängste“ existieren, die dem gemeinsamen Kampf für die Belange unterprivilegierter Bevölkerungsgruppen entgegen stehen.
4. Alinskys *Community Organizing*-Ansatz ist basisnah, widerspenstig, radikal, staats- und establishmentkritisch. Könnte er sich in Deutschland gerade darum als konzeptionell und methodisch inkommensurabel erweisen, weil die Soziale Arbeit und ihre Träger (einschließlich der christlichen Kirchen) eine lange Tradition von Staatsnähe, Konfliktscheu und Anpassungsbereitschaft, Obrigkeitsergebenheit und Establishmentfreundlichkeit aufweisen?

Indem wir mehr in Erfahrung zu bringen versuchen über die Person von Saul D. Alinsky und mehr zu wissen bestrebt sind über die Hintergründe und die konkrete Praxis seines *Community Organizing*-Ansatzes, erschließen sich uns – so scheint es – die besonderen, historisch gewachsenen und politisch verfestigten Verhältnisse hierzulande. Wir vermögen die spezifischen Bedingungen besser zu erkennen, unter denen Gemeinwesenarbeit in Deutschland bislang umgesetzt werden musste bzw. stets in Gefahr war zu scheitern. Wir lernen, dass Macht – Macht! – die Fähigkeit ist, zu handeln.

Literatur

Alinsky, Saul D.: Anleitung zum Mächtigsein. Ausgewählte Schriften. Göttingen 1999

Habermas, Jürgen: Simmel als Zeitdiagnostiker. In: Simmel 1983, S.243–253

Kramer, Ralph M. / Harry Specht, eds.: Readings in Community Organization Practice. Englewood Cliffs 1969

Lindner, Rolf: Die Entstehung der Stadtkultur. Soziologie aus der Erfahrung der Reportage. Frankfurt am Main 1990

Mohrlok, Marion / Neubauer, Rainer / Schönfelder, Walter: Let´s Organize! Gemeinwesenarbeit und Community Organizing im Vergleich. München 1993

Müller, C. Wolfgang: Die Rezeption der Gemeinwesenarbeit in der Bundesrepublik Deutschland. In: Müller / Nimmermann 1971: S.228–240

Müller, C. Wolfgang / Peter Nimmermann (Hg.): Stadtplanung und Gemeinwesenarbeit. Texte und Dokumente. München 1971

Simmel, Georg: Philosophische Kultur. Über das Abenteuer, die Geschlechter und die Krise der Moderne. Gesammelte Essais. Berlin 1983

Trolander, Judith Ann: Alinsky, Saul David. In: Trattner 1986, S.20–23

Trattner, Walter I. ed.: Biographical Dictionary of Social Welfare in America. New York, Westport/Connecticut, London 1986

Anmerkungen

1 Wir verwenden den Terminus *Community Organizing* im Abgrenzung von Begriffen wie *Community Organization* und *Community Development*, um den besonderen konzeptionellen Ansatz von Alinskys Methode der Gemeinwesenarbeit (GWA) zu kennzeichnen. Auch die Bezeichnung der Methode als Gemeinwesenarbeit bedarf einer gewissen Einschränkung, weil – worauf C. Wolfgang Müller (1971, S.197, Übersetzeranmerkung**) zu Recht hingewiesen hat – die Übersetzung von „*Community*" mit „Gemeinde" eine „bestimmte, meist konfessionelle Gemeinsamkeit voraussetzt. Auch der Begriff Nachbarschaft scheint uns zu intim gefärbt und zu eng, um das zu bezeichnen, was die Amerikaner mit 'community' meinen." Müller präferiert deshalb die Begriffe „Wohnviertel" oder „Wohnquartier" (s. ebd.).

2 Beispiele dafür sind: das Bestehen des Forums für Community Organizing (FOCO) oder die Herausgabe der ausgewählten Schriften Alinskys (siehe Alinsky 1999) und des Bandes „Let's Organize!" (siehe Mohrlok / Neubauer / Schönfelder 1993).

3 Die folgenden Ausführungen stützen sich zu einem Großteil auf Vorarbeiten, die im Rahmen des Promotionsvorhabens von Dipl.soz.wiss. Peter Szynka an der Universität Bremen entstanden sind.

4 Siehe Trolander 1986, S.20–23

5 An der *Chicago School of Sociology* waren zu dieser Zeit unter anderem tätig: William I. Thomas (1863 – 1947), der gemeinsam mit Robert Znaniecky das fünfbändige Werk *The Polish Peasant in Europe and America* (1918–20) verfasst hatte und auf den das sog. Thomas-Theorem zurückgeht („*If men define situations as real, they are real in the consequences*"); Robert E. Park (1864–1944), der in Deutschland studiert hatte und als Herausgeber und Autor von *The City* (1925) das Identitätskonzept des *Marginal Man* und den *Race Relations Circle* entwickelte (siehe Lindner 1990); Louis Wirth (1897–1952), der mit dem Konzept der *Clinical Sociology* die Lösung

sozialer Probleme zu erreichen suchte; William Ogburn (1886–1959) und Ernest W. Burgess, der zusammen mit Park den Begriff der *Social Forces* entwickelte.

6 E. W. Burgess leitete seinerzeit ein Projekt, das erforschen sollte, wie sich *Dance Halls* auf die moralische Entwicklung junger Menschen auswirken.

7 C. R. Shaw ist bekannt als Autor von *The Jack-Roller. A Delinquent Boy's Own Story* (1930), *The Natural History of a Delinquent Career* (1931), *Brothers in Crime* (1938) und *Juvenile Delinquency and Urban Areas* (1948).

8 Sie war die Mutter von zwei Kindern, Kathryn und Lee David, und kam 1947 durch einen Unfall bei der Rettung eines Kindes ums Leben. Alinskys zweite Ehe, geschlossen mit Jean Graham, endete 1970 durch Scheidung. Seine dritte Frau Irene McGinnis ehelichte er 1971.

9 Die *Sharecroppers*, meist Farbige, hatten ihre Pacht an die Grundbesitzer in Form eines bis zur Hälfte ihrer Ernte reichenden Anteils zu bezahlen. Dadurch verarmten sie in schlechten Erntejahren besonders rasch und zahlreich.

10 Der Spanische Bürgerkrieg (1936–1939) richtete sich gegen die monarchistischen Rechte unter General Franco und begann, nachdem die Volksfront aus Republikanern, Syndikalisten, Sozialisten und Kommunisten bei den spanischen Februarwahlen 1936 gesiegt hatte. Bei den kriegerischen Auseinandersetzungen wurden auf der Francistischen, von Hitlers Nazi-Deutschland und Mussolinis Italien unterstützten Seite die damals modernsten Waffensysteme eingesetzt (u.a. bei Angriffen der deutschen Luftwaffe auf Guernica). Auf der republikanischen Gegenseite kämpften bei den Internationale Brigaden u.a. auch Freiwillige aus den USA (darunter z.B. der Schriftsteller Ernest Hemingway).

11 Diese Kritik galt den gut gemeinten 'wohlfahrtskolonialistischen' Missionierungsbestrebungen unterschiedlicher Religionsgemeinschaften (auch den Aktivitäten der *Settlement*-Bewegung), welche darum bemüht waren, die Einwanderer zu belehren und anzupassen, statt sie bei ihrer Selbstorganisation und ihren Versuchen der Selbstkontrolle zu unterstützen.

12 Das CAP sollte dazu beitragen, die präventiven Handlungsmöglichkeiten bei der Bekämpfung der Jugendkriminalität zu erweitern. Alinskys Aufgabe sollte es zunächst sein, das Wohnquartier kennen zu lernen, die *Local Leaders* ausfindig zu machen und zusammen mit ihnen ein *Community Program* zur Bekämpfung der Jugendkriminalität zu entwickeln.

13 Dort schrieb er sein 1946 veröffentlichtes Buch *Reveille for Radicals* („Weckruf für Radikale"), das in der Folgezeit zu einer Art Bestseller wurde.

14 Gleichsam als 'Gegenstück' zu dieser Gewerkschafter-Biografie über John L. Lewis arbeitete Alinsky an einem (allerdings nie abgeschlossenen) Lebensbericht über den Direktor der *Catholic Charities of America*, Monsignore John O'Grady. 1951 veröffentlichte er in der Zeitschrift *The Progressive* eine biografische Skizze des *Senior Auxiliary Bishop* der Erzdiözese Chicago, Monsignore George Bernhard Sheil.

15 Alinsky setzte sich 1965 in der Zeitschrift *Social Issue* mit dem „Krieg gegen die Armut" auseinander. In einer ebenso glänzenden wie präzisen, zugleich aber vernichtenden Analyse bezeichnete er das *Anti-Poverty Program* der US-Administration unter Präsident Lynden B. Johnson als „politische Pornographie". Er forderte statt der Ausschaltung unbequemer Meinungen durch die Konsenstricks von Parteien, Verwaltungen und Wohlfahrtsindustrie: „*It must be a program which contents that poverty involves poverty of power as well as poverty of economy*" (sprich: Armut bedeutet eben nicht nur einen Mangel ökonomischer Art, sondern schlicht auch das Fehlen von Macht).

16 Weil es dieser Bewegung an ausgebildeten *Black Organizers* fehlte, sei es ihr – so Alinsky im Nachwort zur 2. Auflage des *Reveille*-Bandes – nicht gelungen, tatsäch-

lich auch *Power* zu erringen und darüber zu verfügen.

17 Im Folgenden wird – wenn auch sehr verkürzt – auf die für das Verständnis des CO-Konzepts zentralen Werke Alinskys eingegangen: den „Weckruf" (deutscher Kurztitel für das Buch *Reveille for Radicals* von 1949), das Vor- und das Nachwort der 2. Auflage des „Weckrufs" in der *Vintage Edition* von 1969 und die „Regeln" (deutscher Kurztitel für das Buch *Rules for Radicals* von 1971).

18 Siehe Fußnote 14

19 Die Abänderung des ursprünglichen Titels dürfte auf einen Kompromiss zwischen Alinsky und dem Verlag zurückzuführen sein; der neue Titel *Rules for Radicals* nimmt wörtlich Bezug auf den früheren Band *Reveille for Radicals* von 1946.

20 Einige dieser Gedanken, die wir hier aus Platzgründen leider nicht erläutern können, werden in den folgenden Abschnitten aufgegriffen, wo wir näher auf die sozialisatorischen religiösen, philosophischen und wissenschaftlichen Wurzeln im Denken Alinskys und in der Konzeption seiner CO-Praxis eingehen.

21 Auf ihn geht die folgende Maxime zurück, welche Alinsky als Motto für sein Werk *Rules for Radicals* diente: „Sei da wie ein Mann, wo keiner wie ein Mann ist."

22 Von Rabbi Nachmann sind Aussprüche wie die folgenden überliefert: „Nur ein Strohsack erregt keinen Widerspruch"; „Je mehr Kontroverse, desto mehr Wasser gelangt an den Baum und desto besser wächst er". Von Alinsky ist überliefert, dass er von den *Community Organizers* verlangte: „Helft den Leuten, ihrem Ärger Luft zu machen"; „Macht euch keine Sorgen; wir werden den Sturm der Anerkennung überstehen und man wird uns wieder hassen wie zuvor". – Manche Formulierungen Alinskys weisen den Charakter talmudischer *Kelalim* auf (= mnemotechnische Merkformeln, mit deren Hilfe komplexe Zusammenhänge komprimiert und erinnert werden können). Ein Beispiel: „*Change means movement. Movement means friction. Friction means heat. Heat means controversy*".

23 Darunter Robert S. Lynd (1892–1970) und C. Wright Mills (1916–1962)

24 Vgl. auch die positive Bewertung des Konflikts bei Georg Simmel (1858–1918), dem Begründer der deutschen Soziologie, dem das antisemitische Vorurteil eine relativistische Einstellung zum Christentum zum Vorwurf gemacht hat (vgl. Habermas 1983, S.244).

Wolfgang Hinte

Entlang den Interessen der Wohnbevölkerung

Zur Erinnerung an die Radikalität eines Konzepts

Ein Gemeinwesenarbeit-Projekt Anfang der 1970er Jahre im Ruhrgebiet. Wir (eine Gruppe von Gemeinwesenarbeitern) lernen dort Willi Kloos kennen. 13 Jahre, ziemlich kräftig, für sein Alter geradezu ein Riese, pflegt eine Sprache zwischen Revolverheld und James Bond, mimt gerne den starken Mann und ist eine herzensgute Seele. Er ist Mitglied einer Mieterinitiative, die sich für die Sanierung heruntergekommener Wohnungen aus den 50er Jahren einsetzt. Willi setzt sich gerne mit Erwachsenen an einen Tisch, vielleicht auch deshalb, weil er selbst kaum gleichaltrige Freunde hat. Er gibt sich immer etwas großspurig, raucht gelegentlich (heimlich), passt sich dem Erwachsenenjargon an, zeigt sich insbesondere jüngeren Kindern gegenüber äußerst fürsorglich und fungiert beim sommerlichen Stadtteilfest mit beachtlicher Übersicht als gerechter Preiseverteiler beim Dosenwerfen. Beim anschließenden Kampftrinken ist er in der Regel sturzbesoffen und protzt anderntags mit der Menge der geköpften Bierflaschen. Außerdem bietet er uns Gemeinwesenarbeitern seine Hilfestellung in allen möglichen praktischen Lebenssituationen an, was dazu führt, dass er mir bei meinem Umzug unzählige Kisten und Schränke zwei Stockwerke runter und vier Stockwerke rauf schleppt. Willi ist im Umgang mit uns absolut pünktlich, zuverlässig, manchmal ein bisschen aufdringlich, für ein offenes Wort („Willi, mach jetzt keinen Scheiß!") allerdings immer aufgeschlossen.

Wir kennen Willi ein knappes Jahr lang, als wir erfahren, dass er vom Jugendamt betreut wird und seine Mutter Sozialhilfe bezieht. Diese hat, nicht nur wegen ihm, sondern auch wegen ihrer anderen vier Kinder, das Jugendamt zu Hilfe geholt, weil ihr „das alles" über den Kopf wächst. Bezogen auf Willi heißt das: Er hat seinem Lehrer Schläge angedroht, ist bereits zweimal sitzen geblieben, wird wohl keinen Hauptschulabschluss kriegen, ist schon mal beim Autofahren ohne Führerschein erwischt worden, kommt abends bzw. nachts gelegentlich ziemlich spät nach Hause und lässt sich von seiner Mutter nichts sagen, falls er überhaupt mit ihr redet. Im Gespräch mit dem Jugendamts-Sozialarbeiter erfahren wir: Willi sei ein klassischer Leistungsverweigerer, latent aggressiv, hochgradig kriminalitätsgefährdet, viel zu kräftig für sein Alter, geistig retardiert, nahezu verwahrlost und jetzt schon gemeingefährlich (im übrigen sei die Mutter erziehungsschwach!). Da bleibt uns die Spucke weg: So was hätten wir von unserem Willi nie gedacht. Ab und an, speziell im Sommer, kam Willi gar nicht nach Hause. Er schlief dann einfach irgendwo draußen, auf einem Feld, in einer windgeschützten Ecke, auf einem Hinterhof oder wo auch immer. Wir fanden das irgendwie spannend, weil wir uns das nicht trauten, wir hatten Angst, es würde regnen oder wir würden uns wertvolle Körperteile erkälten, aber für Willi war das normal. Die Mutter hingegen ging fest davon aus, dass Willi in diesen Nächten kriminelle Taten vollbrachte, und der Sozialarbeiter meinte ohnehin, dass Kinder nachts ins familiäre Bett gehören und alles andere allenfalls unter erlebnispädagogischer Aufsicht statthaft sei. Nachdem uns das Jugendamt deutlich auf diese Tatbestände hingewiesen hat, beschließen wir, diese Institution und ihren Vertreter nicht weiter ernst zu nehmen. Willi scheint uns zwar etwas merkwürdig, ansonsten allenfalls so gestört wie sein Sozialarbeiter, und wir wollen ihn künftig vor der fürsorglichen Belagerung des Jugendamtes schützen. Wir nutzen unsere Sozialraumkenntnisse mit folgendem Ergebnis: Willi erhält (ohne Hauptschulabschluss) durch seine und unsere Kontakte eine Aushilfsstelle als ungelernter Hilfsarbeiter bei einer lokalen Baufirma (die regelmäßig unser Stadtteilfest sponserte), macht dort einen guten Eindruck wegen seines enormen Arbeitspensums und aufgrund seiner Kollegialität, erhält danach einen Dauerjob als Hilfsarbeiter im Bau, findet drei Jahre später ein (nach unseren Kriterien recht quirliges) Mädchen, das ihn heiratet und auf das er mit seiner großkotzig-beruhigenden Art einen ungemein beruhigenden Einfluss hat. Irgendwo im Ruhrgebiet finden sie eine preiswerte Wohnung, streiten sich bis heute gelegentlich, betrinken sich ab und an, lieben sich, freuen sich und ärgern sich über die Nachbarn. Heute würden wir sagen: Wir haben Willi bewahrt vor Intelligenztests in der Erziehungsberatung, einer drohenden Heimeinweisung, vor systematischer Hausaufgabenhilfe, vor Mediationsgesprächen mit seiner Lehrerin, seelsorgerischen Hinweisen des Sozialarbeiters, Erlebnispädagogik im Schwarzwald, Citybound in Dortmund und Auswegberatung im Sozialamt.

Familie und Institutionen taten sich damals schwer: Die Lehrerin fand nie Zugang zu seinem demonstrativ-protzenden Verhalten, der Sozialarbeiter war erschreckt ob der Körperkraft und sah ihn als „Fall“, die Mutter hatte genug mit sich selbst und den anderen Kindern zu tun und wollte Willi am liebsten los werden, und das größte Problem für alle Beteiligten schien zu sein, Willi irgendwie intelligenter machen zu müssen und zu einem Hauptschulabschluss zu bringen. Interessante Randnotiz: Bei unseren Gesprächen mit dem Sozialarbeiter wirkte der Kollege so, als sei er in einem Aktenkoffer zur Welt gekommen, und zwar in einem Aktenkoffer mit eingebauter Sonnenbank. Blasiert, besserwisserisch, bürgerliche Normalität pflegend und voll auf den Amtsbonus setzend. Ein für uns abschreckender Typ – nach heutigen Maßstäben der perfekte Teilnehmer einer Nachmittags-Talkshow bei RTL. Spannend war dann indes eine Begegnung mit diesem vermeintlichen Bürokraten bei einem Konzert in einem damals selbstverwalteten Kulturzentrum: Plötzlich wirkte der

Kollege richtig menschlich, flippte bei der Musik sympathisch lebendig aus und prostete uns dauernd mit seinem Weinglas zu, weil er sich freute, auf nette Bekannte zu treffen. Und wir fanden ihn gar nicht mehr unnahbar oder arrogant, sondern durchaus sympathisch und locker. Rückblickend gesagt: Wir haben Willi nicht aktiviert (er war einfach aktiv), wir haben ihn nicht beteiligt (er hat sich einfach selbst beteiligt), und wir haben auch keine Lernprozesse organisiert (Willi hat jedoch mit uns eine Menge gelernt). Aber wir hatten gute Kontakte im Gemeinwesen, haben Willi gelegentlich die Meinung gesagt, und – ganz wichtig! – wir respektierten Willis Ausdrucksweise und Lebensstil und waren beeindruckt von seinen Stärken.

GWA – Grundlagen und Irrwege

Die Unterstützungsleistungen für Willi's gesellschaftliche Integration waren damals eher ein Nebenprodukt unserer GWA. Im Zentrum stand dort die Organisation von Bürgeraktivität für die Sanierung von Wohnungen, für eine bessere Verkehrsanbindung oder für den Bau eines Jugendzentrums. Gleichsam am Rande ergaben sich Geschichten wie die zuvor erzählte, die indessen in dieser Form schwerlich denkbar waren ohne unsere radikale Akzeptanz der Eigenarten von Menschen und ihres Milieus. Für die Gemeinwesenarbeiter/innen in den siebziger Jahren waren Radikalität und Anstößigkeit von Theorie und Praxis eines fortschrittlichen GWA-Konzepts absolut selbstverständlich. Vieles war ja auch gezielt darauf angelegt, Bestehendes in Frage zu stellen, Widerspruch herauszufordern, zu skandalisieren oder aufzuklären. Insofern erstaunte es nicht, wenn etwa Aktivierungsprozesse seitens Politik und Verwaltung als Aufwiegelei gebranntmarkt, Forderungen nach Beteiligung mit dem Hinweis auf die angebliche Inkompetenz der Betroffenen zurückgewiesen wurden oder der Verzicht auf pädagogische Besserwisserei bis hin zur „Abschaffung der Erziehung" kurzerhand als terroristischer Anschlag auf abendländische Traditionen umdefiniert oder zumindest in den Bereich von Illusion und Vision verwiesen wurde. Die Schärfe der Reaktionen des Establishments war für uns ein Gradmesser für die Radikalität des Konzepts.

Auch heute noch sind bewährte gemeinwesenarbeiterische Prinzipien wie etwa der konsequente Ansatz an den Interessen und dem Willen der Wohnbevölkerung, der Vorrang aktivierender und auf Selbsthilfe setzender Arbeit vor Betreuungsangeboten, der systematische Einbezug personeller und sozialräumlicher Ressourcen bei der Gestaltung von Wohnquartieren sowie der zielgruppen- und bereichsübergreifende Ansatz zur Bildung professioneller und lebensweltlicher Netzwerke originäre „Pfunde", derer man sich aus der fachlichen Tradition der Sozialarbeit bedienen kann und die nicht zum zigsten Male neu erfunden werden müssen.

Nicht sonderlich überraschend, aber doch bemerkenswert scheint mir der Prozess zu sein, in dessen Verlauf fundamentale gemeinwesenarbeiterische Konzeptbestandteile in die Fachdiskussion sozialer Arbeit wie auch in das bürokratische Handeln der Fachkräfte Eingang fanden und dabei durch verschiedene Mechanismen ihrer Brisanz beraubt wurden (Richard Hauser würde sagen: sie wurden untermauert, übermauert und zugemauert): etwa durch inflationären Gebrauch, sprachliche Verformung, Umdefinition des Bedeutungsgehaltes oder durch kontextuelle Überformung. Interessant ist in diesem Zusammenhang der Umgang mit der GWA seitens der Jugendhilfe. GWA wirkte für die Jugendhilfe der 1970er Jahre wie ein Schnellball in der Hölle – allenfalls recht niedlich und nur von äußerst begrenzter Ausstrahlung. In den 1980er und 1990er Jahren wurde sie behandelt wie ein außerehelich gezeugtes, eher ungeliebtes Kind, das man am liebsten dauerhaft stationär untergebracht hätte, um es sich vom Leibe zu halten. Doch seit Ende der 1990er Jahre wird aus dem störrischen Kind, das man jahrelang gemieden hatte, gleichsam per fachlicher Rückführung ein vollwertiges Familienmitglied, das man in den Jugendhilfe-Schoß aufnehmen will, als sei man immer schon ein Herz und eine Seele gewesen. Gelinde gesagt ist das ein geschichtsloses und eher oberflächliches Vorgehen. „Neues erscheint häufig jenen als neu, die sich kein historisches Gedächtnis aneignen konnten und die deshalb Schwierigkeiten haben, in Jahrzehnten zu denken statt in Etatjahren“ – soweit C.W. Müller (2000, S.18), das Langzeitgedächtnis der Sozialpädagogik. Lebensweltorientierung, Ressourcenarbeit, Case-Management und Empowerment sind zeitgenössische Trend-Begrifflichkeiten, „die unschwer in die Tradition etablierter Gemeinwesenarbeit einzuordnen sind“ (ebd.). Wenn heute einige Technokraten und Juristen daher kommen und „Sozialraumorientierung“ kurzerhand auf Sozialraumbudgets reduzieren (etwa Münder 2001), so outen sie sich damit als partiell ahnungslos und einem ordentlichen Literaturstudium eher abgeneigt.

Doch auch auf Seiten der GWA gab es Verirrungen, die von dem Kern des Konzepts ablenkten. Angesichts spärlicher Praxiserfolge und zahlreicher unterfinanzierter Projekte folgte man allzu unbedacht aktuellen Modetrends, die Beachtung versprachen. Doch wer GWA vornehmlich in einem funktionalen Zusammenhang mit jeweils aktuell auftretenden Herausforderungen oder vermeintlich dauerhaft virulenten Fragestellungen sieht – etwa GWA als Drogenprävention, GWA gegen Gewalt gegen Frauen, GWA und lokale Ökonomie, GWA gegen Rassismus usw. –, der bzw. die trägt ebenso zur Verwässerung des Konzepts bei wie so mancher Jugendhilfe-Akteur. Aber so ist das eben: Angesichts unscharfer Begrifflichkeiten, schlecht dokumentierter Fachdiskussion und äußerst heterogener Praxis mutierte GWA zu einer beliebig verwendbaren Worthülse, die immer dann herausgekramt wird, wenn man sich fortschrittlich, links oder zumindest auf der Höhe der Zeit verorten will. Die Publikation, in der dieser Beitrag erscheint, ist – so fürchte ich – ein beredtes Beispiel für die Kraut- und Rüben-Szene, die sich auf schlichtem Niveau der Vokabel „GWA“

bedient und die eigene (gelegentlich durchaus respektable) Praxis oder die (gelegentlich durchaus interessanten) Überlegungen durch einen locker hingeworfenen GWA-Bezug adeln will. Ich warte auf: GWA gegen Waldbrände, GWA und Gesundheitsreform, GWA gegen Kinderpornos und GWA für sichere Renten. Dabei ist GWA derzeit wieder voller Engagement unterwegs auf dem Marsch ins Getto. Nur wenige Akteure aus der GWA sind bereit, sich etwa in kompliziertere Zusammenhänge der Jugendhilfe hineinzudenken, kaum jemand beschäftigt sich mit komplexeren Steuerungsfragen etwa im Quartiermanagement, juristische Grundlagen aus der Sozialhilfe werden seitens der GWA kaum rezipiert, und das KJHG wird nur insofern wahrgenommen, als dass dort etwas drinsteht, das mit dem Lebensumfeld zu tun hat – zwar kein Hinweis auf GWA, aber gern von schlichteren GWA-Leuten entsprechend interpretiert. Ein Hinweis dafür, wie man sich – wie so oft im Verlauf der letzten 30 Jahre – unter Ausblendung der in der Tat etwas komplizierteren Restwelt ins eigene Nest zurückzieht, in dem man zwar auch keine Wärme findet, sich aber zumindest die Mühe der Auseinandersetzung mit anderen Systemen erspart.

Dabei ist das Programm der „alten" GWA weiterhin nicht nur aktuell, sondern auch brauchbar als fundamentale Analyse und Kritik modernistischer Erscheinungsformen von scheinbar fortschrittlichen Programmen mit gelegentlich doch ziemlich konservativem Inhalt. Ich will dies verdeutlichen anhand von drei Begriffen, die derzeit in Theorie und Praxis häufig recht unbedarft und wie selbstverständlich im Kontext einer modernen sozialen Arbeit genutzt werden und – heute wie damals – gelegentlich dazu beitragen, patriarchale, Betroffenen feindliche und lebensweltferne Strukturen, Verfahren und Haltungen zu verschleiern. Es geht um die Begriffe Aktivierung, Beteiligung und Lernen.

Aktivierung

„Gemeinwesenarbeit sieht ihren zentralen Aspekt in der Aktivierung der Menschen in ihrer Lebenswelt" (Oelschlägel 2001a, S.101). In der Gemeinwesenarbeit war und ist die „aktivierende Befragung" (Hinte/Karas 1989) eine Verfahrensweise erster Wahl, wenn man sich in ein Wohnquartier begibt und dort nach Themen sucht, die mit Betroffenheit, Ärger, Neugier oder anderen Emotionen belegt sind. Denn um solche Themen herum – so die Erfahrung aus der GWA – sind Menschen aktiv: Sie regen sich auf, sie reden darüber, sie beschweren sich oder sie unternehmen etwas. Um solche Themen herum organisiert Gemeinwesenarbeit vorhandene Aktivitätsbereitschaft – der große Organizer S.D. Alinsky hat für die Schlagkraft solcher Organisationen Maßstäbe gesetzt. GWA hat also immer nach bereits vorhandener Aktivität gesucht – und insofern müsste die „aktivierende Befragung" besser „aktivitätserkundende Erfragung" heißen. Klar war immer, dass es nicht um pädagogische Tricks geht, um Menschen zu irgendetwas zu aktivieren, das möglicherweise gar nicht „ihr Ding" ist, sondern dass nach vorhandener Aktivitätsbereitschaft geforscht wird, die dann möglichst durchsetzungsstark organisiert wird. Vereinfacht gesagt: Wir motivieren nicht, sondern suchen nach vorhandenen Motiven. GWA geht es also nicht darum, Leute zu etwas zu bringen, das sie nicht wollen, sondern der Zugang besteht darin, herauszufinden, was die Menschen wollen und dann mit ihnen gemeinsam darüber nachzudenken, wie sie selbst möglichst erfolgreich an der Durchsetzung ihrer Interessen arbeiten können. Denn nur, wer selbst mit seinen Möglichkeiten etwas tut, erhält darüber Würde – deshalb tut GWA nichts für die Leute und bedient sie nicht, denn übermäßige wohlfahrtsstaatliche Betreuung wäre geradezu entwürdigend. GWA achtet konsequent die Tatsache, dass Menschen immer schon aktiv sind, und es folglich darum geht, vorhandene Aktivität zu kombinieren mit dem vorhandenen Methodenrepertoire der Fachkräfte.

Doch Aktivierung degeneriert heute einerseits zu banalen Werbefeldzügen, bei denen um Beteiligung geworben oder Menschen irgendein Engagement schmackhaft gemacht wird. Zum anderen wird das Prinzip der aktivierenden Arbeit derzeit auf recht schäbige Art und Weise zurechtgestutzt zu einem Instrument staatlicher Kontrolle. Was wir einst als Kontrapunkt zu „Inszenierungen der Hilfebedürftigkeit in der Sozialen Arbeit" (Herriger 1997, S.65) setzten, wird heute kurzerhand zur Ausbeutungsstrategie der ohnehin Benachteiligten umfunktioniert: Das untere Drittel dieser Gesellschaft wird unter dem Stichwort „Ressourcenorientierung" ausgequetscht wie eine Zitrone. Die landauf landab gepredigten Formeln von „fördern und fordern" oder „aktivierender Hilfe" werden in einem Kontext missbraucht, der die ursprüngliche Radikalität dieses Prinzips nicht nur weich spült, sondern geradezu konterkariert. „Warum heißt es... nicht aktiver Sozialstaat, statt aktivierender Sozialstaat?" (Trube 2003, S.616). Die aufmerksame, respektvolle Suche nach Ressourcen, Potentialen und Ansätzen von Selbsttätigkeit wird ersetzt durch eine geradezu mafiöse Herangehensweise unter der Überschrift: Gefördert wird nur, wer sich fordern lässt. Damit wird unter der Hand wieder das Subjekt-Objekt-Verhältnis eingeführt, bei dem es auf der einen Seite die aktive, fordernde Instanz gibt und auf der anderen Seite den geforderten, (noch) passiven Menschen, der nur als Behandelter auftaucht: Er „wird" gefördert, er „wird" gefordert. Dass man staatliche Leistungen von bestimmten Bedingungen abhängig macht, ist grundsätzlich in Ordnung, und dass es bei Nichterfüllen bestimmter Bedingungen zu Leistungskürzungen kommt, ist nachvollziehbar. Doch beim fachlich-methodischen Handeln geht es um etwas anderes. Sozialarbeiterisch ist es notwendig, aufmerksam danach zu suchen, wo Menschen sich gleichsam schon selbst fordern, wo sie eigene Kräfte besitzen, aktiv sind und Ressourcen aufgebaut haben bzw. weitere Potentiale entwickeln können. Wer sozialarbeiterisch fördern will, muss genau diese Aspekte kleinteilig und präzise herausarbeiten und sie als Grundlage für den professionellen Kontakt nutzen. Genau darin liegt die Kunst einer aufgeklärten und aufklärenden sozialen Arbeit, nämlich vorhandene sozialstaatliche Förderinstrumente und unter bestimmten Voraussetzungen garantierte Leistungen klug zu kombinieren mit den individuellen Möglichkeiten der leistungsberechtigten Menschen und ihren individuellen Lebensentwürfen. Es geht also nicht um Aktivierung im Sinne wohlfahrtstaatlicher Erpressung (etwa: „Ich mache Ihnen ein Angebot, das sie nicht ablehnen können."), sondern um die oft mühsame Suche nach dem Willen und den Interessen der Menschen und der Suche nach Möglichkeiten, diese mit gesetzlich verbrieften Leistungen zu unterstützen. Dabei ist klar, dass Leistungen nicht erschlichen werden dürfen, dass die Voraussetzungen für den Leistungsbezug überprüft werden und dass dies in einem fairen Verfahren geschieht – im Rahmen guter sozialer Arbeit etwa durch Kontrakte in der Hilfeplanung, die kleinschrittige Erarbeitung von Willen und Zielen der Betroffenen sowie präzise Vereinbarungen, die in einer Atmosphäre „auf Augenhöhe" geschlossen werden. Grundlage sind aber immer die Interessen der Menschen, diese herauszuarbeiten und genau darauf die sozialstaatlichen Leistungen abzustimmen (wenn es denn rechtlich zulässig ist), ist der Kern sozialarbeiterischer Tätigkeit.

Beteiligung

Angesichts eines durchaus dominanten Traditionsstrangs der Jugendhilfe ist die Verführung groß, auf dem Hintergrund bürgerlicher Normalitätsvorstellungen über gelungenes Zusammenleben in schnuckeligen Wohnquartieren solche Lebenswelten gutwillig okkupieren zu wollen, in denen es anders zugeht als bei Professoren, Sozialarbeitern, Architekten und Studienräten. Dies zeigt sich etwa am Gebrauch des Begriffes „Beteiligung": In bester Absicht sollen Menschen beteiligt „werden" – nicht nur sprachlich ist klar, wer hier Objekt und wer Subjekt ist. Die konsensförmig vorgetragenen Formeln von Beteiligung, Aktivierung oder sozialem Kapital in funktionierenden Netzwerken verschleiern, dass Aktivität und Beteiligung grundsätzlich mehrere Seiten haben. Wer Telefonzellen zerschlägt, ist hochgradig aktiv; wer zum eigenen Vergnügen und zum Ärger anderer Leute Autoreifen zersticht, beteiligt sich auf durchaus unterhaltsame Weise am öffentlichen Leben; und zu außerordentlich gut funktionierenden Netzwerken zählen ohne Zweifel auch die Mafia, die Terroristentruppe um Bin Laden, zahlreiche Drogenhändlerringe sowie lokale Gangs. Somit geht es also vermutlich nicht um beliebige Formen von Beteiligung, sondern um ganz spezifische, gewünschte Partizipationsweisen (siehe dazu Lüttringhaus 2000). Doch geordnete Bürgerversammlungen oder runde Tische, methodisch sauber moderiert, etwa mit Kärtchen und Flip-Chart, grenzen genau diejenigen

Bevölkerungsgruppen aus, die sich eher ungeordnet, lautstark und anarchisch äußern und bei denen der Unterschied zwischen guter Laune und Randale nicht immer so genau zu erkennen ist. Zahlreiche Beteiligungsverfahren sprechen in ihrem „heimlichen Lehrplan" gezielt die privilegierte Mittelschicht an; den Benachteiligten stehen die Foren selbstverständlich offen, und man wünscht sich sogar, dass sie kommen. Doch wenn sie einmal da sind, entziehen sie sich jeder geordneten Moderation und sind partout nicht bereit, ihre Bedürfnisse auf Kärtchen zu schreiben – ein Horror für Moderationskoffer-Technokraten und Planungsmonster. Bestimmte Formen der didaktischen Feinplanung, die Einteilung in verschiedene Phasen und Schritte, die Kommunikations- und Moderationsregeln, das scheinbar gerichtete und geradlinige Vorgehen, all das hat mit dem wirklichen Leben fast nichts zu tun. Eher handelt es sich um politische Bildung für das beflissene Bildungsbürgertum. Wer auch nur einige Zeit mit benachteiligten Bevölkerungsgruppen gearbeitet hat, wird wissen, dass dort ganz andere Formen des Umgangs herrschen, und zwar solche, die man eben nicht systematisch trainieren oder in das Korsett einer didaktischen Planung zwängen kann. Häufig degeneriert Bürgerbeteiligung zu einer bürgerlichen Verformung eines im Kern basisdemokratischen, gemeinwesenarbeiterischen Ansatzes, der der etablierten Sozialarbeit immer schon ein wenig suspekt war und der derzeit angesichts der Hilflosigkeit der bürokratischen Apparate zumindest verbal ein glänzendes Comeback feiert.

Ähnliches gilt für die Handhabung des KJHG, insbesondere im Bereich des § 36. Betroffene als handelnde Subjekte sind der Jugendhilfe im Grunde immer noch suspekt. Unstrittig ist mittlerweile, dass die Beteiligung der Betroffenen beim Hilfeplangespräch noch erheblich verbesserbar ist. Dafür gibt es zahlreiche Gründe, unter anderem die Tatsache, dass der Beteiligungsbegriff in der deutschen Diskussion auf unangenehme Art und Weise „erzieherisch" okkupiert wurde. Interessant ist ja, dass da „jemand beteiligt wird", ihm geschieht also etwas, es wird etwas mit ihm gemacht. Beteiligung wird „gewährt", der Beteiligte wird erst in einem passiven Akt zu einem solchen. Dies illustriert, wie sehr in der Diskussion um die Betroffenenbeteiligung der Wille der Menschen ausgeklammert wird. Denn letztlich sind die Betroffenen ja immer beteiligt, auch wenn ihnen keine Beteiligung gewährt wird. Sie beteiligen sich zum Beispiel durch Passivität, durch Widerstand, durch Tricks, durch Kooperation oder durch gelangweiltes Herumlümmeln. Zahlreiche Fallgeschichten, die aus der Sicht der AutorInnen insbesondere schiefgegangene Jugendhilfe-Karrieren illustrieren, zeugen von der Nachhaltigkeit der Beteiligung der Betroffenen. Sie boykottieren die Kooperation, wenn ihr Wille nicht geachtet wird; sie entziehen sich der vermeintlich helfenden Beziehung, wenn ihre originären Bedürfnisse keinen Raum einnehmen; sie zeigen es den professionellen Fachkräften, wenn ihre Interessen missachtet werden. Somit geht es nicht darum, die Menschen irgendwie zu beteiligen, sondern darum, dass ihr Wille wirkungsvoll Eingang findet bei dem Prozess, an dem sie ohnehin beteiligt sind. Die Jugendhilfe tut sich mit dem Wort „Willen" enorm schwer. Man spricht von Wünschen, von Bedürfnissen oder Perspektiven der Betroffenen – aber ganz selten von dem Willen oder den Interessen der Menschen. In der GWA-Tradition indes waren genau diese Begriffe – mit allen damit verbundenen Unwägbarkeiten – handlungsleitend. Denn der Wille der Menschen ist unberechenbar, er ist nicht pädagogisch zuzurichten, er ist nicht erzieherisch verformbar, er ist potentiell subversiv und so ziemlich allen Prozessvorgaben abträglich. Mittlerweile will man zwar programmatisch die Betroffenen beteiligen, aber selbst dieser Akt ist letztlich eine Subjekt-Objekt-Aktion, bei der die Fachkräfte die Gewährenden und die Betroffenen die Empfangenden sind. Das klassische Erzieher-Zögling-Verhältnis wird somit allenfalls durch einen modernistischen Begriff verschleiert, jedoch nicht substantiell in Frage gestellt, geschweige denn verändert. Dass es auch anders geht, zeigen aktuelle Projekte insbesondere im Kontext sozialräumlicher Jugendhilfe (siehe dazu Hinte/Litges/Groppe 2003; Früchtel/Budde 2003).

Lernen

In der Gemeinwesenarbeit haben wir uns – auch mit Rückgriff auf antipädagogische Theorien (etwa v. Braunmühl 1975; Hinte 1990) – vom Erziehungsbegriff konsequent verabschiedet und als zentrale Kategorie – durchaus in Übereinstimmung etwa mit Pädagogen wie Hermann Giesecke (1985) – den Lernbegriff benutzt. „So geht es bei politischer Gemeinwesenarbeit auch wesentlich um Lernprozesse." (Oelschlägel 1974, S.181). Vereinfacht gesagt: Es geht uns nicht darum, Menschen zu erziehen, sondern sie in ihren ohnehin ständig stattfindenden Lernprozessen durch Bereitstellung materieller und kommunikativer Ressourcen zu begleiten. Menschen lernen immer etwas, sie entwickeln sich ständig – indes gelegentlich auf recht eigenwillige Art (eben: mit einem eigenen Willen) und häufig auf andere Art, als wohlmeinende bürgerliche PädagogInnen sich das wünschen. In der GWA geht es darum, immer wieder neue Arrangements zu finden, in denen Menschen mit ihrer bisherigen Lernerfahrung in Entwicklungsprozessen daran arbeiten, ihre Lebensbedingungen so zu verändern, wie es ihnen zusagt. Wir maßen uns nicht an, darüber zu urteilen, was eine „gute" Entwicklung ist oder welche Lernprozesse „konstruktiv" sind. Aber wir fragen die Menschen, wie sie mit dem, was sie gelernt haben, klar kommen und wie sich künftig entwickeln möchten. Diese Herangehensweise ist der klassischen Sozialpädagogik durchaus geläufig, aber im Grunde wohl doch noch suspekt. Und gelegentlich verrät sich einer. So behauptet Michael Winkler (mit Bezug auf die Jugendhilfe in stationären Wohnformen), es ginge darum, „Kindern und Jugendlichen einen anderen Ort, einen Lebensort zur Verfügung zu stellen, an welchem Entwicklungs- und Lernprozesse überhaupt erst möglich werden" (1999, S.309). Damit drückt er unverblümt aus, dass sich besagte Kinder und Jugendliche an den bisherigen Sozialisationsorten weder entwickelt noch etwas gelernt haben – Willi Kloos wäre von Michael Winkler vermutlich „an einem anderen Ort" untergebracht worden.

Möglicherweise meint der Autor noch etwas anderes, das auszudrücken ihm vielleicht die sprachlichen Möglichkeiten fehlen: Er glaubt nämlich, dass bestimmte Entwicklungs- und Lernprozesse besser, höherwertiger oder sinnvoller seien als andere. Über diese Position könnte man trefflich streiten, doch diese Diskussion wird kurzerhand vermieden, indem frechweg unterstellt wird, dass es Milieus gibt, in denen Menschen sich eben nicht entwickeln bzw. rein gar nichts lernen. Doch natürlich entwickeln sich Menschen, auch unter äußerst widrigen und einschränkenden Bedingungen; natürlich lernen Menschen immer, auch etwa in Lebenszusammenhängen, die von Gewalt, Armut und Vernachlässigung geprägt sind. Dort lernen sie beispielsweise unter widrigsten Bedingungen zu überleben, sich durchzuschlagen oder zuzuschlagen, sich zu wehren oder zu betrügen – für manche Lebenssituationen recht wertvolle Kompetenzen, über die etwa der klassische Akademiker nicht verfügt. Nun kann man im Hinblick auf den Gebrauchswert dieser Fähigkeiten für eine gelungene gesellschaftliche Integration geteilter Meinung sein, doch dann müsste man konsequenterweise etwa auch einem Hochschulprofessor, der betrügt, andere austrickst, sich unverständlich ausdrückt oder einen eher autistischen Schreibstil pflegt, nahe legen, dass ihm ein „Lebensort zur Verfügung" gestellt werden soll, „an welchem Entwicklungs- und Lernprozesse überhaupt erst möglich werden"?

An derlei Beispielen lässt sich anschaulich verdeutlichen, wie sich bis heute großbürgerliche Einstellungen über den Erziehungsprozess in zunächst unverdächtigem Vokabular fortpflanzen.

„Gemeinwesenarbeit (GWA) ist eine sozialräumliche Strategie, die sich ganzheitlich auf den Stadtteil und nicht pädagogisch auf einzelne Individuen richtet." (Oelschlägel 2001b, S.192). Insbesondere die kommunale Jugendhilfe als wesentlicher gesetzlich verankerter Bereich für die Praxis sozialer Arbeit ist sowohl im Rahmen klassischer Einzelfallarbeit, aber auch etwa in den Bereichen Jugendförderung, Streetwork, Kita-Arbeit geradezu angewiesen auf konstruktiv funktionierende Segmente eines Wohnquartiers, die wirkungsvolle Beiträge zu einer sozialraumbezogenen, nicht nur auf „Fälle" fixierten Jugendhilfe leisten könnten. Ressourcen im Quartier zu erkunden ist zentrales Merkmal der so genannten fallunspezifischen Arbeit: Tätigkeiten, die eine Fachkraft zu einem Zeitpunkt erledigt, da sie noch nicht weiß, für welchen später auftretenden „Fall" sie die in diesem Segment erworbenen Kenntnisse oder aufgebauten Ressourcen benötigen wird (siehe dazu Hinte 1999). Dazu zählen etwa Kontakte zu Vereinen, Pfarrgemeinden, Ehrenamtlichen, zur lokalen Wirtschaft, zu verschiedenen Milieus im Quartier, aber auch die Mitarbeit bei Öffentlichkeitsaktionen, Straßenfesten, quartierbezogenen Aktivierungsprozessen oder beim Aufbau von bewohnergetragenen Aktivitätsstrukturen. Diese und andere Formen aufsuchender Arbeit im Wohnquartier sind Kerngeschäft der GWA, und davon kann sozialräumliche Jugendhilfe konzeptionell und praktisch profitieren.

Dass GWA sich in diesem Kontext, aber auch etwa im Programm „Soziale Stadt", nicht angemessen wiederfindet, hat auch mit ihrem System und ihrer Tradition zu tun. Es gibt keine systematisch geordnete und organisierte fachliche „Schule", in der die zahlreichen Praxiserfahrungen und Theoriediskussionen der 1970er bis 1990er Jahre bezogen auf Gemeinwesenarbeit, stadtteilbezogene soziale Arbeit, sozialraumorientierte Ansätzen usw. gebündelt sind. Wir haben in Deutschland bis heute keine quantitativ und qualitativ ins Gewicht fallende Gruppe gut ausgebildeter GemeinwesenarbeiterInnen, es gibt bis heute (abgesehen vom ISSAB in Essen) keine langjährig bestehende Ausbildungsinstanz für Gemeinwesenarbeit im Hochschulbereich, wir verfügen nicht über gewachsene und einflussreiche berufsständische Organisationen, und die ohnehin wenigen überregionalen Zusammenschlüsse sind irgendwo angesiedelt zwischen Sektierertum, engagierter Verwirrung und strategischer Bedeutungslosigkeit.

Ich kenne kein Konzept der sozialen Arbeit, in dem – programmatisch und auch in der Praxis – die handelnden Subjekte so konsequent als autonome Gestalter ihrer Lebenswelt begriffen werden wie in der GWA. Entleert wird ein solches Konzept auch deshalb, weil der Umgang mit Eigenart und Eigenwilligkeit der Betroffenen in benachteiligten Milieus den bürgerlichen Subjekten oft fremd und bedrohlich ist; weil manche Leistungsgesetze einen Kontakt „auf Augenhöhe" erschweren und institutionalisierte Macht verteilen und weil scheinfachliche Überlegenheit, pädagogische Besserwisserei oder auch durchaus gut gemeinte Sorge um die Lebenschancen von Menschen in prekären Lebensbedingungen die Betroffenen konzeptionell (vielleicht mit bester Absicht) entmündigen. Diese Mechanismen gehen häufig in einer sozialpädagogischen Rhetorik unter, die sich zentraler Termini (nicht nur aus) der GWA bedient. Deshalb gilt es wach zu bleiben und konkret hinzuschauen, welche Praxis sich hinter Begriffen verbirgt und eventuell Unschärfen rechtzeitig zu benennen. Die zu Beginn des Beitrags erzählte Geschichte aus den 1970er Jahren könnte sich auch heute noch (mit einigen anderen Vorzeichen) in ähnlicher Weise abspielen. Unklar ist indes zum einen, ob Fachkräfte aus der GWA heute immer noch über eine entsprechende Verankerung in den Wohnquartieren verfügen, und zum anderen, ob nicht heute das Jugendamt zumindest sprachlich-konzeptionell die GWA vereinnahmt oder überholt hätte, so dass Willi Kloos zwar zu einem Fall für sozialraumorientierte Hilfen zur Erziehung werden und dennoch „an einem anderen Ort" landen würde.

Literatur

Alisch, M. (Hg.): Stadtteilmanagement. Voraussetzungen und Chancen für die soziale Stadt. Opladen 2001

Braunmühl, E. v., Antipädagogik: Studien zur Abschaffung der Erziehung. Weinheim/Basel 1975

Früchtel, F. / Budde, W.: Familienkonferenzen oder: Ein radikales Verständnis von Betroffenenbeteiligung. In: Sozialmagazin, 3/2003

Giesecke, H.: Das Ende der Erziehung. Stuttgart 1985

Herriger, N.: Empowerment in der sozialen Arbeit. Stuttgart 1997

Hinte, W.: Non-direktive Pädagogik: eine Einführung in Grundlagen und Praxis des selbstbestimmten Lernens. Opladen 1992

Hinte, W.: Fallarbeit und Lebensweltgestaltung. In: ISA (Hg.), Soziale Indikatoren und Sozialraumbudgets. Münster 1999

Hinte, W. / Karas, F.: Studienbuch Gruppen- und Gemeinwesenarbeit. Neuwied/Kriftel 1989

Hinte, W. / Lüttringhaus, M. / Oelschlägel, D.: Grundlagen und Standards der Gemeinwesenarbeit. Münster 2001

Hinte, W. / Litges, G. / Groppe, J.: Sozialräumliche Finanzierungsmodelle. Qualifizierte Jugendhilfe auch in Zeiten knapper Kassen. Berlin 2003

Lüttringhaus, M.: Stadtentwicklung und Partizipation. Bonn 2000

Müller, C. W.: Gemeinwesenarbeit als Auflaufmodell und Alternative. In: Sozialmagazin 4/2000

Münder, J.: Sozialraumorientierung und das Kinder- und Jugendhilferecht. In: Sozialpäd. Institut im SOS-Kinderdorf (Hg.), Sozialraumorientierung auf dem Prüfstand. München 2001

Oelschlägel, D.: Zur Strategie von Gemeinwesenarbeit – eine Entgegnung auf Ursula Adams. In: Victor Gollancz-Stiftung (Hg.), Reader zur Theorie und Strategie von Gemeinwesenarbeit. Frankfurt a.M. 1974

Oelschlägel, D.: Aktuelle Entwicklungen in der Gemeinwesenarbeit mit besonderer Berücksichtigung der neuen Bundesländer. In: Hinte/Lüttringhaus/Oelschlägel 2001 (2001a)

Oelschlägel, D.: Zur Aktivierung bürgerschaftlichem Engagements. In: Hinte/Lüttringhaus/Oelschlägel 2001 (2001b)

Trube, A.: Paradigmenwechesl im Sozialstaat? In: UTOPIE kreativ 141+142/2002

Winkler, M.: „Ortshandeln" – die Pädagogik der Heimerziehung. In: Colla, H. u.a., Handbuch Heimerziehung und Pflegekinderwesen in Europa. Neuwied/Kriftel 1999

Wolfgang Krebs

Die fünf Wellen

Mit dieser Überschrift setze ich die Zählung von Dieter Oelschlägel fort, die er 1995 gewählt hat, überlege aber zuerst, welche Wellen er mit den beiden zuvor gemeint haben könnte. Damals – dritte Welle – ging es um den Auftritt von community organisation durch FOCO (Forum Community Organizing) in Deutschland. Was könnte die erste und was die zweite Welle gewesen sein?

Wellen sind, so sagt das Lexikon, periodische Zustandsänderungen einer physikalischen Größe, im engeren Sinne dann Bewegungen der Wasseroberflächen. Wellen kommen ferner im Maschinenbau und beim Turnen vor. Mit exaktem Wortsinn kommen wir unserer Frage nicht näher. Zustandsänderungen mag es in der Gemeinwesenarbeit (GWA) durchaus gegeben haben, doch waren sie bestimmt nicht periodisch und GWA ist keine physikalische Größe, erst recht keine Bewegungen der Wasseroberfläche. Mit der Exaktheit des Maschinenbaus hat GWA nichts zu tun, eher schon etwas mit Turnen. Hier wird auch vieles an Verrenkungen als gelungene Welle ausgegeben, was allenfalls freundliche Sportlehrer durchgehen lassen.

Ich gehe mal davon aus, dass Dieter den Begriff „Welle“ als Bild benutzt hat und dabei eher die über den Atlantik nach Europa schwappenden Wellen als an mehr oder weniger gelingende Reckübungen gedacht hat.

Die erste Welle brachte also GWA nach Europa, naturgemäß landete sie zuerst in Holland, von da setzte sie sich über Land fort nach Deutschland, wo sie zuerst allerdings wenig an Bewegung auslöste. Das ist ja alles hinreichend häufig beschrieben. Nach Herta Krauss' erstem Aufsatz 1951 passierte längere Zeit nichts. Dann gab es eine Reihe weiterer Publikationen, bevor GWA Einzug in die Lehrinhalte der höheren Fachschulen fand. Das war so ungefähr Ende der fünfziger, Anfang sechziger Jahre. Auch ich gehörte damals zu den Studierenden, die eher etwas launisch den Ausführungen des Dozenten folgten, nicht wirklich verstehend, was der von mir wollte. Ich hatte mich gerade auf den ebenfalls relativ neuen „Zug“ der Einzelfallhilfe gestürzt, von dem ich mir große Praxishilfe versprach.

1969 kam ich dann von der Höheren Fachschule in die Praxis der Sozialarbeit in einem Hamburger Neubauviertel, das für 36.000 Menschen binnen verblüffend kurzer Zeit auf zuvor grünen Wiesen entstanden war. Hier ging es mir dann ziemlich schnell wie vielen BerufskollegInnen. Ich sauste von Tür zu Tür, von Familie zu

Familie, von Einzelfall zu Einzelfall und, obwohl ich weder dumm noch faul war, hatte ich nicht den Eindruck, dass die Wohlfahrt in „meinem" Stadtviertel besonders vorwärts kam. Besonders häufig hatte ich zu tun in einem Häuserblock mit 96 Wohneinheiten so genannter Übergangswohnungen, der (wieder mal) am Rand der Neubausiedlung errichtet worden war. Diese Übergangswohnungen wurden auch Schlichtwohnungen genannt – zu Recht, sie waren erstens schlicht und zweitens klein, jedenfalls viel zu klein für die eingewiesenen (das meine ich wörtlich!) kinderreichen Familien, die zuvor in nun aufgelösten Obdachlosensiedlungen gelebt hatten. In dieser kleinen Siedlung in der Siedlung sah ich alle wohlfahrtsstaatlichen Versprechungen scheitern.

Ich stieß dann auf Publikationen von „Kinder in Not", die Namen Ursula Adams und Gerd Iben und auf das Buch „Kinder am Rande der Gesellschaft", in dem zum ersten Mal eine Aktionsuntersuchung beschrieben war. Ich war begeistert! Hier glaubte ich einen neuen Ansatz gefunden zu haben, der endlich aus der methodischen Enge herausführen konnte, der vom „Basteln im Klein-klein" den Blick weitete auf den Raum, in dem sich das Gefühl von Lebensqualität bildet – der sozial-räumliche Nahbereich, das Gemeinwesen. Ich reiste auf Tagungen und traf viele Kollegen, denen es genau ging wie mir. Voll Hoffnungen stürzten wir uns auf das neue Konzept, die von uns anfangs als dritte Methode (der Sozialarbeit) verstanden wurde und machten uns an die Arbeit. Die Welle war angekommen und hatte uns alle mitgerissen.

Gemeinwesenarbeiter (Gemeinwesenarbeiterinnen, lange Zeit in der deutlichen Minderzahl, auf den ersten Blick eher erstaunlich in einem eigentlich weiblich dominierten Berufsfeld) fühlten sich wie ein Porschefahrer auf der Autobahn, wie der Paradiesvogel unter Spatzen, wie der Adler im Hühnerhof – sie waren die Überlegenen. Sie konnten die Gesellschaft erklären, sie wussten, wo es lang geht, was wie gemacht werden musste. Gemeinwesenarbeiter zu sein, war toll. So kam es zu erstaunlichen Blüten. Ich traf einstens einen Mann, der auf meine Frage, was er beruflich mache, sagte, er sei Gemeinwesenarbeiter. Ich fragte weiter nach und fand heraus: Aus seiner sehr erfolgreichen GWA war eine ebenfalls erfolgreiche Arbeits- und Beschäftigungsinitiative entstanden, deren Geschäftsführer er nun war. Er stellte Leute ein, bezahlte sie, handelte Aufträge aus, teilte die Arbeit ein und konnte auch Leute rausschmeißen. Der Mann war erfolgreicher Chef eines marktwirtschaftlich operierenden Unternehmens. Und er sagte von sich: Ich bin Gemeinwesenarbeiter.

Überspringen wir den Methodenstreit, der bald folgen sollte, überspringen wir auch die Todesanzeige aus 1975, die zwar, wir wissen es ja heute besser, nicht von etwas Endgültigem berichtete, sondern eher Ausdruck der Hoffnungslosigkeit (einer Tagungsdynamik) war. Und überlegen wir, was die zweite Welle gewesen sein könnte? Ich vermute, es war die „Einführung" des Arbeitsprinzips Gemeinwesenarbeit durch das Buch von Krauß, Boulet, Oelschlägel: „Gemeinwesenarbeit – eine Grundlegung“ aus 1980. Von wo mag diese Welle gekommen sein? Nicht transatlantisch. Sie wurde hier ausgelöst. Betrachten wir auch diese Welle etwas näher. Die Gefahr, nass zu werden, ist nicht sehr groß.

Das Arbeitsprinzip fällt nach meiner Auffassung in die Kategorie: „Meist nicht verstanden“. Hier beginnt nichts Neues. Es ist das alte Verhältnis von Theorie und Praxis in den Sozialwissenschaften. Die Praxis ist der Theorie voraus. Praxis ist, da sind sich SozialarbeiterInnen weitgehend einig, was sie selbst machen, Theorie ist, wenn darüber geschrieben wird, falls nicht gerade Praxisbericht drüber steht. In der Praxis passiert etwas. Hochschullehrer beobachten dies und schreiben darüber. Das wird dann gelesen und, je nachdem, um was es geht, für etwas Neues gehalten. So ging es auch dem Arbeitsprinzip.

Das Arbeitsprinzip fasste zusammen, was in der Praxis längst gang und gäbe war. Die Ausweitung in andere Arbeitsfelder der Sozialarbeit wird stets hervorgehoben. Das ist natürlich auch richtig. Aber irgendwie verdeckt diese Hervorhebung, dass die Zahl der GWA-Projekte klein ist und diejenigen, die sich als GWA'ler fühlten und so arbeiteten, verstreut und mit ganz unterschiedlichen Arbeitsaufträgen betraut waren. Die Verkündung des Arbeitsprinzips markiert auch den Zeitpunkt, an dem in der GWA-Praxis die „wilde Zeit“ vorbei war, die wohl nie flächendeckend so wild war, wie in den Geschichten. Auf Tagungen waren von den GWA-Autoren Specht, Alinsky und vielleicht noch Gronemeyer mit seiner konfliktorientierten GWA die Renner, sozusagen die Ausweise, die Zutritt verschafften zu dem Kreis der ozeanischen Verbundenheit (so nicht ganz unzutreffend Wolfgang Hinte an die Adresse der GWA-Werkstätten). In der Praxis fanden wir in den Seminaren sehr viel Ross. Alles sehr biedere und oft handwerklich gut gemachte GWA-Praxis, die sich aber natürlich fragen lassen musste, wie sie es denn mit der Politik hielt. Aus einer Position der Kapitalismuskritik ist eben schlecht gute Praxis zu machen. So ist es nicht verwunderlich, dass sich auch Dieter Oelschlägel auf einer der GWA-Werkstätten, als er das Arbeitsprinzip vorstellte, den Vorwurf des „zuwenig politisch“ gefallen lassen musste.

Auf einer ordentlichen GWA-Tagung damals mussten schon einige „richtige“ Stichwörter fallen. Eines davon war z.B. „Rekonstruktion des Widerstandes von unten“. In einem Protokoll einer Arbeitsgruppe zu GWA und Sozialpolitik (GWA-Werkstatt 1985) setzt sich der Autor (des Protokolls) damit auseinander. Ziemlich am Anfang: „Die Arbeitsgruppe stand den Möglichkeiten, Elend zu skandalisieren, skeptisch gegenüber.“ und schließt: „Notwendig blieb das Ergebnis... aspekthaft. Ein Rest von Rat- und Perspektivlosigkeit bleibt.“

Ein einfaches Beispiel für das Arbeitsprinzip aus dem Burckhardthaus. Kirche hat GWA selten als eigenen Arbeitsansatz gepflegt, sondern in ihr – als fortschrittliche

Variante, ein Mittel des Gemeindeaufbaus gesehen. Allerdings fingen hier die Weiterbildungen „Gemeindeaufbau und GWA" und später dann auch „reine" GWA-Kurse an, weil die jeweiligen DozentInnen erstens fundierte Kenntnisse in GWA hatten und weil sie zweitens überzeugt waren, dass die Handlungsprinzipien und Methoden der GWA tatsächlich die soziale Arbeit innovieren konnten. In anderen Arbeitsfeldern, zum Beispiel der Sozialpsychiatrie, der Altenarbeit, der Sozialplanung, sogar in einigen Schulen wussten natürlich einige Mitarbeiter um das, was GWA meint, andere hingegen „entdeckten" im Verlauf ihrer Arbeit eigene sozialräumliche Ansätze, einfach deshalb, weil sie klug sind. Die Ausweitung von GWA-Konzepten auf andere Arbeitsbereiche und die Neuentdeckung von GWA-Anteilen in nicht GWA-Arbeitsfeldern fanden dann alle Platz in dem Stichwort: Arbeitsprinzip Gemeinwesenarbeit. Genügt das für eine Welle?

Doch war diese Verkündung des Arbeitsprinzips GWA sehr hilfreich, nicht nur für die Praxis, sondern auch für die Fortbildungseinrichtungen. Einmal hat es nie eine nennenswerte Zahl von GWA-Projekten gegeben und folgerichtig auch nie viele KollegInnen, welche die Berufsbezeichnung Gemeinwesenarbeiter hatten. Damit hätten wir so viele Fortbildungsangebote, wie wir sie gemacht haben, abgesehen von all dem anderen, was andere Institute anboten, nie füllen können. Die FortbildungsteilnehmerInnen kamen jetzt aus den verschiedensten Feldern der Sozialarbeit, überwiegend aber immer noch aus der Obdachlosenarbeit oder aus Neubausiedlungen. Ein Kurs, der 1981 hätte anfangen sollen, fand nicht genügend TeilnehmerInnen. Mit Hilfen aus dem Arbeitsprinzip beschrieben wir unsere Kurse also für weitere Praxisfelder und fanden ab 1982 wieder genügend InteressentInnen. GWA stieß, jedenfalls als Fortbildung, wieder auf reichlich Interesse: Also doch Welle?

Die GWA Praxis läuft weiter, sie fasst Fuß in der Friedensarbeit der hessischen Friedensinitiativen, sie beteiligt sich an Arbeits- und Beschäftigungsprojekten, Frauen werden entdeckt als treibende und dennoch oft übersehene Kraft in der GWA, in Österreich wurden GWA-Beiträge zur Regionalentwicklung entdeckt, ein Vorgriff auf die vierte Welle. Und es gab von den „Politischen" die Hoffnung, dass die Interessen der Kommune eben nicht in den Interessen des Gesamtstaates aufgehen. Die Kommune hat einen eigenen Gestaltungswillen und auch dazu die Möglichkeit. Sie steht in unmittelbarerer Legitimation dem Bürger und der Bürgerin gegenüber. Das neu hinzu kommende Thema hieß also: soziale Themen kommunal politikfähig machen.

Gleichzeitig geht ein neuer Stern auf am GWA-Himmel auf, Wolfgang Hinte, Professor in Essen, gründet mit Kollegen das „Institut für stadtteilbezogene soziale Arbeit". Er bekommt Aufträge zuerst (aus der Universität?) aus Essen, dann aus diversen Kommunen, überwiegend aus dem „Pott", macht aber auch Gutachten für Ministerien in NRW und wohl auch für den Bund. Wenn man „seine" Projekte näher betrachtet, so kann man nur sagen: Hut ab. Hier wurden soziale Themen kommunal politikfähig. Politikfähig meint schließlich, dass die Probleme so formuliert wurden, dass Politik und Sozialbürokratie darauf antworten konnten – und sich dabei auch durch eigene Veränderungen an die Stadtteile anpassen mussten. Das erklärt also nicht den Gegenwind, den er zumindest anfangs spürte. Weshalb sonst? Er und seine Mann- und Frauschaft schrieben viel und formulieren flott und nicht sonderlich zimperlich. Selten begannen seine Aufsätze, wie es bis dahin guter Brauch war, mit einer politökonomischen Analyse. Das habe er früher auch alles schon gesagt, hieß es. Neu war hier zweierlei, was zusammengehörte: Er ging die Personen der Professionellen in der GWA frontal an. Kurz zusammengefasst: Die Theorieentwicklung in der GWA, der Position der Kapitalismuskritik verpflichtet, habe die Ansprüche des GWA'lers so hoch gehoben, dass er selbst nicht mehr daran reichen konnte. Er konnte sich nur noch Frust und ein schlechtes Gewissen einhandeln. Er, der so geschulte GWA'ler, hört natürlich nicht auf den Eigensinn der Stadtteile, auf die er sich daher auch nicht wirklich einlässt. Er weiß ja, wo es längs geht – und muss „die Leute" dann nur dazu bringen, mitzumachen. Hinte setzte dem sein „Arbeit muss auch Spaß machen" und ein agogisches Konzept der Beteiligung der Bewohnerschaften von Stadtteilen entgegen.

Kurz und heftig gab es Krach wegen der Kritik an den Profis, dem Argument „Arbeit muss auch Spaß machen" wurde entgegengehalten, dass es eine „Lust an der Auseinandersetzung gebe". Der agogische Ansatz, so richtig er ist, wurde nicht weiter thematisiert, er fand sich nicht mehr im papiernen Blätterwald.

Andererseits, trotz all der Wellen in den Tagungshäusern: Aus den Lehrinhalten der Fachhochschulen verschwand GWA zusehends. Dietrich Lange schreibt 1995 im Vorwort der Broschüre „Gemeinwesenarbeit", in der die HerausgeberInnen Heike Binne u.a. Praxisberichte von KursteilnehmerInnen zusammengefasst haben: „Es scheint sich eine eigenartige Strategie durchgesetzt zu haben: Da die „Gemeinheit" (Ivan Illich 1982) als Prinzip allseits in der Sozialen Arbeit akzeptiert zu sein scheint, muss sie nicht mehr gesondert vermittelt oder in konkreten Projekten realisiert werden."

Lange zuvor, bereits 1989 klagt Dieter Oelschlägel, die GWA-Praxis sei so unübersichtlich geworden, dass sie auch durch die zweijährigen GWA-Werkstätten des Burckhardthauses nicht mehr zusammengetragen werden könne. Recht hat er. Im Weiteren versucht er, wie er sagte, eine Schneise in die Unübersichtlichkeit zu schlagen und zählt dazu auf, wo GWA alles stattfindet. Da findet sich kein soziales Thema ausgelassen. Da wird keine Schneise geschlagen, da wird der Blick verstellt, restlos zugestellt.

1991 versuche ich auf einer der Werkstätten darauf zu reagieren. Die Vernetzung (!!), das war das Stichwort, das damals große Konjunktur hatte. In der Netzwerkforschung der Hochschullehrer, in vielen Aufsätzen, in den Stadtteilkonferenzen der Fachbasis. Man vernetzte sich einfach. Wir geraten auch in die Erkenntnisse des New Age, über die Auswirkungen des Flügelschlages eines Schmetterling der Südsee auf den Hurrican über Florida. Alles hängt mit allem zusammen. Das schaffte auch keine Übersichtlichkeit. Aber: Was kann man gegen Vernetzung haben? Nichts, Vernetzung versteht sich eigentlich von selbst. Da braucht es keinen besonderen Wind drum herum. Im Punkt Vernetzung sind sich alle GWA-Konzepte von ganz konservativ bis fortschrittlich einig. Ich habe daher also das Wort Vernetzung in den Werkstatttitel geschrieben (auch Tagungen müssen verkauft werden) und dann das Wort Verortung dazu gesetzt, weil ich mir von dieser Werkstatt „einen Beitrag zur Repolitisierung der GWA hin zu klareren Interessenaussagen, hin zu deutlichen Stellungnahmen, hin zu mehr Verbindlichkeiten“ erhoffte. Ich weiß bis heute nicht, ob ich damals Don Quichote oder Sancho Pansa war.

Immerhin, am Schluss dieser Werkstatt kam die dritte Welle in der Bundesrepublik Deutschland an.

Die dritte Welle war dann wohl das Forum für Community Organisation, FOCO. Sie begann mit dem Studienaufenthalt von vier StudentInnen einer Fachhochschule (Freiburg?) in den USA, wo sie CO kennen lernten und ihre Diplomarbeit über diese Erfahrungen schrieben. Diese StudentInnen, mittlerweile fertig diplomierte SozialarbeiterInnen, lud ich auf die sechste GWA-Werkstatt 1991 ins Burckhardthaus ein und ihr Referat über CO fand eine sehr wohl gelittene Aufnahme. Diesem Auftritt folgten dann in 1993 und 1994 jeweils Trainingswochen in CO, durchgeführt mit Hilfe eben jener vier (Marion Mohrlock, Michaela Strieder, Rainer Neubauer, Walter Schönfelder) und geleitet von zwei „Original“-Trainern und Organizern aus den USA. Einen guten und ausführlichen Bericht darüber hat Maja Heiner verfasst, in Sozial Extra? Ich weiß es nicht mehr. Auch über FOCO weiß ich nicht mehr viel. FOCO wurde Verein, bot auch Fortbildung und Trainings an, machte Beratungen, alles eben auf der kleinen Flamme, die einem ehrenamtlichen Verein möglich ist. Ich nehme an, FOCO plätschert noch.

Das Hinzukommen einer weiteren Welle machte die Übersichtlichkeit nicht besser. 1994 nutzte ich auf einer Tagung in Nürnberg die Gelegenheit, öffentlich zu beklagen, dass das Problem der GWA nicht darin besteht, dass keiner weiß, was gemeint ist, sondern dass es alle wissen – leider versteht jeder etwas anderes darunter. Der Unübersichtlichkeit der Praxis (Oelschlägel) stellte ich die Unübersichtlichkeit in den Köpfen gegenüber. Es ist wohl beides richtig (geblieben).

Die vierte Welle bin ich nun frei, selbst zu bestimmen. Ich lege das Eintreffen der Welle auf die Formulierung der Überlegungen zur so genannten „gemeinwesenorientierten Ökonomie“, auch „solidarische Ökonomie“ genannt und in das Jahr 1995. Zugegeben, auch hier sind die Wogen nie hoch geschlagen, aber es hat spürbare Bewegungen gegeben. Auch hier ist nichts wie von einer Welle über den Atlantik zu uns nach Europa gespült worden. Diese Überlegungen fanden in Deutschland (und insbesondere romanischen Nachbarländern) statt und haben hier (kleine) Wellen geschlagen.

Die Autorin, welche den durchaus bereits vorhandenen Überlegungen und Erprobungen einer lokalen Ökonomie eine neue Richtung gab und sie für soziale Arbeit kompatibel machte, formulierte dann auch den Titel: solidarische Ökonomie. Sie kam aus der Gemeinwesenarbeit in einem sozialen Brennpunkt, konnte verschiedene Rahmenbedingungen glücklich gestalten, andere, zufällig eintreffende, wusste sie klug zu nutzen, versammelte auch Erhebliches an phantasievoller Sachkompetenz in ihrem Arbeitsfeld und fügte so der GWA ein weiteres Handlungsfeld hinzu, wo sie bislang einen blinden Fleck hatte: Für kleinräumig gestaltete wirtschaftliche Prozesse und deren Nutzung für den Nahbereich von insbesondere benachteiligten Menschen durch Nutzung der Ressourcen eben derselben Menschen. Ich spreche von Susanne Elsen, deren Kollege ich einige Jahre sein durfte. Das geäußerte Verdikt, aus der Konkurrenz der Kollegenschaft „nicht neu“, fiel schnell, und sie wies auf zahlreiche ABM-Gesellschaften auch in sozialen Brennpunkten hin. Sicher, die gab es schon lange, aber so einfach ist solidarische Ökonomie nicht gemeint.

Solidarische Ökonomie verknüpft mehrere Stränge miteinander. Einmal Gemeinwesenarbeit als Strategie kommunikativ gestalteten sozialen Wandels mit alten Formen ökonomischer Selbsthilfe der Genossenschaften. Sie stützt sich andererseits auf die „ursprüngliche Vielfalt sozialökonomischer Handlungsvollzüge, die im Interesse der dominanten Marktökonomie ignoriert, instrumentalisiert, kriminalisiert oder systematisch zerstört wurden“ (Ries, Elsen, u.a. Luchterhand 1997, S.126). Das meint Nachbarschaftshilfe, halbmarktfähige Hobbys bis zur so genannten Schwarzarbeit. Sodann ist zu verweisen auf einen wachsenden Bedarf an Arbeit, die getan werden müsste, die wegen ihrer Nicht-Marktfähigkeit aber unterbleibt, während gleichzeitig existenzsichernde (Lohn-)Arbeit knapp wird. Hier sind die ressourcenreichen Felder, und Gemeinwesenarbeit liefert die bewährten Strategien und Methoden zum Aufspüren der humanen Ressourcen, zur Erkundung der Bedarfe der Gemeinwesen, des Aushandelns über Mittel und Wege der Umsetzung und des Zuspruches: Wir schaffen das – Empowerment. Gemeinwesen werden reicher – in vieler Beziehung. „Mangels Alternativen, nicht aus freier Wahl, wird dann das Gemeinwesen, in der Erwerbsgesellschaft der Ort der Reproduktion, wieder zur wesentlichen Ressource der Lebensbewältigung“..... „Ort der Existenzsicherung“ (ebd S.127).

Die fünfte Welle schließlich lässt sich mit Soziale Stadt und ihren Begleitprogrammen benennen. Vorgängerprogramme haben schon mehrfach an den Gestaden der GWA geplätschert. So zum Beispiel ein Programm in NRW zu Stadtteilen mit besonderem Entwicklungsbedarf (ich weiß nicht mehr, ob es damals schon so hieß), über deren Aktivitäten MitarbeiterInnen der WohnBund-Beratung NRW auf der Werkstatt 1991 berichteten. Auch das hessische Programm zu Sanierung der sozialen Brennpunkte gehört zu den Vorläufern. Die diversen Projekte, über die immer wieder auf den Werkstätten und an vielen anderen Orten berichtet wurde, die entstanden, weil die frühen Neubausiedlungen in die Jahre gekommen waren – und in Verruf überdies – und die daher saniert werden mussten, wie zum Beispiel Bremen Lüssum und Tenever – um nur einiges aus der Vielzahl zu nennen.

Das Programm „Soziale Stadt" begann 1999 für „Stadtteile mit besonderem Entwicklungsbedarf" – Millionen schwer (allein 2002 reichlich 76 Mio. Euro). Es ist kombiniert mit anderen Programmen, hauptsächlich das so genannte E&C-Programm (für kinder- und jugendhilfespezifische Prioritäten), aber auch einem Programm zur Integration von Aussiedlern. Alle Programme setzen auf (mehr oder weniger) verbindliche Kriterien. Sie lesen sich fast wie ein gelungener Definitionsversuch von GWA:

- vorhandene Ressourcen bündeln und gebietsbezogen und gebietsspezifisch für eine nachhaltige Verbesserung der Sozialräume nutzen;
- Einzelmaßnahmen zu einem Gesamtpaket vernetzen;
- ressort- und trägerübergreifend Wohnungsbauunternehmen, Wohlfahrtsverbände, Initiativen und Vereine, Bürger und Bürgerinnen und die örtliche Wirtschaft einbeziehen.

Und weil dies Programm so beschrieben ist, was Wunder, beteiligten sich natürlich alle möglichen Vereine, Institutionen und Projekte daran, die nach dem Arbeitsprinzip GWA arbeiten. Und um die eigene Wirksamkeit zu erhöhen, gründeten sie 2002 einen eigenen Verein, die „Bundesarbeitsgemeinschaft Soziale Stadtentwicklung und Gemeinwesenarbeit". Der hat jetzt Hand und Fuß – ganz anders wahrscheinlich als ein erster (?) Versuch in der Euphorie der ersten Werkstatt Gemeinwesenarbeit (1981), der als Arbeitsnamen vorläufig „Roter Burckhardt" heißen sollte. Dieser vielleicht nicht ganz ernstgemeinte Versuch verlief im Sand, weil zu viele KollegInnen eher amüsiert waren. Aber man sieht, auch Wellen fangen ganz klein an.

Anmerkungen

1 Oelschlägel, Dieter: Die dritte Welle, einige Bemerkungen zu Community Organisation, in Sozial extra, Januar/Februar 1995, S.26ff

2 Im Weiteren verzichte ich weitgehend auf Fußnoten, weil mir für diesen Beitrag nur mein – schlechtes – Gedächtnis zur Verfügung steht, fast kein Buch, fast keine Zeitschrift. Die habe ich alle im Burckhardthaus gelassen.

3 Wir haben die Projekte, die in einem der vielen Kurse vertreten waren, einmal zusammengefasst zwischen zwei Buchdeckel gebracht. Die 120 Seiten-Broschüre ist seit 1995 unter dem Titel: Gemeinwesenarbeit, AutorInnen: Binne u.a. immer noch erhältlich (siehe weiter hinten).

4 seit seinem Buch mit Karas aus dem Büro für Gruppen- und Gemeinwesenarbeit allerdings kein Unbekannter mehr. Erste mir bekannte Erwähnung des Institutes in: Hinte u.a.: Stadtteilbezogene soziale Arbeit – ein Kooperationsmodell für Ausbildung und berufliche Praxis. In: Neue Praxis 1982

5 Dem Titel nach zu urteilen, kann man in diesem Band von Wolfgang Hinte mehr dazu lesen.

6 Lange, Dietrich: Wie gemein. Vorwort in: Gemeinwesenarbeit, Binne u.a. (Hg.), Gelnhausen 1995

7 Aus dem Vorwort zum Werkstattbericht 1991

8 Fuchs, U., Hopfengärtner, G. (Hg.): Gemeinwesenarbeit, Grundprinzip, Weiterentwicklung, Anpassung – ein Arbeitsansatz in Bewegung. Nürnberg 1994

9 So äußerte sich einst ein in der GWA ziemlich bekannter Mensch, ein Experte (!) sinngemäß: Das besondere Kennzeichen der GWA sei die Vernetzung. Oh heilige Monokausalität! Erstens braucht es mehrere Kennzeichen, die alle (!) zutreffen müssen, und die je nach Autor und dessen Tagesform auch mal verschieden ausfallen können, um GWA zu definieren. Und gerade Vernetzung ist bestimmt nicht das besondere Kennzeichen. Vergleichbar dusselig: Das besondere Kennzeichen eines Elefanten sind seine vier Beine.

10 Siehe den Beitrag von Susanne Elsen in diesem Band.

11 Von einigen Ausnahmen abgesehen: siehe z.B. die weiter vorne erwähnte Regionalentwicklung in Österreich.

E. Jürgen Krauß

Einmischung

Ein Element von Strategien der Gemeinwesenarbeit

Der Begriff der Einmischung wird inzwischen in allen Politikbereichen verwendet. Einmischung wird provoziert, wenn Menschen von Entscheidungen, die sie betreffen, ausgeschlossen sind. Der *Vorteil* des Begriffs besteht in seinem aktivierenden Signalcharakter, sein *Nachteil* darin, dass er ein unbestimmter Allerweltsbegriff wurde. In diesem Aufsatz soll Einmischung als ein Element von Strategien professioneller Sozialer Arbeit entwickelt werden.

Der Titel signalisiert, dass Einmischung als Strategieelement der Gemeinwesenarbeit (GWA) wirkungsvoll Einfluss auf politische Entscheidungen leisten könne. Damit wird nachvollzogen, was in der täglichen Berufspraxis durch GWA bereits selbstverständlich geschieht. Zugleich wird möglicherweise zuviel versprochen, da GWA – und Soziale Arbeit allgemein – dazu neigt, ihre Wirkungen zu über- oder zu unterschätzen. Statt einer eigenständigen Sichtweise nimmt sie häufig die „Basisperspektive“[1] ein. Seltener wechselt sie differenziert zu einer politisch und gesellschaftlich begründeten Funktionsbestimmung und Selbstklärung.

Zunächst möchte ich von der Einführung des Begriffs der Einmischungsstrategie für Soziale Berufe ausgehen. Er ist nach meinem Verständnis eng mit dem Prozess der Professionalisierung Sozialer Arbeit verbunden, wozu anschließend einige Anmerkungen zu machen sind. Um die Stadt als sozialpolitisches Aktionsfeld in den Blick zu nehmen, werden daraufhin einige aktuelle sozialpolitische Probleme von Stadtgesellschaften in der BRD skizziert. In einem Zwischenschritt sind aus dem Befund Folgerungen für Soziale Arbeit zu ziehen. Danach ist zu fragen, ob und gegebenenfalls wie und womit eine sich einmischende GWA sinnvolle Beiträge zu Problemlösungen leisten könnte. In diesem Zusammenhang bezeichne ich mit GWA keine spezialisierte Tätigkeit Sozialer Arbeit als „dritte Methode“, sondern ein *Arbeitsprinzip*[2], das allen Feldern Sozialer Arbeit mehr oder weniger nützlich werden kann, weil es die Wirkungsmöglichkeiten Sozialer Arbeit erweitert.

Die Strategie der Einmischung

Der Begriff der Einmischung war in Deutschland zunächst in den feministischen Bewegungen in Gebrauch. Es ging darum, sich in die männlich dominierten Machtkartelle einzumischen.

Für die Soziale Arbeit wurde der Begriff als „Einmischungsstrategie“ erstmals von Ingrid Mielenz vor Lehr- und Forschungspublikum im September 1980 beim Symposium „Berufsfeld Soziale Arbeit“ unter professionspraktischen Gesichtspunkten bezeichnenderweise mit dem Titel „Sozialarbeit in der Offensive“ eingeführt (Mielenz 1981a, S.224). 1981 entwickelte sie ihn auf der traditionellen Jahrestagung der GILDE SOZIALE ARBEIT vor SozialarbeiterInnen und SozialpädagogInnenen weiter und explizierte Strategieelemente dazu (Mielenz 1981b, S.57ff). Der Untertitel ihres GILDE-Vortrages ist Programm: „Soziale Arbeit zwischen Selbsthilfe und kommunaler Praxis“ (ebd.).

- Damit ist das erste Qualitätsmerkmal benannt: nicht das Ausspielen von Selbsthilfe gegen kommunale Praxis, sondern die *Verbindung beider Bereiche von einer eigenständigen professionellen Position* her.
- Das zweite Merkmal ist die Überwindung der Wahrnehmungsbarrieren, die auf Ressortfixierung und Methoden- bzw. Technikfixierung beruhen. Stattdessen soll eine soziale Wahrnehmung der städtischen Probleme entwickelt werden. Sie ist zu verbinden mit der Frage nach problemlösenden Strategien, die eine problemorientierte Wahrnehmung voraussetzen.
- Drittes Merkmal ist das strategische Denken und Handeln, welches sich durch folgende Eigenschaften kennzeichnen läßt: zielgerichtet, planend, problemanalytisch, langfristig, überraschend in den Mitteln und undogmatisch offen in viele Richtungen hinsichtlich der Problemlösungswege und der Problemlösungspartner.
- Daraus ergibt sich viertens die Einmischung in Arbeits- und Politikbereiche, die das übliche Selbstverständnis Sozialer Arbeit überschreiten, wie Stadtplanung, Berufsausbildung und Arbeitsmarkt.
- Das fünfte Merkmal ist die unbedingte Betroffenenbeteiligung. Dieses Postulat beruht nicht auf der ideologischen Überhöhung der Betroffenen zu besseren Menschen. Es spiegelt vielmehr die Einsicht wieder, dass nur diese selber ihren eigenen Alltag erleben und ihn deshalb möglicherweise auch lebenslagenbezogen reflektieren können.
- Sechstens fordert Mielenz administrative Konsequenzen vor allem in Form der Regionalisierung Sozialer Dienste und die Anwendung von Arbeitsformen der GWA.

Was führte vor nunmehr 23 Jahren zu solchen Vorstellungen und Forderungen? Drei Faktoren sind hier hervorzuheben. Die besonders scharf hervortretenden städtischen Probleme Berlins angesichts seiner Größe und der damaligen Insellage provozierten wegen ihrer Quantität und ihrer Qualität die Jugendhilfe zu neuen und umfassenderen Arbeitsweisen als bisher. Als Sanierungsbereich ausgewiesen bot sich insbesondere das Gebiet SO 36 in Kreuzberg zur Realisierung von Einmischungsstrategien an. Dies fand in einer Phase der West-Berliner Sozialpolitik statt, die wesentlich von der klugen engagierten Senatorin für Familie, Jugend und Sport, der Sozialarbeiterin Ilse Reichel-Kloß[3] und ihrem MitarbeiterInnen-Stab gestaltet wurde; dazu gehörte auch Ingrid Mielenz.

Kritik des Bestehenden und Veränderungsanspruch waren zu jener Zeit weitgehend von jenen Zirkeln gepachtet, die zwar ständig den Grundwiderspruch von Kapital und Arbeit rezitierten, aber über keine konkreten Veränderungsperspektiven verfügten; sofern man von fragwürdigen Fraternisierungen mit dem Lumpenproletariat und Arbeiterjugendlichen, bezogen auf eine zeitferne Weltrevolution absieht. In diesem Klima fanden undogmatische Menschen in Behörden, Verbänden und freien Initiativen zueinander. Sie starteten „mit Phantasie und Spaß“[4] Projekte zu unlösbar erscheinenden Problemen, zum Beispiel im Jugendausbildungs- und -beschäftigungsbereich. Es handelte sich um SoziologInnen, SozialarbeiterInnen, StadtplanerInnen, die sich als Professionelle verstanden, ethisch sozialer Gerechtigkeit verpflichtet waren und praktisches wie wissenschaftliches Interessen an Problemlösungen hatten.[5]

Um der begrifflichen Klarheit willen sollten wir allerdings nicht weiterhin von Einmischungs*strategie* reden, sondern von *Einmischung* in politische und administrative Prozesse und Strukturen als einem *Element* zielgerichteter Handlungspläne.

Professionalisierung ist die Voraussetzung für wirksame Einmischung

Eine Schlüsselfrage wirkungsvoller Einmischung ist der Professionalisierungsgrad Sozialer Arbeit.[6] Er hat Dimensionen, die auf die berufliche Persönlichkeit und auf die Wirksamkeit des Berufsstandes abheben. Der Professionelle ist weder positiv noch negativ primär mit einer Dienstleistungsorganisation identifiziert, vielmehr bezieht er seine berufliche Identität, Wertsystem und Arbeitsweisen aus seiner wissenschaftlich fundierten Ausbildung und „Zunftzugehörigkeit“. Er fragt nicht „Was *darf* ich hier – nicht – machen?“, sondern: „Was ist erforderlich zu tun? Was davon *will und kann* ich tun? Mit wem und welchen Organisationen kann und will ich zur Problemlösung kooperieren? Welche spezifischen Möglichkeiten bietet die Organisation, der ich angehöre?" Dementsprechend ist professionelle Soziale Arbeit in Verwaltungskategorien nur angemessen als *Querschnittsaufgabe* zu bestimmen.

Dieses Berufsverständnis ist sowohl als Außenzuschreibung wie auch bei den Berufsangehörigen der Semi-Profession Sozialarbeit/Sozialpädagogik gering entwickelt, da sich der Professionalisierungsstand sowohl materiell wie auch mental auf niedrigem Level[7] oder in einem engen Korridor[8] bewegt. Der Level bezieht sich auf gering entwickeltes berufliches Selbstbewusstsein im Vergleich zu anderen akademischen Berufen. Selbstbewusste professionelle (Handlungs-)Freiheit erwächst aus gesichertem Berufswissen, Identifikation mit dem gesellschaftlichen Auftrag und beruflicher Verantwortungsbereitschaft. Nehmen sich Einzelne diese Freiheit, werden sie häufig von ängstlicher oder bequem gewordener Kollegenschaft allein gelassen. Das hängt auch mit der häufig relativ homogenen hohen Altersstruktur der Sozialarbeiter/Sozialpädagogen in vielen Arbeitsfeldern zusammen, die sich aus dem Einstellungsboom der Reformjahre in Verbindung mit den aktuellen Einstellungsstops und Stelleneinsparungen ergibt. Die erfreulich hohe Fortbildungsbereitschaft der Berufsgruppe zu den Themenbereichen Methoden und Arbeitstechniken ist leider auch häufig mit Methodenfixierung und Statusbesetzung verbunden. Letzteres fördert die Partialisierung der Berufsgruppe. Daraus ergibt sich der Widerspruch, dass Fortbildung nicht unbedingt förderlich für die Professionalisierung Sozialer Arbeit ist.

Von dem so beurteilten Professionalisierungsstand her sind die Aussichten wirkungsvoller breiter berufseigener Einmischung eher pessimistisch zu beurteilen – wenngleich erfreulicherweise die Empirie der Tätigkeit von SozialarbeiterInnen/ SozialpädagogInnen lehrt, dass viele aktiv vielfältig ämter- und organisationsübergreifende Projekte realisieren. Da dies im kommunalen Feld geschieht, sind nun dessen Bedingungen zu skizzieren.

Städtische Problemlagen und Potenzen als Rahmenbedingungen Sozialer Arbeit

Es stellt sich also die Frage nach den heutigen städtischen Problemlagen und Potenzen, die für kommunale Sozialpolitik wichtig sind. Angesichts der kommunalen Finanznot und der damit verbundenen Bewegungseinschränkung, ließe sich diese Frage nicht ganz zu Unrecht als irrelevant abtun. Dass es mit dem Gesundbeten durch neue Steuerung nicht getan ist, lässt sich auch nicht ernsthaft in Frage stellen. Hier eine kurze Ableitung und Skizze der kommunalen Handlungsspielräume: Im globalen Zusammenhang[9] und in der BRD, eingeleitet durch die sozial-liberale

Regierung Schmidt und von der christlich-liberalen Regierung Kohl zum durchgängigen Programm gemacht, werden gesellschaftliche Ressourcen und Inpflichtnahmen generell neu verteilt. Dieser Umbau der Verteilungsmuster ist einerseits der Wählerklientel mit Stärkung von Mittelschichten geschuldet und andererseits der Tatsache, dass durch die ökonomischen, politischen und technologischen Entwicklungen der Arbeitsmarkt durch ein hohes Niveau von Arbeitslosigkeit erwerbsfähiger Personen gekennzeichnet ist. Die Folgen der Wiedervereinigung verschärften die Arbeitsmarktprobleme. Die Umverteilungsprozesse fanden und finden breite gesellschaftliche Anerkennung, da ein relativ großer und zunehmend einflußreicher Teil der Gesellschaft davon profitiert – der gesellschaftliche Wertewandel spielt sich nicht nur mental im Kopf, sondern praktisch an den Börsen ab. Der Regierungswechsel von christlich-liberal zu Rot-Grün brachte nicht den versprochenen Kurswechsel. In einer Melange der Anhäufung handwerklicher Fehler in der Wirtschafts-, Finanz- und Arbeitsmarktpolitik und den Auswirkungen der Weltwirtschaftskrise steigt die Arbeitslosenquote weiter an, wurden Großunternehmen und Aktionäre reichlich beschenkt, während den Kommunen und Landkreisen der Zugriff auf Mittel für ihre Aufgaben weiter vermindert wird. Die langjährige Umverteilungspolitik bewirkt auf kommunaler Ebene vor allem den rapiden Ausgabenanstieg für den Schuldendienst und für die Sozial- und Jugendhilfe. Damit wird den kommunalen Entscheidungsträgern die Frage aufgezwungen, ob sie ihre Einnahmesituation im Rahmen des Finanzausgleichs verbessern oder die steigenden Ausgaben intern finanzieren bzw. durch Outsourcing senken oder deckeln können.

Die Versuche der *Verbesserung* der kommunalen Finanzen durch einen gerechteren Ausgleich waren bisher nicht erfolgreich. Die Kommunen und Landkreise sind in ihrer Interessenwahrnehmung auf Bundesebene beschränkt; nicht zuletzt deshalb, weil die Verfassung ihnen keine eigene Kammer im parlamentarischen System zur Verfügung stellt. Vielmehr sollen ihre Interessen von der Länderkammer mitvertreten werden. Der Bundesrat verfolgt jedoch eigene Interessen, die häufig mit denen unterer Ebenen konkurrieren.[10]

Die Möglichkeit der *Finanzierung* leidet daran, dass kommunale Einnahmequellen durch Bundesrecht zum Versiegen gebracht wurden und die Bürger, privat und gewerblich, bereits durch die, vor allem ökologisch begründeten, Ausgabensteigerungen für Müll, Wasser etc. – die so genannte „zweite Miete“ – erhebliche Mehrbelastungen übernehmen müssen. So bleibt den Kommunen fast ausschließlich der Weg über haushaltsinterne Umverteilungen. Die Möglichkeiten des Social-Sponsoring[11] im Rahmen von Public-Private-Partnership[12] werden an dieser Stelle wegen des bis jetzt sehr geringen Umfangs und absehbar keiner nennenswerten Zunahme vernachlässigt. Auch das outsourcing stößt schnell an gesetzliche oder betriebswirtschaftliche Grenzen.

So bleibt, bei Variationsmöglichkeiten im Einzelnen, den meisten Kommunen nur die Möglichkeit, Ausgaben zu *deckeln*. – Entsprechend dem neokorporatistischen Muster[13] sind davon dann auch die freien Träger betroffen. Für sie gelten bei Variationen im Einzelnen analog die folgenden Aussagen.[14] – Monetär fixierte gesetzliche Pflichtaufgaben sind nur eng begrenzt im Rahmen von Ermessen und schärferer Anwendung von Kürzungsmöglichkeiten[15] zu minimieren, deshalb richten sich die begehrlichen Sparblicke der Kämmerer auf die Personalkosten. Im Personalbereich wird am ehesten dort nach Kürzungen gesucht, wo *Kann-Leistungen erbracht werden bzw. solche, die durch ihre Rechtsgrundlagen praktisch nicht genau bestimmbar sind, also z.B. die Leistungen der persönlichen Hilfe*. Bundessozialhilfegesetz (BSHG), Kinder- und Jugendhilfegesetz (KJHG) und Jugendgerichtsgesetz (JGG) schreiben nicht vor, wie viele Beratungsgespräche zu führen sind, wie lange sie dauern sollen und welcher Aufwand für die damit verbundenen Aufzeichnungen, Telefonate und Terminwahrnehmungen verbunden ist, damit eine erfolgreiche Hilfe gewährt wird. Eine praktische Folge davon ist, dass, während in Sozialämtern angesichts steigender Fallzahlen, die eine rechenbare Größe darstellen, neue Sachbearbeiter-Stellen eingerichtet werden, die Soziale Arbeit in den Jugendämtern aufgrund ihrer weniger berechenbaren Tätigkeiten Stellenstop und Stellenkürzungen hinnehmen muss. Dies geht häufig mit neuen Organisations- und Arbeitsformen einher, die durch das Instrument der „Neuen Steuerung“ nach dem Tilburger Modell angeregt sind.[16] Die Neue Steuerung setzt durch ein betriebswirtschaftlich orientiertes Kosten- und Leistungsdenken mit entsprechenden Organisations- und Arbeitsformen auf Kostenminderung. Dabei wird unterstellt, dass durch Kundenorientierung, produktorientiertes qualitätsvolles Arbeiten und betriebswirtschaftliche Steuerung Ausgaben bzw. Kosten minimiert werden können. Dieser Vorgang soll durch Synergieeffekte im organisatorischen und personellen Bereich, vor allem erzeugt durch motivierte MitarbeiterInnen, stabilisiert und weitergetrieben werden.

Soziale Arbeit reagiert dagegen auf das Instrument der Neuen Steuerung häufig defensiv mit offener oder verdeckter Abwehr. Diese wird damit begründet, dass die Einführung der Neuen Steuerung durch Magistrate, Stadtdirektoren oder Kommunalparlamente nicht dem Wunsch nach Qualitätsverbesserung entspringe, sondern lediglich der politischen Profilierung diene und die Aufwendungen senken solle. Diese Argumentation ist mit der Befürchtung verbunden, dass die Personalverminderung oder das Einfrieren von Personalständen im Bereich kommunaler Sozialer Arbeit bei wachsenden sozialen Problemen zur Aushöhlung sozialstaatlicher Leistungsgefüge führe und sozialarbeiterische Kompetenz beschneide. Allerdings sind eigene Gestaltungsvorschläge, wie mit den unleugbaren Finanzproblemen der öffentlichen Hände im Sozialbereich umzugehen sei, seitens der Sozialen Arbeit selten.[17]

Zusammenfassend lässt sich also feststellen, dass die objektiven Möglichkeiten zur sozial gerechten oder mindestens erträglichen Gestaltung der Stadtgesellschaft im Sinne bisheriger kommunaler Sozialpolitik – zusätzliche Gelder für neue sinnvolle Projekte – von minimal bis Null tendieren. Angesichts dieser Rahmenbedingungen kann die Frage nur lauten, wie die monetären Ressourcen *anders als bisher* zur Wirkung gebracht werden können und wie bisher vernachlässigte Ressourcen erschlossen werden können, insbesondere die nicht-monetären.[18] Wenn also vertraute alte Verhaltensmuster angesichts der monetären Krise der Städte und neuer Qualitäten sozialer Probleme für die Soziale Arbeit nicht mehr brauchbar sind, muss sie neue Arbeitsformen entwickeln und die vorhandenen Ressourcen schonend und pfleglich behandeln und effektiver einsetzen. Dies erfordert Selbstbesinnung und die Fähigkeit, die bisherige eigene Praxis unter veränderten Bedingungen kritisch zu reflektieren. Einen strukturellen Ansatz dazu zeigt Merchel mit dem New-Public-Management auf. An dieser Stelle kann ebenso die gemeinwesenorientierte Einmischung ihren berechtigten Platz einnehmen.[19] Dazu sind allerdings Veränderungsanforderungen an Soziale Arbeit zu stellen.

Veränderungsanforderungen an Soziale Arbeit

Hier möchte ich einen notwendigen Zwischenschritt einfügen. GWA ist Soziale Arbeit, ob spezialisiert als „dritte Methode“ oder integriert als Arbeitsprinzip. Ihre nutzbaren Instrumente befinden sich auf relativ entwickeltem Stand. Aber GWA muss sich, wie Soziale Arbeit insgesamt, ebenfalls der Frage nach *eigenen Entwicklungsperspektiven* stellen, wenn sie nicht passiv und fremdbestimmt an den Rand gedrängt eine gekränkte Restexistenz leben will! Welche noch nicht erschlossenen eigenen und fremden Ressourcen kann sie aktivieren?

Soziale Arbeit ist von außen primär quantitativ bestimmt, jedoch weniger von ihrer Form her, also ihren Arbeitsweisen; so müssen z.B. alle gesetzlichen und gebräuchlichen Anlässe für das Tätigwerden des Allgemeinen Sozialen Dienstes des Jugendamtes (ASD) in einem Bezirk aufgegriffen werden, aber auf welcher Ebene, in welchem Umfang und in welcher Qualität die Probleme bearbeitet werden, bleibt weitgehend den jeweiligen SozialarbeiterInnen überlassen. Wenn Soziale Arbeit in „Qualitätszirkeln“[20], also in Supervision, Praxisberatung und Teamreflexion (Krauß 2002), in spielerischer Freiheit und ernsthaft ihre Konzepte, Arbeitsformen und deren humane Rationalitäten reflektierend in Frage stellt und zu neuer Formbestimmung entfaltet, könnte sie ihre Arbeitsergebnisse vermutlich verbessern. Darüber hinaus ist damit zu rechnen, dass sie ihre Arbeitsweisen gesellschaftlich verständlicher und plausibler machen und damit Akzeptanz und Ansehen gewinnen kann. Das pauschale Beharren auf dem Status quo führt jedenfalls nicht zu dem gewünschten Erfolg. Die Verbindung von öffentlich verständlicher Argumentation, Lobbyarbeit und Steigerung der Arbeitseffizienz durch Umgestaltung erscheint erfolgversprechender.

Häufig sind Angehörige der sozialen Berufe im Selbstbild des „Opferlamm = guter Mensch“ gefangen. In einer gedanklichen Traditionslinie von Paulus über den Protestantismus zu gewerkschaftlichen Positionen wird „Verfolgung“ als Bestätigung der Richtigkeit des eigenen Denkens und Handelns interpretiert. Systemtheoretisch betrachtet wird die Außenkritik abgewehrt und nicht als wertvoller Input erkannt, der zu bearbeiten und zu integrieren sei. Damit wird die Chance vergeben, das System besser auf Umweltbedingungen reagieren zu lassen. Mangelnder Input jedoch lässt das System langfristig den Wärmetod erleiden.[21] Verändernde Soziale Arbeit muss sich an der Gestaltung ihrer eigenen Bedingungen beteiligen, indem sie Macht entdämonisiert, ihr Verhältnis zu Macht berufsrational klärt und sich an Machtprozessen beteiligt, ob im Ortsbeirat, im Jugendhilfe-Ausschuss, in Leitungstätigkeiten oder politischen Ämtern.

Soziale Arbeit muss sich vom Besitzstandsdenken verabschieden und gesellschaftlichen Jiu-Jitsu (Saul Alinsky 1973 u. 1974) erlernen, um gegenwirkende Kräfte zugunsten ihrer Postulate, Ziele und Interessen zu wenden. Soll die Einführung der Neuen Steuerung in der Intention der politischen und Verwaltungsgremien nur der Ausgabenverminderung dienen, können SozialarbeiterInnen dieses Instrument für problemorientiertes, strategisch geleitetes Arbeiten nutzen. Dazu zwei Beispiele:

1. die Erschließung vernachlässigter Ressourcen – wie z.B. Laienkompetenz[22] – an den richtigen Stellen.
2. die Nutzung der Delegation von Entscheidungen auf die „Sachbearbeiterebene“[23] zur Stärkung des fachlichen Einflusses der SozialarbeiterInnen auf Strukturen, Formen, Mittel und Zielrichtungen der Sozialen Arbeit.

Soziale Arbeit muss ihre verantwortungsarme Semiprofessionalität verlassen, sich energisch professionalisieren *und damit in den Stand setzen*, erheblich mehr gesellschaftliche Verantwortung als bisher zu übernehmen und gesellschaftliche Anerkennung zu erhalten. Dazu muss sie vor allem ihre *Ethik*[24] klären und entwickeln, ihre atomisierten *Werkzeuge*[25] wieder in standardisierte Handlungskonzepte (Methoden) einbinden und ihre *berufspolitischen Interessen* klären, formulieren und organisieren.

Als Fazit dieses Zwischenschrittes läßt sich für GWA festhalten: *Sie muss sich zu einem einmischungsfähigen Subjekt im Spiel der kommunalen Interessen entwickeln,* damit sie sich in die kommunale Sozialpolitik einmischen kann (vgl. auch Hinte 2001, S.215). Wer trotzig unprofessionell in falscher Identifikation bei seiner

Zielgruppe hocken bleibt, gewinnt keinen Bewegungsspielraum. Die Berufsgruppe muss *souverän und frei* für einmischendes Handeln gegenüber dem gesellschaftlichen Auftraggeber *und* der Klientel werden. Dann kann sie als Interessenmakler wirksam werden.

Die Hauptelemente der Einmischungsstrategie: Anregen und Moderieren

Was folgt nun aus dem bisher Entwickelten? Wurde die Einmischungsstrategie während einer Phase von Problemveränderungen entwickelt und praktiziert, so befinden wir uns heute erneut in einer Situation, in der sich städtische Probleme zuspitzen. Dieser Zustand fordert von der Sozialen Arbeit neue Strategien, veränderte Arbeitsweisen und die Entwicklung ihres Selbstverständnisses. Das heißt, sie muss sich entschieden professionalisieren, um sich wirkungsvoll in das Kräftespiel des weit gefassten Feldes der kommunalen Sozialpolitik[26] einmischen zu können. Dazu gehört eine Problemwahrnehmung und Ressourcenerschließung über die Grenzen der eigenen Institution hinaus und ein Selbstverständnis, als „Beziehungsfachmensch“ Makler sozialer Belange zu sein. Die spezifischen Beiträge von GWA in der angespannten und polarisierten Situation der gegenwärtigen Stadtgesellschaften und ihrer kommunalen Sozialpolitik bestehen darin, Prozesse kommunaler Sozialpolitik erstens anzuregen und zweitens zu moderieren.

Prozesse anregen: Die Berufserfahrung belegt, dass *ein* Typus erfolgreicher Projekte jener ist, in dem SozialarbeiterInnen/SozialpädagogInnen die sozialpolitischen Fragestellungen ins Gespräch bringen und dann eine Übersetzer- und Verdeutlicherrolle zwischen den breitgefächerten Interessengruppen einnehmen. Dazu bieten sie Zeiten, Orte und Formen für anstehende Auseinandersetzungen an, die es ermöglichen, Konflikte deutlich in der Sache und ohne Gesichtsverlust für die Beteiligten auszutragen. Das Element der Anregung ist weit zu fassen. Es handelt sich einerseits um das Aufgreifen und Thematisieren von Problemen, die bisher nicht wahrgenommen oder die vernachlässigt wurden; dafür ist der bisherige gesellschaftliche Umgang mit der Kinderarmut[27] ein Beispiel. Andererseits muss Soziale Arbeit auch neue Themen der Entwicklung von Stadtgesellschaften aufnehmen, um sich frühzeitig an Entwicklungen zu beteiligen und diese zu beeinflussen; dies lässt sich rückblickend gut an der Entwicklung der vielen Wohnungslosenprojekte demonstrieren.

Prozesse moderieren: Auch die Moderation muss als Kernelement verstanden werden, indem die Professionellen die „richtigen“ Leute ohne Berührungsscheu zusammenbringen und dafür sorgen, dass diese die notwendigen Klärungen und Beiträge zur Problemlösung leisten. Anders als im Sprichwort wird es hier häufiger effektiver sein, „zum Schmied statt zum Schmiedel zu gehen". Dazu gehört auch, die Borniertheit der sorgenzergrämten Sozialszene zu verlassen und Ressourcen in den Bereichen Sport, Kultur, Recht und Wirtschaft zu erschließen.

Diese Anregungs- und Moderationsfunktion ist der spezifische Beitrag der GWA für die kommunale Sozialpolitik; interessanterweise in der ganzen Bandbreite der Autorinnen und Autoren zu finden, die ernstzunehmende GWA-Konzepte unterbreitet haben.[28] Die Probleme liegen auf der Straße, Soziale Arbeit hat sie mit diesem Selbstverständnis und auf dieser Ebene bisher zu wenig aufgegriffen. Unter dem Primat von GWA als Anregung und Moderation städtischer sozialer Fragestellungen steht die Anwendung der hochentwickelten Instrumente der GWA in ihrer ganzen Bandbreite zur Verfügung, um Interessen zu erkunden und zu aktivieren, Ziele zu finden, zu bestimmen und zu operationalisieren, Teilhabe zu organisieren, Verhaltensstrukturen zu gestalten, Organisationen zu ermöglichen und zu schaffen, Bündnisse zu organisieren etc. Mit diesem Arbeitstypus als Spezifizierung der Einmischung für GWA kann diese heute erst recht zu einer „Politik für die soziale Stadt" beitragen.[29]

Literatur

Afheldt, H.: Wohlstand für niemand, München 1994

Alinsky, S. D.: Leidenschaft für den Nächsten, Gelnhausen 1973

Alinsky, S. D.: Die Stunde der Radikalen. Ein praktischer Leitfaden für realistische Radikale, Gelnhausen 1974

Arbeitskreis Pädagogik Paulo Freire in der Arbeitsgemeinschaft sozialpolitischer Arbeitskreise (Hg.): Mit Phantasie und Spaß. Praktische Anregungen für eine motivierende politische Bildungsarbeit, München 1991

Bitzan, M./Klöck, T.: „Wer streitet denn mit Aschenputtel?" Konfliktorientierung und Geschlechterdifferenz, München 1993

Boulet, J./Krauß, E. J./Oelschlägel, D.: Gemeinwesenarbeit. Eine Grundlegung, Bielefeld 1980

Bundesministerium für Familie, Senioren, Frauen und Gesundheit (Hg.): Zehnter Kinder- und Jugendbericht. Bericht über die Lebenssituation von Kindern und die Leistungen der Kinderhilfen in Deutschland, Bonn 1998, Bundestagsdrucksache 13/11368 v. 25.08.98

Daheim, H.: Der Beruf in der modernen Gesellschaft, Köln/Berlin 1967, 2. Aufl. 1970

DBSH (Hg.): Professionell handeln auf ethischen Grundlagen. Berufsethische Prinzipien des DBSH, Essen o.J. (1998)

Gildemeister, R.: Neuere Aspekte der Professionalisierungsdebatte: Soziale Arbeit zwischen immanenten Kunstlehren des Fallverstehens und Strategien kollektiver Statusverbesserung. In: Neue Praxis 22. Jg., H. 3/1992, S.207–219

Göx, S: Bedingungen und Möglichkeiten von Beteiligungsprojekten für Kinder in der Gemeinde. In: Zeitschrift für Sozialreform 45. Jg., H. 3/1999, S.241–260

Hartmann, H.: Arbeit, Beruf, Profession. In: Soziale Welt 19. Jg., H. 3/4 1968, S.193–216

Hauser, R./Hauser, H.: Die kommende Gesellschaft. Handbuch für soziale Gruppenarbeit und Gemeinwesenarbeit, München 1971

Heiner, M. (Hg.): Selbstevaluation als Qualifizierung in der Sozialen Arbeit, Freiburg i. Br. 1994

Heiner, M. (Hg.): Qualitätsentwicklung durch Evaluation, Freiburg i. Br. 1996

Hengsbach, F.: Neue Steuerungsmodelle in der Jugendhilfe – das Ende partnerschaftlicher und partizipatorischer Jugendhilfe? In: aej (Hg.): Lean production in der Jugendarbeit? Geschichten über Kunden, Märkte und Output. Hannover 1996, S.18 ff, nach dem Vortrag am 31.5.96 auf dem 10. Deutschen Jugendhilfetag der AGJ in Leipzig

Hinte, W. / Karas, W.: Studienbuch Gruppen- und Gemeinwesenarbeit. Eine Einführung für Ausbildung und Praxis, Neuwied u.a. 1989

Hinte, W.: Soziale Arbeit und Stadtentwicklung: Sich vorher einmischen anstatt nachher zu jammern. In: Hinte, W. / Lüttringhaus, M. / Oelschlägel, D.: Grundlagen und Standards der Gemeinwesenarbeit. Ein Reader für Studium, Lehre und Praxis, Münster 2001, S.212–221

KGSt (Kommunale Gemeinschaftsstelle für Verwaltungsvereinfachung): Das Neue Steuerungsmodell. Begründung – Konturen – Umsetzung. Bericht 5/1993, Köln 1993

KGSt (Kommunale Gemeinschaftsstelle für Verwaltungsvereinfachung): Das Neue Steuerungsmodell: Definition und Beschreibung von Produkten. Bericht 8/1994, Köln 1994a

KGSt (Kommunale Gemeinschaftsstelle für Verwaltungsvereinfachung): Output-orientierte Steuerung in der Jugendhilfe. Bericht 9/1994, Köln 1994b

Krauß, E. J.: Methoden der Sozialarbeit/Sozialpädagogik. In: Kreft, D. / Mielenz, I. (Hg.): Wörterbuch Soziale Arbeit, Aufgabenfelder, Praxisfelder, Begriffe und Methoden der Sozialarbeit und Sozialpädagogik. 4., vollst. überarb. u. erw. Aufl., Weinheim und Basel 1996, S.396–399

Krauß, E. J.: Supervision für soziale Berufe. In: Thole, Werner (Hg.): Grundriss Soziale Arbeit. Ein einführendes Handbuch, Opladen 2002, S.603–616

Kretzmann, J. P. / McKnight, J. L.: Building Communities from the inside out. A path toward finding and mobilizing a community´s assets, Chicago, IL. 1993

Kühn, D.: Neue Steuerungsmodelle der Sozialverwaltung, Chancen und Gefahren. In: Neue Praxis, 25. Jg., Heft 4/95, S.340–348

Lang, R./Haunert, F.: Sponsoringkonzepte. Eine kritische Untersuchung mit Handlungsleitfaden. Berlin 1993

Lang, R./Haunert, F.: Handbuch Sozial-Sponsoring. Grundlagen, Praxisbeispiele, Handlungsempfehlungen. Weinheim und Basel 1995

Mayntz, R. (Hg.): Bürokratische Organisation, Köln und Berlin 1968

Meinhold, M.: Qualitätssicherung und Qualitätsmanagement in der Sozialen Arbeit, 3. überarb. Aufl. Freiburg i. Br. 1997

Merchel, J.: Sozialverwaltung oder Wohlfahrtsverband als „kunden-orientiertes Unternehmen“. Ein tragfähiges, zukunfts-orientiertes Leitbild?. In: Neue Praxis, 25. Jg., Heft 4/95, S.325–339

Merchel, J./Schrapper, C. (Hg.): Neue Steuerung. Tendenzen der Organisationsentwicklung in der Sozialverwaltung, Münster 1996

Merchel, J.: Sozialmanagement. Eine Einführung in Hintergründe, Anforderungen und Gestaltungsperspektiven des Managements in Einrichtungen der Sozialen Arbeit. Münster 2001a

Merchel, J.: Qualitätsmanagement in der sozialen Arbeit. Ein Lehr- und Arbeitsbuch. Münster 2001b

Mielenz, I.: Sozialarbeit in der Offensive. Kommentar zur Expertise von Keim / Heidtmann-Frohme: „Expandierende und neue Arbeitsfelder der Sozialarbeit“. In: Projektgruppe Soziale Berufe (Hg.): Sozialarbeit: Problemwandel und Institutionen, Expertisen II, München 1981 a, S.223–226

Mielenz, I.: Die Strategie der Einmischung. Soziale Arbeit zwischen Selbsthilfe und kommunaler Politik. In: NEUE PRAXIS, 11. Jg., Sonderheft 6, Neuwied 1981 b, S.57ff.

Mielenz, I. / Kreft, D.: Soziale Arbeit. In: Kreft, D. / Mielenz, I. (Hg.): Wörterbuch Soziale Arbeit, Aufgabenfelder, Praxisfelder, Begriffe und Methoden der Sozialarbeit und Sozialpädagogik, 4., vollst. überarb. u. erw. Aufl., Weinheim und Basel 1996, S.509ff.

Mohrlock, M. / Neubauer, M. / Neubauer, R. / Schönfelder, W.: Let's organize! Gemeinwesenarbeit und Community Organization im Vergleich, München 1993

Ortmann, F.: Neue Steuerungsformen der Sozialverwaltung und soziale Arbeit. In: NDV, 76. Jg., Heft 2/1996, S.62ff.

Otto, H. U. / Utermann, K. (Hg.): Sozialarbeit als Beruf. Auf dem Weg zur Professionalisierung. München 1971

Pitschas, R.: Kommunale Sozialpolitik. In: von Maydell, B. / Ruland, F. (Hg.): Sozialrechtshandbuch (SRH), 3. Auflage, Neuwied 2003, S.1295-1353.

Ross, M.G.: Gemeinwesenarbeit. Theorie, Prinzipien, Praxis, 2. Aufl. Freiburg i.Br. 1971

Sachße; Ch.: Public-Private-Partnership. Überlegungen aus historischer Sicht. In: Sparkasse, 113. Jg., Heft 8/96, S.346ff.

Strünck, Ch.: Wandel der Wohlfahrtsverbände durch Kontraktmanagement. Das Beispiel des Paritätischen Wohlfahrtsverbandes. In: Neue Praxis, 25.Jg., Heft 4/95, S.349–359

Trube, A-Mielenz, I. / Kreft, D.: Soziale Arbeit. In: Kreft, D. / Mielenz, I. (Hg.): Wörterbuch Soziale Arbeit, Aufgabenfelder, Praxisfelder, Begriffe und Methoden der Sozialarbeit und Sozialpädagogik, 4., vollst. überarb. u. erw. Aufl., Weinheim und Basel 1996, S.509ff.

Trube,A.: Sozio-ökonomische Analysen zum geldwerten Nutzen von Gemeinwesenarbeit: Untersuchungen am Beispiel des Projekts „Auleben – Landkreis Nordhausen“ im Rahmen des Bundesmodells „Neue Wege der Arbeitsplatzbeschaffung“. Hg. vom Bundesministerium für Familie, Senioren, Frauen und Jugend, Stuttgart, Berlin, Köln 1998

Weizsäcker, C. F. von: Die Zeit drängt, eine Weltversammlung der Christen für Gerechtigkeit, Frieden und die Bewahrung der Schöpfung, München/Wien 1986

Wendt, W. R.: Ökosozial Denken und Handeln. Grundlagen und Anwendungen in der Sozialarbeit, Freiburg i.Br. 1990

Anmerkungen

1 Der Begriff soll den Mechanismus der identifikatorischen Übernahme der Weltsicht des Klientels Sozialer Arbeit durch Sozialarbeiter/Sozialpädagogen bezeichnen. Dessen Einsetzen liegt nahe, da wirkungsvolle Soziale Arbeit einfühlendes Verstehen der Klienten hinsichtlich ihrer Person und Lebenslage erfordert. Er bedroht oder verhindert allerdings auch das professionelle Ausbalancieren der Berufsrolle zwischen der notwendigen Parteinahme für die Klienten und der Wahrnehmung des gesellschaftlichen Gestaltungs- und Ordnungsauftrages Sozialer Arbeit.

2 Dieses Arbeitsprinzip Sozialer Arbeit ist bis heute noch immer grundlegend entwickelt und dargestellt durch Boulet/Krauß/Oelschlägel 1980.

3 siehe dazu ihre Vita in: Kreft/Mielenz 1996, S.707.

4 Dies ist der Titel einer praktischen Broschüre, die eine Vielzahl von Verfahren für die Arbeit mit (großen) Gruppen enthält (Arbeitskreis Pädagogik Paulo Freire in der Arbeitsgemeinschaft sozialpolitischer Arbeitskreise 1991).

5 Ich verzichte an dieser Stelle auf beispielhafte Namensnennungen, nicht zuletzt, weil die besondere Qualität dieser Personengruppe auch darin bestand und besteht, dass sie Netze von Personen in unterschiedlichen Funktionen und Institutionen bildeten.

6 Grundsätzlich zu Professionalisierung: Hartmann 1968, S.193ff. Zur Frage von Professionellen in Organisationen der drit-

te Teil „Die Hierarchie und die Spezialisten“ des Neoklassikers von Renate Mayntz (1968, S.191–248). Grundlegend zur Eröffnung der Professionsdiskussion in der Sozialarbeit: Otto/Utermann 1971. In die aktuelle Professionalisierungsdebatte einführend: Gildemeister 1992, S.207ff.

7 Der Level bezieht sich auf:
– gering entwickeltes berufliches Selbstbewusstsein im Vergleich zu anderen akademischen Berufen,
– Standardisierung der Wissensbestände der Berufsgruppe und
– niedriger Organisationsgrad im Berufsverband.

8 Mit dem Korridor sind verengende Spezialisierungen gemeint. Viele SozialarbeiterInnen und SozialpädagogInnen erwerben im Rahmen von Fortbildungen vor allem handlungstechnische Fähigkeiten und Fertigkeiten und setzen sie in der täglichen Arbeit ein. Weitere Professionselemente werden jedoch häufig vernachlässigt. Solche Spezialisierung ist häufig mit Fremdidentifikation als „TherapeutIn“, „ErlebnispädagogIn“, „SozialmanagerIn“ etc. verbunden.

9 Die Hauptargumente und -positionen der breit geführten Globalisierungsdebatte werden hier nicht dargestellt. Bezüglich der Analyse stützt sich der Verfasser primär auf Afheldt (1994), hinsichtlich der Perspektiven bietet vor allem Carl Friedrich von Weizsäcker Zugang (1986).

10 Die aktuell eröffnete Diskussion in dem von Bundestag und Bundesrat paritätisch besetzten Ausschuss um die Reformation der Gestaltung des föderalen Prinzips schließt diese Fragen mit ein.

11 Praktische Anleitungen zum Sponsoring bieten Lang/Haunert mit unterschiedlichem inhaltlichen Profil in ihren beiden Bänden (1993, 1995).

12 hierzu einführend und informativ Sachße (1996, S.346 ff)

13 Mit dem Begriff Neokorporatismus wird folgender Sachverhalt kritisiert: Grundlage des Subsidiaritätsprinzips war die funktionale Teilung der Gesellschaft in drei Sektoren, Markt (1. Sektor), Staat (2. Sektor) und die Non-Profit-Organisationen der Selbst- und Fremdhilfe (3. Sektor). Faktisch näherte sich der 3. Sektor jedoch zunehmend dem 2. Sektor an, indem sich z.B. die Wohlfahrtsverbände in erheblichem Umfang durch die öffentlichen Hände finanzieren ließen und die Wohlfahrtspfründen in der Liga untereinander aufteilten. Auch die Funktionsstrukturen der Verbände glichen sich staatlichen Strukturen an, z.B. hinsichtlich der Hierarchien, der Funktionseliten, der Tarifverträge etc. Damit wurde der 3. Sektor hier sehr grob gesagt faktisch aufgehoben und in den 2. Sektor integriert. Diese Entwicklung wird mit dem Begriff des Neokorporatismus gefasst.

14 Die Wirkungen der Neuen Steuerung gehen allerdings bei den freien Trägern noch weit über die Effekte bei den Kommunen und überörtlichen Trägern hinaus. Die Einführung betriebswirtschaftlicher Grundsätze bei den öffentlichen Händen führt zu kostenbewussteren Verhandlungen als bisher mit den freigemeinnützigen und sozialgewerblichen Trägern über Dienstleistungen, wie z.B. der Fremdplatzierung von Kindern oder der Integration von Behinderten in den geschützten Arbeitsmarkt. Diese neue Verhandlungsqualität zum Zwecke des Outcontracting von Dienstleistungen befördert eine neue Form von Konkurrenz zwischen den Anbietern. Die gewohnten Umgangs- und Verteilungsformen in der Liga der freien Wohlfahrtspflege werden desolat. Es ist auch zu beobachten, dass zum Zwecke des Wettbewerbserhalts bzw. -vorteils von großen traditionellen Trägern Subfirmen gegründet werden, die vom vorhandenen Tarifgefüge abgekoppelt sind. Diese Strategie ermöglicht Lohndumping auf dem sozialen Arbeitsmarkt, der gegenwärtig auf der Angebotsseite reich bestückt ist.

15 Einige Beispiele dazu: Auf den Sozialämtern ist vermehrt zu beobachten, dass sowohl auf der Basis von Verfügungen als auch aus eigenem Antrieb von SachbearbeiterInnen einmalige Beihilfen knapper

und häufiger als Sachmittel beschieden werden. Auch die Anwendung der Arbeitspflicht nach dem BSHG findet wieder weitere Verbreitung. Darüber hinaus wird das Eintreiben von Unterhaltsverpflichtungen mit Erfolg in spezialisierten Arbeitsgruppen professionalisiert. Die erzielten Spareffekte werden jedoch in vielen Kommunen durch die Neufälle zunichte gemacht.

16 siehe zur Darstellung die einschlägigen Papiere der Kommunalen Gemeinschaftsstelle für Verwaltungsvereinfachung (KGSt) (1993; 1994a; 1994b); zur kritischen Diskussion siehe die Beiträge von Merchel (1995, S.325ff), Merchel/Schrapper (1996), Kühn (1995, S.340ff), Strünck (1995, S.349ff), Ortmann (1996, S.62ff); Hengsbach (1996, S.18ff)

17 Der Verfasser stützt diese Aussage vor allem auf seine Beobachtungen als Berater und Fortbildner in unterschiedlichen Arbeitsfeldern bei verschiedenen kommunalen und freien Trägern Sozialer Arbeit, wie auch auf Einblicke in seiner Tätigkeit als Lehrsupervisor.

18 Die vielfältigen Möglichkeiten der Ressourcenerschließung Sozialer Arbeit stellen Kretzmann und McKnight (1993) anschaulich und überzeugend dar.

19 Ein Teilaspekt dieses Problemkomplexes bezieht sich auf Einspareffekte durch Soziale Arbeit. Die Studie von Trube (1998) belegt diesen Effekt, indem sie einen immensen geldwerten Nutzen aufgrund einer Standortoptimierung durch GWA nachweist. In dem dargestellten Arbeitsplatzbeschaffungsprojekt wurden die so genannten „weichen" Faktoren, also menschliche Ressourcen, mithilfe von GWA erschlossen, entwickelt und unterstützt.

20 Hier sind selbstverständlich nicht Qualitätszirkel nach ISO-Norm gemeint, sondern die berufseigenen Reflexions- und Konzeptionierungsformen wie aufgeführt. Zu den Fragen von Qualitätssicherung und Qualitätsmanagement in sozialen Dienstleistungsbetrieben siehe die anschauliche Einführung von Meinhold (1997) und das vorzügliche Arbeitsbuch von Merchel (2001 b). Das Instrument der Evaluation und der Selbstevaluation wird in Fallstudien dargestellt bei Heiner (1994 und 1996).

21 Diese Aussage stützt sich auf den zweiten Hauptsatz der Thermodynamik durch Clausius 1865, wonach der Wärmestrom nur vom wärmeren zum kälteren Körper fließt; er ist nur durch Energiezufuhr umzukehren. Die Systemtheorie überträgt diesen Satz sinngemäß auch auf soziale Systeme. Systemische Familienberatung und Familientherapie haben sich dieses Konstrukt für Analyse und Intervention zu eigen gemacht. Systemisch arbeitende Sozialberufler beginnen inzwischen, es auf sich selbst als Berufsgruppe anzuwenden.

22 Noch immer lehnen Sozialberufler die Erschließung von Laienkräften im Rahmen des Ehrenamtes mit dem Hinweis auf Einsparmotive – „der Staat entzieht sich seiner sozialen Verantwortung" – ab. Dies ist ein ernstzunehmendes Argument, wenn die Senkung des Qualitätsstandards Sozialer Arbeit billigend in Kauf genommen wird. Möglicherweise verbirgt die Argumentation aber auch Ängste der beteiligten Berufsgruppen vor der Infragestellung ihrer Berufskompetenz durch qualifiziertes Laienhandeln. Andererseits wird inzwischen ein Vielzahl von Ehrenamtlichen-Büros betrieben, häufig unter Regie des DPWV.

23 Die Neue Steuerung erfordert zur Entwicklung ihrer Wirksamkeit auch Lean-Management, also die Verschlankung der Verwaltung verbunden mit dem Abbau von Hierarchiestufen und Verlagerung von Entscheidungen auf die Ebene der „Macher".

24 Der DBSH – Deutscher Berufsverband für Soziale Arbeit e.V. – hat eine Berufsordnung vorlegt, die auf berufsethischen Prinzipien fußt. Sie hat sich allerdings noch nicht breit durchgesetzt, da die Mehrzahl der sozialberuflich Tätigen noch immer in den Gewerkschaften verdi und GEW, aber nicht in dem einzigen Berufsverband für Soziale Berufe, der zugleich tariffähige Gewerkschaft ist, dem DBSH, organisiert sind.

25 Mit der Atomisierung ist die Reduktion von Handlungskonzepten auf ihre Techniken gemeint. Zur Kritik der aktuellen Arbeitsformen Sozialer Arbeit siehe auch Krauß 1996, S.398f.

26 zum Begriff sei auf Pitschas 2003 verwiesen

27 Kinderarmut ist das Leitthema des 10. Kinder- und Jugendberichtes der Bundesregierung und dort differenziert in ihren weitverzeigten komplexen Erscheinungen dargestellt (Bundesministerium für Familie, Senioren, Frauen und Jugend 1998).

28 Angesichts der Materialfülle wird an dieser Stelle nur auf einige wichtige Texte hingewiesen: Ross 1968, Hauser/Hauser 1971, Alinsky 1973 und 1974, Boulet/Krauß/Oelschlägel 1980, Hinte/Karas 1989, Wendt 1990, Mohrlock/Neubauer/Neubauer/Schönfelder 1993, Kretzmann/McKnight 1993, Bitzan/Klöck 1993. An dieser Stelle müssen Umsetzungstechniken nicht ausgebreitet werden.

29 Eine bunte Vielfalt wird in den Kommunen praktiziert, aber zu selten veröffentlicht. Ich verweise für diesen Ansatz des Anregens und Moderierens städtischer sozialer Prozesse auf *ein exemplarisches Beispiel* bei Göx 1999, insbes. S.254–258.

Günter Rausch

Parteilichkeit und Solidarität als Grundmaximen der Sozialen Arbeit

„Es gehört gerade zu den Herrschaftsgeheimnissen der bürgerlichen Macht, sich als neutral hinzustellen.“ Was Ernst Bloch noch ungeniert und geradezu selbstverständlich formulieren durfte (1972, S.79), ist in Kreisen moderner GemeinwesenarbeiterInnen (oder trendiger: QuartiersmanagerInnen) vielerorts mittlerweile verpönt. Selten liest man heute folgende klare Positionierung: „Das Denken muß parteilich sein und ist es immer gewesen. Heute leugnen das nur noch diejenigen ab, die ihre Farbe verstecken müssen oder sich über sie nicht klar sind. Auch die bürgerliche Wissenschaft war nie eine neutrale, obwohl sie sich darüber in falschem Bewußtsein wiegte. Es ist nicht schwer, diese Selbsttäuschung zu beheben.“ (Bloch 1972 S.78)[6]

Als ich in der ersten Hälfte der siebziger Jahre des letzten Jahrhunderts mein Sozialarbeitsstudium begann, war es in der Tat völlig unumstritten, dass jegliche Sozialarbeit „parteilich“ sein müsse.[2] Parteilich freilich nicht in dem Sinne, sich auf die Seite der Besserbetuchten und Etablierten zu stellen, um sich damit individuelle Vorteile zu verschaffen. Vielmehr ging es, hier mit einem Blick in das seinerzeit unvermeidliche „Philosophische Wörterbuch“, um eine „Parteinahme für die Sache der Arbeiterklasse und den historischen Fortschritt der Menschheit“ (Klaus,Buhr, Bd.2, 1975, S.58). Mit Blick auf die Praxis hieß es weniger pathetisch und weniger differenzierend: Parteilichkeit für die Betroffenen, Randgruppen oder sozial Benachteiligten. Und bezogen auf die politischen Auseinandersetzungen erinnere ich mich gerne an die Kämpfe um das geplante Atomkraftwerk in Wyhl am Kaiserstuhl. Der linke Liedermacher Walter Mossmann hatte mit seinem Song „Auf welcher Seite stehst Du hey...“ die Demonstranten in ihrer Überzeugung bekräftigt, selbstredend die korrekte Wahl getroffen zu haben.

Nun ist der Zeitgeist bekanntlich ein unsteter Geselle. Und der gesellschaftliche Wandel ist längst von außergewöhnlicher Dynamik gekennzeichnet. Die Welt ist nicht mehr so wie sie damals war. Rasante technologische, wirtschaftliche und politische Entwicklungen haben die gesellschaftliche Wirklichkeit in einem neuen Licht erscheinen lassen. Globalisierung, Ökonomisierung, Monetarisierung, Pluralisierung,

Individualisierung usw. sollen dies schlagwortartig verdeutlichen. Ganze Weltsysteme sind in sich zusammengebrochen und die politische Landkarte ist innerhalb weniger Jahre nicht mehr wiederzuerkennen gewesen. Haben sich mit den Verhältnissen dann nicht notwendig auch die Haltungen, die Prinzipien und die Begriffe zu verändern? Muss Soziale Arbeit, wenn sie ernst genommen werden will, nicht mit der Zeit gehen? Und wäre es für die Gemeinwesenarbeit, die gerade im Begriff ist, ein spätes Comeback zu feiern, nicht gefährlich, über ein „linkes Vokabular" identifiziert zu werden?

Zunächst sollen zwei mögliche Irrtümer ausgeräumt werden: Wenn im Folgenden Parteilichkeit und Solidarität als Grundmaximen jedweder professionellen Sozialarbeit, bekräftigt werden sollen, so wird nicht im Sinne Lenins unterstellt, dass Parteilosigkeit „nur ein heuchlerischer, verhüllter, passiver Ausdruck der Zugehörigkeit zur Partei der Satten, zur Partei der Herrschenden, zur Partei der Ausbeuter" sei (zitiert in: Klaus und Buhr, S.57). Es wird auch nicht übersehen, dass in Teilbereichen der Sozialen Arbeit der Begriff der Parteilichkeit durchaus Konjunktur hat (vgl. Hartwig L., Merchel J., 2000). Auffallend häufig findet er sich in der Kinder- und Jugendarbeit sowie in der Mädchen- und Frauenarbeit wieder. „Partei" wird in diesen Kontexten beispielsweise für misshandelte Kinder oder Frauen und zwar gegen ihre Peiniger oder gewalttätige Männer ergriffen. Dies ist fachlich zunächst nachvollziehbar. „Parteilichkeit als Grundmaxime" soll sich hier jedoch traditionell im Sinne einer gesellschaftlich politischen Dimension eines beruflichen sozialarbeiterischen Handelns verstehen. Mit Staub-Bernasconi soll Soziale Arbeit als Menschenrechtsprofession verstanden werden, deren Berufsethos geradezu zur Parteilichkeit gegenüber Unterdrückten und Ausgegrenzten verpflichtet. Danach ist Sozialarbeit „der einzige Beruf, der als Beruf zur Solidarität mit denjenigen verpflichtet, die in und an der Gesellschaft und Kultur leiden." (1995, S.192).

Soziale Arbeit wird also in der Traditionslinie von Befreiung und Emanzipation gesehen,[3] wie es von Boulet/Kraus/Oelschlägel 1980 grundlegend formuliert wurde: „Gemeinwesenarbeit muss Beiträge zur tendenziellen Aufhebung und Überwindung von Entfremdung leisten, also die Selbstbestimmung handelnder Subjekte ermöglichen. Damit ist Gemeinwesenarbeit Befreiungsarbeit insofern, als sie die unmittelbaren Wünsche und Probleme der Menschen ernst nimmt, zu veränderndem Handeln unter Berücksichtigung der politisch-historischen Möglichkeiten motiviert und Einsicht in die strukturellen Bedingungen von Konflikten vermittelt. In diesem Sinne kann Gemeinwesenarbeit als Arbeitsprinzip jede soziale Arbeit strukturieren." (S.156f.)

Freiheit heisst freilich nicht nur Emanzipation, sondern auch und vor allem Solidarität. Die Losung Freiheit-Gleichheit-Brüderlichkeit (Geschwisterlichkeit) bringt dies zum Ausdruck. Das eine bedingt dialektisch betrachtet das andere. Insofern hat

Soziale Arbeit eben auch einen politischen Auftrag. „Tu Deinen Mund auf für die Stummen, für die Sache aller, die verlassen sind,... und schaffe Recht dem Bedrückten und Armen" heißt es schon im Alten Testament (Sprüche 31, 8-9). Es kommt also darauf an, Partei zu ergreifen und Strategien der Einflussnahme oder der Einmischung zu konzipieren, die sowohl demokratische Beteiligung (Partizipation) als auch konkrete Verbesserungen der Lebensgrundlagen erstreben (vgl. Milenz I., 1981). Die Bedeutung von Mitspracherechten wurde von Martin Luther King, dem amerikanischen Bürgerrechtler, sehr anschaulich unterstrichen: „Integration ist sinnlos ohne Teilhabe an der Macht. Wenn ich von Integration spreche, dann meine ich keine romantische Mischung von Farben, sondern eine wirkliche Aufteilung von Macht und Verantwortung" (King, 1974, S.25). Es geht also um Unterstützung jener Handlungen und jener Erkenntnisse, „die Menschen materiell, sozial und psychisch freier macht, sie vom entfremdeten Bewußtsein zum Bewußtsein von der Entfremdung bewegt, individuelle Verhaltenszwänge und Kommunikationsbehinderung soweit als möglich beseitigt [...] und [...] dadurch die Bedingungen für solidarisches, politisches Handeln" (Oelschlägel, 1978, S.62) schafft.

Man mag einwenden, dass dies so gar nicht in die aktuelle Debatte passt. Es ist noch gar nicht solange her, dass „Die Prinzen" in den Charts für Furore sorgten: „Man muss ein Schwein sein auf dieser Welt". Dieser Song wurde ein grandioser Erfolg. Und noch immer gibt es einen Autoaufkleber, zumeist auf sehr teuren und sehr schnellen Schlitten, mit den Slogan: „Eure Armut kotzt mich an!" In diese Reihe ordnete sich das Unwort des Jahres 1997 ein: „Wohlstandsmüll". Gemeint war nicht etwa, was alltäglich in den Hinterhöfen der Supermärkte zu beobachten ist, nämlich ganze Müll-Container voller – eingeschweißter- Lebensmittel (Forellenfilets, Schinken, Käse usw.), deren Verfallsdatum abgelaufen war. Nein „Wohlstandsmüll" meinte, einem Zeitungsinterview zufolge, arbeitsunwillige, arbeitsunfähige ja sogar kranke Menschen. Helmut Maucher, der Präsident des Verwaltungsrates des Nestle-Konzerns, sprach über die Arbeitslosigkeit und erklärte unter anderem, dass „mit der Prosperität ein gewisser Wohlstandsmüll entsteht: Leute, die saufen, Drogen nehmen, sich abgemeldet haben." Gegenüber der Frankfurter Allgemeinen Zeitung meinte der Urheber dieses Unwortes am 21. Januar 1998: „Ich habe eben Freude an plastischen Formulierungen, aber wer mich kennt, der weiß, daß ich kein zynischer Mensch bin."

Noch immer begegnet uns also diese seltsame Mischung von Überheblichkeit und Ignoranz solcher Leute, die auf der Sonnenseite unserer Gesellschaft leben. Sie verweisen aber auch auf die immer länger werdenden Schatten, auf die Spaltung, auf die soziale Ungleichheit und auf die zunehmende soziale Kälte in unserem Land. Längst ist es nicht mehr chic, diese Themen aufzugreifen und gewissermaßen die Finger in die Wunden der spätkapitalistischen Gesellschaft zu legen. „Ideologieverdacht“ und „Rückständigkeit“ lauten die freundlicheren Etikettierungen. Dass es hier jedoch nicht um krampfhafte Ideologie geht, zeigt das inzwischen vergessene und in unseren Fachkreisen wenig bekannte Sozialwort der christlichen Kirchen. Dort heißt es: „Solidarität und Gerechtigkeit sind notwendiger denn je. Tiefe Risse gehen durch unser Land: Vor allem der von der Massenarbeitslosigkeit hervorgerufene Riß, aber auch der wachsende Riß zwischen Wohlstand und Armut und der noch längst nicht geschlossene Riß zwischen Ost und West“ (Kirchenamt der Evangelischen Kirche in Deutschland und Sekretariat der Deutschen Bischofskonferenz, 1994, S.9). Die Kirchen fordern und verpflichten sich selbst zur einer „Option für die Schwachen“, zur Solidarität mit den Armen: „Auf die Menschen in unserer Gesellschaft, die im Schatten des Wohlstands leben und weder sich selbst als gesellschaftliche Gruppe bemerkbar machen können noch eine Lobby haben, wird unsere Aufmerksamkeit gelenkt.“ (ebenda, S.12)

Selbst die Frankfurter Allgemeine Zeitung titelte am 18.11.1998: „Ein Riß teilt das Land. Abschied vom sozialen Klima der Nachkriegszeit.“ Noelle-Neumann, die bekanntlich nicht dem traditionellen linken Lager zugerechnet wird, veröffentlichte Allensbacher Umfrageergebnisse, wonach vermeintlich längst verschüttet gegangene Einsichten und Begriffe plötzlich wieder mehr Zulauf fänden: „1980 wurde in Westdeutschland zum ersten Mal eine Dialogfrage zum Klassenkampf gestellt. Die eine Ansicht lautete: ‚Ich finde, in der heutigen Zeit ist der Begriff von Klassenkampf überholt.‘ 58 Prozent stimmten zu. Die zweite Ansicht lautete: ‚Auch in der heutigen Zeit ist es richtig und notwendig, von Klassenkampf zu sprechen.‘ 25 Prozent schlossen sich an. Ganz beharrlich haben sich seit damals die Meinungen geändert. Heute finden in Westdeutschland wieder 44 Prozent, der Klassenkampf sei notwendig. In Ostdeutschland treten 56 Prozent für den Klassenkampf ein, bei nur 26 Prozent Gegenstimmen...“ (a.a.O.).

Angesichts des sozialpolitischen Kahlschlags der letzten Jahre und der aktuellen neoliberalen „Reformen“ der rot-grünen Bundesregierung im Gesundheits- und Sozialbereich ist eine weitere Massenverelendung zu erwarten und nur noch schwerlich zu übersehen. Bauer verweist freilich darauf, dass dies keineswegs notwendig auch zu entsprechenden sozialarbeiterischen Handlungsorientierungen führen muss: „Um von der materiellen Armut als dem gesellschaftlichen Hauptproblem abzulenken, den ‘sozialen Frieden’ zu sichern und der Massenverelendung ‘Herr‘ zu werden, erfolgt die Aufteilung der Armutsbevölkerung auf verschiedenartige Problemgruppen und Problemlagen. Entsprechend der Vielzahl der auf solche Weise klassifizierten und etikettierten Zielgruppen wird das gesellschaftliche Armutsproblem partialisiert, die Methoden und Interventionszugänge der Sozialen Arbeit werden entsprechend diversifiziert und verfeinert.“ (Bauer). Wenige Jahre nach dieser Publikation wird auf der Titelseite von SOZIALEXTRA konstatiert: „Ökonomische Denkweisen verändern die Soziale Arbeit". Gemeint ist insbesondere die schier unaufhaltsame BWLisierung der Sozialarbeit, die weitgehend unkritische Übernahme betriebswirtschaftlicher Begriffe und Handlungsmuster im Bereich der Sozialen Arbeit. „Alles, so lautet das Dogma, bedarf zu seiner Lenkung und Führung des Managements nach betriebswirtschaftlichen Gesichtspunkten" (Bauer, ebenda).

Macht es vor diesem Hintergrund überhaupt noch Sinn, gegen den Strom anzuschwimmen?[4] Kann in der entwickelten Konkurrenz- und Ellbogengesellschaft „Solidarität" überhaupt noch gelingen, wenn beispielsweise schon in einem Stadtteil die Komplexität und die inneren Zerwürfnisse so groß sind, dass oftmals trotz massiver gemeinsamer Probleme gemeinschaftliches Handeln nur schwer denkbar ist. Ist „Parteilichkeit" im Alltagsgeschäft der heutigen Sozialen Arbeit überhaupt noch möglich, wenn sich längst Teile der Verlierergruppe gegen andere Mitverlierer versuchen abzuheben und im Gegeneinander ihre Chancen suchen? Sind also auch die alten Deutungsmuster der Auseinandersetzungen zwischen „unten und oben" dem „jeder gegen jeden" gewichen?

Getreu dem Motto „Global denken, lokal handeln" soll im Folgenden versucht werden, auf das Terrain, auf dem nun einmal die Gemeinwesenarbeit zuvörderst beheimatet ist, die Diskussion weiterzuführen: auf der kommunalpolitischen Ebene. Hier könnten BürgerInnen am ehesten Einblicke in Entscheidungsabläufe erhalten, ihre demokratischen Rechte und Beteiligungsmöglichkeiten erfahren und sich an der gemeinsamen Gestaltung der „Polis" beteiligen. Notwendigerweise würden sie dabei in einem System, das nach zweckrationalen, interessengeleiteten Gesichtspunkten organisiert ist, auf Widersprüche und Widerstände stoßen. Hier müsste sich nun einerseits die Qualität der Solidarisierungspotentiale erweisen, andererseits könnten bewusstseinsbildende Erkenntnisse gewonnen und reflektiert werden. Zugleich bedürfte es kreativer, aktionsorientierter Beteiligungsformen, die möglichst viele Betroffene zum Mitmachen ermuntern, um so die klassischen Ziele der Gemeinwesenarbeit zu erreichen:

- „die Herstellung von Handlungszusammenhängen zu betreiben, innerhalb derer die Menschen politisch handeln lernen und die Entfremdung zu den anderen Menschen tendenziell aufheben können,
- Anleitung zur Aneignung zu sein, indem die Menschen lernen, die Entfremdung zu sich selbst, zur eigenen Geschichte aufzuarbeiten und zu neuem Selbstbewußt sein zu kommen." (Boulet, Kraus, Oelschlägel, 1980, S.196).

Man mag einwerfen, dass der Wissenschaftsdiskurs jener Zeit und damit auch obige Handlungsorientierungen längst überholt seien. Ernsthaft könnte auf der wissenschaftstheoretischen und philosophischen Ebene im Zuge der „Postmodernen" und des „Radikalen Konstruktivismus" die Existenz von historischer Wahrheit und

Objektivität grundsätzlich bestritten werden. Während Wolfgang Fritz Haug 1973[5] das marxistische Wissenschaftsverständnis rekonstruierte und darauf verwies, dass Objektivität und Parteilichkeit in einem dialektischen Verhältnis zueinanderstehen, wird in der postmodernen und systemisch-konstruktivistischen Debatte die subjektive und bestenfalls intersubjektive Konstruktion von pluralen Wirklichkeiten behauptet (vgl. Kleve, 1999). Wenn es nunmehr keineswegs mehr sicher sein soll, dass es eine objektive, für alle nachvollziehbare und erkennbare Wirklichkeit gibt, die der Analyse zugänglich und durch das Handeln veränderbar ist, liegt es durchaus nahe, auch den Standpunkt der Parteilichkeit aufzugeben. Die wissenschaftstheoretische und philosophische Auseinandersetzung kann an dieser Stelle nicht nachvollzogen werden (vgl. Rausch, 1998). Wenn jedoch alles gehen und mehr oder weniger richtig sein soll („anythings goes"), warum dann nicht auch das Handlungsprinzip der Parteilichkeit? Wenn Wirklichkeit konstruiert wird und wir unsere Konstruktionen nach dem Nützlichkeitsprinzip selbst auswählen und zusammenbasteln können/müssen, warum schauen wir dann nicht einfach, was passieren würde, wenn wir als Professionelle parteilich handeln?

Professionelle GemeinwesenarbeiterInnen, deren Stellen zumeist direkt oder indirekt aus öffentlichen Mitteln finanziert sind, werden dabei früher oder später in eine Zwickmühle geraten. Stellen sie sich auf die Seite der Betroffenen und geraten damit möglicherweise in Loyalitätskonflikte zu ihren Brötchengebern und gefährden sogar ihren Arbeitsplatz? Oder halten sie sich zurück und gefährden das mühsam aufgebaute Vertrauensverhältnis zu den BewohnerInnen sowie dem nachhaltigen Erfolg ihrer Arbeit? In der Praxis bieten sich vielfältige Möglichkeiten, adäquate Strategien und Taktiken einzusetzen, um konsequent parteilich zu handeln, ohne sich unnötigerweise beruflichen Risiken auszusetzen. Häufig geht es aber gar nicht mehr um diese persönlichen Existenzängste, zumal die Herausforderung zur Solidarität erst gar nicht empfunden wird.

Auf einer anderen Ebene, die an die Unübersichtlichkeit im Gemeinwesen anknüpft, empfiehlt Wolfgang Hinte, sich vom Prinzip der Parteilichkeit zu verabschieden. Sein Modell basiert auf der Dichotomie von Lebenswelt und System: „Lebenswelt und die Interessen der BürgerInnen" auf der einen und die Entscheidungsträger und die „steuernden Instanzen in Politik, Verwaltung und Unternehmen" auf der anderen Seite (Hinte, 1996: 107). Dazwischen soll, so Hinte, die Soziale Arbeit als *intermediäre Instanz*, „vergleichbar mit einem Gelenkstück, über das auf allen Ebenen und zwischen verschiedenen Ebenen Vernetzungen hergestellt werden" fungieren (Hinte, 1996: 198). Soziale Arbeit wird zum Vermittler oder Dolmetscher zwischen BewohnerInnen und Verwaltung oder Politik. Im Rahmen eines „Dialogmanagements" werden die unterschiedlichen Sprach- und Wertesysteme auf eine kommunizierbare Ebene gebracht werden.

Wie verhält sich Soziale Arbeit in Konfliktsituationen zwischen den beiden Welten? Hinte empfiehlt für Politik und Verwaltung „seriöse Zustandsbeschreibungen [...] aus der Sicht der betroffenen Menschen" zu liefern und gleichzeitig „bei den BürgerInnen Aufklärungs- und Organisationsarbeit" zu leisten (Hinte, 1996: 108). Wieviel Einblick in die jeweiligen Stärken und Schwächen liefert Soziale Arbeit den Kontrahenten? Läuft die „intermediäre Instanz" nicht Gefahr als vermeintliches „Neutrum" (vgl. Bloch) zumindest ungewollt ausgenutzt zu werden? Und werden nicht die sozial Benachteiligten in ihrer milieuspezifischen Ausdrucks- und Vorgehensweise durch die eingeschobene Vermittlungsinstanz noch weiter von sich selbst entfremdet? Haben sie nicht das Recht auf die Erfahrung originärer, unvermittelter Auseinandersetzungen mit Macht- oder MandatsträgerInnen? Könnte ein „Liveevent" mit einem authentischen, ungeschminkten Kennenlernen anderer Systeme und Lebenswelten nicht für beide Seiten sehr lehrreich sein? Letztlich wird mit diesem intermediären Modell zum einen eine Chancengleichheit auf beiden Seiten unterstellt und „Boshaftigkeit"[1] und „Inkompetenz" geradezu flächendeckend verteilt. Zum anderen entsteht der Eindruck, dass Konflikte zwischen „denen da unten" und „denen da oben" letztlich eine Frage der Kommunikation seien. Erkenntnisleitende Interessen, wirtschaftliches und/oder politisches Kalkül sowie Machtstrukturen werden ausgeblendet.

In aller Regel wissen sich die VertreterInnen von Verwaltung, Politik oder Wohnbauunternehmen selbst zu helfen. Sie verfügen über jene Ressourcen oder Entscheidungsmacht, die oftmals von den BürgerInnen konkret eingefordert werden: Die einen wollen etwas, was die anderen haben, aber nicht hergeben können oder wollen.

Parteiliche Gemeinwesenarbeit informiert, ermutigt, berät und, so weit es geht, unterstützt sie die Betroffenen, ihre eigenen Interessen zur Geltung zu bringen. Ohne diese parteiliche Unterstützung fehlt ihnen oftmals nicht nur das erforderliche Wissen über ihre Rechte, Pflichten und Handlungsmöglichkeiten, sondern gerade auch das Selbstvertrauen und der Mut, sich in unbekannte Auseinandersetzungen und Prozesse hineinzubegeben. Andernfalls bedürfte es kaum einer Gemeinwesenarbeit; die BürgerInnen wüssten sich von alleine zu helfen. Erst die Ungleichheit und die Benachteiligung begründen den professionellen Einsatz von GemeinwesenarbeiterInnen, mit dem Ziel Beiträge zur Überwindung oder Verhinderung derselben zu leisten. Es sei denn Soziale Arbeit begreift sich als Schmieröl im Räderwerk des Systems oder wie es Walter Hollstein einst formulierte, als „Agent und Repräsentant des herrschenden Staats" (Hollstein, 1973: 39).

Für Hinte war dies 1989 auch noch unbestritten. Seinerzeit beinhaltete sein Konzept stadtteilbezogener Sozialer Arbeit noch die „Parteilichkeit für unter den Folgen repressiver Sozialpolitik leidende Bevölkerungsgruppen" (Hinte, 1989: 33). Zwar, so räumte er ein, könnte diese Gemeinwesenarbeit nichts an gesellschaftlich produzierter Not und Ungerechtigkeit ändern, „aber sie stellt sich parteilich den Folgen" (Hinte, 1989: 38).

Selbstverständlich meint Parteilichkeit nicht die naive Zustimmung oder die blinde Einwilligung in jegliche Handlungsweise der Betroffenen. Es geht nicht um einen Blankoscheck etwa für individuelles Fehlverhalten oder auch kollektiven Eigennutz. Vielmehr meint professionelle Parteilichkeit, die Unterstützung sozial Benachteiligter, ungerecht Behandelter oder schlichtweg gehandicapter Personengruppen im Bemühen sich zu artikulieren und am gesellschaftlichen Leben gleichberechtigt teilzunehmen. Parteilichkeit will ungerechtfertigte Benachteiligungen überwinden, Beiträge zur Chancengleichheit leisten. Sie geschieht im Geiste der Aufklärung und der Menschenrechte und schließt somit notwendigerweise die Parteinahme für entgegengesetzte Bestrebungen aus. Letztlich müssen freilich die Menschen selbst entscheiden können, ob diese Unterstützung zum Beispiel auch Vermittlungs-, Dolmetscher- oder Moderationsdienste beinhalten soll. Intermediäre Funktionen oder Dialogmanagement und Parteilichkeit schließen sich nämlich keineswegs von vornherein aus. Es kann durchaus im Sinne professioneller Parteilichkeit sein, ein geeignetes Setting für einen Klärungs- und Aushandlungsprozess herzustellen, oder als ModeratorIn benachteiligten TeilnehmerInnen „etwas unter die Arme zu greifen". Parteiliche ModeratorInnen, was zunächst als Widerspruch erscheinen mag, „schaffen Raum für alle Beteiligten, gerade auch für die, die sonst nicht zu Wort kommen. Sie bitten die zu sprechen, die zögernd die Hand heben, die mit dem Kopf schütteln oder zustimmend nicken" (Springer, 1993: 184). Sie achten darauf, dass im Interesse der Betroffenen die Kommunikationswege offenbleiben, dass möglichst viele Alternativen bedacht werden und die bewährten Strukturen und Zusammenhänge nicht durch übereilte Maßnahmen gefährdet werden.

Parteiliche SozialarbeiterInnen sind natürlich auch keine unreflektierten Katalysatoren unsinniger oder aussichtsloser Bewohnermeinungen und Stadtteilstimmungen. Es kann durchaus die Aufgabe sein, in konkreten Situationen auf mögliche negative Wirkungen des Vorgehens oder die Einhaltung der Spielregeln hinzuweisen. Gerade auf der Basis eines gewachsenen Vertrauens und der erklärten Solidarisierung fällt es leichter, kritisch zu hinterfragen und alternative Denk- und Handlungsmodelle zur Diskussion selbst dann zu stellen, wenn sie aktuell im Widerspruch zu verbalisierten Betroffenenmeinungen stehen sollten.

Vor dem Hintergrund von Individualisierung und Pluralisierung wird klar, dass oftmals neue solidarische Lebensformen und Lebensstile erst inszeniert werden. „Inszenierung" ist dabei mehrdeutig zu verstehen: Einerseits muss das Individuum sich selbst „in Szene" setzen. Es muss selbst die Kontakte herstellen, seine Attraktivität hervorheben, diese Beziehungen pflegen und mitunter auch wieder lösen, um andere einzugehen. Zum anderen gilt es vielfach, angemessene Beziehungsgeflechte und gemeinschaftliche Formen erst zu entwickeln. Diese müssen, den Bedürfnissen und der Situation entsprechend, mit gleichsam Interessierten oder Betroffenen ausgehandelt und ins Leben gesetzt werden.

In der entwickelten Moderne, die mehr denn je von ökonomischen, politischen und kulturellen Ungleichheiten geprägt ist, sind auch die kommunikativen und sozialen Ressourcen ungleich verteilt. „Je höher der Bildungsstand einer Person ist, desto größer sind ihre Netzwerke, desto mehr soziale Unterstützung findet sie, desto vertrauter sind die Beziehungen und desto weiter ist die geographische Reichweite der Beziehungen: „Mit dem Einkommen steigt die Zahl der vertrauten Personen, die nicht aus der Verwandtschaft stammen und es wächst auch die Qualität und die Sicherheit der von diesen Personen erwartbaren praktischen und gemeinschaftlichen Unterstützung." (Fischer C.S., zitiert nach Keupp, 1987: 39f.)

Wer, wenn nicht die Soziale Arbeit, als Menschenrechtsprofession, sollte die notwendige Unterstützungsarbeit leisten? Wer sonst könnte vor Ort wirksame Beiträge zur Überwindung oder Vermeidung von Ausgrenzung leisten, wenn nicht Soziale Arbeit mit dem Arbeitsprinzip Gemeinwesenarbeit?

Angesichts der Massenarbeitslosigkeit und der unübersehbaren Massenverelendung liegt es auf der Hand, dass der Bedarf an Unterstützung bei der Inszenierung, Begleitung und Nutzung adäqater solidarischer Netze groß ist. Es kann dabei nicht darum gehen, den uralten, zumeist verengt geführten Streit zwischen Einzelhilfe und Gemeinwesenarbeit wieder auszugraben, vielmehr bedarf es einer Sozialarbeit, die Hejo Manderscheid (1997) „solidaritätsstiftende Arrangements statt Fürsorge" nennt. Viele verbinden mit Solidarität noch den alten Mythos einer „solidarischen Arbeiterkultur" vergangener Zeiten. Solidarität hat heute jedoch kaum mehr etwas von diesem romantizistischen Touch. Anton Rauscher definiert Solidarität im Staatslexikon als „wechselseitige Verbundenheit von mehreren bzw. vielen Menschen, und zwar so, daß sie aufeinander angewiesen sind und ihre Ziele nur im Zusammenwirken erreichen können" (Rauscher, 1988: 1191). Solidarität hat demnach zum einen ein *wechselseitiges* Angewiesensein und zum anderen *gleiche* oder ähnliche Ziele bzw. Interessen zur Voraussetzung. Im Unterschied zur Gemeinschaft impliziert Solidarität jedoch immer zugleich auch eine *Ungleichheit* oder Differenz. In der Regel gibt es sogar zahlreiche Differenzen zwischen den einzelnen Personen. Gleichzeitig braucht es aber auch ein gewisses Quantum an Gemeinsamkeit und Gleichheit. Oftmals genügen bereits punktuelle Übereinstimmungen, um jene besondere wechselseitige Beziehung herzustellen und die Differenzen zu überbrücken.

„Solidarität" erscheint in der entwickelten Konkurrenzgesellschaft schier eine paradoxe Erscheinung zu sein. Sie ergibt sich keineswegs von alleine. Solidarität muss erfahren, muss gelernt werden. Wichtig ist, dass sich Menschen begegnen können und so jenes Quantum an Gemeinsamkeit und die Basis des wechselseitigen Vertrauens entstehen kann. Also bedarf es alltagsorientierter Begegnungsorte und Lernfelder. Der lebensweltliche Zusammenhang, etwa innerhalb eines Wohnquartieres, bietet die Voraussetzungen für die Entwicklung jener zwischenmenschlicher Verständigung im Alltag, die der Solidarität vorausgehen muss. Ohne die oftmals organisierte, arrangierte Begegnung und das Gespräch, in dem die unterschiedlichen Sichtweisen und Erwartungen artikuliert werden, wird das kommunikative Handeln jedoch schwerlich gelingen. Dabei wäre es illusionär zu glauben, die vielen Differenzen und Divergenzen seien immer durch Konsense regelbar. Parteiliche Sozialarbeit könnte dazu beitragen, die feinen oder auch die groben Unterschiede – vor allem aber auch die Gemeinsamkeiten trotz alledem – herauszuarbeiten, und darauf hinzuwirken, dass trotz Dissens ein Nebeneinander oder auch ein Miteinander möglich wird.

Solidarität bietet, unter diesen Prämissen durchaus eine hoffnungsvolle Perspektive für das Zusammenleben in der Risikogesellschaft. Im gemeinschaftlichen Handeln wird das „Prinzip Hoffnung" aufgehoben, bestehen am ehesten Chancen, Entfremdung und Ausgrenzung zu überwinden und neue, zeitgemäße Formen des solidarischen Zusammenlebens zu entwickeln. Denn wenn „Solidarität der menschlichen Interessen verwirklicht werden soll, wird es undenkbar, dass eine Klasse von Menschen für die vermeintlichen Bedürfnisse einer anderen Klasse von Menschen geopfert werden soll. [...] Für verschiedenste Gruppen von Männern und Frauen in der ganzen Welt ist offenbar die Zeit gekommen, um sicherzustellen, dass alle Menschen gegen den Hungertod versichert werden müssen." Jane Addams, zitiert nach Staub-Bernasconi 1995, S.5)

Professionelle Sozialarbeit hat mit dem Arbeitsprinzip Gemeinwesenarbeit eine theoretische und operationale Handlungsorientierung, um diese Prozesse zu unterstützen. Unter Rückgriffen auf die eigene Theoriegeschichte untermauert sie ihre fachliche Autonomie und distanziert sich von modischen Attitüden. Geradezu antizyklisch ausgerichtet, vermag sie so auch in turbulenten Zeiten Orientierung beizuhalten und zuverlässiger Partner für jene zu sein, die dringend der Solidarität bedürfen. Schließlich und nicht zuletzt hilft sich Soziale Arbeit über die Solidarisierung und Parteilichkeit im Brecht'schen Sinne angesichts der allseitigen Stellen- und Mittelkürzungen selbst: „Hilf Dir selber, in dem Du uns hilfst: übe Solidarität!".

Literatur

Bauer R.: Höher, weiter, schneller! Olympiade der Freien Träger? In: Sozialextra, Heft 7, 2003

Bauer R.: Sehr gefragt: Solidarität und Selbsthilfe. In: Sozialextra, Heft 1/2, 1996

Bloch E.: Pädagogica. Frankfurt am Main 1972

Boulet J.J. / Kraus E.J. / Oelschlägel D.: Gemeinwesenarbeit. Eine Grundlegung. Bielefeld 1980

Hartwig L. / Merchel J.: Parteilichkeit in der Sozialen Arbeit. Münster, New York, Bielefeld 2000

Hinte W. u. Karas F.: Studienbuch Gruppen- und Gemeinwesenarbeit. Eine Einführung für Ausbildung und Praxis. Frankfurt a. Main, Neuwied 1989

Hinte W.: Mit Bürgern gemeinwesenbezogen arbeiten: Perspektiven statt Visionen. In: Wendt W.R. u.a., 1996

Hinte W.: Von der Gemeinwesenarbeit zur Stadtteilbezogenen Sozialen Arbeit. In: Hinte W. u. Karas F., 1989

Hollstein W. und Meinhold M.: Sozialarbeit unter kapitalistischen Produktionsbedingungen. Frankfurt a. Main 1973

Keupp H.: Soziale Netzwerke – Eine Metapher des gesellschaftlichen Umbruchs. In: Keupp H. / Röhrle B.: Soziale Netzwerke, Frankfurt a. Main, New York 1987

King M.L.: Testament der Hoffnung. Letzte Reden, Aufsätze und Predigten. Gütersloh 1974

Kirchenamt der Evangelischen Kirche in Deutschland und Sekretariat der Deutschen Bischofskonferenz: Zur wirtschaftlichen und sozialen Lage in Deutschland. 1994

Klaus G. und Buhr M.: Philosophisches Wörterbuch. Bd. 2, Berlin 1975

Kleve H.: Postmoderne Sozialarbeit. Ein systemtheoretisch-konstruktivistischer Beitrag zur Sozialarbeitswissenschaft. Aachen 1999

Milenz I.: Die Strategie der Einmischung – Soziale Arbeit zwischen Selbsthilfe und kommunaler Politik. In: Neue Praxis, Sonderheft 6, 1981

Oelschlägel D.: Emanzipation. In: Deutscher Verein für öffentliche und private Fürsorge, Fachlexikon der sozialen Arbeit, Frankfurt a. Main 1978

Rausch G.: Gemeinschaftliche Bewältigung von Alltagsproblemen, Gemeinwesenarbeit in einer Hochhaussiedlung. Münster 1998

Springer W.: Sozialarbeiter/-innen im Konflikt zwischen Parteilichkeit und Konfliktmoderation. In: Caritas, Heft 4, 1993

Staub-Bernasconi S.: Systemtheorie, soziale Probleme und Soziale Arbeit: lokal, national, international, oder: vom Ende der Bescheidenheit. Bern, Stuttgart, Wien 1995

Wendt W.R. (Hg.): Zivilgesellschaft und soziales Handeln, Bürgerschaftliches Engagement in eigenen und gemeinschaftlichen Belangen. Freiburg 1996

Anmerkungen

1 Selbstredend erforderte im damaligen Verständnis die „Einheit von Wort und Tat“, dass dem Denken dann auch ein parteiliches Handeln folgen sollte.

2 Dieter Oelschlägel hatte uns Studenten seinerzeit in einem der „großen Streiks“ mit theoretischen Hintergrundmaterial versorgt und „professoral“ bestärkt.

3 Nebenbei bemerkt ist auch der Begriff der Emanzipation in der Fachliteratur weitgehend verschwunden.

4 In den 1970er Jahren gab es noch den Autoaufkleber: „Nur ein toter Fisch schwimmt mit dem Strom!“

5 Vgl. Haug W.F.: Die Bedeutung von Standpunkt und sozialistischer Perspektive für

die Kritik der politischen Ökonomie. 1973, S.143ff.

6 Abgesehen davon, dass es gar nicht darum gehen kann, „Boshaftigkeit“ zu unterstellen, sondern um Interessengegensätze oder verschiedenartige Intentionen, deren Realisierung nicht gleichzeitig möglich ist, wirkt Hintes Einlassung, einige solcher boshafter oder inkompetenter Exemplare seien „nur mit allergrößter Selbstdisziplin oder in betrunkenem (sic!) Zustand zu ertragen“ (Hinte, 1996: 110) geradezu peinlich.

Peter Krahulec

Heimat – die andere Fremde

Erinnerungen an und für Dieter Oelschlägel

Als der (ich behaupte: immer-noch-)Berliner Dieter Oelschlägel in den Siebzigern zu uns nach Nordhessen und an eine Hochschule kam, die sich stolz und ausschließlich „Gesamthochschule" nannte, kam er in eine des Merkens und der Erinnerung würdige Melange von bleierner Provinzialität und zugleich brodelnden Aktivkernen. Von der „Heerstraße Nord" brachte er (auch für uns) mit an den Kasseler Philippinenhof eine „Strategie emanzipatorischer aggressiver Gemeinwesenarbeit" als „Politisierung aller Lebensbereiche" – wie er es im unvergessenen Gollancz-Reader[1] 1974 formulierte und damit zum Wegweiser für eine/meine ganze Generation aufbrechender Sozial- und Bildungsarbeiter wurde im Rahmen der „Neuen sozialen Bewegungen".

Vermittelt durch die von Dieter ins Leben gerufene „Hessenliga" und angestoßen durch (die von Dieter von Kietzell so benannte und entwickelte) „kollegiale Beratung" strahlte die produktive Unruhe weit ins gar nicht so flache Land unserer Mittelgebirge. Ein hohes Lied *wäre* zu singen vom Aufbegehren ganzer Regionen und auch des unseren, vom Aufstand gegen das Unerträgliche und von RetterInnen unter uns und gleich nebenan, von einer Abenteuerreise etwa ins Herz von Rhön und Vogelsberg.

Warum aber *„wäre"* und warum der Konjunktiv? Davon später. Zunächst zum Indikativ, zum Zeithorizont jener frühen Jahre, als der Krieg kalt war, unsere Herzen aber heiß.

Die Idylle trügt: Vom Kulturschock der frühen Achtziger

Nehmen wir den „Neu-Vogelsberger" und Großstadtflüchtling Jörg Schröder als Kronzeugen. „Ich war aufs Land gekommen", schrieb er 1982 in „Cosmic", „hatte mich von diesem Verlagskram abgenabelt, hatte vor, Fernsehfilme zu schreiben, friedlich zu sein. In der Natur zu leben". Als ihn ein kundiger Nachbar in den Wald zur US-Abschussrampe führte, erwischte es den März-Verleger kalt: „Es war gespenstisch, ich musste da ganz schnell wieder weg. Dass das nur 20 Kilometer von mir entfernt ist, das war der Aberwitz dieser ganzen Geschichte. Da baut sich einer in Häuschen mit schönem Blick und dem ganzen Grünzeug, und irgend jemand erzählt ihm, dass alle zwei Tage eine Natostreife vorbeikommt und Strahlen misst...".

Das Beispiel steht für ungezählte „Damaskusstunden" einer anderen Art in einer fremd und zunehmend bedrohlich werdenden Heimat. Als zu Beginn der 80er Jahre Gene LaRoque auf dem Groninger Kongress erstmals vom geplanten Atomkrieg in Europa und der möglichen ersten Schlacht im „conventional-nuclear war" im „Fulda Gap" berichtete, als sich mit punktzielgenauen Mittelstreckenraketen und landgestützten Marschflugkörpern die Rüstungsspirale dramatisch weiterschraubte, als die Reagan-Administration mit dankenswert leichtfertiger (weil auch wir „Endverbraucher" sie verstanden) Rhetorik den Wandel der Pentagon-Strategien zu einem führbaren und gewinnbaren Atomkrieg hin offenbarte, da ging ein „Menschenbeben" (Robert Jungk, 1983) durchs Land, das viele Epizentren hatte.

Es ging auch durch die Rhön und den Vogelsberg, die mittlerweile bis zu 180 Manövertage im Jahr zählten. Nur manche freilich zählten tatsächlich, und „Es herrschte Unruhe auf dem Land", wie das entsprechende Kapitel bei Robert Jungk überschrieben ist, in dem dann der Satz steht wie eine bleibende Medaille: „An vielen Brennpunkten des Protestes, *am Vogelsberg* und bei Gorleben, bei Wyhl und Mörfelden, am Kaspischen Meer und im Baskenland, bei Santa Fé und beim umkämpften Flughafen von Tokio, sind solche Schulen der Erfahrungen und der Hoffnung entstanden". Spätesten von da an hatte „Provinz" ihren zweitklassigen Kontext verloren; sie bewies ihren Eigen-Sinn.

Von den vielen möglichen Geschichten der bewegten Achtziger meiner Provinz und Provenienz will ich hier nur die eine anreißen: Wie die kleinen Schlitzer die große NATO aufs Kreuz legten – und damit fünf Gedenksteine für regionale Zivilcourage setzen (und für Dieter dankbar dokumentieren, was wir von ihm gelernt haben).

„Rettet den Eisenberg" oder „das Schlitzer Friedenskartell"

Im Dezember 1982, gerade war das vorgeschobene Natolager Grebenhain eingeweiht worden, liefen die erste Gerüchte durchs Schlitzerland: Der Eisenberg, der Schlitzer „Hausberg", soll Truppenübungsplatz werden. Als Mann der ersten Stunde erwies sich Bürgermeister Klee. Er trat beherzt, dann auch unterstützt von Landrat Zwecker, die Flucht nach vorne an und informierte die Öffentlichkeit. Insbesondere die grüne Landtagsabgeordnete Gertrud Schilling sorgte mit sozialökologischen und antimilitaristischen Offensiven für vielfältige Resonanzböden. Und so lässt sich, vom Heute her betrachtet, auf den *ersten* Denkstein schreiben: Sehr früh hat ein mutiger Kommunalpolitiker die Öffentlichkeit informiert. Diese erkennt, noch spontan und unorganisiert, die Bedrohung ihrer Lebensinteressen und zeigt Widerstandsbereitschaft. Das zwingt Organisationen und Parlamentarier zur Parteinahme, noch ehe die Militärbürokratie und willfährige Administrationen Fakten schaffen können.

Die „zweite Runde" gehört den außerparlamentarischen Initiativen und bürgerschaftlichen Kräften. Der Zahnarzt Müller lädt namens der BUND-Ortsgruppe ins überfüllte Bürgerhaus. Das Limnologische Institut mit den Doktores Brehm, Zwick und Meijering erinnert mit hoher Akzeptanz an die Schutzwürdigkeit und -bedürftigkeit des Eisenberges. Der Quecker Pastor und Pazifist Steckenreuther ließ Traditionen der Bekennenden Kirche neu entstehen. Die Fachhochschule Fulda, auch vertreten durch mich, mischte sich ein. Ein führende Rolle übernahm das DGB-Ortskartell mit Hans Hibinger. Schließlich gründete sich, unter Federführung von Willi Schäfer vom Schlitzer Fremdenverkehrsamt, die „Aktionsgemeinschaft Rettet den Eisenberg". Auf den *zweiten* Stein gehört also: Massenmobilisierend wirkte, dass bereits in der Frühphase qualifizierte Berufsgruppen mit hoher Akzeptanz (Biologen, Pfarrer, Naturschützer, Friedenspädagogen) und kulturtragende Institutionen über angesehene Einzelmitglieder (Kirche, Gewerkschaft, BUND) den Widerstand durch Sachkompetenz und Sozialstatus auszeichneten und so einen Transmissionsriemen bildeten zwischen parlamentarischen und außerparlamentarischen Strömungen.

Diese Einhelligkeit im Volk zwingt die Volksvertreter zum Minimalkonsens. Die Fraktionen von SPD, CDU und FDP lehnen *einstimmig* „die Schaffung weiterer militärischer Anlagen, insbesondere die Stationierung von Truppen im Gebiet des Eisenberges oder an anderer Stelle des Schlitzerlandes, nachdrücklich ab". Von enormer politischer Brisanz ist die ebenfalls einstimmig beschlossene Schlussfolgerung: „Wir werden uns jeglichen Planungen oder gar Bereitstellungen vorhandener Infrastruktureinrichtungen unserer Stadt bis zur letzten Konsequenz verschließen" – nachzulesen unter anderem in der Oberhessischen Volkszeitung vom 30.3.1983. Das war nun wirklich, jenseits der verklausulierten Amtssprache, „unerhört" und auch *so* noch nicht gehört! Den Kleinmütigen unserer Tage sei es *drittens* auf einen eigens erhöhten Denkstein geschrieben: Der von unten erzwungene Minimalkonsens aller Parlamentsfraktionen setzt ein deutliches politisches Signal. Der „vorsorgliche Boykott-Beschluss" nimmt der Kommunalpolitik das Odium der Einflusslosigkeit und setzt weitere bürgerschaftliche Aktivitäten frei.

Es beginnt ein sich positiv verstärkendes Wechselspiel innerparlamentarischer (IPO) und außerparlamentarischer Friedensopposition (APO) mit wunderschönen und phantasiereichen Aktionen. Beispielhaft seien nur erinnert: die Flugblätter des Kindergottesdienst-Helferkreises Hartershausen, die Wartenberger Jugendinitiative mit ihrem Brief „In dieser Welt habe ich Angst“, der Sternmarsch auf den Eisenberg hin zu den „Rimmertser Wiesen“ und der Osthessische Ostermarsch 1983. Das wäre also *viertens* festzuhalten: Widerstandsvermögen sickert in immer breitere Bevölkerungsgruppen und Sozialschichten ein und sucht sich alltagsorientierte Ausdrucksformen. Es gilt (als hätte Saul Alinsky fröhliche Urständ gefeiert): Je weniger die Aktionsformen den eigenen Erfahrungsbereich verlassen und je bodenständiger sie initiiert werden, um so breiter wird das Bürgerbündnis für den Erhalt des Eisenberges.

Mit Hans Hibingers rot-grünem Aufkleber setzte die bunteste, lustvollste Phase ein mit Aktionen wie Perlen an einer Kette. Sie wird wohl allen Beteiligten als Erinnerung an erfüllte Lebenszeit wichtig bleiben. Natürlich stand das „kleine Einmaleins“ der politischen Verhaltenslehre am Anfang: Unterschriften sammeln. „Ich unterstütze den Protest gegen die militärische Nutzung des Eisenberges und seiner Umgebung“. Name, Vorname, Wohnort, Unterschrift. Fast 10.000 Unterschriften kamen zusammen; eine immense Willensbekundung einer kleinen Stadt, eine immense Fleißarbeit.

Schöpferischster Ausdruck des Sich-Äußerns wurde Christof Krackhardts „Malstube“. Wochenlang trafen sich im Bürgerhaus Gruppen, um Transparente, Bildtafeln, wahre Kollosal-Gemälde (wie Dr. Meijerings legendäres Wildschwein) oder „Bilder für das Leben“ zu malen. Das war ein wahrer Volkswettbewerb: „Unsere Stadt soll schön friedlich bleiben!“. Die Allee zum Schwimmbad wurde zum „politischen Kreuzweg“; in allen Sprachen stand es da auf weißen Tüchern: Rettet den Eisenberg!

Dr. Eisenmeyer von der Sassener Lebensgemeinschaft regte eine „Sack-Demonstration“ an. 1.000 Menschen warnten, in Säcke gewandet, in der Kreisstadt Lauterbach mit alttestamentarischer Geste vor dem Untergang ihrer Stadt. Non-Stop lief am 1. Mai der „Hattenbach-Film“ im Bürgerhaus. Frau Pausewangs „Die letzten Kinder von Schewenborn“ brachte selbst Bildzeitungsleser zur Buchlektüre. Schweigekreise der „Gewaltfreien Aktion“ wurden zum alltäglichen Anblick auf dem Marktplatz. Der Neu-Schlitzer Liedermacher Julius Schittenhelm komponierte und sang den Ohrwurm der regionalen Friedensbewegung: den „Fulda-Gap-Trap“ (das Lied von der „Falle“ im Fulda Gap). Die letzte Strophe auf der selbstgelabelten Single lautete: „So näh´n sie uns ein / auf Englisch to wrap / in ihrem Masterplan Fulda-Gap. / Und mit einem Schlage / with one single flap / sind wir weg von der Landkarte / away from the map...“

Mit Beginn der Sommerferien entsteht eine kleine Zeltstadt am Fuße des Eisenberges als „Dauermahnwache“. Nach einer Stadtverordnetenversammlung ziehen alle Mandatsträger mit Fackeln zum Hausberg und pflanzen dort ein Bäumchen der Hoffnung. Die Zeltstadtbewohner schnitzen herrlich bunte und hübsch hässliche Eisenberg-Dämonen und stellen sie „zur Abwehr böser Geister“ überall auf. Über die Pfingsttage brennt ein „Mahnfeuer“; Bürgermeister Klee verspricht ein „Freudenfeuer“ zum Dank, wenn die Stationierung verhindert würde. Informationsradtouren rund um den Eisenberg finden statt. Jürgen Kopetzky vom DGB meint dazu: „Nichts geht mehr heimlich, wir schauen denen auf die Finger“. Unbestrittener Kulturhöhepunkt aber wird Frau Pausewangs hausgemachtes Festival „Lieder im Park“. Fünf Stunden Begeisterung und Engagement, und alle sangen mit, als Wolfgang Scharrer aus Pfordt seinen Refrain vortrug: „Kleine Stadt Schlitz / Angst ist nichts nütz. / Wer sich wehrt, tut gut. / Hoffnung gibt Mut...“

Diese Basisaktivitäten multiplizieren sich über drei Stränge:
– Prominente boten Beratung und überörtliche Sprachhilfe an,
– die Massenmedien stiegen ein
– und schließlich wurde die Diskussion auch in den Landtag getragen.

In diesen „verlängerten Armen“ der Bürgerinitiativen, den Prominenten, den Journalisten und bestimmten Landespolitikern, die hilfreich eingriffen, sehe ich das *fünfte* Essential des „Schlitzer Modells“. Es nährt meine Hoffnung weiterhin, dass Demokratie „von unten“ möglich ist.

Ich rufe Beispiele dieser „Sprachrohre“ in Erinnerung: Da kam der Bremer Verfassungsrechtler Wolfgang Däubler zur Rechtsberatung ins Bürgerhaus. Der Wahlvogelsberger Umweltpfarrer Kurt Oeser verdeutlichte den Schlitzern, wie sich der Raubbau am Eisenberg fügt in ein weltweites Netz von Vergeudung und Zerstörung (der katholische Ortsgeistliche läutete seither die Glocken der Stadtpfarrkirche gegen Probealarme an!). Der Fernseh-Professor Dr. Grzimek schrieb ein „Wort an die Schlitzerländer“ unter dem Titel „Der Eisenberg – ein Platz für Tiere“. Es war ein brütend heißer Tag, als Robert Jungk kam, um von den weltweiten Bewegungen gegen das Unerträgliche zu berichten. Wenn Jane Kramer im NEW YORKER schrieb: „Plötzlich war der Eisenberg die berühmteste Bodenerhebung Deutschlands“, dann gab sie ob des prominenten Veröffentlichungsortes der Übertreibung fast schon wieder Recht.

Aber auch STERN, SPIEGEL, Süddeutsche, Konkret, Vorwärts schickten Korrespondenten. Ein WDR-Team filmte für die Feature-Reihe „48 Stunden“. Helmut Kopetzkys Hörspiel „Ein Schlachtfeld wird besichtigt“ ging über acht Sender und wurde zum Prix Italia vorgeschlagen. Paul Kohl erzählt von Schlitz in seinem Buch „Fulda Gap. Reportage über die Militarisierung Deutschlands“.

Diesem öffentlichen und veröffentlichten Druck konnte der Landtag nicht standhalten. Nach entsprechenden Plenarbeschlüssen schreibt der (damalige) Ministerpräsident Holger Börner am 1.6.83 an den Schlitzer Magistrat, dass sich sein Kabinett „entschieden“ habe, sich „gegen eine Überlassung“ des Eisenberges auszusprechen. Gegen etwaige und vermutete Hintertürchen rammte die Schlitzer SPD-Stadtverordnetenfraktion einen Beschluss, der in der bundesdeutschen Kommunalgeschichte seinesgleichen suchen kann: den zweiten Boykott-Beschluss vom 15.8.83:

„Der Magistrat wird beauftragt, gegenüber den mit der Planung einer militärischen Nutzung des Eisenberges befassten deutschen und amerikanischen Dienststellen folgendes deutlich zum Ausdruck zu bringen:
1. Die Stadt Schlitz wird im Rahmen des zu erwartenden Anhörungsverfahrens alle politischen und rechtlichen Möglichkeiten ausschöpfen, um eine militärische Nutzung des Eisenberggebietes zu verhindern.
2. Die Stadt Schlitz wird darüber hinaus gegebenenfalls auch alle konkreten Maßnahmen verweigern, die zu einer Verwirklichung des geplanten ‘Standortübungsplatzes’ oder darüber hinausgehende Vorhaben erforderlich wären. Die Stadt Schlitz würde (a) das Projekt nicht freiwillig an das Stromversorgungsnetz der Stadt anschließen; (b) nicht durch den Ausbau von gemeindeeigenen Straßen oder Wegen das Gebiet verkehrstechnisch anbinden; (c) bestehende gemeindeeigene Straßen und Wege im Umfeld des Eisenberges für militärischen Verkehr sperren oder diese von einer öffentlichen Nutzung entwidmen; (d) einen freiwilligen Anschluss an die kommunale Wasserversorgung verweigern; (e) keine kommunalen Entsorgungseinrichtungen zur Verfügung stellen.
3. Die Stadt Schlitz wird in ihren Bemühungen gegen eine militärische Nutzung des Eisenberges alle ihre zur Verfügung stehenden Mittel bis zum äußersten und mit aller Phantasie nutzen“.

Und so kam dann die Erntezeit...:

Am 26. September 1983 teilte der Bundesminister der Verteidigung „abschließend“ mit, „dass der Antrag auf Einleitung eines Anhörungsverfahrens nicht gestellt wird“. Natürlich war Mündliches schon vorher durchgesickert. Der Bericht der „Fuldaer

Zeitung“ vom 6.9.83 trifft die Stimmung: „Wie ein Lauffeuer hatte sich seit Freitag die Nachricht von der Rettung des Eisenberges im Schlitzerland und der Umgebung verbreitet. Ungläubiges Staunen schlug erst langsam in Erleichterung und Freude um: Nachbarn riefen es sich aus den Fenstern zu, an Privathäusern und auch am Rathaus wurden spontan die Fahnen gehisst. Um die Freude der Schlitzerländer noch sichtbarer zu machen, hat die Aktionsgemeinschaft zu einem Fest auf dem Marktplatz aufgerufen. Die Aktionsgemeinschaft sieht in der Rettung des Eisenberges ein Beispiel dafür, dass durch Geschlossenheit Ziele erreicht werden können. Die Ansicht, dass ‘die da oben ja doch tun, was sie wollen’, sei ein billiger Versuch, eigene Untätigkeit zu decken... Obgleich Bürgerprotest nicht alles und jedes verhindern könne, so mache der Erfolg um den Eisenberg einmal mehr deutlich, dass der Bürger militärischen und anderen Planungen nicht hilflos ausgeliefert sei“.

Sic!

„Sag mir, wo die Blumen sind!“ – aber: „Es haädd au nuch schlemmer könnt gewaär“

Ein hohes Lied, ein schönes Lied – aber wer singt es? Zurück also zum Konjunktiv des Eingangs und dem Vorbehalt des *„wäre zu singen“*. Dazu eine persönliche Erfahrung und eine intersubjektive.

Als Hochschullehrer habe ich es in der Regel mit einer „immerwährenden Kohorte“ von Zwanzig(+)jährigen zu tun. Als bliebe die Zeit stehen. Mitnichten, eine völlig andere Generation sitzt mir heute in den „Nullern“ des neuen Jahrhunderts gegenüber, mit anderen Erfahrungen, anderen Interessen und Vorlieben – und auch, selbst wenn es sich bei einem Drittel etwa um gleiche regionale Herkünfte handelt: mit anderen Wissensbeständen und Annahmen über die nämliche Rhön, den gleichen Vogelsberg, die damit natürlich auch andere sind.

Und da stoße ich auf reges, aber uninformiertes Interesse, wenn ich vom Schlitzer Kampf für den Eisenberg spreche, von der Menschenkette im Fulda Gap, Luise Rinsers Aufruf gegen Heuchelei auf dem Fuldaer Domplatz – und vor allem, wenn ich von dem noch nicht definierten Verbrechen gegen die Menschlichkeit rede, das die vorgeplanten Nukleareinsätze in Rhön, Vogelsberg und Spessart bedeutet haben (und immer noch bedeuten). An dieser möglichen Katastrophe messe ich den Hoffnungssprung des Epochenjahres 1989 und das schier unglaubliche Wunder, dass aus dem Nato-Verdikt „Nuklearschlachtfeld der ersten Stunde“ das UNESCO-Prädikat Menschheitserbe „Biosphärenreservat Rhön“ geworden ist. Wahrlich, mit Walter Hellers Sammlung Rhöner Humor gesprochen: „Es haädd au nuch schlemmer könnd gewaär“! (Für nur des Hochdeutschen Kundige: Es hätte auch schlimmer kommen können).

Das mich als Erziehungswissenschaftler Frappierende ist aber ein Doppeltes: Zum einen fällt mir auf, dass die „damals“ vom Schrecken nicht Berührten auch „heute“ die zugefallene Chance nicht sehen, noch ergreifen. Sie bleiben stumm vornübergebeugte Wiederkäuer des bloßen Alltags. Elie Wiesel fällt mir dazu ein: „Der Gegensatz von Liebe ist nicht Hass, der Gegensatz von Hoffnung ist nicht Verzweiflung, sondern es ist jedes Mal das Gleiche: Gleichgültigkeit“. Gegen diese perverse Form der Gleichgültigkeit anzugehen, mit einer Pädagogik der/zur Lebendigkeit bleibt mir Aufgabe. Gerade wenn ich ein zweites sehe und bedauere: den offenbar unterbliebenen Intergenerationendialog der damals „Lebendigen“ und ihren heutigen Kindern. Es scheint kein „kollektives Bewusstsein“ zu geben von den Sozialen Bewegungen der achtziger Jahre in der Region.

Neuerlicher Beleg hierfür ist die große Studie zur „Regionalen Identität in Vogelsberg und Main-Kinzig-Kreis“, die das Frankfurter Institut für Kulturanthropologie und Europäische Ethnologie jüngst mit großem Aufwand und exaktem wissenschaftlichen Apparat durchgeführt und 1995 veröffentlicht hat.[2] Mitarbeiterin Herta Eckert schreibt dort unter anderem: Wir interviewten „neben den zufällig ausgewählten Befragten fast 40 ‘VIPs’ aus der Region, die... so etwas wie ‘Experten’ sind. Unter den Befragten befanden sich unter anderem die Landräte, der Verleger und Chefredakteur der Gelnhäuser Neue Zeitung, ein türkischer Sozialarbeiter, ein Ortslandwirt, eine HR4-Reporterin, der Vorsitzende des Vogelsberger Höhenclubs, ein Ex-Bürgermeister...“ (S.225). Diesbezügliches Resultat: Fehlanzeige, keine Notiz, keine Erinnerung an das Schlitzerland und seine Leute, ein „Seldwyla“ des zwanzigsten Jahrhunderts. Als ich bei der Jahrestagung eben dieser Europäischen Ethnologen 1996 in Fulda vom „Zielgelände“ (so heißt auch ein Film, den ich zu drehen mithalf) erzählte und dem von uns so benannten „Natopark Rhön/Vogelsberg/Spessart“, war das Staunen auf beiden Seiten groß. Bei mir ob des blinden Flecks im offiziellen Bewusstsein und in den „mental maps“ (wie die Ethnologen sagen und schreiben) der Befragten, bei den Fragern selbst ob des Unerreichten ihrer Forschungen.

Der legendäre Häuptling Seattle soll 1854 gesagt haben, als er sein Land an den „weißen Mann“ verkaufte: „Ich bin ein Wilder und verstehe es nicht anders. Vielleicht verstünde ich den weißen Mann, wenn ich wüsste, was er seinen Kindern an langen Winterabenden erzählt...“. Wäre „Schlitz“ nicht ein Erzählstoff (nicht nur) für lange Winterabende, damit die Geschichte nicht vergessen wird vom Kampf für ein bisschen weniger Gewalt und ein wenig mehr Verträglichkeit unter den Völkern, den „unsere Leute“ führten. Damit ein wenig Fremde in der Heimat aufgehoben wäre.

Wäre nicht gar die lebendige Erinnerung daran, „wie die Schlitzer die NATO aufs Kreuz legten“, auch ein Anlass für ein augenzwinkerndes: „Ich bin stolz, ein Vogelsberger zu sein“?

Um dann „dort“ und auch anderswo „zu Hause“ zu sein im Blochschen Sinne, in dem Dieter Oelschlägel und ich mit anderen immer gearbeitet haben: „Der Mensch lebt noch überall in der Vorgeschichte, ja alles und jedes steht noch vor der Erschaffung der Welt als einer rechten. Die wirkliche Genesis ist nicht am Anfang, sondern am Ende, und sie beginnt erst anzufangen, wenn Gesellschaft und Dasein radikal werden, das heißt sich an der Wurzel fassen. Die Wurzel der Geschichte aber ist der arbeitende, schaffende, die Gegebenheiten umbildende und überholende Mensch. Hat er sich erfasst und das Seine ohne Entäußerung und Entfremdung in realer Demokratie begründet, so entsteht in der Welt etwas, das allen in die Kindheit scheint und worin noch niemand war: H e i m a t“ (Das Prinzip Hoffnung, 1957).

Anmerkungen

1 vgl. Victor Gollancz Stiftung (Hg): Reader zur Theorie und Strategie von Gemeinwesenarbeit. Arbeitsgruppe Gemeinwesenarbeit. Materialien zur Jugend- und Sozialarbeit 8. Ffm 1974; hier u.a. S.173ff: Dieter Oelschlägel: Zur Strategie von Gemeinwesenarbeit – eine Entgegnung auf Ursula Adams

2 Region. Heimaten der individualisierten Gesellschaft. Frankfurt

Kurt Bader

Alltägliche Lebensführung im Gemeinwesen

Ein Beitrag zur Weiterentwicklung gemeinwesenorientierten Handelns

Es muss 1970 gewesen sein, als ich, bedürftig nach Informationen, die Studienberatung der damaligen Berliner PH aufsuchte. Dort saß Dieter Oelschlägel, klein, freundlich und hilfsbereit, der mir in Kürze meine Fragen beantwortete. Gute zehn Jahre später arbeiteten wir für geraume Zeit im Arbeitskreis Soziale Arbeit und Erziehung des BdWi zusammen – gemeinsame Tagungen in Lüneburg und Duisburg folgten. Es war Dieter, der mich in der Diskussion über ein Referat, das ich 1990 in Hamburg hielt, freundlich darauf stieß, dass in meinen Ausführungen – versehentlich? – der Begriff „Kapitalismus" gefehlt hätte. Diesem hilfreichen Hinweis bin ich bis heute gefolgt. Seitdem standen wir in sporadischem Briefwechsel vor allem angesichts der Tatsache, dass Dieter wiederholt den potentiellen Nutzen der Kritischen Psychologie für die Weiterentwicklung des Prinzips Gemeinwesenarbeit benannte. Auch diesem Hinweis bin ich gefolgt und möchte deshalb im weiteren einige Auszüge aus meinem Beitrag „Alltägliche Lebensführung und Handlungsfähigkeit – ein Beitrag zur Weiterentwicklung gemeinwesenorientierten Handelns" zusammenstellen, der 2002 in dem Reader „Alltags(t)räume" bei der Stiftung MITARBEIT veröffentlicht wurde. Und: Dieter, bitte vergiss auch Du nicht den analytischen Begriff „Kapitalismus" – gerade heute ist er erkenntnisträchtig. In diesem Sinne wünsche ich Dir alles Gute – Dein Freund Kurt Bader.

GWA und Lebensführung

Betrachtet man die verschiedenen Versuche, die vor etwa zwanzig Jahren in den ersten Jahrbüchern für Gemeinwesenarbeit skizzierte theoretische Fundierung (vgl. Boulet u.a., 1980) durch Praxisprojekte und theoretische Verallgemeinerungen zu ergänzen bzw. zu erweitern, so ist folgendes festzustellen:

1. Es gibt nur wenige Ansätze, die angemessen theoretisch fundiert sind. Es fehlen sowohl gesellschaftliche Analysen – etwa hinsichtlich des gesellschaftlichen Stellenwerts von Gemeinwesen und Partizipation – als auch kategoriale Ableitungen menschlicher (Persönlichkeits-)Entwicklung und des Verhältnisses von

Individuum und Gesellschaft – beispielsweise im Hinblick auf Mitwirkung und Teilhabe als Aspekt von Subjektivität.

2. Obwohl es eine Reihe von praktischen Realisierungen gemeinwesenorientierter sozialer Arbeit gibt, wird Praxisforschung sehr klein geschrieben.
3. In Zusammenhang mit soziologischen Gesellschaftsanalysen haben Begriffe wie „Milieu", „Lebenswelt" und „Sozialraum", aber auch „Individualisierung" und „Individualität", Einzug gehalten in die Diskussion über Gemeinwesenorientierung.
4. Mit dem 1999 aufgelegten bundesweiten Programm „Soziale Stadt" scheint Gemeinwesenorientierung „gesellschaftsfähig" geworden zu sein. Beispielsweise gehen Bemühungen seitens konkreter Gemeinwesenprojekte, über die jeweiligen Landesarbeitsgemeinschaften einen fachlich begründeten Dachverband ins Leben zu rufen, in eine positive Richtung. Angesichts der gesamtgesellschaftlichen Entwicklung ist man aber gut beraten, die Widersprüchlichkeit der Tendenzen mit im Auge zu behalten und dem Verhältnis von realer Teilhabe (in ihren vielen Schattierungen) und Teilhabeproklamationen mit Feigenblattfunktion bzw. zur ideologischen Verschleierung der Teilhabewirklichkeit eingesetzten Programmen besonderes Augenmerk zu schenken... denn wir leben noch immer im Kapitalismus (*sic!Dieter!*)!

Nichtsdestotrotz – oder gerade deshalb: Schon 1989 wies Oelschlägel auf die Fruchtbarkeit der kritischen Psychologie für eine „Weiterentwicklung von Konzeptionen und Theorien der GWA" hin (Oelschlägel 1989, S.34). Seitdem wird auch der zentrale Begriff der kritischen Psychologie – „Handlungsfähigkeit" – in vielen Beiträgen als entscheidende Leitkategorie auch für die theoretische Fundierung und praktische Umsetzung gemeinwesenorientierter Arbeit genannt.
Was hat nun „GWA" mit „Lebensweise" und „alltäglicher Lebensführung" zu tun?

- Wenn in der GWA versucht wird, sich den Menschen im Gemeinwesen als Subjekten zu nähern, sie als Experten ihres Lebens ernst zu nehmen und mit ihnen tätig zu werden, so ist es notwendig, ihre Lebensverhältnisse, ihre Lebensweise und alltägliche Lebensführung zu kennen und zu verstehen. Ebenso ist es nötig – da dieses Verständnis wechselseitig gilt –, dass die im Gemeinwesen lebenden Menschen auch die damit (beruflich) befassten Menschen kennen lernen und deren Leben verstehen. Es ist demnach wichtig, dieses soziale Verhältnis theoretisch zu begreifen und sich praktisch anzueignen.
- Wenn „Gemeinwesen" als kaum hinterfragter Begriff, hinter dem sich viele unterschiedliche Bedeutungen verbergen können, als Handlungsraum von Menschen verstanden wird, so kommt die begriffliche Bedeutung von „Gemeinwesen" auf individueller Ebene jener von „alltäglicher Lebensführung" sehr nahe.

– Daraus kann geschlossen werden, dass „Lebensweise“ und „alltägliche Lebensführung“ eine der zentralen Kategorien von „GWA“ sein können – Grund genug, sich damit näher zu beschäftigen.

Das Konzept „Alltägliche Lebensführung“

Lebensführung ist nicht nur ein individueller Prozess in bestimmten sozialen Zusammenhängen, sondern Lebensführung ist immer auch gesellschaftlich vermittelt: „Jede Lebensführung ist sowohl ‘individuell’ wie ‘gemeinsam’“ (Holzkamp 1996, S.92). Lebensführung steht in einem sozialen Kontext: Ich bin aus Sicht der Anderen Teil dieser Gesellschaftlichkeit wie auch die Anderen aus meiner Sicht Teil der Gesellschaft sind. Mein Verhalten, meine Tätigkeiten in diesem sozialen Zusammenhang rufen bei den Anderen bestimmte, meist unterschiedliche Antworten und Reaktionen, bestimmte Handlungsbereitschaften und Tätigkeiten hervor, die wiederum auf meine Lebensführung zurückwirken – und so weiter und auch umgekehrt. Dieser Prozess von wechselseitigen Beziehungen bildet den Rückhalt, vor dem wir uns gegenüber bestimmten Anforderungen, Erwartungen und Bedingungen verhalten. Wenn ich nun bestimmte Bedürfnisse habe und diese Bedürfnisse in diesem gesellschaftlichen Mikrokosmos (und auch darüber hinaus) äußere, aber nicht die gewünschte Antwort finde, wird meine Lebensführung zu einem Problem. Meine Lebensführung, sozial/gesellschaftlich vermittelt, erschwert mir wünschenswertes Handeln, be- oder gar verhindert es. Innerhalb unserer alltäglichen Lebensführung tendieren wir aber auch selbst dazu, von den eigenen und geübten Umgangsweisen abweichende Formen der Lebensführung abzuqualifizieren. Die Wahrnehmung ungewohnter Lebensführung bei Anderen stellt die eigenen Lebensführungsmaximen in Frage, die Wahrnehmung ungewöhnlicher eigener Bedürfnisse könnte die sorgsam behütete Balance eigener Lebensführung ins Wanken geraten lassen. Wir stehen demnach mit dem Problem der alltäglichen Lebensführung oft alleine. Obwohl sie sozial gestützt und gesellschaftlich vermittelt ist: Alleine wie ein Baum im Wald...

Worin besteht eigentlich diese alltägliche Lebensführung?

Die „Tagtäglichkeit unseres Handelns hat gegenüber dem ‘Lebenslauf’ einen eigenständigen Verlauf“ (vgl. Holzkamp 1995, S.842). Weder reagieren wir hier lediglich auf bestimmte, von außen gesetzte Reize, noch bildet die Annahme eines gewissen Automatismus diesen Ablauf angemessen ab. Die lineare Abfolge – beispielsweise vom Aufstehen, Aufsuchen des Bades, Frühstück, Kleiderauswahl bis zum Verlassen der Wohnung – wird erst dadurch zu einem Element alltäglicher Lebensführung, indem ich diese Handlungsstruktur wiederhole, also „in eine zyklische Struktur einbinde“ (ebd.). Zwar scheint es auf den ersten Blick, dass hier ein Selbstlauf eintritt, der zweite Blick darauf macht klar, dass ich diesen Rhythmus zum Laufen bringen und am laufen halten muss – und will. Das heißt, ich bin aktiver Gestalter der Handlungsinhalte und -abfolgen. Selbstverständlich kann ich von dem gewählten Rhythmus abweichen – zum Beispiel mal „aussteigen“, „die Nacht zum Tage machen“, einfach „abhauen“ o.ä. Dies bringt aber in der Regel „alles durcheinander“ und/oder beinhaltet eine Reihe von Risiken, die schwer im Vorhinein zu kalkulieren sind bzw. gegebenenfallls mit bestimmten Sanktionen, Beschwerden, anderen Bedürfnissen etc. verbunden sind. Die von mir aktiv gestalteten Handlungsabfolgen hängen wesentlich von dem ab, was mir an „Bedingtheiten“ gegenübersteht, beispielsweise in Form von scheinbar unhinterfragbaren Regeln, finanziellen und materiellen Bedingungen, von unbedingt notwendiger Existenzabsicherung usw. Was mir aber an Bedingtheiten gegenübersteht hängt auch davon ab, ob und wie ich sie als unverrückbare Bedingtheiten bewerte – ob ich also „wirklich“ den Anweisungen meines Vorgesetzten entsprechen muss, staatlichen Regelungen gegenüber hilflos bin und es keine Handlungsalternativen zur Anpassung gibt. Dabei spielt eine wesentliche Rolle, welche Wichtigkeit und Wertigkeit bestimmte Lebenssituationen für mich haben und über welche Instrumente ich verfüge, auf diese Einfluss zu nehmen.

Welche Funktion, welche Nützlichkeit haben die Zyklen für mich? Weshalb muss ich sie nicht nur herstellen, sondern will es auch? Durch ihren Wiederholungscharakter, durch die sich verfestigende Kenntnis der Rahmenbedingungen bilden sie eine zentrale Entlastung meines Daseins. Ich kann mich darauf verlassen. Sie schaffen Ruhe, Sicherheit, sie bieten Kontrolle und Vertrauen in die Umstände – und gleichzeitig sind sie repetitiv, langweilig und langsam aber sicher auch ritualisiert, d.h. sinnentleert. Zumindest wird ihre subjektive Sinnhaftigkeit nur selten überprüft – das wäre auch zu anstrengend. So laufe ich nicht Gefahr, mir die jeweiligen Handlungsbegründungen jedes Mal neu zu überlegen – und ich bin auch davon „befreit“, den Zusammenhang mit meinen anderen Lebensinteressen zu überprüfen. Einmal hergestellt, bilden sie eine Selbstverständlichkeit, verstehen sich (für mich) von selbst. Daher brauche ich sie auch nicht mehr begründen. Es gibt keinen vernünftigen Grund, sie neu zu überdenken.

Deutlich wird die Nützlichkeit solcher Argumente dann, wenn unvorhergesehene Veränderungen eintreten, wenn die Alltagszyklizität zerstört wird und ich gezwungen bin, auf neue Bedingungen neue Handlungsantworten zu finden. Erst wenn ich wieder meinen Alltag und die Routine meiner alltäglichen Lebensführung wiedergefunden und -hergestellt habe, kann ich wieder befreit aufatmen.

Das kann doch nicht das ganze Leben sein! Nein, ist es auch nicht. Es ist die Absicherung mir elementar scheinenden Lebensregelungen. Diese Elemente alltäglicher Lebensführung, die übrigens auch den Arbeitsalltag vieler strukturieren, halten mir den Rücken frei. Wofür? Für das Leben, für das „eigentliche" Leben – für Sinn, Perspektive, Glück und Liebe. Aber wo finden wir das „Eigentliche"? Tendieren wir doch dazu, angesichts zunehmender Isolierung, Konkurrenz, Vereinsamung und Existenzangst an möglichst vielen Stellen Sicherungen solcher Zyklen alltäglicher Routine einzubauen. Durch die Orientierung am „Eigentlichen", durch die Träume vom Lebenssinn und -glück werden die Routinezyklen erträglich, die alltägliche sichere Langeweile aushaltbar. Nimmt das „Eigentliche" größere Gestalt an, werden die Konturen und Bilder von Utopien und Träumen schärfer und deutlicher, kann es Oberhand gewinnen und die Zyklizität zurückdrängen. Dann wird ein Schritt zur Überwindung der Alltäglichkeit gewagt. Andererseits kann der Traum vom „Eigentlichen" in seiner Traumhaftigkeit nützlich sein: Indem ich auf die Realität der alltäglichen Routine setze und dem „Eigentlichen" nur das Land der Träume lasse, konstruiere ich mir eine doppelte Realität mit dem Ziel, die alltägliche Routine zu erhalten und zu festigen. Ich träume, damit ich es nicht wahr machen muss.

Es sollte deutlich geworden sein, dass der Gegenstand alltäglicher Lebensführung nicht nur aus den gewohnten Handlungsstrukturen besteht, sondern auch aus ihrem Verhältnis zum „Eigentlichen", den Träumen und Utopien von einem sinnhaften Leben. Nicht nur das, was wir tun, muss Gegenstand einer Klärung, einer Bewertung, einer Analyse sein, sondern auch das, wovon wir träumen. Denn das eine bedingt das andere – und umgekehrt.

Aber wie ist meine alltägliche Lebensführung in ihrer Gesamtheit, die nur mir aufgegeben ist und mit der ich, trotz aller sozialer Verflechtungen, oft alleine stehe, zugänglich und damit verfügbar, handhabbar und veränderbar zu machen?

Klaus Holzkamp greift den von Marx geprägten Begriff der „Selbstverständigung" auf: Verständigung mit mir selbst, mir das Undeutliche deutlich zu machen, mein „verschwiegenes" Wissen in „gewusstes" Wissen zu verwandeln. In Sprache gebracht könnten – über Selbstgespräche hinaus – andere Menschen einbezogen werden. Selbstverständigung beinhaltet deshalb auch die Möglichkeit – vielleicht das Interesse – an „Verständigung". So wie Javier Marias in seinem Buch „Morgen in der Schlacht denk an mich" (1998) beschreibt, wie Nicht-Gesagtes verrinnt, als wäre „es" nicht geschehen und erst das Ausgesprochene, ggf. die nach Außen gewandte Handlung, „es" in die Welt entlässt und real werden lässt, so bietet die Erweiterung der „Selbstverständigung" in die soziale Selbstverständigung eine wesentliche Möglichkeit der Verbesserung und Umgestaltung meines Alltags. Es besteht also das Problem, für etwas, das nur mir aufgegeben ist, eine Sprache zu finden – eine Sprache zu finden, in welcher Verständigungsmöglichkeiten für andere Menschen liegen: eine gemeinsame Sprache.

Ausgehend vom kritisch-psychologischen Begriff des „meta-subjektiven Verständigungsrahmens", also der Verständigung zwischen zwei oder mehr Subjekten (mit all ihren Einzigartigkeiten), bedeutet dies für „soziale Selbstverständigung", dass alle Beteiligten Subjekte bleiben. Soziale Selbstverständigung bedeutet Dialog, in dem es keine Objekte gibt, die an sie herangetragene Fragen zu beantworten haben. Realistisch formuliert: dass niemand maßgeblich zum Objekt gemacht wird oder andere dazu macht. Es ist also eine Verständigungssituation herzustellen, die es ermöglicht, sich nicht nur auf die Handlungsebene anderer einzulassen, sondern zu versuchen, deren Handlungsgründe annähernd zu verstehen. Das heißt, nicht nur zu verstehen, WAS die Menschen tun, sondern auch nach dem WARUM zu fragen. Erst durch die Klärung dieser Handlungsgründe, die gleichsam die Prämissen der anderen Menschen sind, kann ein umfassender Zugang zum Lebenskontext des Anderen gefunden werden. Ohne Kenntnis der Handlungsgründe besteht die Gefahr, andere Menschen vorschnell in bestimmte Schubladen zu stecken („gut oder böse", „lustig oder langweilig", „links oder rechts" usw.). Diese Bewertung, die oft damit verbunden ist, das, was man am Anderen zu erkennen glaubt, den jeweiligen Personen als Eigenschaften anzuheften („Vereigenschaftung"), ist in der Regel dann mit einer Abwertung verbunden, wenn ich auf etwas stoße, das von meinen eigenen Lebensvorstellungen abweicht. Diese Abwertung führt zu einer Reduzierung intersubjektiver Verständigungsmöglichkeiten, weil meine eigenen Vorannahmen den Verständigungsprozess erschweren – ich meine eigene Wahrnehmung einschränke und das, was ich selbst äußere, vorher noch mehr filtere und zensiere. Es kann aber auch der umgekehrte Fall eintreten: Wenn ich zur Annahme gelange, dass mein Dialogpartner oder -partnerin mir gleich oder ähnlich ist, werde ich aus Selbstschutz vorwiegend positive Interpretationen zulassen und mir damit eine Verständigungsbrücke bauen, die wieder zu mir zurückführt. Jede Ähnlichkeit oder Gleichheit des Anderen mit mir wird mich darin bestärken, ohne weitere notwendige Reflexion so zu bleiben, wie ich bin – und ich werde alles tun, um den Eindruck der Übereinstimmung zu erwecken. All diese Fallen, in die wir tappen können, reduzieren die Erkenntnis- und Verständigungsmöglichkeiten. Denn, so die Annahme, das angemessene Verstehen der Lebensführung des Anderen und seiner Gründe, dies so und nicht anders zu tun, setzen mich in die Lage, meine eigenen Konstrukte, Gründe und Handlungsstrukturen dazu ins Verhältnis zu setzen. So paradox es auch zunächst klingen mag: Das Verstehen anderer, sich von meinen Vorstellungen unterscheidender Lebenszusammenhänge, ermöglicht mir, meine eigenen Prämissen und Handlungen besser zu verstehen. Ich bin demnach, will ich meine Lebensführung besser erkennen, darauf angewiesen, die Lebensführung anderer Menschen, ihre Annahmen, Hintergründe, Abhängigkeiten, Verarbeitungsformen etc. zumindest annähernd zu verstehen.

Indem ich mich verständige, gewinne ich größeres Verständnis über mich. Indem ich die Kontextgebundenheit anderer Menschen kennenlerne, lerne ich mich selbst besser kennen. Oder anders formuliert: Indem ich meine Beziehungen entwickle, entwickle ich mich selbst. Vorsichtiger gesagt: Schaffe ich mir – mit Hilfe anderer – bessere Entwicklungsvoraussetzungen. Und was für mich gilt, gilt auch umgekehrt für den Anderen: Indem er/sie meine Kontextgebundenheit schrittweise begreift, begreift er/sie sich selber besser.

Methodische Annäherungen

Unter Bezugnahme auf Holzkamp (Holzkamp 1996, S.104ff) zunächst:
Der Prozess „sozialer Selbstverständigung" ist, wie bereits angeführt, ein dialogischer Prozess. Sein Ablauf ist nicht planbar, weil er im Wesentlichen von den Beiträgen der Teilnehmer/innen abhängt. Es schließt sich also aus, wie sonst üblich, Hypothesen aufzustellen und dann deren Richtigkeit zu überprüfen. Das bedeutet aber nicht, ohne jede Annahme in den Prozess einzusteigen. Beispielsweise sind quantitative Daten sicher wichtig, um sich ein Bild über mögliche Fragestellungen machen zu können. Solche Daten – wie etwa über Zahl und Zusammensetzung der Bevölkerung, Zahl von Hilfeempfänger/innen, Kriminalitätsrate von Jugendlichen, Wohnungsbestand, -größe, -qualität, Verkehrsdichte, Freiflächen, Infrastruktur etc. – sind Anhaltspunkte und „Merk-Male", Fragen zu stellen, geben aber keine Grundlage hinsichtlich der subjektiv gestalteten/erlebten Lebensführung der Menschen. Sinnvoll erscheint hier, sich mit den Menschen einen Überblick über deren reale Gestaltungsaktivitäten und deren konkrete unmittelbar formulierte Wünsche zu verschaffen. Zudem ist in Rechnung zu stellen, dass die übliche und traditionelle Art – zum Beispiel von Befragungen und Diskussionsrunden – in der Regel nicht angetan sind, die beteiligten Personen in einen aktiven Auseinandersetzungsprozess zu integrieren. Empfehlenswert wäre, mit den interessierten und beteiligten Menschen nach neuen, ihrer Lebensführung angemessenen Formen zu suchen, diese auszuprobieren und im Verlaufe des Prozesses auch zu verändern.
Zu Beginn eines Selbstverständigungsprozesses steht in der Regel eine gemeinsame Problematik bzw. ein Bedürfnis – ein zu „eröffnender Problemraum" (Holzkamp 1996, S.106) bzw. ein zu erschließender „Bedürfnisraum". Diese Themen aus dem Alltag scheinen oder sind zunächst beliebig und möglicherweise wenig verbindlich. Sie müssen im Weiteren auf eine Ebene subjektwissenschaftlicher Verbindlichkeit gebracht werden.

Was heißt das?
Eine anzustrebende Systematisierung folgt nicht einem definierten Forschungsplan, sondern ist daran orientiert, den Grad der Reflektiertheit zu erhöhen. „Man

redet am Schluss letzten Endes noch über das Gleiche wie am Anfang, aber auf einem höheren Niveau der Selbstreflexion und des Gegenstandsbezuges“ (ebd., S.106). Der Prozess gewinnt an Tiefe, an Detailreichtum, an Widersprüchlichkeit.

An dieser Stelle soll eingeflochten werden, dass sich der Prozess der „sozialen Selbstverständigung“ keineswegs im „Reden“ erschöpft. Menschen, die aufgrund wenig vorhandener Gestaltungsräume die Erfahrung gemacht haben, dass ihre Sorgen niemanden interessieren, entwickeln bisweilen nur schrittweise Perspektiven, die über die unmittelbare Daseinserhaltung hinaus gehen. Deshalb ist es sinnvoll, konkrete Veränderungsprojekte, die klein und überschaubar sind, als Möglichkeit gemeinsamen (und erfolgreichen) Tuns in den Prozess der Selbstverständigung zu integrieren. Angesichts der tendenziellen „Handlungsarmut“ sozialer Arbeit gilt diese Verbindung von „Reden und Tun“ für den gesamten Verständigungsprozess. Die Planung, Umsetzung und Nutzung eines konkreten Vorhabens kann ein Element gemeinsamer „Klärung“ und sozialer Selbstverständigung sein und bietet damit das Potential, andere und sich selbst besser verstehen zu lernen.
Zurück zur Methodik des Konzeptes „alltäglicher Lebensführung“ und zu zwei Orientierungen, die nach Klaus Holzkamp für soziale Klärungsprozesse wichtig sind:

a) Allgemeine Orientierung für den Verständigungsprozess ist der Bezug zum „Begründungsdiskurs“ – also die Klärung der Handlungsgründe. Da viele einmal beabsichtigte Handlungen nicht erfolgreich realisiert werden konnten, werden in diesem Zusammenhang oft die Behinderungen genannt – also Bezug genommen auf die Bestimmtheit und Bedingtheit, denen sich die Menschen gegenübergestellt sehen. Zielsetzung sollte aber sein, aus der oft resignativ getönten Bedingtheitsdiskussion („Da ist nichts zu machen, weil...“, „Das habe ich schon oft probiert, es ist hoffnungslos“ usw.) auf die Ebene der Begründungen zu gelangen. Zwischen mir und meiner Umwelt stehen immer meine subjektiven Bedeutungszuweisungen. Wenn ich etwas wahrnehme und erkenne, so erkenne ich es stets „für mich“. Ich erschließe mir die außerhalb von mir liegende objektive Welt dadurch, dass sie – Personen, Dinge, Verhältnisse etc. – für mich eine bestimmte Bedeutung haben. Diese Bedeutungen sind den Personen, Dingen etc. gesellschaftlich zugewiesen (Sozialstruktur). Wie schon ausgeführt wird diese gesellschaftliche Zuweisung von mir aber auf eine besondere Art und Weise bearbeitet. Ergebnis dieser „Bearbeitung“ sind die subjektiven Bedeutungen, die ich den Menschen, Personen, Verhältnissen etc. zuweise. Von diesen subjektiven Bedeutungen und dem Stellenwert, den sie in meinem Lebens haben, hängen die Beurteilung einer Situation und die daraus abgeleiteten Handlungsgründe ab. Insofern sind die Handlungsgründe die entscheidende Vermittlungsinstanz, die mich zur Sozialstruktur führt. In dieser Sozialstruktur sind die gesellschaftlichen Möglichkeiten und Behinderungen enthalten. Soll das bessere Verständnis anderer Menschen und meiner selbst zu einer Verbesserung unseres Lebens führen, so ist dies in der Regel mit „Tun“ verbunden, das auf eine Veränderung gesellschaftlich vorgegebener Bedingtheiten gerichtet ist. Will ich also die Welt, gemeinsam mit anderen Menschen zu unserem Wohle verändern, muss ich Bescheid wissen über meine Handlungsgründe, über meine subjektiven Bedeutungszuweisungen und die der Anderen.

b) Eine zweite Orientierung ist die Übertragung scheinbar beliebiger und konturarmer Aussagen („Ich halte es hier nur schwer aus“, „Mein Leben ist eine einzige Mistgrube“, „Es hat alles keinen Sinn“ etc.) zu konkreten Szenen der alltäglichen Lebensführung. Diese Szenen finden zu bestimmten Zeiten, an bestimmten Orten, mit bestimmten Personen und Sachen statt. Es ist ihnen demnach ein fester „Ort“ in der raumzeitlichen Gesamtszenerie des Lebens zuzuordnen. Diese „Verortung“ kann als Voraussetzung gesehen werden, die formulierten Szenen möglichst präzise und umfassend aus der je subjektiven Sicht zu beschreiben. Je tiefer wir dabei gehen und je genauer und umfassender die Darstellung wird, desto mehr besteht die Möglichkeit, die vielen Facetten einer Szene und deren Be- und Verarbeitung zu formulieren. Das bedeutet auch, sich aus einer zunächst auf „meine Erfahrung“ bezogenen „zentrierten“ Sichtweise langsam freizumachen und andere Standpunkte als mögliche Sichtweisen wahrnehmen zu können. Es vollzieht sich ein Prozess in Richtung einer – wie schon dargelegten – „Dezentrierung“. Die Erkenntnis, dass eine Szene, eine Situation auch anders bewertet werden kann, wendet den Blick verstärkt auf die Bedeutungszuweisungen und die dahinter stehende Sozialstruktur (der Nachbarschaft, des Stadtteils, der Stadt, des Landes... der Gesellschaft). Zunächst unhinterfragbare Letztheitsaussagen („Das ist so und nicht anders“, „Hier gibt es keine Möglichkeit“ etc.) können revidiert werden. Betrachten wir unsere Lebenssicht, so werden wir feststellen, dass die verschiedenen Lebensbereiche – Partnerschaft, Nachbarschaft, Arbeit, Kinderbetreuung, Urlaub etc. – mehr oder weniger voneinander getrennt sind. Wir haben verschiedene Schubladen im Schrank unseres Lebens. Je komplexer nun dieses Lebens wird, desto mehr Schubladen haben wir und desto schwerer wird es, die Zusammenhänge zwischen ihnen – denn es ist ja *ein* Leben, nämlich meines – zu erkennen und zu nutzen. Es herrscht ein Konglomerat scheinbar unabhängiger Einheiten, die aber miteinander zusammenhängen und verknüpft sind und sich wechselseitig beeinflussen. Je tiefer ich nun in einzelne Szenen der konkreten Lebenspraxis eindringe und versuche, ihre Bedeutung für mich zu erschließen, desto besser bin ich in der Lage, den Bezug zu anderen Bereichen zu erkennen, Ähnlichkeiten zu entdecken und Abhängigkeiten herauszuarbeiten. Das klingt zunächst paradox, aber je oberflächlicher ich mit meinem Leben und dem Bild davon umgehe, desto weniger sehe ich die

Zusammenhänge, die ja oft versteckt sind – oder von mir versteckt werden. Es ist wie ein Feld von Eisbergen: Die Spitzen sind die raschen Eindrücke konkreter Szenen des Alltags – sie sind mal höher und deutlicher wahrnehmbar, mal kleiner und unscheinbar – sie sind mal harmonisch abgerundet und mal schroff. Es scheint, als wären sie voneinander unabhängig, denn der Großteil ihrer Masse liegt verborgen im Meer. Diese Masse aber verbindet sie und stellt den Zusammenhang her, bildet ihre wesentliche Grundlage und birgt – um wieder auf das Konzept alltäglicher Lebensführung zurückzukommen – die Hintergründe und Handlungsgründe meiner Lebensführung. Es bleibt also dabei: Die Konzentration auf eines oder wenige konkrete Themen und der Versuch, diese differenziert auszuloten, führt eher dazu, gesamtheitliche Lebenszusammenhänge zu erkennen, als zu einer oberflächlichen Überschau über die Vielzahl unterschiedlicher Lebenssektoren.

Aus der konkreten Tätigkeit im Rahmen von Beteiligungsprozessen in einem (Lüneburger) Stadtteil und deren Analyse wurden Kriterien abgeleitet, die an dieser Stelle als eine mögliche dritte Orientierung genannt werden sollen:

c) Sie sind als Kriterien der Teilhabe gekennzeichnet und entsprechen damit dem an anderer Stelle formulierten Anliegen, einen Beitrag zur Erweiterung der Handlungsfähigkeit zu leisten. Hintergrund ihrer Entwicklung war die Frage nach dem Verhältnis zwischen denjenigen, die berufsmäßig in einem Gemeinwesen tätig sind und den im Gemeinwesen lebenden Menschen. Sie beschränken sich jedoch nicht auf das Verhältnis von Profis und BewohnerInnen, sondern haben grundsätzlich Geltung für alltägliche Handlungszusammenhänge und knüpfen damit unmittelbar an das Konzept „alltäglicher Lebensführung“ an. Indem diese Kriterien handlungsorientiert sind, stehen sie in engem Bezug zur Aussage, dass der Prozess „sozialer Selbstverständigung“ nicht nur ein Akt verbaler Verständigung ist (wie bereits an anderer Stelle festgestellt), sondern ebenso gemeinsames, die Lebenswelt gestaltendes Handeln umfasst. Dabei ist vorab zu betonen, dass die alltägliche Lebensführung von Menschen stets individuell und gemeinsam ist. Jede Lebensführung ist dadurch gekennzeichnet, dass sie mehr oder weniger mit den individuellen Lebensführungen anderer Menschen verbunden ist, dass die Gemeinsamkeit mit dem Leben Anderer geradezu konstituierendes Merkmal menschlicher Lebensführung und es Spezifikum menschlichen Lebens ist, andere Menschen anzuregen bzw. von Anderen angeregt zu werden. Dem entspricht die bereits an anderer Stelle gemachte Aussage, dass nicht „ich entwickle mich“, sondern „ich entwickle meine Beziehungen“ der Besonderheit menschlicher Entwicklung entspricht (erinnert sei hier auch an die kritisch-psychologische Kategorie der „gesellschaftlichen Vermitteltheit individueller Existenz“):

- Die Teilhabe der Menschen an der Gestaltung ihrer Lebenswelt umfasst einen Prozess, der von der Bedürfnisformulierung und Ideenfindung von „Vorhaben" über die Planung, Realisierung und Nutzung bis zur Weiterentwicklung reicht. Dieser gesamtheitliche Charakter gilt als idealtypische Möglichkeit.
- Die anzustrebende Verbesserung der Nutzungsmöglichkeiten gegebener Handlungs-/Sozialräume steht in einem engen Verhältnis zur Erschließung neuer Handlungsräume. Subjektive Handlungsräume bestehen aus einem Bereich „unmittelbar" konkreten, alltäglichen Handelns und einem „mittelbaren" Bereich, der potentiell zugänglich ist, aber (noch) nicht bzw. nicht mehr als Handlungsfeld genutzt wird. Anregungen, in diesem mittelbaren Sektor tätig zu werden, können zu einer Erweiterung bisher genutzter Handlungsräume führen, was erweiterte Handlungsvoraussetzungen auch für die Bearbeitung unmittelbarer alltäglicher Bedürfnisse/Probleme zur Folge haben kann. Grenzüberschreitungen vom unmittelbaren zum mittelbaren Bereich und Erweiterungen im unmittelbaren Bereich stehen damit in enger wechselseitigen Beziehung (hier sei an den grenzüberschreitenden Charakter der „generativen Themen" von Paolo Freire erinnert).
- Anregungen und Angebote „von außen" sollen die Möglichkeit bieten, subjektive „Bedeutungsbrücken" personell und/oder materiell zu schlagen. Personelle Bedeutungsbrücken können Personen sein, die in der Lebenswelt der Menschen eine gewisse positive Bedeutung haben – materielle Bedeutungsbrücken knüpfen inhaltlich an die subjektiven Bedeutungen der Menschen, die sie sich im Laufe ihrer Biografie angeeignet haben, an.
- Es sollte Ziel sein, die Besonderheit neuer oder unerprobter Handlungszusammenhänge in die alltägliche Lebensführung zu integrieren und damit die Nachhaltigkeit der qualitativen Verbesserungen abzusichern. Dies setzt sowohl eine positive Bewertung neu erschlossener Handlungsräume und deren Wichtigkeit durch die Subjekte als auch die Möglichkeit stabiler und langfristiger Verankerung in der Lebensführung voraus.
- Die Erweiterung von Sozial-/Handlungsräumen und die damit verbundene Verbesserung der Lebensqualität steht in einem engen Verhältnis zur Stabilisierung, Verbesserung und Erweiterung sozialer Beziehungen.

Der hier verwendete Begriff des „Sozialraumes" beinhaltet die erschlossenen und genutzten, sozialbedeutsamen Handlungszusammenhänge, verweist aber gleichzeitig auf bisher unterschlossene und wenig bzw. nicht genutzte Handlungsmöglichkeiten – „Möglichkeitsräume". „Sozialraum" ist hier ausdrücklich als Subjektbegriff verwendet und setzt sich entschieden von einem Begriff des „Sozialraums" ab, der in den letzten Jahren verstärkt in der Sozialverwaltung als quantitative Raumzuweisung verwendet wird.

Spätestens jetzt stellt sich die Frage, wie denn genau dieser komplizierte Prozess gestaltet und gefördert werden kann. Diese Frage kann jedoch methodisch hier nicht eingelöst werden: Das Verhältnis zwischen den an diesem Prozess Beteiligten ist die wesentliche Folie, vor welcher sich die Annäherung an konkrete Szenen alltäglicher Lebensführung abspielt. Diese Folie hängt aber von der Lebenssituation derjenigen ab, deren Alltag thematisiert wird, von ihren jeweiligen oft widersprüchlichen und miteinander verflochtenen Handlungsgründen, ihren Kompetenzen und Möglichkeiten. Ebenso ist der Stellenwert, den der Klärungsprozess selbst in ihrem Leben hat, von großer Wichtigkeit. Gleiches gilt auch für diejenigen, die versuchen, die Klärungsmittel zu erläutern, anzuwenden und zu vermitteln, sowie selbstverständlich ebenso für das Verhältnis der daran beteiligten Menschen. Es ist den unmittelbar am Klärungsprozess Beteiligten vorbehalten, die genauere Form und die spezifischen Inhalte der Kommunikation zu entwickeln.
Dieses Konzept überschreitet die Grenzen bisher entwickelter und meist soziologisch begründeter Ansätze über Lebenswelt, Lebenslage und Lebensführung in Richtung Subjektposition der beteiligten Menschen. Es ergänzt die bisherige Diskussion um und über Gemeinwesenorientierung durch theoretische Überlegungen und methodische Orientierungen. Es ist ausdrücklich dem Ziel verpflichtet, die Handlungsfähigkeit der Menschen, mit denen wir leben, zu erweitern – und damit auch unsere Handlungsfähigkeit zu verbessern.

Literatur

Bader, K. u.a.: Alltags(t)räume, Bonn 2002

Boulet, J.J. / Kraus, E.J. / Oelschlägel, D.: „Gemeinwesenarbeit. Eine Grundlegung". Bielefeld 1980

Holzkamp, K.: Alltägliche Lebensführung als subjektwissenschaftliches Grundkonzept. In: Das Argument 212, Berlin 1995

Ders.: Manuskripte zum Arbeitsprojekt „Lebensführung". In: Forum Kritische Psychologie 36, Berlin 1996

Jurczyk, K. / Rerrich, M.S.(Hg.): Die Arbeit des Alltags. Freiburg 1993

Marias, J.: Morgen in der Schlacht denk an mich. Stuttgart 1998

Oelschlägel, D.: Gemeinwesenarbeit im Wandel 1969-1989. Hg. von der Universität Duisburg Gesamthochschule, Duisburg 1989

Peter Marchal

Regionalisierung sozialer Dienste

Konzepte, Erfahrungen, Grenzen

„Regionalisierung“ ist seit Jahren in der Diskussion, wenn es um Reformen der sozialen Dienste auf kommunaler Ebene geht. Vielerorts ist man dabei – oder hat es schon hinter sich –, entsprechende Programme oder Projekte umzusetzen. Allerdings verbirgt sich hinter diesem Namen mancherlei, was ihn nicht verdient. Das Muster, das hinter der Regionalisierung steckt, ist einfach: Man denke, wie es unter Geographen Usus ist, an den geographischen Raum vor der eigenen Haus- und Bürotür und beziehe die lokalen Sozialeinrichtungen auf ihn. So kommt man meist schnell zu dem Schluss, dass es zumindest den Gedanken lohnen könnte, alles, was der Bürger an „Sozialem“ akut oder langfristig braucht, netzartig auf diesen Raum zu projizieren. Vom Rathaus oder zentralem Verwaltungsgebäude in die Außenbezirke, vom Zentrum in die Stadtteile oder gar Dörfer – so etwa ist der gemeinsame Nenner dieses neuen Denkens: Von der Fall- zur Feldorientierung (Oelschlägel 2000, 16) bzw. Ressourcenorientierung. Die Versuchung ist groß, Ideen der 70er Jahre nun doch und endlich umgesetzt zu sehen. Doch die Motive hinter der Regionalisierung-Rhetorik und -Programmatik decken sich nur zum kleinsten Teilen mit rigiden Forderungen der damaligen Ansätze von Gemeinwesenarbeit, und noch weniger lassen die bisherigen Vorstöße in diese Richtung ein durchgehendes Muster erkennen – aus der Sicht der Bürger, der Verwaltungsspitzen oder der Mitarbeiter der sozialen Dienste vor Ort. Gleichwohl sollte die wiederbelebte Diskussion über zeitgemäße Ansätze der Gemeinwesenarbeit diesen Entwicklungsstrang endlich zur Kenntnis nehmen.

Historische Etappen

Mitte der 70er Jahre setzte bundesweit zentralisierend die Gemeinde- und Gebietsreform ein, zugleich auch eine erste Phase des Sozialabbaus. Es wurden neue gesellschaftliche Herausforderungen virulent (Drogenabhängigkeit, Massenarbeitslosigkeit, Integration von Ausländern und Immigranten u.a.). In den folgenden Jahren verschärfte sich die Haushaltsmisere der Kommunen weiter. In den 90er Jahren schließlich setzte die Verwaltungsreform unter den Schlagworten „Modernisierung" und „Neue Steuerung" ein, suchte man durch Budgetierung die Ausgaben von Städten und Gemeinden in den Griff zu bekommen, indem man von der althergebrachten Kameralistik zur Kosten- und Leistungsrechnung überging. Auch der Sprachgebrauch von Ämtern und Fachöffentlichkeit veränderte sich: Aus den Akten des Verwaltungshandelns wurden „Produkte", die man den „Kunden" offerierte (vgl. kritisch zum „Kunden"-Begriff Hinte 1996, 32; positiv dagegen Marquard 1999, 191).

Im Kontext der Regionalisierungsproblematik interessieren vor allem folgende Prozesse: Die traditionelle Familienfürsorge wurde seit den späten 60er Jahren durch erste praktische Ansätze von Gemeinwesenarbeit und Stadtteilarbeit in Frage gestellt, vor allem in den damals neuen Trabantenstädten und in Sanierungsvierteln. Es folgte in den 80er Jahren der Übergang von traditioneller Familienfürsorge und Gemeindepflege zum Allgemeinen Sozialdienst (ASD), dann auch Regionalen Sozialdienst (RSD); dabei wurde in den ausgelagerten Dienststellen zugleich die überkommene Trennung Außen-/Innendienst aufgehoben. Damals entstanden auch die so genannten Spezialdienste, vornehmlich im Bereich der Beratung, mit zusätzlichen Qualifikationsanforderungen bei attraktiver Bezahlung. Für die Regionalisierung sozialer Dienste besonders wichtig wurden neue bundesweite Regelungen durch das Kinder- und Jugendhilfegesetz (KJHG) nach Sozialgesetzbuch VIII (1990/91ff.), dann fast zeitgleich der achte Jugendbericht (1990). Der Begriff „Sozialraum" kam auf, man beanspruchte für sich „sozialräumliche Orientierung" und begann die Entwicklung entsprechender Analysemethoden. Auf der Basis eines Papiers der Kommunale Gemeinschaftsstelle für Verwaltungsvereinfachung (KGSt) von 1975 machten sich ab Anfang der 90er Jahre immer mehr Städte und Gemeinden den Gedanken der Regionalisierung zu eigen: vom Zentrum in die Außenbezirke, von der Außenstelle zur regionalen Arbeitsgruppe.

Entscheidend dabei ist der „Rechtsgrundsatz der Einheitlichkeit der Lebensverhältnisse" (Dahme 1999, 93). Allgemein formuliert: Von einem umfassenden sozialen Dienst wurde seit den 70ern erwartet: Ganzheitlichkeit, Einheitlichkeit, Prävention und Einebnung des Stadt/Land-Gefälles der Lebenschancen über die Einzelfallhilfe und Einzelsymptomatik hinaus (Kreft u.a. 1988, 34). Ausgangspunkt war die Kritik an den Schwächen bzw. negativen Effekten des bisherigen Systems der sozialen Dienste in der Fläche (Kinder- und Familienhilfe, Sozialhilfe u.a.). Die Zersplitterung der Träger und ihrer Angebote (Thamm 1978, 45; Schwarz 1993, 131), ihres „Gewirrs" (Nüßle 1993, 139) kam ins Visier, die gar nicht erst die geforderte Ganzheitlichkeit der sozialen Dienste erlaubte. Insbesondere kritisiert wurde die „Versäulung" der Ämter in Städten und Gemeinden insgesamt nach Funktionen wie Wirtschaftsförderung, Umwelt, Wohnen, Bildung, Verkehr usw., entsprechend auch der sozialen Dienste (Hinte 1996, 27). Die Tendenz zu Spezialdiensten in den

80er Jahren zeigte nun erste Auswirkungen; so kommen Jung u.a. zu der Überzeugung, sie seien desintegrativ und kontraproduktiv, weil übergreifende Bezüge nicht mehr gesehen würden (Jung u.a. 1994, 129).

Das Jahr 1990 brachte dann den achten Jugendbericht, als „Meilenstein" des Perspektivenwechsels für die Jugendhilfeentwicklung bezeichnet (Prävention, Dezentralisierung/Regionalisierung, Alltagsorientierung, Integration – Normalisierung, Partizipation, Lebensweltorientierung) bzw. das neue Kinder- und Jugendhilfegesetz (KJHG), das nach zwanzigjährigem Ringen endlich verabschiedet werden konnte (Bürger 1995, 470). Damit zogen „Sozial- und Lebensweltorientierung, Prävention, Ganzheitlichkeit, Partizipation der Klienten usw." als neue Standards in die Amtsstuben ein (Damerius u.a. 1997, 18).

Die KGSt hatte 1975 erstmals eine „*DEKONZENTRATION*" des Allgemeinen Sozialdienstes in Aussicht gestellt, das heißt, der hierarchische Aufbau selbst sollte unverändert bleiben, die Dienste aber räumlich zugunsten von mehr Nähe zum Klienten ausgelagert werden. Unter „*Dezentralisation*" verstand man im Unterschied dazu, allseits selbstständige Einheiten – bis auf die Rechtsaufsicht – zu schaffen, um fachliche Erfordernisse in eine Organisationsform zu integrieren, die ein effektiveres und gezielteres Arbeiten erlaubte (KGSt 1975, 21); schon damals sah man allerdings die Gefahr der Vereinzelung, und damit der Isolation der ausgelagerten Dienste (KGSt 1975, 7; vgl. auch Hinte 1996, 31).

Was Reidegeld „integrierten Leistungsvollzug" nennt, das heißt, die Sozialverwaltung ist nun in Wohnvierteln direkt präsent (Reidegeld 1984, 407), entsprach der Tendenz, mehr als bisher zu delegieren, ohne das Überhandnehmen von Partialinteressen zu riskieren. Für Budäus verspricht eine „Dezentralisierung öffentlicher Aufgabenwahrnehmung" durch Public Management, Kosten besser erfassen und Ressourcen kontrollierter zuweisen zu können (Budäus 1998, 55-57). Mit Blick auf das bei den sozialen Diensten gültige Subsidiaritätsprinzip wird festgestellt, Dezentralisierung müsse dort haltmachen, wo die Trägerautonomie bzw. -pluralität in Frage gestellt werde (Marquard 1999, 191). Sie sei als „formale Strukturmaxime" notwendig, aber nicht hinreichend auf dem Weg zur Regionalisierung (Müller 1999, 342). Dezentralisierung bedinge stärkere Gesamtverantwortung der Träger zugunsten einer „Gesamtschau" der Vorgänge draußen – ansonsten drohe eine ungleichere Infrastruktur (Landeshauptstadt München 2000, 19).

Durchgesetzt hat sich schließlich in der Fachdiskussion der Begriff der „*Regionalisierung*": Sie macht die bisher zentralisierte Sozialverwaltung beweglicher und beseitigt das störende Nebeneinander von Dienststellen (Nüßle 1993, 139). Sie stellt nach Meinung von Autoren eine Korrektur einer Entwicklung dar, die einseitig auf Spezialisierung setzte, bringt also eine „Entspezialisierung" mit sich (Gebert u.a., 213; so auch Marquard 1999, 191). Dadurch wird Entscheidungskompetenz in den Orts- bzw. Stadtteil verlagert, verspricht man sich eine bessere Zusammenarbeit mit übergeordneten Stellen, mehr Anerkennung der Fachkräfte vor Ort und Nähe zu Nutzerbedürfnissen (Lindinger 1993, 145). Freilich kann Regionalisierung auch mit anderen Bedeutungen verbunden werden – z.B. als wohnortnahe Unterbringung von Heimkindern (Bürger 1995, 471) und ist insofern schon wieder als Begriff missverständlich. Die zu bildenden „Regionen" werden an Hand soziodemografischer Daten bzw. nach der Häufigkeitsverteilung von Sozialhilfefällen u.a. zugeschnitten. Regionalisierung ziele darauf, nicht mehr nur auf einzelne Problemlagen reagieren, sondern für die Bewohner insgesamt etwas tun zu können (Bolland u.a. 1998, 67). Ähnlich versteht sie auch Marquard als Synonym für die Arbeitsprinzipien der Ganzheitlichkeit, Lebensweltorientierung und Partizipation (Marquard 1999, 159). Diese Maßnahme erlaube es, auf Eigenheiten eines sozialräumlichen Bereichs einzugehen (Müller 1999, 342), die „Ein-bettung der Arbeit in die gleichsam gewachsenen, konkreten lokalen und regionalen Strukturen, wie sie gegeben sind in den Lebenswelt- und Alltagstraditionen und in den sozialen Versorgungsangeboten." (8. Jugendbericht 1990, S.86, zitiert nach Marquard 1999, 190). Das KJHG von 1990 verpflichtet zur Jugendhilfeplanung (Jung u.a. 1994, 126), entsprechend auch zur Erweiterung von Planungskapazitäten (ebd., 130). Bisher nebeneinander arbeitende Abteilungen des Jugend-, Gesundheits- oder Sozialamts sind dorthin nun ausgelagert und integriert.

Regionalisierung wird meist als Teil umfassender Modernisierung verstanden, zusammen mit Qualitätssicherung, Output-Orientierung und neuer Steuerung (Landeshauptstadt München 1999, 15) bzw. Organisationsentwicklung (Schwarz 1993, 129). In Stuttgart wollte man beispielsweise die Dienste nach innen wie außen neu organisieren, das heißt:

- fachdienstübergreifend
- als Kooperation mit lokalen Sozialeinrichtungen.
- in lockerer Form / als gegenseitige Information
- freiwillig-erwünscht oder gar Muss (Bolland u.a. 1998, 67).
- arbeitsteilig-abgestimmt

Zusammengefasst heißt das: Man kann den Stadtteil aus kommunalpolitischer Sicht betrachten – z.B. hinsichtlich seines Wählerpotentials oder in Bezug auf Verkehr und Gewerbeansiedlung, aus Sicht seiner Bewohner oder aber aus der der Fachkraft, die dort arbeitet. Man kann aktuelle Problemlagen lösen wollen, zusätzlich aber auch Prävention betreiben. Globale Ziele und Ansprüche der Regionalisierung sind:

- Lebensweltbezug,
- Ganzheitlichkeit,

– Prävention,
– Partizipation,
– Ressourcenmobilisierung.

Am Ende der Regionalisierung als Prozess kann lediglich eine regional aufgefächerte, weiterhin aber zentralistisch-hierarchisch gesteuerte Organisation stehen oder aber ein „aufeinander bezogenes Gesamtangebotsspektrum“ (Bürger 1995, 478). Mit Blick auf die öffentliche Hand ergeben sich folgende idealtypische Möglichkeiten:

1. der ASD bedient den Orts- bzw. Stadtteil vom Sitz des zentral gelegenen Amts aus,
2. der zentrale ASD hat dort eine Dezentrale,
3. der ASD im Orts- bzw. Stadtteil verfügt über eine regionale Arbeitsgruppe,
4. im Orts- bzw. Stadtteil sind alle Dienste in einer Stadtteilkonferenz locker verbunden, ein Stadtteilbüro(-manager) koordiniert alle vor Ort vorhandenen sozialen Dienste.

Chancen und Konsequenzen

Die dadurch bedingten Konsequenzen sind: Das Subsidiaritätsprinzip, das ein halbwegs geordnetes Nebeneinander der öffentlichen, kirchlichen und freien Träger, ja Klarheit und Koexistenz versprach, verliert als ordnendes Prinzip an Bedeutung. Statt Konkurrenz um Geld, Größe, Einfluss etc., als Träger-, Helfer- und Klientenkonkurrenz (vgl. Schwarz 1993, 131) oder zumindest Reibung soll es nun Kooperation bis hin zur „Vernetzung sozialer Angebotsstrukturen“ und zum „daraus folgenden Kooperieren untereinander“ geben (Dahme 1999, 92), als höhere Form von Kooperation (Mutschler 1998, 49). Die beteiligten Einrichtungen haben Angebotsprofile zu erstellen und fallübergreifend zu arbeiten (Müller 1999, 340). Ob aber diese lokalen Akteure gleiche Beurteilungsmaßstäbe und Sichtweisen haben, wird bezweifelt (Dahme 1999, 94). Die Neuorganisation kann auf Case-Management hinauslaufen (als ‘kleine’ Lösung, vgl. Mutschler 1998, 49), ebenso aber auch auf präventiv angelegte Stadtteil- oder Gemeinwesenarbeit. Man kommt zu fall- oder gar zielgruppenübergreifenden Ansätzen (Landeshauptstadt München 1999, 14), will methodenintegrierend wirken (Jung u.a. 1994, 129).

Als Vorteile der Regionalisierung werden genannt: Mehr Anerkennung der (Kosten verursachenden) Fachkräfte vor Ort (Lindinger 1993, 145), „ganzheitliche Sachbearbeitung“, „Zusammenführung von Hilfe und Entscheidung“, „Kooperation und Vernetzung“, „Effektivierung“ und „ständige konzeptionelle Weiterentwicklung“ (Damerius u.a. 1997, 18). Die Münchener Stadtverwaltung erhoffte sich davon „größere Bürgerinnen-Nähe und Durchschaubarkeit der Angebotspalette sozialer

Dienste und Projekte", „Vernetzung der vielfältigen Dienste vor Ort, um zielgruppenbezogene und zielgruppenübergreifende Kooperationen zu fördern" sowie „Verbesserung der sozialen Angebote durch partnerschaftliche Zusammenarbeit vor Ort und Verlagerung von Kompetenzen in die Region" (Landeshauptstadt München 1999, 14). – Die Risiken der Regionalisierung wurden, wie schon bei der Dezentralisierung, in Doppelstrukturen (Müller 1999, 347), in der Vereinzelung der an der Peripherie Tätigen (Hinte 1996, 30) gesehen. Klar musste jedem sein, dass dieser Schritt auch dazu zwang, in den Ämtern selbst das Verhältnis zu den weiterhin fortbestehenden Spezialdiensten neu zu bewerten.

Regionalisierung vs. Vernetzung im Sozialraum

Nicht nur der Begriff „Regionalisierung" ist schillernd. Denn: „Die bloße räumliche geographische Verlagerung von Diensten in den Stadtteil muss die althergebrachten Arbeitsvollzüge der Professionellen nicht verändern" (Kühn 1994, 130). In solchen Programmen wird auch die „Gefahr einer kostengünstigen Variante für ein Sparprogramm" (Marquard 1999, 190) gesehen. Weiterhin können ihr Verwaltungsstrukturen im Wege stehen, ebenso Verhaltensmuster bei Leitungen wie auch Sozialpädagogen als intermediäre Instanzen zwischen Lebenswelt und Bürokratie (Hinte 1996, 30).

Für den Bürger kann das – positiv – bedeuten, in eine Art „Sozialrathaus" seines Bezirks zu gehen, in dem alle bisher verstreuten bzw. im zentralen Verwaltungsgebäude befindlichen Fachdienste versammelt sind („soziale Knotenpunkte", vgl. Rauschenbach 2000, 388), in ein Stadtteilbüro, das ihm erste Orientierung gibt und dann weiterleitet als eine Art Clearing-Stelle (verwandt den Bürgerberatungsstellen der Kommunalverwaltungen) oder weiterhin vereinzelte Fachdienste nun in seiner räumlichen Nähe. Die beteiligten Dienste erarbeiten gegebenenfalls gemeinsam einen Hilfeplan für ihn oder einen Angehörigen, die Arbeitsgruppe selbst trifft sich zu Fallbesprechungen. Der „Stadtteilführer" – eine handliche Broschüre, die Adressen, Ansprechpartner und Öffnungszeiten enthält – macht ihm das wohnortnahe Angebot aller sozialen Dienste transparent, der ehrenamtlichen wie Fachdienste (Mutschler 1998, 50). Die koordinierten sozialen Dienste ihrerseits kooperieren mit Schulen und anderen kommunalen Einrichtungen im Orts- bzw. Stadtteil (Rauschenbach 2000, 388). Diese Zukunftsvision ist bereits im achten Jugendbericht angelegt, der vorsieht, die regionalisierten Dienste in einer Arbeitsgemeinschaft zusammenzuführen, in der Praxis dann „Arbeitsgruppe" genannt.

Man kann Regionalisierung auch in Zusammenhang mit langfristigen Trends zur Individualisierung und Ausgrenzung sehen. Soziale Netzwerke als Synonym für das „Beziehungsgeflecht" von Klienten umgeben schützend den Einzelnen oder die

Gruppe. Die primären Netzwerke (vor allem Familie, Nachbarn, Freunde – man kennt sich persönlich und seit langem) zerfallen aber zunehmend. Umso wichtiger werden jetzt sekundäre, in die hinein man sozialisiert wird (Orte der Bildung, Arbeit, Freizeit, also die Produktions- und Reproduktionssphäre) und tertiäre soziale Netzwerke (zwischen beiden erstgenannten angesiedelt: Selbsthilfgruppen, professionelle Dienstleistungen). Soziale Netzwerke können qualitativ, also hinsichtlich ihrer Tragfähigkeit, Verläßlichkeit und Belastbarkeit, sehr verschieden sein, je nachdem, wie häufig und intensiv sie genutzt werden, aber auch wie groß und 'dicht' sie sind. Sie schützen, bewältigen, entlasten, unterstützen, üben aber auch durch Verhaltenserwartungen soziale Kontrolle aus. Manche Netzwerke reproduzieren sich schichtenhomogen, was auf eine Ausgrenzung ganzer Bevölkerungsgruppen hinausläuft (Galuske 1998, 281-283; vgl. auch Schenk 1984, 4).

Hilfeagenturen, Nachbarschaftsvereine u.ä. kümmern sich, neben den Kirchen, um die Lücken traditioneller Netzwerke zu kompensieren. Zumindest in Großstädten stiften soziokulturelle Zentren zentrale generations- und gruppenübergreifend Kommunikation. Zu vergessen sind auch nicht die Bürgerhäuser etwa in Hessen, die Gemeinschaftszentren oder die alte Tradition der Nachbarschaftsheime (vgl. Oelschlägel 1991). Stadtteilcafés knüpfen wieder daran an, um Infrastrukturmängel auszugleichen oder überhaupt wieder Treffpunkte im Stadtteil zu schaffen, wo es keine gewachsene Kneipenkultur und Begegnung jenseits des Vereinslebens und der Kirchen gibt. Die negativen Auswirkungen der Gemeindegebietsreform – Verlust an lokaler Identität, aufwendige Behördengänge – sollen durch Bürgerbüros, Bürgerämter und Nachbarschaftsläden wieder ausgeglichen werden. Auf diese Weise sollen „kleine Netze" wiederbelebt oder neu geschaffen und Servicelücken ausgeglichen werden.

Die Wiederbelebung sozialer Netzwerke jenseits traditioneller von Familie, Nachbarschaft, Verein und Glaubensgemeinschaft – ja auch Selbsthilfegruppe mit eher punktuellem Ansatz – ist das ausgewiesene Betätigungsfeld für Ehrenamtler bzw. überhaupt von bürgerschaftlichem Engagement. Die Kommunen fördern dies hier und da, indem sie dort in Vorleistung treten, wo angestammte Hilfeagenturen überfordert wären. Die elementaren Lebensrisiken können durch solche überschaubaren Netze kanalisiert werden, nicht aber aufgefangen; hier ist Fachlichkeit gefordert. Arbeitsplatzverlust, Krankheit, Abhängigkeit, Vereinsamung sind teils extern verursacht, teils von solcher Tragweite, dass jede Art ehrenamtlicher Hilfe überfordert, ja auch nur als Versprechen leichtsinnig wäre. Bekanntlich sind diese Risiken und die gesetzlichen Regelungen, die die Soziale Arbeit exekutiert, nicht deckungsgleich. Je näher sie vor Ort arbeitet, desto eher kann sie als Frühwarnsystem fungieren, vorausgesetzt, die „kleinen Netze" – wenn schon nicht die Betroffenen selbst – tragen Problemlagen früh genug an sie heran.

Damit verändert sich die Verortung der Berufsrolle von Sozialarbeitern/-pädagogen: Er/sie handeln nicht mehr allein im Auftrag einer Verwaltung oder eines Trägers, leisten Beratung oder verschaffen dem Gesetz Geltung, sondern werden intermediärer Faktor, das heißt, Bindeglied zwischen Sozialbürokratie und Bevölkerung, als „Drehscheibe“ im Sozialraum (Pusch-Runge u.a. 2000).

Was hat die Regionalisierung gebracht?

Wie die zahlreichen Berichte zeigen, hat das Gutachten der KGSt von 1975 bundesweit Schule gemacht und in zahlreichen Städten und Gemeinde eine Neuordnung der sozialen Dienste im Sinne der Regionalisierung nach sich gezogen. Ihre Verlagerung in die Fläche, aus dem Rathaus bzw. dem zentralen Verwaltungsgebäude in die Außenbezirke oder Ortsteile hat sie vermutlich insgesamt bürgernäher gemacht, rein räumlich gesehen. Keineswegs überall war damit aber eine Aufhebung des überkommenen hierarchischen Aufbaus der Sozialbürokratie wie auch überkommener Routinen und Konventionen verbunden. Zum andern ist durchgängig zu beobachten, dass die ausgelagerten Dienste selbstständiger arbeiten können als einst unter dem gemeinsamen Dach im Zentrum, das weiterhin die Spezialdienste beherbergt. Es haben sich neue, teamartige Formen der Zusammenarbeit in ihnen entwickeln können. Intermediäre Arbeit wird zu einem neuen Qualifikationsprofil, die in GWA-Ansätzen geforderte Parteilichkeit zugunsten der „Betroffenen“ scheint obsolet. Den skizzierten letzten Schritt hin zur Koordination aller Dienste einschließlich freier und kirchlicher Träger in den einzelnen Orts- und Stadtteilen im Sinne des Netzwerkgedankens – als Vorbedingung voller Transparenz für den anspruchberechtigten, rat- und hilfesuchenden Bürger – hat man nach den bekanntgewordenen Beispielen nur selten getan. Somit ist die oft beklagte Unüberschaubarkeit, ja das Neben- und Gegeneinander der verschiedenen Träger – siehe Mehrfachbetreuung – nicht behoben. Ungeklärt bleibt auch, wie die geforderte Öffnung lokaler Ressourcen via bürgerschaftlichem Engagement in die neuen Strukturen eingebunden werden kann.

Ein Beispiel

1988 wurde in Oberhausen eine amtsübergreifende Projektgruppe gebildet, um mehr Lebensweltnähe der sozialen Dienste zu erreichen. Die Organisationsentwicklung, in Anlehnung an die Standards des achten Jugendberichts und des KJHG („Sozial- und Lebensweltorientierung, Prävention, Ganzheitlichkeit, Partizipation der Klienten usw.") – mit den bereits genannten Zielen (vgl. Damerius u.a. 1997, 18) – sollte in einem Prozess der Neuorganisation von unten vollzogen werden, indem möglichst viele Beschäftigte beteiligt werden sollten. Es gab Widerstand dagegen, weil Abteilungs- bzw. Amtsleiter sie für verengt, utopisch oder unpraktikabel hielten. Auch sahen sie sich dazu nicht in der Lage, weil sie bislang nur mit Fällen, Akten und Vorgesetzten/Untergebenen beschäftigt waren – ohne Blick auf den Gesamtzusammenhang. Die betroffenen Sozialarbeiter selbst waren skeptisch, eingeigelt nach Jahren der Frustration und Anpassung (Damerius u.a. 1997, 18f.).

Die Umsetzung der Regionalisierung in Oberhausen vollzog sich folgendermaßen: Es wurden verschiedene Abteilungen in sechs Stadtteilzentren zusammengeführt. Maßgebend bei der Regionalisierung waren sozialdemographische Studien zu den Bezirken der Stadt. Es wurden „eng kooperierende Arbeitsgruppen" aus Angehörigen der beiden Ämter (Jugend- und Sozialverwaltung) gebildet, Typ A: Lebensphase junge Menschen, Typ B: Alleinstehende, Ältere und Erwachsene. Es gab keine Aufgabenteilung nach Buchstaben mehr, in einer Person wurden Innen- und Außendienst vereint, zeichnungsberechtigt bis 3.000 DM im Einzelfall (ebd., 20). Zunächst konnte jede Fachkraft eigenverantwortlich entscheiden, dann wurde jeweils eine Fallkonferenz der Arbeitsgruppe (Beratung, Kontrolle) beigezogen. Dieser ganzheitlicher Arbeitsansatz – die Zusammenführung von Hilfe und Entscheidung – wird von Hinte „unspezifisch offen" genannt (Hinte 1997, 11). Die einzelne Familie wurde als Ganzes gesehen, man orientierte sich nicht am einzelnen Fall oder gar seinem Teilaspekt. Mit dem Familiennamen oder Problem wechselte nicht mehr Zuständigkeit, außerdem war die Fachkraft im sozialen und räumlichen Umfeld bekannt; das erlaubte Einsicht in die jeweilige Lebenslage und machte gezielte Maßnahmen möglich. Die Fallverantwortlichkeit lag also dauerhaft bei einer Person, es gab keine Mehrfachbetreuung mehr. Emphatisch heißt es dazu:

„Alle im Stadtteil tätigen Professionellen und Ehrenamtlichen sollen, wo immer möglich, in Informationsaustausch und Arbeitsabsprachen einbezogen werden, um so Nichtbetreuung und Mehrfachbetreuung zu vermeiden, die im Stadtteil tätigen Institutionen Sozialer Arbeit komplementär zu entwickeln und synergetische Effekte zu erzielen. Dies dient vor allem auch dem Aufbau und der Stützung von Selbsthilfepotentialen der Menschen im Stadtteil, deren Beteiligung an Planungen verbessert werden kann. Zudem geht es darum, Kooperation und Koordination mit den ortsansässigen Verbänden, Vereinen und Institutionen auch außerhalb der Fachinstitutionen zu verbessern. Den genannten Zielen dient als wichtiges Instrument die Stadtteilkonferenz."

Die Fachkräfte der Zentrale, verteilt auf sechs Fachbereiche, unterstützen nun ihre Kollegen in den Stadtteilen und deren Arbeitsgruppen und sichern die Kommunikation zwischen den Stadtteilzentren, ohne ihnen übergeordnet zu sein. Dabei werden frühere Modellversuche, Struktur und Besetzung der Stellen berücksichtigt (sonst vier statt sechs Fachbereiche möglich). Über allem schwebt die „Leitungskonferenz", der die Fachbereiche in Abstimmung mit den Regionen zuarbeiten. Zusätzliche Amtsleitungen der „regionalen Kombiämter" hat man vermieden (Damerius u.a. 1997, 21). Wenn mehrere sozialpädagogische Fachkräfte beteiligt sind, ist die regionale Arbeitsgruppe federführend, bei Konflikten entscheidet der regionale Koordinator (der auch die Dienst- und Fachaufsicht hat). Eine Leitungskonferenz aus Bereichsleitung und den Chefs der Fachbereiche bestimmt Geschäftsverteilung und Organisation der regionalen Arbeit. Es wirken dabei je zwei Regionalkoordinatoren und Jugendhilfe- und Sozialplaner mit. Bei Haushaltsplanberatung und Grundsatzentscheidungen der Jugend- und Sozialverwaltung wird die zuständige Dezernentin gehört. Auf weitere Sicht ist geplant, von der Kameralistik zur dezentralen Ressourcenverwaltung überzugehen (ebd., 22). Bei der Umsetzung der Vorhaben waren Bereitschaft zu Kooperation und Innovation bei den Mitarbeitern entscheidend, die naturgemäß nicht zu verordnen oder quantifizieren war (ebd., 24).

Literatur

Bolland, Michaela / Hermann Josef Ihle: Dezentral und koordiniert. Jugendamt und freie Träger auf einem gemeinsamen Weg. Das Stuttgarter Modell regionaler Steuerung. In: Blätter der Wohlfahrtspflege Nr.3–4, 1998, S.65–68

Budäus, Dietrich: Public Management. Konzepte und Verfahren zur Modernisierung öffentlicher Verwaltungen. Berlin 1998, Ed. Sigma. 4.Auflage

Bürger, Ulrich: Strukturwandel und Entwicklungslinien der Heimerziehung im Zeichen von Regionalisierung und Lebensweltorientierung. In: unsere jugend Nr.11, 1995, S.469–479

Dahme, Heinz-Jürgen: Kooperative Steuerung sozialer Versorgungssysteme – neue Vernetzungsstrategien. In: Theorie und Praxis der sozialen Arbeit Nr.3, 1999, S.89–94

Damerius, Ruth / Wolfgang Hinte: Regionalisierung des Sozial- und Jugendamtes. Das „Oberhausener Modell". In: Theorie und Praxis der sozialen Arbeit Nr.1, 1997, S.18–25

Deutscher Bundestag: Bericht über Bestrebungen und Leistungen der Jugendhilfe. 8. Jugendbericht. Mit Stellungnahme der Bundesregierung. Bonn 1990 (Drucksache Deutscher Bundestag 11/6576)

Galuske, Michael: Methoden der sozialen Arbeit. Eine Einführung. Weinheim 1998, Juventa, S.279–288

Gebert, Ursula / Peter Marquard / Bernhard Rohde: Der Sozialraum hat Vorrang vor dem Sozialfall. Hilfen für junge Menschen und ihre Familien brauchen ganzheitliche Sichtweisen. Beispiel: Regionalisierung und Neuordnung sozialer Dienste in Schwerin. In: Blätter der Wohlfahrtspflege Nr.10, 1997, S.213–215

Hinte, Wolfgang: Soziale Kommunalpolitik: Soziale Räume gestalten statt Elend verwalten. In: Theorie und Praxis der sozialen Arbeit Nr. 3, 1996, S.27–33

Hinte, Wolfgang: Beteiligung und Vernetzung – ein kritischer Blick auf aktuelle Modebegriffe. In: Theorie und Praxis der sozialen Arbeit Nr. 12, 1997, S.8–15

Jung, Raimund / Christine Strunk: Sozialplanung als innovativer Ansatz? In: Groddeck, Norbert / Michael Schumann (Hg.): Modernisierung sozialer Arbeit durch Methodenentwicklung und -reflexion (Lambertus). Freiburg/Br. 1994, S.125–146

Kommunale Gemeinschaftsstelle für Verwaltungsvereinfachung (KGSt): Organisation des Jugendamtes: Allgemeiner Sozialdienst. In: Bericht Nr. 6, 1975

Kreft, Dieter / Ingrid, Mielenz (Hg.): Wörterbuch Soziale Arbeit. Aufgaben, Praxisfelder, Begriffe und Methoden der Sozialarbeit und Sozialpädagogik, Weinheim, Basel 1988, Beltz. 3. Auflage, S. 34–38 („Allgemeiner Sozialdienst“)

Kühn, Dietrich: Jugendamt – Sozialamt – Gesundheitsamt. Entwicklungslinien der Sozialverwaltung im 20. Jahrhundert. Neuwied 1994, Luchterhand

Landeshauptstadt München, Sozialreferat (Hg.): REGSAM setzt Impulse. Zusammen gestalten wir die soziale Landschaft in München. Fachtag am 21. Januar 1999 – Dokumentation. Beiträge zur Sozialplanung Nr. 148. München 1999

Landeshauptstadt München, Sozialreferat (Hg.): Neues kommunales Steuerungsmodell und die freie Wohlfahrtspflege. Dokumentation einer Tagung des Sozialreferates mit dem Verein für Sozialplanung e.V. (VSOP) am 8. und 9. Juli 1999 in München. Beiträge zur Sozialplanung Nr.151. München 2000

Lindinger, Franz: Regionalisierung und Dezentralisierung aus der Sicht des Stadtteils. In: Schwarz, Gotthart (Hg.): Profil und Professionalität. Praxis der Sozialarbeit im Umbruch. München 1993, Fachhochschulschriften Sandmann, S.145–149

Marquard, Peter: Plädoyer für eine sozialräumliche Regionalisierung. Politik lässt sich nicht auf Expertentum reduzieren. Ansätze für eine gemeinwesenbezogene Restrukturierung sozialer Dienste. In: Nachrichtendienst des Deutschen Vereins für öffentliche und private Fürsorge Nr. 5 u. 6, 1999, S. 157–195

Müller, Franz-Werner: Lebensweltorientierte Jugendhilfe braucht Kooperation. Neue Chancen der Zusammenarbeit zwischen Allgemeinen Sozialen Diensten der Jugendämter und Erziehungsberatungsstellen. In: Jugendwohl Nr. 8, 1999, S. 339–347

Mutschler, Roland: Kooperation ist eine Aufgabe Sozialer Arbeit. Zusammenarbeit, Vernetzung, regionale Arbeitsgruppen. In: Blätter der Wohlfahrtspflege Nr. 3–4, 1998, S. 49–52

Nüßle, Werner: Regionalisierung aktiv mitgestalten. In: Schwarz, Gotthart (Hg.): Profil und Professionalität. Praxis der Sozialarbeit im Umbruch. München 1993, Fachhochschulschriften Sandmann, S. 139–141

Oelschlägel, Dieter: Vernetzung und Ressourcenbündelung im Gemeinwesen. In: Theorie und Praxis der sozialen Arbeit Nr.1, 2000, S. 16–20

Oelschlägel, Dieter: Verbandsgeschichte – Zeitgeschichte. 90 Jahre Nachbarschaftsheime – 40 Jahre Verband für sozial-kulturelle Arbeit. In: Verband für sozial-kulturelle Arbeit e.V. (Hg.): Sozial-kulturelle Arbeit. Bestandsaufnahme der Arbeit in den Nachbarschaftsheimen, Bürgerzentren und Gemeinwesenprojekten. Köln 1991, S. 6–20

Pusch-Runge, Jutta-Florence / Jürgen Termath: Der Kommunale Sozialdienst als „Drehscheibe“ im Sozialraum – Vielfältigkeit oder Orientierungslosigkeit? Ein Diskussionsbeitrag. In: Nachrichtendienst des Deutschen Vereins für öffentliche und private Fürsorge Nr. 12, 2000, S. 427–428

Rauschenbach, Thomas: Kitas auf dem Weg zu sozialen Dienstleistungszentren für Kinder und ihre Familien im Sozialraum. 4 Thesen. In: Theorie und Praxis der Sozialen Arbeit Nr. 10, 2000, S. 385–388

Reidegeld, Eckart: Sozialverwaltung. In: Voigt, R. (Hg.): Handwörterbuch zur Kommunalpolitik. Opladen 1984, S. 406–409

Schenk, Michael: Soziale Netzwerke und Kommunikation. Tübingen 1984, J.C.B.Mohr

Schwarz, Gotthart (Hg.): Profil und Professionalität. Praxis der Sozialarbeit im Umbruch. München 1993, Fachhochschulschriften Sandmann

Hartmut Häußermann

„Problembehaftete" Gebiete

Mit dem Landesprogramm *Stadtteile mit besonderem Erneuerungsbedarf* in Nordrhein-Westfalen und dem Bund-Länder-Programm *Soziale Stadt – Stadtteile mit besonderem Entwicklungsbedarf* richtet sich die stadtpolitische Aufmerksamkeit auf Quartiere, die als „problematisch" gelten. Hamburg hatte mit einem „Armutsbekämpfungsprogramm" bereits Mitte der 90er Jahre, Bremen mit „Wohnen in Nachbarschaft" und Berlin mit dem „Quartiersmanagement" Ende der 90er Jahre ähnliche Programme gestartet. Diese Programme zeichnen sich dadurch aus, dass sie neben den traditionellen Klientelbezug der Fachverwaltungen einen gebietsbezogenen Ansatz stellen und dass sie den städtebaulichen Ansatz der Stadterneuerungspolitik um die Dimension der sozialen Probleme erweitern. Diese Programme setzen sich also gleichsam zwischen die Stühle, und genau darin liegt ihr innovativer Kern.

Unter den 300 Gebieten, die im Jahr 2003 im Bund-Länder-Programm ‚Soziale Stadt' gefördert wurden, waren die Mehrheit solche Quartiere, die nach dem Zweiten Weltkrieg errichtet worden sind. Es sind also überwiegend solche Quartiere, die mit erheblichem Finanzaufwand nach den Prinzipien des ‚modernen' Städtebaus in der Wachstumsperiode im westlichen Teil Deutschlands bzw. in der Phase des forcierten Wohnungsbaus seit den 1970er Jahre in der DDR gebaut worden sind (Plattenbauten). Bei etwa einem Drittel handelt es sich um Altbaugebiete, der Rest sind Quartiere mit einer Bausubstanz aus verschiedenen Perioden.

Was haben die Quartiere gemeinsam? Gemeinsam haben sie zunächst, dass sie von den zuständigen Stadtverwaltungen als „Problemviertel" gesehen werden und dass die Stadtplaner einen Eingriff in diese Quartiere für notwendig halten – denn obwohl das Programm „Soziale Stadt" heißt, der Begriff „Bauen" also darin nicht vorkommt, sind es fast durchweg die Stadtplanungsämter, die die Quartiere ausgewählt, die Programme entworfen haben und die Durchführung organisieren. Das ist deshalb so, weil das Programm auf Bundesebene zur „Städtebauförderung" gehört, obwohl es ressortübergreifend angelegt sein soll. Kein Wunder, dass bei der Aufzählung der „Probleme", mit denen eine Aufnahme in die Förderung gerechtfertigt wird, bauliche Merkmale überwiegen und Hinweise auf soziale Probleme in der Regel nur zusätzlich genannt werden.

Darin manifestiert sich ein grundsätzliches Problem dieses neuen Politik-Programms: Zwar nimmt es explizit Abschied von einer baulichen Problemdefinition, wie es für die übrigen Programme im Rahmen der Städtebauförderung charakteristisch war, aber eine präzise Definition dafür, was ein „Problemgebiet" ist, liegt dem Programm nicht zugrunde. Auch schreibt es nicht, wie bei der klassischen Stadterneuerung, den Gemeinden vorbereitende Untersuchungen für die Aufnahme in die Förderung vor. Um welche Problemlagen es sich im Einzelnen handelt, warum in den Quartieren etwas verändert werden soll, ist daher in vielen Fällen nicht besonders klar. Und dies hat Folgen für die geplanten Maßnahmen, die in einem „integrierten Handlungskonzept" dargestellt werden sollen: Wo keine präzise Problemanalyse vorgenommen wurde, können auch keine klaren Ziele benannt werden, und die Maßnahmen können eben auch nicht entsprechend zugeschnitten werden. Wenn klare Ziele fehlen, ist es auch schwierig, Wirkungen festzustellen, das heißt, es ist dann auch kaum möglich, einen Erfolg festzustellen und Quartiere eventuell wieder aus der besonderen Förderung zu nehmen.

Die Städte und Gemeinden dürften bei der Benennung von Quartieren, die einen „besonderen Entwicklungsbedarf" haben, aber auch keine besonderen Schwierigkeiten gehabt haben, weil es in jeder Stadt Gebiete gibt, die schon immer als „problematisch" galten, die also schon immer einen gewissen Ruf – bis hin zur Stigmatisierung – hatten. Ob sich die dort sicherlich vorhandene Konzentration von Haushalten mit vielen sozialen Problemen erst in jüngerer Zeit unter dem Eindruck des postfordistischen ökonomischen Strukturwandels gebildet hat, wie es die Begründung des Programms annimmt, oder ob es sich um jene „Schmuddelecken" handelt, in die der Wohnungsmarkt und die Sozialverwaltung seit langer Zeit die sozial diskriminierten und ökonomisch depravierten Mieterhaushalte abschiebt, das ist angesichts der Praxis der Antragsbegründungen nicht zu entscheiden.

Für eine Definition von Gebieten, die Gegenstand einer quartiersbezogenen Politik werden sollen, wäre eine möglichst präzise Definition der Entstehungsursachen von Problemlagen wichtig, eine verlässliche und kontrollierbare Problemdiagnose sowie eine Vorstellung davon, worin die als negativ bewerteten Effekte der betroffenen Quartiere bestehen.

Diagnose

Die Parallelität von baulichem Verfall und sozialem Elend, die für großstädtische Armut seit der Industrialisierung bis in die 60er Jahre des 20. Jahrhunderts offensichtlich war, ist heute nur noch in Ausnahmen zu beobachten. Die Armut ist weiter verbreitet, sie wohnt heute auch in solchen Gebäuden, die entweder baulich saniert oder als „Sozialwohnungen" überhaupt erst in jüngerer Zeit errichtet worden sind. Das Hauptproblem der Armut besteht bisher auch nicht im Rückzug des Sozialstaates – häufig ist gerade die Anwesenheit einer Vielzahl von Projekten mit sozialpolitischen Zielen der deutlichste Hinweis auf die Problemlage in einem Quartier –, vielmehr liegt die Beunruhigung in einer sozialen Ausgrenzung, die zu einer dauerhaften Bedrohung der sozialen Integration geworden ist.

Ausgrenzung ist ein mehrdimensionaler Prozess, für den es keinen definierbaren Endpunkt gibt. Er beginnt in der Regel mit der Marginalisierung auf dem Arbeitsmarkt, setzt sich in sozialen und kulturellen Ausschluss um und wird durch räumliche Isolation verstärkt. Die Ursachen dafür sind die anhaltende Krise auf dem Arbeitsmarkt, die Erosion verlässlicher sozialer Netze und der Rückzug von Staat und Gemeinden aus dem System einer sozial ausgleichenden Wohnungsversorgung. Der Verlust der angestammten Wohnung ist häufig der Beginn eines Ausgrenzungsprozesses, in dem buchstäblich der „soziale Halt" verloren geht. Durch die stärker werdende soziale Differenzierung und die Vermehrung der Zahl der Haushalte, die nicht aus eigener Kraft ihre Wohnbedingungen gestalten können, bilden sich einerseits durch die Filter-Prozesse auf dem privaten Wohnungsmarkt, andererseits durch die Zuweisungsprozesse der Wohnungsämter, die nur auf ein kleiner werdendes Reservoir von Belegwohnungen zurückgreifen können, Quartiere, in denen sich die Haushalte konzentrieren, die mit einer Vielzahl von sozialen Problemen beladen sind.

Mit anhaltender Dauer dieser verstärkten sozialen Segregation bilden sich sozialräumliche Milieus, die selbst weitere Benachteiligungen und Probleme mit sich bringen – aus benachteiligten Quartieren werden benachteiligende Quartiere, die Ausgrenzungsprozesse hervorrufen oder verstärken. Diese Diagnose ergibt sich aufgrund von Quartierseffekten, auf die die Stadtforschung wieder aufmerksamer geworden ist, seit in den 80er Jahren für amerikanische Großstädte die Herausbildung einer „new urban underclass" (Wilson 1987) beschrieben worden ist. Zwar gibt es in deutschen Städten bisher keine Parallele zu den Ghettos der Schwarzen, bei denen sich die Härte der Ausgrenzung aus rassistischer Diskriminierung, fehlenden sozialstaatliche Sicherungen und strikt marktförmigem Wohnungssystem ergibt, aber ähnliche Auswirkungen der sozialräumlichen Ausgrenzung sind auch in unseren Städten zu beobachten bzw. zu befürchten. In dieser Diagnose besteht die Differenz einerseits zur baulich orientierten Stadterneuerung, andererseits zu den klientelbezogenen Ansätzen der Sozialpolitik.

Ambivalenz der Segregation

Vor einer schematischen Qualifizierung von Quartieren, die nach statistischen Indikatoren eine hohe Problemkonzentration aufweisen, ist allerdings zu warnen. Wie bereits in der Diskussion über die „Sanierungsgebiete" in den 60er und 70er Jahren des 20. Jahrhunderts deutlich wurde (vgl. Häußermann/Holm/Zunzer 2002), kann ein Milieu höchst unterschiedlich bewertet werden. Während die sozialtechnologische Definition von 'einseitigen' Sozialstrukturen den heruntergekommenen Altbauquartieren und ihren Bewohnern pauschal einen baulichen Modernisierungsbedarf attestierte, berief sich der wissenschaftliche und politische Widerstand gegen die „Kahlschlagsanierung" darauf, dass diese Quartiere ein bewahrenswertes Milieu beherbergten. Dies beruhe auf langer Wohndauer, informellen Hilfesystemen und dichter Kommunikation in den Sanierungsgebieten. „Zurückgebliebene" Quartiere wurden also einerseits als Schutzräume für Arme und Alte betrachtet, andererseits als Orte, die die gesellschaftliche Benachteiligung befestigten. Von Oppositionsgruppen und Bürgerinitiativen wurde damals argumentiert, die Situation in den Altbauquartieren stelle kein benachteiligendes, sondern – im Gegenteil – ein emanzipatorisches Milieu dar, weil auf der Basis von sozialer Homogenität und lokaler Kommunikation sich eine widerständige Kultur entwickeln könne, die durch Eingriffe von außen (bewusst) zerstört würde.

Segregation „an sich" kann nicht als positiv oder negativ bewertet werden (vgl. Häußermann/Siebel 2001). Einerseits sind die Wirkungen der Bildung homogener Wohnquartiere immer ambivalent, andererseits hängt die Einschätzung eines sozialräumlichen Milieus von der gesellschaftlichen Bewertung ab: Handelt es sich um ein erwünschtes, akzeptiertes Milieu oder um ein unerwünschtes, fremdes, diskriminiertes? Dies wird sofort deutlich, wenn man die Bewertung von homogenen Mittelschichtsquartieren am Stadtrand vergleicht mit der Kritik an den „ethnischen Kolonien" oder den Unterschichtquartieren, die in der Regel als „problematisch" angesehen werden. Ein zentraler Unterschied zwischen stark segregierten Quartieren besteht darin, ob sie aufgrund freiwilliger Wohnstandortwahl entstanden sind oder ob es sich um unfreiwillige, erzwungene Segregation handelt. Dieser Unterschied ist hoch bedeutsam für die Folgen, die der Segregation zugeschrieben werden bzw. tatsächlich von ihr ausgehen.

Die Bewertung der Segregation divergiert außerdem je nach dem Standpunkt des Beobachters: Quartiere, die von außen als „problematisch" eingestuft werden, werden von ihren Bewohnern häufig durchaus akzeptiert und erfahren als ein Ort der Zugehörigkeit Wertschätzung, mit dem sie sich durchaus identifizieren.

Der Stadtteil kann als „Ressource der Lebensbewältigung" (Herlyn u.a. 1991) dienen, kann aber auch als Beschränkung der Lebenschancen fungieren (vgl. Kapphan 2002). Boettner (2002, 105 f.) hat in einer Fallstudie zu Duisburg-Marxloh gezeigt, dass dies Ambivalenz in widersprüchlichen 'Deutungsrahmen' zum Ausdruck kommt, die er als divergierende „Problemmuster" bezeichnet. Während nach dem einen Problemmuster gleichsam sozialpflegerisch das homogene Milieu „optimiert" werden soll, legt das konträre Muster ein „Gegensteuern" nahe, also den Versuch, die Konzentration von problembeladenen Haushalten aufzulösen – entweder durch die Verringerung der Problemlagen solcher Haushalte oder durch ein Konzept der 'sozialen Mischung', sprich: Aufwertung des Quartiers als Wohngebiet.

Für die Bewertung stadtpolitischer Interventionsstrategien ist dies von großer Bedeutung. An dieser Stelle kann die ambivalente Bewertung von Quartieren mit einer homogenen Bewohnerschaft, die in mehreren Dimensionen sozial depraviert ist, allerdings nicht weiter verfolgt werden (vgl. dazu einige Beiträge in Walther 2002). Wir konzentrieren uns im Folgenden auf die Darstellung von Hypothesen und empirischen Ergebnissen, die begründen sollen, dass benachteiligte Quartiere tatsächlich benachteiligende Effekte haben.

Quartierseffekte

Anlass für die Diskussion über „Problemgebiete" ist die Vermutung, dass *sich die Konzentration von Benachteiligten zusätzlich benachteiligend für die Benachteiligten auswirke*, dass *aus benachteiligten Quartieren benachteiligende* werden oder dass „*arme Nachbarschaften ihre Bewohner ärmer machen*" (vgl. Friedrichs 1998). Die Tatsache, so die These, dass man in einer bestimmten Gegend wohnt, wird selbst ein Faktor der Benachteiligung. Soziale Ungleichheit wird damit nicht nur verfestigt, sondern verschärft.

Effekte eines Quartiers können sich auf verschiedene Weise ergeben, sie können in drei Dimensionen gruppiert werden:

a) Durch die vorherrschenden Überzeugungen und das dominante Verhalten der Bewohner entsteht eine lokale „Kultur" bzw. ein Milieu, dem sich auch diejenigen nicht entziehen können, die ihm bisher nicht angehörten. Das Leben in einem Quartier prägt Verhaltens- und Denkweisen ihrer Bewohner, die im Falle einer abweichenden oder Subkultur die Mitglieder immer weiter von den anerkannten Normen und Verhaltensweisen der Gesellschaft entfernen. Das Quartier ist ein Ort sozialen Lernens. Die Bewohner können dadurch Nachteile erleiden, dass sie beispielsweise Chancen auf dem Arbeitsmarkt auch dann nicht mehr haben bzw. ergreifen können, wenn diese objektiv (wieder) vorhanden sind.
b) Benachteiligte Quartiere zeichnen sich durch Eigenschaften aus, die entweder die Lebensführung beschwerlich machen und/oder die Handlungsmöglichkeiten ihrer Bewohner objektiv einschränken. Dabei handelt es sich um physisch-materielle Merkmale eines Quartiers (Qualität als Wohnort, Erreichbarkeit) sowie seine institutionelle Ausstattung (Dienstleistungen und soziale Infrastruktur).

c) Eine dritte Dimension stellt das negative Image eines Quartiers dar, das aufgrund eigener Erfahrungen oder aufgrund von Vorurteilen dem Quartier aufgedrückt wird und das dann sowohl nach innen (gegenüber seinen Bewohnern) als auch nach außen (als Stigmatisierung der Bewohner) Effekte entfaltet, die die Handlungsmöglichkeiten der Bewohner weiter einschränken.

Wir haben es also mit drei Bündeln von Effekten zu tun: soziales Milieu (normatives Regelsystem), materielle Ausstattung und Image (symbolische Repräsentation). Deren Wirkungen sollen im Folgenden skizziert werden.
Benachteiligte oder depravierte Milieus bilden sich in den verschiedensten baulichen Kulissen: Die innenstadtnahen, unsanierten Altbaugebiete gehören ebenso dazu wie sanierte Quartiere in der Innenstadt, junge Wohnkomplexe des sozialen Wohnungsbaus ebenso wie bereits ältere Großsiedlungen am Stadtrand, insbesondere in den ostdeutschen Städten. Wenn von benachteiligten Quartieren die Rede ist, kann dies – wie gesagt – nicht gleichgesetzt werden mit einer bestimmten physisch-baulichen Struktur, daher ist im Folgenden auch vorwiegend vom sozialen Substrat zu sprechen. Die Funktionszusammenhänge, das heißt, die benachteiligenden Effekte eines Quartiers werden folgend hinsichtlich der drei Dimensionen hypothetisch formuliert.

Das soziale Milieu

Die benachteiligenden Effekte eines Milieus, das aus Benachteiligten gebildet wird, ergeben sich aus den Sozialisationseffekten und den Beschränkungen sozialer Interaktion, das heißt, aus der Einschränkung der sozialen Erfahrung und aus dem restriktiven Charakter von Austauschprozessen.

a) In einer Nachbarschaft, in der vor allem Modernisierungsverlierer, sozial Auffällige und sozial Diskriminierte wohnen, vor allem bestimmte (abweichende) Normen und Verhaltensweisen repräsentiert sind, andere hingegen nicht oder immer weniger, wird ein internes Feedback erzeugt, das zu einer Dominanz abweichender Normen führt, und von dieser geht nun ein Anpassungsdruck aus. Sowohl durch sozialen Druck als auch durch Imitationslernen werden diese Normen im Quartier verbreitet, und eine Kultur abweichenden Verhaltens wird zur dominanten Kultur. Dieses Verhalten ist funktional innerhalb einer Umgebung, die als ganze in vielen Dimensionen von der „Normalgesellschaft" ausgegrenzt ist, es wird aber dysfunktional und bildet einen Nachteil, wenn Einzelne den Anschluss wieder finden wollen. Insbesondere Kinder und Jugendliche haben gar nicht mehr die Möglichkeit, Erfahrungen mit einem „normalen" Leben zu machen und werden so gegenüber der „Außenwelt" sozial isoliert. Die Erfahrung, mit dem eigenen Verhalten und mit den eigenen Normen „außerhalb" auf Ablehnung zu stoßen, führt nicht zu Lernprozessen, sondern zu reaktiven Verstärkungen und weiterer Distanzierung von der „normalen" Gesellschaft.

Diese Isolation bzw. die Verstärkung der subkulturellen Qualität beschleunigt selektive Migrationsprozesse insbesondere bei Familien mit Kindern, wenn die Normen und Verhaltensweisen, die im Quartier Dominanz erlangen, nicht mit denjenigen der Familien übereinstimmen. Im Alltag können Kontakte mit unerwünschten Verhaltensweisen noch weitgehend vermieden werden, nicht aber in der Schule. Je mehr Haushalte aus diesem Grund mit Wegzug reagieren, desto geringer werden die Erfahrungsmöglichkeiten mit „positiven" Rollenvorbildern. Dann gibt es immer weniger unterschiedliche (Verhaltens- bzw. Lebens-)Modelle, an denen sich das eigene Verhalten orientieren könnte.

Wenn Kinder oder Jugendliche zum Beispiel überhaupt niemanden mehr kennen, der einer regelmäßigen Erwerbsarbeit nachgeht, entwickeln sie keine Vorstellung davon, dass pünktliches und regelmäßiges Aufstehen und die Aufrechterhaltung einer äußeren Ordnung (Selbstdisziplin) eine Lebensmöglichkeit darstellen, die mit Vorteilen verbunden sein kann. Wenn Jugendliche in ihrem lokalen Bekanntenkreis niemanden mehr kennen, der mit 'normaler' Erwerbstätigkeit seinen (bescheidenen) Lebensunterhalt verdient, hingegen einige, die sich mit kleinkriminellen Aktivitäten ohne großen Aufwand eine spektakuläre Lebensführung ermöglichen und sich obendrein über einen perspektivlosen Schulbesuch lustig machen – welche Handlungsalternative erscheint dann nahe liegend?

Die Einschränkung der Erfahrungswelt insbesondere von Jugendlichen und Kindern durch die fehlende Repräsentation von sozialen Rollen, die ein „normales" Leben ausmachen (z.B. Erwerbstätigkeit, regelmäßiger Schulbesuch etc.) stellt also eine Benachteiligung dar, weil sie die Möglichkeiten sozialen Lernens beschränkt und einen Anpassungsdruck in Richtung von Normen und Verhaltensweisen erzeugt, die von der übrigen Gesellschaft mit Ausgrenzung beantwortet werden.

b) Dieser Anpassungsdruck „nach unten" ist nicht nur für Jugendliche relevant, vielmehr werden das Selbstbild und die Selbstachtung von Erwachsenen durch die soziale Umwelt (Bezugsgruppen) ebenfalls beeinflusst. Wenn eigene Aspirationen und Normen durch die Umwelt ständig entwertet und lächerlich gemacht werden, ist es – wenn die Exit-Option, also ein Wegzug nicht möglich ist – sehr wahrscheinlich, dass eine Anpassung an diese Umwelt erfolgt. Damit werden die Chancen auf eine Wiederherstellung der Umstände, auf die die früheren Normen und Verhaltensweisen ausgerichtet waren, immer geringer.

Diese Argumente haben nur dann Geltung, wenn sich die Erfahrungsräume und Kontaktnetze tatsächlich auf das Quartier begrenzen. Friedrichs (1998) hat gezeigt, dass im Allgemeinen die Nachbarschaft keinen besonderen Einfluss auf die Reichweite und die Zusammensetzung der Verkehrskreise hat, weil dabei die Status-Homogenität wichtiger als die räumliche Nähe ist. Innerhalb sozial homogener Verkehrskreise spielt räumliche Nähe jedoch eine Rolle, weil die Kontakte häufiger und intensiver sind, wenn sie durch räumliche Nähe erleichtert werden.

Die Verkehrskreise von Unterschichtsangehörigen sind stark lokal eingegrenzt und auf das Quartier konzentriert. In der Regel sind diese Netze auch kleiner als bei höheren sozialen Schichten. In der Arbeitslosigkeit verengen sich die ohnehin schon vergleichsweise kleineren Netze weiter durch Rückzug ins Private wegen Selbstzweifeln und Resignation, durch den Verlust von Kontakten, die mit dem Arbeitsplatz verbunden waren, durch Vermeidung von Kontakten, die jene Lebensweise repräsentieren, die man selbst gerade nicht mehr führen kann und schließlich durch die Verminderung von Aktivitäten, die mit Geldausgaben verbunden sind. Alles dies sind Reaktionen, die in der Arbeitslosenforschung mehrfach belegt wurden und als gesicherte Erkenntnis gelten können (vgl. Kronauer/Vogel/Gerlach 1993).

c) Die sozialen Netzwerke werden nicht nur enger, sondern auch homogener, und dadurch verändert sich ihre Qualität. Wie Wegener (1987) gezeigt hat, sind lose geknüpfte soziale Netzwerke, die in ihrer sozialen Zusammensetzung heterogen sind, weit produktiver und ertragreicher als eng geknüpfte soziale Netze, die (gerade deswegen) sozial homogen sind. Daher kann gefolgert werden: Wenn ein Haushalt aufgrund von Einkommensverlusten seinen Wohnstandort wechseln und in ein „benachteiligtes" Quartier ziehen muss, sinken seine Chancen für eine Selbstbehauptung auch in der informellen Ökonomie, denn dann wird der Bekanntenkreis vor allem von Leuten gebildet, die ähnliche Probleme wie er selbst haben. Räumliche Mobilität wird durch soziale Abwärtsmobilität erzwungen und verstärkt diese. Die vergleichsweise engen Nachbarschaftsbeziehungen in problembeladenen Quartieren, denen unter fürsorgerischer Perspektive sicher Respekt entgegengebracht werden muss, sind hinsichtlich der Erfahrungen und der Interaktionschancen, die damit verbunden sind, als ausgesprochen negativ einzustufen.

Der negative Effekt der sozial selektiven Mobilität in der Stadt besteht darin: Aus den problembeladenen Stadtteilen ziehen diejenigen weg, die über das ökonomische und soziale Kapital verfügen, um den negativen Wirkungen des Quartiers zu entkommen, andererseits werden die Quartiere dadurch immer weniger heterogen und damit die Gründe für einen Wegzug immer stärker. Das gleiche ist der Fall, wenn das Quartier durch eine Arbeitsmarktkrise insgesamt in finanzielle Not gerät, wenn aus einem „Arbeiterquartier" ein „Arbeitslosenquartier" wird (Fahrstuhleffekt nach unten). Dann entsteht eine ähnliche Situation ohne räumliche Mobilität.

Die Netze der Mittelschicht sind größer, heterogener und räumlich diffus, die Netze der Unterschicht sind lokal orientiert, kleiner und homogener, und – das ist der

Beitrag der sozialräumlichen Segregation – sie werden in Quartieren, in denen sich eine Armutsbevölkerung konzentriert, noch kleiner, lokal noch zentrierter und noch homogener. Dadurch werden die Handlungsmöglichkeiten und die Lebenschancen zusätzlich beschnitten.

„Soziale Mischung" innerhalb eines Quartiers garantiert jedoch keineswegs, dass sich zwischen den verschiedenen Status-Gruppen Kontakte und Interaktionen ergeben. Diese werden durch die räumliche Nähe nicht automatisch hergestellt. Dennoch ist die Anwesenheit einer „anderen gesellschaftlichen Realität" in Form von anderen Lebensweisen und -stilen Voraussetzung dafür, dass die Möglichkeiten, die die Gesellschaft bietet, überhaupt im Gesichts- bzw. Erfahrungskreis bleiben.

Für diejenigen, die in die Armut geraten sind und ihr wieder entkommen wollen, stellen Quartiere mit einer hohen Konzentration problembeladener Haushalte eine paradoxe Situation dar. Wie Bourdieu u.a. (1997) gezeigt haben, verlangt ein Leben in Armut, das sich noch an den kulturellen Standards der Integrierten misst, eine hohe Disziplin bei der Geldeinteilung, beim Konsumverhalten und bei der zeitlichen Planung. Es müssen „Gewohnheiten der Notwendigkeit" entwickelt werden, eine starke Disziplin vorausschauender Planung und selbst dann noch Einhaltung der Normen, wenn die Not groß und die Gelegenheiten für eine Übertretung günstig wären. Dass sich anders auch leben lässt, demonstriert die Umwelt: „...man läßt sich einfach hängen und verdrängt, man nimmt Schulden für horrende Zinsen auf, um sich auch einmal etwas zu leisten, oder man flieht in die Scheinwelt der Drogen. Daß Konflikte nicht mit einem kühlen Kopf, sondern mit körperlicher Gewalt „gelöst" werden, daß kleinkriminelle Delikte begangen werden, anstatt zu sparen, sind weitere Beispiel für ein Verhalten, das aus den auferlegten Notwendigkeit 'ausbricht' und dabei gegen gesellschaftliche Anstandsregeln und Normen verstößt. Solche Verhaltensweisen können kurzfristig die depravierte Lebenslage der Personen subjektiv oder objektiv verbessern. Für die benachteiligten Personen sind sie deshalb auch nicht per se irrational. Langfristig führen sie in der Regel freilich nicht aus dem Mangel heraus, sondern verfestigen und vertiefen vielmehr die Deprivationen." (Keller 1998, 123)

d) Ein anderer Effekt der räumlichen Konzentration von Deklassierten und Diskriminierten ist, dass mit der Zunahme der Probleme die politische Repräsentanz schwächer wird. Durch den Wegzug der Qualifizierteren und Integrierten geht dem Gebiet soziale Kompetenz verloren, die notwendig wäre, um die Probleme zu analysieren, Forderungen zu formulieren und diese wirksam an die politischen Instanzen zu richten. In den städtischen Verteilungskämpfen verlieren solche Gebiet an Gewicht, auch weil in der Regel der Anteil von Nicht-Wahlberechtigten (Ausländer) und Nicht-Wählern besonders hoch ist.

d) Der Verlust an integrierten Gruppen (Familien, Erwerbstätige, Qualifizierte) verringert die soziale Stabilität im Quartier, weil es keine ausreichende Zahl von (Peer-)Trägern von quartiersbezogenen Institutionen, Vereinen, Initiativen usw. mehr gibt. Familien mit Kindern, so die Annahme, kümmern sich stärker um die Qualität ihrer Wohnumwelt als mobilere und ortsunabhängigere Gruppen der Bewohner. Damit gehen konfliktmoderierende Potentiale und Gelegenheiten der Begegnung und Interaktion – insbesondere im Bereich Sport, Freizeit und Jugendarbeit – verloren. Gegenseitige Ablehnungen und Vorurteile können gepflegt und verfestigt werden – was insbesondere in jenen Quartieren ein besonderes Problem ist, wo die Zahl der ethnischen Minderheiten groß ist.

Zusammenfassung

Wir haben hier nur einige Argumente dafür zusammengetragen, dass ein bestimmtes Quartiersmilieu benachteiligende Effekte haben kann. Die materielle Ausstattung des Quartiers und symbolische Dimensionen wären hinzuzufügen. Ob diese benachteiligenden Effekte tatsächlich vorhanden sind, lässt sich jedoch nicht an einem rasch zusammen gestellten Bündel von Indikatoren zur Bausubstanz und zu einigen sozialstrukturellen Merkmalen ablesen. Die Lebenswirklichkeit in einem Quartier erfordert sehr viel sensiblere und tiefer gehende Untersuchungen, in die die Perspektive der Bewohner auf jeden Fall ebenso eingehen sollte, wie die von Stadtpolitikern, Stadtplanern oder Sozialarbeitern. Andernfalls besteht die Gefahr, dass ein politisches Programm, das zum ersten Mal ausdrücklich soziale Zielsetzungen hat, vorhandene soziale Qualitäten eher zerstört als stützt und entwickelt.

Literatur

Boettner, Johannes: Vom tapferen Schneiderlein und anderen Helden. Fallstricke des integrierten Handelns – Eine Evaluation. In: U.-J. Walther (Hg.), Soziale Stadt – Zwischenbilanzen. Opladen 2002, Leske+ Budrich, S. 101–114

Bourdieu, Pierre u.a.: Das Elend der Welt. Zeugnisse und Diagnosen alltäglichen Leidens an der Gesellschaft. Konstanz 1997, UVK

Friedrichs, Jürgen: Do Poor Neighbourhoods Make Their Residents Poorer? Context Effects of Poverty Neighbourhoods on Residents. In: H.-J. Andreß (ed.), Empirical Poverty Research in a Comparative Perspective. Ashgate 1998, Aldershot, S. 77–99

Häußermann, Hartmut / Holm, Andrej / Zunzer, Daniela: Stadterneuerung in der Berliner Republik: Modernisierung in Berlin Prenzlauer-Berg, Opladen 2002, Leske+ Budrich

Häußermann, Hartmut / Siebel, Walter: Soziale Integration und ethnische Sichtung. Gutachten für die Zuwanderungskommission. 2001, im Internet: http://www.bmi.bund.de/dokumente/artikel/ix_48621.htm

Herlyn, Ulfert / Lakemann, Ulrich / Lettko, Barbara: Armut und Milieu. Basel/Berlin/Boston 1991, Birkhäuser

Kapphan, Andreas: Das arme Berlin: Sozialräumliche Polarisierung, Armutskonzentration und Ausgrenzung in den 1990er Jahren. Opladen 2002, Leske+Budrich

Keller, Carsten: Armut in der Stadt. Opladen 1998, Westdeutscher Verlag

Kronauer, Martin / Vogel, Berthold / Gerlach, Frank: Im Schatten der Arbeitsgesellschaft. Arbeitslose und die Dynamik sozialer Ausgrenzung. Frankfurt a.M./New York 1993, Campus

Walther Uwe-Jens (Hrsg.): Soziale Stadt – Zwischenbilanzen: ein Programm auf dem Weg zur Sozialen Stadt? Opladen 2002, Leske+Budrich

Wegener, Bernd: Vom Nutzen entfernter Bekannter. In: Kölner Zeitschrift für Soziologie und Sozialpsychologie. 1987, 39. Kg., S. 278–301

Wilson, William Julius: The truly disadvantaged: the inner city, the underclass, and public policy. Chicago/London 1987, The University of Chicago Press

Thomas Rommelspacher

Überlegungen zur Renaissance des Regionalen

Vorbemerkung: Der folgende Beitrag entsteht im Kontext der Debatte um eine Reform der staatlich-kommunalen Mittelebene im Lande Nordrhein-Westfalen. Er will die politischen und ökonomischen Grundlagen skizzieren, die diesen Diskurs nicht nur in NRW prägen.

Region und Regionalisierung

Es gibt keine allgemeingültige Definition von Region. Regionsbegriffe werden typischerweise je nach Anwendungsgebiet und Interesse gebildet. Grundsätzlich geschieht das anhand von drei Kriterien:
Physische (geographische) Regionsbegriffe arbeiten mit morphologischen Merkmalen (z.B. der Niederrhein). Häufig werden derartige Regionsbildungen mit weiteren Merkmalen angereichert: Der *kultureller Regionsbegriff* fasst Räume mit gemeinsamer Geschichte, Sprache, Lebensweise etc. und verbindet sie meist mit physisch-räumlichen Merkmalen (Kulturräume). In der Praxis dominieren aber vielfältige Varianten von *funktionalen Regionsbegriffen*. Ökonomisch basierte beschreiben etwa regionale Arbeitsmärkte, Verflechtungen zwischen Unternehmen, die zum Beispiel über Ströme von Arbeitskräften, Waren und Dienstleistungen abgebildet werden. Eine andere Funktionalität liegt Ordnungsräumen zugrunde, die zum Beispiel die staatliche Raumordnung aus Verdichtungsräumen und ihren Randgebieten bildet. Zu den funktionalen Regionsbildungen gehören auch die Wirkungsräume vielfältiger staatlicher Behörden und kommunaler Kooperationen.

Im folgenden wird ein pragmatischer Begriff verwendet, der Regionen als Räume mit intensiven funktionalen Zusammenhängen begreift. Ihre Kohärenz allerdings in aller Regel darüber hinaus auch eine historische und kulturelle Dimension.[1] Seit den 1990er Jahren gibt es Diskussionen um einen Sachverhalt, der – abstrakt – „Regionalisierung“ genannt werden kann. Dies sind Debatten und Prozesse, die um die Frage kreisen, wie die zwischen der staatlichen und der kommunalen Ebene liegenden Phänomene sinnvollerweise organisiert werden sollten. Dies ist kein deutsches Phänomen. Im Gegenteil: In ganz Westeuropa (und darüber hinaus) finden vergleichbare Debatten und Prozesse statt. Dabei ist der Grad der Regionalisierung in einigen Ländern deutlich weiter fortgeschritten, als in Deutschland (Bullmann/ Heinze 1997; Heinz 2000).

Auch in Deutschland wird die Debatte breit geführt (vgl. ARL 1998 und 1999). Sowohl in der wissenschaftlichen Diskussion als auch im politischen Alltag der Kommunen und Bundesländer ist ein „boomartige Aufschwung“ regional basierter Handlungskonzepte (Lindner 1994, Fürst 1997) zu beobachten. Angesichts ihrer Breite und einer Fülle in den letzten eineinhalb Jahrzehnten entstandener regionaler Kooperationen kann durchaus von einem starken Bedeutungsgewinn der regionalen Perspektive, der damit verbundenen Handlungsebene und damit insgesamt von einem Regionalisierungsschub gesprochen werden.

Der Blick auf die Diskussion sowohl bei Praktikern als auch in den Wissenschaften zeigt, dass die Notwendigkeit der Intensivierung regionaler Kooperationen inzwischen breit akzeptiert wird. In der Debatte werden eine Fülle von Ursachen für diese Entwicklung genannt. Die meisten wissenschaftlichen Diskurse zur Regionalisierung verweisen auf drei Ursachenbündel:

- Die Belebung oder Neuschaffung des Regionalen kann als Reaktion auf die Rationalisierungstendenzen moderner Gesellschaften interpretiert werden. Die Modernisierungen der letzten 40 Jahre wirkten homogenisierend und universalisierend. Sie ließen regionale Eigenarten verblassen bzw. werteten ihre Ausprägungen – etwa Dialekte – als kulturell minderwertig, vormodern etc. ab. Dagegen setzt die nun zu beobachtende Betonung lebensweltlicher Erfahrungen mit gemeinsamen Raumbezügen auf kollektive Identitäten und Orientierungsmuster. Die Renaissance von regionaler Identität wäre damit ein Produkt ihres Gegenteils, der Bildung nationaler und transnationaler Räume. So gesehen sind Globalisierung und Regionalismus zwei Seiten einer Medaille, weil globale Entdifferenzierung den Wunsch nach regionaler Besonderheit erzeugt. Dies erklärt auch, warum regionale Strategien aus politischer Sicht interessant sein können: Das Bewusstsein für die Notwendigkeit kollektiven Handelns ist in Regionen oft eher mobilisierbar, als auf Länder- oder Bundesebene.
- Die regionale Handlungsebene erfährt aber auch einen funktionalen Bedeutungsgewinn: Hoch differenzierte moderne Gesellschaften stehen vor der Notwendigkeit eines permanenten ökonomischen Strukturwandels. Diesen können sie nicht mehr wie bisher durch zentrale Interventionen bewältigen, und auch die lokale Ebene ist meist überfordert. Da bietet sich Region als Zwischenebene zum Beispiel für Städte an, die im Verbund nicht nur Alltagsprobleme besser bearbeiten können, sondern nur so die nötige Stärke für den internationalen Wettbewerb aufbringen.
- Einen Bedeutungsgewinn kann es schließlich auch in der Ökonomie geben. Hier wächst die Einbindung der Unternehmen in immer umfangreichere Verbünde auf

dem Weltmarkt. Gleichzeitig ist aber zu beobachten, wie Unternehmen regionale Vernetzungen und Cluster suchen, um ihre Waren oder Dienstleistungen flexibel, kundengerecht und billig produzieren zu können. Dezentrale Strategien können auch regionale Markt- und Kostenvorteile besser ausschöpfen. Unzweifelhaft spielen auch die kommunikativen Strukturen und Akteursnetzwerke, das heißt, die historisch gewachsenen regionalen Kulturen von Kommunikation, Konflikt und Kooperation bei der Erklärung des wirtschaftlichen Erfolgs von Regionen, eine Rolle.

Neben diesen Ursachen, die auf strukturelle Veränderungen in Gesellschaft, Ökonomie und Staat verweisen, veranlassen eine Reihe von hoch pragmatischen Gründen viele Praktiker in den Kommunen, sich aktiv am Diskurs um kommunale Kooperationen zu beteiligen:

- Die Krise der kommunalen Finanzen erzwingt eine Reduktion öffentlicher Leistungen. Dabei eröffnen Kooperationen mit Nachbarn die Möglichkeit des abgestimmten Rückbaus und die Chance, durch gemeinsame Leistungserbringung Kosten zu senken.
- Trotz insgesamt nur minimalen Entwicklungsmöglichkeiten ist der Wettbewerb unter den Kommunen in den letzten Jahren erheblich gewachsen. Besonders in Ballungsräumen kann er ruinöse Ausmaße erreichen. Offenkundig nachteilige Entwicklungen, die hierdurch verschärft werden, sind beim Anwachsen des Flächenverbrauchs, der Zulassung von immer mehr nicht integrierten Komplexen des großflächigen Einzelhandels, aber auch bei der Ausweisung von Gewerbeflächen erkennbar. Vor diesem Hintergrund wird in den letzten Jahren die Notwendigkeit betont, eine von den Kommunen getragene regionale Entwicklung voranzutreiben.
- Auch Veränderungen in der Siedlungsstruktur erhöhen die Bereitschaft zur Kooperation. Hier hat die fortgeschrittene Suburbanisierung zu einem neuen Verhältnis von Stadt und Umland geführt. In dem Maße, in dem die vorstädtischen Räume nun auch Arbeitsplätze anziehen, wächst der Druck auf die Kernstädte. Sie verlieren an Gewicht, erfüllen aber weiter Zentralfunktionen. Ein abgeschwächtes Stadt-Land-Gefälle bleibt erhalten, gleichzeitig wachsen in den Ballungsräumen und ihren Rändern die Spezialisierung sowie die Funktions- und Arbeitsteilung. Dies erfordert intensivere Absprachen.
- Im Zuge dieser siedlungsstrukturellen Entwicklungen wächst besonders in Ballungsräumen die Diskrepanz zwischen kleinteiligen politisch-administrativen Strukturen und den großräumiger werdenden Aufgaben- und Problemstellungen.

Insgesamt können damit drei Tendenzen festgehalten werden:

- In den letzten Jahrzehnten hat ein Typus von Aufgaben und Problemen an Gewicht gewonnen, für deren Bearbeitung auch große Kommunen zu klein sind, während sie für den Staat zu kein und zu feinteilig sind.
- Der traditionelle Wettbewerb unter den Kommunen wird durch einen teilweise international verlaufenden Wettbewerb der Regionen überlagert. Vermutlich werden Räume, denen es gelingt den Regionalisierungsprozess optimal zu gestalten, hier einen deutlichen Vorteil haben.
- Daraus folgt ein sehr breites Feld von Aufgaben. Es reicht von der Flächen- und Standortplanung über Flächenentwicklung, Planung und Trägerschaften für überlokale Infrastrukturen bis hin zur Wirtschaftsförderung und zum Regionalmarketing.

Bei aller Betonung des Phänomens „Region" sind aber zwei Aspekte unbedingt festzuhalten: Moderne Gesellschaften sind sozial geschichtet und funktional differenziert. Sie formieren sich nach Lebenslagen, sozialer Ungleichheit, Funktionssystemen etc. Deswegen darf die Bedeutung der Segmentierung nach Regionen für die gesellschaftlichen Strukturen nicht überschätzt werden. Regional gegliedert waren allenfalls einfache Agrargesellschaften. Darüber hinaus unterstreichen Ipsen/Kühn (1994, S.21) zu Recht die Ambivalenz des Begriffs Region, der mit völlig gegensätzlichen politischen Zielvorstellungen verbunden werden kann. So ist der Bezug auf sie in unterschiedlichsten Zusammenhängen ein brauchbarer Code, der die gesellschaftliche Komplexität scheinbar sozial integriert.[2]

Formen der Kooperation

Die Relevanz einer wachsenden Regionalisierung steht nicht in Rede, und Kontroversen entfalten sich eher an der Frage, in welcher Form dieser Entwicklung Rechnung getragen werden soll. Eine systematisch-vergleichende Darstellung der Regionalisierungen in Deutschland steht noch aus. Doch zeigt schon der erste Augenschein, dass sie in vielfältigen Varianten auftritt (ARL 1999). Diese reichen von losen Kooperationen über vielfältige Varianten von Städtenetzwerken bis zu unterschiedlichsten Formen verfestigter Kooperation. Meine Hypothese ist, dass diese Unterschiede nicht nur funktionale, in der zu bewältigenden Aufgabe fußende Gründe haben. Da Kommunen verfassungsrechtlich den Ländern untergeordnet sind, ist anzunehmen, dass das Ausmaß an Freiheitsgraden, über das sie bei Kooperationen verfügen, auch über die Interessen der jeweils betroffenen Länder definiert wird. Hinzu kommen die Interessen weiterer Akteursgruppen, die im Folgenden skizziert werden.

Auf den ersten Blick mag die Vielfalt regionalen Kooperationsformen verwirren. Unterscheidet man sie nach Grad der Institutionalisierung, Umfang der Aufgaben sowie der Rechtsform, ergibt sich eine einfache, viergeteilte Typologie:

- nicht-öffentlich-rechtlich verfasste Kooperationen. Das reicht von informellen (Netzwerke, Foren...) bis zu privatrechtlich organisierten Formen (e.V., GmbH...) der Zusammenarbeit,
- auf Einzelaufgaben beschränkte, öffentlich-rechtlich verfasste Kooperationen (Typ Zweckverband),
- gelegentlich findet sich in Ballungsräumen auch der Typ des multisektoralen, unterschiedliche Aufgaben kombinierenden Zweckverbands,
- nur selten – jedenfalls in Deutschland – findet sich die eigenständige Gebietskörperschaft als sehr weitgehende Kooperationsform.

Informelle oder institutionalisierte Kooperation?

In der Debatte um die Ausgestaltung regionaler Kooperationen stehen sich zwei kontroverse Positionen gegenüber:

- Eine Denkrichtung begegnet einer Verfestigung bis hin zur staatlichen Regelung überkommunaler Kooperationen höchst skeptisch. Regionale Bündelungsorganisationen werden mit Verweis auf schwer messbare Größenvorteile, abnehmende Bürgernähe und einem – oft eher pauschalen – Bürokratievorwurf abgelehnt. Sie plädiert für funktionsbezogene, möglichst informelle Organisationen.
- Dem stehen Vorstellungen eines starken „Metropolitan Government" gegenüber. Es soll möglichst direkt demokratisch legitimiert und finanziell unabhängig sein und eine breite Palette regional bedeutsamer Aufgaben bearbeiten. (Levevre, 1998, Sharpe, 1994, Fürst et al. 1990)

Tatsächlich erlebten in den letzten Jahrzehnten besonders die informellen, auf spezielle Aufgaben hin konzipierten Formen der Kooperation einen Boom. Viele Praxisberichte betonen, dass sie schnell einzurichten, flexibel zu handhaben und mit geringem Aufwand zu betreiben sind. Allerdings zeigt ein genauerer Blick, dass die Reichweite der Sachverhalte, die in Formen freiwilliger Kooperation bearbeitet werden können, systematisch begrenzt ist. Sie sind offensichtlich dann leistungsfähig, wenn im Konsens der Beteiligten Win-Win-Situationen bearbeitet werden können. Mit Blick auf die Lage in Nordrhein-Westfalen mit seinen großen Ballungsräumen ist besonders wichtig, dass in dieser Form besonders Sachverhalte nicht bearbeitbar sind, bei denen Akteure die Position von „Trittbrettfahrern" einnehmen können. Das ist ein Typus von Konflikten, der auftritt, wenn ein Beteiligter Leistungen erbringen muss, von denen viele profitieren, ohne dass er sie zu eigenen Beiträgen zwingen kann. Derartige Strategien stehen oft hinter den Konflikten zwischen Kommunen in Ballungskernen, die zentrale Funktionen erbringen müssen und denen des Umlands, die hiervon profitieren.[3]

Vorbehalte hinsichtlich der Leistungsfähigkeit informeller Kooperationsformen gelten besonders für das große Feld der Regelung potentiell konfliktträchtiger Sachverhalte. Wenn etwa begrenzte Ressourcen und Wachstumschancen verteilt oder ein regionaler Interessenausgleich gefunden und durchgesetzt werden muss, Planungsrecht geschaffen werden soll, oder Fördermittel zu verteilen sind, laufen informelle Kooperationen leer und stärker institutionalisierte Formen der Kooperation sind erforderlich. Diese sind hinsichtlich ihrer Konstruktion bedeutend aufwendiger. Dennoch zeigen etliche, seit den 1990er Jahren neu geschaffene Institutionen, etwa die Regionen Stuttgart und Hannover, die Regionalreform im Raum Rhein-Main oder der derzeit in Nordrhein-Westfalen als Gesetzesentwurf diskutierte Regionalverband Ruhr, dass auch aufwendiger gestaltete Einheiten im Prozess der Regionalisierung eine Rolle spielen.

In der Debatte um die Stärken und Schwächen verschiedener Formen der Regionalisierung werden mit Blick auf die informellen Ansätze zwei weitere Auswirkungen angemerkt: Die in diesem Rahmen Handelnden sind meist Einzelpersonen, die für ressourcenstarke öffentliche oder private Institutionen agieren. Eine breite, kontinuierliche Beteiligung der Bürger ist in aller Regel genauso wenig vorgesehen, wie eine demokratische Legitimation. Zudem ist die Übertragung öffentlicher Aufgaben an nicht unmittelbar legitimierte Kooperationsorgane stets ein Verlust an demokratischer Kontrolle und Transparenz und bewirkt eine weitere Fragmentierung der ohnehin oft unübersichtlichen institutionellen Landschaft.[4]

Damit zeichnen sich deutliche Grenzen informeller Kooperationen ab. Für viele der aktuell in den Agglomerationsräumen der Landes NRW zu behandelnden Probleme und Prozesse sind sie nicht geeignet. Für die notwendigerweise aufwendigeren Formen institutionalisierter Kooperation, das heißt, förmlich verfasster regionaler Strukturen, spricht darüber hinaus die allgemeine Erfahrung, dass insbesondere in Agglomerationen ab einem bestimmten Ausmaß von wechselseitiger Verflechtung und Abhängigkeit, aber auch von Konflikten, dauerhaftes regionales Handeln nur in öffentlich-rechtlich verfassten Formen organisierbar wird. Ein Vorteil dieser Organisationsform ist auch ihre Transparenz und demokratische Legitimation: an die Stelle unüberschaubarer Eliten- und Expertennetzwerke, deren Arbeitsergebnisse und Entscheidungen allenfalls im Nachhinein schwach legitimiert werden, tritt eine für die Bürger klar erkennbare und beeinflussbare Institution.

Gegenüber derartigen Entwicklungen wird gelegentlich das Argument der Bürokratisierung ins Feld geführt. Allerdings zeigt der Blick auf neuere regionale Institutionen, dass diese keinesfalls Gestalt und Umfang historisch überkommener Regional-Bürokratien, wie es etwa Bezirksregierungen oder Landschaftsverbände sind, annehmen müssen. Im Gegenteil: Alle in Deutschland neu installierten Regional-Verwaltungen sind kleine, schlanke Organisationen. Sie arbeiten bürgernah, kostenbewusst und ergebnisorientiert und reagieren flexibel auf Veränderungen.

Insgesamt kann die Frage nach der angemessenen Form von Regionalisierung nicht abschließend im Sinne der Präferenz für eine Lösung entschieden werden. Es wird ein Organisationsmix gefunden werden müssen. Dabei kommen je nach Aufgaben und Komplexitätsgrad informelle oder formalisierte Lösungen zum Tragen. Dabei ist es aus heutiger Sicht nicht mehr zwingend, eine vollkommene Einheitlichkeit der Verwaltung herzustellen. Denkbar sind durchaus unterschiedliche, regionsspezifische Strukturen, die den besonderen Bedingungen, Problemen, Kooperationsstilen etc. von Landesteilen entgegenkommen.

Rahmenbedingungen der Umsetzung

Die Praxis der Regionalisierung zeigt, dass die Umsetzung konkreter Kooperationsnotwendigkeiten kein Automatismus ist. Sie hängt vielmehr von Rahmen und Ausgangsbedingungen ab. In seiner international-vergleichenden Studie über Regionalisierungen nennt Heinz drei Dimensionen (Heinz 2000).

Nationale politisch-administrative Strukturen können je nach Ausrichtung fördernd bzw. hemmend wirken. So scheinen Zentralstaaten (etwa Frankreich, Großbritannien) eher geneigt zu sein, Regionalisierungen zuzulassen und politisch zu fördern. In *föderalen Strukturen* – wie etwa der BRD – neigen die hier zuständigen Länder oft nicht ganz zu Unrecht dazu, Regionalisierungen als mögliche Einschränkung ihrer politischen Spielräume zu deuten. Das lässt sie eher zurückhaltend bis ablehnend reagieren. Wichtig sind aber auch die jeweils konkreten *lokalen politisch-administrativen Strukturen.* So ist etwa ein monozentrischer Ballungsraum wie beispielsweise der Raum Hannover offensichtlich besser organisierbar, als ausgeprägt polyzentrische Ballungsräume wie etwa Rhein-Main oder das Ruhrgebiet.

Von nahezu ausschlaggebender Bedeutung ist aber die ganz konkrete, jeweils historisch gegebene Akteurskonstellation. Hier nennt Heinz (2000) als typische Gruppen:
Initiatoren und Befürworter, die spezifische Vorteile aus der Schaffung von Kooperationen erwarten. Hier sind – vereinfacht – drei Gruppen zu unterscheiden:

- In einigen Staaten hat sich die obere staatliche Ebene intensiv in die Entwicklung von Regionalisierungen eingeschaltet. So etwa in den Niederlanden, wo das zuständige Ministerium als maßgeblicher Akteur versuchte, auf diesem Weg die Stadt-Umland-Beziehungen zu entwickeln. Ähnlich verlief die Entwicklung in Frankreich.
- Oft befürworten auch die Kernstädte Regionalisierungen. Ihr Kooperationsinteresse entsteht aus der Spannung, die zwischen ihren Bevölkerungsverlusten an das Umland und der Notwendigkeit liegt, weiterhin Zentralfunktionen anzubieten.
- Regionalisierungen in Ballungsräumen werden oft auch von der Wirtschaft befürwortet. Sie leidet unter fragmentierten Entscheidungsstrukturen.[5]

Gegner und Kritiker fürchten spezifische Nachteile oder Verluste. Hier sind – grob – vier Gruppen identifizierbar.

- Staatliche Mittelinstanzen und bestehende Gemeindeverbände sind meist scharfe Kritiker verfasster Kooperationen. Sie befürchten einschneidende Kompetenz- und Machtverluste.
- Auch prosperierende Vorstädte und Umlandgemeinden erwarten oft Nachteile aus Regionalisierungen. Ihre politische Klasse befürchtet Machtverluste und finanzielle Einbußen, die bei einer Beteiligung an den Zentralitätskosten der Kernstädte entstehen.
- Schließlich kann auch die Bevölkerung traditionsreicher Kernstädte kritisch reagieren, wenn ihre Zugehörigkeitsgefühl zur Region schwach ist.
- Bei der Betrachtung der Debatte um die Regionalisierung im Ruhrgebiet entsteht der (noch nicht weiter geprüfte) Eindruck, dass auch die Generationszugehörigkeit der Akteure eine gewisse Rolle spielt. Besonders in den örtlichen politischen Klassen ist die Kultur der älteren Generation eher lokalistisch ausgerichtet. Ihre Lebenswelt deckt sich weitgehend mit den Grenzen der Kommune, in der sie aktiv sind. Lebenswelt und Alltagskultur von Politikern und höheren Verwaltungsbeamten der jüngeren Generation sind dagegen deutlich „regionaler". Dies schlägt sich auch in ihren, meist Regionalisierungsbestrebungen eher aufgeschlossenen, Positionen nieder.

Damit ist die Frage, ob sich ein konkreter identifizierbarer Kooperationsbedarf in Handeln umsetzt oder blockiert wird, und welche Formen er gegebenenfalls annehmen kann, nur beantwortbar, wenn man auch die politische Komponente systematisch in den Blick nimmt und das Gewicht derer, die sich Vorteile von Regionalisierungen erwarten, gegen das derer abwiegt, die Nachteile befürchten.

Staatliche Förderung von kommunaler Kooperation?

Angesichts der widersprüchlichen Interessenlagen und der Kontroversen, die sich heraus entwickeln, wird oft die Position vertreten, eine staatliche Förderung von Bestrebungen nach regionaler Kooperation sei nicht erforderlich: Wenn sich die Kooperation lohnt, dann werde sie durchgeführt. Wenn nicht, unterbleibe sie. Diese Argumentation übersieht aber, dass an sich sinnvolle Kooperationen aufgrund eines ganzen Bündels höchst unterschiedlicher Motive scheitern können:

- So können Verteilungskonflikte, besonders wenn es sich um Nullsummenspiele handelt, zum „Kooperationsversagen" führen. Das ist besonders bei den bereits erwähnten Trittbrettfahrer-Konstellationen der Fall, in der Beteiligte hoffen, ohne eigenen Beitrag in den Genuss des kooperativ erstellten Gutes zu kommen.
- Auch zeitliche Asymmetrien können Kooperationen hemmen: Sie sind aktuell mit Kosten verknüpft, der erhoffte, oft nicht leicht kalkulierbare Nutzen entsteht aber erst später.
- Ein Kooperationshemmnis anderer Art liegt vor, wenn man die Gruppe der „Gegner und Kritiker" in den Blick nimmt. Bestehende regionale Institutionen und die in ihnen agierenden Individuen können befürchten, bei regionaler Kooperation Kompetenzen und Ressourcen zu verlieren. In die gleiche Richtung wirkt der Widerstand staatlicher Instanzen, die ebenfalls Machtverluste durch regionale Kooperation befürchten können.

Insofern scheint es durchaus angemessen, über staatliche Strategien nachzudenken, mit denen sinnvolle regionale Kooperationen befördert werden können. Dies können zunächst Belohnungen sein, die Kommunen erlangen, die teilnehmen. In diese Richtung könnte die derzeit in NRW angedachte Reform der Landesplanung (§10a) wirken: Kommunen, die sich zur Erstellung eines regionalen Flächennutzungsplans zusammenschließen, ersparen sich die Aufsicht durch den Regierungspräsidenten. Darüber hinaus ist ein Ende der Blockaden gegenüber Regionalisierungen erforderlich, deren Motive sich im Wesentlichen aus dem Wunsch nach Machterhalt speisen. Hier ist energischeres staatliches Handeln erforderlich.

Quellen

ARL (Akademie für Raumforschung und Landesplanung) (Hg.): Die Region ist die Stadt. Gemeinsame Jahrestagung 1998, Hannover 1999

ARL (Akademie für Raumforschung und Landesplanung) (Hg.): Kooperation im Prozeß des räumlichen Strukturwandels. Wissenschaftliche Plenarsitzung 1999. Hannover 2000

Fürst, Dietrich: Wandel raumplanerischer Leitbilder – Wandel raumplanerischen Denkens. In: Heiner Monheim/ Christoph

Zöpel, Hg.: Raum für Zukunft. Essen 1997, S.108–122

Heinz, Werner (Hg.): Stadt und Region – Kooperation oder Koordination. Stuttgart 2000

Ipsen, Detlef / Kühn, Manfred: Grenzenlose Stadt und begrenztes Bewußtsein: Regionale Identität. In: Martin Wenz, Hg.: Region. Frankfurt/M. 1994, S.83–89

Keating, Michael: Zur politischen Ökonomie des Regionalismus. In: Ullmann/Heinze, 1997, S.77-105

Lindner, R. (Hg.): Die Wiederkehr des Regionalen. Frankfurt, New York 1994

Protokolle des Expertengesprächs regionale Kooperation der Enquetekommission Zukunft der Städte in NRW des Landtages NRW

Rommelspacher, Thomas: Region als Planungsraum. In: Standort, Zeitschrift für angewandte Geographie, Heft 2, 2000, S.25–28

Scheller, Jens Peter: Rhein-Main. Eine Region auf dem Weg zur politischen Existenz. Frankfurt 1998

Ullmann, Udo / Heinze, Rolf G. (Hg.): Regionale Modernisierungspolitik. Nationale und internationale Perspektiven. Opladen 1997

Levevre, C.: Metropolitan Government and Governance in Western Countries. In: Int. Journal of Urban and Regional Research, Bd. 22, Nr.1, 1998, 9–25.

Sharpe, L.J. (Hg.): The Government of World Cities. Chichester 1994

Fürst, Dieter et al.: Regionalverbände im Vergleich: Entwicklungssteuerung in Verdichtungsräumen. Baden-Baden 1990

Anmerkungen

1 Diese kann auch obsolet geworden sein. So spiegeln z.B. die Grenzen der Landschaftsverbände in NRW im Wesentlichen die der preußischen Provinzen wider. Diese wiederum fußen auf den Grenzen der Körperschaften, die Preußen 1818 vorfand, als es nach Ende der napoleonischen Kriege „Rheinpreußen“ übernahm.

2 Das erklärt, warum es rechten wie auch linken Regionalismus gibt; vgl. etwa die Lega Nord in Italien und die Bewegungen im Baskenland oder in Katalanien.

3 Mit dem Wandel der Ballungsränder von Schlafstädten hin zu Orten mit einem eigenen wirtschaftlichen Wachstum schwächen sich diese Konflikte ab.

4 Die Grenzen einer ausufernden Politik der GmbH-isierung, der Foren, Runden Tische und öffentlich inszenierten Netzwerke sind auch auf der Landesebene in NRW gut zu erkennen. Sie geraten dementsprechend zunehmend in die Kritik.

5 So haben sich etwa bei den Diskussionen um die Verfasstheit des Ruhrgebiets viele Unternehmen für eine Regionalisierung ausgesprochen, während einzelne Industrie- und Handelskammern und Kammern, ihren Organisationsinteressen folgend, sich dagegen positionierten.

Maria Lüttringhaus

Partizipation in der Stadt(teil)entwicklung – Mehrwert auf vielen Ebenen

Gemeinwesenarbeit bezeichnet „einen projekt- und themenunspezifischen Prozess einer (in der Regel) mehrjährigen Aktivierung der Wohnbevölkerung, der zwar einzelne Leuchtturmprojekte nicht ausschließt, sich jedoch vornehmlich über eine Vielzahl kleinerer Aktivierungsaktionen darauf richtet, anhand direkt geäußerter und durchaus häufig wechselnder Interessen der Wohnbevölkerung, gleichsam eine Grundmobilisierung eines Wohnquartieres zu bewirken, die dann den Humus für größere Einzelprojekte darstellt" (Hinte 2001, S.113). In diesem Sinne ist derzeit der Bereich der sozialen Stadtentwicklung ein derzeit besonders relevantes Feld. Dabei geht es insbesondere um die Förderung von Partizipation und zwar im Sinne eines kontinuierlichen Prozesses, die kommunalen Gestaltungsverfahren grundlegend zu demokratisieren. GWA setzt sich dafür ein, dass immer wieder adäquate Partizipationsformen entwickelt werden, um gerade benachteiligten Menschen niederschwellige Zugänge zu ermöglichen. Ich möchte in dem folgenden Beitrag Antworten liefern auf die häufig gestellte Frage, wie man den Nutzen von Partizipation in bzw. an der Stadt(teil)entwicklungsplanung konkret begründen kann. Die jeweiligen Argumente für Partizipation in der Stadtentwicklungsplanung lassen sich anhand der im Folgenden systematisierten unterschiedlichen Funktionen von Partizipation ableiten.

Funktionen von Partizipation in der Stadt(teil)entwicklung für Staat, Wirtschaft und zivile Gesellschaft

In der Argumentation um Partizipation zeigen sich zwei dominante Begründungs- (und Konflikt-)Linien, nämlich überwiegend ökonomisch-funktionale Argumente bei den PartizipationspessimistInnen und normative Begründungsansätze bei den PartizipationsoptimistInnen. Im Folgenden soll differenziert werden zwischen den Funktionen von Partizipation für Staat, Wirtschaft und BürgerInnen bzw. ziviler Gesellschaft.

a) Funktionen für den Staat

- Die Legitimationsfunktion lässt sich vor allem aus dem Demokratieprinzip ableiten (Art. 20 des GG). Partizipation schafft neben den Wahlen zu den Vertretungskörperschaften und den gesetzlichen Ermächtigungen eine zusätzliche demokratische Grundlage für Verwaltungshandeln und politische Entscheidungen (vgl. Wickrath 1992, S.16) und erhöht die Akzeptanz von Planungen (vgl. Bischof et al. 1995, S.18).
- Partizipationsprozesse übernehmen eine Effektivierungsfunktion. Verwaltungshandeln ist daran auszurichten, Ergebnisse im Sinne der BürgerInnen zu erzielen (vgl. Oel 1982, S.22f.). Entsprechend einem breit ausgelegten Expertenbegriff sind die BürgerInnen ExpertInnen ihrer Lebenswelt. Partizipation ist somit eine Strategie qualitativer und quantitativer Informationsausweitung, um die Planungs- und Entscheidungsgrundlagen des politisch-administrativen Systems zu verbessern und umfassende Problemlösungen zu fördern (vgl. Rinke 1984, S.91; vgl. Bischof et al. 1995, S.18; Zilleßen/Barbian 1993, S.12). Die Funktion der Förderung einer effizienteren Planung greift einerseits dort, wo durch Partizipation als Frühwarnsystem die Folgekosten von Fehlplanungen und Verzögerungen gesenkt werden können oder es andererseits gelingt, die Herstellungs- und Unterhaltungskosten durch die Mobilisierung privater Ressourcen zu senken. Darüber hinaus zeigt sich, dass die durch Partizipation gestärkte Identifikation mit dem Wohnumfeld dazu beiträgt, die Unterhaltungskosten niedriger zu halten (s.Bischof et al. 1995, S.18f., S.89f.).
- Beteiligung kann angesichts des zunehmenden Kompetenzverlusts des Staates ein Instrument sein, um den Kommunen bei ihrer Aufgabenerledigung gegenüber anderen Akteuren (z.B. aus der Wirtschaft) den Rücken zu stärken (vgl. Wehland 1984, S.160).
- Die Lehr- und Lernfunktion besteht darin, dass die VertreterInnen aus Politik und Verwaltung durch Partizipationsprozesse die Erfahrung machen, dass das Leben vielfältiger ist, als es der geordnete Bürokratiealltag vermuten lässt. Partizipationsprozesse führen immer wieder dazu, dass die MitarbeiterInnen des politisch-administrativen Systems damit konfrontiert werden, dass Menschen etwas, das innerhalb der Verwaltung als besonders wichtig erachtet wurde, völlig unwichtig finden oder umgekehrt.
- Eine sozialverträgliche Stadterneuerung und die Verhinderung von Segregations- und Verdrängungsprozessen (s. dazu Häußermann/Siebel 1986) gelingen nur mit Hilfe von Partizipationsprozessen. Diese Funktion des sozialen Interessenausgleichs zwischen unterschiedlichen Anforderungen an den sozialen Raum greift bei zunehmend schwindender Regulationsfähigkeit vor allem dort, wo erhöhte Öffentlichkeit, Konfliktbereitschaft und Partizipation einen Gegenpol

zu den herkömmlichen, ökonomisch dominierten Vorstellungen von Stadtentwicklung bilden. Dadurch können wiederum soziale Folgekosten vermieden werden.

- In zahlreichen Diskussionen zum Thema „Neubewertung von Arbeit" wird gefordert, die politische und gesellschaftliche Aufmerksamkeit von der formellen Beschäftigung hin zur Wertschätzung gesellschaftlicher Tätigkeiten zu verlagern, die in der (noch) so genannten „arbeitsfreien Zeit"[1] stattfinden. Die derzeit steigende erwerbsarbeitsfreie Zeit ermöglicht mehr gesellschaftliche Gestaltungszeit bzw. „Sozialzeit" (Offe/Heinze 1990), in der Menschen nun nicht länger in Betrieben, sondern in ihrer Lebenswelt zu „Lebensunternehmern" werden können (Lutz 1986, S.66). Um diese Entwicklung zu fördern, sind Impulse der Kommune gefragt, die sich vom bisherigen Kulturangebot für die Mittelschicht unterscheiden. Partizipationsprojekte in der Stadtteilentwicklungsplanung und die Wertschätzung des Engagements von staatlicher Seite können diese Funktion zur Neubewertung von Arbeit unterstützen.

b) Funktionen für die Ökonomie

- Hier dominieren die Effektivierungsfunktion und Effizienzsteigerung. Partizipation trägt zu einer Kostenreduzierung bei, wenn – so der Bundesverband Deutscher Wohnungsunternehmen (1997, S.50f.) – durch Partizipation das soziale Klima, die Toleranz im Quartier und die Identifikation mit dem Umfeld gesteigert werden können. Dieser Erhalt oder die Wiederherstellung des sozialen Friedens gewinnt als Standortfaktor zunehmend an Bedeutung. Als weitere Effekte zeigen sich ein gestiegenes Image des Unternehmens, höhere Planungsakzeptanz, weniger Vandalismus, rechtzeitige Interventionsmöglichkeiten bei Problemen, verstärkte Kooperation und die Mobilisierung zusätzlicher Potenziale zur Unterstützung bei der Pflege des Wohnumfeldes.

  Angesichts der kontinuierlich steigenden Staatskosten ist der Ausbau der Teilhabe der BürgerInnen bei politischen Entscheidungsprozessen aus der Sicht der WirtschaftsvertreterInnen jedoch auch ein wichtiges Mittel gegen den beständigen Anstieg der Steuerabgaben. Die durch Partizipation erhoffte Reduktion der Staatsabgaben würde die Bilanz der Unternehmen schließlich weitaus stärker als die einzelnen Privathaushalte entlasten (s. dazu Unternehmerinstitut 1995, S.79).

c) Funktionen für die zivile Gesellschaft

- Die Rechtsschutzfunktion garantiert den von der Planung betroffenen BürgerInnen den Schutz ihrer individuellen Rechte, etwa den Schutz des Eigentums. Durch frühzeitige Bürgerbeteiligung kann dieser reaktiven und kostenträchtigen Mitsprache vorgebeugt werden. Wenn BürgerInnen zeitig in den behördlichen Entscheidungsprozess einbezogen werden, können sie ihre individuellen Rechte schützen, bevor Entscheidungen getroffen werden, gegen die sie rechtlich vorgehen würden (vgl. Wickrath 1992, S.12). Gerade von juristischer Seite wird angemahnt, diese Interaktionen im vorrechtlichen und vorgerichtlichen Raum als Regulationmechanismen zu fördern.

- Partizipationsprozesse haben eine Kontrollfunktion, die das Pendant zur oben beschriebenen Legitimationsfunktion für das Staatssystem bildet. Interessenverflechtungen und Vollzugsdefizite im Verwaltungshandeln oder bei politischen Entscheidungen können aufgedeckt oder – bei frühzeitiger Transparenz des Planungsvorhabens – verhindert werden (vgl. Wickrath 1992, S.12ff.).
- BürgerInnen können durch ihre Teilnahme staatliches Handeln nicht länger als losgelöstes, sondern vielmehr als eigenes Anliegen erfahren. Die Verbindung zwischen Privatsphäre und Gemeinschaft wird verstärkt, die öffentliche Diskussion und die Möglichkeit zu kollektivem Handeln werden gefördert. Knorr-Siedow (1995, S.142) beschreibt Partizipation in der Stadtteilentwicklung als „fast ideales Feld zur Entwicklung von Beziehungen zwischen Politik, Verwaltung und Bürgern". Interkulturelle Partizipationsprozesse fördern aber dabei auch die Toleranz gegenüber Minderheiten und Randgruppen und das subjektive Sicherheitsgefühl (s. Bundesverband Deutscher Wohnungsunternehmen 1997, S.51; Dettling 1996, S.113).
- Die Lehr- und Lernfunktion besteht darin, dass BürgerInnen durch Partizipation Einblick in die Zusammenhänge anderer Teilsysteme erhalten. Sie können die Lernerfahrung machen, dass „die da oben" nicht immer bloß machen was sie wollen, sondern sich durchaus engagiert bemühen, jedoch auch an strukturelle Grenzen stoßen. Die Herausforderung für BürgerInnen besteht darin, nicht nur zu kritisieren und zu klagen, sondern sich auf komplexe oder möglicherweise schwer zu ändernde Situationen einzulassen und mitzuarbeiten.
- Die Emanzipationsfunktion zielt auf die damit verbundene Erweiterung der persönlichen Selbstbestimmungs- und Selbstverwirklichungsmöglichkeiten bei gleichzeitigem Abbau der Fremdbestimmung. Partizipationsprozesse, die die individuelle Motivation und persönliche Betroffenheit berücksichtigen, ermöglichen individuelle Lern- und Autonomieerfahrungen, die das individuelle Sozialvertrauen, Selbstvertrauen und Systemvertrauen stärken. Auf diesem Weg können die Selbstregulationsfähigkeiten und bürgerschaftliche Mitwirkung in den Stadtteilen gestärkt und nachhaltig wirksame Nachbarschaftsstrukturen geschaffen werden (vgl. Staubach 1997b, S.27).

Soziales Lernen durch Partizipation in der Stadt(teil)entwicklungsplanung

„Es ließe sich die Definition wagen, daß eine Wohnung durch diese Verzahnung mit der Mitwelt zur wirklichen Heimat wird und es bleibt, solange es nicht nur Gewohnheiten sind, die mich in sie zurückführen, sondern die lebendige Unabgeschlossenheit mitmenschlicher Beziehungen, die Fortsetzung des gemeinsamen Erfahrens, Lernens, mit anderen Worten: eine noch offene Anteilnahme am Leben."
(Mitscherlich 1965, S.125f.)

John Dewey begründete bereits in den 20er Jahren die Tradition des sozialen Lernens. Lernen und Demokratie bilden bei ihm eine Synthese, denn Demokratie sollte seiner Ansicht nach kontinuierlich erfahrbar und kommunikativ sein, sie ist für ihn „in erster Linie eine Form des Zusammenlebens, der gemeinsamen und miteinander geteilten Erfahrung" (Dewey 1949, S.121).

„Die beste Art zu lernen aber besteht darin, sich unmittelbar mit der Welt auseinander zu setzen und die Dinge, die man gesehen und erlebt hat, in der offenen Diskussion mit anderen zu reflektieren." (ebd., S.220)

John Dewey ging davon aus, dass jeder Bildungsprozess mit der subjektiven Erfahrung beginnt und persönliches Wachstum, soziales Lernen und Demokratie vor allem durch kommunikativ angelegte Prozesse ermöglicht werden. Im Dialog gelte es, Verbindung zu schaffen zwischen den früheren Erfahrungen und zugleich sowohl die aktuellen Ereignisse als auch die bisherigen Erfahrungen auf dem Hintergrund der historischen Entwicklung und des sozialen Kontexts zu betrachten (vgl. Dewey 1949, S.193).

Die These, dass die Verknüpfung des subjektiven Erfahrungshintergrunds mit aktuellen Ereignissen und die Reflexion von Ereignissen im gemeinsamen Dialog die wirkungsvollste Lernart darstellen, bildet den Kern vieler Lerntheorien: Beispielsweise im Erwachsenenbildungskonzept der „education on the current event" bei Jane Addams (s. dazu Eberhart 1995, S.110ff.; Staub-Bernasconi 1995, S.180), im Lernkonzept der „generativen Themen" bei Freire (1990, S.78ff.), dem kontextuellen Lernen bei Ries (1995), der non-direktiven Pädagogik bei Hinte (1990a) oder dem lebendigen Lernen bei Rogers (1979; 1985). Bei all diesen Lernformen werden die Betroffenen in die Zielfindung und Zielbestimmung miteinbezogen, ihre Bedürfnisse werden zum Ausgangspunkt des Handelns und sie erhalten gegebenenfalls Hilfestellung von außen, um gemeinsam Problemlösungen zu finden. Somit gilt nach wie vor: „Gemeinwesenarbeit ist immer Bildungsarbeit gewesen" (Oelschlägel 2002, S.147).

Soziales Lernen und sozialer Raum

„Democracy must begin at home, and home is the neighborly community... The local is the ultimate universal.“ (Dewey zit. in Friedman 1987, S.193)

Dewey prägte die Vision einer großen dialogorientierten Gesellschaft, die etwa Lutz heute als „Kommunikationsgesellschaft“ bezeichnet (Lutz 1986). Alle öffentlichen Fragen sollten – so Dewey – „face-to-face“ ausgehandelt werden (vgl. Friedman 1987, S.190f.). Kommunikative Prozesse ermöglichen Bürgerschaft und fördern Gemeinsinn (s. dazu Lüttringhaus 2002, S.131ff.). Bei Dewey bedarf es der „Schaffung einer öffentlichen Sphäre, die an Ausmaß, Differenziertheit und Komplexität der Massendemokratie bzw. einer 'Great Society' gewachsen sein muß“. Er fordert eine Praxis der Demokratie in „kleineren lokalen Einheiten“, die er als „face to face communities“ bezeichnet, denn jede große demokratische Gemeinschaft setze sich als eine 'community of communities' aus vielen konkreten Nachbarschaftsgemeinschaften, freiwilligen Vereinigungen, Teilöffentlichkeiten usw. zusammen. Auch bei Barber (1994, S.162) sind die durch den Dialog entstehenden Sozialformen – oder besser: die dadurch entstehenden Gemeinschaften – an überschaubare Räume gebunden. Der physische Lebensraum wird erst durch gesellschaftliche Tätigkeit zum Sozialraum (s. dazu auch Bourdieu 1991, S.29). Durch Teilnahme wird ein Ort vertraut, man fühlt sich heimisch. Somit ist ein Sozialraum nicht nur ein Territorium, sondern zudem durch geistig-sinnliche Eigenschaften charakterisiert wie Identifikation, Gemeinsinn, Vertrautheit, Geborgenheit und Zugehörigkeit oder aber auch durch Fremdheit und Ausschluss (vgl. Böhnisch 1996, S.149ff.). Als Sozialraum wird hier das definiert, was die Menschen für sich als ihren Aktionsradius definieren bzw. als ihr Viertel, ihr Umfeld identifizieren, nicht die bürokratisch gesetzten Bezirks- oder Gemeindegrenzen (s. Springer 1995). Nun hat sich zwar bei einigen Bevölkerungsgruppen der Aktionsradius durch die neue Mobilität sehr erweitert, doch für viele BürgerInnen ist der Sozialraum noch immer auf den engeren Nahraum beschränkt. Vor allem für benachteiligte und weniger sozial und räumlich mobile Bevölkerungsgruppen wie Kinder, Frauen und alte Menschen hat er für die Schaffung sozialer Netzwerke eine große Bedeutung (vgl. Keupp 1995, S.54; s. Barber 1994, S.161). Hier kann man – anders als im Betrieb – Individualität erfahren, hier ist man nicht beliebig austauschbar und ersetzbar. Aufgrund dieser hohen Bedeutung bietet der soziale Nahraum zahlreiche Experimentierfelder für demokratisches Lernen und die Entwicklung von Gemeinsinn. Partizipationsprozesse in der Stadt(teil)entwicklung eröffnen dabei wichtige gesellschaftliche Entwicklungsmöglichkeiten (s. Institut für Landes- und Stadtentwicklungsforschung 1997, S.47). Die im sozialen Nahraum erfolgten niederschwelligen Lernprozesse können sich wiederum auf größere Zusammenhänge auswirken. Gessenharter (1996, S.6) vertritt die Auffassung, „daß positive partizipatorische Erfahrungen auf der kommunalen Ebene das politische Kompetenzbewußtsein auch auf der nationalen Ebene erhöhen. Insofern eröffnen kleinräumige Planungsprozesse weitere Handlungsfelder und können durchaus als ´Schule der Demokratie´ angesehen werden".

Diese Vorstellung von einer demokratischen Gestaltung des eigenen Umfeldes prägt seit jeher die Gemeinwesenarbeit bzw. stadtteilbezogene Soziale Arbeit. Sie verbindet „sämtliche Aspekte materieller, kommunikativer und personeller Gegebenheiten in einem Feld (...und) ermutigt Menschen, ihre Umwelt nach ihren Interessen zu gestalten" (Hinte 1997c, S.41). Gemeinwesenarbeit „hat dann einen politischen Charakter, der auf gesellschaftliche Veränderungen zielt; gleichzeitig auch einen pädagogischen Charakter, denn gesellschaftliche Veränderungen sind an Bewusstsein und Lernprozesse des je einzelnen Menschen gebunden; schließlich hat sie einen therapeutischen Charakter, da es ja auch um das Aufbrechen von krankhaften und krankmachenden Strukturen geht" (Oelschlägel 2002, S.64).

Stadt(teil)entwicklung als soziales Lernfeld

Friedman (1987, S.181ff.) identifiziert gerade partizipative Planungsprozesse im Wohnumfeld als ideales Feld für soziales (Demokratie-)Lernen.

- Betroffene werden von Planungsobjekten zu Planungssubjekten. Damit wird jeder Planungsprozess zu einem „Mehr-Ziel-Projekt" und erfüllt nicht nur die oben beschriebenen ökonomisch-funktionalen Ziele, sondern wird zum bürgerschaftlichen Lernfeld für Demokratie, Ökologie, Vertrauensbildung, Abwägungsbereitschaft, Rücksichtnahme sowie Kritik- und Beziehungsfähigkeit. Die für dieses „double-loop-learning" betonte notwendige Kontinuität wird – bei frühzeitiger Beteiligung – durch die Zeitspanne von der Planung bis zur Umsetzung gewährleistet.
- Räumliche Veränderungen betreffen meistens mehrere Menschen, so dass die für die Lernprozesse notwendige „Kooperation, Kommunikation, Problemlösungen und Persönlichkeits- und Gemeinschaftsentwicklung" (Ries 1996, S.73) gefördert werden.
- Die Lernerfahrungen sind nicht nur für die Beteiligten spürbar, sondern im wahrsten Sinne des Wortes „offensichtlich". Die Veränderungen werden im Alltag direkt erfahrbar und können auch bislang passive BürgerInnen zu Aktivitäten aktivieren und anspornen.
- Dort wo BewohnerInnen mit ihrem Milieu, ihren Themen und Fähigkeiten tatsächlich ernst genommen werden, können Vertrauen in das politische System, und Toleranz entstehen – die Grundlage für Integration und damit für Demokratie.

„Es ist Unsinn, von oben herab Toleranz zu verlangen. Erst einmal müssen die Betroffenen in den Stand gesetzt sein, tolerant zu sein.... Tolerant kann nur sein, wer einmal die Erfahrung gemacht hat, daß er nicht überrollt wird. Die Räume für diese wichtigste Erfahrung bereit zu stellen, das wäre geglückte Stadtentwicklung.“ (Hoffmann-Axthelm 1993, S.14)

Die sozialen Lernfelder und die tatsächlichen Wirkungschancen müssen auf adäquatem Niveau angesiedelt sein. Nur durch eine Staffelung von Projekten unterschiedlicher Komplexität können absehbare Kompetenzüberforderungen vermieden und Lernerfahrungen gefördert werden. Bei Themen, die aus dem Stadtteil angeregt werden, stellt sich dieses Problem weniger. Es entsteht überwiegend dann, wenn ein Thema durch das politisch-administrative System „von oben“ initiiert wird. Dieser Aspekt ist im Rahmen von Gemeinwesenarbeit und Quartiermanagement von besonderer Bedeutung. Bei der Auswahl der Themen und der Initiierung der entsprechenden Partizipationsforen von Seiten der InitiatorInnen des politisch-administrativen Bereichs müssen die jeweilige Bildungssituation, Kultur und die Relevanz der Themen für die Bevölkerung beachtet werden, wenn man diese gestaffelten Lernmöglichkeiten bieten möchte (s. dazu ausführlich Lüttringhaus 2002, S.60ff.). Gerade für eine solche Auffächerung bietet das Wohnumfeld mannigfache Möglichkeiten. Die Förderung von Partizipation in der Stadt(teil)entwicklung fängt also nicht erst mit der Aufstellung eines Bebauungsplans an. Genau darin liegt aber auch der wesentliche Bruch in zahlreichen Partizipationskonzepten.

Literatur

Bischoff, A. / Selle, K. / Sinning, H.: Informieren / Beteiligen / Kooperieren. Dortmund 1995

Barber,B.R.: Starke Demokratie. Hamburg 1994

Bourdieu, P.: Psychischer, sozialer und angeeigneter psychischer Raum. In: Wentz, M. (Hg.): Stadt-Räume. Frankfurt/M., New York 1991, S. 25-34

Böhnisch, L.: Pädagogische Soziologie. Weinheim 1996

Bundesverband deutscher Wohnungsunternehmen e.V.: Humanisierung der großen Siedlungen. Herausforderung, Ansätze und Leistungsbeiträge der gemeinnützig orientierten unternehmerischen Wohnungswirtschaft in den Neuen Bundesländern. Köln 1997

Dettling W.: Utopie und Katastrophe – die Demokratie am Ende des 20. Jahrhunderts. In: Weidenfeld, W. (Hg.): Demokratie am Wendepunkt: Die demokratische Frage als Projekt des 21. Jahrhunderts. Berlin 1996, S. 101–120

Dewey, J.: Demokratie und Erziehung. Braunschweig / Berlin / Hamburg 1949

Freire, P.: Pädagogik der Unterdrückten. Reinbek 1973

Friedman, J.: Die Rückeroberung der politischen Gemeinschaft. In: Wentz, M. (Hg.): Stadt-Räume. Frankfurt/M. 1991, S. 209–231

Gessenharter, W.: Warum neue Beteiligungsmodelle auf kommunaler Ebene? In: Aus Politik und Zeitgeschichte 50/1996, S.3–13

Oel, H.-U.: Sozialräumliche Beziehungen und Bürgerbeteiligung in der Stadtteilentwicklungsplanung. München 1982

Häußermann / Siebel: Neue Urbanität. Frankfurt/M. 1987

Hinte, W.: Quartiermanagement als kommunales Gestaltungsprinzip. In: Blätter der Wohlfahrtspflege. 5/6 2001, S. 113–115

Hinte, W.: Zwischen Lebenswelt und Bürokratie: Erfahrungen aus einem Vierteljahrhundert stadtteilbezogener sozialer Arbeit. In: Blätter der Wohlfahrtspflege 3/1997, S.41–44

Hinte, W.: Non-direktive Pädagogik: Eine Einführung in Grundlagen und Praxis des selbstbestimmten Lernens. 2. Auflage. Opladen 1990

Hinte,W./ Grimm.G.: Vor Leuchtturmprojekten aus Stein wird gewarnt.

Hinte, W./ Lüttringhaus, M./ Oelschlägel, D.: Grundlagen und Standards der Gemeinwesenarbeit, Münster 2001

Hoffmann-Axthelm, D.: Die dritte Stadt. Frankfurt/M. 1993

Institut für Landes- und Stadtentwicklungsforschung des Landes Nordrhein-Westfalen (ILS): Die Menschen machen ihren Stadtteil selbst... – soziale Netze und Bewohner/-innenbeteiligung in Stadtteilen mit besonderem Erneuerungsbedarf. Dortmund 1997

Keupp, H.: Solidarisch und doch frei – für eine kommunitäre Individualität. In: Psychologie Heute 7/1995, S.50–55

Knorr-Siedow, T.: Ansätze einer sozialen Stadt- und Quartiersentwicklungsplanung. In: Keim, K.-D. (Hg.): Aufbruch der Städte. Räumliche Ordnung und kommunale Entwicklung in den ostdeutschen Bundesländern. Berlin 1995, S. 127–156

Lutz, C.: Die Kommunikationsgesellschaft: Ein Leitbild für die Politik und Wirtschaft Westeuropas. Schriftenband 45. Rüschlikon 1986

Lüttringhaus, M.: Verstärkt Partizipation Polarisierungsprozesse? Anmerkungen zu fördernden und behindernden Faktoren von Beteiligung und zur bedeutung der Methode der Bewohnerversammlung. In Gillich S. (Hg.): Gemeinwesenarbeit. Eine Chance der sozialen Stadtentwicklung. Gelnhausen 2002, S. 131–156

Lüttringhaus, M.: Stadtentwicklung und Partizipation, Fallstudien aus Essen Katernberg und der Dresdner Äußeren Neustadt. Stiftung Mitarbeit, Beiträge zur Demokratieentwicklung von unten Nr. 17; Bonn 2000

Lüttringhaus, M.: Partizipation in benachteiligten Stadtteilen: Planung am „bunten Tisch" statt „grünem Tisch". In: Elsen/ Ries/ Löns/ Homfeldt (Hg.): Sozialen Wandel gestalten – Lernen für die Zivilgesellschaft. Neuwied 2000, S. 213–229

Mitscherlich, A.: Die Unwirklichkeit unserer Städte. Anstiftung zum Unfrieden. Frankfurt/M. 1965

Oelschlägel, D.: Bildung als Antwort auf die soziale FrageAspekte des Bildungsbegriffs in der Gemeinwesenarbeit. In: Hinte W./ Lüttringhaus M./ Oelschlägel D.: Grundlagen und Standards der Gemeinwesenarbeit. Münster 2001, S. 140–153

ders.: Strategiediskussion in der Sozialen Arbeit und das Arbeitsprinzip Gemeinwesenarbeit. In: Hinte W./ Lüttringhaus M./ Oelschlägel D.: Grundlagen und Standards der Gemeinwesenarbeit. Münster 2001, S.54–73

Offe / Heinze, R.G.: Das Modell Kooperationsring. Frankfurt/M. 1990

Ries, H.A.: Kontextuelles Lernen in der Gemeinwesenarbeit. In: Krebs, W. (Hg.): Methodische Ansätze in der Gemeinwesenarbeit. Auszüge aus der 8. GWA-Werkstatt 1995. Gelnhausen 1996, S. 70–79

Rinke, R.G.: Partizipation und sozial-räumliche Planung öffentlicher Institutionen. Frankfurt/M. 1984

Rogers, C.: Lernen in Freiheit. Zur Bildungsreform in Schule und Universität. 3. Auflage. München 1979

Springer, W.: Alltag und sozialer Raum als Focus sozialpädagogischen Handelns. In: Neue Praxis 3/1995, S. 281–285

Staubach, R.: Bürger/innenbeteiligung in Stadtteilen mit besonderem Erneuerungsbedarf.

In: Institut für Landes- und Stadtentwicklungsforschung des Landes Nordrhein-Westfalen. Die Menschen machen ihren Stadtteil selbst... – soziale Netze und Bewohner/innenbeteiligung in Stadtteilen mit besonderem Erneuerungsbedarf. Dortmund 1997b, S. 22–27

Staub-Bernasconi, S.: Systemtheorie, soziale Probleme und soziale Arbeit: Lokal, national, international – oder: Vom Ende der Bescheidenheit. Bern 1995

Unternehmerinstitut e.V. (Hg.): Demokratiereform: Anstöße zu einer ordnungspolitischen Diskussion. Bonn 1995

Wickrath, S.: Bürgerbeteiligung im Recht der Raumordnung und Landesplanung. Münster 1992

Wehland, G.: Stadtplanung, Partizipation und kommunale Öffentlichkeit. Zum politischen Stellenwert von bürgerschaftlicher Mitwirkung im Bauleitplanverfahren. Berlin 1984

Zilleßen/ Barbian, T.: Einleitung. In: ders. / Dienel, P. C. / Strubelt, W. (Hg.): Die Modernisierung der Demokratie. Opladen 1993, S. 11–16

Anmerkungen

1 Ein Begriff, der unterstreicht, wie fixiert wir auf die Erwerbsarbeit sind (vgl. Habermas 1985, S.72).

Tilo Klöck

Das Arbeitsprinzip Gemeinwesenarbeit als Qualitätsmerkmal von Sozialraumorientierter Sozialer Arbeit und Quartiersmanagement

Kann das Arbeitsprinzip Gemeinwesenarbeit ein Qualitätsmerkmal von Sozialraumorientierter Sozialer Arbeit und Quartiersmanagement sein? Ist es überhaupt noch erkennbar oder bis zur Unkenntlichkeit verformt, verwässert, vernachlässigt und verworfen? Welche Gemeinsamkeiten und Unterschiede gibt es?

Einige Klärungen und Vergewisserungen sind nötig: Die Gemeinwesenarbeit als ein Arbeitsprinzip? Was ist das eigentlich, was könnte es sein und wozu könnte sie gut sein? Woher kommt sie fachhistorisch gesehen, wofür steht sie gesellschaftlich und was kann sie handlungstheoretisch bringen? Ist die GWA nicht eine Sonderform, eine Task-force für kritische Phasen in Quartieren oder nur eine Methode der Sozialen Arbeit? Ist es ein gescheitertes Projekt, ein Auslaufmodell, ein ramponierter Oldtimer, der eigentlich schrottreif aber vielleicht noch recycelbar ist? Was hat GWA eigentlich mit der Sozialen Arbeit zu tun und was weist über das „Nur-Soziale" hinaus in andere Disziplinen – wie beispielsweise in die Regional- und Stadtplanung – und in die Domänen der lokalen Wirtschaftsförderung hinein?

Ist das Quartiersmanagement eine Inkarnation des Arbeitsprinzips Gemeinwesenarbeit oder eine Veranstaltung der Verwaltungsressorts und ihr feierliches Gelöbnis in bestimmten Gegenden endlich besser und bürgernaher zusammenzuwirken? Oder nur die Software mit der es gelingt beträchtliche Investitionen aus Landes- und Bundesmitteln einzuwerben? Wenn der Staat die Zivilgesellschaft verordnet, dann werden Akteure gebraucht die sich auf die lokalen Kraftfelder einlassen, darin standhalten und wirksam werden können. Welche Ziele und Strategien dabei forciert werden, welche AkteurInnen ausgegrenzt, welche Projekte abgewickelt, welche Qualitäten und Kompetenzen abgerufen, vernachlässigt oder abgeschrieben werden, erlaubt Hinweise auf unsere Fragen: Kann das Arbeitsprinzip Gemeinwesenarbeit im Quartiersmanagement überhaupt zur Geltung kommen? Ist dieses Management eine Mogelpackung, ein begriffliches Windei, ein Muster ohne Wert? Eine kritische Funktionsprüfung wäre angebracht, weil es neben den Chancen auch die Risiken einer Zweckentfremdung, Instrumentalisierung oder „feindlichen Übernahme" von Konzepten abzuschätzen gilt.

Fachhistorische und handlungstheoretische Fundierung

Auf welche gesellschaftstheoretische Fundierung und fachhistorischen Wurzeln können wir uns besinnen, und in der Ausbildung und Weiterbildung daran anknüpfen und uns gegenüber (Entscheidungs-)Trägern darauf beziehen, um einer drohenden Entfachlichung des Sozialen zu begegnen?
Das Arbeitsprinzip Gemeinwesenarbeit steht für eine ambitionierte, lebensnahe und problemgerechte Form von Professionalität ohne Bevormundung, gegen eine Entwertung von (Sozial-)Bürgerrechten, gegen die Verdrängung von Benachteiligten, gegen die Polarisierung und Spaltung der Gesellschaft und gegen institutionelle Verkrustungen. Die Komplexität verlangt Aufgabenvielfalt, Potenziale vor Ort sollen aufgegriffen und die Ressourcen von Organisationen für möglichst nachhaltige Verbesserungen von Lebenslagen genutzt werden.
Das Arbeitsprinzip Gemeinwesenarbeit ist zeitgemäßer denn je, fachhistorisch und methodologisch sehr fundiert. Seit den Gründerjahren wurde die GWA von den sozialen Bewegungen von Settlement-, Arbeiter-, Frauen- und Bürgerrechts-, Studenten- und weiteren Reformbewegungen angestoßen und inspiriert. Engagierte Ansätze von Handlungsforschung sind in diesem Kontext bottom-up entstanden. Die Gemeinwesenarbeit ist anspruchsvoller, lebensweltorientierter und eigenwilliger angelegt als die topdown verordneten Managementkonzepte, die Lösungen versprechen, aber leider oft – vor allem was die Partizipationsversprechen anbelangt – Mogelpackungen sind.
In der Gemeinwesenarbeit sind gesellschaftliche Visionen und (zeit-)geschichtliche Erfahrungen eingeschrieben, die für AkteurInnen und lernende Organisationen unverzichtbar sind. Gemeinwesenarbeit ist als eine interdisziplinäre Herausforderung richtungsweisend geblieben und vielversprechend. Wesentliche Elemente sind:

1. hohe soziale Kompetenz und Professionalität mit Alltags- und Lebensweltorientierung, das heißt, Präsenz, Niederschwelligkeit, Lebenszusammenhänge verstehen, Potenziale der Menschen erkennen
2. (Methoden-)Integration und Kombination von (sub-)kulturspezifisch differenzierten Konzepten der Arbeit mit Menschen verschiedenen Alters, Geschlechts und Herkunft
3. das ist eine Voraussetzung für Beteiligung und Teilhabe auch und gerade von artikulationsschwachen und unorganisierten Gruppen von BewohnerInnen, zum Beispiel auch an sozialer Stadterneuerung, also Empowerment und Interessenorganisation
4. interdisziplinäre und ressortübergreifende Arbeit im Trägerverbund für eine nachhaltige Regional- und Stadtentwicklung

5. eine Chance für mehr solidarische Ökonomie und kooperative Existenzgründungen in Kombination von Erwerbs- und Eigenarbeit allerdings auf der Basis von Grundsicherung

Mehrdimensionale Netzwerkarbeit

Das Arbeitsprinzip Gemeinwesenarbeit verlangt von den AkteurInnen, die neudeutsch „Intermediäre" genannt werden, eine mehrdimensionale Netzwerk- und Ressourcenarbeit auf den Handlungsebenen Sozialraum, Lebenswelt, Fachbasis, Träger und Ressorts, (Kommunal-)Politik, Lokale Ökonomie und zwischen diesen Ebenen, was mit der Komplexität von Aufgaben zusammen hängt. Es geht um folgendes:

1. die Handlungsfähigkeit auf diesen Ebenen, horizontale Verständigung zwischen den verschiedenen (Interessen-)Gruppen, Gebieten, Organisationen und den Politiksektoren
2. die Aufklärung und Einmischung mit Informationen, Ideen und Interessenorganisation von unten nach oben und mit zielgerichteter politischer Netzwerkarbeit
3. die Kooperations- und Konfliktorientierung, sowie Konfliktanalysen sind unverzichtbar; das Arbeitsprinzip Gemeinwesenarbeit kann nur als eine Verbundqualität verwirklicht werden, die wichtiger ist als Alleingänge von Projekten einzelner Träger oder Teams

Entlang dieser Handlungsebenen werde ich nun skizzieren, welche ungleichen Ziele, Aufgaben und Wirkungen verfolgt werden, und welche Risiken, Nebenwirkungen, Probleme und Entwicklungsfragen auftreten können. Ansonsten wären die Risiken einer Funktionalisierung, Indienstnahme und Instrumentalisierung kaum abzuschätzen. Das kann zur Klärung unserer Leitfragen beitragen:

Wer verwirklicht das Arbeitsprinzip Gemeinwesenarbeit mit wem auf welcher Handlungsebene und was hat das eigentlich mit der Sozialen Arbeit und dem Quartiersmanagement zu tun?

Qualitätsmerkmale im Arbeitsprinzip Gemeinwesenarbeit

Die folgenden Qualitätsmerkmale im Arbeitsprinzip Gemeinwesenarbeit können als Prüfsteine für die Praxis gelten: Sozialraumorientierung „Wider die Logik der Aussonderung". Das Arbeitsprinzip Gemeinwesenarbeit erkennt, erklärt und bearbeitet, soweit das möglich ist, die sozialen Probleme in ihrer historischen und gesellschaftlichen Dimension, was eine konsequente Sozialraumorientierung der Praxis und sorgfältige Analysen voraussetzt, zum Beispiel über die

- Stadtteilgeschichte, Geschichte und Zuschreibung der sozialen Probleme im regionalen Kontext,
- Bevölkerungs- und Sozialstruktur in der Veränderung,
- Segregation, Fluktuation, Entwertungsprozesse und Aufwertungstrends,
- wirtschaftliche Interessen und Investitionen im Stadtteil, Boden- und Immobilienwerte, Sanierungsbedarf und Modernisierung.

Das Arbeitsprinzip Gemeinwesenarbeit bezieht sich mit seinen Analysen und Strategien auf bestimmte sozialräumliche Einheiten: Stadtteile, Siedlungen, Quartiere, wo Menschen unter erschwerten Bedingungen leben. Es ist aber fraglich, inwieweit dieser sozialräumliche und sozialhistorische Blick und die Fähigkeit zur Einmischung in Planungen vor Ort wirklich entstanden sind? Die ständigen Einweisungen in Armutsquartiere erfolgen vielfach verdeckt und unreflektiert der Not gehorchend, und auch in Neubaugebieten nähren alte Fehler unsere Zweifel.

Die Beteiligung an der Verbesserung von Lebensbedingungen in benachteiligten Gebieten und am Abbau von Segregation, Ausgrenzung und Aussonderung sind Grundsatzziele der Gemeinwesenarbeit. Sozial- und Armutsberichterstattung bleiben dafür grundlegend, aber meistens auch zu weitläufig. Eigene Beiträge für eine kleinräumige qualitative Armutsberichterstattung ohne einseitige Defizitperspektive und Problemzuschreibung ist weiterhin eine elementare Aufgabe von Gemeinwesenarbeit, Sozialplanung und Sozialer Arbeit. Ebenso die Klärung von Austauschprozessen zwischen den Quartieren und der Stadtgesellschaft (Aufgabe der Sozialplanung), eine Bilanz über Solidarität (Aufnahmebereitschaft) und Segregation mit dem Effekt von Rufschädigung.

Alltags- und Lebensweltorientierung: „Sich einlassen und Zusammenhänge verstehen"

Die Alltags- und Lebensweltorientierung, eine generalistische Wahrnehmung von Aufgaben, eine zielgruppenübergreifende Betrachtung und die eigene Präsenz sind unverzichtbar, wenn die Lebenslagen und Strategien der Lebensbewältigung, die Motivationen, Interessen, Kompetenzen, Netze und Potenziale der Menschen verstanden werden sollen. Wie die Leute das alles selbst sehen, ist beispielsweise in Saarbrücken-Malstatt sehr gut dokumentiert: „Von der Not im Wohlstand arm zu sein".

Die Fachkräfte müssen vor Ort erreichbar sein, aufsuchend arbeiten, Kontakte pflegen, Vertrauen schaffen durch niederschwellige Arbeit mit den BewohnerInnen, informelle soziale Netzwerke wahrnehmen, wertschätzen und nutzen. Sie sollten die Konflikte und gelebten Vorurteilstrukturen, (Wechsel-)Prozesse von Verarmung, Ausgrenzung, Rufschädigung und Verrohung, aber auch das Gelingende, die Stärken und die Alltagssolidarität der Menschen aufklären und kenntlich machen.

Die Aktivierung der Menschen in ihrer Lebenswelt ist ein zentrales Anliegen. In gemeinsamen Aktionen sollen sie ihre Kompetenzen und Solidarität erfahren und erfolgreich sein, sie sollen zu Subjekten politisch aktiven Handelns und Lernens werden (*Educacion popular*), zunehmend Kontrolle über ihre Lebensverhältnisse gewinnen (*Empowerment*), durchsetzungsfähiger (*Community Organzing*) werden, und dies alles möglichst ohne pädagogische Bevormundung oder fürsorgliche Belagerung. Von der Gemeinwesenarbeit soll die Selbstorganisation nicht mit Dienstleistungen verbaut werden, sondern „Möglichkeitsräume“ (Klaus Holzkamp) und „Gelegenheitsstrukturen“ geschaffen und nach den „generativen Themen“ der Menschen gesucht werden. Paulo Freires dialogische und lebenspraktische Methoden können der Bewusstseinbildung, (Selbst-)Aufklärung und Partizipation, der Sprachförderung und Bildung dienen. Eine interkulturelle Praxis ohne Problemzuschreibungen und Ethnisierung von sozialen Problemen ist damit gemeint, alters- und geschlechtsdifferenzierte Konzepte, sowie soziokulturelle Bildungsarbeit wären anschlussfähig, wenn deren Stellenwert anerkannt werden würde.

Weitere Aufgaben wären:

- soziale Netzwerkarbeit mit aktivierenden Befragungen, Zukunftswerkstätten, Planning-for-real etc.
- diskriminierende Praktiken, die Alltagssolidarität verhindern, zum Beispiel mittels Forumtheater (Augusto Boal), visualisieren
- (sub-)kulturspezifische Formen von Selbstorganisation verstehen und respektieren – auch die halblegalen; siehe „Not macht erfinderisch“ (Norbert Preusser)
- Aufklärung über (SozialbürgerInnen-)Rechte von Ausgegrenzten und über Rechte von Menschen ohne Papieren (Philip Anderson)
- die Frage der Anwaltschaftlichkeit und Parteilichkeit bleibt in der Gemeinwesenarbeit relevant und sollte arbeitsteilig im Verbund sichergestellt werden; eine Dokumentation, Reflektion und Rechtfertigung von Entscheidungen wäre nötig, wenn die Politikimmanenz von eigenem Tun und Unterlassen, sowie dessen (Neben-)Wirkungen genauer erkannt und bilanziert werden soll, was eigentlich ein zentraler Anspruch an die Professionalität der Sozialen Arbeit wäre.

Arbeit von und mit bürgerschaftlichen Organisationen: „Interessen, Transparenz und Entscheidungsbefugnisse organisieren"

Instrumentelle, punktuelle oder partikulare Beteiligungsverfahren reichen nicht mehr aus, wenn Empowerment gelingen soll. Qualifizierte, ernst gemeinte, wirkungsvolle, kontinuierliche und nachhaltige Beteiligung wären nötig und folgende Aufgaben gehören mit dazu:

- möglichst viel Selbstorganisation erreichen und Entscheidungsbefugnisse zulassen, etwa über die Budgets wie in den WIN-Projekten Wohnen in Nachbarschaft in Bremen
- zivilgesellschaftliche Entwicklungspotenziale, trotz gelebter Vorurteile, sozialer Ausgrenzung und „überforderten Nachbarschaften" beispielsweise in Vereinen, Kirchengemeinden und Initiativen auffinden? Beteiligung, Behelligung oder Verwicklung von bürgerschaftlichen Organisationen mit den Entwicklungen im Gemeinwesen und der Praxis, z.B. Wohnungsgenossenschaft am Beutelweg e.G. in Trier
- Interessenorganisation systematisch und methodisch gekonnt betreiben (Community Organizing), das Forum für Community Organizing (FOCO) forciert solche Ansätze
- Transparenz, Legitimation und Kritisierbarkeit der Arbeit sicherstellen und Stadtteilforen dafür schaffen, die nicht exklusiv aus Fachkräften bestehen sollten.

Die Konzepte von Partizipation sind konkretisierungbedürftig. Menschen mit unterschiedlichem Orientierungswissen und Bildungskapital haben nicht die gleiche Chance zur Teilhabe. Wer wird wie stark beteiligt, wer dominiert, wer bleibt ausgegrenzt und machtunterworfen? Die Bilanz darüber bleibt die Soziale Arbeit meistens schuldig.

Methodenintegration – „Wider die Fallfixierung und Segmentierung von Problemen"

Mit dem Arbeitsprinzip Gemeinwesenarbeit sollte die Aufsplitterung in methodische Bereiche aufgegeben und Methoden der Sozialarbeit/Sozialpädagogik, der Sozialforschung und des politischen Handelns in Strategien professionellen Handelns in sozialen Feldern integriert werden. Dafür wäre es grundlegend, dass die Fachkräfte der Sozialen Arbeit in der Arbeit mit BewohnerInnen

1. fallübergreifende Gemeinsamkeiten von Lebenslagen erkennen,
2. personen- und feldbezogene Interventionen kombinieren können
3. mit bürgerschaftlichen Organisationen zusammenarbeiten, mit den Menschen nicht nur fallorientiert verkehren
4. Entscheidungsträger in den Institutionen, in der Kommunalpolitik und der lokalen Ökonomie erreichen und sie mit Problemen und Lösungsansätzen behelligen.

Solche Qualitätsmerkmale formulierte Silvia Staub-Bernasconi (1995) in ihrer Theorie Sozialer Arbeit ganz ähnlich, ihre „problembezogenen Arbeitsweisen" entsprechen dem Arbeitsprinzip Gemeinwesenarbeit und beinhalten Paulo Freires Dialog-Modell ausdrücklich: Die Ressourcenarbeit, Bewusstseinsbildung, Modellentwicklung und Kulturveränderung, (Handlungs-)Kompetenztraining und Teilnahmeförderung, soziale Vernetzung, Umgang mit Behinderungs- und Begrenzungsmacht, sowie eigene Machtquellen zur Bildung von Gegenmacht, Kriterien- und Öffentlichkeitsarbeit, sowie Sozialmanagement, in dem die Erschließung, Nutzung und Innovation der institutionellen Netzwerke und trägerübergreifende Kooperationen einzuordnen wären.

Wenn die Gemeinwesenarbeit auf eine Bündelung von Kräften und Ressourcen abzielt, dann wären Zielvereinbarungen, konzertierte Aktionen im Verbund mit bürgerschaftlichen Organisationen wichtig. Diese kommen in den Gremiensitzungen von Fachkräften aber oft zu kurz. Dafür müssten sich alle in die Karten schauen lassen! Transparenz und Öffentlichkeitsarbeit sozialer Dienste und Informationspolitik wäre für die Einmischung in die politische Willensbildung, in Planungen und Entscheidungen eine Voraussetzung.

Es wären engagierte Professionelle in der Sozialen Arbeit und eine besondere Qualität von Quartiersmanagement nötig, in dem die Menschen nicht scheinbeteiligt oder übergangen werden, sondern an Planungen lebensnah und kontinuierlich teilhaben, Entwicklungen beeinflussen und neuen Lebensmut schöpfen können. Es geht um eine Verbesserung von Partizipationschancen und Lebensbedingungen, unter denen bestimmte Bevölkerungsgruppen in ausgegrenzten Gebieten zu leben und zu leiden haben. Was unternimmt die Soziale Arbeit dafür? Wie machtunterworfen verhalten sich ihre Fachkräfte, haben sie Power, sind sie zu Empowerment fähig? Von Machtpositionen können nur diejenigen etwas abgeben, die wirklich welche erworben haben. Andernfalls vermittelt Soziale Arbeit machtunterworfene Haltungen an die Rat- und Hilfesuchenden und verfestigt erlernte Hilflosigkeit. Was unternimmt die Fachbasis beispielsweise für die Bürgerbeteiligung an den Kinder- und Jugendhilfeplanungen? Das wäre ein gewichtiger Prüfstein, inwieweit die Gemeinwesenarbeit als Arbeitsprinzip in der Sozialen Arbeit zur Geltung gebracht wird.

Die Segmentierungen von Problemen in Zuständigkeiten und spezialisierte Arbeitsfelder erfordern Mandate für Moderation, Koordination oder Steuerung. Wer nimmt dieses mit wem wahr?

Die Gemeinwesenarbeit war bei der Neuorganisation der Sozialen Dienste immer wichtig. Allerdings bleibt zu fragen, welchen Stellenwert sie im Kontext von Dezentralisierung und der Regionalisierung sozialer Arbeit wirklich bekommen hat. Wie kann sich die Soziale Arbeit für die Aufgaben der Sozialen Stadt fit machen? Was kann eine vernetzte Fachbasis der „Sozialprofis" zum Quartiersmanagement beitragen, der neuen Zauberformel für konvergente Ressortpolitiken und zur Bündelung ihrer Ressourcen? Ist die Soziale Arbeit im Programm Soziale Stadt mehr als nur ein Zaungast?

Können konkurrierende Träger für mehr gleichberechtigte Kooperationen gewonnen werden? Wer hat Interesse an mehr (Planungs-)Kooperation und was haben die BürgerInnen davon? Wie loyal stehen die Fachkräfte zu ihren Hierarchien, falls diese selbst Teil des Problems wären und Verbesserungen behinderten? Wäre fachübergreifende Zusammenarbeit dann immer noch nur Chefsache? Bezieht sich die interdisziplinäre Zusammenarbeit der Fachbasis nur auf den Sozialbereich oder erstreckt sie sich auch auf andere Berufsgruppen, etwa hinsichtlich der Beteiligung an der Gestaltung des öffentlichen Raums?

Träger und Ressorts, Leitungsebenen von Institutionen: „Verwaltungsdominanz und Interdisziplinarität fragwürdig"

Die Verwaltungsressorts und die Wohlfahrtsverbände sind mit ihren Organisationsstrukturen und Hierarchien nicht nur ein Teil der Lösung, sondern auch ein Teil des Problems, was die interdisziplinäre Planungskooperation, Öffnung und Bürgerbeteiligung betrifft. Mehr Institutionenkritik und Fragen nach der lokalen Sozialarbeitspolitik und der Transparenz, die als Reformziel vorgegeben war, wären angebracht.

Wer hat ein Interesse an integrierten Handlungskonzepten? Sind kleine Träger und Initiativen gleichberechtigt? Wie reformfreudig und reformfähig sind die Wohlfahrtsverbände und die Verwaltungsressorts wirklich? Welches sind ihre Motive? Geben sie im Kontext von Dezentralisierung, Öffnung und Regionalisierung sozialer Dienste tatsächlich Planungs- und Entscheidungskompetenzen nach unten ab? Erlauben sie mehr Transparenz, wie legitimieren sie ihre Entscheidungen nach außen? Lockern sie trotz der Konkurrenzen ihre organisationsegoistischen Interessen? Sind Wettbewerbsvorteile durch Information und Planungskooperation überhaupt denkbar? Gibt es Anzeichen für eine neokorporative Wende (Mauscheleien)?

Was kann Gemeinwesenarbeit zur Dezentralisierung, Öffnung und Regionalisierung von sozialen Organisationen und zur verbesserten Teilhabe und Planungskooperation beitragen? Wie kann sie BewohnerInnen unterstützen, die Verwaltungsmodernisierung positiv zu beeinflussen? Was kann Quartiersmanagement zur Öffnung und Verwicklung von Trägern und Ressorts beitragen? Die Qualitäten und den Stellenwert von Beteiligung etwa an der Grünplanung im Baureferat zu verbessern und mit der Sozialen Arbeit zu verbinden, wäre beispielsweise eine Strategie mit Tiefen- und Breitenwirkung und dem Ziel einer Verstetigung und der Nachhaltigkeit von Innovationen. Sofern neue (fach-)öffentliche Legitimationsgremien vor Ort geschaffen wurden, so könnten sie zur Kontrolle und Anregung von ressortübergreifender Zusammenarbeit und für mehr Transparenz und Demokratisierung genutzt werden.

Kommunale Quartierspolitiken zwischen Regierbarkeit und Bürgerwillen: „Neue Steuerung ja, aber wohin?"

Die Gemeinwesenarbeit engagiert sich für eine sektorübergreifende Quartierspolitik, lokale Partnerschaften und mit dem Programm Soziale Stadt durch integrierte Handlungskonzepte für die Stadtteilentwicklung, Gesundheitsversorgung, Wirtschaftsförderung etc. Gemeinwesenarbeit als Arbeitsprinzip braucht ein konzertiertes Handeln und PartnerInnen in der Politik, wenn Anwaltschaftlichkeit und Innovationen nicht an institutionellen Verkrustungen zum Beispiel zwischen Verwaltungsgliedern scheitern sollen. Das ist schwierig, weil die demokratisch legitimierten KommunalpolitikerInnen, eine solche engagierte Quartierspolitik für sich selbst als Opposition oder Mehrheitsfraktion oder Koalition beanspruchen und für ihre Reputation und Wiederwahl sichtbare Erfolge und Auftritte brauchen. Es geht auch um die Regierbarkeit der Stadtviertel und zum Teil weniger um die Förderung von Bürgergesellschaft. Die BürgerInnen werden zuweilen als Störfälle wahrgenommen, wenn sie ihre Interessen gegen Entscheidungen zur Geltung bringen wollen.

Das Quartiersmanagement kann sich nützlich erweisen und/oder mit der Kommunalpolitik kollidieren, weil sie so heterogen ist und es Gründe dafür gibt, weshalb Quartiersmanagement auf den Plan gerufen wurde. Meistens werden von den Intermediären neue Qualitäten von Bürgernähe und Dialogfähigkeit erhofft, jedenfalls mehr als es das bisherige business-as-usual des politisch-administrativen Systems tat. Der darin angelegte strukturelle Konflikt wird nicht immer mit win-win-Strategien zu lösen sein, mit Personalisierungen von Konflikten ist zu rechnen. Wenn Kritik konstruktiv und lösungsorientiert eingebracht werden soll, dann müssen Konfliktklärungen gelingen. Ehrenamtliche Politik und professionelles Quartiersmanagement harmonieren nicht immer. Konsensfiktionen, die auch im Begriff „lokale Partnerschaften" stecken, helfen selten. Für die Verstetigung von Verbesserungen nach dem Programmende ist es wichtig, wie sich die Intermediären mit ihren Netzwerken in der politischen (Streit-)Kultur im Gemeinwesen verorten und verankern. Quartiersmanagement wäre ohne Gemeinwesenarbeit als Arbeitsprinzip zu oberflächlich, kurzatmig und etwa so nachhaltig wie eine Eintagsfliege.

Die Kommunalpolitik will steuern und zwar in neuer Weise! Alles müsste durch das Nadelöhr von Produktbeschreibungen für mehr Qualitätsmanagement gehen. Es ist fraglich, wie die Gemeinwesenarbeit dazu beitragen kann, dass möglichst viel bewährte Fachstandards in die Produktbeschreibungen aufgenommen werden, die ja dann zur Grundlage von Finanzierung und Qualitätssicherung durch Kontrakte werden. Wer kann sich in diese top-down-Verfahren wirksam einmischen?

Welchen Stellenwert wird von Sonntagsreden einmal abgesehen der Bürgerbeteiligung zuteil? Wie wird das generalistische Arbeitsprinzip Gemeinwesenarbeit auf die kommunalen Produktpaletten übertragen? Fallen diese fachlichen Anforderungen und umfassenden Leistungsprofile unter den Verhandlungstisch? Eine vergleichende Untersuchung über die Qualitätssicherungen an solchen Schnittstellen wäre hilfreich.

Eine weitere Aufgabe wäre es, sich auf eine offene Kooperation mit BewohnerInnen und bürgerschaftlichen Organisationen und mit den verschiedenen Fachzirkeln aus der Sozialen Arbeit, der Sozial- und Stadtplanung, der lokalen Wirtschaftsförderung, dem Bildungs-, Kultur- und Gesundheitsbereich und auch Gewerbetreibenden, Wohnungsgesellschaften vor Ort und auf fachübergreifende Diskurse über Entwicklungen und Alternativen einzulassen.

Solidarische Ökonomie / Gemeinwesenökonomie: „Wider die Konsensfiktionen im public-private-partnership"

In der Geschichte der Gemeinwesenarbeit in der Bundesrepublik seit 1945 war mit der engen Koppelung an die Sozialarbeit ein problematischer Sonderweg eingeschlagen und ihre sozialreformerischen und solidarökonomische Wurzeln im Kontext der sozialen Bewegungen, von Settlement-, Arbeiter-, Frauen-, Bürgerrechts- und Genossenschaftsbewegungen gekappt worden. Die Gemeinwesenarbeit war international auch außerhalb der Sozialarbeit, etwa als Community Development, in der Regional- und Stadtentwicklung oder der lokalen Wirtschaftsförderung wirksam geworden.

Mit dem Arbeitsprinzip Gemeinwesenarbeit sollte sich die Chance verbessern, sie aus der „Umklammerung durch die Sozialarbeit" (Oelschlägel 1983) zu lösen. Die Sozialstaatsillusionen und Etatismen müssten abgestreift und die zivilgesellschaftlichen Alternativen ernster genommen werden, allerdings ohne die verbrieften Sozialbürgerrechte preiszugeben.

Die solidarökonomischen Projekte der Gemeinwesenökonomie weisen zukunftsfähige zivilgesellschaftliche Wege für eine Gemeinwesenarbeit, die über die Soziale Arbeit hinaus im Gemeinwesen die existenziellen Lebensbereichen Arbeit, Wohnen und Gesundheit positiv verändert. Modelle können zeigen, dass mehr geht als man denkt. Aber es bleibt zu fragen: Kann das mehr sein als nur „Creaming the Poor"?!

Neue Modelle wie etwa in Trier-Nord offenbarten Konvergenzen! Mutige Mandatnahmen, Kompetenzerwerb und Gründergeist statt „Lohnarbeitergleichgültigkeit" waren die Erfolgsfaktoren und zeigten konkrete Pfade aus der Ausweglosigkeit auf für eine Vergemeinschaftung statt Individualisierung und eine erneute Vergesellschaftung sozialer Reproduktionsrisiken.

Naive Konzepte von lokalen Partnerschaften bringen wenig, allenfalls Legitimation für fremde Zwecke der Kapitalverwertung. Fragwürdig wäre es das Socialsponsering eines global-players in der Nachbarschaft zu loben, der gleichzeitig keine Gewerbesteuern mehr bezahlt und das Gemeinwesen schädigt. Mit einem geeigneten Monitoring sollten Mogelpackungen enttarnt und ernsthafte Solidarökonomie eingefordert werden. Public-private-partnership und zivilgesellschaftliche Entwicklung sind nicht konfliktfrei und zum Nulltarif zu haben, weder für die Kommunen noch für die Unternehmen. Müssen Beteiligungsrechte geschmälert werden, wenn Investoren gewonnen werden sollen. Können die Aufwertungseffekte des Programms Soziale Stadt mit Erhaltungssatzungen wirksam flankiert werden, sodass sich die bisherige Wohnbevölkerung halten kann?

Zielsetzungen und Aufgaben werden zum Beispiel weiterhin sein:

1. die Behelligung, Verwicklung und Inpflichtnahme des lokalen Gewerbes und der Wohnungswirtschaft für mehr soziale Verantwortung für den Stadtteil, das Anknüpfen an ökonomischen Eigeninteressen (Rufschädigung, Leerstände, (Vandalismus-)Schäden, schwindende Kaufkraft und Investitionen etc.
2. bessere Existenzsicherung im Stadtteil als eine Aufgabe von „Lokalen Partnerschaften": Verwaltung, Verbände, Wohnungsgesellschaften und lokales Gewerbe; soziale Selbstverpflichtungserklärungen anstreben und an die Ideen der Sozialbilanzierung von Unternehmen erinnern, lokale Wirtschaftsförderung einbeziehen und nicht nur an „Diskriminierungstöpfen" naschen

3. kooperative Existenzgründungen und solidarökonomische Beschäftigungsinitiativen etwa im Bereich Wohnen und Wohnumfeld mit Kombinationen aus Erwerbs- und Eigenarbeit, Grundsicherung und Qualifizierung. Wohnungs- und Sozialgenossenschaften ermöglichen und fördern, das heißt, Empowerment müsste mehr in einem ökonomischen Sinne verstanden werden.

Inwieweit Gemeinwesenarbeit mit ihren zivilgesellschaftlichen Visionen vorankommen kann, ohne auf sozialstaatliche Mittel zu verzichten und weitere Ressourcen aus z.B. aus der Wirtschaftsförderung oder von Stiftungen einzuwerben, wird nicht kampflos zu erproben sein. Eine Herausforderung für eine interdisziplinäre Ausbildung, die wir mit dem Master-Studiengang Gemeinwesenentwicklung, Quartiersmanagement und lokale Ökonomie zukunftsfähig bewältigen wollen.

Im Quartiersmanagement kreuzen sich die Wege verschiedener Professionen, die mit BewohnerInnen zusammen arbeiten sollen. Aber: Wie sieht die interdisziplinäre Zusammenarbeit in der Stadtentwicklung wirklich aus? Das Soziale als Querschnittsaufgabe hat in der sektorübergreifenden Zusammenarbeit einen untergeordneten Stellenwert. Inwieweit nimmt die Soziale Arbeit ihren Gestaltungsauftrag nach KJHG § 1,3 wahr, positive Lebensbedingungen und eine kinder- und familienfreundliche Umwelt zu schaffen oder zu erhalten? Inwieweit könnte man mit dem Arbeitsprinzip Gemeinwesenarbeit in anderen Berufsgruppen Resonanz erzeugen? Was verstehen andere und Berufs- bzw. Interessensgruppen davon, und was praktizieren sie? In welcher professionellen Qualität betreiben sie beispielsweise Beteiligung, wie lebensnah, problemgerecht, kontinuierlich und nachhaltig oder nur instrumentell, verwaltungskonform und sporadisch als Events? Substandards müssten kenntlicher gemacht werden. Die StadtplanerInnen und ArchitektInnen sollten zum Beispiel interkulturelle Lebenszusammenhänge besser verstehen und adäquate Beteiligungsformen erlernen können.

Instandsetzung, Qualifizierung und Evaluation als Perspektiven: „Wider die Mogelpackungen und Entfachlichung"

Die Soziale Arbeit wird um ihre Qualitätsstandards, Professionalität und Definitionsmacht gegenüber anderen Berufs- und Interessensgruppen ringen und auf dem Arbeitsprinzip Gemeinwesenarbeit, das zeitgemäßer denn je und fachhistorisch sowie handlungstheoretisch fundiert ist wie kein zweites, insistieren müssen. Es sind noch Visionen und Zielüberhänge, gesellschaftliche Konflikterfahrung von Menschen, sozialen Bewegungen und lernenden Organisationen enthalten. Es ist sperriger als schnell ausgesprochene Zauberformeln. Wer aber aus der Geschichte nichts lernt, macht vermeidbare Fehler und Erfahrungen nochmals. Wie lernfähig oder vergesslich unsere Organisationen und Ressorts sind, wird sich zeigen lassen. Die Vernetzung im Programm Soziale Stadt könnte Evaluationen und kritische Diskurse ermöglichen, Funktionalisierungen aufzeigen, damit Ressourcen und Chancen genutzt werden können.

Angesichts der Komplexität und Vielfalt von Aufgaben und angesichts von gesellschaftlichen Verwerfungen, Polarisierungen, Spaltungen und institutionellen Verkrustungen und Entwertungen von Biographien steht das Arbeitsprinzip Gemeinwesenarbeit für eine sehr moderne und lebensnahe Form der Professionalität ohne Bevormundung. Aus ihren Wurzeln und Modellen können Selbstbewusstsein und Qualitäten von Beteiligung und Empowerment auch in ökonomischer Hinsicht geschöpft werden. Vielleicht wird das Arbeitsprinzip Gemeinwesenarbeit dann noch durchsetzungsfähiger.

Quellen unter www.stadtteilarbeit.de

Georg Zinner

Stadtteilzentren und Nachbarschaftshäuser als Partner lokaler Politik und bürgerschaftlichen Engagements

Der gesellschaftliche Problemstau und das Grundrecht auf bürgerschaftliches Engagement

„Wir schaffen uns Institutionen, die uns das Leben erleichtern, uns allen dienen sollen – Regierung, Schule, Krankenhaus. Nach einer Weile verhält sich jede Institution so, als besitze sie uns, beginnt, uns zu befehlen, Vorschriften zu erteilen." (Milos Forman, Regisseur)

Treffend drückt Forman aus, was viele von uns belastet: Wir sind unseren Institutionen ausgeliefert und wir können sie nicht so beeinflussen und gestalten, wie wir das gerne möchten. Heftiger noch: Wir zweifeln überhaupt an Handlungsfähigkeit von Regierung und staatlichen Institutionen und befürchten, dass sie unsere großen und kleinen Probleme – unser sozialstaatlich abgesichertes Lebensrisiko und die Qualität unserer kommunal organisierten sozialen Dienste – nicht mehr lösen und absichern können. Das hat Folgen: einerseits sinkt die gesellschaftliche Akzeptanz des Handelns von Regierungen und staatlichen Institutionen (auf lange Sicht ist das für eine Demokratie gefährlich) andererseits fangen die Bürger an, zivilgesellschaftlich zu handeln: Sie sorgen zumindest ergänzend vor für Alter und Krankheit, und sie schaffen sich eigene Institutionen, die ihren Ansprüchen genügen und ihren Vorstellungen entsprechen.

Stadtteil- und Nachbarschaftszentren sind solche Institutionen, und wenn wir von ihnen sprechen, dann sprechen wir über Bürgerinitiative und über Demokratisierung des Lebensalltags auf der Ebene der Region, der Kommune, des Stadtteils, der Nachbarschaft und über eine inzwischen lange Tradition, die mit der Gründung von Nachbarschaftsheimen und Bürgerhäusern schon zu Beginn des 20. Jahrhunderts begonnen hat, von den Nationalsozialisten verboten, von den Amerikanern nach 1945 wieder begründet wurde und nach meiner Auffassung nach der „Eroberung gemeinwesenspezifischer Ansätze" durch Sozialarbeit und Stadtplanung einen theoretischen Überbau, aber ein Fundament erst durch die Bewegungen der 1970er und 1980er Jahre erhielt, als Kinderläden, Stadtteilläden, Bürgerinitiativen und die

Selbsthilfebewegung begannen, ihren Gestaltungswillen durchzusetzen. Heute ist der Begriff des „bürgerschaftlichen Engagements" in aller Munde und steht teilweise auch dafür, kostengünstig soziale Arbeit zu organisieren und eine Entprofessionalisierung zu bewirken. Das erwarten diejenigen, die regieren und sparen müssen, aber auch diejenigen, die ihre Professionalität für den Nabel der Welt halten. In Wirklichkeit geht es aber um ganz und gar Selbstverständliches: dass Bürger sich engagieren, beteiligen, gestalten dürfen und sollen und zwar nach ihren Vorstellungen und ihren Interessen. Es handelt sich also um einen Demokratisierungsprozess, der nicht gesteuert werden kann und auch nicht gesteuert werden soll. Es geht um das Grundrecht auf Engagement und Verwirklichung bürgerschaftlicher Ziele, um das demokratische Recht soziale Arbeit und Dienste nach eigenen Vorstellungen und fern staatlicher Einflussnahme gestalten zu dürfen! Das haben „Fachleute" gleichermaßen zu respektieren, wie politisch Verantwortliche und staatliche Bürokratien.

Nachbarschafts- und Stadtteilzentren in Deutschland sind seit etwa zwei Jahrzehnten Partner von Stadtteilinitiativen, von Selbsthilfe und bürgerschaftlichem (ehrenamtlichen) Engagement und haben damit die Grundidee amerikanischer Wiederbegründungen aus der Nachkriegszeit aufgegriffen: Das lokale Engagement der Bürger und das demokratische Handeln im Alltag zu fördern, gehört zu ihren zentralen Aufgaben und Anliegen.

Folglich können und sollen Nachbarschafts- und Stadtteilzentren sich als Partner lokaler Politik und bürgerschaftlichen Engagements begreifen. Wie dies zu verstehen ist, soll im Folgenden näher beschrieben werden, teilweise im Rückgriff auf Beispiele aus der Praxis des Nachbarschaftsheims Schöneberg e.V. in Berlin.

Das Festhalten an überkommenen Strukturen bindet sinnlos finanzielle Mittel, die dringend für Reformen gebraucht würden – die Qualität staatlichen und kommunalen Handelns ist daher stark gefährdet

Sehr viele finanzielle Mittel werden in Bund, Ländern und Gemeinden in aufgeblähten, inkompetenten und passiven Verwaltungen und zudem in bürgerfernen, nicht mehr zeitgemäßen sozialen Einrichtungen sinnlos gebunden. Diese Mittel fehlen für Innovationen, Investitionen und flexibles Handeln in der Kommunal- und Sozialpolitik und für angepasste Problemlösungen, also zeitgerechte soziale Arbeit und bürgernahe Institutionen. Staatliches und kommunales Verwaltungshandeln erweisen sich heute zu oft als „strukturell organisierte Verantwortungslosigkeit". Die Verwaltung interessiert und beschäftigt sich mehr mit sich selbst als mit ihren eigentlichen Aufgaben: Sie scheitert an ihrer Überorganisation, an Mehrfachzuständigkeiten, an öffentlichem Dienst- und Haushaltsrecht, die noch aus vordemokratischen Zeiten stammen. Kein Wunder, dass sich auch die dort arbeitenden Menschen nicht wohl fühlen: Niemand fühlt sich auf Dauer in überholten Strukturen zuhause, niemand ist zu motivieren, wenn die gesellschaftliche Akzeptanz für die aufgetragene oder übernommene Aufgabe fehlt und im kollegialen Umfeld nicht motivierte Mitarbeiter trotzdem über einen sicheren Arbeitsplatz verfügen.

Was Milos Forman auf seine Weise ausdrückt, korrespondiert mit den Einsichten von Bundeskanzler Gerhard Schröder, der seit einiger Zeit der Zivilgesellschaft das Wort redet. Er spricht von einem gesellschaftlichen Wertewandel, vom Vertrauensverlust in staatliche Handlungsfähigkeit, vom gestärkten Vertrauen in die persönliche Handlungskompetenz und meint: Wir müssen weg vom Gedanken an einen möglichst alle Risiken absichernden Versorgungsstaat und hin zu einer verantwortungsbewussten Bürgergesellschaft, die nicht mehr alle Erwartungen an Staat und Politik richtet und Vorsorge auch selbst organisiert.

Politischer Aktionismus ersetzt allzu oft politische Strategie und hinterlässt Wildwuchs und anhaltenden Reformstau

Kurzfristige – oft auch schlagzeilenträchtige – Programme ersetzen leider seit Jahren langfristige Strategien und werden auch noch als das ausgegeben, was sie beim besten Willen nicht sind: politisches Handeln. Das ist in der „großen Politik“ so, wie in der kommunalen Selbstverwaltung: statt zeitgerechte und die Bürger aktivierende Grundversorgungsstrukturen zu erhalten und auszubauen, werden mediengerechte Kurzzeitprogramme verkauft, deren Nutznießer eher die professionellen Akteure und deren wissenschaftliche Begleiter sind, als der Personenkreis, für den die Programme bestimmt sind. Neuerdings sind diese Programme häufig mit einer Art Preisausschreiben verbunden (beispielsweise als Ideenwettbewerb getarnt). Zur Umsetzung werden mitunter sogar extra Stiftungen und Agenturen gegründet. Schließlich misstraut die politische Führung der eigenen Administration, die tatsächlich selten die Werbestrategien entwickeln könnten, mit denen diese Programme an die Träger gebracht werden. Trendig sollen die Programme wirken – Nachhaltigkeit ist nicht gefragt. Damit wir als Nachbarschaftszentrum von diesen Mitteln profitieren, müssen wir beispielsweise in der Kinder- und Jugendarbeit mindestens in der gleichen Geschwindigkeit in der heutzutage Speicherchips der jeweils neuesten Generation auf den Markt gebracht werden, innovative Projekte entwickeln. Das ist ein ganz und gar kapitalistisches System, in dem der gewinnt, der seine Ware – sprich: sein Projekt – am schillerndsten verpackt, also derjenige, der den besten Werbetexter – nicht Jugendarbeiter – in seinen Reihen hat.

Weiteres Symptom des an die Stelle von Strategien getretenen Aktionismus ist die seit Jahrzehnten anhaltende Verdoppelung und Überspezialisierung sozialer Dienste:

Wenn ein Dienst oder auch eine Verwaltung nicht funktioniert, wird sie nicht – salopp ausgedrückt – auf Vordermann gebracht, abgeschafft oder dem marktwirtschaftlichen Konkurrenzprinzip ausgesetzt. Nein, man lässt sie samt Personal- und Finanzausstattung links liegen und baut Parallelstrukturen bis zur Unübersichtlichkeit auf – nicht selten profitieren auch freie Träger davon. Irgendwann gibt es dann mehr oder weniger für jedes Problem eine eigene gesetzliche Hilfeform und die dazugehörigen Ausführungsvorschriften, Interpretationen, Rahmenvereinbarungen und Ergänzungen zu den Rahmenvereinbarungen sowie dazu die ausführenden Institutionen. Ein Beispiel aus der Jugendhilfe (aus dem Jugendfördersystem wurde im Laufe der Jahrzehnte ein immer teueres Jugendhilfesystem geschmiedet) unterstreicht dies:

Beispiel: Wir haben in Berlin Dutzende von unattraktiven und kaum funktionierenden Kinder- und Jugendfreizeiteinrichtungen, die neuen Herausforderungen nicht gerecht werden. Die naheliegendste Idee wäre, alles zu tun, um daraus für Kinder und Jugendliche, ja ganze Familien, interessante Häuser zu machen. Stattdessen werden sie ignoriert (ihre faktische Privatisierung durch Mitarbeiter/innen wird akzeptiert) und parallel werden laufend neue Programme aufgebaut, die Parallelstrukturen schaffen und an der Grundmisere nichts ändern: Streetworker-Programme, Anti-Gewalt-Programme, Anti-Rassismus-Programme, der exzessiver Ausbau von ambulanten Erziehungshilfen etc. Hinzu kommen Programme aus den Ländern, vom Bund, von Stiftungen und selbstverständlich auch von der EU und von zahlreichen nachgeordneten Institutionen des Bundes und der Länder. Selbstverständlich sind alle diese Programme nach eigener Einschätzung innovativ und selbstverständlich erwartet jede fördernde Institution neue Modelle – die Kinder- und Jugendfreizeiteinrichtungen aber dämmern weiter vor sich hin.

Dezentrale Strukturen und Institutionen, die für den Bürger erreichbar und ihnen verantwortlich sind, die die Probleme eines Stadtviertels genau kennen und mit ausreichenden Kompetenzen und Ressourcen ausgestattet sind, als zukunftsweisendes Gestaltungsmodell

Die heutige Gesellschaft ist für zentrale Steuerungsmodelle zu kompliziert, zu vielschichtig und zu individualisiert. Für die Zukunft benötigen wir eine Gewährleistungs-, Sicherstellungs- und Steuerungsverwaltung auf der einen Seite und das Modell der „dezentralen Konzentration“ auf der anderen Seite, der operativen Ebene, einhergehend mit einer massiven Kompetenz- und Ressourcenverlagerung „nach unten", in die Einrichtungen und Dienste selbst, in das Gemeinwesen.

Dezentrale Konzentration bedeutet Bündelung und Vernetzung regionaler sozialer Dienste, optimale Ausschöpfung vorhandener Ressourcen und eine neue Denkweise. Die sozialen Dienste müssen sich an den Interessen des Stadtteils und dessen Bürger/innen orientieren und nicht an den Vorgaben zentraler, schwerfälliger, überbürokratisierter Apparate. Flexibilität, Durchlässigkeit, örtliche und zeitliche Nähe der Ressourcen und Personen müssen zur Selbstverständlichkeit werden.

In für den Bürger überschaubaren (gewachsenen) Stadtgebieten müssen sich also öffentliche Institutionen, freie Träger und private Initiativen vernetzen, ihre Aufgaben bündeln und den vorhandenen Reformstau durch eigene Initiative auflösen. Sie müssen sich schließlich von Träger- und Einrichtungsegoismen befreien und angesichts des Spardrucks Synergieeffekte erzielen, die sowohl zu besseren Angebote als auch zur Optimierung der Kosten beitragen.

Entscheidend aber für einen dauerhaften Erfolg eines solchen Konzeptes ist, dass die Kompetenz der Bürger und deren Bereitschaft zur Mitwirkung einbezogen und genutzt wird: Sie kennen zumeist die fachlich bessere und häufig auch die kostengünstigere Handlungsalternative. Politik und Verwaltung mögen sich und können sich dann auf das für sie Machbare beschränken, und das ist: gute Rahmenbedingungen schaffen, bürokratische Hemmnisse abbauen und die Steuerungsfunktion übernehmen.

Der Berliner Vertrag zur Förderung der Stadtteilzentren, der Selbsthilfe und des bürgerschaftlichen Engagements

Es ist den politisch Verantwortlichen in Berlin dafür zu danken, dass sie mit dem Fördervertrag für Stadtteil- und Selbsthilfezentren „zusammenführen was zusammen gehört". Einerseits mussten Politik und Verwaltung wegen des Spardrucks neue Wege beschreiten. Andererseits haben die Berliner Nachbarschaftszentren zu einem guten Teil schon praktiziert, was im Fördervertrag dann vereinbart wurde.

Demnach können und müssen Nachbarschaftsinitiativen, Selbsthilfetreffpunkte und Koordinierungsstellen ehrenamtlicher bzw. freiwilliger Mitarbeit ihre jeweiligen Arbeitsansätze durch Integration, Kooperation und Bündelung stärken, örtlich und – nicht selbstverständlich, aber logisch – gerade auch durch die Bündelung der Ressourcen der Dachverbände. Wünschenswert ist sogar deren überfälliger Zusammenschluss. Dieser Vertrag beschneidet Einrichtungsinteressen und fachlich beschränkte Sichtweisen. Er unterstützt die innovativen Entwicklungen gemeinwesen-

orientierter Sozialarbeit und verbessert deren Strukturen, obwohl der Vertrag auch gravierende Subventionskürzungen mit sich bringt.
Innovation in der sozialen Arbeit bedeutete über viele Jahre hinweg allein fachliche und organisatorische Differenzierung. Nach dem Motto: jeder sozialen Aufgabe und jedem sozialen Problem ein Spezialangebot, eine eigene Einrichtung und vor allem auch eine eigene Förderschiene. Das hat – vornehm ausgedrückt – zu einer gewissen Unübersichtlichkeit geführt.
Zwar möchten auch Nachbarschafts- und Stadtteilzentren und ihre Verbände nicht, dass der Staat sich aus seiner gesellschaftlichen und sozialen Verantwortung zurückzieht – er muss Garant der sozialen Grundsicherung und -versorgung bleiben -, aber Einrichtungen und Dienste muss er deswegen keineswegs selbst betreiben. Bürgernahe Nachbarschaftshäuser, offen für die Mitwirkung der Nutzer/innen, transparent für die Öffentlichkeit und das Wissen und das Können der Nutzer/innen einbeziehend, sind nun einmal ideale Träger und geradezu prädestiniert dafür, lokale soziale und kulturelle Netzwerke zu schaffen und partnerschaftlich mit den Kommunen die Verantwortung für das soziale und gesundheitliche Wohlbefinden in einer Region zu übernehmen.

Lokale Politik braucht starke regionale Partner, die Aufgaben schultern, bürgerschaftliches Engagement fördern und zusätzliche Mittel akquirieren können

Wie diese Partnerschaft in der Praxis aussehen kann, zeigen die folgenden Beispiele einer langjährigen Kooperation zwischen dem Bezirksamt Tempelhof-Schöneberg und dem Nachbarschaftsheim Schöneberg e.V.

- Die Übernahme der vom Bezirk neu erbauten Kindertagesstätte am Riemenschneider Weg eröffnete dem damals bezirklichen Auguste-Viktoria-Krankenhaus die Teilbelegung mit Kindern von schichtarbeitenden Mitarbeiter/innen, weil der Träger bereit war, extrem lange Öffnungszeiten von 5:30 bis 20:30 zuzusichern, ohne dafür ein extra Entgelt zu erhalten. Durch die Übertragung spart der Bezirk zudem sämtliche Kosten für Verwaltung und den baulichen Unterhalt der Kindertagesstätte.
- Kinder- und Jugendfreizeiteinrichtung Vorarlberger Damm 13 wurde an das Nachbarschaftsheim Schöneberg e.V. übertragen, nachdem der Bezirk aus Spargründen Stellen nicht mehr besetzen konnte und das Haus einen großen Teil der Kinder und Jugendlichen des Einzugsgebietes nicht mehr erreichte. Das modernisierungsbedürftige Haus wurde vom neuen Träger weitgehend auf seine Kosten modernisiert. Mit weniger Personal und einem neuen Konzept erreicht das Haus

wieder alle Zielgruppen und hat neue Aktivitäten entwickelt, unter anderem ein umfangreiches Angebot an Schularbeitshilfen. Letzteres fördert die Zusammenarbeit mit den Eltern und den umliegenden Schulen sehr. Fazit: das Haus ist nun für den Bezirk, der weiter fördert, kostengünstiger und für die Kinder und Jugendlichen des Stadtteils attraktiver geworden. Ihre Zukunftschancen haben sich deutlich verbessert. Die polizeilich auffälligen Delikte von Kindern und Jugendlichen haben deutlich nachgelassen.

- Ein bezirklicher Bauspielplatz geriet aufgrund seiner „Nichtpädagogik" in öffentliche Kritik, so dass Anwohner die Schließung forderten und der Vermieter mit der Kündigung der dazugehörenden Mieträume drohte. Die Anwohner waren unter der Voraussetzung der Mitwirkung des Nachbarschaftsheims dazu bereit, ihre Schließungsforderungen zurückzunehmen. Daraufhin entwickelten Bezirk und Nachbarschaftsheim ein bis heute funktionierendes Konzept einer tragfähigen Zusammenarbeit und der Bauspielplatz genießt wieder die Unterstützung der Anwohner. Die jahrelange Verbindung und die Zusammenarbeit zwischen Nachbarschaftsheim und Bürgern haben eine Vertrauensbasis geschaffen: Man kennt die Akteure und ist sich sicher, dass dort professionelles Können zur Meisterung schwieriger Situationen vorhanden ist, und die Einrichtungen gut und transparent geführt werden. Mittlerweile denkt der Bezirk darüber nach, den Spielplatz ganz in die Trägerschaft des Nachbarschaftsheims zu geben – diesmal aus reinen Spargründen –, und wir sind gefordert, ein Konzept zu entwickeln, den Spielplatz ohne große öffentliche Förderung zu erhalten. Dies wird nur mit den Anwohnern zusammen gelingen.
- Ein bezirkliches Kinderheim kommt in die Trägerschaft des Jugendaufbauwerks. Aufgrund der Nichtauslastung steht ein Teil der Räume seit vielen Jahren leer. Leerstand, der Kosten verursacht. Das Nachbarschaftsheim seinerseits benötigt dringend Räumlichkeiten für Familienbildung, Eltern-Kinder-Gruppen, Selbsthilfeinitiativen etc. Bezirk, Jugendaufbauwerk und Nachbarschaftsheim einigen sich auf Drängen des Nachbarschaftsheims, das den Nachfragedruck der Eltern, der Kinder und der Gruppen spürt: Die Räume werden kostenfrei gegen Renovierung und Zahlung von laufenden Unterhalts- und Instandsetzungskosten an das Nachbarschaftsheim übergeben. Inzwischen ist aus einem Teil des Kinderheims und des dazugehörigen Grundstücks ein lebendiges „Familien- und Selbsthilfezentrum" mit Café und grundlegend sanierten Garten entstanden – rege genutzt. Alle Beteiligten – und vor allem die Bevölkerung – haben nur Vorteile!
- Eine Schule sucht für ihre Kinder dringend eine Hortbetreuung. Die Kindertagesstätten der Umgebung haben keine Plätze. Die Schule hat einige leerstehende, bzw. gering genutzte Räume. Das Schulamt ist damit einverstanden, diese dem Nachbarschaftsheim zu überlassen, das vom Jugendamt der Schule als möglicher Träger genannt worden war. Da öffentliche Mittel nicht zur Verfügung stehen,

baute das Nachbarschaftsheim aus eigenen Mitteln die Räumlichkeiten für Hortzwecke um und hat innerhalb weniger Monate 44 dringend benötigte Plätze geschaffen. Die Attraktivität der Schule ist dadurch gestiegen. Eltern und Kindern wurden große Sorgen genommen.

– Eine Gruppe türkischer Senioren sucht dringend einen Ort als Treffpunkt. Der Bezirk hat keine Räume und keine finanziellen Mittel – weder für Mietkosten, noch für den Bau einer eigenen Einrichtung. Das Nachbarschaftsheim ist bereit, das Mietrisiko zu übernehmen, die türkischen Senioren sind ihrerseits bereit, den Treffpunkt auch für Jugendliche zu öffnen. Das ermöglicht ein Gesamtkonzept, das die Finanzierung der Miete und eines Teils der Einrichtung über Stiftungsmittel und einer Anschubfinanzierung der Selbsthilfe absichert. Senioren und Jugendliche sanieren den angemieteten Laden gemeinsam. Inzwischen herrscht in „Merkez" (Zentrum, Marktplatz) reges – weitgehend selbst organisiertes – Leben durch Gruppen- und Kursangebote, die Offene Tür und Sozialberatung. Dieses Beispiel zeigt, dass zwingend notwendige Einrichtungen sogar ohne bezirkliches Engagement von einem starken freien Träger geschaffen werden können, wenn sich engagierte Bürger und ein freier Träger, der sich den Problemen der Region verpflichtet fühlt und von den Bürgern des Stadtteils getragen wird, zusammentun.

Diese Beispiele aus den letzten Jahren könnten noch ergänzt werden. Die Zukunft gelungener sozialer Arbeit im Gemeinwesen liegt darin, herauszufinden, wer was von den Beteiligten am besten kann, welche Ressourcen jeder Beteiligte jeweils einbringen kann und wie diese Nutzen stiftend und möglichst kostengünstig für bessere Angebote an die Bürgerschaft und mit ihr zusammen verwendet werden können.

Nachbarschafts- und Stadtteilzentren und das ihnen eigene bürgerschaftliche Engagement sind ein Angebot an die Stadt und an die Politik – es kommt in der aktuellen gesellschaftlichen Situation darauf an, ihre Strukturen zu erhalten und auszubauen, die darin liegenden Chancen zu erkennen und die hier nur kurz angedeuteten Möglichkeiten herauszufordern.

Weiterführende Informationen und Literatur über

www.nachbarschaftsheim-schoeneberg.de
www.stadtteilzentren.de

Was sind und wie arbeiten Nachbarschaftsheime und Stadtteilzentren?

Nachbarschaftszentren sind gemeinwesenorientierte freie Träger sozial-kultureller Arbeit mit zum Teil jahrzehntelanger Tradition. Als freie Träger in der Rechtsform eingetragener Vereine sind sie unabhängige und weltanschaulich neutrale Organisationen, die im Rahmen ihrer Satzung und gemeinnützigen Vereinsziele selbst über ihre Angebote entscheiden.
In Berlin gibt es rund 30 Nachbarschaftszentren mit sehr unterschiedlicher Kultur und Ausprägung und zum Teil mit langjähriger Tradition. In vielen Ländern der Welt gehören Nachbarschaftszentren zu den wichtigsten Trägern sozialer Arbeit überhaupt (z.B. USA, England, Kanada, Frankreich, Israel, Niederlande, Finnland, etc.).
Nachbarschaftszentren verstehen sich als Bürgerinitiative, Netzwerk und Plattform für soziales und kulturelles Engagement im Stadtteil, und sie sind Anbieter von sozialen und gesundheitlichen Dienstleistungen mit folgenden Arbeitsgrundsätzen:
- generationen- und schichtenübergreifende Angebote für alle Bürger
- Verbindung von sozialer Arbeit und kultureller Betätigung
- die Förderung der Selbsthilfe und des bürgerschaftlichen Engagements
- konkret-nützliche Dienstleistungen und Hilfen anzubieten
- die Arbeit lokal und nachbarschaftsorientiert auszurichten und
- die weltanschauliche Neutralität und Unabhängigkeit zu sichern.

Nachbarschaftszentren sind Träger von Einrichtungen,
wie Selbsthilfetreffpunkten, Seniorenfreizeiteinrichtungen, Familientreffpunkten, Kinder- und Jugendfreizeiteinrichtungen, Schülerclubs und Schulstationen, Kindertagesstätten, Sozialstationen, Integrationsprojekten, Betreuungsvereinen, Beschäftigungs- und Qualifizierungsprojekten und anderem mehr.

Nachbarschaftszentren sind sensibel für Probleme
Sie leisten Beratungs- und Unterstützungsarbeit beispielsweise in Bildungs- und Erziehungsfragen, in sozialrechtlichen Angelegenheiten, bei der Integration von Bürgern ausländische Herkunft und tragen dazu bei, das soziale und gesundheitliche Wohlbefinden der Bevölkerung und den sozialen Ausgleich im Stadtteil zu fördern.

Nachbarschaftszentren fördern die Selbsthilfe und Selbstorganisation der Bürger
Sie schaffen Möglichkeiten der Kommunikation, der Beteiligung und des Handelns. Sie begleiten und unterstützen Personen, Gruppen, Initiativen und ermöglichen ehrenamtliche (freiwillige) Mitarbeit und bürgerschaftliches Engagement im Wohngebiet und in den Einrichtungen.

Nachbarschaffszentren sind Orte der Kultur und Kommunikation
Sie fördern und wecken die kreativen Potentiale von Kindern, Jugendlichen, Erwachsenen und Senioren und ermutigen zu eigenen Aktivitäten. Die Stadtteilkulturarbeit der Nachbarschaftszentren gibt subjektiven Bedürfnissen Raum, schafft kommunikative Strukturen und aktiviert soziales Leben. Kulturarbeit ist für uns aktive Beteiligung, eigene Gestaltung und Verwirklichung, aber auch neugierige Teilhabe und gewonnenes Selbstbewusstsein.

Nachbarschaftszentren arbeiten bürgernah, offen für alle und transparent.
Die Angebote der Nachbarschaftszentren stehen allen Bürgern offen und sind nicht an Mitgliedschaften, beispielsweise im Verein, gebunden. Die Einrichtungen haben bürgerfreundliche Öffnungszeiten. Ansprechpartner und Verantwortliche werden in den Veröffentlichungen benannt. Die Einrichtungen veröffentlichen ihre Angebote regelmäßig (Programmhefte, Flyer, Internet, Presse etc.). Die Einrichtungen und Räumlichkeiten sind freundlich gestaltet und strahlen eine wohltuende Atmosphäre aus.

In Nachbarschaftszentren arbeiten innovative und selbstständige Mitarbeiter/innen
Die Mitarbeiter/innen sollen ihre Aufgaben weitgehend selbständig und in eigener Verantwortung nach den hier beschriebenen Grundsätzen wahrnehmen und dazu beitragen, dass die Ziele im Interesse der Bürger des Stadtteils erfüllt werden. Jede(r) Mitarbeiter(in) ist bei uns eingeladen, seine/ihre Fähigkeiten, Ideen und Wünsche in den Arbeitsalltag und in das Programmangebot des Nachbarschaftsheims einzubringen und verpflichtet, sich fortzubilden, um den gestellten Anforderungen gerecht zu werden.

Nachbarschaftszentren suchen die Zusammenarbeit
mit den Bürgern, mit der Verwaltung, mit öffentlichen Einrichtungen, mit anderen Trägern sozialer Arbeit, mit Schulen, mit Kirchengemeinden, mit Bürgerinitiativen, Wohnungsbaugesellschaften, Geschäftsleuten und Firmen, mit den politisch Verantwortlichen und mit den Parteien, kurz: mit allen, die für ein Gemeinwesen Verantwortung tragen oder in einem Gemeinwesen aktiv sind.
Die vergangenen Jahrzehnte haben gezeigt, dass die Nachbarschaftszentren besonders geeignet sind, Problemen der gesellschaftlichen Individualisierung, der Entfremdung und den Zukunftsängsten zu begegnen. Sozialkulturelle Einrichtungen arbeiten bürgernah, flexibel, kostengünstig und effektiv. Sie sind in der Lage schnell und mit zeitgemäßen Mitteln auf Veränderungen im Gemeinwesen zu reagieren und sind so in den letzten Jahren zu immer wichtigern Partnern für die Bürger, die Politik und die Verwaltung bei der Lösung von Problemen geworden. Ihre Stärke beziehen sie letztendlich aus dem Engagement der Bürger, die ihre Einrichtungen im Stadtteil über den jeweiligen Trägerverein oder als engagierter Nutzer mitgestalten können.

Wolf Rainer Wendt

Soziale Arbeit und Ökonomie im Gemeinwesen: der sozialwirtschaftliche Zusammenhang

Im Gemeinwesen sozial arbeiten und wirtschaften, passt das zusammen? Ich denke: in der Konsequenz notwendigerweise. Um zu dieser Feststellung zu kommen, bedarf es einer Klärung, in welcher Beziehung Gemeinwesenarbeit als ziviles Handeln zum sozialen Arbeiten und Wirtschaften im Gemeinwesen steht. Die Explikation der Begriffe führt auf den Diskurs über Gemeinwesenarbeit zurück, wie er wesentlich von Dieter Oelschlägel mitbestimmt worden ist. Die Neugestaltung von GWA in den letzten Jahren ist nicht abgeschlossen. Zu ihrer künftigen Positionierung kann die Sozialwirtschaftslehre beitragen. Von ihr her wird die These vertreten: Emanzipatorische Gemeinwesenarbeit lässt sich (dialektisch) aufheben in der wirtschaftenden Weise einer Entwicklungsarbeit am individuellen und sozialen Leben im Gemeinwesen.

Eine vorläufige Gegenüberstellung

Es gibt den Theorierahmen einer sozialraumbezogenen zivilen GWA und den Theorierahmen einer lokalen und individuellen Ökonomie des Lebens im Gemeinwesen. Beide verweisen auf der Mikroebene auf (subpolitische und mikroökonomische) Entscheidungen der Angehörigen des Gemeinwesens. Der sozialwirtschaftliche Zusammenhang besteht in dem reflexiven Charakter dieser Entscheidungen in der Umwelt, in der sie getroffen werden. Sie berücksichtigen Gegebenheiten und Veränderungen im näheren und weiteren Lebensfeld, und diese wiederum gestalten sich nicht unabhängig vom Handeln der Akteure im Lebensfeld. Die gemeinten Sachverhalte werden aber auf einer anderen Ebene als der des persönlichen Wollens und Könnens politisch und ökonomisch bewegt. Will der Einzelne auf sie einwirken und bei ihrer Gestaltung mitmischen, kann er nicht im Selbstbezug verharren. Analog stellen wir in sozialwirtschaftlicher Betrachtung die methodischen Differenzen von auf Individuen gerichteter Sozialarbeit und – getrennt davon – auf das „Leben im Quartier“ gerichteter Gemeinwesenarbeit zurück, zugunsten einer angemessenen Bewirtschaftung von Ressourcen auf den Ebenen persönlicher und gemeinschaftlicher Lebensführung, intermediärer Versorgung und (sozial-)politischer Steuerung gesellschaftlicher Wohlfahrt (Wendt 2002, 2003).

Wenn Ökonomie auf Soziale Arbeit bezogen wird, ist ihr ganzer Betrieb gemeint, der Begriff der Sozialen Arbeit also nicht eingeschränkt auf personenbezogene Fürsorge. Diese Bemerkung scheint angebracht, denn aus der Bindung an Sozialarbeit als Fürsorge hat Oelschlägel die Gemeinwesenarbeit herausgehalten und diese als sozialkulturelle Interventionsstrategie, als Gestaltung von sozialen Räumen und Teil lokaler Politik deklariert (Oelschlägel 2001a, 653f.). Er verknüpft mit der Strategie aber in jüngerer Zeit neue Konzepte einer Gemeinwesenökonomie. Auf sie hin orientiert auch der vorliegende Beitrag.

Der zivile Ausgangspunkt

Soziale Arbeit hat von jeher einen doppelten Bezug. Sie beschäftigt sich mit einzelnen Menschen, denen geholfen werden soll. Sie richtet sich zum anderen auf Zustände und Verhältnisse in der Gesellschaft bzw. im konkreten Gemeinwesen, die man ändern will. Seit den Zeiten von Mary Richmond (1917) wird professionell beides in Betracht gezogen: Hilfe im Einzelfall und soziale Reform. Soziale Arbeit lässt sich politisch verstehen – und wurde seinerzeit, nämlich in der *Progressive Era* in den USA, so verstanden. *Community Work* hat bekanntlich darin seine basisdemokratischen Wurzeln. Wenn von einer genuinen Differenz der GWA zur sozialen Berufsarbeit gesprochen werden kann, dann im Sinne einer demokratischen Selbstermächtigung der Bürger: Gemeinwesenarbeit macht sie nicht fürsorglich zu Klienten.

Im Blick zurück ist erkennbar: Gemeinwesenarbeit hat immer einen zivilgesellschaftlichen Horizont gehabt. Sie begann in den USA im „community organizing" mit der Aktivierung von Bürgern für die „Regierung" ihrer gemeinsamen lokalen Angelegenheiten. Man kann mit Oelschlägel (2001a) auch auf die sozialkulturelle Tradition der Settlement-Bewegung zurückgreifen. Die Settlements entwickelten stadtteilbezogene Arbeitsformen, aktivierten Nachbarschaft und Bürgerbegegnung. Was sie leisteten, verstanden die *social settlements* in den USA als ein soziales „Werk": Die Settlements lieferten in den USA eine erste Ausprägung des Begriffs *social work* und standen zunächst Pate bei der Entwicklung professioneller Sozialarbeit generell (vgl. Wendt 1995, 156ff.). Der Diskurs über community work begann später und war politisch motiviert. Ökonomisch wurde dieser Diskurs nicht geführt.

Vom sozialwirtschaftlichen Ansatz besteht deshalb keine Herkunftsverbindung zu den Ansätzen der Gemeinwesenarbeit. Die Settlements konzentrierten sich auf die Ethik und die Kultur des Zusammenlebens; community organizing hieß, basisdemokratisch die Bürger zur Wahrnehmung ihrer Angelegenheiten im lokalen Gemeinwesen heranzuziehen (Betten/Austin 1990). Die ökonomische Selbstorganisation in Solidarvereinigungen (in der ersten Hälfte des 19. Jahrhunderts) steht auf einem anderen Blatt als die Gemeinwesenorganisation. Die frühen sozialwirtschaftlichen Projekte im 19. Jahrhundert – Produktivgenossenschaften, Kommunen, Gegenseitigkeitsvereine – waren der liberalen Verbindung von bürgerlicher Demokratie und kapitalistischer Marktwirtschaft entgegengesetzt. Interessanterweise hat der dieser Verbindung aufgesetzte Wohlfahrtsstaat erst in seiner Krise gegen Ende des 20. Jahrhunderts die Sozialwirtschaft als Partner wahrgenommen. Nun sollen Beschäftigungsmöglichkeiten erschlossen, die Menschen in Qualifizierungsmaßnahmen ertüchtigt, lokale Netzwerke und soziales Kapital genutzt werden. Kurzum, *community economic development* ist gewünscht (Sherraden/Ninacs 1998, Simon 2001) und *social enterprises* (Borzaga/Defourny 2001) sind gefordert.
Dass sich hier ökonomische mit sozialen Interessen treffen, bedeutet noch nicht, dass sie sich verbinden und ineinander aufgehen. Ihre Beziehung aufeinander ist eine ebenso kontroverse wie tiefgründige. Indem wir ihr nachgehen, erschließt sich uns der sozialwirtschaftliche Zusammenhang, in dem die Gemeinwesenarbeit zu einer angemessenen ökonomischen Auslegung findet. – Dazu erscheint ein kurzer geistesgeschichtlicher Rekurs angebracht.

Wovon die Rede ist: politisch handeln, sozial arbeiten, wirtschaften

Die Sphären politischer, sozialer und wirtschaftlicher Betätigung sind von Hannah Arendt in ihrem Wechselverhältnis untersucht worden (Arendt 1983). Dabei hat sie auf die doppelte Differenzierung in der Antike von Polis und Oikos (Haushalt) einerseits und von Arbeiten, Handeln und Herstellen andererseits zurückgegriffen. Die erste Gegenüberstellung ist die eines Reiches der Freiheit und eines Reiches der Notwendigkeit. Arbeit ist auf den Haushalt bezogen. Arbeit dient dem physischen Lebensunterhalt. Über das Naturnotwendige hinaus wird im Herstellen Kultur in Werken erzeugt. Handeln ist frei und die eigentlich politische Tätigkeit eines Menschen mit anderen Menschen zusammen.

Zum privaten Raum beherrschten Lebens und dem politischen Feld freier Betätigung, wie es ihn in der Antike gab, ist in der Neuzeit die gesellschaftliche Sphäre getreten. „Der Raum des Gesellschaftlichen entstand, als das Innere des Haushalts mit den ihm zugehörigen Tätigkeiten, Sorgen und Organisationsformen aus dem Dunkel des Hauses in das volle Licht des öffentlich politischen Bereichs trat" (Arendt 1983, 38) Es waren die Bürger mit ihren ökonomischen Interessen und der ihn eigenen Hochschätzung der Arbeit, die diese Wendung vollzogen. Mit dem Entstehen der Gesellschaft wird das Politische nach Arendt für die Ökonomie funktionalisiert, weil „mit dem Aufstieg des ‚Haushalts' und der ‚ökonomischen' Tätigkeiten in den Raum des Öffentlichen, das Haushalten selbst und alle Angelegenheiten, die ehemals in die Privatsphäre der Familie gehörten, nun alle angehen und das heißt, zu ‚kollektiven' Angelegenheiten geworden sind." (Arendt 1983, 35)

Sozial sein heißt also, individuelle Interessen in öffentliche zu überführen. In der „politischen Ökonomie" des 18. Jahrhunderts konnte man füglich Eigennutz – und den dafür eingesetzten Gewerbefleiß – für gemeinnützig erklären. Gleichermaßen sozial handelten die Bürger in der Armenpflege und sie arbeiteten mit den Verarmten, indem sie ihnen beibrachten, fleißig und tüchtig, wie man selber war, zu werden. Seither wird Eingliederung in die vorherrschende Ökonomie sozial bewerkstelligt. In der geleisteten Integration erweist sich die Arbeit als produktiv. Gemeinwesenarbeit kann sich von solcher Praxis mit ihren politischen Zwecken distanzieren. Im Sinne von Arendt hat sie den Tätigkeitsmodus des Handelns. Es verursacht Prozesse und besteht in Kommunizieren, Organisieren, Befähigen, Ermächtigen, Vernetzen.

Die politische, emanzipatorische Absicht hält das Konzept von Gemeinwesenarbeit von dem Zwang frei, sich ökonomisch ausweisen zu müssen. Wenn dieses Handeln sich aber in der vielfältigen Arbeit wiederfindet, die lokal (community work als „Werk") mit den Menschen und von ihnen in ihren Verhältnissen und an ihrem Verhalten geleistet wird, hat es seinen Stellenwert und Faktornutzen unter und neben anderem darzustellen, sich also ökonomisch im Rahmen dessen, was sozial getan wird, zu behaupten.

„Arbeitsprinzip" GWA und soziale Lebensführung

In ihrem bahnbrechenden Buch haben Boulet, Krauß und Oelschlägel 1980 zum „Arbeitsprinzip Gemeinwesenarbeit" ausgeführt, es verstehe sich „quer zu den Methoden als eine Grundlage, auf die sich die einzelnen Methoden rückbeziehen müssen" (Boulet/Krauß/Oelschlägel 1980, 146). Gemeinwesenarbeit emanzipiere. „Die primäre Orientierung der GWA richtet sich auf die Emanzipation des Gemeinwesens; diese ist zu verstehen als prozesshafte Entwicklung zu einem Zustand, bei dem zunehmendes Bewusstsein über die eigene Lage das Handeln ungebrochener zu leiten vermag und sich insbesondere durch immer umfassendere Teilnahme (Partizipation) am Leben des Gemeinwesens und an den Entscheidungsstrukturen, die dieses Leben bedingen, auszeichnet" (Boulet/Krauß/Oelschlägel 1980, 289). Zugespitzt hat Oelschlägel später das Arbeitsprinzip GWA auf den zentralen Aspekt, es schließe „die Aktivierung der Menschen, mit denen GWA arbeitet, ein; es will sie zu Subjekten politisch aktiven Lernens und Handelns machen" (Oelschlägel 2001 b, 66). Engagement in eigener Sache und Emanzipation bedingen sich. Partizipation, Selbstorganisation und Selbsthilfe der Bürger werden professionell „gebahnt" und in verstetigten Prozessen ermöglicht. Mikropolitisch sind es zivile Infrastrukturen, welche Individuen und Gruppen befähigen, soziale Chancen wahrzunehmen.

Abb. 1: Kreuzung von Engagement und Emanzipation

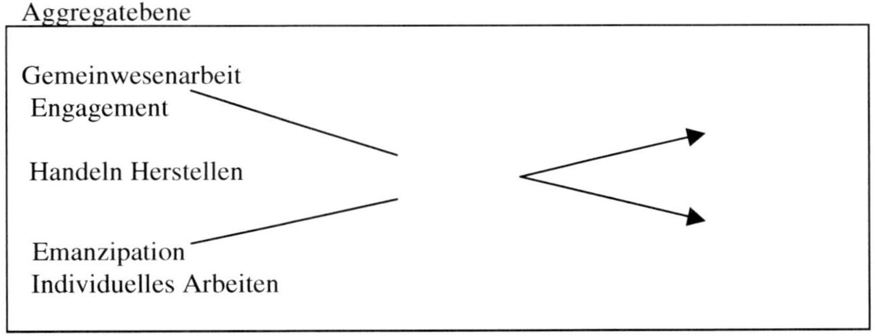

Nun schneidet sich der Gesichtskreis der Emanzipation mit dem sozialwirtschaftlichen Horizont nicht. Um von dem einen in den anderen zu gelangen, sei ein zweites Mal etwas ausgeholt und Anthony Giddens' Begriff „life politics" (zumeist mit „Politik der Lebensführung" übersetzt) herangezogen. Ohne das Leitmotiv der Emanzipation aufgeben zu wollen, konstatiert Giddens in unseren Zeiten einen Prozess der Enttraditionalisierung, nach der jeder einzelne Mensch genötigt ist, selber zu entscheiden, wie er leben will. Soziales ist zum Produkt individuellen Wirkens und persönlichen Mitwirkens geworden. Was sozial zustande kommt, wird subpolitisch ausgehandelt. Life politics hat zum Gegenstand „how we should live in a world where everything that used to be natural (or traditional) now has in some sense to be chosen, or decided about. Life politics concerns political issues which flow from processes of self-actualization in post-traditional contexts, where globalizing influences intrude deeply into the reflexive project of the self, and conversely where processes of self-realization influence global strategies" (Giddens 1991, 214). Was einer in seiner Lebensführung (oder „Selbstaktualisierung") aus sich machen kann, hängt ab von den Kontexten, in denen gelebt wird. Und die Lebensführung vieler einzelner Menschen wirkt sich in eben diesen Kontexten aus. Das politische Moment besteht darin, dass Individuen nicht einsam zu Entscheidungen kommen, sondern dass sie als reflexiv handelnde Subjekte im Austausch miteinander und an der Öffentlichkeit partizipierend Rat suchen und finden: Wer umweltbewusst leben will, orientiert sich ökologisch. Mütter von kleinen Kindern haben immer Grund zur Kommunikation. Der Homosexuelle kann sich, weil es andere getan haben, „outen“. Die postmoderne Do-it-yourself-Existenz ist eine, die wir mit anderen teilen. Individuell sind wir zunehmend Risiken ausgesetzt. Risikobewältigung ist eine zugleich persönliche und kollektive Angelegenheit, und intermediär sind wir auf soziales Kapital angewiesen, um bei allem Risiko die Chancen wahrnehmen zu können, die mit ihnen verbunden sind. Jeder will sein Leben „meistern“, will „zurechtkommen“ mit sich und der Welt. Dazu geht Selbstaktivität in soziale Aktivität über.

Selbstaktiv im Leben zurechtkommen: Das ist der Regelfall, die Normalität. Einigermaßen gelingt im Alltag die „Lebensführung als Arbeit“ mit dem Ziel einer steten „Selbstproduktion“ (Voß 1991). Wo sie behindert ist oder misslingt, dort setzt sozialprofessionelle Hilfe ein. „Effective life-political social work is primarily about enabling people to gain control over the day-to-day conduct of their lives“ (Ferguson 2003, 703). Mehr oder minder hat jeder Probleme mit dieser Selbstbestimmung und Selbstkontrolle. Die Arbeit daran ist „normal“, und die Normalisierung Sozialer Arbeit besteht darin, nicht länger nur auf bestimmte Problemgruppen in der Bevölkerung zugeschnitten zu sein. Life politics öffnet den Bürger für soziale Belange, weil er sie als seine erkennt, – und öffnet zugleich die Soziale Arbeit subpolitisch. Während nach Arendt das animal laborans „ausgestoßen in die unzugängliche Privatheit“ ist (Arendt 1983, 107), macht es sich in einer Politik der Lebensführung frei für ein Handeln, an das sozial angeknüpft werden kann (und den Sozialprofessionellen nicht mehr nötigt, erst einmal quasi privat „Beziehungsarbeit“ zu leisten, um in jene Privatheit zu gelangen).

Auch in der Gemeinwesenarbeit sollte den Akteuren bewusst sein, dass das zivile Leben größtenteils funktioniert und dass dieses Funktionieren die Voraussetzung dafür ist, in örtlichen Problembereichen und mit bestimmten Personengruppen etwas tun und etwas erreichen zu können. Anders ausgedrückt: Das sozialprofessionelle Engagement in Angelegenheiten von Bürgern erfolgt in einem Umfeld, in dem die meisten Bürger hinreichend in eigener Sache engagiert sind. Und zwar in einer „Politik der Lebensführung“, in der sie sich auseinandersetzen mit den Gegebenheiten und ihr Handeln mit den Handlungsmöglichkeiten im sozialen Feld abgleichen.

Private Strategien schließen an öffentliche Strategien an, und diese müssen die Strategien der Bürger berücksichtigen. Familiäre Entscheidungen über Kinder und ihre Erziehung hängen beispielsweise von den örtlichen Möglichkeiten außerhäuslicher Kinderbetreuung ab. Andererseits nehmen solche Entscheidungen Einfluss auf die örtliche soziale Infrastruktur, etwa wenn an die Berechtigten Kita-Gutscheine ausgegeben werden, mit denen sie die Wahl zwischen verschiedenen Angeboten haben. Indem sie diese wahrnehmen, treffen sie zugleich Entscheidungen über Werte – über getroffene und zu treffende Investitionen, die öffentlich debattiert werden. Demgegenüber sind persönliche Entscheidungen, sich in der einen oder anderen Weise freiwillig, bürgerschaftlich zu engagieren, von lokalen Gegebenheiten angeregt und tragen zum sozialen Leben im Gemeinwesen bei.

Gemeinwesenarbeit kann in einem zivilen Verständnis heißen, über sozialen Lebensführung in einem Wohngebiet oder Stadtteil zu kommunizieren und die Bürger anzuregen, sich in eigenen und gemeinsamen Belangen des Lebens am Ort zu engagieren. Das wäre eine Gemeinwesenarbeit, die sich auf Normalität einrichtet und die Arbeit mit benachteiligten Gruppen auf eine normalisierende Weise in die Förderung sozialen Zusammenhalts und den Aufbau sozialen Kapitals einbezieht. Soweit die Bürger ohnehin schon in eigenen und gemeinsamen Angelegenheiten aktiv sind, können ihre Aktivitäten aufeinander bezogen, vernetzt und dadurch erweitert werden – mit der Chance von mehr Teilhabe derjenigen Mitbürger, die am Rande stehen. Die politische Legitimation von Gemeinwesenarbeit ergibt sich aus ihrer Beschäftigung mit einer sozialen Lebensführung, die im Interesse der Bürger zu organisieren und zu entwickeln ist.

Dem zivilen Prinzip gegenüber: Das ökonomische Prinzip

Nun sind individuelle und gemeinsame Entscheidungen, etwas zu tun oder zu lassen, immer auch ökonomische Entscheidungen, und sie haben mit getroffenen öffentlichen ökonomischen Entscheidungen zu tun. Die Ratsuche, die zu den Entscheidungen führt, hat ethische Implikationen („wie sollen wir leben?“), verschiedene soziale Aspekte (der Beziehungen in der Familie, zu Nachbarn und Freunden), territoriale und ökologische Bezüge (des Wohnens, des Verkehrs, der Kinderfreundlichkeit oder der Autofreundlichkeit, der Nutzung von Grünflächen), aber am Ende muss über den Einsatz von Mitteln, von Zeit und Kraft entschieden werden in Blick auf Möglichkeiten, die sich mit diesem Einsatz realisieren lassen.

Jeder Mensch will in seinem Lebenskontext zurechtkommen. Navigiert er in diesem Kontext, trifft er in demokratischen Verhältnissen auf soziales Navigieren und gemeinschaftliches Handeln. Individuelle Dispositionen und die Verantwortung für sie verquicken sich (sub-)politisch mit öffentlichen Dispositionen und der Verantwortung für sie. In einem dynamischen Zusammenhang vermittelt sich die Lebensplanung vieler Menschen in kommunale Sozialplanung, – und sie sollte sich umgekehrt in die Lebensplanung der Bürger übersetzen lassen. Der (haushälterische)

Ressourceneinsatz im Gemeinwesen – in der Spezifik von Wohnen, Arbeiten, Gesundheit, Kinderbetreuung, Altenpflege usw. – fördert und fordert eine entsprechende bürgerliche Selbsttätigkeit und rechnet mit den Kompetenzen der Bürger (Humanvermögen und Sozialkapital).

Der zivilen Ausprägung von Gemeinwesenarbeit lässt sich somit ein ökonomischer Handlungsrahmen gegenüberstellen. In ihm wird der Einsatz von Kraft und Zeit, von materiellen Mitteln und immateriellem Vermögen reflektiert.

Abb. 2: Der Dualismus der Orientierung

Ziviler Handlungsrahmen Politik der Lebensführung Individuelles Engagement – gemeinsames Engagement GWA als Management des Engagements
Wirtschaftlicher Handlungsrahmen Ökonomie der Lebensführung private Haushalte – öffentliche Haushalte Intermediär organisiertes soziales Haushalten / Gemeinwesenökonomie

Nun hat ein Gemeinwesen keinen eigenen Haushalt. Die auf es bezogene Arbeit nimmt Ressourcen in Anspruch, die individuellen (privaten) und öffentlichen (kommunalen) Haushalten zuzurechnen sind. Ein Gemeinwesen in der Begrenzung, in der es Gegenstand sozialer Bearbeitung ist, stellt keinen selbstständige Träger von Rechten und Pflichten dar, wie es die Gebietskörperschaft tut, welcher das Gemeinwesen angehört. Eine Gebietskörperschaft führt einen selbstständigen Haushalt. Sie besitzt Vermögen und kann darüber verfügen. Ihr ist ein politischer Körper, ein Selbstverwaltungskörper und ein selbstständig bilanzierender Wirtschaftskörper eigen.

Soziales Haushalten im Gemeinwesen erfolgt intermediär – zwischen der Kommune und den Bürgern und ist auf beider Beteiligung angewiesen. Die professionellen Sachwalter des Sozialen kommunizieren in erster Linie. Sie regen Bürger dazu an, ihre einzelnen und gemeinsamen Interessen wahrzunehmen, und sie stellen in der lokalen Öffentlichkeit dar, mit dieser Interessenwahrnehmung dem Gemeinwesen zu nutzen. So ausgewiesen, beginnen die Sachwalter ihre Arbeit. Ihre Leistung mag darin bestehen, vorhandene Einzelaktivitäten aufzugreifen, heranzuziehen und zu vernetzen. Das muss für die Akteure ökonomisch Sinn machen. Oder sie bereiten den Boden für bisher nicht vorhandene Aktivitäten, erschließen zum Beispiel ein Geschäftsfeld und schaffen so in der Folge die eine oder andere Beschäftigungs- und Erwerbsmöglichkeit. Vielleicht bringen sie auch nur Menschen in einem Quartier zusammen und halten sie dazu an, selber herauszufinden, was sich machen lässt und welche Ressourcen dafür vorhanden sind.

Abb. 3: Übergang in den sozialwirtschaftlichen Horizont

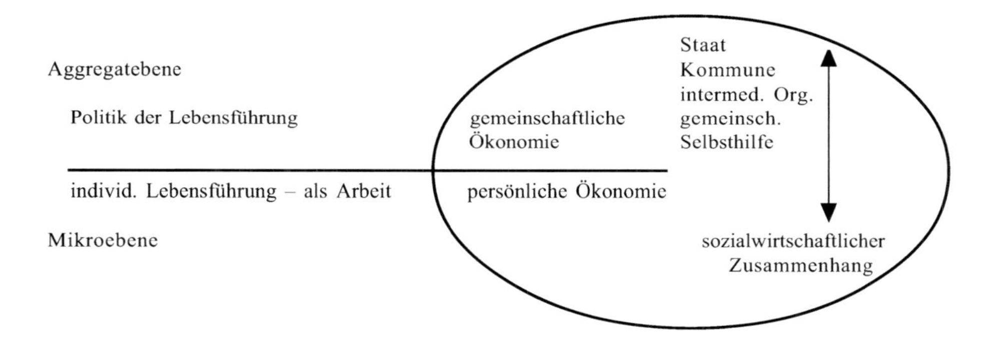

Wer da mitmacht, will, dass etwas zustande kommt. Der Einsatz muss sich ökonomisch rechtfertigen. Man setzt Mittel ein und sieht auf den Ertrag. Was bringt Arbeit im und am Gemeinwesen den Bürgern und welchen Nutzen hat sie für den politischen Körper? Die ökonomische Legitimation entspricht der demokratischen Legitimation, fundiert die zivile Willensbildung aber mit Gründen der Wertschöpfung und nachhaltigen Auskommens.

Der sozialwirtschaftliche Zusammenhang besteht in Versorgungsstrukturen und, was die Selbstaktualisierung betrifft, in Gelegenheitsstrukturen. Mit dem sozialwirtschaftlichen Paradigma kann gut zwei Jahrzehnte nach der Grundlegung der „Gemeinwesenarbeit als Arbeitsprinzip" argumentiert werden, dass die personenbezogene Leistungserbringung durch Humandienste und andere soziale Unternehmungen die gleichen Haushalte betrifft, wie die unpersönliche Leistungserbringung in und für Gemeinwesen. Der Rückbezug ist hier zunächst kein methodischer. (Indes folgt im Case Management die Methode dem Prinzip, wenn die Fallarbeit mit der Arbeit im Feld bzw. im Sozialraum verwoben wird.)

Zur Rückbindung Lokaler Ökonomie

Konzepte der Gemeinwesenarbeit haben in den letzten zehn Jahren, international betrachtet, zunehmend Momente lokalen Wirtschaftens einbezogen. In den USA steht dafür der Begriff „community building", in Europa das Stichwort „Lokale

Ökonomie", akzentuiert auch im Begriff „Gemeinwesenökonomie". Dazu kann auf die Literatur verwiesen werden (exemplarisch auf Ries/Elsen/Homfeldt 1997, Elsen 1998, Sahle/Scurrell 2001) und auf den Beitrag von S. Elsen im vorliegenden Band. Allerdings hat die Lokale Ökonomie ihren Ursprung nicht in sozialprofessionellen Vorhaben, sondern in der kommunalen und regionalen Wirtschaftsförderung. In ihr und der Entwicklung von Programmen wie der „Sozialen Stadt" ist dann die Kooperation angestrebt worden, in der sich bürgerschaftliches Engagement, Selbsthilfeinitiativen, professionelle Soziale Arbeit, soziales Unternehmertum, Quartiersmanagement wiederfinden können.

An einer lokalen Entwicklungsarbeit, an der die verschiedenen Akteure mitwirken – beispielsweise im Berliner „NEST – Netzwerk für soziale Unternehmen und Stadtteilökonomie" (www.soziale-oekonomie.de) – hat die sozialberuflich betriebene Gemeinwesenarbeit ihren Platz, aber nicht die Regie. Im Mittelpunkt steht die Schaffung und Förderung von Gewerbe. Was sozial geleistet werden kann, ist eine „weiche Standortoptimierung", worunter Trube die wirtschaftlichen Effekte von Gemeinwesenarbeit zusammengefasst hat (Trube 1998). Diese Wirkung kann als positive Externalität von GWA bezeichnet werden. Was dem Standort ökonomisch gut tut, verbessert jedoch nicht direkt und gleichmäßig die Qualität des Lebens der Bewohner.

Eine Gemeinwesenökonomie, die sich nicht darin erschöpft, der „Wirtschaft" lokal aufzuhelfen, hat sich als ein Wirtschaften für die Bürger und mit ihnen auszulegen, das heißt, deren persönliche und familiäre Ökonomie einzubeziehen, wie sie sich in der individuellen Lebensführung darstellt. Damit wird der sozialwirtschaftliche Zusammenhang wahrgenommen, der zwischen der „Lebensführung als Arbeit" der Bürgerinnen und Bürger und der Arbeit besteht, die im Gemeinwesen organisiert und sozialdienstlich betrieben wird.

Literatur

Arendt, Hannah: Vita activa oder Vom tätigen Leben. Piper, München 1983

Betten, Neil / Austin, Michael J.: The Roots of Community Organizing, 1917–1939. Temple University Press, Philadelphia 1990

Borzaga, Carlo / Defourny, Jacques (eds.): The Emergence of Social Enterprise. Routledge. London 2001

Boulet, J. Jaak / Krauß, E. Jürgen / Oelschlägel, Dieter: Gemeinwesenarbeit als Arbeitsprinzip – eine Grundlegung. AJZ, Bielefeld 1980

Elsen, Susanne: Gemeinwesenökonomie – eine Antwort auf Arbeitslosigkeit, Armut und soziale Ausgrenzung? Luchterhand, Neuwied 1998

Ferguson, Harry: Social Work, Individualization and Life Politics. In: British Journal of Social Work, 31, 1, 2001. S. 41–55

Ferguson, Harry: In Defence (and Celebration) of Individualization and Life Politics for Social Work. In: British Journal of Social Work, 33, 3, 2003. S. 699–707

Giddens, Anthony: Modernity and Self-Identity. Self and Society in Late Modern Age. Polity Press, London 1991

Oelschlägel, Dieter: Gemeinwesenarbeit. In: Otto, Hans-Uwe / Thiersch, Hans (Hg.): Handbuch Sozialarbeit / Sozialpädagogik. 2. Aufl., Luchterhand, Neuwied 2001 (a). S. 653–659

Oelschlägel, Dieter: Strategiediskussionen in der Sozialen Arbeit und das Arbeitsprinzip Gemeinwesenarbeit. In: Hinte, Wolfgang / Lüttringhaus, Maria / Oelschlägel, Dieter: Grundlagen und Standards der Gemeinwesenarbeit. Votum, Münster 2001 (b). S. 54–72

Oelschlägel, Dieter: Gemeinwesenarbeit in der sozialen Stadtentwicklung – Profilierung und Vernetzung auf Bundesebene. Referat zur Gründungstagung der „Bundesarbeitsgemeinschaft Soziale Stadtentwicklung und Gemeinwesenarbeit“ am 7./8.11.2002 in Gelnhausen. Online unter www.agspak.de/gemeinwesenarbeit.htm

Ries, Heinz A. / Elsen, Susanne / Homfeldt, Heinz-Günther (Hg.): Hoffnung Gemeinwesen. Luchterhand, Neuwied 1997

Sahle, Rita / Scurrell, Babette (Hg.): Lokale Ökonomie. Aufgaben und Chancen für die Soziale Arbeit. Lambertus, Freiburg i.Br. 2001

Sherraden, Margaret S. / Ninacs, William A. (eds.): Community Economic Development and Social Work. New York 1998

Simon, William H.: The Community Economic Development Movement. Duke University Press, Durham 2001

Trube, Achim: Sozio-ökonomische Analysen zum geldwerten Nutzen von Gemeinwesenarbeit. Schriftenreihe des BMFSFJ, Band 161. Kohlhammer, Stuttgart 1998

Voß, Gerd-Günter: Lebensführung als Arbeit. Über die Autonomie der Person im Alltag der Gesellschaft. Enke, Stuttgart 1991

Wendt, Wolf Rainer: Geschichte der Sozialen Arbeit. 4. Aufl. Enke, Stuttgart 1995

Wendt, Wolf Rainer: Sozialwirtschaftslehre. Grundlagen und Perspektiven. Nomos, Baden-Baden 2002

Wendt, Wolf Rainer: Sozialwirtschaft – eine Systematik. Nomos, Baden-Baden 2003

Susanne Elsen

Gemeinwesenarbeit und Lokale Ökonomie

Überlegungen aus der Perspektive der Sozialen Arbeit

Gemeinwesenarbeit und die Erhaltung der Lebensgrundlagen

Die Macht der reinen Marktinteressen enteignet Menschen weltweit ihrer materiellen und nichtmateriellen Lebensgrundlagen und gefährdet die Voraussetzungen des Lebens zukünftiger Generationen. Die Förderung und Erhaltung dieser Voraussetzungen ist eine vorrangige Aufgabe professioneller Gemeinwesenarbeit.[1] Die zentralen Ziele der Gemeinwesenarbeit – Einmischung in Ursachenzusammenhänge, Empowerment und Förderung der Selbstorganisationskräfte der Menschen in den Gemeinwesen – erhalten vor diesem Hintergrund eine neue, erweiterte Bedeutung. Sie sind nicht auf den sozialen, kulturellen und politischen Bereich zu begrenzen, sondern beziehen sich auf die Frage des Wirtschaftens als Voraussetzung und Kern sozialen Zusammenlebens.

Der Anspruch professioneller Gemeinwesenarbeit, primär ökonomische Probleme als solche zu begreifen und zu bearbeiten, ist nicht neu. Gemeinwesenarbeit beschränkte sich weder in ihrer Geschichte noch in der Gegenwart auf den außerökonomischen Bereich reaktiver und zumeist individualisierender Bearbeitung sozialer und ökonomischer Probleme, sondern sie suchte stets auch alternative sozialökonomische Lösungen mit primär ökonomisch benachteiligten und ausgegrenzten Gruppen.[2]

Heute mehr als in der Vergangenheit erfordert eine Grenzüberschreitung hin zu sozialökonomischen Lösungen für die Gemeinwesenarbeit eine stärkere Positionierung der politischen, ökonomischen und sozialen Belange der lokalen Bevölkerung gegenüber den Zumutungen der reinen Marktinteressen. Diese Positionierung basiert auf der Verteidigung der Teilhaberechte von Menschen und der Lebensgrundlagen der Gemeinwesen einerseits, und der Herausbildung nachhaltiger ökonomischer, ökologischer und sozialer Alternativen, andererseits. Sie ist nur dann möglich, wenn Gemeinwesenarbeit sich innerhalb des intermediären Feldes stärker zivilgesellschaftlich verankert und aus einer möglichst starken und relativ unabhängigen Position selbst die Kooperation mit lokalen Akteuren gestaltend, erhaltend und entwickelnd in das lokale Marktgeschehen eingreift und der Vermarktung der gemeinen ökonomischen Grundlagen nachhaltige Alternativen entgegen setzt.

Zentrales Anliegen ist die Herausbildung gemeinwesenorientierten Wirtschaftens, welches dem „gemeinen Eigenen“[3] dient.

Die aktuelle internationale Entwicklung des Community Development in Südeuropa, Asien, Kanada oder Südamerika[4] integriert lokale Kooperativunternehmen zur Existenzsicherung und Bedarfsdeckung der lokalen Bevölkerung. Dies ist in Deutschland nicht so, auch wenn Programme zur integrierten Problemlösung mit dem Zielsystem „Lokale Ökonomie“ es zu suggerieren scheinen. Dennoch: Den Sonderweg außerhalb des wirtschaftlichen Bereiches hat auch die professionelle Gemeinwesenarbeit in Deutschland, wie Dieter Oelschlägel anmerkt, mit der Praxis der Gemeinwesenökonomie bereits seit längerer Zeit überschritten und soziales Wirtschaften in ihr Handeln integriert.[5]

Gemeinwesenarbeit und Lokale Ökonomie in Deutschland – eine schwierige Beziehung

Aus der deutschen Perspektive gilt es folgende Aspekte zu berücksichtigen, um das schwierige Verhältnis zwischen Gemeinwesenarbeit und Lokaler Ökonomie zu verstehen:

1. Gemeinwesenarbeit in Deutschland hat als Feld Sozialer Arbeit einen etatistisch geprägten Sonderweg eingeschlagen, der zudem in der korporatistischen Einbindung in traditionelle Wohlfahrtsverbände ernst zu nehmende Selbstorganisation Betroffener eher verhinderte. Das Modell der sozialen Marktwirtschaft verwies die Soziale Arbeit als Anwendungsbereich staatlicher Sozialpolitik in die marktexternen Lebenswelten. Die Zuständigkeit des Marktes für die Existenzsicherung und Bedarfsdeckung der Bevölkerung und die des ihn flankierenden Sozialstaates wird seit zwanzig Jahren schrittweise und derzeit in Form sozialen Kahlschlages aufgekündigt. Die zerstörenden Kräfte der reinen Marktmacht prägen die Lebenslagen der Menschen und der Gemeinwesen. Die soziale Absicherung der Lebensrisiken wird zunehmend der Selbstsorge von Einzelnen und Familien empfohlen und die Teilhabe am Arbeitsmarkt ist für einen wachsenden Teil der Bevölkerung – auch der westlichen Industriestaaten – nicht mehr gewährleistet bzw. nicht existenzsichernd. Die politische, soziale und kulturelle Integration auf der Ebene der Gemeinwesen wird durch die Zerstörung und Veräußerung der lokalen Möglichkeitsstrukturen in Frage gestellt.
2. Ein weiterer Aspekt darf zum Verständnis der besonderen Situation der professionellen Gemeinwesenarbeit in Deutschland in ihrem Verhältnis zur ökonomischen Selbstorganisation nicht unerwähnt bleiben. Kooperative ökonomische Selbsthilfe in Produktivgenossenschaften wurde als Alternative zum kapitalistischen Markt in Deutschland historisch verhindert. Dies hat im internationalen Vergleich zu einer Sonderentwicklung des Genossenschaftswesens geführt, welche

den Sektor einer Sozialen oder Solidarökonomie als eigenständigen, nicht primär profit-orientierten Sektor nicht hat entstehen lassen. Die romanische Tradition einer aktiven Förderung von lokalen (Selbsthilfe-)Genossenschaften als zivilgesellschaftlich verortete Instrumente staatlicher Sozialpolitik ist in Deutschland nur schwer vermittelbar.[6]

3. Die traditionellen Wohlfahrtsverbände sind bemüht, das Monopol über den lukrativen, überwiegend staatsfinanzierten „Markt der Verwertung der nicht Verwertbaren" zu behalten, der sich unter dem Subsidiaritätsprinzip in Deutschland herausgebildet hat. Die Selbstorganisation im Sozialbereich und damit die Emanzipation der AdressatInnen, steht diesem Interesse entgegen. Bis heute gibt es keine Voraussetzungen für kooperative Selbsthilfe im Sozialbereich, etwa in Form von Sozialgenossenschaften als bürgerschaftlich getragene eigenständige Alternativen zu den Angeboten der Wohlfahrtsverbände, wie dies im europäischen Sektor der *Économie Sociale* Praxis ist.
4. Die aktuellen Programme zur integrierten Problemlösung in den Gemeinwesen[7] mit den Schwerpunkten Bürgerbeteiligung und Lokale Ökonomie sind aus verschiedenen Gründen selten in der Lage, ernst zu nehmende Selbstorganisation und ökonomische Selbsthilfe Benachteiligter zu initieren.[8] Sie sind nicht nur als Chance für die eigenständige Entwicklung benachteiligter Quartiere und ihrer BewohnerInnen zu deuten, auch wenn AkteurInnen vor Ort partiell sinnvolle Projekte entwickeln konnten. Die verordneten Aktivierungsstrategien, die sich des Methodenrepertoires der emanzipatorischen Gemeinwesenarbeit bedienen, sind Instrumente des „aktivierenden Sozialstaates", der auf Kontrolle, Verwertung und Repression ökonomisch und sozial Ausgegrenzter setzt, sozialstaatliche Rechte abbaut und die Zuteilung von Mitteln zur Überlebenssicherung mit dem Zwang zur Gegenleistung verbindet.[9]

„Lokale Ökonomie" fokussiert in den Programmen die soziale Einbindung der gewerblichen Wirtschaft, um Sozialkapital ökonomisch nutzbar zu machen. Aus der Perspektive der Gemeinwesenarbeit ist dies meines Erachtens bezogen auf lokal orientierte, kleine und mittlere Unternehmen keineswegs verwerflich, sondern unter den sich verschärfenden globalen Bedingungen durchaus wichtig, da es gilt, den lokalen und regionalen Kontext für die spezifischen Wirtschaftskulturen kooperativ zu gestalten. Ansätze hierzu habe ich an anderer Stelle dargestellt.[10]

Ausgeblendet, weil jenseits der Logik der Programme, wird dagegen die Tatsache, dass die historisch neuen Probleme Lösungen erfordern, die anderes und mehr beinhalten als die Stabilisierung der vorhandenen erwerbswirtschaftlichen Strukturen. Die globale Entwicklung erfordert die Herausbildung „lebensdienlichen Wirtschaftens"[11] in den Gemeinwesen. Nicht nur Existenzsicherung im Sinne der Sicherung der individuellen Existenzgrundlage von Menschen, die im Zuge des technologischen und ökonomischen Wandels „überflüssig" werden, sondern Wirtschaften als soziales Handeln unter Berücksichtigung der Erhaltung der ökologischen und sozialen Existenzgrundlagen wird zum zentralen Thema der Gestaltung des Lebens und Zusammenlebens.[12] Soziales Wirtschaften ist ein Kernbereich von Gemeinwesenarbeit in einer Zeit, in der mit der dauerhaften ökonomischen Ausgrenzung wachsender Bevölkerungsgruppen auch deren Ausgrenzung aus allen anderen gesellschaftlichen Bereichen erfolgt.

Die professionellen und institutionellen Voraussetzungen ökonomischer Gemeinwesenarbeit sind in Deutschland keineswegs gegeben und „große Würfe" werden unter den sich verschärfenden Bedingungen aus der Praxis Sozialer Arbeit die Seltenheit bleiben, doch konsequente Schritte der Integration und Rückbettung des Wirtschaftens in den sozialen Lebenszusammenhang sind möglich und notwendig.[13]

Ökonomische Selbstorganisation in der Bürgergesellschaft

Die Anliegen nachhaltiger Entwicklung verbindet die professionelle Gemeinwesenarbeit mit unterschiedlichen AkteurInnen, Bewegungen und Institutionen in Zivilgesellschaft, Politik und Verwaltung sowie sozial eingebundenem Markt. Die notwendige Unabhängigkeit und Tragfähigkeit erreichen neue sozialökonomische Lösungen als „multi-stakeholder-Unternehmen", die auf lokalem Konsens unterschiedlicher Teilhaber basieren. Sie überschreiten herkömmliche Grenzen und Zuständigkeiten, wurzeln in der Einbindung in die Zivilgesellschaft und sind handlungsfähig durch eine relative Unabhängigkeit als kooperative Marktakteure. Politik und Verwaltung ebenso wie lokaler Markt sind als aktive Förderer von großer Bedeutung, ihre Rolle ist jedoch die eines von mehreren gleichberechtigten Kooperationspartnern. Konsequenterweise wäre die Frage nach der institutionellen Anbindung und der Finanzierung der Gemeinwesenarbeit in Form von „multi-stakeholder-Konstruktionen" zu suchen.

Auch dies ist kein reines Wunschdenken. Ein Blick in die sozialökonomische Praxis zeigt, dass professionelle und bürgerschaftliche Kräfte aus konkreten Problemlagen durch Mandatsnahme und Grenzüberschreitungen unkonventionelle Lösungswege vor Ort gesucht und gefunden haben und durch tägliche Pionierarbeit gleichzeitig die politischen, sozialen und ökonomischen Grundlagen dieser Arbeit schaffen. Ich sehe in diesen Ansätzen Konkretisierungen und Erweiterungen dessen, was als „Bürgergesellschaft" derzeit oft missbräuchlich mit der Bemäntelung durch den Demokratiediskurs – gemeint ist Sozialabbau – bemüht wird.

Die demokratische Teilhabe und Selbstorganisation von BürgerInnen in allen Lebensbereichen war und ist ein zentrales Anliegen der Gemeinwesenarbeit. Bürgerinnen und Bürger haben nach diesem Verständnis umfassende Rechte und Gestaltungsmöglichkeiten in Staat, Gesellschaft und Wirtschaft. In ihrer Rolle als WirtschaftsbürgerInnen sind sie zugleich Wirtschaftssubjekte und moralische Personen, die ihre staatsbürgerschaftliche Verantwortung im Wirtschaftskontext nicht abstreifen, sondern auch dort „an der 'Res publica', der öffentlichen Sache des guten und gerechten Zusammenlebens in einer wohlgeordneten Gesellschaft freier und gleicher Bürger, Anteil nehmen."[14] Dies impliziert die Option bürgerschaftlicher Selbstorganisation von Arbeit im Gemeinwesen, wie sie in Formen freier Assoziationen in Geschichte und Gegenwart praktiziert wurde und wird. Genossenschaftliche Assoziationsmuster eröffnen Möglichkeiten bürgerschaftlicher Kooperation und Absicherung auf Gegenseitigkeit sowie der Bewirtschaftung des „gemeinen Eigenen".[15]

Wirtschaftsbürgerschaftliche Verantwortungsübernahme kann auch heißen, als Promotorin Kompetenzen und Ressourcen zugunsten sozialökonomischer Lösungen einzubringen.[16] Vorbilder sind erneut Jane Addams und die Settlementbewegung[17] zu Beginn des 20. Jahrhunderts. Bürgerinnen und Bürger stellten sich als PromotorInnen auf die Seite der Armen, Ausgebeuteten und Verelendeten, entwickelten mit ihnen Projekte, Einrichtungen und Unternehmen, wirkten auf die Verbesserung der Arbeits- und Wohnverhältnisse, nahmen nachlässige und korrupte Entscheidungsträger in die Pflicht und erreichten zahlreiche soziale Reformen. Gemeinwesenarbeit hat hier ihre Wurzeln. Heute sind qualifizierte und materiell versorgte, engagierte und kritische BürgerInnen und Bürger auf der Suche nach sinnvollen Tätigkeitsfeldern und haben das Bedürfnis, gesellschaftliche Innovationen mit zu tragen, die ihren moralischen, politischen und fachlichen Vorstellungen entsprechen. Nicht wenige von ihnen werden frühzeitig aus anspruchsvollen Erwerbsarbeitskontexten „freigesetzt" und ihr Humankapital findet kein gesellschaftlich produktives Feld. Ein Brückenschlag zwischen benachteiligten und eher privilegierten Gruppen ist auch deshalb sinnvoll, weil die Benachteiligten Verbündete brauchen, wenn der sozialpolitische Ausgleich im gesellschaftlichen Kontext zunehmend nicht mehr konsensfähig ist.

Ein Beispiel: Die Genossenschaft am Beutelweg mit ihren Tochterunternehmen[18] hat sich in einem Problemquartier in Trier in den vergangenen elf Jahren zu einem Unternehmensverbund entwickelt, der heute über mehr als 450 Wohneinheiten und Gewerbebetriebe mit mehr als 70 Arbeitsplätzen – überwiegend in Handwerk und Dienstleistung – verfügt. NutzungseigentümerInnen sind die sozial und ökonomisch benachteiligten BewohnerInnen des Stadtteils selbst. Dieser Unternehmensverbund steht auch aufgrund seines Erfolges in einem höchst komplexen und gefährlichen Konfliktfeld mit lokaler, regionaler und überregionaler Politik, organisierter Handwerkerschaft (obwohl selbst Mitglied der Kammer), Banken, örtlicher Wohnungswirtschaft, traditionellen Wohlfahrtsverbänden, örtlicher „Hofberichterstattung" und vielen anderen dauerhaften oder situativen Gegnern und Konkurrenten. Reussieren und vor allem Überleben in einem solchen Gegenwind heißt, dass man warm angezogen sein muss. Das aber sind die sozial benachteiligten StadtteilbewohnerInnen nicht. Es gibt viele Gründe dafür, dass es diese Genossenschaft und ihre Tochterunternehmen immer noch gibt. Der bedeutendste Stabilisationsfaktor besteht jedoch in einem dichten Netz aus PromotorInnen und bürgerschaftlich engagierten Frauen und Männern aus allen gesellschaftlichen Schichten und Bereichen – aus Politik, Kirche, Wissenschaft, Wirtschaft und Gesellschaft – die sich als Personen mit ihrer Arbeitskraft, ihrem Know-How, ihrer Zeit und ihren Verbindungen, Ideen und Kompetenzen wie ein Schutzwall um das Projekt formiert haben und gemeinsam mit den BewohnerInnen und NutznießerInnen das Interesse haben, ihr Unternehmen zu verteidigen und stark zu machen.

Gemeinwesenökonomie – plurales Wirtschaften im Lebenszusammenhang

Sozialökonomisches Agieren im Kontext der Gemeinwesenarbeit bezeichne ich als Gemeinwesenökonomie.[19] Sie dient der Bedarfsdeckung, Existenzsicherung und gesellschaftlichen Integration der örtlichen Bevölkerung und ist die sozialwirtschaftliche Basis des sozialen Zusammenlebens. Sie hat rein gar nichts gemein mit Zwangsmaßnahmen[20] gegen all die, die aus dem Erwerbsarbeitsmarkt ausgeschlossen werden.[21] Es geht vielmehr um ihre ökonomischen Teilhaberechte und um die Sicherung, Nutzung und Schaffung dessen, was Menschen zum Leben in einem Gemeinwesen brauchen. Dazu gehören ein Dach über dem Kopf, genießbares Wasser, Grund und Boden, existenzsichernde Arbeit, Bildungssysteme, angemessene Infrastruktur und vieles mehr, was durch die neoliberalen Strategien der Privatisierung, Deregulierung und Flexibilisierung immer mehr Menschen enteignet wird.

Gemeinwesenökonomie hat das soziale Ganze im Blick und entzieht sich den Kriterien des Marktfundamentalismus, der das ökonomische Geschehen ohne Berücksichtigung der gesellschaftlichen Grundlagen allen Wirtschaftens, quasi als autistisches System betrachtet. Das gemeinsame Interesse ebenso wie die individuellen Bedürfnisse und Nöte von Menschen kommen, so der „Superkapitalist" George Soros,[22] im reinen Marktmechanismus nicht vor.[23]

Als Solidarökonomie[24] basiert Gemeinwesenökonomie auf sozialem Kapital und erzeugt es gleichzeitig.[25] Sie orientiert sich an dem, was Soros zufolge der Marktfundamentalismus ignoriert und zerstört: Vertrauen, Gegenseitigkeitsbeziehungen und Verantwortungsbewusstsein für das Gemeinwesen.[26]

Oskar Negt bezeichnet die „Ökonomie des Gemeinwesens" als Zweite Ökonomie, die im Kampf mit der ersten, der Ökonomie der toten Arbeit und der Kapitallogik, steht. „Die Zweite Ökonomie greift den abgerissenen Faden des klassischen ökonomischen Denkens wieder auf und rückt den Lebenszusammenhang der Menschen, ihre konkrete Lebenswelt, ins Zentrum der Betrachtungen."[27]

Eine solche Ökonomie ist kein reines Desiderat. Sie existierte immer da, wo Menschen die Teilhabe am Arbeitsmarkt verwehrt wurde oder wo eine solche Teilhabe nicht existenzsichernd war und ist. Sie lebt in dualwirtschaftlichen, armutökonomischen oder alternativökonomischen Ansätzen und entsteht in neuen pluralen Formen da, wo Menschen für den Arbeitsmarkt überflüssig werden. Arbeit in der Gemeinwesenökonomie beruht auf einem erweiterten Blick auf gesellschaftliche Tätigkeit, die Nachbarschaftshilfe, Familienarbeit, Eigenarbeit, Tausch, Subsistenz, Kooperativarbeit, Erwerbsarbeit und Formen bürgerschaftlichen Engagements umfasst.[28] Sie bildet sich auch in der Selbstorganisation derer heraus, die eigenständige, nachhaltige Alternativen zur dominanten Ökonomie suchen, wie die jüngste Gründungswelle von Produktivgenossenschaften insbesondere durch hoch qualifizierte Kräfte in Deutschland zeigt.

Bezüglich ihrer Reichweite und Verbreitung in den westlichen Industrieländern sind diese Ansätze verschwindend gering. Ihre Bedeutung jedoch wächst. Oskar Negt weist die Richtung, in der „das Neue" zu suchen ist: „Die Alternativen zum bestehenden System (sind) nicht in dem abstrakt-radikal Anderen zu suchen und zu finden (...), sondern auf der Unterseite der bestehenden Verhältnisse, in ihren konkreten Prägungen und ihren einzelnen Krisenherden. Die Potentiale des besseren Anderen bleiben gleichsam im Schattenbereich und fügen sich nicht zu einer kollektiven Gegenmacht zusammen."[29] In diese Richtung jedoch bewegen sich derzeit die Netzwerke lokaler und regionaler Initiativen, die im Weltsozialforum deutlich an Organisationsfähigkeit gewonnen haben.[30]

Wissen und Können um kooperative ökonomische Selbstorganisation, welche in anderen Weltregionen – in Transformations- und Industrieländern, aber auch in Entwicklungsländern – generiert wurden, sind als Lernkontexte der Gemeinwesenarbeit mit dem Ziel der Herausbildung nachhaltigen lokalen Wirtschaftens von großer Bedeutung.

Ein Beispiel: Bemerkenswert aus der Perspektive unserer eigenen derzeitigen Krisensituation, ist der Umfang, die Reichweite, Vielfalt und Qualität neuer gemeinwesenökonomischer Ansätze in Japan. Als ehemaliges Mitglied der Triade der Globalisierungsgewinner – USA, Europa, Japan – ist es früher als Europa in die Finanzkrise und insbesondere die Vertrauenskrise der Bevölkerung geraten. Innerhalb zivilgesellschaftlicher Kontexte und aus berufsständischer Organisation heraus hat sich ein reiches Spektrum aus lokalen Komplementärwährungen, Tauschsystemen und genossenschaftlichen Unternehmen gebildet.[31] Sie beruhen auf Vertrauen in Gegenseitigkeit und Gemeinschaft und auf dem Misstrauen gegenüber Markt, Staat und dem Wert des Geldes, dem durch die Bündelung von Ressourcen und Kompetenzen und durch geldlosen Tausch nachhaltige Alternativen in zivilgesellschaftlicher Verantwortung entgegen gesetzt werden. Die Süddeutsche Zeitung beschreibt dieses japanische Phänomen als „Kapitalflucht der sozialen Art".[32] Insbesondere im Bereich von Gesundheitsversorgung und Pflege wurden in Japan genossenschaftliche Lösungen in den Gemeinwesen entwickelt, in denen Hilfen auf Gegenseitigkeit, Selbsthilfe, geldloser Tausch und professionelle Hilfe kombiniert werden.[33]

In den armen und unterentwickelt gehaltenen Regionen der Welt sind traditionelle Formen, die der Logik einer Ökonomie des Gemeinwesens nahe kommen, nach wie vor die wichtigste Basis der Existenzsicherung. Als Reaktionen auf die Übergriffe der transnationalen Konzerne entstehen auch dort neue Alternativen.

Die indischen Aktivistinnen Roy und Shiva oder der philippinische Wortführer der Bürgerrechtsbewegung Perlas haben mit ihrer argumentativen Kraft, ihrer globalen politischen Einbindung und ihrer konkreten lokalen Praxis Vorbildfunktion. Auch bei der Suche nach den theoretischen Grundlagen zukunftsfähiger Lösungen ist das Überschreiten der eigenen nationalen und kulturellen Grenzen sinnvoll.[34] Der indische Wirtschaftsnobelpreisträger Amartya Sen oder der bengalische Wirtschaftswissenschaftler Muhammad Yunus bieten wichtige theoretische Grundlagen[35] für eine lokale Ökonomie, welche die Bekämpfung von Armut und sozialer Ausgrenzung zum Ziel hat.

Ich plädiere hier keineswegs für die Schaffung lokaler Armutsökonomien nach dem Vorbild unterentwickelt gehaltener Weltregionen, sondern für eine aktive ökonomische Gestaltung lokaler und regionaler Räume als erweiterte sozialpolitische Aufgabe.[36] Im sozialpolitischen Verständnis geht es um die Ermöglichung freiwilliger Assoziation von BürgerInnen nicht nur im politischen und sozialen, sondern auch im ökonomischen Sektor.

Gemeinwesenökonomie und das gemeine Eigene

Gemeinwesenökonomie setzt differenziertere Eigentumsbegriffe voraus als die alternativlose Fixierung auf veräußerbares Privateigentum, das sich auch die letzten Reste des nutzbaren Gemein- und Staatseigentums einverleibt. Gemeinwesenökonomie benötigt genossenschaftliche und eigenwirtschaftliche Eigentumsformen[37] und erzeugt in solidarökonomischen Formen der Gemeinwesenökonomie selbst zukunftsfähige und emanzipatorische Formen gesellschaftlichen Eigentums.

Auch wenn sich in keiner modernen Verfassung Eigentumsrechte als nackte Privatinteressen darstellen und mehr oder weniger in bestimmten Artikeln an Gemeinwohl gebunden sind, die Widersprüche zwischen Sollensvorschriften und gängiger Praxis sind in keinem anderen gesellschaftlichen Bereich deutlicher.[38] Wichtig ist, dass die Soziale Arbeit die zentralen Kategorien exklusives und inklusives Eigentum in ihren Theorien berücksichtigt.[39] Eigentum wurde historisch „auch als Recht definiert, vom Gebrauch oder Genuss von bestimmten Dingen *nicht* ausgeschlossen werden zu können."[40] Inklusives Eigentum, also öffentliches, genossenschaftliches oder Gemeineigentum schließt nicht aus, sondern ist Voraussetzung der Teilhabe aller, insbesondere der ökonomisch schwächeren Gesellschaftsmitglieder. Es gewährt Zugang zu den zentralen Lebensvoraussetzungen, die weltweit gnadenlos vermarktet und in Privateigentum überführt werden (Wasserversorgung, Wohnraum, Boden, Soziales, Gesundheit, Infrastruktur etc.).

Gemeinwesenökonomie braucht nicht nur zugängliche materielle Güter, sondern sie schafft nachhaltige Formen des persönlichen und des Gemeineigentums durch den produktiven Einsatz lokaler Potentiale und Ressourcen, aber auch und insbesondere durch die Verhinderung dysfunktionaler Mittelabflüsse durch alternativlose Privatisierung der Unternehmensgewinne. Die Gemeinwesenökonomie versucht durch Reinvestition des erarbeiteten Gewinns im lokalen Verbund der Unternehmen und Organisationen, die materielle Basis des Gemeinwesens zu stabilisieren und zu erweitern. In gleicher Weise können auch staatliche Mittelzuweisungen produktiv und nachhaltig verwendet und Mitnahmeeffekte verhindert werden.[41] Eine weitere Möglichkeit lokaler Wertschöpfung und Werterhaltung besteht in Formen des Tauschs. Darüber hinaus gilt es die Möglichkeiten der Entwicklung von Systemen lokaler Komplementärwährungen sowie auch die der Community-Credit-Unions zu berücksichtigen, die beide Wertschöpfungseffekte und die gezielte Förderung lokaler Ökonomie ermöglichen.[42]

Durch die gemeinwesenökonomische Organisation können traditionelle öffentliche und private Bereiche vor Ort sinnvoller, synergetisch und bedürfnisadäquat gestaltet werden. Diese Vorstellung knüpft an Klaus Novy's Idee eines lokalen Basissektors an, der sich an den Bedürfnissen und Potentialen der örtlichen Bevölkerung, dem produktiven Einsatz ihrer lebendigen Arbeitskraft und der erhaltenden Nutzung der natürlichen Ressourcen orientiert. Alle Aufgaben, die primär der Existenzsicherung und Bedarfsdeckung der Menschen in den Gemeinwesen dienen, könnten in diesem Basissektor organisiert werden. Klaus Novy[43] empfahl 1984 aus krisenpolitischen und ökologischen Gründen, Lebensbereiche und Teilsektoren den Kapital- und Wachstumszwängen zu entziehen und bedarfswirtschaftlich in kooperativen Formen zu organisieren.

Wenn jedoch die Lebensgrundlagen der Gemeinwesen, das „gemeine Eigene", restlos vermarktet sind, bleiben auch keine Optionen für die Lokale Ökonomie. Zur alternativlosen Privatisierung wäre die lokale Basisökonomie als Möglichkeit der Vergesellschaftung eine lebensdienliche Alternative. Spätestens seit der Ausformulierung und Unterzeichnung des Dienstleistungsabkommens GATS zur privatwirtschaftlichen Organisation aller öffentlicher Dienstleistungen – von der Wasser- und Energieversorgung, über Kindergärten, Schulen und Hochschulen bis zu allen sozialen und gesundheitlichen Diensten – ein Regelwerk, dessen Tragweite bis heute weder BürgerInnen noch ExpertInnen in den betreffenden Handlungsfeldern zur Kenntnis genommen haben – ist eben diese Suche nach Alternativen in Form „vergesellschafteter Privatisierung" durch bürgerschaftliche Genossenschaften und Fonds von großer Bedeutung.[44] Der Gründungsboom lokaler Genossenschaften und Bürgerfonds insbesondere im Sozial- und Gesundheits-, Schul- und Pflegebereich – vor allem in Finnland, Italien und Japan – ist eine Antwort der lokalen Bevölkerung auf die Privatisierung, Kommerzialisierung und Enteignung von öffentlichen Einrichtungen und Leistungen.[45]
Zwei aktuelle deutsche Beispiele für die gemeinwesenökonomische Übernahme öffentlicher Versorgungsleistungen als Alternative zur Privatisierung:[46]
Der Gemeinderat wollte die Wasserversorgung des 370-Seelen-Dorfes Ellerhoop in Schleswig-Hollstein vor acht Jahren verkaufen. Nur 90 Haushalte sind an das Wasserversorgungssystem angeschlossen, die anderen haben eigene Brunnen. Nach dem Verkauf wären alle Haushalte zwangsweise angeschlossen worden und hätten dafür die Kosten in und außerhalb ihrer Häuser zahlen müssen. Nach einem Bürgerentscheid und zähen Verhandlungen mit dem Gemeinderat, erarbeiteten die BürgerInnen einen Geschäftsplan, gründeten eine Genossenschaft, kauften die Wasserpumpe und haben sich damit ihre Versorgung zu ihren Konditionen und zum Nutzen des Gemeinwesens gesichert.
Die Stadt Herten steht seit 1995, wie viele andere Städte, aufgrund ihrer Schuldenlage unter Landesaufsicht. Mit dem Verkauf der lukrativen Stadtwerke – 96 Prozent der BürgerInnen beziehen von ihnen Strom, Gas und Wasser – an die kaufinteressierte Deutsche Bank, hätte sie eine Finanzlücke kurzfristig schließen können – auf Kosten der BürgerInnen. Diese gründeten den „Herten-Fonds", der zehn Millionen Euro in Form von Bürgereinlagen sammelte und die Stadtwerke kaufte. Das Bürgerunternehmen ist ökonomisch tragfähig und erwirtschaftet Gewinne. Die Einlagen der BürgerInnen werden mit fünf Prozent verzinst und die Gewinne werden genutzt, um städtische Einrichtungen zugunsten der BürgerInnen zu erhalten, beispielsweise das Erlebnisbad.

Gemeinwesenökonomie und Community-Empowerment

Bürgerschaftliche Unternehmen der Gemeinwesenökonomie entstehen derzeit in den Industrieländern in Form von Fonds, geldlosem Tausch und Kooperativen, die im Gemeinwesenverbund agieren.

Genossenschaften und genossenschaftliche Fonds sind geradezu ideale Organisationsformen der Gemeinwesenökonomie.[47] Sie sind in der internationalen Fachdiskussion und Praxis – wie erwähnt – wichtiger Bestandteil des *community-development*.[48] Als Antworten auf die krisenhaften wirtschaftlichen Entwicklungen übernehmen sie öffentliche und privatwirtschaftliche Aufgaben, um die Grundlagen des Zusammenlebens im Gemeinwesen zu sichern. Diese alternativen Gründungen lassen sich nach meiner Beobachtung derzeit in folgenden Bereichen feststellen:

1. Unternehmen der alternativen Arbeitsorganisation gewerblicher Wirtschaft (Belegschaftsbetriebe), die das Ziel haben, die Erwerbsarbeit vor Ort zu sichern
2. Sozial-, Bildungs-, Kultur- und Gesundheitsgenossenschaften, die dem Abbau und den Qualitätseinbußen durch Privatisierung in diesem Bereich entgegen wirken sollen; die Gründungen erfolgen sowohl durch Anbietende als auch NutzerInnen
3. Kooperativen und Fonds, die die öffentliche Infrastruktur und Versorgung (Energie, Wasser) durch die lokale Bevölkerung gegen Kommerzialisierung sichern

Die Eignung genossenschaftlicher Unternehmen hat leicht nachvollziehbare Gründe. Ich beschränke mich an dieser Stelle auf die in Punkt 1 erwähnte lokale Selbstorganisation von Arbeit, auf Produktivgenossenschaften also. In gleicher Weise könnten die Vorteile lokaler Konsum,- Wohnungs- und Sozialgenossenschaften aufgezeigt werden.

Produktivgenossenschaften beziehen sich meist auf einen lokalen, weltmarktunabhängigen Markt und agieren in arbeitsintensiven Bereichen. Sie sind Akteure dezentraler Arbeitsorganisation und damit Gegenpole technologischer Zentralisierung. Sie folgen anderen Rentabilitätsmaßstäben und sind zudem gegenüber anderen Unternehmensformen stabiler. Keine andere Unternehmensform verzeichnet weniger Zusammenbrüche als Genossenschaften, was darauf zurück zu führen ist, dass die Last und die Risiken auf vielen Schultern liegen und dass aufgrund des Identitätsprinzips ein mehr an (extrafunktionalem) Engagement der Beteiligten eingebracht wird. Die Wahrscheinlichkeit, in einem wirtschaftlichen Abschwung zu scheitern, ist bei Kooperativen geringer, da die Kosten der Rezession auf alle Köpfe im Unternehmen verteilt werden können.[49]

Ein Beispiel: Die Krisenbewältigung der 80er Jahre durch die weltweit größte Industriekooperative, den baskischen *Mondragon-Verbund* mit mehr als 53.000 Mitgliedern, illustriert dies. Mitglieder, die nicht ausreichend beschäftigt waren, wurden nicht entlassen, sondern auf andere Kooperativen im Verbund verteilt. Die Arbeitszeiten wurden flexibilisiert und die genossenschaftseigene Bank half mit günstigen Krediten über die Liquiditätsengpässe. Die Wachstumsrate von *Mondragon* war ab Mitte der siebziger Jahre viermal so hoch, wie in der übrigen spanischen Wirtschaft. Mittlerweile ist MCC das achtgrößte Unternehmen Spaniens. Im genossenschaftlichen Unternehmensverbund finden die Mitglieder nicht nur eigenständige Möglichkeiten der Existenzsicherung, sondern ein breites Spektrum an Waren und Dienstleistungen zur sozialen und gesundheitlichen Absicherung und Bedarfsdeckung. Zu den Kooperativen im Verbund gehören heute die *Caja Laboral* mit 270 Filialen, die Pensions- und Krankenkasse *Lagun-Aro*, die Supermarktkette *Eroski*, Produktionsstätten für Halbleiter, Autoteile und Werkzeugmaschinen oder das Herzstück von *Mondragon* der Elektrogerätehersteller *Fagor*, der mit 4.300 Mitarbeitenden einen Umsatz von 700 Millionen Euro macht. *Mondragon* ist eines der überzeugendsten Beispiele für ökonomisches und politisches Empowerment einer ganzen Region.

Das Interesse von Genossenschaftsmitgliedern an regional gebundenen Arbeitsplätzen ist langfristiger als das externer Investoren. Genossenschaften und kooperative Verbünde können das ökonomische „Rückgrat" einer Region im Umbruch bilden. Die Erhaltung, Bewirtschaftung und Zuteilung von Ressourcen und die Verhinderung dysfunktionaler Ressourcenabflüsse zur Stärkung der lokalen Basis sind wirksame Wege strukturellen Empowerments.[50] Gerade der Ressourcenabfluss aus benachteiligten Gemeinwesen ist einer der Hauptgründe für die Abwärtsspirale, die segregierte Armutsquartiere entstehen lässt. Eine Unterbrechung und Umkehr hin zu *„empowered communities"* erfordert Ansätze der Schließung der Ressourcenkreisläufe.[51] Mit Hilfe lokaler Genossenschaften, die in synergetischen Vernetzungen agieren und die Ressourcenbasis des Gemeinwesens und seiner BewohnerInnen in Form ökonomischer Kreisläufe (*short circuits*) stabilisieren, kann dies gelingen. Ein erfolgreiches Beispiel für diese Art genossenschaftlichen Agierens im Verbund ist die *Wohnungsgenossenschaft am Beutelweg*.[52] Durch Reinvestitionen im lokalen Verbund der Unternehmen und Organisationen kann die materielle Basis des Gemeinwesens stabilisiert und erweitert werden.

Personales Empowerment ist Voraussetzung und Folge dieses Handelns. Die Beteiligten erfahren, dass sie den wachsenden Abhängigkeiten von einem anonymen und globalisierten Markt mit *Communitiy-Empowerment*, der Stärkung der lokalen Fundamente des Zusammenlebens etwas entgegen halten können. Dies ist der Kern der Bemühungen südindischer KleinbäuerInnen, die sich gegen die Abhängigkeit von globalen Agrarkonzernen und die Enteignung ihrer Lebensgrundlagen wehren ebenso wie von BewohnerInnen benachteiligter Quartiere in westlichen Industrieländern, die unter den Folgen sozialökonomischer Polarisierung und Spaltung leiden. Lokale Genossenschaften und kooperative Kreditsysteme sind die wichtigsten Grundlagen dieser weitreichenden sozialen, ökonomischen und politischen Empowermentstrategien auf lokaler Ebene, die in ihren Netzwerken etwa im Weltsozialforum oder der attac-Bewegung bis auf die globale Ebene wirken.

Genossenschaften und lokale Tauschsysteme sind „*empowering organizations*" für personale und soziale Selbstveränderung. Als „*empowered organizations*" sind sie Resultate dieser Prozesse und gleichzeitig Akteure strukturellen Empowerments auf der Ebene der Gemeinwesen. Dies fördert Schritte zu „*empowered communities*" – zu Transformationsprozessen mit dem Ziel der Stärkung der Bürgergesellschaft, verbunden mit lokalökonomischen Alternativen freier Assoziationen von Bürgerinnen und Bürgern. Sie bewirken letztendlich eine Machtverschiebung zugunsten ziviler Selbstorganisation gegenüber den dominanten Systemen Staat und Markt.

Ich spreche von Möglichkeiten. Es wäre fatal anzunehmen, dass voraussetzungslos durch Genossenschaftsgründungen oder Tauschsysteme die sozialen und ökonomischen Probleme der Dauerarbeitslosigkeit zu lösen seien. Zu erwarten, dass Arbeit in überwiegend wenig lukrativen, arbeitsintensiven Bereichen ohne gezielte Förderung derjenigen Menschen zu erschließen sei, die über wenig oder kein materielles, wie verwertbares soziales, und allgemein auch über kein unmittelbar verwertbares Bildungs- und Wissenskapital verfügen, und zudem häufig geprägt sind von langjährigen Kontrollverlusten, ist mehr als naiv. Mit gezielter Förderung jedoch und unter bestimmten Rahmungen können gemeinwesenökonomische Lösungen ihre nachhaltigen Wirkungen auf personaler und struktureller Ebene entfalten. Voraussetzungen und Rahmenbedingungen habe ich an anderen Stellen ausführlich beschrieben.[53] Empowerment passiert nicht, wenn Benachteiligten Rechte und Ressourcen entzogen werden, damit sie sich an den eigenen Haaren aus dem Sumpf ziehen – woran sie der Sozialstaat angeblich hindert. In der derzeitigen Diskussion um den „aktivierenden Staat" scheint jedoch gerade das gemeint zu sein.

Selbstorganisation ist kein sozial gleich verteiltes Gut. Ein Blick in Geschichte und Gegenwart zeigt in nahezu allen Gesellschaften, dass die Besitzenden ihre Interessen am besten zu organisieren vermögen. „Die Teilhabe an solidarischen Gemeinschaften ist keineswegs prinzipiell offen für alle. Die Teilhabe an Selbstorganisation folgt den Spuren einer „stillen" Selektivität, sie variiert entlang der Demarkationslinie sozialer Ungleichheit (Bildung, Einkommen, Macht). Und so ergeben sich auch hier alte Ungleichheitsrelationen: Im Gegensatz zu Angehörigen mittlerer und gehobener sozialkultureller Milieus verfügt vor allem die „klassische" Klientel sozialstaatlicher Dienstleistungsagenturen, nämlich Personen mit geringem Einkommen, niedriger allgemeiner und beruflicher Bildung und einer nur wenig vernehmbaren öffentlichen Stimme, kaum über das (ökonomische, kulturelle und soziale) Kapital, das nötig ist, um sich selbstbewusst schöpferisch in Assoziationen... einzumischen."[54] Gerade die Ressourcenrestriktionen der ökonomisch und sozialen Benachteiligung wirken in der Weise, dass sie die kollektive Selbstorganisation, als einzige Möglichkeit zur Erweiterung der Macht- und Ressourcenlage, verhindern.[55] Die Verfahren der Gemeinwesenarbeit, insbesondere des *Community-Organizing* und des *Community-Education*, wirken machtausgleichend und ressourcenbildend und schaffen so die Voraussetzung für schrittweise Empowerment-Erfahrungen Benachteiligter.

Die Ideen und Projekte ziviler Akteurinnen und Akteure und die Wege zu ihrer Erreichung sind meist unkonventionell.[56] Sie widersprechen den Vorstellungen etablierter Systeme in Verwaltung, Markt und Politik. In einem etatistischen System, als das Deutschland bezeichnet werden kann, stößt das Engagement von BürgerInnen außerhalb fremdbestimmter ehrenamtlicher Einsätze im Sozialbereich keineswegs auf Entgegenkommen. Wie verkrustete Strukturen in Wirtschaft, Wohlfahrtsverbänden, Politik und Verwaltung Engagementbereitschaft entgegenstehen, weist Helmut Klages in seiner lesenswerten Studie nach.[57] Empowerment lässt sich mit einem Gesellschaftsspiel vergleichen. Neue SpielerInnen verschaffen sich Zugang, spielen auf ihre Weise mit und verändern die Regeln. Nicht nur die vorher vom Spiel Ausgeschlossenen, sondern alle MitspielerInnen müssen sich verändern, neue AkteurInnen mit ihren Ideen und Verfahren zulassen und sich in den Aushandlungsprozess um neue Regeln einlassen.

Empowerment als Selbsthilfe und Selbstorganisation im politischen, sozialen und ökonomischen Bereich tangiert die Systeme Staat, Markt und Zivilgesellschaft und deren jeweilige Interessen und Zuständigkeiten. Sie verändert auch den intermediären Sektor („Dritten Sektor") zwischen diesen Systemen und erweitert seine Möglichkeiten. Die Entwicklungspotentiale des „Dritten Sektors" – dem in der internationalen Diskussion auch Genossenschaften zugehören, mit seinen Nahtstellen zu Staat, Markt und Zivilgesellschaft und seinem bürgerschaftlichen Potential – beruhen auf der Nähe zur Lebenswelt, die die Kontrolllogik des Staates und die Kapitallogik des Marktes durch Findigkeit und soziales Kapital relativiert und lebensnahe Lösungen generiert.

Sollen Bürgerinnen und Bürger in Selbstorganisation soziale und ökonomische Verantwortung übernehmen, müssen sie dies auch wirklich dürfen.[58]

Politik, Verwaltung, Wirtschaft und Verbände müssen sie an den Nahtstellen ihrer Handlungsfelder oder Kompetenzbereiche zulassen und sie nicht, wie dies im Bereich ökonomischer Selbstorganisation Praxis ist, verhindern und vernichten, oder wie im Bereich sozialer und politischer Selbsthilfe und Selbstorganisation üblich, vereinnahmen und gängeln.

Es handelt sich bei sozialem, ökonomischem und politischem Empowerment „um einen konflikthaften Prozess der Umverteilung von politischer Macht, in dessen Verlauf Menschen oder Gruppen von Menschen aus einer Position relativer Machtunterlegenheit austreten und sich ein Mehr an demokratischem Partizipationsvermögen und politischer Entscheidungsmacht aneignen."[59] Es geht, wie Tilo Klöck sagt, um die Beeinflussung der strukturell ungleichen Verteilung von Ressourcen, Macht und Einflussnahme zugunsten Benachteiligter.[60] Verändert sich die Position von Machtunterlegenen, so ist dies nur möglich durch die Abgabe von Macht der Überlegenen.

Saul Alinsky, Basisdemokrat und Vordenker der Empowermentidee, geht mit seinem Konzept des community-organizing, der Selbstorganisation der Interessen Benachteiligter, von der Perspektive sozialen Wandels durch Konflikt und Machtumverteilung aus.[61] Nach seiner Darlegung ist Konflikt das Feuer unter dem Kessel der Demokratie. Der Prozess des Aufbaus von Organisationsfähigkeit Benachteiligter vollzieht sich durch die Bündelung ihrer Kräfte. In Strategien der Auseinandersetzung mit dominanten Gegnern um die Durchsetzung von Zielen, die das eigene und gemeinsame Leben betreffen, erfahren sie ihre abgestimmte, kollektive Handlungsfähigkeit, um daran Schritt für Schritt zu wachsen.

Gerade in Zusammenhang mit ökonomischer Selbstorganisation benachteiligter gesellschaftlicher Gruppierungen sind die Konflikthaftigkeit des Ansinnens und die Frage der materiellen und nichtmateriellen Voraussetzungen sehr ernst zu nehmen.

Geht es um eigenständige Existenzsicherung von Arbeitslosen und Armen, um Möglichkeiten genossenschaftlicher Wohnungsversorgung derer, die im Markt keine Chancen haben, um selbstorganisierte Alternativen zu traditionellen sozialen Diensten etc., tangieren die Konfliktlinien die Machtzentren des korporatistischen Staates sowie die dominanten Interessenorganisationen der Zivilgesellschaft und des Marktes. Die Widerstände und Verhinderungsstrategien gegen Einzelinitiativen produktiver Eigenständigkeit sind vielfältig – was alle wissen, die in diesem Feld agieren. Wirksamer noch sind sie gegen die Versuche, politische Voraussetzungen für die Zulassung und Förderung eines eigenständigen kooperativen Sektors zu schaffen.[62] Mit der schrittweisen Wirkung struktureller Empowermentprozesse werden die Konfliktlinien und -schauplätze komplexer. Gerade an den Widerständen können die Akteure wachsen und die Empowermenteffekte verstärken sich dann. Doch an diesen Widerständen scheitert auch die Selbstorganisation Benachteiligter aufgrund der kumulierenden Wirkung sozialer, materieller und kultureller Kapitalschwäche und des schwierigen Konfliktfeldes, in dem sie sich im Gegenwind behaupten muss.

Es gilt zu bedenken, dass soziale und ökonomische Selbstorganisation Benachteiligter eine der Konsequenzen des Endes der arbeitsteiligen sozialen Marktwirtschaft darstellt. Sie stellt einen sehr weitgehenden Bruch mit der Organisation zentraler gesellschaftlicher Bereiche dar und ist auch deshalb höchst konfliktiv. Selbstorganisation ersetzt nicht die sozialstaatliche Absicherung von Lebensrisiken, doch ist ihre aktive Förderung eine vorrangige gesellschaftliche Entwicklungsaufgabe, um soziale Integration und eigenständige Existenzsicherung von Menschen und die Zukunftsfähigkeit der Gemeinwesen zu sichern.

Anmerkungen

1 Vgl. u.a: Duchrow, Ulrich / Hinkelammert, Franz Josef: Leben ist mehr als Kapital. Oberursel 2002; Ulrich, Peter / Maak, Thomas (Hg.): Die Wirtschaft. In: der Gesellschaft. Bern, Stuttgart, Wien 2000; Mander, Jerry / Goldsmith, Edward (Hg.): Schwarzbuch Globalisierung. München 2002

2 Z.B. die Emmaus-Bewegung in der Arbeit mit Obdachlosen

3 Es sind dies die für das Leben und Zusammenleben im Gemeinwesen erforderlichen Grundlagen, die dem Gemeinwohl dienen.

4 Campfens, Hubert: Community Development around the World. Toronto, Buffalo, London 1999

5 Oelschlägel, Dieter: Stadtentwicklung und Gemeinwesenarbeit. In: Institut für soziale Arbeit e.V. (Hg.): Im Dickicht der Städte – Soziale Arbeit und Stadtentwicklung. Münster 2001, S. 23

6 Vgl.: Beiträge in: Flieger, Burghard: Sozialgenossenschaften. Neu-Ulm 2003 und Brandeins, 5. Jahrgang, Heft 7/September 03, S. 66

7 z.B. Soziale Stadt

8 Elsen, Susanne: Lässt sich Gemeinwesenökonomie durch Genossenschaften aktivieren? In: Flieger, Burghard (Hg.): Sozialgenossenschaften. Neu-Ulm 2003, S.57f.

9 Vgl.: Wacquant, Loic: Vom wohltätigen Staat zum strafenden Staat. In: Leviathan, 25. Jhrg.1997, S.50 ff; Elsen, Susanne: Über den Zusammenhang globaler und lokaler Entwicklungen. In: Elsen, Susanne / Lange, Dietrich / Wallimann, Isidor (Hg.): Soziale Arbeit und Ökonomie. Neuwied 2000, S.197f.; Bröckling, Ulrich / Krasmann, Susanne / Lemke, Thomas: Gouvernementalität der Gegenwart. Frankfurt am Main 2000; Dahme, H.-J. / Otto, H.U / Trube, A. / Wohlfahrt, N. (Hg.): Soziale Arbeit für den aktivierenden Staat. Opladen 2003

10 Elsen, Susanne: Über den Zusammenhang globaler und lokaler Entwicklungen. In: Elsen, Susanne / Lange, Dietrich / Wallimann, Isidor: Soziale Arbeit und Ökonomie, Neuwied 2000

11 Ulrich, Peter / Maak, Thomas: Lebensdienliches Wirtschaften. In: Dieselben (Hg.): Die Wirtschaft. In: der Gesellschaft, Bern, Stuttgart, Wien 2000

12 Elsen, Susanne / Lange, Dietrich / Wallimann, Isidor (Hg.): Soziale Arbeit und Ökonomie, Neuwied 2000

13 Beispiele für solche Schritte habe ich dargestellt: Elsen, Susanne: Lässt sich Gemeinwesenökonomie durch Genossenschaften aktivieren? In: Flieger, Burghard (Hg.): Sozialgenossenschaften. Neu-Ulm 2003, S.57f.

14 Ulrich, Peter: Der entzauberte Markt. Freiburg, Basel, Wien 2002, S.102

15 Pankoke, Eckart: Freie Assoziationen. In: Zimmer, Annette / Nährlich, Stefan (Hg.): Engagierte Bürgerschaft. Opladen 2000, S.189

16 Vgl.: Elsen, Susanne u.a.: Die Genossenschaft am Beutelweg. In: Elsen, Susanne / Ries, Heinz u.a. (Hg.): Sozialen Wandel gestalten. Neuwied 2000, S.269

17 Addams, Jane: Zwanzig Jahre soziale Frauenarbeit in Chicago. München 1913

18 Die Autorin ist Mitbegründerin und langjährig bürgerschaftlich im Unternehmensverbund engagiert.

19 Vgl. Elsen, Susanne: Gemeinwesenökonomie, Neuwied 1998

20 Z.B. die derzeitigen Versuche, Opfer von Arbeitslosigkeit und Sozialhilfeberechtigte als Schmarotzer darzustellen, um damit weitere Deregulierungen die Einführung eines Niedriglohnbereiches und den weiteren Abbau von Sozialleistungen zu erwirken.

21 Vgl. Rose, Nikolas: Tod des Sozialen? In: Bröckling, Ulrich u.a. (Hg.): Gouvernementalität der Gegenwart. Frankfurt am Main 2000

22 Soros, George: Die Krise des globalen Kapitalismus. Frankfurt am Main 2000, S.256

23 ebenda

24 Im romanischen Raum spricht man deshalb von Économie Solidaire. Frankreich hat seit 1999 ein Staatssekretariat für diesen Sektor, dessen Eigenlogik in Deutschland im Vergleich zu anderen europäischen und außereuropäischen Ländern wenig bekannt und vielfach missverstanden ist.

25 zur Bedeutung und Wirkung des Steuerungsmodus Solidarität vgl. Habermas, Jürgen: Die neue Unübersichtlichkeit. Frankfurt am Main 1985, S.158

26 „The Contribution of Social Capital in the Social Economy to Local Economiy Development in Western Europe/CONSCISE“, www.conscise.mdx.ac.uk

27 Negt, Oskar: Arbeit und Menschliche Würde, Göttingen 2001, S.319

28 zu den Themen Eigenarbeit und Entgrenzung der Arbeit vgl. zahlreiche Publikationen von Mutz, Gerd

29 Negt, Oskar: a.a.O.: S.405

30 vgl. Ziegler, Jean: Die neuen Herrscher der Welt. München 2003, S.221ff.

31 Lietaer, Bernard A.: Das Geld der Zukunft. München 2002, S.324f.

32 Süddeutsche Zeitung vom 7.1.2003

33 Göler von Ravensburg, Nicole: Genossenschaften in der Erbringung Sozialer Dienste. In: Flieger, Burghard (Hg.): Sozialgenossenschaften. Neu-Ulm 2003, S.82

34 Seit mehreren Jahren bearbeite ich mit Studierenden Lösungen insbesondere in Argentinien, Südindien und Südafrika, stehe in intensivem Praxisaustausch, der unseren Studierenden offen steht und lade jedes Semester Kolleginnen und Kollegen aus vielen Regionen der Welt zur Veranstaltungsreihe „Community-work around the World“ ein.

35 Sen, Amartya: Ökonomie für den Menschen. München, Wien 2000; Yunus, Muhammad: Grameen. Bergisch-Gladbach 1998

36 Böhnisch, Lothar / Schröer, Wolfgang: Die soziale Bürgergesellschaft. Weinheim, München 2002

37 Haug, Wolfgang Fritz: Eigentum. In: Historisch-Kritisches Wörterbuch Berlin; Hamburg 1998

38 Vgl.: Negt, Oskar: a.a.O. S.388

39 Ries, Heinz: a.a.O. S.49

40 Ries, Heinz: Wohnen, Arbeiten, Teilhaben als Basis einer lokalen Ökonomie. In: Sahle, Rita / Scurrell, Babette (Hg.): Lokale Ökonomie. Freiburg 2001, S.48

41 Bis zu seinem Ende im Jahr 2002 hat der „zweite Arbeitsmarkt“ in Deutschland diese Chance nicht genutzt (nicht nutzen dürfen!).

42 Vgl. Elsen, Susanne: Gemeinwesenökonomie. Neuwied 1997, S.248f.

43 Beywl, Wolfgang / Flieger, Burghard: Genossenschaften als moderne Arbeitsorganisation, Fernuniversität Hagen 1993

44 Fritz, Thomas / Scherrer, Christoph: GATS: Zu wessen Diensten? Hamburg 2002

45 Göler von Ravensburg, Nicole: Genossenschaften in der Erbringung Sozialer Dienste. In: Flieger, Burghard (Hg.): Sozialgenossenschaften. Neu-Ulm 2003

46 Brand eins 5. Jahrgang, Heft 07, September 2003, S.66f

47 Elsen, Susanne: Lässt sich Gemeinwesenökonomie durch Genossenschaften aktivieren? In: Flieger, Burghard (Hg.): Sozialgenossenschaften. Neu-Ulm 2003, S.57f.

48 Z.B. Campfens, Hubert: Community Development Around the World. Toronto, Buffalo, London 1999

49 Food Whyte, William / King Whyte, Kathleen: Makin Mondragon: The Growth and Dynamics of the Worker Cooperative Complex. New York 1988

50 Vgl. Kretzmann, John / McKnight, John: Building Communities from the inside out. Chicago 1993

51 Rubin, Herbert: There Aren´t going to be any bakeries here..In: Social Problems. Vol 41, No 3, August 1994, S.401f.

52 Elsen, Susanne / Löns, Nikola / Ries, Heinz A. / Steinmetz, Bernd: Aus der Not geboren. In: Elsen, Susanne u.a. (Hg.): Sozialen Wandel gestalten. Neuwied 2000, S.261f.

53 Elsen, Susanne: Lässt sich Gemeinwesenökonomie durch Genossenschaften aktivieren? In: Flieger, Burghard: Sozialgenossenschaften. Neu-Ulm 2003, S.57f.

54 Herriger, Norbert: a.a.O., S.137

55 Karsch, Thomas: Kollektives Handeln der Armen als Voraussetzung für Entwicklung. Frankfurt am Main 1997

56 Boll, Joachim / Huß, Reinhard / Kiehle, Wolfgang: Mieter bestimmen mit. Darmstadt 1993

57 Klages, Helmut: Der Blockierte Mensch. Frankfurt, New York 2002

58 Vgl. Klages, Helmut: Der blockierte Mensch. Frankfurt, New York 2002

59 Vgl. Herriger, Norbert: a.a.O.

60 Klöck, Tilo (Hg.): Solidarische Ökonomie und Empowerment. Neu Ulm 1998

61 Alinsky wurde 1909 in einem üblen Slum von Chicago geboren. Seine Praxis der politischen Organisation der Artikulationsschwachen ist heute von höchster Aktualität; vgl. Alinsky, Saul: Anleitung zum Mächtigsein. Bornheim 1983

62 Vgl. Elsen, Susanne: Gemeinwesenökonomie. Neuwied 1998 und Sozialen Wandel gestalten. Neuwied 2000

Manfred Kappeler

Einmischen jetzt!*

Zum aktuellen Diskurs über politische Beteiligungs- und Mitwirkungsformen für Kinder und Jugendliche

„Einmischen“ hat den Charakter einer kräftigen Intervention, einer durchaus aggressiven und tendenziell gewaltsamen Handlung. Wer *eingeladen* ist, sich zu *beteiligen*, muss sich nicht *einmischen* und umgekehrt, wer sich einmischt, ist nicht eingeladen, muss sich selbst den Zutritt verschaffen. Ich mische mich ein, wenn ich mich ausgeschlossen oder vergessen oder missachtet fühle, oder aber wenn ich mitmischen möchte, damit diejenigen, die die Karten in der Hand haben, das Spiel nicht unter sich machen können, damit das Blatt neu gemischt wird und ich mit an dem Tisch sitze, zu dem ich nicht geladen worden bin. Ich mische mich ein, weil an diesem Tisch über Dinge verhandelt wird, von denen ich im engeren oder weiteren Sinne betroffen bin, weil ich nicht einfach andere über mein Leben bestimmen lassen will, die glauben oder sich anmaßen zu wissen, was gut und was schlecht für mich sei und mich damit entwerten, gewollt oder ungewollt, indem sie mir die Kompetenzen zur Gestaltung meines Lebens und seiner Bedingungen nicht zutrauen. Vielleicht aus pädagogischer Arroganz? Vielleicht aber auch aus Angst vor meinen Kompetenzen, meinen Sichtweisen, meinen Möglichkeiten, selbstbestimmt zu handeln. Vielleicht aus Angst, ich könnte ihnen ihr Spiel, das sie in den Händen behalten wollen, durcheinander bringen, ich könnte mich einmischen in ihre Strategie, ich könnte das aufmischen, was sie so schön für sich geordnet haben, ich könnte Unruhe und Unordnung und Unberechenbarkeit in ihr Spiel bringen.

Wenn ich mich einmischen muss, weil ich nicht eingeladen bin zum Mitreden und Mithandeln und vor allem zum *Mit-Entscheiden*, handelt es sich bei dem Spiel, von dem ich ferngehalten werden soll, um ein Machtspiel, indem mir der Part des Ohnmächtigen zugewiesen wird. Es geht also um die entscheidende Frage, ob die Machtspieler das auch können beziehungsweise ob ich das zulasse. Freilich, wenn die anderen das Blatt in der Hand halten, weil sie über Ressourcen entscheiden können, die meine Lebenschancen tangieren, weil sie über Geld und Räume und die Zulas-

* für Dieter Oelschlägel in Erinnerung an Begegnungen in Berlin Anfang der siebziger Jahre, als „Einmischen“ unsere alltägiche Praxis war.

sung von Inhalten und Handlungsmöglichkeiten entscheiden können, weil sie Definitions- und Entscheidungsmacht besitzen und die Zugangswege zu Chancen und Ressourcen kontrollieren, dann befinde ich mich in einer schwierigen Position. Wenn ich nichts habe als meinen kritischen Blick und meine Stimme, wenn ich mich buchstäblich selbst ermächtigen muss, um mich einmischen zu können, habe ich geringe Aussichten, mich tatsächlich einzumischen, wenn ich alleine bleibe, ein Einzelner auf sich selbst gestellt. Nur wenn die in der Asymmetrie gesellschaftlicher Machtverhältnisse im unteren Bereich angesiedelten sich zusammentun, wenn sie sich gemeinsam ermächtigen, haben sie eine Chance, sich einmischen zu können und die Positionen der Macht aufzubrechen.

Wenn wir in der Position von Opfern der Fremdbestimmung verharren, wenn wir passiv erdulden/erleiden, was uns zugemutet wird, beteiligen wir uns an der Aufrechterhaltung von Fremdbestimmung und Herrschaftsausübung, sind wir MittäterInnen aus Trägheit und Ignoranz, vielleicht auch aus Angst davor, was uns passieren kann, wenn wir die Nische, in der wir uns eingerichtet haben, verlassen und uns der Gegenwind rauh ins Gesicht bläst.

Um sich gemeinsam zu ermächtigen mit dem Ziel der Einmischung in Machtverhältnisse, müssen wir bei uns selbst damit anfangen, die demokratische Kultur einer Zivilgesellschaft zu entwickeln, die auf der Wertschätzung, der Achtung, dem Respekt vor der Würde des anderen beruht, müssen wir die Hierarchien, die uns voneinander trennen, aufbrechen: das hierarchische Generationenverhältnis, das die Erziehungsformen bestimmt; das patriarchale hierarchische Geschlechterverhältnis, das die Beziehungen zwischen Frauen und Männern, zwischen Mädchen und Jungen bestimmt; die symbolische Ordnung der Zweigeschlechtlichkeit mit dem Primat der Heterosexualität, das die sexuellen Lebensstile bestimmt; die Privilegien der weißen Dominanzkultur, die eine gelebte Multikulturalität verhindern, und wir müssen dialogische Kommunikationsformen und Umgangsformen entwickeln, in denen wir selbst auf die Ausübung von Macht und Konkurrenz verzichten. Das scheint im Widerspruch zur notwendigen „Selbstermächtigung“ zu stehen, ist aber eine Bedingung für das gemeinsame Einmischen. Dass dieses Einmischen selbst etwas Gewaltsames hat, ist eine nicht aufzuhebende Ambivalenz, in der sich die Ohn-Mächtigen in einer auf Ungleichheiten und Herrschaft des Menschen über den Menschen aufgebauten Gesellschaft befinden, wenn sie an diesen Strukturen etwas ändern wollen. Es sind Ambivalenzen, die wir aushalten müssen, wenn wir uns mit den uns zugewiesenen Positionen nicht einfach abfinden wollen.

Sich einmischen bedeutet in der Regel, Konflikte zu provozieren, ja es ist sogar auf Formen der Provokation angewiesen, wenn die einfache Bitte, beteiligt zu werden, nicht erfüllt wird und ich in der Position des abgewiesenen Bittstellers nicht verharren will. Von denen, die meine Einmischung nicht wollen, die mich nicht eingeladen haben mitzudenken, mitzureden und mitzuentscheiden, obwohl es um meine und meinesgleichen Angelegenheiten geht, werden diese provokanten Formen der Erzwingung von Aufmerksamkeit oder der Verhinderung von Machtgemauschel als Bruch der bürgerlichen Verkehrsformen und der Benimm-Regeln zurückgewiesen: „*So* lassen wir nicht mit uns reden“, „Vom Druck der Straße lassen wir uns nicht erpressen“, „Wenn sie sich beschweren wollen, dann nutzen sie die vorgeschriebenen Beschwerdewege“, oder „Wir lassen uns nicht vor eine Gruppe zitieren und werden nur mit legitimierten Sprechern, mit einem oder zweien, höchstens dreien reden, zu einem Zeitpunkt, der in unseren Terminkalender passt und an einem Ort, den wir bestimmen“ [das heißt: wo sie das Hausrecht haben]. So und ähnlich lauten die Argumentationen der Zurückweisung. Diese Gesten der Empörung, wenn Kinder, Jugendliche und sie unterstützende PädagogInnen, vielleicht auch Eltern im Kinder- und Jugendhilfeausschuss oder im Schulausschuss oder im Gemeinderat gegen eine Haushaltspolitik protestieren, die zum Beispiel die ungeheuren Kosten des Berliner Bankenskandals auf die Kindertagesstätten, die Jugendeinrichtungen und Schulen und damit auf die Kinder und Jugendlichen, das heißt, auf deren Zukunft abwälzen will, unter umfassender Schonung der für die Milliarden Defizite im Berliner Haushalt verantwortlichen PolitikerInnen, Banker und Wirtschaftsbosse. Welche moralische Entrüstung über die PädagogInnen, die, statt die Kinder und Jugendlichen pädagogisch einzulullen und zu beschwichtigen, mit ihnen zusammen und sie ermutigend laut ihre Stimme erheben und durch physische Präsenz in den Gremien und vor den Rathäusern, die wie Burgen aussehen, verhindern wollen, dass der so genannte Sparhaushalt reibungs- und umstandslos die Gremien passiert. Vielleicht sind bei solchen Aktionen des *„Einmischens jetzt!“* auch schon mal Kindertrompeten, Rasseln und Knallfrösche beteiligt, vielleicht redet ein Jugendlicher einfach, dem vom Vorsitzenden nicht das Wort erteilt wurde, denn die „Öffentlichkeit“ darf in den Gremien zwar zuhören, aber nicht mitreden und schon deutliche Unmutsäußerungen über das Gehörte können zur Verweisung aus dem Sitzungsraum führen oder werden gar als Vorwand für den Abbruch der Sitzung genommen. Vielleicht werden auch schon mal weiße Mäuse freigelassen und Pappnasen aufgesetzt oder die Tribüne und das Foyer zum Straßentheater gemacht – alles Formen, das auferlegte Schweigen zu durchbrechen, die eigene Stimme vernehmbar zu machen gegenüber jenen, die mit bürokratischer Hartnäckigkeit den Dialog verweigern. Solche Formen des Einmischens werden uns übel angekreidet als politische Funktionalisierung der uns anvertrauten „unmündigen“ Kinder und Jugendlichen, „auf deren Rücken“ wir unsere politischen Interessen austragen würden, als Demagogie und Rädelsführerschaft, zumindest aber als „pädagogisch unverantwortliches Handeln“. Aber wir brauchen uns davon nicht schrecken zu lassen, denn wir haben für solches Handeln einen in § 1 des Kinder- und Jugendhilfegesetzes eindeutig formulierten Auftrag. Dort heißt es, dass Jugendhilfe dazu beitragen soll, für junge

Menschen und ihre Familien positive Lebensbedingungen zu schaffen, und Sorge tragen soll für die Erhaltung und Herstellung einer kinder- und familienfreundlichen Umwelt. Unter dem Stichwort „Einmischung" und „Einmischungsstrategien" finden sich in den Handwörterbüchern der Sozialen Arbeit viele Ausführungen. Innovation, Einmischung und gesellschaftspolitischer Veränderungswille sei das offensive Selbstverständnis der Jugendhilfe, heißt es da. Freilich verbunden mit der Feststellung, dass eine solche Haltung in der Jugendbürokratie eher untypisch sei und die aus ihr entspringenden Handlungen als Regelverletzungen empfunden würden. Nach § 1 KJHG solle die Jugendhilfe einen unmittelbaren Einfluss auf alle Politikfelder geltend machen, die das Leben, die Bedingungen des Aufwachsens von Kindern und Jugendlichen berühren. Jugendhilfeplanung nach § 80 KJHG solle auf der Grundlage von Lebenswelt- und Lebenslagenorientierung als ein Prozess organisiert werden, der durch Kommunikation und Partizipation mit Kindern, Jugendlichen und freien Trägern/Initiativen und Projekten gekennzeichnet sein soll. Jugendhilfeplanung sei ein wesentliches Instrument zur Demokratisierung der Jugendhilfe. Sie sei ein politischer Prozess, an dem Kinder und Jugendliche nicht nur als Alibi, sondern essentiell beteiligt werden müssten. Einmischen bedeute für die Jugendhilfe: in allen Politikfeldern für optimale Bedingungen des Aufwachsens einzutreten und Kinder und Jugendliche in einer kinder- und jugendlichen-feindlichen Gesellschaft bei der offensiven Wahrnehmung ihrer Rechte zu unterstützen. Die Jugendhilfe sei der Herstellung sozialer Gerechtigkeit im Hinblick auf Kinder und Jugendliche verpflichtet und müsse in Realisierung dieses ethischen Anspruchs Strategien der Einmischung entwickeln, die über die bloße Anwaltsfunktion hinausgehen müssen und zur Aktionseinheit mit Kindern und Jugendlichen im konkreten Fall führen sollen. Jugendhilfe müsse die Selbstorganisation von Kindern und Jugendlichen unterstützen. Der § 1 KJHG wäre ohne den politischen Druck alternativer selbstorganisierter Initiativen und Projekte in den siebziger und achtziger Jahren niemals zur Leitnorm der Jugendhilfe geworden, heißt es da. Jugendhilfe solle Kinder und Jugendliche unterstützen, ein selbstbestimmtes Leben zu führen. Die „Einmischungsstrategie" eröffne neue Handlungsmöglichkeiten und bedeute einen Perspektivenwechsel in der Kinder- und Jugendhilfe. Sie sei erforderlich, um den klaren gesetzlichen Auftrag an die Jugendhilfe, Querschnittspolitik im Interesse der Kinder und Jugendlichen zu leisten, zu erfüllen. Jugendhilfe müsse auf die Erfüllung öffentlicher Aufgaben, die die Lebensführung von Kindern und Jugendlichen betreffen, Einfluss nehmen. So genannte *Zuständigkeitsgrenzen*, die sich historisch entwickelt haben, müssten im Interesse einer ganzheitlichen Betrachtungsweise von Lebenslagen junger Menschen überwunden werden, heißt es in der Begründung der damaligen Bundesregierung zu § 81 Kinder- und Jugendhilfegesetz, der das Zusammenarbeitsgebot formuliert.[1] Wir haben also für „Einmischen jetzt!"

eine breite, in einem modernen und demokratischen Verständnis von Jugendhilfe verankerte Legitimationsbasis.

Die Ambivalenz, die darin steckt, dass wir den Dialog wollen, aber allzu oft auf „Einmischung jetzt!“ angewiesen sind – und die „Einmischung“ kann ja, weil sie prinzipiell unerwünscht ist, weil sie das Hinhören der Verweigerer erzwingen muss, nicht dialogisch sein – diese Ambivalenz kommt unübersehbar in programmatische Formulierungen wie „Diskussion über Beteiligungsformen und Mitbestimmung – innerhalb der Kindertagesstätten und in der Jugendarbeit, in der Schule und der Kommunalpolitik“ zum Ausbruch. *Einmischen* und *Beteiligung* sind aber zwei verschiedene Formen des Handelns. Wie eingangs gesagt: Wenn Kinder und Jugendliche beteiligt werden, wenn wir als Fachkräfte beteiligt werden, gibt es jemanden, der uns beteiligen möchte, der uns einlädt, mitzureden und mitzuhandeln und vielleicht sogar mitzuentscheiden, jemanden, der auf die Erfahrungen der Kinder und Jugendlichen, auf ihr Wissen, ihre Wünsche und Vorschläge Wert legt, der sie als ExpertInnen ihres Lebens mit Subjektstatus anerkennt, sie nicht mit der Unterstellung der „Unreife“ und „mangelnden Lebenserfahrung“ pädagogisch entmündigt und entmutigt und in die Ecke stellt, der aus prinzipieller Wertschätzung auf seine Machtstellung als mit Entscheidungsbefugnis und Definitionsmacht ausgestatteter Erwachsener und Vertreter einer Institution verzichtet zugunsten der Eröffnung eines Dialogs mit denen, die über keine Machtmittel verfügen. Beteiligungsformen, Mitbestimmung, Anhörungsrechte, Beteiligungsrechte, Mitgestaltung, Beratungs- und Vorschlagsrechte, Interessen- und Bedürfniswahrnehmung, Bedürfnisse formulieren und vertreten können, Demokratie-Lernen und Konfliktfähigkeit erwerben – um diese Punkte, die alle wichtige Aspekte des großen Themas *Partizipation* sind, geht es im „Beteiligungs-Diskurs“ der sozialpädagogischen Fachöffentlichkeit. Partizipation aber, wo sie praktiziert wird, macht „Einmischen jetzt“ überflüssig, zumindest bis das Partizipative an seine Grenzen stößt, die in der Regel dort erreicht werden, wo es um Mit-Entscheiden oder um ein Veto-Recht geht bei materiellen „Ernstfragen“, bei denen die demokratischen Sandkastenspiele verlassen werden, zum Beispiel: Gestaltung der öffentlichen Räume, Öffnungszeiten von Einrichtungen, Umfang und Verwendung der Finanzen und Sachmittel, Personalausstattung und Personalentscheidungen, selbstbestimmte inhaltliche Programmgestaltung et cetera. Das Partizipationsgebot in den diversen Bestimmungen des KJHG ist das Ergebnis von über Jahre durchgehaltener Einmischung von unten, von Einmischungsstrategien mit langem Atem, die den mühsamen und immer wieder neu bedrohten Reformprozess der Kinder- und Jugendhilfe, wie er sich – längst nicht ideal, aber immerhin – im KJHG widerspiegelt, initiiert, begleitet und geformt haben.

Partizipation, so heißt es im Stichwortartikel des gerade neu aufgelegten „Handbuch Sozialarbeit/Sozialpädagogik“[2], sei aus demokratietheoretischer Perspektive ein Moment der konstitutionell verbürgten Freiheit und Gleichheit aller. Die Maximierung von Partizipation sei ein „genuines Ziel demokratischer Gesellschaften“. Sie befähige die BürgerInnen, die öffentlichen Angelegenheiten im freien Austausch zu beraten und konsensfähige Positionen zu erarbeiten, aber auch Konflikte gemeinwohlverträglich zu bewältigen und kompetent zu entscheiden. In den Organisationen und Institutionen des Sozial- und Bildungssystems eröffne Partizipation ein bedeutsames Lern- und Übungsfeld für Kinder und Jugendliche, auf dem sie Demokratie lernen und ihre subjektiven und kollektiven Ressourcen zur Entdeckung, Artikulation und *Durchsetzung* von Interessen optimieren könnten. Auf diesem Wege leiste die Sozialarbeit/Sozialpädagogik einen Beitrag zur Demokratisierung der Gesellschaft.

Im „Elften Kinder- und Jugendbericht – Bericht über die Lebenssituation junger Menschen und die Leistungen der Kinder- und Jugendhilfe in Deutschland“, der vom Bundesministerium für Familie, Senioren, Frauen und Jugend herausgegeben wurde, schreibt die unabhängige Sachverständigenkommission ein ganzes Kapitel über „Teilhabe in der Kinder- und Jugendhilfe“. Dort heißt es, die Jugendpolitik und die Jugendhilfe habe die Aufgabe, „zur Teilhabe aller jungen Menschen an der politischen und gesellschaftlichen Entwicklung beizutragen, ihre Bedürfnisse, Hoffnungen, Ängste und Probleme in die gesellschaftliche und politische Debatte um die Zukunft unseres Gemeinwesens einzubringen, *gemeinsam mit ihnen* [Hervorhebung M.K.] die Interessen der nachwachsenden Generation in einer im Wandel begriffenen Gesellschaft zu vertreten und eine politisch wirksame Beteiligungskultur zu initiieren.“ Die Jugendhilfe stehe aber auch „vor der Herausforderung, in den eigenen Strukturen und Handlungsweisen die Teilhabe und Mitwirkung der Adressatinnen und Adressaten auszuweiten“. Die Sachverständigen müssen dann allerdings ernüchternd feststellen, dass die Beteiligung von Kindern und Jugendlichen in der Praxis der Jugendhilfe nur selten anzutreffen ist. Dies, obwohl „der fördernde, partizipative und bildende Auftrag der Kinder- und Jugendarbeit im KJHG explizit hervorgehoben“ sei. Die Sachverständigenkommission schreibt weiter, dass Erwachsene „auf eigene Zuständigkeiten verzichten und die Kompetenz auch von Minderjährigen als Beitrag zur Professionalisierung akzeptieren“ sollen. Dabei seien die „Formen kinder- und jugendgemäßer Interessenartikulation und damit die generationsspezifischen und subkulturellen Formen von Teilhabe und Beteiligung zu beachten. Um die lebensweltliche Wirklichkeit junger Menschen in diesem Zusammenhang wahrzunehmen, müssen deren *eigene Ausdrucksformen* [Hervorhebung M.K.] viel stärker als bisher Berücksichtigung finden“. Auf diesen wichtigen Aspekt der Partizipation wird in dem Bericht ausführlich eingegangen: Kinder und Jugendliche erwarten, so heißt es, „dass ihre Interessen und Bedürfnisse nicht nur in Verbindung mit der Abwehr von Legitimationskrisen des politischen und gesellschaftlichen Systems wahrgenommen werden und reagieren mit Frustration und Rückzug, wenn sie durch Erwachsene instrumentalisiert werden oder ihre Mitwirkung folgenlos bleibt, des weiteren haben sie einen Anspruch darauf, dass *ihre* Formen gesellschaftlichen Engagements nicht lediglich aus einer Defizitperspektive betrachtet werden, sondern anerkannt werden als ihr spezifischer Beitrag zur Gestaltung des Gemeinwesens, in dem Potentiale für die Zukunft liegen. Maßnahmen zur Stärkung der Teilhabe und Beteiligung von Kindern und Jugendlichen dürfen sich nicht auf die symbolische Ebene beschränken. Sie entfalten nur dann Wirkung, wenn Erwachsene bereit sind, die wachsende Verantwortungsbereitschaft und -fähigkeit von Kindern und Jugendlichen gezielt zu fördern, ihnen Entscheidungsbefugnisse zu eröffnen und ihre berechtigten Interessen und Motive angemessen zu berücksichtigen. Dies beinhaltet auch den Abbau struktureller Barrieren für Teilhabe und Beteiligung."

Die Bundesregierung hat in ihrer Stellungnahme zum Bericht der Sachverständigenkommission alle Ausführungen zum Thema „Teilhabe in der Kinder- und Jugendhilfe" bestätigt, bis auf einen Punkt: Die Kritik der Sachverständigen an der ausgrenzenden Wirkung der Ausländerpolitik gegenüber Kinder und Jugendlichen nicht-deutscher Herkunft wird zurückgewiesen mit der Behauptung, dass diese Politik niemanden ausgrenze und stigmatisiere, sondern im Gegenteil Voraussetzungen für Beteiligung und gesellschaftliche Integration schaffe. Die grundsätzliche gesellschaftspolitische Bedeutung der Partizipation von Kindern und Jugendlichen an sie betreffenden Entwicklungen und Entscheidungsprozessen wurde von der Bundesregierung aber im Prinzip und im Detail anerkannt. Wir sollten die PolitikerInnen und ExpertInnen beim Wort nehmen und daran arbeiten, dass Wirklichkeit wird, was in schönen, aber doch wichtigen Sätzen bisher auf dem Papier steht.

Wenn diese Gesellschaft einmal erreicht hat, dass Kinder und Jugendliche selbstverständlich an der Gestaltung ihrer Lebensbedingungen und ihrer Lebenswelten mitredend und mitentscheidend beteiligt werden, wird das Motto dieses Beitrags „Einmischen jetzt!" historisch erledigt sein. An die Stelle der Einmischungsstrategie wird dann das dialogische Miteinander treten. – Oder?

Anmerkungen

1 Vgl. dazu Kreft / Mielenz: Wörterbuch der Sozialen Arbeit, 1996 (Fundstellen im Stichwortverzeichnis)

2 Otto / Thiersch (Hg.): Handbuch Sozialarbeit/Sozialpädagogik

Margarete Tjaden-Steinhauer

Generative Körpervermögen und patriarchal-sexistische Bevormundung der Frau*

Gesellschaftliche Herrschaftsverhältnisse, Verfügungen über das Fortpflanzungsvermögen der Frau und Stereotypisierungen der Frau

In der modernen bürgerlichen Gesellschaft, bekanntlich durch strukturelle Ungleichheit in Wirtschaft, Familie und Politik gekennzeichnet, herrschen im gesellschaftlichen Bewusstsein bis heute stereotype Vorstellungen über Männer und Frauen vor. Diese Stereotype, die das Alltagsbewusstsein ebenso prägen wie wissenschaftliche Fachterminologien, sind an den physischen Unterschieden der geschlechtlichen Ausstattungen der Körper von Frauen und Männern festgemacht und geradezu gegensätzlich angelegt. Das Gleiche gilt für die gesellschaftlichen Praxisrollen, die diesen beiden Personenkategorien immer noch zugeschrieben werden. Für das stereotype Frauenbild und die entsprechenden Rollenzuschreibungen ist, wie weiter unten ausgeführt wird, zum einen eine gewisse Dichotomisierung, zum anderen ein spezifisch sexistisches Nutzungsdenken in Bezug auf Frauen kennzeichnend.

Diese Bilder- und Rollenstereotype geben durchaus wieder, legitimieren und rechtfertigen zugleich auch, was tatsächlich vorhanden ist, nämlich eine faktische Unterordnung der Frauen unter die Männer im Rahmen gesellschaftlicher Macht-Ohnmacht-Verhältnisse und Herrschaftsbeziehungen. Diese erscheinen, als institutionalisierte, gegenüber dem alltäglichen Tun und Lassen der individuellen Gesellschaftsmitglieder verselbstständigt, wenngleich sie von diesen beständig reproduziert und/oder modifiziert werden. Dies trifft insbesondere auf drei Bereiche der gesellschaftlichen Reproduktion zu, in denen Herrschaftsverhältnisse institutionalisiert sind: die patriarchale Familie, den bürgerlichen Staat und die kapitalistische Ökonomie.

---

* Die folgenden Betrachtungen sind Teil eines längeren gemeinsamen Beitrages von Urte Sperling und mir zu Band 3 der Reihe „Studien zu Subsistenz, Familie, Politik“, der voraussichtlich 2004 unter dem Titel „Gesellschaft von Tikal bis irgendwo“ erscheint (Verlag Winfried Jenior, Kassel). Darin werden neben der patriarchal-sexistischen die staatliche (Abtreibungsverbot) und medizinische (Reproduktionsmedizin) Bevormundung und Verfügung über die generativen Körpervermögen der Frau thematisiert. Urte Sperling danke ich für ihre Ratschläge und Hinweise in der Diskussion dieses Teils unserer Abhandlung.

Unter solchen Verhältnissen verwalten im Prinzip Männer die jeweiligen Leitungspositionen, in denen spezifische Verfügungsgewalten zu Machtstellungen gebündelt sind.

Die ideologische Zurichtung und die faktische gesellschaftliche Unterordnung der Frauen sowie die Herrschaftsverhältnisse in der bürgerlichen Gesellschaft insgesamt sind letztlich eine Hervorbringung jenes ökonomischen Eroberungsfeldzugs gegen die belebte und unbelebte Natur, der mit der Etablierung einer tendenziell destruktiven Agrikultur als hauptsächliche Subsistenzstrategie vor mehr als fünftausend Jahren in Südwestasien begann. Es war (und blieb bis heute) ein Feldzug, der trotz allerlei Formwandel durch fortdauernde Gewalttätigkeit nicht nur gegen die äußere Natur, sondern auch gegen die der Menschen selbst gekennzeichnet war, und der nicht nur im Bereich der Subsistenz, sondern auch in denen der Familie und der Politik entsprechende Auswirkungen gezeitigt hat. In allen diesen Bereichen der gesellschaftlichen Reproduktion wurden schon in frühen nachgentilizischen Gesellschaften Macht-Ohnmacht-Verhältnisse institutionalisiert, denen personale Herrschaftsbeziehungen entsprachen, die im Westen Eurasiens besonders hartnäckige Formen annahmen. So entstanden Patriarchat, Ökonomie und Staat, gesellschaftliche Einrichtungen, in denen Verfügungsgewalten über Lebendiges und Totes, über Menschen und Dinge gebündelt wurden und deren Leitungsfunktionen maßgeblich von Männern verwaltet wurden (Lambrecht u.a. 1998, 190–233; für heute: Tjaden-Steinhauer/Tjaden 2001, 13-19, 187–306; Benjamin 1998, 208f).

Damit ging eine gesellschaftliche Unterordnung der Frauen unter Männer einher. Deren Ursprung lässt sich wohl nicht unmittelbar aus den Arbeitsteilungen zwischen Frauen und Männern in der Landwirtschaft ableiten. Die Arbeitserfordernisse, die sich aus dem Anbau von Pflanzen und gegebenenfalls der Tierhaltung ergaben, waren je nach geographisch-historischem Milieu zu unterschiedlich, als dass sich aus ihnen unmittelbar immer eine Dominanz der Männer in der Gesellschaft ergeben haben könnte (Wagner 1982, 78–200). Da mit der agrarischen Subsistenzstrategie aber kriegerische Auseinandersetzung zwischen verschiedenen Gesellschaften zur Regel wurden, liegen auch hier mögliche Gründe für die Entwicklung der gesellschaftlichen Vormachtstellung der Männer. Weil elterliche Verfügungsgewalt über die nachwachsende Generation in der agrarischen Produktion von Nutzen war, könnte auch im Bereich der familialen Fortpflanzung für Männer ein Anreiz für eine Unterordnung der Frauen entstanden sein. Jedenfalls entwickelten sich im Zusammenhang mit der agrarischen Produktionsweise Ungleichheitsgesellschaften, in denen Staatsmänner, Betriebsleiter und Familienvorstände über politische, wirtschaftliche und familiale Entscheidungsmacht verfügten, die Frauen abging. Was das prokreative Vermögen der Frauen betrifft, so ist diesen die Verfügungsgewalt über den eigenen Körper durch alle drei gesellschaftlichen Machtinstanzen, Patriarchat, Ökonomie und Staat, wenn nicht ganz entzogen, so doch sehr stark beschnitten worden. So scheint es, dass schon in der frühen mesopotamischen Stadtkultur die Sexualität der Frau nicht nur als patriarchal-sexistisch, sondern auch als staatlich und ökonomisch nutzbares Besitztum behandelt worden ist. Jedenfalls scheinen nach Julia M. Asher-Greve schon im frühen dritten Jahrhundert vor unserer Zeitrechnung die Sumerer die Frauen „grundsätzlich geschlechtsbezogen" wahrgenommen und „ihren Wert vor allem in ihren sexuellen und Fortpflanzungsfähigkeiten" gesehen zu haben (1985, 172). Und ganz in diesem Sinne „zahlte" etwa ein Jahrtausend später in Altbabylonien der Bräutigam einen „Preis" (*terhatum*) an die Brauteltern „*for the right to control over the bride*", einen Preis für das Recht auf Kontrolle, der oft erst übergeben wurde, wenn die Frau ein Kind geboren hatte (Westbrook 1988, 60).

In Ungleichheitsgesellschaften werden Ideen produziert, die der Legitimierung wie der Rechtfertigung der Macht-Ohnmacht-Verhältnisse und der Herrschaft dienen. Sie sollen das Bewusstsein der Herrschaftsunterworfenen täuschen und so deren Sichabfinden mit jenen Verhältnissen fördern. Die gesellschaftlich hervorgebrachten Ungleichstellungen, ihre Ursachen und Folgen werden als Unvermeidlichkeiten ausgegeben und die Gewaltunterworfenen zu den Gewalthabenden in Dienstbarkeitsverhältnisse versetzt. Kennzeichnend für solche Ideologien sind stereotype Bilder, die klischeehafte Eigenschafts- und fixe Rollenzuschreibungen enthalten. Solche Ideologien werden meist biologistisch begründet, wodurch die Aussagen den Anschein von Unveränderbarkeit und Wahrhaftigkeit erhalten, während sie in Wirklichkeit den Gewaltcharakter der gesellschaftlichen Herrschaft bemänteln, also Täuschungen darstellen. So gesehen, können sie auch als verkehrtes Bewusstsein bezeichnet werden (Sigusch 1989, 51ff). Die Legitimationsideologien haben wie die gesellschaftliche Unterordnung der Frau selbst eine lange Geschichte. So findet sich zum Beispiel im mesopotamischen Gilgamesch-Epos schon das Stereotyp der Dirne als Kulturbringerin, was zugleich deutlich macht, dass in den frühen mesopotamischen Stadtstaaten nicht nur die Ehe, sondern auch die Prostitution institutionalisiert worden war. Die heutzutage mit der gesellschaftlichen Bevormundung der Frau und der Ausbeutung ihres Fortpflanzungsvermögens verbundenen Eigenschafts- und Rollenstereotype machen sich, wie gesagt, an den Spezifika der sexuellen Körperausstattung der Frauen fest. Als Besonderheit ist dabei hervorzuheben, dass es mindestens zwei unterschiedliche Stereotype gibt, durch die die Sexualität der Frau gewissermaßen auseinanderdividiert wird. Das eine Bild hat sexuelle Lust zum Leitmotiv, das andere hebt auf das Gebärvermögen der Frau ab. In dieser Dichotomisierung spiegeln sich die zwei Seiten der gesellschaftlichen Ausbeutung der Sexualität der Frau, die es seit deren Anfängen gegeben hat. Bei aller heutigen so genannten Liberalisierung der Sexualität ist im gesellschaftlichen Bewusstsein noch immer das dichotome Doppelbild von der Frau als Hure und der Frau als Mutter präsent und verhaltensnormierend. Mit beiden Bildern verbindet sich eine Vielfalt von Formen der Nutzbarmachung des generativen Körpervermögens der Frauen wie des Frauenleibs in seiner Ganzheit, die allesamt letztendlich durch herrschaftlich entfremdete Verfügungsgewalt gekennzeichnet sind, wie frei und selbstbestimmt sich unter Umständen die individuelle Frau auch immer wähnen mag.

Es kann von einer langandauernden und durchaus noch aktuellen Geschichte faktischer gesellschaftlicher Unterordnung, Bevormundung und Ausbeutung sowie ideologischer Zurichtung der Frauen gesprochen werden – einer Geschichte, die sich an ihren spezifischen Körpervermögen festmacht. Es sind Phänomene, die anscheinend typisch für alle Ungleichheitsgesellschaften sind. Es soll – vornehmlich in Hinblick auf die neuzeitlich-modernen Entwicklungen und am deutschen Beispiel – versucht werden, ausführlicher darzustellen, was mit der im Vorhergehenden getroffenen Aussage gemeint ist, die Sexualität bzw. das Fortpflanzungsvermögen der Frauen sei zu patriarchal wie staatlich wie ökonomisch nutzbarem Besitztum gemacht worden. Im gegebenen Rahmen kann allerdings nur auf die Entwicklung der patriarchal-ehelichen Bevormundung der Frau eingegangen werden (s. Vorbemerkung).

Zur Entwicklung der patriarchal-sexistischen Bevormundung der Frau

Bekanntlich bekommen Frauen die Kinder und ermöglichen so den physischen Fortbestand einer Bevölkerung bzw. einer Gesellschaft. Der Beitrag von Männern wird nicht herabgemindert, wenn festgestellt wird, dass dieser im Vergleich zu dem der Frauen zwar nicht zweitrangig, aber vom körperlichen Einsatz her geringer ist. Der körperliche Beitrag der Frauen für den Nachwuchs ist verglichen mit dem der Männer sozusagen ein zweifacher: Genauso wie diese und gemeinsam mit ihnen betreiben sie die so genannte Zeugung; doch für sich allein leisten sie kraft ihrer besonderen generativen Körpervermögen die Schwangerschaft und die Geburt des Kindes. Mit diesen Vermögen, für die es auf Seiten der Männer kein Äquivalent gibt, wächst Frauen gewissermaßen von selbst an sich eine besondere gesellschaftliche Machtstellung zu. Diese besteht darin, den Nachwuchs bis zur Geburt im eigenen Körper in Obhut zu haben sowie in eigener Person der Ursprung der gesellschaftlichen Einheit „Familie“ zu sein. Allem Anschein nach ist den Frauen in der langen Geschichte der Hominiden-Evolution bis hin zur Spezies des Homo sapiens diese Machtstellung nicht streitig gemacht worden. Die gesellschaftlichen Entwicklungen, die die Einbeziehung von Vätern in die familiale Mutter-Kinder-Gruppe gebracht und dann zur Verdrängung der Mütter aus ihrer Machtstellung und zum Patriarchat geführt haben, sind noch wenig erforscht und können hier nicht weiter verfolgt werden.

Im südwestasiatisch-europäischen Kulturraum lassen sich institutionalisierte patriarchal-sexistische Familienverhältnisse, wie erwähnt, bis in die Zeit der mesopotamischen Stadtstaaten zurückverfolgen (Lambrecht et al. 1998, 216-233), und bekanntlich war ein Patriarchat auch für die Familie im antiken Athen wie Rom kennzeichnend. (Patriarchat und monogame Ehe für die Frau treten historisch in vielerlei Ausprägungen auf; hier können nur Grundzüge beider in der westlich-europäischen Gesellschaftsgeschichte angedeutet werden.) Für die Familienmütter bedeutete die Errichtung des Patriarchats nicht nur, dass ihnen ihre originäre familiale Verfügungsmacht im Umgang mit den Kindern zugunsten der Väter genommen wurde und diese Verfügungsgewalt grundsätzlich eine institutionelle Form erhielt. Das Patriarchat bedeutete zugleich, dass nicht nur Familienmüttern, sondern Frauen überhaupt – erwachsenen wie heranwachsenden, verheirateten wie ledigen – auch die Verfügung über das eigene sexuelle Körpervermögen streitig gemacht wurde. Die selbstverantwortliche Betätigung dieses Vermögens wurde unterbunden und dieses der Verfügungsgewalt der Familienväter bzw. Ehemänner unterstellt. Dazu bedurfte es der Institution der Ehe. Das auf diese Weise entfremdete Sexualvermögen der Frauen wurde so zu einem dinghaften Besitztum, aus welchem Väter, Ehemänner und Männer überhaupt nach eigenem Belieben Nutzen ziehen konnten und können. So konnten sie nun Frauen zum Kinderkriegen – gegebenenfalls mit Gewalt – nötigen oder davon abhalten. Im antiken Rom ebenso wie in Athen etwa, stand es in der Macht des Familienvaters, Neugeborene in die Familie aufzunehmen oder ihre Aufnahme zu verweigern. Mit der Institutionalisierung der patriarchal-sexistischen Verfügungsgewalten kamen gesellschaftlich verbriefte Verfügungsrechte auf. Durch die Institution der – für die Frau monogamen – Ehe waren die Ehefrauen zu ehelicher Treue – nicht selten unter Androhung der Todesstrafe bei Zuwiderhandlung – angehalten, während den Ehemännern in der Regel Promiskuität nicht verboten war. (Wie die monogame Ehe so war und ist die Prostitution eine dem Patriarchat dienliche Institution, worauf hier allerdings nicht weiter eingegangen werden kann.) Die Kinder beiderlei Geschlechts waren speziell unter die väterliche Gewalt – in Rom auch strafrechtliche Gewalt – gestellt, die meist erst mit dessen Tod erlosch; mit der Heirat kamen die Töchter unter die Vormundschaft der Ehemänner, konnten unter Umständen aber auch unter der väterlichen Gewalt verbleiben. So kennen wir beispielsweise für Athen die Frau unter dem Kyriat, für Rom die Frau unter der patria potestas oder in manu und für das mittelalterliche Deutschland die Frau unter der Muntgewalt. Muntgewalt und Verfügungsrecht des Ehemannes gingen hier „immerhin so weit, dass [...der Mann] die in flagranti ertappte Frau im Falle eines Ehebruchs samt dem Nebenbuhler [...] ungestraft töten durfte“ (Goetz 1995, 203; vgl. Wagner 1982, 79–84; Gardner 1995, 137–162; Schuller 1995, 55; Tjaden-Steinhauer/Tjaden, 2001, 39–42, 123–130).

Die Entwicklungen in der modern-bürgerlichen Gesellschaft in Deutschland nehmen ihren Ausgang von einer Familienform, die als patriarchale Gattenfamilie, und einer Eheform, die als monogame Konsensehe bezeichnet werden können. Diese Ehe, von der Kirche im zwölften Jahrhundert zu einem von sieben Sakramenten erhoben, war für unauflöslich erklärt worden und sollte vorrangig auf dem Konsens der Ehegatten gründen. Bei einer Tendenz zur Abmilderung der Verfügungsgewalt des Mannes in mehrerlei Hinsicht bestand zu Beginn der Neuzeit die Muntgewalt des Ehemannes fort und war die Ehefrau weiterhin gehalten, viele Geburten zu leisten. Die christliche Überhöhung der Ehe trat seit dem Erlass des Preußischen Allgemeinen Landrechts von 1794 mehr und mehr in den Hintergrund, die Konsensehe wurde zu einer reinen Vertragsangelegenheit zwischen den künftigen Eheleuten – wobei diese zunächst allerdings rechtlich noch auf die Zustimmung der Väter bzw. der Mütter angewiesen waren –, und an die Stelle des kirchlichen Rechts trat staatliches zur Garantie dieses neuen Vertragsverhältnisses. Die patriarchale Gattenfamilie mauserte sich zur patriarchalen Unterhaltsfamilie, deren Grundzüge dann in der Urfassung des Bürgerlichen Gesetzbuches von 1900 festgeschrieben wurden. Dies waren die „elterliche [Verfügungs-]Gewalt" des Vaters, das Entscheidungsrecht des Mannes in „allen das gemeinschaftliche eheliche Leben" betreffenden Angelegenheiten, die Verpflichtung des Mannes, der Frau „Unterhalt zu gewähren" und die Verpflichtung der Frau, die Hausarbeit zu übernehmen. Seit 1976 sind diese Verpflichtungen in der BRD aufgehoben und Frau und Mann gehalten, sich gegenseitig Unterhalt zu leisten bei selbstständiger Entscheidungsfreiheit des Paares über die Aufteilung von Hausarbeit und Erwerbsarbeit unter sich. Dem Mann gleichgestellt wurde die Frau 1958 hier auch in der Frage des Entscheidungsrechts in den gemeinschaftlichen ehelichen Angelegenheiten (bis dahin konnte der Mann der Frau verwehren, ein vertragliches Arbeitsverhältnis zu unterhalten). Ebenfalls gleichgestellt wurde sie 1958 in Hinblick auf die Ausübung der elterlichen Gewalt bzw. Sorge. Nur die Kinder unterstehen heute rechtlich noch patriarchalischer Verfügungsgewalt, wobei seit dem Jahr 2000 körperliche Züchtigung für unzulässig erklärt, aber nicht strafrechtlich verboten worden ist. So kann denn für die gegenwärtige bürgerliche Familie von einer patriarchalen Elternfamilie gesprochen werden. In ihr üben Mütter wieder Verfügungsmacht im Umgang mit ihren Kindern aus, aber diese ist eine herrschaftliche Verfügungsgewalt, die sie mit den Vätern der Kinder teilen (müssen). Mit den eingetretenen rechtlichen Gleichstellungen der Frauen scheint – auf den ersten Blick – die ehemännliche Verfügungsgewalt über das Fortpflanzungsvermögen der Frau verschwunden zu sein. Doch auf den zweiten Blick wird klar, dass dies nicht der Fall sein kann, solange die (monogame) Ehe bei aller Vielgestaltigkeit der Familienformen als wirkmächtige Institution fortbesteht und Männer durch sie in die Lage versetzt werden, Frauen gegebenenfalls zum Kinderkriegen oder einfach zum Verkehr zu nötigen oder sie sich auch als häuslichen Ruhepol zur

Verfügung zu halten. Sie ist eine herrschaftliche gesellschaftliche Institution, die den Männern gegebenenfalls Druckmittel bietet und die Frauen behindert, in freier Eigenverantwortung Entscheidungen darüber zu treffen, wie sie ihre eigentümlichen sexuellen Körpervermögen betätigen möchten. Um Missverständnissen vorzubeugen, sei hinzugefügt, dass selbstverständlich auch Frauen die Institution der Ehe als Druckmittel gegen Männer einsetzen (können). Oft genug instrumentalisieren sie auch selber ihre sexuellen Körpervermögen und damit unter Umständen auch ihre Kinder.

Zur Entwicklung des patriarchal-sexistischen Frauenbildes

Was für Macht-Ohnmacht- und Herrschaftsverhältnisse allgemein kennzeichnend ist, trifft auch auf die Unterordnung der Frauen zu. Zur Reproduktion solcher Verhältnisse in den gesellschaftlichen Alltagspraxen bedarf es der Mithilfe von Legitimationsideologien in Form von Frauenbildern, die sich an den realen Praxisrollen orientieren und die auf den jeweiligen Legitimationszweck zugeschnitten sind. Wenngleich klischeehaft-stereotype Frauenbilder und Rollenzuschreibungen in den verschiedenen Gesellschaften je spezifische Ausprägungen aufweisen, so liegt ihnen doch ein generelles Muster zugrunde, das sich über lange historische Zeiträume nicht wesentlich verändert hat. Nach diesem definiert sich die Individualität der Frau vornehmlich durch ihre sexuellen Körpervermögen, die sie zwangsläufig in ein Dienstbarkeitsverhältnis zu den Männern stelle. Deren Individualität dagegen definiere sich durch die ganze Fülle ihrer Körpervermögen einschließlich der geistigen, weshalb sie in den Beziehungen zu den Frauen zwangsläufig auch die Tonangebenden seien. Daher ergebe sich, dass die (patriarchal-sexistische) Familie das Zentrum des Lebens der Frau darstelle, in der sie sich im Dienst an Vätern, Gatten und schließlich der Gesellschaft und des Staates insgesamt auf die vielfältigste Art verwirklichen könne. Die diesem Grundmuster verpflichteten Frauenbilder und Rollenzuschreibungen sind kompatibel mit Äußerungen der Hochschätzung wie der Herabwürdigung von Frauen, wofür es eine Fülle von literarischen Zeugnissen aus verschiedenen historischen Gesellschaften gibt.

Paradigmatisch tritt dieses Frauenbild zu Zeiten der athenischen Demokratie in den folgenden Worten eines Anklägers vor Gericht hervor, zu denen Wolfgang Schuller anmerkt, dass die „Aufzählung der Frauentypen [...] nur in aufsteigender Reihenfolge gemeint sein" könne. Aus ihnen spricht durchaus eine hohe Wertschätzung der Ehefrau, aber eben dieser Frau in einer Dienstbarkeitsbeziehung zum Mann. „Wir haben die Hetären der Lust wegen, die Nebenfrauen wegen der täglichen Pflege unseres Körpers, die Ehefrauen aber dazu, um uns legitime Kinder zu gebären und als verlässliche Wächter unseres Haushalts" (zit. n. Schuller 1995, 53). Ähnlich liegen die Dinge beim mittelalterlichen Frauenbild, das in der deutschen wie anderen europäischen Feudalgesellschaften dieser Zeit einen christlich-herrschaftlichen Zuschnitt aufweist. Als paradigmatische Ausprägung kann das Bild der Jungfrau Maria genommen werden. Auch Maria ist eine Frau, die von einem Mann, nämlich Gott, dem Herrn, wegen ihres Fortpflanzungsvermögens gebraucht wird, weil dieser einen Sohn haben möchte; eine Frau, die zu diesem Mann in einer Dienstbarkeitsbeziehung steht; eine Frau, die diese Dienstbarkeit freudig hinnimmt mit den Worten: „Ich gehöre dem Herrn, ich stehe ihm ganz zur Verfügung. Es soll an mir geschehen, was du gesagt hast" (Lukas 1, 38 in Gute Nachricht Bibel 1997, N 74). Die Konstruktion des sexistischen Frauenbildes der modern-bürgerlichen Gesellschaft ist, wie Claudia Honeggers überaus verdienstvolle Nachforschungen zeigen, das Werk von Vertretern des aufstrebenden Bildungsbürgertums, vor allem französischer und deutscher Provenienz. Sie fällt zusammen mit einem Aufschwung anthropologischer und medizinischer Forschung und spielt sich in dem Zeitraum zwischen etwa 1775 und 1850 ab (Honegger 1991). An die Stelle des religiös-christlichen Gepräges tritt nun das einer fragwürdigen Wissenschaftlichkeit. Es wird ein Frauenbild gezimmert, in dessen Mittelpunkt wirkliche wie angebliche physiologische Kenntnisse über die Geschlechtsorgane von Frau und Mann gerückt werden. Deren physische Besonderheiten dienen zugleich zur Konstruktion sozialer Charaktermasken oder stereotyper „Geschlechtscharaktere". Paradigmatisch für diese neuartige, szientistische Sichtweise sind die Bemerkungen Georg Wilhelm Friedrich Hegels in einem Zusatz zu § 369 seiner „Enzyklopädie der philosophischen Wissenschaften" von 1830. Wie befremdlich die Botschaft dieses *german master mind* auch anmutet, deutlich ist, dass auch dem modernen Frauenbild zufolge Frauen von Männern gebraucht werden, um sich zu re- und generieren, und dass jene zu diesen in einer Dienstbarkeitsbeziehung stehen sollen. Dabei fällt an der Hegelschen Darstellung dieser Beziehung eine neuartige Akzentuierung auf. Wurde die Frau bis dato auch als aktiv mitwirkende und ihren Teil beitragende Partnerin gesehen, so verblassen nunmehr die spezifischen Aktivitäten ihrer Organe vor der Omnipotenz derjenigen des Mannes. Sie schrumpfen zusammen zu „untätigem Gefühl" und „einfachem Verhalten", was immer das sein mag. Die Frau wird als „unentwickelte Einheit" zu einer Art passivem Gefäß, in dem der Mann als allein „Tätiges" wirkt, weil seine Organe im Unterschied zu denen der Frau „entzweit" seien. Im Originalton liest sich das so: „Wie im Manne der Uterus zur bloßen Drüse herabsinkt, so bleibt dagegen der männliche Testikel beim Weibe im Eierstocke eingeschlossen, tritt nicht heraus in den Gegensatz, wird nicht für sich zum tätigen Gehirn, und der Kitzler ist das untätige Gefühl überhaupt. Im Manne hingegen haben wir dafür das tätige Gefühl, das aufschwellende Herz, die Bluterfüllung der corpora cavernosa und der Maschen des schwammigen Gewebes der Urethra; dieser männlichen Bluterfüllung entsprechen dann die weiblichen Blutergüsse. Das Empfangen des Uterus, als einfaches Verhalten, ist auf diese Weise beim Manne entzweit in das produzierende Gehirn und das äußerliche Herz. Der Mann ist also durch diesen Unterschied das Tätige; das Weib aber ist das Empfangende, weil sie [sic!] in ihrer unentwickelten Einheit bleibt" (Hegel 1970, 518f; vgl. Honegger 1991, 101, 190). Mittlerweile ist der Ton anscheinend sachlicher geworden, aber gerade die Entwicklungen in der Medizinwissenschaft und medizinischen Geburtshilfepraxis zeigen, dass – wie nicht zuletzt Untersuchungen von Emily Martin (1989, 1991) deutlich gemacht haben – sich das patriarchal-sexistische Frauenbild der Moderne bis heute hält.

Literatur

Asher-Greve, Julia M.: Frauen in altsumerischer Zeit. Malibu 1985, (Bibliotheca Mesopotamica. 18)

Benjamin, Jessica: Die Fesseln der Liebe, Psychoanalyse, Feminismus und das Problem der Macht. Frankfurt/M. 1998

Gardner, Jane F.: Frauen im antiken Rom, Familie, Alltag, Recht. München 1995

Goetz, Hans-Werner: Frauen im frühen Mittelalter, Frauenbild und Frauenleben im Frankenreich. Weimar, Köln, Wien 1995

Gute Nachricht Bibel, Altes und Neues Testament. Revidierte Fassung der „Bibel im heutigen Deutsch", Stuttgart 1997

Hegel, Georg Wilhelm Friedrich: Enzyklopädie der philosophischen Wissenschaften II. Frankfurt/M. 1970 (Werke in 20 Bänden, hrg. v. E. Moldenhauer u. K.M. Michel, Bd. 9)

Honegger, Claudia: Die Ordnung der Geschlechter. Die Wissenschaften vom Menschen und das Weib 1750-1850. Frankfurt, New York 1991

Lambrecht, Lars u.a.: Gesellschaft von Olduvai bis Uruk. Soziologische Exkursionen. Kassel 1998 (Studien zu Subsistenz, Familie, Politik. 1)

Martin, Emily: Die Frau im Körper. Weibliches Bewußtsein, Gynäkologie und die Reproduktion des Lebens. Frankfurt, New York 1989

Martin, Emily: The Egg and the Sperm: How science has constructed a romance based on stereotypical male-female roles. In: Signs, Journal of Women in Culture and Society. 1991, 16, S.485-501

Schuller, Wolfgang: Frauen in der griechischen und römischen Geschichte. Konstanz 1995 (Konstanzer Bibliothek. 25)

Sigusch, Volkmar: Kritik der disziplinierten Sexualität. Aufsätze 1986-1989. Frankfurt, New York 1989

Tjaden-Steinhauer, Margarete / Tjaden, Karl Hermann: Gesellschaft von Rom bis Ffm, Ungleichheitsverhältnisse in West-Europa und die iberischen Eigenwege. Kassel 2001 (Studien zu Subsistenz, Familie, Politik. 2)

Wagner, Beate: Zwischen Mythos und Realität. Die Frau in der griechischen Gesellschaft. Frankfurt/M. 1982

Westbrook, Raymond: Old Babylonian Marriage Law. Horn 1988 (Archiv für Orientforschung. Beiheft 23)

Sabine Stövesand

Stadtteile machen mobil[1]

Von GWA, Gewalt und Gouvernementalität

„Ihr seid die Augen und Ohren der Polizei“, so der stellvertretende Polizeichef von San Francisco zu einer Gruppe von BürgerInnen, die im Rahmen von *community organizing* aktiviert und als StadtteilvertreterInnen zu einem Treffen ins Präsidium eingeladen worden waren.[2] Diese Äußerung löste unangenehme Assoziationen in Richtung Überwachungsstaat und Denunziantentum aus, allerdings brachte ich sie damals nicht in Verbindung mit einem Projekt, das ich selbst im Rahmen der Gemeinwesenarbeit in St.Pauli-Süd initiiert hatte. Die Rede ist von *Tarantula*, einem stadtteilorientierten Projekt zur Prävention und zum Abbau von Gewalt gegen Frauen, das unter anderem darauf abzielte, soziale Netze und nachbarschaftliche Einmischungsbereitschaft zugunsten der betroffenen Frauen zu stärken.

Anstoß für den vorliegenden Text war eine zunehmende Skepsis gegenüber diesem Ansatz. Ein Grund liegt darin, dass *Tarantula* inhaltlich und methodisch relativ gut in den Paradigmenwechsel von der Sozial- zur Ordnungspolitik passt. Das Thema Sicherheit ist überaus populär. Auch setzt die Kriminalpolitik verstärkt auf Stadtteilbezug und Bürgerengagement als Mittel einer effektiven Kriminalitätskontrolle. Sicherheitskonferenzen und Bürgerwachten in den Stadtteilen, Videokameras allerorten und die Kriminalisierung von subkulturellen und armutsbedingten Verhaltensweisen sind Ausdruck dieser Entwicklungen.

Meine Skepsis gründet außerdem in der Parallelität der Konjunktur von Sozialraumorientierung, Selbsthilfe – neudeutsch „Eigenverantwortung“ – und Bürgerbeteiligung mit dem Abbau und der Privatisierung staatlicher Leistungen. Nicht mehr der keynesianische Wohlfahrtsstaat, sondern der neoliberale Wettbewerbsstaat prägt heute die Bedingungen von Gemeinwesenarbeit. Im Unterschied zu den 70er und 80er Jahren, als sich in der Orientierung auf das Gemeinwesen eine linke Staatskritik mit der Kritik an bürgerferner Bürokratie und Entmündigung verband, wird der Diskurs in den 90er Jahren von eher konservativen und idealistisch-moralischen Vorstellungen geprägt, wie zum Beispiel in der Kommunitarismus-Debatte.[3]

Im Folgenden dient das Tarantula-Projekt als Ausgangspunkt für eine Reihe von Problematisierungen im Zusammenhang mit Gemeinwesenarbeit (GWA) und dem Umgang mit Themen wie Sicherheit und Kriminalprävention in diesem Kontext.

Flashback

Hamburger Frauenhaus, Anfang der 90er Jahre. Hatice[4], die mit ihren fünf Kindern vor den gewalttätigen Übergriffen ihres Mannes hier Schutz gefunden hat, erklärt mir, dass sie auf jeden Fall in ihre Wohnung zurückkehren will. Das ist ungewöhnlich, die meisten Frauen, die sich vom Misshandler trennen, suchen sich eine neue Wohnung. Sie wollen nicht so leicht gefunden werden, erhoffen sich Anonymität – aus Angst vor fortgesetzter Gewalt und aus Scham über das, was ihnen zugestoßen ist. Doch Hatice will sich ihr Zuhause nicht nehmen lassen. Der Grund dafür ist ihre Nachbarschaft. Wie sie sagt, hat sie viele freundschaftliche Kontakte und kann sich auf Unterstützung verlassen. Sogar eine Telefonkette existiert und hat Hilfe in bedrohlichen Situationen mobilisiert. Ins Frauenhaus ist sie gekommen, um neue Kraft zu sammeln und in Sicherheit zu sein, während die Klage gegen den Ehemann auf Überlassung der Wohnung läuft.

Sie gewinnt die Klage, zieht zurück, sie und die Kinder können ihre Sozialkontakte und gewohnte Umgebung behalten. Zusammen mit den NachbarInnen, der Schule und einer GWA-Einrichtung wehrt sie den Mann ab, der wochenlang regelmäßig vor der Haustür randaliert. Irgendwann taucht er nicht mehr auf.

Diese Geschichte inspiriert das Engagement für *Tarantula*. Stadtteil und Nachbarschaft als Ressource – konkrete Utopie: NachbarInnen drehen nicht den Fernseher lauter, wenn Schreie aus der Nachbarwohnung hallen, sondern aktivieren andere NachbarInnen und mischen sich zusammen ein. Frauen huschen nicht mehr mit Sonnenbrille durchs Treppenhaus, weil sie sich ihrer Misshandlung schämen, sondern gehen offensiv und selbstbewusst mit der Situation um. Sie wissen, sie werden auf Verständnis und Unterstützung treffen und nicht auf Hilflosigkeit oder gar dumme Sprüche. Frauen und Mädchen flanieren im öffentlichen Raum, sitzen noch bei Dunkelheit in Parks und auf Plätzen wo Geschlechtermonotonie war, ist muntere, ausgeglichene Mischung.

Und dann erzählt tatsächlich eine Frau aus der neugegründeten *Tarantula*-Gruppe, wie sich FreundInnen, NachbarInnen und die Verkäuferinnen aus dem Supermarkt um die Ecke bei ihr getroffen und ihr geholfen haben, sich aus einer gewalttätigen Beziehung zu lösen. Lokale, soziale Netze als Überlebensmittel – ein Stück realisierte Utopie.

GWA St.Pauli-Süd proudly presents: *Tarantula*

Konzeptionell ging *Tarantula* davon aus, dass die Frauenhausarbeit ergänzt werden müsste durch Maßnahmen, die vor Ort, dort wo die Gewalt stattfindet, ansetzen. Im

Mittelpunkt stand die Gewalt im sozialen Nahbereich. Dabei sollten Männer nicht nur als Täter bzw. potentielle Täter, sondern auch als mögliche Bündnispartner in der Nachbarschaft gesehen werden.

Die Ziele des Projektes waren (1.) einen „Klimawechsel" im Stadtteil herbeizuführen, so dass die Gewalt nicht länger ignoriert und toleriert wird; (2.) die Bewusstwerdung über Geschlechterrollen bei Männern und Frauen, Mädchen und Jungen und die Erweiterung von Handlungsmöglichkeiten zu unterstützen; (3.) die nachbarschaftliche Einmischung und praktische Solidarität mit den Opfern zu fördern, so dass Frauen (und Kinder) nicht aus ihrer Wohnung und dem Stadtteil flüchten müssen.

Der Ansatz der Gemeinwesenarbeit erschien gut geeignet, denn je weniger sozial eingebunden die Frauen sind, je anonymer die Nachbarschaft, desto gefährdeter sind sie. Isolation und der Verlust sozialer Bezüge gehen häufig einher mit sich zuspitzender Gewalterfahrung. Und eine Nachbarschaft, die achtlos oder ratlos ist, kann keine Unterstützung bieten. GWA befördert den Aufbau von nachbarschaftlichen Kontakten und Netzwerken, von individueller und gemeinsamer Handlungsfähigkeit, sie betont die Notwendigkeit von Öffentlichkeitsarbeit und von kollektiven Lernprozessen. Eine alteingesessene GWA-Einrichtung war überdies vorhanden und damit personelle, räumliche und technische Ressourcen. Bei den KollegInnen musste nicht viel Überzeugungsarbeit geleistet werden angesichts einer Problematik, die sowohl aus der Arbeit im Stadtteil als auch durch zahlreiche Untersuchungen in ihrer Dramatik bekannt war.[5] Mit zwei Praktikantinnen und mir als Hauptamtlicher konnte *Tarantula* starten.

Das Projekt bestand aus mehreren Bausteinen:

- Befragung von Professionellen im Stadtteil (Ärzte, Polizei, Beratungsstellen, Schule) über ihre Erfahrungen und Einschätzungen zum Vorkommen von Gewalt gegen Frauen im häuslichen Bereich; Ziel war neben der Informationsgewinnung auch die Sensibilisierung und Öffentlichkeitsarbeit für das Thema
- Einrichtung einer Beratungszeit im Stadtteilzentrum „Kölibri" der GWA St.Pauli-Süd nur für Frauen; bei der Bekanntmachung in Arztpraxen, Geschäften usw. wurde das Thema der familiären Gewalt explizit angesprochen
- einem Schulprojekt für Mädchen und Jungen, das die geschlechtsspezifisch unterschiedliche Wahrnehmung der Umwelt im Unterricht behandelte
- Durchführung von Selbstverteidigungskursen für Frauen und Mädchen
- Aufbau einer nachbarschaftlichen Frauengruppe mit dem Ziel, das Thema in den Stadtteil zu tragen und Menschen zu ermutigen, bei Gewalttätigkeiten einzugreifen

Diese Gruppe von fünf bis acht Frauen, die sich über zweieinhalb Jahre regelmäßig traf, bildete das Herzstück des Projektes und führte über die Jahre verschiedenste Aktionen durch. Sie veranstaltete Filmabende und Lesungen im „Kölibri", entwarf und verteilte Infoblätter, Aufkleber und Plakate überall im Viertel, war mit Infotischen präsent und führte eine Befragung von AnwohnerInnen durch. Männer und Frauen berichteten dabei von ihren Erfahrungen mit Gewaltsituationen, ihrer Ratlosigkeit, ihren Befürchtungen und ihren Strategien des Umgangs, fragten nach Verhaltenstipps und Institutionen, die weiterhelfen können.

Höhepunkt der Aktivitäten war eine große Ausstellung in der nächstgelegen Einkaufsstraße, die weibliche Rachephantasien und Gewalt gegen Frauen zum Thema hatte. Die örtliche Presse berichtete mehrfach. Insgesamt ca. 3.000 PassantInnen schauten sich nach unseren Zählungen die Ausstellung gezielt an. Immer wieder bildeten sich Gesprächsgruppen auf der Straße. Wildfremde Menschen, die sich von den Bildern angeregt oder provoziert fühlten, diskutierten lebhaft miteinander. Die Liste der Kommentare in unserem Gästebuch wuchs stündlich und am Infotisch standen stets Interessierte.

Um die Ausstellung durchführen zu können, hatte *Tarantula* eine Gruppe von 30 unbezahlten Mitmacherinnen organisiert, den Geschäftsführer des Einkaufszentrums dafür gewonnen, die Exponate dort nachts unterzustellen, den Sicherheitsdienst für Auf- und Abbau mobilisiert und Hilfe vom bezirklichen Frauenausschuss erhalten, das heißt, sie hatte ein Netz gesponnen und verschiedenste Menschen zusammengebracht.

Während der Projektlaufzeit erreichte Tarantula eine breite Öffentlichkeit im Stadtteil und sorgte für so manches Gespräch und einige Nachdenklichkeit. Ein Art „Klimawechsel" war eine zeitlang ansatzweise spürbar. Ob NachbarInnen motiviert wurden, sich in konkreten Fällen anders zu verhalten bzw. einzugreifen, solidarisch zu sein, wurde nicht erhoben und kann von daher nicht beurteilt werden. Wie es so oft geht: Die Gruppe fiel irgendwann auseinander und für die institutionelle Absicherung fehlten die Ressourcen. Doch das ist ein anderes Thema und soll hier nicht weiter verfolgt werden.

Lokale Kriminalprävention: Konkurrenz oder Zwilling von Gemeinwesensarbeit?

Eines der Tarantula-Plakate von 1996 stellte in fettem Schriftzug folgende Frage: „Ist ihr Nachbar auch ein Schläger?"

Zeitsprung: Herbst 2001, der schreckliche Anschlag auf das World Trade Center. Wohnungen in so genannten benachteiligten Hamburger Quartieren stellten sich als Unterschlupf für am Anschlag beteiligte Terroristen heraus. Daraufhin brach eine Verdächtigungs- und Durchsuchungswelle los. Jetzt wurde nach den „Schläfern“ in der Nachbarschaft gesucht, jeder arabisch aussehende männliche Hamburger wurde verdächtig, es wurde Raster-gefahndet, Schily schnürte Sicherheitspakete. Freiheit wurde gegen Sicherheit ausgespielt – und verlor. „Innere Sicherheit“ avancierte zu *dem* Hamburger Wahlkampfthema und bald darauf hieß der neue Innensenator Ronald Schill.[6] Doch schon im Hamburger Bürgerschaftswahlkampf von 1997 titelte die Hamburger SPD: *„Law and Order is a Labour Issue“*.

Mit dem Anliegen der Gewaltprävention, der Forderung nach mehr Sicherheit für Frauen befand sich *Tarantula* mittendrin im breiten Strom des Diskurses der Kriminalitätsbekämpfung. Ohne dass der Bezug bewusst hergestellt worden war, war der Projektansatz sehr gut anschlussfähig an Konzepte der lokalen Kriminalprävention, die seit Anfang der 90er Jahre einen Boom erleben. Die Prinzipien und Vorgehensweisen, die in diesen Konzepten formuliert werden, weisen erhebliche Überschneidungen mit denen der Sozialen Arbeit, insbesondere der Gemeinwesenarbeit auf. Es stellt sich also die Frage: Sind Gesetz und Ordnung auch ein Thema für die Gemeinwesenarbeit?

Bohn u.a. formulieren in ihrer Auswertung des bundesweiten Modellprojekts zum Thema „Gewaltprävention und Gewaltbekämpfung im kommunalen Sozialraum“, das 1995/96 in neun verschiedenen Städten durchgeführt wurde, unter anderem folgende Prinzipien für eine erfolgreiche Gewaltprävention:[7]

- *Lebensweltorientierung*: diese wird gekennzeichnet durch eine *Alltagsorientierung*, die ganzheitlich bei den Lebensbezügen ansetzt und Angebote und Aktivitäten in den Zusammenhang der unmittelbaren Probleme, Wünsche und Interessen der AdressatInnen stellt; die *Dezentralisierung*, das heißt, Vor-Ort Angebote von Beratung, Freizeit etc.; Integration, im Sinne der Nicht-Ausgrenzung von als problematisch geltenden Personen und Gruppen; *Partizipation* bei der Gestaltung der Lebenswelt, zum Beispiel auch als MultipikatorInnen bei Anti-Gewalt-Trainings; Existenzsicherung, *Alltagsbewältigung,* etwa durch Kooperation mit Bereichen der Jugendhilfe, Arbeitsmarkt-, Sozial-, Gesundheits- und Stadtplanungspolitik
- durch *Vernetzung und Kooperation* vorhandene Ressourcen nutzen
- *Empowerment*: stärken – und nicht defizitorientiert arbeiten.
- *Selbstverantwortlichkeit fördern, soziale Kompetenzen erweitern*: setzt an den Cliquen, den Peer-Groups an, gefördert werden sollen: Mitbestimmung, Übernahme von Verantwortung, Wertschätzung.
- *geschlechtsspezifisch arbeiten*: Ursachen, Hintergründe und Erscheinungsformen von Gewaltbereitschaft und -verhalten sollen geschlechtsspezifisch differenziert betrachtet werden, beispielsweise sollte reflektiert werden, wie die Um-

gebung von Mädchen und Jungen genutzt und erobert wird; notwendig ist die Geschlechtersensibilisierung von Fachkräften
- *Unterstützung in Notlagen*, Entsolidarisierung entgegentreten, Zivilcourage fördern, Handlungssicherheit gewinnen, etwa durch Opferarbeit oder auch Theaterworkshops
- *Öffentlichkeitsarbeit* entwickeln

Die zentralen Ergebnisse ihrer Untersuchung finden sich in folgendem Zitat: „Nach den Erfahrungen in den Modellregionen des Programms müssen Aktivitäten zur kommunalen Gewaltprävention sich an den Interessen der BewohnerInnen orientieren, ihre Beteiligung ermöglichen und sie zur Umsetzung gewaltpräventiver Aktivitäten motivieren... In einem Stadtteil, in dem die BewohnerInnen an der Gestaltung ihres Lebensraumes beteiligt sind und ein füreinander verantwortliches Zusammenleben umsetzen können, wird Gewalt und Kriminalität eingedämmt. In der Konsequenz bedeutet dies als Anforderungsprofil für kommunale Gewaltprävention: Den BewohnerInnen Verantwortung zu übertragen, ihre Identifikation mit dem Sozialraum herzustellen und sie zum Gestalten ihrer eigenen Lebensbedingungen/-welt zu motivieren.“[8]

Augenfällige Gemeinsamkeiten zwischen GWA und lokaler Kriminalprävention finden sich auch in den Studien zu verschiedenen Berliner Modellprojekten.[9] Der Kiez, also der Teilbereich eines städtischen Bezirkes, der von seinen BewohnerInnen als Einheit wahrgenommen wird, wird dabei zum Ansatzpunkt von Maßnahmen. Neu eingeführt wird der Begriff der „sozialen Prävention“[10], die auf die allgemeine Verbesserung von Lebenslagen abzielt und die Arbeit mit spezifischen Zielgruppen und konkreten Problemstellungen beinhaltet und damit die beiden ersten der drei klassischen Ebenen der Kriminalprävention umfasst.“[11]

Kernelemente dieses Präventionsansatzes sind die Aktivierung und Einbeziehung der KiezbewohnerInnen, die ressortübergreifende Vernetzung und die Bündelung vorhandener Ressourcen im Quartier. In der Praxis bedeutet das meistens die Gründung von Kriminalpräventionsräten, Sicherheitspartnerschaften und Runden Tischen, die in den letzten Jahren wie Pilze in allen Bundesländern aus dem Boden geschossen sind. Allein in Niedersachsen gibt es 120 kriminalpräventive Gremien, deren Aktivitäten durch den „Sicherheitspartnerschafts-Erlass“ des Innenministerium gesetzlich unterstützt werden. Ein wichtiger Partner, der immer beteiligt ist, ist natürlich die Polizei, aber der Schlüssel zum Erfolg wird „im netzwerkartigen Zusammenwirken von lokalen Akteuren“[12] gesehen, die Bürgerinnen und Bürger stehen dabei an erster Stelle.

In den USA hat die stadtteilbezogene, bürgerorientierte Kriminalitätskontrolle im Rahmen von Programmen zur „*neighbourhood safety*" und dem „*community policing*" bereits eine lange Tradition. Ursprünglich ist dieser Ansatz in den 60er und 70er Jahren aufgrund der Kritik an der zentralistischen Struktur der Polizei, gewalttätigen Einsätzen und des weit verbreiteten Rassismus unter Polizeibeamten entstanden. Gefordert wurde „mehr Bürgerbeteiligung bei der Durchsetzung von Rechtsnormen und ... verbesserte Möglichkeiten, die Polizei bei Übergriffen zur Verantwortung ziehen zu können."[13] Im *Community Policing* wurde eine Möglichkeit gesehen, die Polizeireviere von unten zu kontrollieren. Im Laufe der Jahre haben sich die Fürsprecher und Akteure jedoch gewandelt, viele konservative Befürworter einer *Law- and Order*-Politik kamen hinzu.

Ein wichtiges Element von *Community Policing* sind, neben informellen Straßenpatrouillen, die so genannten „*beat meetings*", offene Foren zwischen Stadtregierung und Bürgerschaft, die zumeist von der örtlichen Polizei geleitet werden. „Mischt aktiv mit in eurem Viertel. Geht zur Verhandlung, wenn dem Gesindel, über das ihr euch beklagt, der Prozess gemacht wird und lasst den Richter wissen, dass ihr härtere Strafen wollt. Trommelt euren Stadtteilverein zusammen, zeigt Präsenz. Zieht Nachbarschaftswachen auf und patrouilliert durch die Straßen."[14]

In Chicago ist zusätzliches städtisches Personal eingestellt worden, das eine enge Bindung zum Gemeinwesen aufbauen soll. Die MitarbeiterInnen gehen in den Stadtteilen von Tür zu Tür, laden die AnwohnerInnen zu den *beat meetings* ein und motivieren sie, aktiv an den Polizeiprojekten teilzunehmen. Gezielt wird dabei nach Schlüsselpersonen gesucht, die trainiert werden können. Um Anreize zu schaffen, sichert die Stadt den BürgerInnen, die aktiv mitarbeiten zu, ihre Angelegenheiten in der Verwaltung vorrangig zu behandeln.[15] Obwohl die öffentliche Sicherheit das eigentliche Thema ist, werden Fragen der Lebensqualität in den Stadtteilen allgemein diskutiert. Diese *meetings* verdrängen anscheinend andere Formen nachbarschaftlicher Netzwerke und konkurrieren mit Terminen von *community groups* und Bürgerausschüssen.

Ähnliche Entwicklungen zeichnen sich auch hierzulande ab. Die Sicherheitskonferenzen bringen im Grunde die gleichen Zielgruppen an einen Tisch wie die Stadtteilkonferenzen im Rahmen der sozialen Stadtteilentwicklung. Der Zusammenhang zu Programmen der sozialen Stadtentwicklung wird auch bewusst hergestellt. Gemeinsamer Nenner ist die Aufwertung von Quartieren und die Verbesserung der Lebenssituation. Die Schaffung von Begegnung und Kommunikation und die Einbeziehung der BewohnerInnen in Planungs- und Veränderungsmaßnahmen sollen die Identifikation mit dem Stadtteil und die sozialen Beziehungen und damit letztlich die soziale Kontrolle stärken. Und die ist das A und O der Kriminalprävention.

Unter sozialer Kontrolle werden Maßnahmen verstanden, die darauf abzielen, konformes Verhalten zu erreichen bzw. sein Ausmaß zu erhöhen und abweichendes Verhalten zu verhindern bzw. zu reduzieren.[16] Auch im Falle des Tarantula-Projektes ging es unter anderem darum, Menschen zu motivieren, soziale Kontrolle auf gewalttätige Lebenspartner ihrer Nachbarinnen auszuüben. Damit besteht jedoch die Gefahr, eine Entwicklung zu fördern, die auf eine zunehmende Entgrenzung zwischen Sozial- und Ordnungspolitik und die Etablierung der „Kriminalpolitik als Metapolitik“[17] hinausläuft.

Welche Sicherheit für wen?

Maßnahmen und Programme werden heutzutage zunehmend weniger von den Bedürfnissen der Menschen vor Ort her entwickelt, sondern unter dem Vorzeichen von Sicherheit und Ordnung. Jede sozialpädagogische oder städtebauliche Maßnahme, ob nun Mitternachtsbasketball oder die Anlage von Mieterbeeten wird tendenziell zu einem Element der Kriminalitätsbekämpfung.[18] Dafür gibt es dann auch öffentliche Gelder. Sicherheit zieht, soziale Bedürftigkeit nicht. „Sicherheit“ umfasst hier nicht Fragen sozialer Sicherheit – wie die Sicherheit, auf eine gute Krankenversorgung, auf ein menschenwürdiges Auskommen im Alter zählen zu können, auf erschwinglichen Wohnraum, Bildung und Perspektiven für die Kinder oder auch gesunde Luft, sauberes Wasser und das Abnehmen militärischer Konflikte. „Nicht gesellschaftliche Ausgrenzung und wachsende Zukunftslosigkeit ist der Ausgangspunkt der Sicherheitskonferenzen, sondern die Auffälligkeiten einzelner Personengruppen werden durch die Betonung eines eingeschränkten Sicherheitsaspektes in den Vordergrund gedrängt“.[19]

Legnaro ordnet die Allgegenwärtigkeit des Topos der „urbanen Verunsicherung“ und die neuen kriminalpolitischen Strategien in den Kontext der ökonomischen Umstrukturierungen im Post-Fordismus, die Diskussion um eine „*new urban underclass*“, die soziale und ökonomische Exklusion ganzer Bevölkerungsgruppen sowie die Herrschaftstechniken einer entwickelten Marktwirtschaft ein.[20]

Ein Kennzeichen der aktuellen Entwicklung ist, dass unangepasstes Verhalten und Aussehen, bestimmte soziale und jugendkulturelle Praxen, wie Graffiti-Sprayen oder öffentliches Musikhören aus Ghettoblastern oder das „Herumlungern“ im öffentlichen Raum verschärft polizeilich geahndet werden.[21] Als Erscheinungen von „*social disorder*“, verstärkt durch Phänomene wie Vermüllung oder dem Verfall von Gebäuden, beeinträchtigen sie, so wird häufig behauptet, das „subjektive Sicherheitsgefühl“ der BürgerInnen. Obwohl rein subjektiv und individuell verschieden, keinen transparenten Kriterien unterliegend und mitnichten von rechtlicher Relevanz spielt die „gefühlte Sicherheit unter der Bewohnerschaft ... daher zunehmend als Kriterium eine Rolle, an dem sich politische Programme und praktische Maßnahmen auf der kommunalen Ebene ... orientieren."[22].

Der dominante Sicherheitsdiskurs konstruiert einen inneren Zusammenhang zwischen den genannten „disorder"-Phänomenen und der Zunahme von Kriminalität. Die Konsequenz ist die Propagierung eines niedrigschwelligen, kompromisslosen Eingreifens.[23] Die gesteigerte Präsenz von Sicherheitsdiensten und Polizei, das Anbringen von Überwachungskameras in Bahnhöfen, U-Bahnen, in Straßen, auf öffentlichen Plätzen und die Platzverweise gegen Obdachlose und Junkies stehen in diesem Zusammenhang. Besonders häufig betroffen sind hierbei junge Migranten. Nicht Armut oder die Drogenabhängigkeit werden so bekämpft, sondern die Armen, die „Fremden" und die KonsumentInnen illegaler Drogen. Der strafende Staat scheint den helfenden Staat abzulösen. Die oben genannten sozialen Gruppen, also die Zielgruppen und NutzerInnen Sozialer Arbeit, werden nahezu pauschal zum Sicherheitsrisiko erklärt,[24] die durch Polizei, wachsame BürgerInnen und gestalterische Maßnahmen in Schach gehalten werden müssen.

Dazu einige Schlaglichter

Szene A: Versammlung der Geschäftsleutevereinigung in St.Pauli. Als Redner eingeladen ist der Chef der örtlichen Polizeiwache. Sonst nicht gerade bekannt wegen auffallend liberaler Gesinnungen wird er schon bald zum Verteidiger von Gesetz und Demokratie angesichts der massiven Forderungen aus dem Publikum, „das Gesocks" (gemeint sind bettelnde, arme bzw. obdachlose Menschen) von der Hauptgeschäftsstraße zu vertreiben und härter durchzugreifen. Mit großem Bedauern nehmen die Anwesenden zur Kenntnis, dass in Deutschland Freizügigkeit gilt und der Wegelagerer-Paragraph abgeschafft wurde. Dafür kursieren dann Geschichten, vorgetragen in heldenhaftem Ton, wie man bereits zur Selbsthilfe gegriffen habe, indem man den „Rumlungernden" von oben tüchtig Wasser über den Kopf gegossen habe. Nachahmung wird empfohlen.

Szene B: Mieterversammlung in St.Pauli. BewohnerInnen eines Hochhauses werden von der Wohnungsbaugesellschaft über die Einrichtung einer Pförtnerloge informiert. Obwohl es in Zukunft also jemanden geben wird, der überwacht, wer wann das Haus betritt, ist vielen das nicht genug. Videokameras werden verlangt, für den Eingang, den Fahrstuhl, das Treppenhaus, die Flure. Zumindest zu diesem Zeitpunkt will der Vertreter der Wohnungsbaugesellschaft den Wünschen der MieterInnen nicht entgegenkommen.

Szene C: Die Broschüre *Sicheres Wohnquartier. Gute Nachbarschaft* empfiehlt über den Ansatz der Territorialität eine Zonierung der Wohnumwelt anzustreben, „die gegenüber Fremden Barrieren schafft und den Bewohnern die soziale Kontrolle erleichtert."[25] Das Engagement der Bewohnerschaft gilt als eine wichtige Komponente der Kriminalprävention, ich lese: „'Wehrhaft' und 'verteidigungsbereit' ist ein Wohnquartier nur, wenn sich die Bewohnerinnen und Bewohner 'zu verteidigen' wissen. Es steigert die Lebensqualität, wenn man der Nachbarschaft vertrauen und sich darauf verlassen kann, dass sie genauso wachsam die Ereignisse im Quartier beobachtet, wie man das selber tut".[26]

Trotz der Anführungszeichen, die für einen Rest von Unbehagen an der eigenen „Marschrichtung" stehen mögen, ist die Botschaft klar und schließt den Kreis zu dem Eingangszitat aus San Francisco.

Kriminalpolitik rules

Ziel der gemeinwesenorientierten Kriminalprävention ist, BürgerInnen, Vereine und lokale Institutionen zu aktiven Verbündeten der Regierungsstrategien zu machen und Selbstregulierungsmechanismen zu formen und zu fördern.

„*Community policing, crime prevention panels, Safer Cities programs, crime prevention through Environmental Design projects, Businees Improvement Districts, Neighbourhood Watch, city management authorities – all of these overlapping and interconnecting activities combine to produce the beginnings of a new crime control establishment that draws upon the new criminologies of everyday life to guide its actions and mould its techniques*"[27]

Diese Maßnahmen überspringen die Grenze zwischen privat und öffentlich, sie sind keine Angelegenheit mehr ausschließlich von Professionellen und speziellen staatlichen Institutionen, das Konzept der Kriminalitätsbekämpfung hat sich ausgeweitet. Sie stehen für eine De-zentrierung sowohl der zuständigen staatlichen Institutionen als auch der politischen und kriminologischen Rationalitäten, auf denen sie beruhen. Das Konzept des strafenden Staates, seine Strategien des Weg- und Ausschließens von Menschen werden ergänzt durch kontinuierliche, niedrigschwellige Maßnahmen zum Aufbau sozialer Kontrollmechanismen innerhalb von Nachbarschaften und Gemeinden und der Förderung von Übernahme polizeilichen Verhaltens mit dem Ziel „*to encourage communities to police themselves*".[28]

Diese neuen Strategien sind Teil einer deutlich veränderten gesellschaftlichen Reaktion auf Kriminalität. Im Folgenden möchte ich einige dieser Veränderungen skizzieren, die meines Erachtens relevant sind für die Einschätzung der Rahmenbedingungen und Handlungsmöglichkeiten einer Gemeinwesenarbeit, die sich mit Themen lokaler Kriminalprävention beschäftigt bzw. aufgrund der aktuellen Entwicklungen herausgefordert ist, sich dazu zu verhalten.

Die aktuellen Mechanismen der Kriminalitätskontrolle werden vor allem durch zwei Aspekte bestimmt: die spezifische soziale Organisation der Spätmoderne und die marktwirtschaftlich orientierte, sozial konservative Politik. Die neue Art der Kriminalitätskontrolle liefert Argumente für die Legitimierung einer gegen den Wohlfahrtstaat gerichteten Politik und für die Darstellung der Armutsbevölkerung als unfähige Unterklasse. Es existiert ein Nebeneinander von „*Law and Order*"-Politik und partnerschaftlichen, präventiven Ansätzen in der Kriminalitätsbekämpfung, von formeller Kontrolle durch staatliche Institutionen und informellen, sozialen Kontrollen, die in den Alltagsaktivitäten der Zivilgesellschaft verankert sind.

Dies spiegelt die Ambivalenz der Öffentlichkeit wieder. Die Aufmerksamkeit für diese Probleme ist nicht einfach von den Medien herbeigeschrieben oder auf politische Rhetorik zurückzuführen. Sie gründet auch in den Alltagserfahrungen der Menschen. Die Übernahme von Strategien wie dem „*community policing*" in Form der „bürgernahen Polizeiarbeit"[29] sind auf die Unterstützung der Öffentlichkeit und die Verbreitung von präventiven und kontrollierenden Verhaltensweisen angewiesen. Den sich verändernden kulturellen Haltungen kommt für die Entwicklungen in der Kriminalpolitik erhebliche Bedeutung zu.

Während historisch die Periode zwischen 1890 und 1970 durch einen Prozess der Rationalisierung und Zivilisierung im Strafsystem charakterisiert ist, tauchen heute anti-modern wirkenden Konzepte von Vergeltung und expressive Bestrafungsgesten vermehrt wieder auf.[30] Die Veränderungen in den Formen der Kriminalitätskontrolle müssen im Rahmen der Umstrukturierungen der Gesellschaft und der Institutionen, die für die Produktion von Ordnung zuständig sind, analysiert werden. Zur Zeit wird das Feld der Kriminalitätskontrolle als Ergebnis politischer und administrativer Entscheidungen refiguriert, welche ihrerseits in einer neuen Struktur sozialer Beziehungen und kultureller Haltungen gründen.

Der Niedergang des Ideals der Rehabilitation und die Renaissance des strafenden Staates sind Indikatoren für den tiefgreifenden Wandel in diesem Feld. Das Vertrauen in den Fortschritt bei der Kriminalitätsbekämpfung und in eine rationale Strafjustiz, in die Werte von Humanität, Würde sowie das Mitgefühl für die weniger Glücklichen in der Gesellschaft haben an Bedeutung verloren. Die Kriminalitätsfurcht hat, unabhängig von Schwankungen in der tatsächlichen Kriminalitätsentwicklung, stark zugenommen und wird als eigenständige Problematik betrachtet. In der Folge werden Maßnahmen debattiert, die nicht die Verbrechensrate, sondern die Kriminalitätsfurcht reduzieren. Straftaten werden zunehmend dramatisiert und der Schutz der Öffentlichkeit vor dem Staat wird abgelöst durch Forderungen nach Schutz durch den Staat. Die Sorge um die Verletzung der Bürgerrechte scheint weniger gravierend zu sein als beispielsweise die vorzeitige Freilassung von Straftätern. Innere Sicherheit ist zu einem wichtigen Wahlkampfthema geworden, wobei eine

Angleichung der Forderungen und Konzepte der unterschiedlichen Parteien zu beobachten ist. Der „Stimme des Volkes" wächst eine neue Autorität zu, während Fakten und Expertenmeinungen in der öffentlichen Debatte an Gewicht verlieren, es sei denn, sie stützten die populistische Rhetorik. Das Gefängnis, in den 70er Jahren eine diskreditierte Institution, wird heute eher als unverzichtbarer Pfeiler der Gesellschaft angesehen. Das ökonomischen Denken hält über Risikomanagementtechniken, Monitoringsysteme und andere Maßnahmen zur Steigerung von Effizienz und Kostenersparnis Einzug in die Kriminalitätskontrolle. Staatliche Aufgaben werden auf private Sicherheitsdienste verlagert und damit kommerzialisiert.

Als Ursachen für Kriminalität galten in der Nachkriegsperiode individuelle Abweichung und individuelles Unvermögen aufgrund von sozialer Ungleichheit, Bedürftigkeit und Benachteiligung. Die Lösung wurde dementsprechend in individuellen Korrekturansätzen, Unterstützung von Familien und Verbesserungen im Bildungsbereich und auf dem Arbeitsmarkt gesehen und korrespondierten mit der Rationalität des Wohlfahrtsstaates.

Heute erscheint kriminelles Handeln als Resultat mangelnder Kontrolle rational handelnder Akteure. Dominante Themen sind: soziale Kontrolle, situationsspezifische und Selbst-Kontrollen. Das Menschenbild ist geprägt von der Annahme, dass alle Individuen eine Tendenz zu anti-sozialem, kriminellen Verhalten haben und die Umsetzung abhängig ist von Gelegenheiten und der Kontrolle durch Familie, Nachbarschaft oder den Staat. Auch das Opfer gilt in dieser Logik als eine Person, die Gelegenheiten zu kriminellem Handeln schafft. Straftaten werden als unausweichlicher Bestandteil moderner Gesellschaften gedacht, StraftäterInnen als normale Personen, als „*rational-choice-actors*", die Kosten und Nutzen ihrer Handlungen abwägen. Gesellschaftliche Hintergründe und biographische Gewordenheiten spielen kaum noch eine Rolle. Die AkteurInnen gelten als für sich selbst verantwortlich Handelnde und damit auch als selbst schuld. Der Fokus hat sich deshalb weg vom Täter auf die Reduzierung von kriminogenen Situationen, von kriminalitätsfördernden Gelegenheiten hin verschoben. Solche Strategien können als „postsozial" und „symptommanageriell" bezeichnet werden.[31]

Die beschriebenen Strategien der Kriminalitätskontrolle und die zugehörigen Konzepte werden nicht angewandt, weil sicher ist, dass sie die Probleme lösen, sondern weil sie Probleme auf eine Art artikulieren und bearbeiten, die mit der dominanten Kultur und den zugrundeliegenden Machtstrukturen zusammenpasst. Die genannten Entwicklungen sind nicht einheitlich, zum Teil sogar widersprüchlich, sie bewegen sich auf unterschiedlichen Ebenen und sind verbunden mit der Restrukturierung weiterer Dimensionen des Sozialen und Ökonomischen und dem Aufkommen einer neuen, neoliberal geprägten politischen Rationalität.

Führe dich selbst

Im anglo-amerikanischen Raum sind in den letzten Jahren die „*governmentality studies*" im Anschluss an Foucaults Konzept der „Gouvernementalität" entstanden, die eines Erachtens wichtige Impulse und theoretisches Werkzeug zur Rahmung und Analyse der genannten Prozesse und Praktiken liefern.[32] Auch hierzulande nehmen die Veröffentlichungen und Debatten zu, die sich auf diesen Ansatz beziehen.[33]

Zentral für Foucaults Konzept der Gouvernementalität ist der Begriff der Regierung, den er als wechselseitige Konstitution von Machttechniken und Wissensformen entwirft. Demnach sind Machttechnologien nicht ohne Einbeziehung der sie anleitenden politischen Rationalität zu analysieren. Der Begriff umfasst weit mehr als nur die politische Regierungsform. Er knüpft an frühere Bedeutungen wie Selbstbeherrschung, Leitung der Familie, Steuerung des Haushalts, Lenkung der Seele an. „Regierung" bezieht sich also auf unterschiedliche Praxisfelder und Handlungsformen, die auf die Lenkung und Kontrolle von Individuen und Kollektiven abzielen und sowohl Techniken der Fremd- wie der Selbstführung beinhalten und wird auch als „Führung der Führungen" beschrieben. Bezeichnet wird ein bewegliches Gleichgewicht zwischen Techniken, Zwang auszuüben und Prozessen der Selbstkonstitution. Auf diese Weise kommt der Zusammenhang zwischen Herrschafts- und Selbsttechnologien, zwischen Macht und Subjekt in den Blick. Die Machtverhältnisse sind den Subjekten nicht äußerlich. Sie sind von ihnen durchzogen, gestalten sie aktiv mit und sind somit Teil dieser Verhältnisse. In seiner Untersuchung der liberalen und neoliberalen politischen Realität macht Foucault deutlich, wie die „Selbstregulierungsfähigkeit von Individuen und Gruppen mit ökonomischer Profitmaximierung und gesellschaftspolitischen Zielen verknüpft wird".[34] Im Neoliberalismus wird das Soziale mit dem Ökonomischen zusammengeschlossen, die Grenzlinie, die dazwischen existierte, wird aufgelöst. Der neoliberale Staat privatisiert und individualisiert die Risiken der gesellschaftlichen Umbrüche. Es geht dabei nicht um das Ende des Sozialen, sondern seine Topographie wird verändert. „Die Krise des Keynesianismus und der Abbau des 'Wohlfahrtsstaates' bedeuten nicht die Rückkehr zu frühliberalen Politikmodi, sondern ein Umcodieren der Sicherheitspolitik, das die Entwicklung von interventionistischen Technologien ermöglicht, die Individuen führen und anleiten, ohne für sie verantwortlich zu sein. Der Neoliberalismus ermutigt die Individuen, ihrer Existenz eine unternehmerische Form zu geben".[35] Der Staat agiert zunehmend „in einer 'Regierung aus der Distanz'". Die Praktiken des Regierens werden auf Akteure außerhalb der traditionellen staatlichen Apparate vorverlagert, das heißt, die Rolle nicht-staatlicher, 'autonomer' sozialer Akteure – sowohl der Individuen, als auch von Organisationen verschiedenster Art – wird aufgewertet. Dabei handelt es nicht um Herrschaftsverzicht des Staates, sondern ein Kennzeichen neoliberaler Gouvernementalität.

Neoliberale Regierungen arbeiten mittels der Freiheit und des Handelns von Individuen und Agenturen und indirekter Mittel der Überwachung und Regulierung dieses Handelns. Es werden einerseits Kontrakte geschlossen, Partnerschaften verhandelt und geschlossen, Handlungsfähigkeit, Wahlmöglichkeiten und Freiheit von Individuen und Verbänden etwa durch empowerment unterstützt. Andererseits werden Normen und Standards gesetzt, Benchmarking und Qualitätskontrollen eingeführt, um Verhalten zu messen, zu beurteilen. Die Fähigkeiten und Ressourcen von Individuen, Vereinigungen, Bewegungen und Gruppen werden operationalisiert. Fortgeschrittene liberale Praktiken sind in dem Sinne reflexiv, dass sie zunächst für das genuine Vermögen der Menschen, selbst zu handeln, sich selbst zu „regieren", werben, um dann mittels dieses Vermögens zu regieren.

„*Where the political and cultural movements sought a utopian vision of the emancipated self, however, the neo-liberal critiques of the welfare state sougth to redeploy the 'free subject' as a technical instrument in the achievement of governmental purposes and objectives*".[36]

Foucaults Ansatz ermöglicht, das Feld der Kriminalitätskontrolle als ein Feld von Machtbeziehungen und Subjektivierungen zu analysieren. Die neue ökonomische Rationalität generiert neue Subjektivierungsformen, die von Individuen und Organisationen übernommen werden, wie zum Beispiel den „*homo prudens*", das sicherheitsbewusste, kriminalitätsverhindernde Subjekt.

Eine Responsibilisierung von Individuen, Familien, bestimmten Bevölkerungsgruppen ist zu beobachten, sie werden für den Umgang mit Risiken wie Krankheit, Arbeitslosigkeit, Altersarmut, schlechte Schulabschlüsse selbst verantwortlich gemacht. Die Verantwortlichkeit für Risikominimierung wird zu einem Bestandteil der Wahlentscheidungen, die Haushalte, Individuen und Gemeinden als KonsumentInnen, KlientInnen und NutzerInnen von Dienstleistungen zu treffen haben. Die Verkoppelung von Risikotechnologien mit zeitgenössischen Formeln von Herrschaft bezeichnet O'Malley als „*New prudentialism*" (1992). Im Unterschied zum „*prudentialism*" des 19. Jahrhunderts haben sich früher die Bereiche, in denen Risikomanagement erfolgt, multipliziert. Risiko stellt eher ein Kontinuum dar als einen Bruch, es verschwindet nie. Die Bevölkerung zerfällt in risiko-gefährdete Gruppen, Niedrig- und Hochrisiko-Gruppen. Die Kategorien für Hochrisiko-Gruppen entsprechen bestimmten Aufteilungen nach sozialen Klassen. Oder „*the vocabulary of risk might be better be thought of as reinscribing and recoding earlier languages of stratification, disadvantages and marginalization*".[37]

Eine Spaltung entsteht zwischen den aktiven BürgerInnen, das heißt solchen, die in der Lage sind, ihre eigenen Risiken zu regulieren und den benachteiligte Gruppen, die das Risiko bilden bzw. stark risikogefährdet sind. Opfer haben in dieser Lesart darin versagt, ihr eigenes Risiko als Individuum oder Nachbarschaft zu managen. Also brauchen sie empowerment, sollten Unterstützergruppen bilden, eine politische Stimme artikulieren, gefährliche Orte zurückerobern, ihre Nachbarschaften durch Überwachungskameras, Bürgerwachten sicherer machen. „*Community*" ist ein Schlüsselbegriff innerhalb dieser Entwicklungen. Bestimmte Gruppen werden „*empowered*" oder gehen Partnerschaften mit Professionellen, Bürokraten oder Dienstleistern ein. Sie werden ermahnt, ihre eigenen Gemeinschaften zu managen, etwa als schwule Männer, ethnische Gruppen, DrogenkonsumentInnen oder Opfer häuslicher Gewalt. Für die Professionellen wie SozialarbeiterInnen, LehrerInnen, ÄrztInnen ergeben sich neue erzieherische, einschätzende, präventive Funktionen. An Stelle eines vereinheitlichten Wohlfahrtsstaates, haben wir eine Abfolge von fragmentierten und diskontinuierlichen Einrichtungen, die sich mit bestimmten Zielgruppen befassen. Sie arbeiten daran, Risikogruppen zu aktiven BürgerInnen zu transformieren, die sich selbst rational managen. Wer sich der Mitarbeit verweigert, muss mit Sanktionen von Seiten des aktivierenden Staates rechnen, denn die Förderung der Einzelnen ist an klare Forderungen zur Übernahme bestimmter Verhaltensweisen gekoppelt.

Insgesamt lässt sich festhalten, dass Regierung in der Perspektive der „*Governmentality Studies*" stattfindet über Freiheitspraktiken *und* Vorherrschaft, Unterwerfung *und* Subjektivierung, über Zwang *und* Konsens.

GWA – es kommt drauf an, was man draus macht

Die Rahmenbedingungen für GWA haben sich in den vergangenen dreizig Jahren verändert. Ehemals fortschrittliche Ansätze und Prinzipien werden in neoliberale Strategien eingebettet und verlieren ihren emanzipatorischen Gehalt. GWA ist nicht per se gut, fortschrittlich und nachahmenswert. Mit ihrem Credo von Aktivierung und Beteiligung, von Unterstützung der Handlungsfähigkeit und des sozialen Kapitals könnte sie – so meine These – als eine Technologie neoliberaler Gouvernementalität betrachtet werden, die zwischen der subjektiven Ebene der Individuen in ihrer Lebenswelt und den Regierungszielen im Rahmen des aktivierenden Staates vermittelt.

Trotzdem vertrete ich nach wie vor das Prinzip Gemeinwesenarbeit und denke es ist essentiell für die Soziale Arbeit. Den Handlungsansatz von GWA bewerte ich in Bezug auf die geschlechtsspezifische Anti-Gewaltarbeit insgesamt als innovativ und weiterführend. Die Stärkung der Frauen vor Ort durch ein handlungsfähiges, solidarisches Netzwerk von NachbarInnen und Professionellen ist eine wichtige Voraussetzung dafür, dass die Betroffenen den Mut haben, sich gegen den Misshandler zur Wehr zu setzen. Nur wenn sie sich einigermaßen geschützt und sicher fühlen, werden sie den Mut haben, die neuen gesetzlichen Möglichkeiten, wie sie z.B. das Gewaltschutzgesetz bietet, auszuschöpfen.[38] Ich halte es für unzumutbar, wenn die Frauen und Kinder aus Angst vor dem Partner bzw. Vater auf die Flucht gehen müssen, statt Wohnung, Sozialkontakte und damit verbundene Ressourcen behalten zu können.

Um nicht in das Fahrwasser einer repressiven Sicherheitspolitik zu geraten und um den veränderten politischen Rahmenbedingungen und Rationalitäten Rechnung zu tragen, möchte ich zum Schluss folgende Anforderungen an die Gemeinwesenarbeit formulieren:

1. Wenn es zutrifft, dass alle gesellschaftlichen Bereiche zunehmend dem Primat der ökonomischen Profitlogik untergeordnet werden und die Propagierung von freiwilligem Engagement und Selbstverantwortung der Bürger den Abbau sozialstaatlicher Leistungen kompensieren soll, müssen Theorie und Praxis der GWA deutlich kritischer reflektiert werden, als das zur Zeit der Fall ist. Die Tatsache, dass Prinzipien und Elemente der GWA in anderen Disziplinen aufgegriffen werden, kann als Erfolgsgeschichte gelesen werden. Sie kann aber auch ein Beleg für meine oben genannte These sein.

   Ziel dieser Reflektion wäre, den professionellen Denk- und Handlungsspielraum zu erweitern, um nicht blinden Auges zum Bestandteil des neoliberalen Umbauprogramms zu werden. Es geht darum, eine bestimmte Form der Kritik zu ermöglichen, die die Selbstverständlichkeit solcher Begriffe und Methoden wie unter anderem „Aktivierung“, „Eigenverantwortung“, „Beteiligung“ oder „soziale Kontrolle“ auflöst. So könnte sich ein Raum öffnen, in dem es möglich ist, darüber nachzudenken, wie Dinge anders getan werden könnten, die Punkte herauszustellen, wo Widerspruch und Veränderung geboten ist und aufzuzeigen, welche Schwierigkeiten damit verknüpft sind. Es geht also um den Versuch, mehr Klarheit über die Bedingungen zu gewinnen, unter denen wir heute in der GWA denken und handeln.

   Wenn die Förderung zur Eigenverantwortung und die Aktivierung der BewohnerInnen benachteiligter Quartiere zu selbstverständlichen Satzbausteinen in der Fachliteratur, in Kolloquiums- und Diplomarbeiten werden und Formulierungen nahelegen, dass die Konzentration von Armen und nicht die Armut selbst das Problem sind, dann wird die Stigmatisierung des eigenen Klientels und die Legitimierung des schlanken und strafenden Staates selbst übernommen. Aber: Strukturelle Veränderungen in gesellschaftlichen Feldern vollziehen sich langsam. Sie sind nicht die Konsequenz unausweichlicher oder mystischer Prozesse, sondern resultieren aus sich wiederholendem Handeln der jeweiligen Akteure dieses Feldes „*A new configuration does not finally and fully emerge until it is formed in the minds and habits of those who work this system*".[39] Hier hat Lehre und Forschung Einfluss und damit eine besondere Verantwortung.

2. Welche Praktiken und Diskurse sich durchsetzen, ist stets umkämpft und hängt von gesellschaftlichen und politischen Kräfteverhältnissen ab. Hier sollte GWA sich deutlich positionieren, das heißt wie Oelschlägel immer wieder gefordert hat, sie muss politisch werden. Insbesondere gilt es, für das Grundprinzip einer solidarischen Gesellschaft zu streiten, die soziale Rechte garantiert und für eine Chancengleicheit ihrer Mitglieder eintritt, die nicht nur kulturell, sondern auch materiell gefasst wird.
   Foucaults Regierungsbegriff vom „Führen der Führungen" impliziert, dass der- bzw. diejenige, die geführt wird, gleichzeitig auch Handelnde/r ist. Ihr Handeln ist für die Herrschenden nicht völlig vorhersehbar und beinhaltet damit ein Freiheitsmoment. Macht wird nicht statisch verstanden, sondern als dynamisches Spiel von Kräften. Demnach gibt es keine Macht ohne potentielle Verweigerung oder Aufruhr.[40]
3. Es ist erforderlich, gegen die Dominanz des Sicherheitsdiskurses und der Ordnungspolitik, die ganze Zielgruppen der Sozialen Arbeit kriminalisiert bzw. zu „gefährlichen Klassen" erklärt, Stellung zu beziehen. Zwischen Sozialarbeit und Polizeiarbeit sollte es nicht zu osmotischen Prozessen kommen. Die Ausgliederung der Wohlfahrtspflege aus dem Zuständigkeitsbereich der Polizei halte ich für eine der bedeutendsten Errungenschaften der Aufklärung. Andererseits sollte Soziale Arbeit den Begriff der Sicherheit nicht der Innenpolitik oder der Justiz überlassen. Sie darf die Sicherheitsbedürfnisse der Menschen im kriminalpolitischen und im umfassenderen Sinne, nicht ignorieren. Die Herausforderung an die Soziale Arbeit ist, Themen wie die Gewalt im sozialen Nahbereich aufzugreifen, ohne repressive, ausgrenzende Praxen zu befördern.
4. Wenn Soziale Arbeit mit dem Handlungsansatz der Gemeinwesenarbeit zum Abbau von Gewalt gegen Frauen im häuslichen Bereich beitragen will, muss sie ihren Begriff von „Sicherheit" und ihr Verhältnis zu Interventionen in die Privatsphäre definieren. Gerade in Zeiten von „Sicherheitspaketen", der Legalisierung von Lauschangriffen, der steigenden Verbreitung von Videoüberwachung und Einrichtung von Pförtnerlogen in Wohnhäusern ist die Forderung nach Einmischung in Geschehnisse innerhalb des häuslichen Bereiches ambivalent.

Alle diese Einwände und Anforderungen sollen nicht dazu führen, die traditionelle Tabuisierung der privat ausgeübten Gewalt mit neuen Argumenten fest zu schreiben. Ich plädiere dafür, das Thema Sicherheit aufzugreifen, ohne seine Verkürzungen mit zu tragen; für die Stärkung der eigenständigen Bedeutung von Sozialer Arbeit und die Schärfung ihres fachlichen Profils einzutreten und für die klare Grenzziehung zur Kriminalpolitik. Anders gesagt könnte die Losung lauten: „Mit Sicherheit Sozialarbeit!"

Literatur

Barry, Andrew / Osborne, Thomas / Rose, Nikolas (Hg.): Foucault and Political Reason. Liberalism, neo-liberalism and rationalities of government. London 1996

Behn, Sabine / Brandl, Matthias / de Vries, Heinz J.: Präventionsmodelle in Berlin. Bericht der wissenschaftlichen Begleitung. Berlin 2000

Behn, Sabine / de Vries, Heinz J.: Modellprojekt „Kiez-orientierte Gewalt- und Kriminaltätsprävention. Abschlussbericht der wissenschaftlichen Begleitung. Berlin 1999

Bohn, Irina / Kreft, Dieter / Segel, Gerhard: Kommunale Gewalt-Prävention. Eine Handreichung für die Praxis. Das „Aktionsprogramm gegen Aggression und Gewalt". Band 5. Münster 1997a

Bohn, Irina / Münchmeier, Reinhard : Das Aktionsprogramm gegen Aggression und Gewalt AgAG. Dokumentation des Modellprojektes. Das Aktionsprogramm gegen Aggression und Gewalt AgAG. Band 1. Münster 1997b

Bröckling, Ulrich / Krasmann, Susanne / Lemke, Thomas (Hg.): Gouvernementalität der Gegenwart. Studien zur Ökonomisierung des Sozialen. Frankfurt/Main 2000

Brückner, Margrit: Wege aus der Gewalt gegen Frauen und Mädchen. Frankfurt/Main 2002

Bundesministerium für Familie, Senioren, Frauen und Jugend: Mehr Schutz bei häuslicher Gewalt. Informationen zum neuen Gewaltschutzgesetz. Berlin 2002

Bundesministerium für Jugend, Familie, Frauen und Gesundheit: Schriftenreihe Band 212. Gewalt gegen Frauen: Ursachen und Interventionsmöglichkeiten. Bonn 1987

Burchell, Graham / Gordon, Colin / Miller, Peter (Hg.): The Foucault Effect. Studies in Governmentality. Hempel Hempstead 1991

Cruikshank, Barbara: The Will to Empower. Democratic Citizens and Other Subjects. Ithaca, London 1999

Dean, Mitchell: Governmentality. Power and Rule in Modern Society. London 1999

Foucault, Michel: Omnes et Singulatem. Zu einer kritik der politischen Vernunft. In: Vogel, Joseph (Hg.) Gemeinschaften. Positionen zu einer Philosophie des Politischen. Frankfurt a.M. 1994, S.65–93

Foucault, Michel: Die Gouvernementalität. In: Bröckling, Ulrich u.a. (Hg.): Gouvernementalität der Gegenwart. Studien zur Ökonomisierung des Sozialen. Frankfurt/Main 2000, S.41–67

GAL Bürgerschaftsfraktion (Hg.): Gemeinsam Konflikte lösen. Sicherheitskonferenzen in der verunsicherten Stadt. Dokumentation der Fachtagung. Hamburg 2000

Garland, David: Governmentality and the problem of crime:Foucault, criminology, sociology. Theoretical Criminology, Nr. 1, 1997, S.173–214

Garland, David: The culture of Control. Chicago 2001

Heiliger, Anita: Männergewalt gegen Frauen beenden. Strategien und Handlungsansätze am Beispiel der Münchner Kampagne gegen Männergewalt an Frauen und Mädchen/Jungen. Opladen 2000

Kavemann, Barbara / Leopold, Beate / Schirrmacher, Gesa / Hagemann-White, Carol: Modelle der Kooperation gegen häusliche Gewalt. Bundesministerium für Familie, Senioren, Frauen und Jugend. 193. Schriftenreihe des Bundesministeriums für Familie, Senioren, Frauen und Jugend, Band 193. Stuttgart 2001

Krasmann, Susanne: Regieren über Freiheit. Zur Analyse der Kontrollgesellschaft in foucaultscher Perspektive. Kriminologisches Journal, 1999, Nr. 2

Lamnek, Siegried: Neue Theorien abweichenden Verhaltens. München 1997

Lamnek, Siegried / Luedtke, Jens (Hg.): Der Sozialstaat zwischen „Markt" und „Hedonismus"? Opladen 1999

Legnaro, Aldo (Hg.): Zur Sozialpsychologie der urbanen Verunsicherung. Gemeinsam Konflikte lösen. Sicherheitskonferenzen in der verunsicherten Stadt. Bürgerschaftsfraktion, GAL. Hamburg 2000

Lemke, Thomas: Eine Kritik der Politischen Vernunft. Foucaults Analyse der modernen Gouvernementalität. Berlin, Hamburg 1997

Lindenberg, Michael: Paradoxe Intervention. Sicherheitskonferenzen zwischen kommunaler Kriminalprävention und Quartiersbelebung. Widersprüche, 2001, Nr. 82, 21. Jg., S.53–66

O'Malley, Pat: Risk, Power and Crime Prevention. Economy and Society, 1992, Nr. 21, S.252–275

Oelschlägel, Dieter: Der Auftrag ist die Gestaltung von Lebensverhältnissen. Der aktuelle Stand und die notwendigen Diskussionen in der Gemeinwesenarbeit. Blätter der Wohlfahrtspflege, 1997, Nr. 3, S.37–40

Painke, Uwe: Ein Stadtteil macht mobil. Gemeinwesen gegen Gewaltkriminalität. Neighborhood Safety in den USA., Institut für Friedensarbeit und gewaltfreie Konfliktaustragung. Studien zur Gewaltfreiheit, 3. Hamburg 2001

Schmidt-Häuer, Julia: Menschenrechte-Männerrechte-Frauenrechte. Gewalt gegen Frauen als Menschenrechtsproblem. Hamburg 2000

Stövesand, Sabine: Gemeinwesenarbeit = Quartiersentwicklung? Von der Nachbarschaft als Hausfrau der neoliberalen Umstrukturierung im Quartier. Standpunkt: Sozial, 2002, Nr. 1, S.75–77

Wilson, J.Q. / Kelling, G.L.: Polizei und Nachbarschaftssicherheit. Zerbrochene Fenster. Kriminologisches Journal, 1996, Nr. 2, Jg. 28, S.116–138

Ziegler, Holger: Drei Mann in einem Boot. Warum sich die soziale mit der sicheren Stadt und beide mit dem 'aktivierenden' Sozialstaat so gut verstehen. Widersprüche, 2001, Nr. 82, S.25–38

Anmerkungen

1 Der Titel bezieht sich einerseits auf ein Buch von Uwe Painke (2001) über „Neighborhood Safety" in den USA und nimmt andererseits Bezug auf die z.T. militante Sprache im Bereich der lokalen Kriminalprävention, wo es um „wehrhafte", „verteidigungsbereite" Nachbarschaften geht, vgl. Niedersächsisches Innenministerium 2003: 6, 8, 40

2 Die Autorin war als Gast anwesend.

3 Vgl. Stövesand 2002

4 Name geändert

5 Übergriffe gegen Frauen und Mädchen sind weltweit die häufigste Menschenrechtsverletzung (vgl. Heiliger 1997, Schmidt-Heuer 2000). Nach Schätzungen des bayerischen Sozialministeriums werden pro Jahr vier Millionen Frauen von ihren Ehemännern in Westdeutschland misshandelt, Gewalttätigkeiten kommen in jeder dritten Ehe vor (BMJFFG, 1987). Jedes Jahr fliehen ca. 45.000 Frauen und Kinder in bundesdeutsche Frauenhäuser (vgl. Kavemann u.a. 2001). Schätzungen gehen davon aus, das jede siebte Frau mindestens einmal in ihrem Leben Opfer einer sexuellen Nötigung oder einer Vergewaltigung geworden ist (Brückner 2002), die Täter stammen i.d.R. aus dem Verwandten- und Bekanntenkreis. Diese Gewalt kommt in allen sozialen Schichten vor.

6 Die Schill-Partei oder auch Partei Rechtsstaatliche Offensive erreichte im September 2002 bei den Hamburger Bürgerschaftswahlen aus dem Stand 20 % der WählerInnenstimmen. Inhaltlich zentral waren populistisch aufbereitete Forderungen nach Sicherheit und Ordnung sowie ausländerfeindliche Ressentiments.

7 Bohn/Kreft/Segel 1997: 57 ff

8 Ebd: 25

9 Vgl.Behn/de Vries 1999 und Behn/Brandl/de Fries 2000

10 Behn/de Vries 1999: 40

11 Die tertiäre Ebene umfasst Maßnahmen, die nach einer Straftat einsetzen und Rückfälle vermeiden helfen sollen, vgl. Painke 2001: 414

12 Niedersächsiches Innenministerium 2003: 46

13 Painke 2000:65

14 Polizeibeamter Chicago, zit. in Klingenberg, Le Monde Diplomatique 2/01

15 Vgl. Klingenberg, ebd.

16 Vgl. Lamnek 1997: 216

17 Frehsee zitiert in Lindenberg 2001: 54

18 Vgl. dazu die Papiere zur Anhörung der GAL Bürgerschaftsfraktion HH, 2000

19 Lindenberg 2001: 54

20 Vgl. Legnaro 2000, 39

21 Das gilt besonders für die so genannten „Visitenkarten" der Stadt, d.h. die Innenstadt, Bahnhöfe oder touristische Anziehungspunkte.

22 Niedersächsisches Innenministerium 2002: 16

23 Vl.Wilson/Kelling 1996, 121ff. Ihr Aufsatz lieferte auch für die bundesdeutsche und die Legitimierung der oben beschriebenen Maßnahmen wichtige Argumente.

24 Eine Sammlung von Presseberichten und offiziellen Papieren dazu findet sich unter www. lichter-der-grossstadt.de,

25 Niedersächsisches Innenministerium, 2003: 6

26 ebd.: 40

27 Garland 2001: 17

28 Ebd.

29 Vgl. Polizei Hamburg, Sicher leben in Hamburg, o.J. (ca. 1997): S.1,3

30 Auch wenn die Verhältnisse in Deutschland hier noch weit von denen der USA entfernt sind, so lassen sich Tendenzen in diese Richtung deutlich feststellen, wie z.B. die Wiedereinführung geschlossener Heime für Jugendliche, die Streichung sozialpägagogischer Maßnahmen für Inhaftierte, der demonstrative Abbau von Spritzenautomaten in Gefängnissen, den Vorschlag zur Herabsetzung des Mindeststrafalters oder die Reduzierung von Freigängen. Der Informationsbesuch des Hamburger Justizsenators Kusch beim Sheriff Arpaio in Arizona, der bekannt für besonders harte Maßnahmen gegenüber Gefangenen ist, deutet auf das gestiegene Interesse an strafenden statt rehabilitierenden Ansätzen im Justizwesen hin.

31 Vgl. Ziegler, 2001, S.27

32 Vgl. u.a. Burchell u.a. 1991, Barry u.a. 1996, Cruikshank 1999, Dean 1998/1999, Garland 1997/2001, O'Malley 1992, Miller/Rose 1992, Rose 1999/2000

33 Vgl. u.a. Bröckling u.a. 2000, Honneth u.a 2003, Krasmann 1999, Lemke 1997, Ziegler 2003

34 Lemke 1997: 9

35 Ebd.: 253/254

36 Dean 1999: 155

37 Ebd.: 167

38 Das 2002 verabschiedetet Gewaltschutzgesetz ermöglicht bedrohten Frauen, den gewalttätigen Partner befristet aus der Wohnung weisen zu lassen und erleichtert das Prozedere zur Überlassung der gemeinsamen Wohnung, vgl. Bundesministerium für Familie, Senioren, Frauen und Jugend, 2002.

39 Garland 2001: 25

40 Foucault 1994: 92

Emilija Mitrovic

Der gesellschaftliche Umgang mit Prostitution in Deutschland

Seit dem 19. Jahrhundert ist Prostitution ein Untersuchungsgegenstand in verschiedenen Fachdisziplinen wie den Rechtswissenschaften, der Kriminologie und der Medizin. Im Vordergrund stand dabei das Interesse an der Wirkung gesetzlicher Regelungen sowie an Resozialisierungsmöglichkeiten.

In Medizin und Kriminologie bestimmten Überlegungen zum Ursprung der Prostitution lange Zeit das Forschungsinteresse, wobei häufig die biologisch bedingte „Triebhaftigkeit" der Männer und die physische und psychische Degeneration oder das deviante (abweichende) Verhalten der Prostituierten als Ursache definiert wurden.[1] In den letzten Jahrzehnten wurde zu diesem Thema insbesondere im Bereich der Soziologie und der Sozialpädagogik geforscht.

In den 80er Jahren fand in den Sozialwissenschaften ein Wechsel der Perspektive statt, der zum einen mit der erstarkten Frauenbewegung und zum anderen mit den in Großstädten wie Berlin, Hamburg und Frankfurt entstandenen Selbsthilfegruppen der Hurenbewegung im Zusammenhang steht.[2] Die Forschung beschäftigte sich nun weniger mit den so genannten devianten Abweichungen als Triebfeder für die Prostitution und der Wirkung von Kontrollinstanzen, sondern zeigte auf, wie sich die gesellschaftliche Doppelmoral in der Gesetzgebung niedergeschlagen hat und beschäftigte sich vermehrt mit den Konsequenzen der aktuellen Rechtsprechung für die Lebens- und Arbeitssituation von Prostituierten. Dabei ging es auch um alltagspraktische Themen wie Wirtschaftsfaktor Prostitution,[3] Prostituierte und ihre Kinder.

Der Einfluss feministischer Forscherinnen im Bereich der Soziologie und Psychologie führte zu einer Betrachtungsweise, die Prostitution unter dem darin indizierten Geschlechterverhältnis wahrnimmt. Verstärkt wurden aktuelle Themenkomplexe wie Minderjährigenprostitution[4], Beschaffungsprostitution, Migrantinnen in der Prostitution[5] sowie Sextourismus aufgegriffen. Die neue Gesetzgebung in Deutschland trägt dem oben beschriebenen Paradigmenwechsel Rechnung: Die Prostituierte rückt nun als Subjekt mit eigenen Interessen in den Vordergrund.[6]

Vor diesem Hintergrund wurde Anfang der 90er Jahre eine Studie der Bundesregierung in Auftrag gegeben, die 1997 als „Dokumentation zur rechtlichen und sozialen

Situation von Prostituierten in der Bundesrepublik Deutschland" erschien und eine wesentliche Grundlage zur Veränderung der Gesetzgebung bildete.[7]

Menschenhandel – Frauenhandel

„Der Frauenhandel ist in Europa effizient organisiert. Händlerringe locken die Frauen mit falschen Versprechungen, schleusen sie illegal in die europäischen Großstädte, wo sie zur Prostitution gezwungen werden. Man spricht von den Lieferländern, wo Frauen rekrutiert werden, dazu gehören Russland, die Ukraine oder Rumänien. In den Transitländern, vor allem dem ehemaligen Jugoslawien und Albanien, werden die Frauen verkauft und „eingewöhnt", um in den Zielländern, etwa Italien, Deutschland oder Frankreich, in Bordellen oder auf dem Strich eingesetzt zu werden. In einem Europa ohne Grenzen weiß die Zuhältermafia die von Land zu Land unterschiedlichen Gesetze auszunutzen."[8]

Entgegen der Sichtweise, die die Frauen als getäuschte Opfer der Menschenhändler sieht, wissen nach Befragungen von TAMPEP und den Erkenntnissen des Landeskriminalamtes etwa 80% der Frauen, die nach Hamburg kommen, dass sie in der Prostitution arbeiten sollen. Sie wissen allerdings nicht, unter welchen Bedingungen von Freiheitsentzug und Gewalt sie arbeiten werden. Zudem kann nach Ansicht des Landeskriminalamtes in Hamburg nur von einer relativen Freiwilligkeit gesprochen werden, da die ökonomischen Bedingungen in ihren Herkunftsländern den Frauen kaum eine Chance geben, dort für den eigenen Unterhalt und oft auch den ihrer Kinder zu sorgen. Die finanzielle Not stellt durchaus eine extreme Zwangslage dar. Die Frauen werden in der Regel von Landsleuten in ihren Heimatländern mit dem Versprechen hohen Verdienstes angeworben. Die Anwerber und Schleuser erledigen alle Formalitäten für die Frauen, wie Visa besorgen, Reise organisieren etc. Auf diese Weise erscheinen sie den Frauen fürsorglich und gewinnen deren Vertrauen. Die Händler nutzen die finanzielle Not der Frauen in ihren Heimatländern aus, ebenso deren Sprachschwierigkeiten sowie das Fehlen eines sozialen Umfeldes und insbesondere ihren illegalen Aufenthaltsstatus im Zielland Deutschland. Die Frauenhändler und Schleuser stellen absolut überhöhte Preise für die Visabeschaffung, die Reise, die Unterbringung und Verpflegung in Rechnung. Wenn die Frauen in Deutschland ankommen, haben sie bereits eine hohe Schuldenlast. Die Tagesmieten für einen „Arbeitsplatz" in einem Appartement betragen in Hamburg bis zu 350 DM. Da den Frauen darüber hinaus noch die Pässe abgenommen werden (angeblich zu ihrem Schutz), haben sie keinerlei Möglichkeit zur Rückreise. Viele Frauen werden unter massivem Druck hier festgehalten, sei es unter Drohungen, dem Kind oder der Familie im Heimatland werde Gewalt angetan, oder auch durch die Ausübung brutaler physischer Gewalt gegen die Frau selbst. Dies kann von Schlägen über Folter bis zur Massenvergewaltigung gehen.[9] Aber häufig reicht auch schon die Einschüchterung mit dem Hinweis, dass die Frau illegal in Deutschland ist und ihr hohe Haftstrafen drohen, wenn sie von der Polizei aufgegriffen würde. Das Ausländergesetz, nach dem sich die Frauen strafbar machen, wenn sie der Prostitution nachgehen (Aufnahme unerlaubter selbstständiger Arbeit), dient so den Zwecken der Menschenhändler, denen die Frauen rechtlos ausgeliefert sind. Wenn sie zur Polizei gehen, um ihre Ausbeuter anzuzeigen, werden sie ausgewiesen, es sei denn, sie sind zu Zeugenaussagen bereit, was nicht ungefährlich ist. Nicht nur sie selbst werden bedroht, sondern auch ihre Kinder und Familienangehörigen im Heimatland. Sollten sie sich dennoch zu einer Aussage vor Gericht gegen ihre Peiniger und Ausbeuter entschließen, können sie in ein Zeuginnen-Schutz-Programm aufgenommen werden. In Hamburg wird dieses vom Landeskriminalamt und von einer Nicht-Regierungs-Organisation (NGO), der *Koordinationsstelle Frauenhandel* (Koofra) durchgeführt. Allerdings werden sie nach Abschluss des Gerichtsverfahrens in der Regel auch in ihre Heimatländer abgeschoben.

Nach UN-Angaben werden weltweit jedes Jahr vier Millionen Frauen und junge Mädchen ge- bzw. verkauft. Alljährlich fallen an die 200.000 Frauen aus Osteuropa europäischen Zuhältern in die Hände. Nach Angaben von Interpol bringt eine Prostituierte ihrem Zuhälter durchschnittlich 107.000 Euro im Jahr ein.[10]

Wirtschaftliche Hintergründe und Umfang der Prostitution in Deutschland

In der BRD arbeiten nach Schätzungen der Bundesregierung etwa 400.000 Frauen in der Prostitution. Etwa 1,2 Millionen Männer nehmen täglich die sexuellen Dienstleistungen von Prostituierten in Anspruch. *„Nimmt man an, dass an einem Tag im Durchschnitt rund 60.000 Prostituierte ihre Dienste anbieten und dabei im Schnitt zwischen 150 und 300 Euro einnehmen, ergibt sich ein Tagesumsatz von rund 15 Millionen Euro. Aufs Jahr umgerechnet liegt die Summe bei knapp 5,5 Milliarden Euro. Dies entspricht dem Umsatz von Konzernen wie Nixdorf, AEG oder Tchibo."*[11]

Mit der Umrechnung in Euro heißt das, dass eine Prostituierte im Schnitt 200 bis 300 Euro täglich mit sexuellen Dienstleistungen verdient. Dagegen liegt das durchschnittliche Monatseinkommen von Prostituierten in der Regel unter 1500 Euro. Der Löwenanteil des erwirtschafteten Geldes landet bei Zuhältern und Wirtschaftern.[12] Neben Zuhältern und Wirtschaftern profitieren insbesondere Immobilienbesitzer von der illegalen Prostitution. Sie nehmen für die „Modellwohnungen", in denen nach Aussagen des Hamburger Landeskriminalamtes überwiegend Migrantinnen ohne legalen Aufenthaltsstatus arbeiten, Quadratmeterpreise von bis zu 50 Euro. Der Preis für professionellen Sex liegt im Schnitt bei 75 Euro. Davon erhalten Zimmervermieter und Zuhälter je 25 Euro, bleiben für die Prostituierte noch 25 Euro.[13] Obwohl man an diesen Zahlen bereits sehen kann, dass Prostitution eine gesellschaftlich relevante Größe angenommen hat, bleibt der Bereich in weiten Teilen der Gesellschaft immer noch ein Tabuthema.

Über die Hälfte der Sexarbeiterinnen in Deutschland sind Migrantinnen. Nur 48 Prozent sind Deutsche bzw. EU-Staatsbürgerinnen. Im Norden ist der Anteil der Migrantinnen noch höher, in Hamburg liegt er bei etwa 60 bis 70 Prozent.

Die Hauptherkunftsgebiete der Sexarbeiterinnen sind mit 56 % Osteuropa, 16 % kommen aus Lateinamerika, 16 % aus Afrika, 12 % aus Südostasien (Jahresbericht TAMPEP, Amnesty for women 1999).

„Gesellschaftliche Tabuisierung und Diskriminierung der Prostitution führt vor allem dazu, dass die Arbeitsbedingungen in diesem nicht unbeträchtlichen Wirtschaftssegment unkontrolliert und damit zwangsläufig schlecht bis menschenunwürdig sind."[14] Dabei wird schon bei einem kurzen Blick in die Geschichte deutlich, dass Prostitution als gesellschaftliche Notwendigkeit angesehen wird. Diese wurde stets mit dem Bedarf männlicher Konsumenten und ihrer Triebe begründet.

Die Spitze der Doppelmoral: Geschichte von Staat und Prostitution in Deutschland

Dem Staat ging es schon seit Beginn des 19. Jahrhunderts nicht mehr darum, die Prostitution zu verbieten bzw. zu verhindern, sondern Kontrolle über die Prostituierten (nicht über die Freier) auszuüben und ihre Rechtlosigkeit zu manifestieren.

1807 wurde in Hamburg eine Verordnung erlassen, die Prostitution bedingt tolerierte. Der Grundgedanke dieses Reglements war es, polizeilich konzessionierte und überwachte Bordelle zuzulassen, um der „wilden" Prostitution, die sich über weite Gebiete der Stadt ausbreitete, entgegen zu wirken.

Mit der Verabschiedung des *Hudwalcker Reglements* von 1834 wurde der gesellschaftlich niedrige Status der Prostituierten manifestiert und die gesundheitliche Zwangsuntersuchung im Kampf gegen die immense Ausbreitung von Geschlechtskrankheiten bis in die bürgerlichen Schichten verordnet.[15]

„In Deutschland nahm die Prostitution einen enormen Aufschwung mit der Industrialisierung ab 1850. Die Schätzungen „über die Zahl der sich dauernd prostituierenden Frauen in Deutschland um die Jahrhundertwende (beliefen sich auf, d.V.) zwischen 100.000 und 200.000."[16]

Die Inanspruchnahme von Prostitution war in allen gesellschaftlichen Schichten anzutreffen, die überwiegende Mehrheit der nun massenhaft vom Land kommenden Prostituierten jedoch stammte aus der Unterschicht, meist aus besonders schlecht verdienenden Berufsgruppen wie Dienstmädchen, Näherinnen, Kellnerinnen, Ballettmädchen. Das Einkommen dieser Gruppen lag unter dem Existenzminimum, Dienstmädchen waren zusätzlich häufig der sexuellen Ausbeutung durch die Hausherren unterworfen. Das Delikt des Kindermordes war weit verbreitet, zum einen, weil Dienstmädchen bei Feststellung einer Schwangerschaft in der Regel vom Dienstherren gekündigt wurden, zum anderen, weil eine Abtreibung zu teuer und auch oft lebensgefährlich war.[17]

Bereits August Bebel beschrieb und kritisierte die Doppelmoral der „hohen Herren", die regelmäßig in den Bordellen anzutreffen waren: *„Da gehen Minister, hohe Militärs, Volksvertreter, Richter usw. neben den Repräsentanten der Geburts-, Finanz-, Handels- und Industriearistokratie aus und ein, Männer, die am Tag und in der Gesellschaft als Vertreter und Wächter von Moral, Ordnung, Ehe und Familie gar würdevoll einherschreiten... und an der Spitze der Vereine zu Unterdrückung der Prostitution stehen."*[18]

Während des Nationalsozialismus wurden Prostituierte als „gemeinschaftswidrige Elemente" und als „Volksschädlinge" verfolgt und eingesperrt bzw. interniert. Gleichzeitig jedoch versuchte der Staat, sich die Dienstleistungen der Prostituierten zunutze zu machen.

Der Höhepunkt der Doppelmoral im NS-Staat wurde mit der Einrichtung von Wehrmachtsbordellen in Frankreich und Polen deutlich. Später wurden Bordelle für Fremdarbeiter eingerichtet (dazu wurden Frauen aus den besetzten Gebieten „rekrutiert") und es wurden Bordelle für SS-Mannschaften und Bordelle in Konzentrationslagern für Funktionshäftlinge errichtet, in denen Frauen unter schlimmsten Bedingungen zu Prostitution gezwungen wurde.[19]

Die Opfer der Zwangsprostitution im Nationalsozialismus sind bis heute nicht als Opfer anerkannt, es wird suggeriert, dass auch die Frauen, die in den KZ-Bordellen interniert waren, zumindest teilweise freiwillig und aktiv handelten. Das bedeutet letztendlich nichts anderes als die Unterstellung: das Opfer beteiligt sich aktiv an seiner Vergewaltigung. Die Debatte wird aktuell auch zu dieser Frage der Begrifflichkeiten geführt. So wird vorgeschlagen, den Begriff „Zwangsprostitution" durch die „Sexuelle Sklaverei" zu ersetzen.[20]

Gewerkschaften und Prostitution – die Position der Dienstleistungsgewerkschaft Verdi[21]

Aus gewerkschaftlicher Sicht hat sich die Praxis im Bereich der sexuellen Dienstleistungen noch nicht wesentlich verändert. Eine gewerkschaftliche Organisierung von Sexarbeiterinnen kommt bislang nur vereinzelt vor.

Von Seiten der PolitikerInnen war eines der häufigsten Argumente für die Legalisierung der Prostitution: Wenn täglich 1,2 Millionen Männer die sexuellen Dienstleistungen von Frauen in Anspruch nehmen, dann solle das auch für beide Seiten, also auch für die Frauen legal sein. Das Argument ist aus Sicht der Gewerkschaften insofern bedenkenswert, als es den Warencharakter des weiblichen Körpers auf einem Markt akzeptiert, der sich durch die männliche Nachfrage und das weibliche Angebot reguliert. Die Gewerkschaft Verdi geht von einer parteilichen Sichtweise für die Prostituierten aus: deren Interessen und der Schutz vor Gewalt und Ausbeutung stehen dabei im Vordergrund.

In Bezug auf das Arbeitsverhältnis der Prostituierten hat Peter Bremme, Sprecher des AK Prostitution beim Verdi-Bundesvorstand, folgende Grundsätze benannt:

- Arbeitsvertrag, der das Weisungsrecht des Arbeitgebers einschränkt, so dass nicht durch das Arbeitsrecht sexuelle Handlungen erzwungen werden können,
- Sexarbeiterinnen verlieren ihren Vergütungsanspruch nicht – auch wenn sie ihre Dienstleistungen aus welchen Gründen auch immer nicht anbieten können,
- rechtliche Transparenz im weitesten Sinne von Arbeitgeber-Arbeitnehmerbeziehungen in Bordellen etc.,
- Mitbestimmungsmöglichkeiten für SexarbeiterInnen,
- besonderer Gesundheitsschutz.[22]

Ein Beruf wie jeder andere wird die Prostitution durch das neue Gesetz noch lange nicht. Ähnlich wie bei der Thematik „Homosexualität" gibt es in der Bevölkerung zwar eine breite tolerierende Akzeptanz, aber immer noch lieber aus der Distanz: „Nicht mein Sohn, nicht meine Tochter!"

Der Wunsch nach Distanz ist durchaus ein gegenseitiger. Viele Prostituierte wollen auch weiterhin eine strikte Trennung von Arbeit im Milieu und Privatleben in der bürgerlichen Gesellschaft aufrechterhalten. Außerdem ist die Vorstellung vieler Frauen, die anschaffen gehen, dass dieses nur für kurze Zeit ist: bis die Schulden abgezahlt sind, bis das Studium finanziert ist, bis sie sich eine Anschaffung leisten können... Die Realität ist dann in der Regel anders.

Wem nützt nun das neue Gesetz aus gewerkschaftlicher Sicht?

Prostitution ist die Branche mit einer extrem hohen Ausbeutungs- und Gewaltrate. Doch die Gruppe der Prostituierten ist nicht homogen. Wenn man von 400.000 geschätzten weiblichen Prostituierten in Deutschland ausgeht, muss man diese in zumindest drei Gruppen differenzieren:

1. Prostituierte mit legalem Status (Deutsche und EU-Staatsangehörige)
2. Migrantinnen, die illegal in der Prostitution arbeiten (Aspekt Frauenhandel)
3. Frauen, die sich prostituieren, um sich ihren Drogenkonsum zu finanzieren

Das neue Gesetz zur Verbesserung der rechtlichen und sozialen Lage von Prostituierten, bedeutet für die erste Gruppe einen positiven ersten Schritt im Sinne der Anerkennung ihrer Tätigkeit und der Garantie ihrer Rechte in sozialen und arbeitsrechtlichen Belangen.

Für diese Gruppe von Prostituierten entwickelt die Dienstleistungsgesellschaft Verdi Angebote zu folgenden Themenfeldern: arbeitsrechtliche Beratung, Entwicklung eines Arbeitsvertrages, Beratung in Steuerfragen, Unterstützung bei Vernetzungen, Zusammenarbeit mit Ausstiegsprojekten, Arbeitsvermittlungsangebote in andere Branchen durch „job check“, Lobbyarbeit im politischen Raum. An einem Musterarbeitsvertrag wird zur Zeit noch gearbeitet.

Zum Thema illegale Migrantinnen in der Prostitution und Frauenhandel hat die Gewerkschaft Verdi Hamburg einen Antrag auf dem Gewerkschaftstag eingebracht, der darauf abzielt, die Situation der Migrantinnen zu legalisieren.

„Eine der negativen Auswirkungen der Globalisierung ist, dass weltweit immer mehr Frauen in die Armut abgleiten. Eine wachsende Anzahl von Frauen und Mädchen sehen sich gezwungen, auf der Suche nach Arbeit auszuwandern. Sie lassen sich als Kindermädchen, Fabrikarbeiterinnen, Tänzerinnen, im Sexgewerbe oder als Hostessen anwerben. In manchen Fällen kennen sie nur die halbe Wahrheit über ihre künftige Beschäftigung. Andere Frauen sind über ihre Arbeit voll informiert, sind sich aber nicht der sklavenähnlichen Lage bewusst, in die sie geraten.“[23]

Vor diesem Hintergrund fordert die Hamburger Sektion von Verdi:

1. Politische Aktivitäten gegen Frauenhandel und Menschenhandel in die Wege zu leiten und sich bei der Bundesregierung für eine Änderung des Ausländergesetzes mit dem Ziel der Entkriminalisierung von Migrantinnen in der Prostitution einzusetzen.
2. Das Thema Frauenhandel als festen Bestandteil in das Beratungskonzept im Bereich der Prostitution zu integrieren.

In der Begründung heißt es: „Viele von ihnen (den Migrantinnen) wurden – vor allem aus Osteuropa – von Menschenhändlern nach Deutschland eingeschleust. Der illegale Status, den diese Frauen nach dem Ausländergesetz haben, führt dazu, dass sie aus Angst davor, bei Razzien festgenommen und abgeschoben zu werden, ihren Zuhältern und den Menschenhändlern recht- und hilflos ausgeliefert sind. Häufig arbeiten sie unter menschenunwürdigen und extrem ausbeuterischen Bedingungen. Die einzige Möglichkeit, den Menschenhändlern den Boden für ihre Drohungen und Gewalttätigkeiten zu entziehen, ist die Legalisierung der Migrantinnen in der Prostitution. Das Beratungskonzept von Verdi für Prostituierte will diese extrem ausgebeuteten Migrantinnen in die gewerkschaftliche Arbeit integrieren. Es sollen sowohl Wege des Ausstieges als auch Zeuginnenschutzprogramme aus gewerkschaftlicher Perspektive entwickelt und vermittelt werden."[24]

Zur dritten Gruppe von Prostituierten gehören diejenigen, die der (Drogen-)Beschaffungsprostitution nachgehen. Sie sind bislang insoweit in eine gewerkschaftliche Strategie eingebunden, als es gerade in diesem Jahr in Hamburg viele gewerkschaftliche Aktivitäten gegen „die neue soziale Kälte" der Schwarz-Schill-Regierung gab.

Die minderjährigen und jungerwachsenen Beschaffungsprostituierten im Hamburger Stadtteil St. Georg werden verstärkt durch Polizeirazzien in Gegenden vertrieben, in denen sie den Freiern schutzlos ausgeliefert sind. Als Verschärfung dieser Politik ist die Einrichtung eines geschlossenen Heimes für minderjährige Prostituierte vorgesehen.[25]

Zusammengefasst kann die gewerkschaftliche Position folgendermaßen beschrieben werden:
– bessere Bedingungen schaffen für diejenigen Frauen, die weiterhin als Prostituierte arbeiten wollen,
– Aktionen initiieren gegen Gewalt und Ausbeutung,
– Aufklärung über den Arbeitsbereich Prostitution und die darin herrschenden realen Lebens- und Arbeitsbedingungen,
– Unterstützung von Ausstiegsmöglichkeiten,
– politische Lobbyarbeit für Prostituierte sowie für gehandelte Frauen und Mädchen.

Die aktuelle rechtliche Situation von Prostituierten

In der Bundesrepublik nach 1945 bis zum Inkrafttreten des neuen Gesetzes am 1.1.2002 war Prostitution nicht verboten, war jedoch vom Gesetzgeber als sittenwidrig definiert und stand somit nicht unter dem Schutz des Gesetzes wie andere Dienstleistungen. Durch eine Reihe von Gesetzen, die sich auf die Förderung der Prostitution sowie die Zuhälterei bezogen, wurde die Ausübung der Prostitution erschwert, behindert und in eine Grauzone zwischen Illegalität und Kriminalisierung gedrängt. Die Tätigkeit der Prostituierten verwehrte ihr den Zugang zu einer Kranken- und Sozialversicherung, allerdings war ihr Einkommen steuerpflichtig.

Nach der langen Phase der gesellschaftlichen Stigmatisierung und Ausgrenzung, hat die rot-grüne Regierung eine Gesetzgebung geschaffen, die auf eine Gleichstellung der Prostitution mit anderen Arbeitsbereichen abzielt.

Das neue Gesetz zur Verbesserung der rechtlichen und sozialen Lage von Prostituierten, bedeutet für diese einen positiven ersten Schritt im Sinne der Anerkennung ihrer Tätigkeit und der Garantie ihrer Rechte in sozialen und arbeitsrechtlichen Bereichen.

Zusammengefasst ergeben sich folgende Veränderungen:

1. Prostituierte haben das Recht, innerhalb ihres Berufes, Sozialabgaben abzuführen und entsprechende Leistungen in Anspruch zu nehmen (Renten, Kranken- und Arbeitslosenversicherung)
2. Prostituierte haben die Möglichkeit Verträge mit ihren Arbeitgeber/-innen (Bordell-, Bar- und Clubbesitzer) abzuschließen und haben somit Anspruch auf Arbeitnehmerrechte wie bezahlten Urlaub, Lohnfortzahlung im Krankheitsfall etc.
3. der Paragraph, der die Förderung oder Begünstigung der Prostitution kriminalisiert, wird abgeschafft; somit wird die Bereitstellung von Kondomen und hygienischen Verbesserungen nicht mehr unter Strafe gestellt
4. ein Kunde, der den angemessenen und vorher abgesprochenen Preis für die erbrachte Leistung nicht bezahlt, kann jetzt strafrechtlich verfolgt werden

Für migrierte Prostituierte ohne legalen Aufenthaltsstatus bringt die neue Gesetzgebung noch keine Vorteile. Dabei beträgt der Anteil der migrierten Sexarbeiterinnen in Deutschland über 50 Prozent.[26]

Für diese Gruppe der Prostituierten bringt allerdings das neue Infektionsschutzgesetz, das im Januar 2001 in Kraft getreten ist, wichtige Veränderung. Da es den Prostituierten Anonymität und Freiwilligkeit garantiert, ist es nun auch für migrierte Sexarbeiterinnen, die in der Regel keine Krankenversicherung haben, möglich, die Angebote der öffentlichen Gesundheitsämter in Anspruch zu nehmen.

Auf gesellschaftspolitischer Ebene kann davon ausgegangen werden, dass das neue Prostitutionsgesetz eine Verbesserung der Situation – zumindest von Teilen der Prostituierten – bewirken wird. Wie bereits beschrieben, sind migrierte Prostituierte von den Verbesserungen ausgeschlossen. Daher besteht die Notwendigkeit, die genauen Auswirkungen des neuen Gesetzes auf die verschiedenen Gruppierungen in der Prostitution zu untersuchen und in einem zweiten Schritt Gesetzesänderungen vorzunehmen, die eine tatsächliche Verbesserung in der Praxis für alle Beteiligten bedeuten.

Die bundesweite *AG Recht Prostitution* kritisiert in ihrer Stellungnahme vom März 2003 an der Umsetzung des neuen Prostitutionsgesetzes (ProstG):

„Das Gesetz läuft bisher weitgehend ins Leere. Arbeitsverträge gibt es noch kaum und wenn, dann nur auf Niedriglohnebene. Eine soziale Absicherung von Prostituierten ist noch nicht erreicht."[27]

Nach wie vor bestehe eine große Verunsicherung bei Behörden, Betreibern und Prostituierten, weil es an vernünftigen Durchführungsbestimmungen fehle und andere Gesetze, die ebenfalls die Prostitution regeln, nicht angepasst wurden.

So werden weitere Forderungen nach Gesetzesänderungen und Maßnahmen durch die politisch Verantwortlichen gestellt:

- § 181a StGB muss dahingehend nachgebessert werden, dass für potenzielle Arbeitgeberinnen von Prostituierten Rechtssicherheit besteht
- Streichung der Unsittlichkeit/Sittlichkeit von Prostitution aus dem GaststättenG/ Gewerberecht
- Erlass von Durchführungsrichtlinien zum ProstG
- Änderung des Ausländerrechtes
- Stichtagsregelungen für die Anmeldung bei Finanzamt und Sozialversicherung
- Überprüfung der Sperrgebietsverordnungen und des Werbeverbots für Prostitution[28]

Prostitution in Hamburg

Als Metropole und Hafenstadt ist Hamburg traditionell eine Stadt mit allen Facetten der sexuellen Konsum- bzw. Dienstleistungsbereiche. St. Pauli und speziell die Reeperbahn sind Anziehungspunkt für hunderttausende von Touristen. Der Hamburger Senat ist Mitverdiener am Geschäft mit dem weiblichen Körper. Wenn auch die meisten Prostituierten auf ihre Einnahmen keine Steuern bezahlen, so gehen doch die Steuern aus dem „umliegenden" Gewerbe wie Gaststätten und Bars, Kosmetik-,

Bekleidungs- und Sexartikelindustrie (Kondome u.a.), Kinos und Kabaretts, Taxigewerbe, Hotels, Spielhallen usw. in die Stadtkasse.

Laut Erhebung der Hamburger Kriminalpolizei vom September 1998 soll aufgrund des massiven Drucks von polizeilicher Seite (Razzien in Clubs und „Modellwohnungen") die Zahl der Prostituierten von 6.000 auf 4.300 zurückgegangen sein. Der Umsatz der Prostituierten sei von monatlich 25 Millionen Mark auf 15 Millionen reduziert worden. Nach Angaben des Landeskriminalamtes für organisierte Kriminalität im Juni 2001 prostituieren sich in Hamburg derzeit 3.700 Frauen, davon ca. 1.950 Ausländerinnen. Mit Ausländerinnen sind Frauen aus Nicht-EU-Ländern gemeint, die also mit Besucherinnen-Visum oder ohne Aufenthaltserlaubnis hier arbeiten. Dagegen schätzen die Beratungsstellen die Zahl der sich prostituierenden Frauen sehr viel höher ein.

In den verschiedenen Bereichen der sexuellen Dienstleistungen wie in der Straßenprostitution in St. Georg gehen nach Angaben der Polizei ca. 660 Frauen der Prostitution nach (viele davon sind drogenabhängig), in Clubs und Modellwohnungen sind es ca. 2.300 Frauen (davon 1.500 illegal), in der Straßen- und Bordellprostitution in St. Pauli über 500 Frauen (überwiegend legal) und sonstige Angebote wie Hotelservice oder sexuelle Dienstleistungen in Bars und Lokalen erbringen ca. 200 vorwiegend deutsche Frauen.[29]

Die Auffassung der Polizei über die erhebliche Reduzierung der „illegalen" Prostitution in den letzten drei Jahren durch verstärkte Razzien wird von den Beratungsstellen für Prostituierte eher skeptisch gesehen. Durch die Razzien wird ihren Beobachtungen nach im wesentlichen nur mehr Fluktuation unter den Prostituierten bewirkt: Meist stehen schon an der Grenze „neue" Frauen bereit, die jene ersetzen, die bei einer Razzia verhaftet und abgeschoben wurden. Auch die von der Polizei propagierte Zielsetzung „Nicht die Prostitution/Prostituierte wird bekämpft, sondern die Ausbeutung und die Profiteure" wird von den Beratungsstellen und vor allem von den Prostituierten ganz anders gesehen. Bei den Razzien werden vor allem Frauen festgenommen und in der Regel sofort abgeschoben. Die Verhaftung von Zuhältern, Wirtschaftern und anderen Profiteuren ist dagegen eher selten.

Die bundesweite *AG Migrantinnen in der Sexarbeit*, in der auch das Projekt TAMPEP von *Amnesty for women* Hamburg vertreten ist, fordert eine Legalisierung der in der Sexindustrie beschäftigten Migrantinnen.

Denn: „Über je mehr Rechte die Frauen verfügen, desto weniger sind sie von anderen abhängig und desto schwieriger wird es, sie auszubeuten und zu erpressen." [30]

Prostitution und Stadtteile in Hamburg

Prostitution findet im gesamten Stadtgebiet Hamburgs statt. Insbesondere die Wohnungsprostitution ist in der Regel für die Stadtteilbewohner anonym und unsichtbar. Der öffentliche Teil der Prostitution findet vor allem in zwei Stadtteilen statt.

In Hamburgs legendärem und traditionellen Rotlichtviertel St. Pauli ist die Prostitution, werbewirksam und gut durchorganisiert von Bordellbetreibern und Zuhältern, ein Anziehungspunkt nicht nur Freier, sondern auch für Touristen aus aller Welt. 1970 wurde für St. Pauli die Sperrgebietsverordnung, die ansonsten für ganz Hamburg gilt und damit die öffentliche Prostitution verbietet, eingeschränkt. Dort dürfen sich die Prostituierten von 20 Uhr abends bis 6 Uhr morgens in einigen Straßen wie Reeperbahn, Davidstraße und um den Hans-Albers-Platz öffentlich anbieten und auch aktiv Passanten ansprechen, im Fachjargon: kobern. Die Bedienung der Freier findet in der Regel in den nahegelegenen Hotelzimmern und Bordellen statt. Die Preise für die verschiedenen sexuellen Dienstleistungen sind untereinander abgesprochen und werden wohl auch weitgehend eingehalten. Ebenso wie die Pflicht Kondome zu benutzen. Die Prostitutionsszene in St. Pauli ist nach eigenen Angaben auch für die Polizei übersichtlich. Hier arbeiten nach Polizeiangaben keine minderjährigen Mädchen, keine illegalen Migrantinnen und auch keine drogenabhängigen Beschaffungsprostituierten. Auch gibt es hier keine nennenswerten Beschwerden aus der Stadtteilbevölkerung über die Prostituierten.

Ganz anders im Stadtteil St. Georg, dem Viertel hinter dem Hauptbahnhof. Hier beschwerten sich Anwohner schon 1843 darüber, „dass ein Teil der städtischen Prostituierten – St. Georg lag damals noch vor den Toren Hamburgs – im Gefolge des großen Brandes von 1842 angeblich gezielt in die neu entstandenen St. Georger Notwohnungen einquartiert wurden.“[31]

Proteste aus der Bevölkerung gegen die Straßenprostitution häuften sich bis ins Ende des Jahrhundert und führten im Jahre 1902 zu einem Straßenverbot, dass von der Polizeibehörde für verschiedene Straßen St. Georgs erlassen und von der Sittenpolizei überwacht wurde. Doch weder diese Maßnahmen noch das generelle „Strichverbot“ der Nazis konnten die Prostitution aus St. Georg vertreiben. 1960 wurde in Hamburg die Sperrgebietsverordnung erlassen, was dazu führte, dass die Prostituierten verstärkt mit Bußgeldern verfolgt wurden. Diese Politik wird mit Unterbrechungen durch etwas tolerantere Zeiten bis heute fortgesetzt. Nach Angaben der Beratungs- und Übernachtungsstellen gehen in St. Georg etwa 800 bis 1.000 Frauen und etwa 200 bis 400 Männer (Stricher) der Prostitution nach.

Die Gruppe der professionellen Frauen, die in Bordellen, Clubs oder eigenen Appartements arbeiten, ist dabei relativ gering. Bis zu 80% der Frauen, die sich in St. Georg prostituieren tun dies auf dem Hintergrund ihrer Drogenabhängigkeit. Unter ihnen eine große Zahl von minderjährigen Mädchen.

Anders als im gut organisierten Milieu auf St. Pauli sind die drogenabhängigen Prostituierten in St. Georg häufig der Gewalt durch Freier ausgesetzt. Im Juni 2001 wurden in St. Georg in kurzer Folge zwei Prostituierte ermordet. „Gewalt gegen Frauen, die in Hamburg St. Georg der Beschaffungsprostitution nachgehen, ist alltäglich", berichtet Anke Mohnert vom Café Sperrgebiet, einer Beratungs- und Übernachtungsstätte für minderjährige Beschaffungsprostituierte.[32]

Trotz der Einrichtung von verschiedenen Beratungs- und Betreuungsmaßnahmen der drogenabhängigen Prostituierten, hat die Belastung für die Geschäftsleuten und BewohnerInnen des Stadtteils nicht nachgelassen.

Nach Berichten von AnwohnerInnen werden die drogenabhängigen Prostituierten und Junkies im Stadtteil immer aggressiver. Diebstahldelikte, Rempeleien und Bedrohungen aus dem Milieu lassen die Toleranz der StadtteilbewohnerInnen und Geschäftsleute sinken.

Es bleibt eine Herausforderung für die sozialen Einrichtungen und Stadtteilinitiativen einen Ausgleich für die unterschiedlichen Interessen in der komplexen Multiproblemsituation in St. Georg zu finden.

Anmerkungen

1 Martina Schuster: „Kampf um Respekt". In: Studien und Materialien 24, Tübinger Vereinigung für Volkskunde e.V. Tübingen 2003

2 Vgl. Pike Biermann: Wir sind Frauen wie andere auch. Hamburg 1980

3 Riecker: Ware Lust –Wirtschaftsfaktor Prostitution. Frankfurt 1995

4 Tiede Isabell: Mädchenprostitution. Reinbek bei Hamburg 1977

5 TAMPEP: Hustling für Health. Deutschland 1999

6 Das neue Prostitutionsgesetz (ProstG) trat zum 1.1.2002 in Kraft.

7 Beate Leopold u.a. In: Schriftenreihe des BFSFJ Band 143. Stuttgart, Berlin, Köln 1997

8 *LE MONDE diplomatique*, November 2001

9 Vgl. Detlef Ubben: Landeskriminalamt Hamburg 2001

10 Vgl. *LE MONDE diplomatique*, 11/2001

11 Joachim Riecker: Ware Lust – Wirtschaftsfaktor Prostitution. Frankfurt 1995 (Umrechnung in Euro durch d.V.)

12 Wirtschafter sind i.d.R. vom Bordellbesitzer angestellt und für die Organisation des Bordells zuständig.

13 Vgl. *GELDidee* vom 13. Juni 2001 (Umrechnung in Euro durch d.V.)

14 Forum Wissenschaft 1/02

15 Vgl. Mitrovic, Emilija: Prostitution als Frauenarbeit. In: Nicht nur Galionsfigur. Hamburg 1989

16 Deutelmoser/Ebert in: Jörg Berlin: Das andere Hamburg. Köln 1982
17 Vgl. Bebel; vgl. Deutelmoser
18 Bebel in: Die Frau und der Sozialismus. 1879
19 Christa Paul: Zwangsprostitution. Berlin 1994
20 Astrid Lipinski in: Beiträge zur feministischen Theorie und Praxis, Prostitution. Köln 2001
21 Vgl. AK Prostitution beim Bundesvorstand der Gewerkschaft Verdi: Statement zu den gewerkschaftlichen Perspektiven im Umgang mit dem neuen Prostitutionsgesetz. Berlin und Hamburg, April 2003
22 Vgl. Vortrag von Peter Bremme, Fachbereichsleiter Besondere Dienstleistungen Verdi, Hamburg am 25.11.2002 im Museum der Arbeit, Hamburg
23 Anca Vutcu: UN-Wirtschaftskommission für Europa. In: Frankfurter Rundschau vom 02.12.2002
24 AK Prostitution beim Bundesvorstand der Gewerkschaft Verdi: Statement zu den gewerkschaftlichen Perspektiven im Umgang mit dem neuen Prostitutionsgesetz. Hamburg, April 2003
25 Vgl. ebenda
26 TAMPEP: Endbericht Deutschland. Hamburg 2002
27 Stellungnahme der bundesweiten AG Recht Prostitution. Kassandra Nürnberg, März 2003
28 Vgl. ebenda
29 Landeskriminalamt Hamburg 730, Detlef Ubben, 2001
30 Stellungnahme der AG Migrantinnen in der Sexarbeit, Amnesty for women, Hamburg, April 2003
31 Michael Joho: Prostitution in St. Georg, Arbeitspapier zum Fachgespräch am 8.12.1993
32 Café Sperrgebiet, Jahresbericht 2001, Hamburg

Stefan Gillich

Ein Arbeitsprinzip schlägt Wurzeln: Gemeinwesenarbeit in der Wohnungslosenhilfe

„Wenn Gemeinwesenarbeit drauf steht ist keine Gemeinwesenarbeit drin, wenn
- keine Theorie drin ist
- keine Überprüfung, keine Evaluation dabei ist
- nicht danach gefragt wird, was die Leute wollen und wie man sich mit ihnen verständigt
- nicht zielgruppenübergreifend gearbeitet wird
- nach dem Prinzip „avanti dilletanti“ vorgegangen wird

Gemeinwesenarbeit ist es dann, wenn viele unterschiedliche, auch konfliktmässig miteinander agierende Gruppen in einem Projekt mitmachen“.

(Oelschlägel 2000:12)

Mit dieser prägnanten Zusammenfassung hat Dieter Oelschlägel in einem Gesprächsbeitrag auf der zehnten Werkstatt Gemeinwesenarbeit (1999) zu beschreiben versucht, was an der Gemeinwesenarbeit wesentlich ist.

Im Folgenden werde ich mich dem Thema Gemeinwesenarbeit kurz durch eigene Zugänge annähern, bevor ich mich mit Prinzipien der Gemeinwesenarbeit in der Wohnungslosenhilfe genauer beschäftige.

1. Seit ca. 25 Jahren spielt die Gemeinwesenarbeit in der Aus- und Weiterbildung des Burckhardthauses in Gelnhausen eine zentrale Rolle. Die Werkstatt Gemeinwesenarbeit und die Grundlagenkurse seien beispielhaft erwähnt. Ohne näher darauf einzugehen lässt sich feststellen, dass die im zweijährigen Rhythmus stattfindende Werkstatt Gemeinwesenarbeit bundesweit der zentrale Ort des Austauschs und der Diskussion aktueller Entwicklungen ist, zu der sich Praktiker, Forscher und Lehrende aus Hochschulen treffen.
2. Ein Ergebnis der Treffen im Burckhardthaus ist nach jahrelanger Vorbereitung die Gründung der „Bundesarbeitsgemeinschaft Soziale Stadtentwicklung und Gemeinwesenarbeit“ im November 2003 – eine in Vereinsform gegossene Umsetzung der Idee einer Lobbyorganisation, wie sie über viele Jahre hinweg in vielen Beiträgen als unverzichtbar beschrieben wurde.
3. Ein Blick zurück: Studium der Sozialarbeit vor knapp 25 Jahren. Im Schwerpunkt Gemeinwesenarbeit (damals gab es einen solchen Schwerpunkt noch) ha-

ben wir uns verstanden als die Speerspitze der Sozialarbeit: modern, politisch, bewohnerorientiert. Statt der Überzeugung der therapeutischen Richtungen zu frönen (mit dem Label: Das Bewusstsein bestimmt das Sein), versuchten wir GWAler in Projekten engagiert unser politisches Credo umzusetzen (Das Sein bestimmt das Bewusstsein). Mittendrin als Grundlagenliteratur, eng verbunden mit dem Namen Oelschlägel, das Grundlagenbuch zur Gemeinwesenarbeit von Boulet/Krauß/Oelschlägel. Neben den zentralen Inhalten bleibt mir in Erinnerung, wie oft wir in Kleingruppen einzelne Passagen immer wieder lesen mussten, bis wir meinten, das Ganze auch verstanden zu haben. Wir waren davon überzeugt, dass es nur eine Frage der Zeit sein wird, bis das Arbeitsprinzip Gemeinwesenarbeit in die unterschiedlichsten Felder der Sozialarbeit eingesickert ist.

4. Rasant schließlich die begriffliche Entwicklung und Variationen der Gemeinwesenarbeit seit der Totsagung in einer Zeitungsanzeige über die stadtteilbezogene Soziale Arbeit, Stadtteilarbeit-/orientierung bis aktuell zu Sozialraumorientierung und Quartiermanagement. Begriffliche Variationen mit unterschiedlichen Fokussierungen oder aufeinander bezogene Handlungskonzepte?
5. Aktuell richten sich unterschiedliche Felder sozialer Arbeit sozialraumorientiert aus und formulieren Bürgerpartizipation als wesentliche Aufgabe. Von der Jugendhilfe über die soziale Stadtentwicklung bis zur Öffnung der Schulen für den Stadtteil wird von Sozialraumorientierung gesprochen: Die Saat des Arbeitsprinzips Gemeinwesenarbeit als integrierendes Handlungsprinzip scheint Früchte zu tragen.
6. Da lohnt es genauer zu gucken – und ich komme auf das Eingangszitat zurück – was drin sein muss, wenn von Gemeinwesenarbeit gesprochen wird. Unter dem Titel „Essentials der Gemeinwesenarbeit – Zwischenbilanz und Ausblick“ haben wir uns auf der Werkstatt Gemeinwesenarbeit auf fachliche Qualitätsmerkmale verständigt, die als grundlegende Programmatik Handlungsprinzipien beschreiben, auf die ich mich im Folgenden beziehe (vgl. Burckhardthaus 2000; Hinte/Lüttringhaus/Oelschlägel 2001).

In der Wohnungslosenhilfe gibt es – grob vereinfacht – zwei wesentliche inhaltliche Stränge:

- Traditionell ist die Wohnungslosenhilfe als Einzelfallhilfe organisiert. Von materieller Hilfe, Vermittlung in Einrichtungen bis zu Beratung bzw. Therapie werden in einer konkreten kritischen Lebenslage eines Wohnungslosen auf das Individuum bezogene Hilfen angeboten. Im Mittelpunkt steht der Wohnungslose mit seinen Defiziten in seiner konkreten Notsituation und bedarf professioneller Unterstützung. Dies entspricht einem linearen Modell, orientiert am Modell des ärztlichen Handelns, bei dem der Wohnungslose Probleme und die Sozialarbeit

die Lösung mit den zur Verfügung stehenden Maßnahmen anbietet. Die Notlage erscheint isoliert darstellbar. Mit Blick auf die Umwelt geht es im wesentlichen darum, wie die Person gestärkt werden kann, um in der Umwelt zu bestehen.
- Demgegenüber steht ein Verständnis des Wohnungslosen als integriertem Bestandteil eines ökologischen und sozialen Zusammenhangs. Nach diesem Verständnis ist der Wohnungslose geprägt durch seine sozialen und materiellen Lebensbedingungen, seine Umwelt (Familie/Peergroup, Stadtteil, Gesellschaft) und die Wohn- bzw. Lebensbedingungen. Bei der Entstehung und Entwicklung sozialer Probleme spielt der soziale Raum (Wohndichte, reizarmes Milieu, ökologische Bedingungen etc.) ebenso wie bei der Bewältigung sozialer Probleme (Infrastruktur, Kommunikation, soziale Netzwerke etc.) eine zentrale Rolle. Der Wohnungslose ist (systemisch gedacht) Teil eines Ganzen. Er wird beeinflusst von der Umwelt, gleichzeitig ist er aber auch in der Lage, Einfluss auf diese Faktoren auszuüben, Entscheidungen zu treffen und das Leben selbst zu gestalten.

Das Bundessozialhilfegesetz als für dieses Arbeitsfeld wesentliche rechtliche Grundlage weist bereits darauf hin, dass es um den einzelnen in seiner Lebenswelt und geht und öffnet den Blick in den Sozialraum, den Ort des täglichen Handelns. Beispielsweise mit seinem Auftrag an die Sozialhilfeträger, die Teilnahme Hilfesuchender am Leben in der Gemeinschaft zu ermöglichen, auf die der Mensch als „soziales Wesen" in besonderer Weise angewiesen ist und die zugrunde liegenden Schwierigkeiten nicht nur im Verhalten des Hilfesuchenden selbst zu sehen. Das Leben im Sozialraum muss zum Bezugspunkt werden für das Verstehen der Belastungen, Krisen und Notlagen der hier lebenden Wohnungslosen. Die traditionell individualistische Sichtweise muss ergänzt – nicht ersetzt – werden durch eine sozialräumliche Sichtweise. Das entspricht gar nicht so recht dem Verständnis der traditionellen, organisierten Hilfe, welches sie von den Wohnungslosen selber hat. Entwurzelt, isoliert und entkommunalisiert auf der Suche nach Arbeit und Wohnung, wurde Wohnungslosen traditionell zunächst Verwahrung, später Einzelfallhilfe oder therapeutische Hilfe in pädagogisierenden Einrichtungen angeboten – weil man schließlich wusste, was gut und hilfreich war für Hilfesuchende in Notlagen.

Zur Klientel der Wohnungslosenhilfe gehören nicht nur alleinstehende Wohnungslose, sondern alle, die nicht über mietvertraglich abgesicherten Wohnraum verfügen oder von Wohnungsverlust bedroht sind. Das können auch größere Klientengruppen sein wie Familie, Szene, Nachbarschaft: Menschen, die in einer „geteilten Stadt" in „benachteiligten Stadtgebieten" beheimatet sind. Dafür bietet die veränderte Durchführungsverordnung zu § 72 BSHG (2001) mittlerweile eine große Rechtssicherheit für Einrichtungen der Wohnungslosenhilfe. Demnach gibt es keine beispielhafte Auflistung mehr von Zielgruppen, sondern eine Konkretisierung der vorgegebenen Begriffe wie „besondere Lebensverhältnisse“ und „soziale Schwierigkeiten“. Die in der Vergangenheit erfolgte Reduzierung auf das Merkmal „Nichtsesshaftigkeit“ ist damit aufgehoben.

Im Gegensatz zu den ehemals klassischen sozialen Brennpunkten sind heute ganze Stadtteile von Verarmung und Ausgrenzung betroffen. In diesen Stadtteilen ist die gesellschaftliche Aufspaltung in arm und reich erfahrbar. Wer es sich leisten kann, diese benachteiligten Quartiere, die geprägt sind durch mangelhafte Infrastruktur, schlechte Bausubstanz, einen hohen Anteil an Sozialwohnungen, hohe Belegungsdichte, schwache lokale Ökonomie, benachteiligte Bevölkerungsgruppen etc., zu verlassen, zieht weg. Betrachtet man die Dimension der Armut in ihrer räumlichen Verteilung, so ist sie hinter diesen Wohnfassaden erkennbar. Durch fehlende Ressourcen und das Hinzufügen weiterer Belastungen wie Auto- bzw. Zuglärm oder Emissionen verschärft sich die Lebenslage Armut weiter. Aktuell wird dies thematisiert unter der Krise der sozialen Stadt. In diesen benachteiligten Stadtteilen sind Personen und Haushalte räumlich konzentriert, die verarmt, diskriminiert und benachteiligt sind. Da die Quartiere und ihre Bewohner diese Prozesse nicht mehr selbst aufhalten können, muss eine integrierte Stadtteilpolitik stabilisierend eingreifen. Die Landes- und Bundesprogramme für Stadtteile mit besonderem Erneuerungsbedarf richten sich auf das Quartier als sozialen Raum. Die Wohnungslosenhilfe ist Teil dieser integrierten Handlungsansätze. In diesen benachteiligten Stadtteilen leben Menschen. Hier ist ihre Lebenswelt, ihr sozialer Raum, in dem sie Kontakt haben. Es ist der Raum, der die entscheidende Ressource zur Lebensbewältigung darstellt. Die Lebenswelt ist zentraler Ansatzpunkt der Wohnungslosenhilfe.

Zunehmend wird der Sozialraum als eine Ressource zur Lebensbewältigung erkannt. Im Zentrum der Ressourcenorientierung steht die Frage, welche Ressourcen eine Person benötigt, um mit belastenden Situationen klarzukommen. Gefragt ist nicht, was krank macht, sondern was hilft, gesund zu bleiben. Bei Menschen in Notlagen kann es die Frage danach sein, was ihnen hilft, ihre Wohnung zu erhalten. Diese Überlegungen sind mühelos zu übertragen auf das Gemeinwesen. Mit diesem Perspektivenwechsel erweitern sich die Handlungs- und Interventionsmöglichkeiten sozialer Arbeit von der „Behandlung“ Einzelner oder einzelner Gruppen hin zu Konzepten der Gestaltung von Lebensräumen. Diese Perspektive sieht den Wohnungslosen eingebettet in soziale Beziehungen, Institutionen, Wohnumfeld und Arbeitswelt. Bei dieser ganzheitlichen Sichtweise wird folglich gefragt nach den Beziehungen zwischen dem Wohnungslosen und seinen Mitmenschen (soziale Netze), zwischen dem Wohnungslosen und kulturellen, politischen, ökonomischen und sozialen Institutionen sowie zwischen dem Wohnungslosen und der Umwelt.

Straßensozialarbeit und Gemeinwesenarbeit

Die beschriebene Sichtweise erläutere ich – in Anlehnung an Oelschlägel (1997) – am Beispiel der Straßensozialarbeit und Gemeinwesenarbeit. Dabei steht Straßensozialarbeit für andere Formen zielgruppenorientierter sozialer Arbeit (Arbeit mit Wohnungslosen, Jugendarbeit, Altenarbeit...). Es ist ein wiederkehrendes Reaktionsmuster, dass in Öffentlichkeit und Politik bei neu auftretenden oder nur neu wahrgenommenen Problemen mit Wohnungslosen (auf der Straße, Nächtigen im Freien, Alkoholkonsum, Störer der öffentlichen Ordnung, Konzentration in Innenstädten...) die Probleme immer auf eine bestimmte Art diskutiert und behandelt werden, nämlich als eine auf die Wohnungslosen selber zentrierte Sichtweise. Dadurch werden verkürzte Erklärungen geliefert und bestimmte Probleme (z.B. Alkoholkonsum) ausschließlich als Wohnungslosenprobleme behandelt. Ein spezieller Auftrag ergeht in der Regel an die ambulanten Einrichtungen der Wohnungslosenhilfe, sich doch dieser Wohnungslosen anzunehmen und sie – mit pädagogischen Kniffen – aus dem Stadtbild zu entfernen. Dies führt auch zu einem Begriff von Straßensozialarbeit, der sie weitgehend als soziale Arbeit mit extrem auffälligen Wohnungslosen in innerstädtischen Problemgebieten sieht. Die jeweilige Zielgruppe wird über spezifische Problemlagen definiert (Wohnungslosigkeit, Drogen, Prostitution etc.). Nicht wer hier wohnt oder sich hier aufhält und seine Lebenszusammenhänge hat – also Jugendliche, Kinder, Erwachsene – sondern nur, wer der spezifischen Problemgruppe angehört, ist dann Adressat von Straßensozialarbeit.

Ein sozialräumlicher Arbeitsansatz dagegen richtet sich auf das ganze Quartier, weil dieses als belastet gilt, weil sich Problemlagen häufen. Ein solcher Ansatz reduziert nicht die Vielfalt der Probleme, sondern gibt die Fragen zurück an das Gemeinwesen – an die Politik, die Öffentlichkeit, den Einzelhandel etc. – und stellt die Frage nach Ausgrenzung oder Akzeptanz der Wohnungslosen.

Wenn Streetwork mit Wohnungslosen nicht ausgrenzend arbeiten will, dann reicht es nicht aus, dass der Professionelle die Wohnungslosen akzeptiert. Vielmehr muss ein Prozess von Aushandlung, Dialog und Konfrontation mit den Institutionen, Gruppen und Menschen im Sozialraum (Gemeinwesen, Stadtteil, Quartier, Nachbarschaft etc.) in Gang gesetzt werden. Dann kann nicht nach dem Streetworker als der mobilen Eingreiftruppe der Sozialarbeit geschrien werden, ohne dass sich Lösungsstrategien auf das ganze Gemeinwesen richten.

Prinzipien der Gemeinwesenarbeit in der Wohnungslosenhilfe

Sozialer Arbeit geht es um die Bearbeitung sozialer Probleme. Gemeinwesenarbeit geht es um die Verbesserung der Lebensbedingungen in sozialen Räumen (Sozialraum- und Lebensweltorientierung) im Sinne der dort lebenden Menschen. Um einem Missverständnis vorzubeugen: Wenn von Gemeinwesenarbeit gesprochen wird ist damit nicht zwangsläufig ein ausgewiesenes Tätigkeitsfeld ausgedrückt, sondern vielmehr eine Grundhaltung, ein Blickwinkel, eine bestimmte Form der Herangehensweise an Themen- und Problemstellungen. Die grundlegende Programmatik der Gemeinwesenarbeit bzw. Sozialraumorientierung lässt sich konkretisieren anhand der im Folgenden beschriebenen Prinzipien, welche gleichrangig nebeneinander stehen. (Sofern alle Merkmale als Handlungsprinzip Berücksichtigung finden, kann von Gemeinwesenarbeit gesprochen werden; vgl. Burckhardthaus 2000).

Nutzung vorhandener Ressourcen

Gemeinwesenarbeit versteht sich als präventiver Ansatz in der Sozialarbeit. Das bedeutet zu handeln, bevor der Wohnungslose „in den Brunnen gefallen ist“ und professionelle Unterstützung benötigt. Soziale Arbeit tritt häufig erst dann in Erscheinung, wenn Wohnungslose „auffällig“ geworden sind. Sie muss dann mit erhöhtem Aufwand Problemlagen bearbeiten, die in anderen Bereichen verursacht wurden (z.B. Arbeitslosigkeit, Wohnungsnot).

Sozialraumorientierte Wohnungslosenhilfe ist bemüht, Ressourcen nicht erst dann zur Verfügung zu stellen, wenn Probleme überhand nehmen. Ressourcen sind zu beziehen auf Personen und Institutionen. Die Stärkung und Einbindung von Ressourcen, welche Einzelne zur Verfügung haben, sind von zentraler Bedeutung, wie etwa personale Ressourcen (Gesundheit, Kraft, psychische Stabilität, Erfahrungen), soziale Ressourcen (ihre sozialen Beziehungen) oder materielle (Vorhandensein einer Wohnung, Geld, Hilfsmittel) bzw. infra-strukturelle Ressourcen. Zu nützlichen Dienstleistungen von Institutionen der Wohnungslosenhilfe, welche die Selbsthilfepotenziale fördern können, gehören als materielle Ressourcen beispielsweise Räume, Kopierer, Email-Anschluss, Telefon, preiswertes Mittagessen, Fahrten zu Ämtern etc. Als personale Ressourcen sind zu beschreiben Beratung, anwaltliche Tätigkeit, Zeit haben, Zuhören etc. Als infrastrukturelle Ressourcen sind etwa Orte zu bezeichnen, an denen man informelle Sozialbezüge aufnehmen und sich organisieren kann oder Orte, welche als Tagestreff für Menschen dienen können, auch wenn sie sich anders als gewohnt verhalten. Die Erfahrung zeigt, dass Wohnungslose soziale Einrichtungen und deren Mitarbeitern nach dem Nutzen beurteilen, den sie sich versprechen. Ist der Nutzen für sie nicht erkennbar, bleiben sie weg.

Das Arbeitsfeld mit Wohnungslosen ist nicht ausschließlich die Wohnungslosigkeit. Wohnungslosenhilfe meint mehr als die auf der Straße Lebenden. Als Wohnungslose sind auch Menschen zu bezeichnen, die zeitlich befristet bei Verwandten und Freunden leben, Menschen in Notunterkünften oder prekären Wohnverhältnissen etc. Der Blick muss notwendigerweise auf die Quartiere geworfen werden in denen Probleme wachsen und sich zur Wohnungslosigkeit steigern können. Denn Wohnungsnot wird zunehmend in zu Armutsstadtteilen zusammengewachsenen „Armutsinseln" sichtbar. Der Sozialraum ist als Ort des Wohnens, der Existenzsicherung durch Arbeit, des sozialen Austauschs oder der Teilhabe an gesellschaftlichen Einrichtungen der zentrale Ort der Lebensbewältigung.

Die Öffnung von Einrichtungen der Wohnungslosenhilfe in und für den Stadtteil als niederschwellige Kommunikationsräume – zum Beispiel als Stadtteilladen oder Stadtteilcafé mit der Förderung von Selbsthilfeformen und -initiativen – kann eine Möglichkeit sein, nützliche Dienstleistungen anzubieten und reicht bis zur Suche nach Bündnispartnern im Gemeinwesen. Es müssen Räume sein, wo Menschen sich wohlfühlen können, keine pädagogische Bearbeitung zu befürchten haben und an ihren sozialen Netzen stricken können – ohne an eine Dienstleistung als Gegenleistung gekoppelt zu sein.

Zielgruppenübergreifendes Handeln

Gemeinwesenarbeit beschränkt sich nicht auf eine Zielgruppe (Wohnungslose), sondern stellt Zusammenhänge her zwischen den Gruppen im Wohnquartier und versucht, deren Kooperation zu fördern. Aktivitäten werden aus einem Bedarf, um ein Thema herum organisiert, das in der Regel nicht nur eine Zielgruppe betrifft. Als Herangehensweise können Fragen hilfreich sein wie: Von welchen Themenstellungen können auch Wohnungslose profitieren? Gibt es gegebenenfalls noch andere aus dem Quartier, die diese Fragen oder Themen beschäftigen? Von Arbeitslosigkeit bis hin zu schlechten oder prekären Wohnbedingungen sind oftmals viele unterschiedliche Menschen und Gruppen aus einem Wohnquartier betroffen. Natürlich kann es Themen geben, die nur eine bestimmte Bevölkerungsgruppe betrifft und sich zielgruppenspezifisch organisiert. Gleichwohl ist die Betrachtungs- und Herangehensweise grundsätzlich sozialraumbezogen.

Praktische Beispiele:

- Koch-Kurs in der Tagesstätte für Wohnungslose oder in der stationären Einrichtung, welcher offen ist für Bewohner aus dem Stadtteil
- Filmabende für Stadtteilbewohner
- Mittagstisch im Quartier
- Arbeitslosenfrühstück
- Muttersprachliches Angebot (Kultur, Schriftwechsel, Landsleute, Sprachkurs)

- Bistro für unterschiedliche Gruppen aus dem Viertel
- Bedenken von Anwohnern von Wohnungsloseneinrichtungen (Verunreinigung, Lautstärke etc.) ernst nehmen und gemeinsam mit Wohnungslosen nach Lösungen suchen.

Unterstützung der Selbstorganisation und Selbsthilfekräfte

Gemeinwesenarbeit ermutigt und unterstützt Menschen, ihre Themen selbst anzupacken. Unterstützung bedeutet, dass Gemeinwesenarbeiter den „Rest" machen, also nicht für Wohnungslose handeln, sondern – wo immer möglich – mit ihnen. Wohnungslosen wird dadurch ermöglicht, eigene Lern- und Kompetenzerfahrungen zu machen. Ein Beispiel: In einer Tagesstätte für Wohnungslose wird den Besuchern eine eingerichtete Küche zur Verfügung gestellt. Von der Herdplatte bis zu Töpfen und Pfannen ist die notwendige Infrastruktur vorhanden. Lebensmittel werden nicht zur Verfügung gestellt. Im Laufe der Wochen bildet sich eine Gruppe von Interessierten, die täglich einkauft, für alle Besucher der Tagesstätte kocht und die Kosten auf die Beteiligten umlegt. Es sind überwiegend ältere alleinstehende Wohnungslose, die auf dem Arbeitsmarkt nicht mehr vermittelbar sind. Im Kochen für andere erkennen viele einen Wert. Die Anerkennung durch andere fördert ihr Selbstbewusstsein. Angebote seitens der Tafelbewegung und Ehrenamtlicher aus bürgerlichen Kreisen, den Kochdienst zu übernehmen, werden von den Betroffenen vehement und entrüstet zurückgewiesen: Sie haben sich selbst organisiert und wollen dieses selbst erarbeitete Tätigkeitsfeld auch behalten.

Traditionell tut sich die Wohnungslosenhilfe schwer mit der Selbsthilfe. Es ist ein kompliziertes Verhältnis. Eine strukturelle Form Selbsthilfe zu verkennen liegt in der Organisation des Hilfesystems selbst begründet. Darüber hinaus scheitert Selbsthilfe oft auch daran, dass Maßstäbe der Selbsthilfe dem mittelschichtorientierten Denken entspringen und dabei völlig unbeachtet bleibt, dass eine extreme Unterversorgung und Benachteiligung vorliegt, die Selbsthilfe ohne professionelle Fremdhilfe von vornherein ausschließt. Andere Formen des Umgangs ist das Ignorieren der individuellen Selbsthilfe oder deren Um-Interpretation. Wenn sich Wohnungslose aus Folien, Kisten, Hölzern etc. ihre Platte bauen, sich folglich Schutz vor Regen und Kälte schaffen, wird diese Tätigkeit nicht verstanden als eine Form der Selbsthilfe, sondern uminterpretiert als Ordnungswidrigkeit, zu deren Verhinderung und Beseitigung die Ordnungsbehörde gerufen wird. Wesentlich ist, die Fähigkeiten zu Überleben auf der Straße als Formen der Selbsthilfe wahrzunehmen und gleichzeitig den Blick dafür zu öffnen, dass Menschen über Ressourcen und Fähigkeiten verfügen, an denen es in der Arbeit anzusetzen gilt.

In viel ausgeprägterem Maß als dies während der guten Jahre der Bundesrepublik der Fall war, werden – besonders in großen Städten – die exklusiv erwünschten Innenstadtbesucher bei ihrer Einkaufstour mit unterschiedlichen Formen des Bettelns konfrontiert. Die Augen sind nicht mehr zu verschließen vor der unbehausten Armut. Bundesweit ähneln sich die Reaktionen auf diese Form der Existenzsicherung. Als Störer der öffentlichen Ordnung ausgeguckt, werden ausgewählte Arme aus den Innenstädten vertrieben und wahrgenommene Probleme individualisiert. Als Rechtsgrundlage werden mit heißer Nadel Sondernutzungsverordnungen gestrickt, Bettlersatzungen aus dem Boden gestampft oder ganze Innenstadtbereiche zur privaten Zone erklärt.

Beispiele:
- wegen Vertreibung aus den Innenstädten mit Einzelhandelsverband, der Öffentlichkeit, Polizei, Anwohnern und Betroffenen Ausgrenzung thematisieren bzw. dem entgegenwirken und gemeinsam nach Lösungen suchen
- mit Betroffenen Sozialausschusssitzungen/Gemeinderatsitzungen besuchen; in der Regel gibt es in jeder Sitzung öffentliche Teile
- Einführung und Entscheidungsbefugnis im Rahmen von Bewohnerversammlung, -vertretung, -beirat; Versammlung der Tagesstättenbesucher
- einzelne Straßenmagazine werden von Betroffenen in Eigeninitiative gemacht; Wohnungsloseneinrichtungen stellen Infrastruktur zur Verfügung und unterstützen bei der Sponsorengewinnung und dem Vertrieb.

Orientierung an den Bedürfnissen und Themen der Wohnungslosen

Grundsätzlich geht es nicht darum, was Menschen nach der Vorstellung bürokratischer Instanzen brauchen, sondern was sie vor dem Hintergrund ihrer Lebenslage wollen.

Anstatt zu versuchen, Menschen für die Ziele von Professionellen zu gewinnen, geht es vielmehr darum, sich auf die Suche zu machen und die Motivation der Menschen nach Veränderung wahrzunehmen. Es sind häufig die scheinbar kleinen Themen Wohnungsloser, die es ernst zu nehmen und aufzugreifen gilt. Die Lebensweltorientierung sowie eine ganzheitliche Betrachtung und Präsenz sind im Alltag unverzichtbar, wenn Strategien der Lebensbewältigung, Motivation, Interessen, Kompetenzen und Potenziale Wohnungsloser verstanden werden sollen.

Fachkräfte, mit ihrer Institution Teil des Sozialraums, müssen vor Ort erreichbar sein, Kontakte pflegen, Vertrauen schaffen durch niederschwellige Arbeit. Nur durch die Verortung im Sozialraum mit dem Ohr an den Themen der Menschen können informelle soziale Netzwerke wahrgenommen und erschlossen werden. Gelebte Vorurteilstrukturen und Konflikte, Prozesse von Verarmung und Ausgrenzung können kenntlich gemacht werden ebenso wie das Gelingende, die Stärken und die Alltagssolidarität der Menschen.

Beispiele:
- Einrichtungen fragen Wohnungslose, welche Öffnungszeiten sie wollen
- Anliegen Betroffener ernst nehmen; nicht ich weiß, was für die Person gut ist, sondern sie weiß selbst, was für sie gut ist
- Untersuchung und Betroffenenbefragung in der Tagesstätte, in Einrichtungen etc.

Ressort- und methodenübergreifendes Handeln

Um Lebensbedingungen im Sozialraum zu verbessern, wird eine bereichsübergreifende Kooperation gesucht und gefördert. Gemeinwesenarbeit tritt heraus aus dem eingegrenzten Bereich des Sozialen und versteht sich als Instanz, die nicht lediglich die Folgen gesellschaftlicher Fehlentwicklungen bearbeitet (vgl. u.a. integriertes Handlungskonzept Soziale Stadt). Der Bereich des Sozialen liegt quer zu anderen Feldern kommunaler Politik. Sozialraumbezogene Wohnungslosenhilfe mischt sich offensiv und aktiv in die Politikfelder ein, mit denen Wohnungslose zu tun haben: Beschäftigungspolitik, Wohnungspolitik, Wirtschaftsförderung, Gesundheitspolitik, Stadtentwicklung usw. Eine so verstandene Gemeinwesenarbeit kann nicht im Alleingang gelingen. Wenn Veränderung gelingen soll, braucht sie Partner in Politik und Verwaltung. Das Einmischen in kommunalpolitische Zusammenhänge hat auch die Funktion, Wohnungslose nicht mehr nur an dafür spezialisierte Einrichtungen der sozialen Arbeit weiter zu schieben und damit zu isolieren (wie z.B. Streetwork das Problem der als störend empfundenen Wohnungslosen in öffentlichen Räumen zu bearbeiten hat). Vielmehr fordert Gemeinwesenarbeit die Verantwortung des Gemeinwesens dafür ein und gibt das Thema an das Gemeinwesen zurück.

Gemeinwesenarbeit gibt die Aufspaltung in methodische Bereiche auf und integriert Methoden der Sozialarbeit und Sozialpädagogik, der Sozialforschung und des politischen Handelns. Neben der Einzelfallhilfe können viele Aufgaben wahrgenommen werden von der Moderation von Veranstaltungen, Organisation eines Stadtteilbüros bis zur Koordination verschiedener Aufgabenbereiche. Genutzt werden Kompetenzen der eher einzelfallbezogenen Dienste bis hin zu sozialpädagogischen Angeboten für Gruppen. Gefördert werden Initiativen für den Sozialraum. Dafür ist es grundlegend, dass die Professionellen der Arbeit mit Wohnungslosen
- einzelfallübergreifende (zielgruppenübergreifende) Gemeinsamkeiten von Lebenslagen erkennen

- mit (bürgerschaftlichen) Organisationen zusammenarbeiten und nicht nur einzelfallorientiert (zielgruppenorientiert) kommunizieren
- personen- und einzelfall-(zielgruppen-)bezogene Intervention kombinieren können sowie
- Entscheidungsträger in Institutionen und Politik erreichen

Beispiel:
- Streetwork als Mittler zwischen Personen, Gruppen, Institutionen

Vernetzung und Kooperation

Gemeinwesenarbeit kann nicht von einer Person gemacht werden, wenn das Gemeinwesen, der soziale Raum als handelndes Subjekt gesehen wird. Vernetzung und Kooperation möglichst vieler Akteure ist nötig. Dabei zielt Vernetzung in zwei Richtungen: Vernetzung der Menschen im Gemeinwesen (Wohnungslose, Bürger, Betroffene von einem Thema etc.) und Vernetzung der Professionellen.

Eine wesentliche Aufgabe für soziale Arbeit besteht schlechthin darin, den Menschen Ressourcen für das Überleben oder für ein besseres Leben zur Verfügung zu stellen bzw. deren Nutzung zu ermöglichen. Diese Arbeit ist Netzwerkarbeit. Räume zur Verfügung zu stellen, wo die Menschen an ihren eigenen Netzen stricken können: Gleichgesinnte, Nachbarn, Professionelle. Das Gemeinwesen wird zu einem Netzwerk formeller und informeller Beziehungen. Die Bedeutung für Einzelne besteht unter anderem darin, inwieweit Unterstützung und Solidarität zu mobilisieren ist. Stadtteilcafé, Tagesstätte, Fahrradwerkstatt etc. sind niederschwellige Formen, die in der Praxis der Wohnungslosenhilfe zur Förderung der Vernetzung zum Tragen kommen. Bei den Netzwerken für Professionelle lassen sich formelle und informelle Netzwerke unterscheiden. Formelle Netzwerke finden sich häufig in Trägerkreisen, Stadtteilkonferenzen, Mitarbeiterkreisen etc., wo sich überwiegend Vertreter von Institutionen treffen. Wer kennt nicht die Situation, dass nach Sitzungen, auf denen die Institutionsinteressen hart vertreten wurden, die handelnden Akteure plaudernd beieinanderstehen und informell bedeutend effektiver an der Lösung wahrgenommener Probleme basteln. Informelle Netze sind (ergänzend) unverzichtbar und flexibler. Sie funktionieren über Personen und deren Alltagskommunikation.
Beispiele:
- Fachtagungen, Runder Tisch oder Arbeitsgemeinschaften
- „Andocken“ an Stadtteilpersönlichkeiten bzw. Netzwerken; Fragestellungen: Welche Person(en) gibt es und welche Netzwerke existieren, die für die Arbeit hilfreich sein können?
- Fördervereine (finanzielle und politische Unterstützung)

- im Rahmen des Projekts Wohnungsnotfallhilfe führt die Regionalisierung in einer süddeutschen Stadt zu einer Zuständigkeit für verschiedene Stadtteile.

Verbesserung der materiellen Situation sowie der infrastrukturellen Bedingungen und Kooperation

Sozialraumorientiertes Handeln bedeutet, einen Beitrag zu leisten zu einer aktiven Stadt(teil)entwicklung. Die Förderung neuer Ressourcen orientiert sich am Bedarf des Sozialraums, etwa durch den Ausbau der ökonomischen und baulichen Strukturen (adäquater Wohnraum, Arbeitsplätze, Räume, günstiges Essen, Second-Hand-Kleidung...). Das Einklinken in lokale Politikprozesse ist vonnöten, um
- Informationen an zentrale Stellen weiter zu transportieren
- Ressourcen zu bündeln und in den Stadtteil zu lenken
- Kooperationspartner zu gewinnen.

Um zum Abschluss einem Missverständnis vorzubeugen: Gemeinwesenarbeit ist keine „Wunderwaffe“. Es ist vielmehr ein Grundverständnis, eine Haltung, wie Problemstellungen wahrgenommen und bearbeitet werden.

Literatur

Boulet, Jaak / Krauß, Jürgen / Oelschlägel, Dieter: Gemeinwesenarbeit als Arbeitsprinzip – Eine Grundlegung. Bielefeld 1980

Burckhardthaus: Essentials der Gemeinwesenarbeit. Dokumentation der 10. GWA-Werkstatt. Eigenverlag, Gelnhausen 2000

Gillich, Stefan (Hg.): Gemeinwesenarbeit. Eine Chance der sozialen Stadtentwicklung. In: Beiträge aus der Arbeit des Burckhardthauses, Band 7, Dokumentation der 11. GWA-Werkstatt, Gelnhausen 2002

Hinte, Wolfgang / Lüttringhaus, Maria / Oelschlägel, Dieter: Grundlagen und Standards der Gemeinwesenarbeit, Münster 2001

Lüttringhaus, Maria: Haus, Handkasse, Hirn, Herz und Hand. In: Sozial extra, 1998, 22. Jg., Heft 9, S. 12–15

Oelschlägel, Dieter: Vernetzung im Gemeinwesen. In: Bundesministerium für Familie, Senioren, Frauen und Jugend: Qualitätssicherung durch Zusammenarbeit. Reihe Materialien zur Qualitätssicherung in der Kinder- und Jugendhilfe, 1997, Heft 10, S.21–27

Oelschlägel, Dieter: Interview Prof. Dr. Dieter von Kietzell und Prof. Dr. Dieter Oelschlägel. In: Burckhardthaus, Gelnhausen 2000, a.a.O., S.10–13

Oelschlägel, Dieter: Lebenswelt oder Gemeinwesen? Anstöße zur Weiterentwicklung der Theorie-Diskussion in der Gemeinwesenarbeit. In: Hinte, Wolfgang / Lüttringhaus, Maria / Oelschlägel, Dieter, 2001, a.a.O., S.38–43

Richard Sorg

Soziale Arbeit unter Globalisierungsbedingungen

oder: Wie das Schweizer „TikK" interkulturelle Konflikte gemeinwesenorientiert bearbeitet

Ein Blick zwei Jahrzehnte zurück

1984 erschien unter dem Titel „Fortschrittliche Sozialarbeit unter Krisenbedingungen" ein dünnes, schlecht redigiertes „Sonderheft Soziale Arbeit und Erziehung" der längst eingegangenen Zeitschrift „Demokratische Erziehung". Herausgegeben war es von Kurt Bader, Dieter Oelschlägel und Richard Sorg und versammelte Diskussionsbeiträge im Umfeld des „Arbeitskreises Soziale Arbeit und Erziehung im Bund demokratischer Wissenschaftler" (BdWi)[1]. Es ging in jenem Arbeitskreis, dem auch Dieter Oelschlägel angehörte (neben Dankwart Danckwerts, Margarete Tjaden-Steinhauer und einigen anderen), darum, das politische Prädikat „fortschrittlich" auch für die Soziale Arbeit („Soziale Arbeit und Erziehung") zu konkretisieren.

Obwohl auch in der Marx'schen Theorietradition sich verortend, unterschied sich die hier entwickelte Position jedoch dadurch erheblich von jenen marxistischen Positionen der 'wilden Zeiten'[2], die Sozialarbeit ausschließlich als Herrschaftsmittel des Kapitalismus deuteten.[3] Gegen ein solches eher eindimensional deterministisches Verständnis verwiesen die BdWi-DiskutantInnen (Bader/Sorg 1984) und Dieter Oelschlägel in seinem Beitrag (Oelschlägel 1984) auf die „Dialektik von objektiver Bestimmtheit und subjektiver Bestimmung" (Bader/Oelschlägel/Sorg 1984: S.7 und 14), auf die Möglichkeiten der Subjekte, durch Handeln Spielräume innerhalb der vorgegebenen, prägenden gesellschaftlichen Bedingungen zu nutzen und zu erweitern. Sie schlugen vor, so etwas wie „fortschrittliche Sozialarbeit" im Zusammenhang mit dem „Vergesellschaftungsprozess" zu sehen. Darunter wurde jene Tendenz verstanden, der gemäß im Zuge der Produktivkraftentwicklung (wobei als die wichtigste Produktivkraft die lebendigen Menschen gelten, nicht nur die technischen Apparaturen!) ehemals vorwiegend familiär oder nachbarschaftlich geregelte Aufgaben der Reproduktion (von der Bildung und Qualifikation bis zur Sicherung bei unterschiedlichen Existenzrisiken) zunehmend auf gesellschaftliche Instanzen übergehen. Gemäß diesem soziologisch-sozialpolitischen Theorem seien – es ging um die damals aktuelle Selbsthilfedebatte – Konzepte der Sozialen Arbeit daraufhin zu befragen, „inwieweit sie Handlungszusammenhänge ermöglichen, innerhalb derer die Menschen Subjekt einer befreienden, solidarischen Praxis werden können" (Oelschlägel 1984: 14).

Bezogen auf die heutigen Forderungen nach einer Entstaatlichung des Sozialwesens zugunsten privater Verantwortlichkeiten und Organisationsformen hieß es damals: Es gelte „Verstaatlichung als Form des erreichten Reproduktionsniveaus nicht nach rückwärts aufzulösen – in Privatisierung –, sondern nach ‚vorn' – in solche Formen selbstbestimmter, realdemokratischer Vergesellschaftung, in denen Elemente einer nicht mehr antagonistischen Gesellschaft sichtbar werden..." (Bader/Oelschlägel/Sorg 1984: 10, 14). Realistischer Weise folgte dem der Satz, dass es dazu politisch-machtmäßiger Voraussetzungen bedürfe, die über den Rahmen von Sozialer Arbeit weit hinausgehen.

Seit solchen Sätzen haben zwei Jahrzehnte neoliberaler Politik den klassischen Sozialstaat arg zerzaust, sind seine Konturen ausgefranst, wobei dieser Prozess noch lange nicht abgeschlossen ist. Es haben sich damit auch die Rahmenbedingungen Sozialer Arbeit einschneidend verändert, und zwar eher nach 'hinten' als nach 'vorn', also nicht in Richtung des damaligen Verständnisses von „Vergesellschaftung", vielmehr weiter entfernt von jenen angestrebten Bedingungen, „unter denen die gesellschaftlichen Individuen ihren Bedürfnis- und Beziehungsreichtum voll zu entfalten vermögen" (ebd.: 6).

Zu den neuen Rahmenbedingungen Sozialer Arbeit gehören die Auswirkungen dessen, was seit etwa zwei Jahrzehnten als „Globalisierung" diskutiert wird – obwohl die Sache schon viel früher beginnt.[4]

Durch die Einbeziehung des ganzen Globus in die Gesetze des Weltmarkts, beschleunigt durch den Zusammenbruch der realsozialistischen Staaten und durch das damit besiegelte Ende der Systemkonkurrenz um 1990, ist die Soziale Arbeit auch in den hochindustrialisierten Ländern mit einer Kumulation von Problemen konfrontiert. Zusätzlich zu den ökonomischen Krisenentwicklungen und durch den von der globalen Standortkonkurrenz ausgehenden Druck auf die Sozialsysteme erfährt sie besonders krass die Wirkungen der globalisierungsbedingt ansteigenden weltweiten Migrationsströme mitsamt den Folgewirkungen: von der wachsenden Multikulturalität des Alltags bis hin zu den Ausbrüchen interethnischer Konflikte, von neuen Formen interkultureller Begegnung und Perspektivenerweiterung bis zu Fremdenfeindlichkeit und Gewalt. Die gewalttätigen Exzesse eines aktualisierten Rechtsextremismus bestimmten besonders in Deutschland das Bild vor allem der 1990er Jahre. Ähnlich gelagerte Konflikte nahmen aber auch in den anderen europäischen Ländern zu. Und selbst die idyllische Schweiz mit ihrer langjährigen Erfahrung eines multikulturellen Zusammenlebens von vier Sprachgruppen blieb davon nicht verschont. Dies war der gesellschaftliche Hintergrund für die Entstehung des „TikK“.

Entstehung und Organisationsprofil des TikK

„TikK“ (bislang „SOS-Team für interkulturelle Konflikte und Gewalt“) steht seit April 2003, mit neuer Trägerschaft als Verein konstituiert für „Taskforce interkulturelle Konflikte“. Während meines Schweizer Praxissemesters im vergangenen Winterhalbjahr lernte ich dieses Projekt kennen. Scheut man sich nicht, einen inzwischen auch zum Werbeslogan gewordenen Ausdruck zu verwenden, so könnte das Motto für den konzeptionellen Arbeitsansatz des TikK lauten: „global denken, lokal handeln“.

Das TikK ist einer Initiative von Silvia Staub-Bernasconi zu verdanken.[5] Ihr gelang es, die *Schweizerische Gemeinnützige Gesellschaft* (SGG), vergleichbar etwa der *Hamburger Patriotischen Gesellschaft*[6], dazu zu bewegen, das TikK in die Förderung aufzunehmen. Verwiesen wurde darauf, dass die Aufgabe, den Integrationsprozess zwischen MigrantInnen und SchweizerInnen zu fördern, eine wachsende Bedeutung für die Zukunft haben dürfte, da von einer erwartbaren Zunahme der Ethnisierung/Kulturalisierung von sozialen Konflikten ausgegangen werden könne. Konzipiert als Anlaufstelle für interkulturelle Konflikte und Gewalt, wurde ein wissenschaftlich begleitetes[7], fünfjähriges Pilotprojekt (1995-2000) mit drei festen MitarbeiterInnen und fallweise beigezogenen Honorarkräften geschaffen.

Nach der bis Juni 2003 insgesamt acht Jahre lang erfolgten Finanzierung durch die SGG hat das TikK, immer noch mit seinem kleinen Büro in der Strassburger Straße 15 in Zürich, inzwischen eine neue Trägerschaft. Bereits ab April dieses Jahres wurde in Form eines Vereins[8] die neue Trägerschaft realisiert, zu der unter anderem die Hochschulen für Soziale Arbeit in Zürich und Luzern sowie das Beratungsunternehmen PricewaterhouseCoopers und Migros Kulturprozent gehören.

Das Jahresbudget des TikK beträgt derzeit knapp eine halbe Million Schweizer Franken. Von diesem Betrag werden rund 200.000 Franken durch Leistungen des Teams (z.B. Beratungshonorare) erwirtschaftet, was einem Eigenfinanzierungsgrad von 43 Prozent entspricht. Dieser Anteil soll in den nächsten fünf Jahren auf 50 Prozent gesteigert werden. Finanzielle Beiträge an den neuen Verein leisten der Bund (es handelt sich um die Projektfonds-Fachstelle für Rassismusbekämpfung[9], Generalsekretariat – Eidgenössisches Departement des Innern in Bern), die Avina-

Stiftung und PricewaterhouseCoopers. Die beiden Hochschulen für Soziale Arbeit kooperieren mit dem TikK und vermitteln an die Mitglieder des Teams regelmässig Aufträge für die Durchführung von Kursen und Seminaren.

Zur Konzeption des TikK

Die aktuelle Konzeption ist unter anderem in dem von Silvia Staub-Bernasconi und Hanspeter Fent im April 2003 verfassten Strategiepapier zur Zukunft des TikK „Taskforce interkulturelle Konflikte“ dargestellt. Danach versteht sich das TikK „als Fachstelle zur Lösung von Konflikten sowie zur Aufarbeitung und Prävention von Gewaltereignissen zwischen einheimischer und ausländischer Bevölkerung sowie zwischen ethnischen Gruppen.“ (Verein TiKK 2003: 1)

Was die methodischen Instrumentarien betrifft, so ist das Vorgehen situations- und problemspezifisch: Es geht unter anderem um eine „Sozialdiagnostik zur Klärung, inwiefern es sich um einen Kulturkonflikt oder um anders gelagerte Konflikte handelt“ (z.B. um Ressourcen- bzw. Knappheitskonflikte, Mitgliedschafts- bzw. Einbürgerungskonflikte oder Beziehungskonflikte) (ebd.: 3).

Zum Gegenstand „interkulturelle Konflikte“

Die vom TikK bearbeiteten Konflikte können sowohl bei der einheimischen wie bei der zugewanderten Bevölkerung ihre Ursache haben: bei ersterer in fehlender Information, in Diskriminierungs- und Ausgrenzungspraktiken bis hin zu gewalttätigem Rassismus, als Reaktion auf reale oder befürchtete Gefährdungen der eigenen sozialen Position; bei letzterer im Zusammenhang mit Sprachbarrieren, mit Integrationsschwierigkeiten in Schule, Beruf, Arbeit, Wohnumfeld, Politik, im kulturellen Identitätsverlust, in unverarbeiteten Traumata aus Folter-, Flucht- und Kriegserfahrungen. Aus solchen Konstellationen können Verhaltensweisen resultieren von Resignation und Apathie bis hin zu Gewaltbereitschaft insbesondere bei der Häufung solcher Probleme (vgl. Staub-Bernasconi 1999: 2).

Silvia Staub-Bernasconi unterscheidet (ebd.: 3) bei den so genannten „Kulturkonflikten“ die folgenden Konfliktdimensionen:

- interkulturell-ideelle Verständigungskonflikte
- Verhaltenskonflikte
- *Knappheitskonflikte* (aufgrund fehlender Ressourcen zur Befriedigung zentraler Bedürfnisse nach angemessener Schulausbildung, nach Ausbildungs- und Arbeitsplätzen, nach Wohnraum oder nach erschwinglichen Freizeiteinrichtungen)
- *Mitgliedschafts- bzw. Ausschlusskonflikte* (z.B. Einbürgerungsprobleme)

Abhängig von den jeweiligen, oft in kumulierter Form auftretenden Konflikttypen bedürfe es je besonderer Weisen zu ihrer Bearbeitung, wobei die Arbeitsweisen oft auch miteinander kombiniert werden müssen. So gehe es bei Kulturkonflikten schwerpunktmässig um die Gestaltung interkultureller Begegnungs- und Verständigungsprozesse; bei Verhaltenskonflikten beispielsweise um die Aushandlung gegenseitig akzeptierter Vereinbarungen und Regeln; bei Knappheitskonflikten um Formen der Erschliessung von Ressourcen (von der Ebene des Gemeinwesens bis hin zur kantonalen und Bundespolitik und entsprechender Öffentlichkeitsarbeit); bei Mitgliedschaftskonflikten schließlich um ein breites Spektrum von Formen sozialer Vernetzung, über die Bewusstmachung diskriminierender Normen und Praktiken von Organisationen bis hin zu Fragen der Einbürgerungspolitik.

Dienstleistungsangebote

Das TikK bietet folgende Dienstleistungen an:

– „*Projektarbeit*
  vorort bei Konflikten und Gewaltereignissen im öffentlichen Raum als
  – Initiierung von Lernprozessen mit möglichst allen Beteiligten aus Schule, Politik, Wirtschaft, Jugend- und Freizeiteinrichtungen, Sozialwesen;
  – Aufbau und Institutionalisierung eines Kooperationsnetzes zwischen verschiedenen Gruppen und Organisationen zur Bewältigung neuer Konflikte am Ort ihrer Entstehung;
  – Hilfe zum Aufbau niederschwelliger Anlaufstellen vorort;
– *Weiterbildung*
  in unterschiedlicher Form, d.h. als
  – massgeschneiderte Angebote aufgrund der Projektarbeit im Gemeinwesen;
  – modularisierte Bildungsangebote auf Anfrage von Fachhochschulen, sozialen Einrichtungen, im öffentlichen Dienst sowie der Privatwirtschaft;...
– *Coaching/Beratung*
  Coaching von Personen/Professionellen, die in einem Gemeinwesen die Funktion eines Kultur- oder Integrationsbeauftragten innehaben."
  (Verein TiKK 2003: S.3)

Spezifika des TikK im Unterschied zu anderen Einrichtungen

Während sich die meisten Beratungs- und Kontaktstellen für Einwanderer in den großen Städten befinden und sich auf Alltagsprobleme der Privat- und Nachbarschaftssphäre von Individuen, Familien, binationalen Paaren konzentrieren oder die Zusammenarbeit mit bestehenden Migrantenorganisationen suchen, gilt für das TikK: Es arbeitet vor allem in Randregionen[10], kleineren Städten sowie in ländlichen Gegenden der deutschen Schweiz, macht aufsuchende Arbeit am Ort des Geschehens, überweist Konflikte im Rahmen der Privatsphäre an die bestehenden Beratungsstellen und konzentriert seine Tätigkeit auf Konflikte und Gewaltereignisse im öffentlichen Raum.

Da viele interkulturelle Konflikte das Produkt des Streites um gesellschaftliche Güter, um soziale, kulturelle oder politische Anerkennung und Integration sind, können sie nicht im Privatbereich ausgehandelt und gelöst werden, sondern nur im Rahmen des Gemeinwesens (vgl. Staub-Bernasconi 1999: 5).

Als Spezifika und als Stärken des TikK werden hervorgehoben:

„In Abweichung zu Stellen mit starker parteilicher Interessenbindung, Polizei, Verwaltung, Anwälte oder Interessenvertretungen von Ausländern oder sozialen Gruppen, kann TikK durch Horizonterweiterung den Fall beruhigen oder dramatische Entwicklungen in Richtung Gewalt bremsen oder moderieren. Wesentlich ist, dass TikK – wiederum im Unterschied zu anderen Stellen – zusätzliche Ressourcen der Vernetzung für die Konfliktlösung erschließen kann. Es können weitere Akteure mobilisiert werden, die für den Verlauf eines gewalthaltigen Konflikts den Ausgang mitbestimmen. TikK löst dank der mittel- und langfristigen Begleitung der Fälle zwischen Lernchancen und Lösungsmöglichkeiten Synergien aus, die Fälle erfolgreich abschliessen lassen." (TikK-Evaluation I: 25)

Typische Konflikt-Fälle

Die typischen TikK-Fälle sind Vorkommnisse in einem sozialen 'Niemandsland', für die sich niemand als zuständig betrachtet (vgl. Staub-Bernasconi 1999: 5). Den bearbeiteten Fällen lag ein breites Spektrum akuter Konfliktkonstellationen zugrunde: zum Beispiel der Ausschluss von Jugendlichen aus dem Bildungssystem, Erwerbslosigkeit, soziale Ausgrenzung und Bandenbildung; Konflikte zwischen traditionellen und modernen Werten, etwa über das Geschlechterverhältnis oder über Erziehungsvorstellungen; der Kampf um (knappe) Räume und soziale Regeln in Jugendtreffs oder auf öffentlichen Plätzen; Gewalt zwischen ethnischen Gruppen; Diskriminierung aufgrund fremdenfeindlicher oder rassistischer Urteile; Tötungsdelikte und die Ratlosigkeit der öffentlichen Instanzen; polizeilicher Umgang mit Ausländern oder Konflikte um verweigerte Einbürgerungen (vgl. ebd.: 6).

Im Unterschied etwa zur Polizei versucht das TikK, vor einem sich anbahnenden Gewaltakt oder nach einem solchen einzugreifen. In beiden Fällen geht es primär um die Ermöglichung und aktive Förderung von Lernprozessen im öffentlichen Raum und nicht primär um soziale Kontrolle.

Arbeitsprinzipien und erforderliche Kompetenzen

Es wird, wie schon erwähnt, Wert gelegt auf eine interkulturelle und gemischtgeschlechtliche Zusammensetzung des hauptamtlichen Teams sowie der übrigen MitarbeiterInnen, „zum einen, um auch im eigenen Arbeitsalltag immer wieder mit interkulturellen Verständigungs- und Übersetzungsfragen konfrontiert zu sein, zum andern, um den Betroffenen, den Auftraggebern zu signalisieren, dass sich interkulturelle Konflikte nur partizipativ mit den MigrantInnen zusammen – und nicht für sie – lösen lassen" (ebd.: 7).

Nach einer kürzeren oder längeren Situations- und Problemanalyse werden „maßgeschneiderte Problemlösungen" erarbeitet (ebd.: 8). Für diese Arbeit sind vor allem drei Schlüsselkompetenzen gefordert (ebd.: 8f; vgl. auch Staub-Bernasconi 1995: 303ff):

1 *transkulturelle Kompetenz:* die Fähigkeit, mit Irritationen, Fremdheit und Angst, Mehrdeutigkeiten, Dilemmata und Widersprüchen in unbekannten Situationen umzugehen. Staub-Bernasconi differenziert diese Kompetenz in (a) affektive Empathie, (b) kognitive Offenheit, d.h. sich auf neue Erfahrungen einzulassen, „ohne dass man diese sogleich auf die eigenen bekannten und bequemen Denkmuster reduziert" (Staub-Bernasconi 1999: 8), (c) normative Offenheit als Suche nach einem übergreifenden Bezugspunkt und Maßstab zur Beurteilung der Legitimität von Interessenlagen sowie von Wert- wie Normenstrukturen, (d) die Fähigkeit, durch die Erweiterung von Denk- und Werthorizonten zu integrieren, anstatt zu polarisieren

2 *interkulturelle Kompetenz – Perspektivenwechsel:* die Fähigkeit, kulturelle Traditionen und Muster im Blick auf das Zusammenleben in einer sich formierenden Weltgesellschaft zu reflektieren

3 *ethnospezifische Kompetenz:* Es geht um das Verstehen der jeweils unterschiedlichen Bedeutung von grundlegenden Vorstellungen etwa über Familie, Zeit, Besitz, aber auch um die Berücksichtigung solch konkreter Dinge wie der Körperhaltung, des Einsatzes von Augenkontakt, des Platzes eines Rituals im Alltag oder im religiösen Leben; es gilt, für als „fremd" und „unverständlich Empfundenes" eine Sprache zu finden (ebd.: 9)

Das TikK sieht sich primär als „Scharnier", „Brückenbauer", also „Vermittlungsinstanz" zwischen Konfliktparteien. Es arbeitet sowohl mit Opfern als auch mit Tätern und den Personen wie Organisationen ihres Umfeldes. Insofern fördert und fordert es allseitige Auseinandersetzungs- und Lernbereitschaft. Dabei stellt sich in der Arbeit vielfach heraus, dass die Frontlinien nicht so klar sind, wie dies die jeweilige Partei darstellt.

Kriterien für den Erfolg bzw. für den Abschluss eines Projekts

Die zu veranschlagende erforderliche Zeitdauer für die Bearbeitung bzw. Lösung eines Konflikts kann zwischen ein paar Wochen bis zu einem oder sogar zwei Jahren liegen, wobei der Lernprozess umso länger dauert, je mehr Personen und Instanzen in den Konflikt involviert sind.

Ein Konflikt gilt dann als optimal gelöst, wenn sich
a) das Klima der Feindseligkeit und Polarisierung,
b) die blockierten Kommunikationswege, das Konfliktverhalten,
c) die dazugehörigen Normen und Werte in Richtung einer
d) fairen, für alle Parteien und Individuen akzeptablen Konfliktlösung verändert haben, kurz, wenn ein allseitiger Lernprozess eingetreten ist und die legitimen Ziele erreicht worden sind (ebd.: 10f).[11]

In 38 Prozent der Fälle wurde (laut TikK-Evaluation I: 22) das Kriterium der zweifach erfolgreichen Intervention (Lösung und Lernprozess) erfüllt: „Zu vermuten ist, dass die zweifach erfolgreichen Fälle durch die Synergie zwischen Lösungschancen und Lernpotential gekennzeichnet sind. Es gibt somit einen Zusammenhang zwischen Lösungsperspektive und Lernbereitschaft: Wenn sich in einem frühen Zeitpunkt der Beratung Lösungsperspektiven abzeichnen, kann dies die Beteiligten viel eher für interkulturelles Lernen motivieren, als wenn keine Lösungen möglich erscheinen.“(ebd. I: 24)

Auf die Einleitung von Lernprozessen – statt nur Akutsituationen zu bearbeiten – wird großes Gewicht gelegt. Dem entspricht, dass das TikK zunehmend auch mit Weiterbildungsaufträgen befasst wird.

Gemeinwesenorientierung

In der Geschichte des TikK lässt sich hinsichtlich der Art der bearbeiteten Fälle eine Entwicklungslogik feststellen: vom Mikro- zum Mesobereich. Für die ersten beiden Jahre galt (heute ist das nicht mehr der Fall!), dass die ans TikK herangetragenen Konfliktfälle am häufigsten im sozialen Mikrobereich ihren Ausgang nahmen, „vorwiegend in schwierigen familialen Notsituationen.... Diese Situationen sind oft Ausbruchs- und Konzentrationsstelle von Spannungen, die sich in andere problematische Bereiche verzweigen, wie Aufenthaltsbewilligung, finanzielle Situation, andere kulturelle Normen über Familie, Geschlecht und Arbeitssituation. Insofern entwickelt sich das Spannungsfeld Mikrobereich häufig in die Richtung von Situationen und Verhältnissen im sozialen Mesobereich“ (TikK-Evaluation I: 24).

Der „Mesobereich" gilt als der auf der Ebene des Gemeinwesens angesiedelte, weshalb das TikK im zweiten Evaluationsbericht (von 1999) „im Rahmen eines Gemeinwesenansatzes" (ebd. II: 12) beschreibt, dass die Fälle als „Mesofälle" verstanden werden, für die das „Konzept der Gemeinde zentral" sei. Die Mesofälle rücken, in der Gemeinde ansetzend, einen bestimmten Ausschnitt der Gesellschaft in den Blick. Die Gemeinde – wenn sie nicht die Ausmaße einer größeren Stadt erreicht – ist der Raum, in dem sich für die hier lebenden Menschen unterschiedlicher Herkunft die Frage der Beziehung zwischen Fremden und Einheimischen sichtbar und konkret stellt, wo sich Spannungen entladen können in Konflikten. Das Gemeinwesen ist „ein ortstypischer Mikrokosmos sozialen Geschehens... Es umfasst typische Verhältnisse, Beziehungen und Kontakte zwischen Menschen, Gruppen, Vereinen und Organisationen."

Weitere analytische Kategorien für die Arbeit im Gemeinwesen sind: Klima, Beziehungsnetz, Werthaltung, Problemlösung sowie Akteurkreise.

Klima: „In jeder Gemeinde trifft man ein eher günstiges oder ein eher ungünstiges 'Klima' an, das für den Umgang mit Konflikten wichtig ist." Zwar empirisch schwer fassbar, zeigt sich das „zum Beispiel als Offenheit oder Widerstand, Vertrauen oder Misstrauen, Kooperationswille oder Passivität" (ebd.).

Kontakt- und Beziehungsnetz: Die Beziehungs- und Kontaktnetze sind die „kleinen und größeren Öffentlichkeiten, die in einem Gemeinwesen spontan oder organisiert vorhanden sind" (II: 13).

Werthaltung: „Gemeinwesen prägen Werthaltungen ihrer Mitglieder oder sind durch solche geprägt... Nach den Werthaltungen lassen sich die verschiedenen Lager gruppieren, die für die eine oder andere Entwicklung einstehen oder zu gewinnen sind."

Problemlösung: „Schließlich ist ein Gemeinwesen der Ort, wo Handlungen für Lösungen, Maßnahmen gegen Probleme entschieden und umgesetzt werden", wo Organisationen, Vereine oder Gruppen eigenständig oder zusammen mit der administrativen Gemeinde wirken.

Das für die gemeinwesenorientierte Arbeit relevante Geschehen kann vereinfacht nach drei Akteurkreisen unterschieden werden, um beschreiben zu können, „wer in einem Gemeinwesen wie zusammenwirkt, um für ein konkretes Problem, ein bestimmtes Klima, eine Vernetzung, eine Werthaltung oder eine Lösung zu begünstigen oder auch zu verhindern" (vgl. Darstellung 1).

1. „Der innerste Kreis umfasst jene Akteure und Beziehungsfelder, die um einen oder mehrere Brennpunkte entstehen. Der 'Herd' des Brennpunktes sind zum Beispiel die gewaltbetroffenen Akteure, Täter oder Opfer. Um ihn bilden sich jene Akteure, die in unmittelbarer Nähe und in direktem Kontakt mit dem Problemherd und seinen Akteuren stehen."

Darstellung 1: Akteurkreise in einem Gemeinwesen
äußerer Akteurkreis

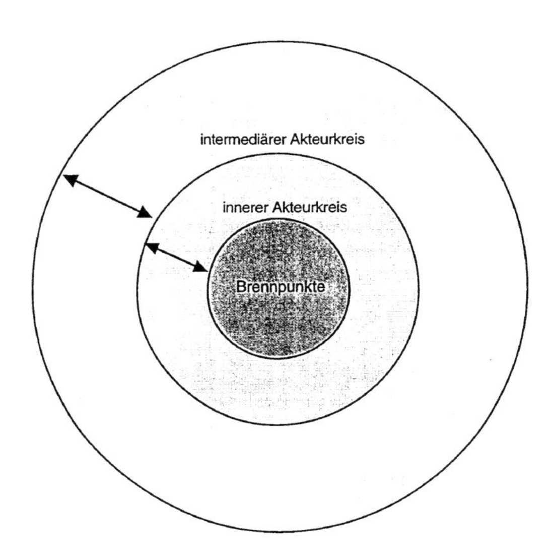

2. Auf dem zweiten, dem „intermediären“ Kreis finden sich ‘vermittelnde Akteure’, die zum Teil „in Kontakt zu jenen stehen, die im Brennpunkt tätig oder betroffen sind. Sie bilden Brücken zum Kreis-Brennpunkt und sind für eine Fallentwicklung daher besonders wichtig“. Vermittelnde Akteure können in einem Gemeinwesen aber auch andere Personen, Organisationen, Gruppen und Einrichtungen sein, die versuchen, die jeweilige Konfliktthematik auf eine umfassendere Ebene des Gemeinwesens zu übertragen (ebd.: 13f). „Sie wirken durch ‚networking' und schaffen erweiterte Kontaktnetze, Öffentlichkeiten und Zugänge“ (ebd.: 14).
3. Auf dem dritten Kreis befinden sich „Akteure, welche das Gemeinwesen im Sinne der politischen Behörden, die Gemeinde, repräsentieren. Dieser äußerste Akteurkreis ist für Problemlösungen entscheidend, wenn eine Fallentwicklung politische Dimensionen gewinnt, wie dies beispielsweise bei einer Einbürgerung zutrifft. Der äußere Akteurkreis ist am klarsten definiert, weil er die legalisierten Akteure der Entscheide und Verantwortung ‘in letzter Instanz’ betrifft. In einem mittleren bis kleineren Gemeinwesen ist dieser äußere, behördliche Kreis nicht selten durch Kontaktbrücken zum vermittelnden Kreis – und/oder sogar bis in den Brennpunkt hinein – verbunden“ (ebd.: 14).

Darstellung 2: Mesofälle als dynamische Verläufe

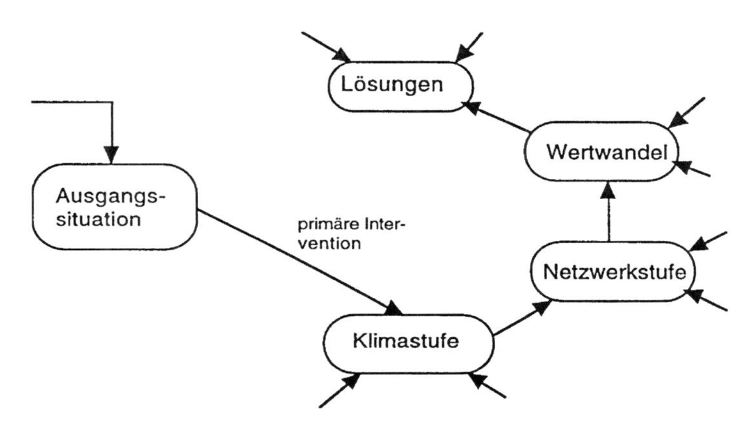

Die drei Kreise sind „ähnlich wie in einem Spinnennetz durch Querverbindungen verbunden. Sie geraten in Schwingungen oder Bewegung, wenn im Brennpunkt etwas passiert. Die Beobachtungen dieser Schwingungen und Interventionen in den drei Akteurkreisen beeinflussen weitere Entwicklungen. In diesem Bild wird angedeutet, dass TikK in einem Gemeinwesen ein Facettenauge braucht, um den Fall zu beobachten und richtig zu intervenieren" (ebd.: 15).

Bei der Darstellung eines Musters der Fallentwicklung entspricht jede Stufe einer bestimmten Zielebene (vgl. Darstellung 2): zum Beispiel von einer Klimaverbesserung („Klimastufe"), über eine spürbare Verbesserung der 'interkulturellen' Kommunikation und Vernetzung („Netzwerkstufe"), über die Entstehung neuer Einsichten und Werthaltungen, einen Wertkonsens, wie man mit problematischen Beziehungen zwischen Fremden und Einheimischen umgehen kann und soll („Wertwandel"), bis hin zu einer politischen Lösung („Lösungen") (ebd.: 17).

Der ideal vereinfachte Fallverlauf entwickelt sich über die genannten vier Stufen: „ein Gemeinwesen würde nach einem TikK Auftrag (a) über ein besseres interkulturelles Klima verfügen (Indikator: Gefühl der Einwohnerschaft), (b) Kontaktnetze aufweisen, die unterschiedliche und gegensätzliche Lager überspannen (Indikator: z.B. interkultureller Vernetzungsgrad), (c) einen Wertkonsens über das Verhältnis zwischen Fremden und Einheimischen (Indikator: z.B. Leitbild, Grundsätze, Gesetze) und (d) überdurchschnittlich gute Lösungen für Probleme (Einbürgerungspraxis) aufweisen (Indikator: z.B. innovative Lösungen)" (ebd.: 17).

Dieser „Musterfall“ (1) eines progressiv linearen Fortschreitens ist in der Realität aber gerade nicht zu erwarten. Darum müssen weitere Typen von Fallverläufen bedacht werden: (2) der „Druckfall“ (ein Gemeinwesen muss kurzfristig eine Lösung suchen oder durchsetzen, weil es ‘brennt’; dieser Lösungsdruck, beispielsweise eine gesetzlich vorgeschriebene Maßnahme, schaltet die Chancen für die übrigen weicheren Ziele und Strategien aus); (3) der „dramatische Fall“ (ein gravierendes Konfliktereignis, etwa eine Gewalttat, polarisiert und blockiert das Angehen weiterer Lösungen); (4) der „unübersichtliche Fall“ (zu wählende Zielbestimmung, aber auch die Mittel und Strategien sind unklar); schließlich der (5) „schwelende Fall“ (äußere Konfliktsymptome bleiben [noch] latent, können aber bereits bestimmte Akteure oder Teile der Öffentlichkeit beunruhigen). – Soweit die Typologie von Fallverläufen, die jeweils unterschiedliche Strategien erfordern!

Was die Wege betrifft, wie ein Fall ans TikK gelangt, kann zwischen *top down* oder *bottom up* unterschieden werden. *Top down*: „vom äusseren Kreis der politisch-administrativen Behörden. Sie ziehen das TikK bei, um abzuklären, wie ein Problem im Brennpunkt anzugehen und zu lösen ist. Das TikK hat in dieser Situation zwar einen klaren Auftraggeber, aber einen vorerst ‘unbekannten’ Zugang zum innersten Kreis im Brennpunkt.“ *Bottom up*: „Das TikK wird vom Brennpunkt heraus angefragt und alarmiert. Die Ausgangssituation wird von vorneherein aus direkten Kontakten mit betroffenen Akteuren und Institutionen beobachtet und bestimmt. Das TikK hat in dieser Situation klar das Spannungsfeld im Auge, ist aber in den höheren Akteurkreisen, den vermittelnden und behördlichen Akteuren unbekannt oder muss sich hier erst einführen“. (ebd.: 18)[12] Je nach Fallentwicklung sind recht unterschiedliche Qualifikationen gefordert.

Es gilt: „Die Brennpunkte, die Anfragen an TikK auslösen, liegen meist im Bereich Jugend, Freizeit, Treffs, Schule. Obwohl Spannungen zwischen Fremdem und Eigenem häufig das ganze Gemeinwesen belasten – Arbeitsbereich, Politik, Vereine, öffentlicher Raum, Nachbarschaft –, werden sie bei den Akteuren oft erst dann zum Problem, wenn es den Nachwuchs, die Kinder, die Jugend und die Schule betrifft.“ (II: 58) Jedoch: „Liegen im Jugendbereich die Chancen und der Erfolg des Erreichten, sind die Grenzen der Interventionsmöglichkeiten dort festzustellen, wo Konflikte und Spannungen rechtliche oder institutionelle Regelungen tangieren... Die Leitstrategie von ‚unten nach oben' (bottom up) gelingt, wenn sie kontinuierlich Kontakte und Klima verbessern kann. Sie versagt, wenn sich die behördliche Seite unvermittelt vor einem Zwang sieht, für eine größere Ausländergruppe zu handeln, die im Gemeinwesen über keine Brücken zum vermittelnden Kreis und zum großen Mehr [sic!] der Bevölkerung verfügt.“ (II: 59)

Eine Bilanz der eigenen Erfahrungen mit dem TikK

Einheit von Fall- und Feldarbeit

Im Büro des TikK in der Straßburger Straße in Zürich hatte ich Gelegenheit, verschiedene Fälle und die Art des Umgangs mit ihnen kennen zu lernen. Das begann mit der Demonstration des vom Team genutzten EDV-gestützten Dokumentationssystems (vgl. dazu den Evaluationsbericht zum „Konzept der Codierung" I: 3f).[13] Gezeigt wurde mir an Fallbeispielen, wie ein theoriebasiertes (es handelt sich um die Orientierung an Kategorien der Handlungstheorie, die im Kontext der Zürcher Fachhochschule entwickelt wurde[14]), von MitarbeiterInnen des TikK selbst konzipiertes Computerprogramm die Arbeit effektivieren kann bei der Dokumentation, Analyse und Evaluation der Fälle. So sind in dem Programm in der Eingabemaske theoretisch gewonnene Kategorien vorgegeben, in die die Fallanalysen und -bearbeitungen eingetragen werden, wobei sich dann mitunter Zusammenhänge erschließen, die ohne diese Art der Dokumentierung kaum oder sehr viel schwerer erkennbar wären, zum Beispiel in der Kopplung von Situationsbeschreibung, Bewertung (Interpretation) und Handlungsschritten (sowohl hinsichtlich der Klienten wie der Professionellen). Die konsequente Nutzung dieses Instruments führt zu einem zusätzlichen Erkenntnisgewinn.

Von exemplarischer Bedeutung, an dem sich das Innovative der Arbeit des TikK besonders eindrücklich studieren ließ, war der Fall in der Stadt Köniz bei Bern. Hier war es in den 80er Jahren zu einem spektakulären Tötungsdelikt gekommen (ein kurdischer Vater hatte seine Tochter erstochen). Indirekt waren in den Fall auch Teile der Schweizerischen Bevölkerung und Ämter der Gemeinde verwickelt, so dass auf Initiative der Leitung der Gemeinde das TikK für die Aufarbeitung des Falles und für die Implementation von handlungsbezogenen Schlussfolgerungen für ein mehrjähriges Projekt gewonnen wurde (vor allem Weiterbildung). Die Dokumentation dieser Arbeit des TikK (vgl. die ausführliche Darstellung zum Fall Köniz nach der Maßgabe: „Die interkulturelle Sprache finden", TikK-Evaluation II: 40ff) von der unmittelbaren Krisenintervention (bezogen etwa auf die kurdische Familie), über mehrere Phasen hinweg, über Öffentlichkeitsarbeit, über die Schaffung neuer Kooperationszusammenhänge bis hin zu Fortbildungsveranstaltungen mit MitarbeiterInnen unterschiedlicher Gemeindeämter und Institutionen zeigt paradigmatisch, was Soziale Arbeit zu leisten vermag, wenn sie in diesem bestimmten Sinne 'systemisch' vorgeht nach der Maßgabe: auf verschiedenen Ebenen zu arbeiten, möglichst alle Akteure und ihre unterschiedlichen Interessen und Perspektiven einzubeziehen, dadurch und durch weitere Vernetzungen neue, bisher nicht geahnte Ressourcen zu erschließen, Interventionen mit Präventionen zu verknüpfen über die Initiierung von Lernprozessen. Bemerkenswert zudem war für mich nicht nur am

Fall Köniz, sondern auch bei anderen Fällen, dass durch die Theoriebasierung seiner Arbeit das TikK-Team zu unterscheiden versucht, was an den 'interkulturellen Konflikten' (inter-)kulturell und was (sozial-)strukturell ist, auch wenn verschiedene Ethnien in einem Konfliktfall vertreten sein mögen. Die Arbeit des TikK nimmt damit zugleich eine öffentliche Aufklärungsfunktion wahr, indem am konkreten Fall gezeigt wird, wo tatsächlich kulturelle Differenzen eine Rolle spielen und wo strukturelle oder politische Probleme nur 'kulturalisiert' werden.

Fortentwicklungen von Gemeinwesenarbeit

Zusätzlich zu diesen Hospitationstagen im Zürcher Büro begleitete ich mehrfach Team-Mitglieder zu Einsatzorten des TikK außerhalb Zürichs. So nahm ich in Wolhusen bei Luzern teil an einer antirassistischen Weiterbildungsveranstaltung zum Thema Rechtsextremismus, die als Nacharbeit zu einem Konfliktfall vom TikK in Kooperation mit KommunalvertreterInnen verschiedener Institutionen vor Ort organisiert und moderiert wurde. Oder ich beteiligte mich in Luzern an der Beratung eines aktuellen Stadtentwicklungsprojekts („Projekt Gemeindeentwicklung Littau"), bei dem das TikK initiierende, koordinierende und vermittelnde Funktionen wahrnimmt: In Kooperation mit der Fachhochschule Luzern und mit breiter Beteiligung vom Bürgermeister bis zu Wohlfahrtsverbänden, von Kleingewerbevertretern und Schulen bis zu Initiatorinnen von Frauencafés und MitarbeiterInnen von Jugendtreffs werden hier gemeinsam Entwicklungsaufgaben für eine ganze Stadt konzipiert und auf den Weg gebracht, eine Form von Sozialer Arbeit und Konfliktprävention, die realisiert, was in der Gemeinwesenarbeit zwar angestrebt, aber oft nicht erreicht worden ist.

Vernetzung, erweiterte Ressourcenerschließung durch die Einbeziehung vielfältiger Akteure, Mediation zwischen unterschiedlichen Belangen und Interessen sind einige der bereits mehrfach erwähnten charakteristischen Arbeitsformen des TikK, wobei die Kontrahenten gleichsam an einen ,runden Tisch' zusammengeführt und dadurch Handlungspotentiale erschlossen werden, die ohne diese Tätigkeit, ohne solche vernetzende Soziale Arbeit isoliert voneinander blieben mit den bekannten Folgen von unzureichenden Chancen zur Konfliktregelung gerade bei interethnischen bzw. interkulturellen Konflikten.

Versteht man Gemeinwesenarbeit (vgl. dazu Oelschlägel 2001: 653f) – heute unter dem Etikett „Sozialraumorientierung" mitunter etwas geschichtsvergessen als konzeptionelle Neuerfindung gehandelt – als ein zentrales „Arbeitsprinzip" für einen wirksamen, erfolgversprechenden Umgang mit solchen sozialen Problemen, die nicht allein durch eine personale Einzelfallarbeit zu lösen sind, dann geht das TikK seine spezifische Problematik eindeutig „gemeinwesenorientiert" an.

Das zeigt auch die umfangreiche Liste der über zwanzig allein seit 2002 laufenden Projekte, davon sieben „in und mit sozialräumlichen Gemeinwesen“ in unterschiedlichen Orten (z.B. in einer Kleinstadt über den Umgang mit ‘fremdenfeindlichen Quartiervereinen’ mit dem Fernziel, diese zu bewegen, auch MigrantInnen aufzunehmen); zwei „gemeinwesenbezogene Projekte im Jugendbereich“ (z.B. zum Umgang mit Gewaltproblemen in einer stark frequentierten Jugendhaus-Disco); neben weiteren fünf „im Rahmen von Organisationen“ (z.B. Angestellten-Schulung im Schweizerischen Mieterverband, dessen Stammkundschaft zunehmend aus AusländerInnen besteht); sechs „in Bildungseinrichtungen“ (z.B. in der NGO „Menschenrechte Schweiz“ (MERS) über „interkulturelle Mediation in Theorie und Praxis“); ein „Auslandsprojekt“ (mit der „Caritas Schweiz – Fachstelle für Friedensförderung in Kooperation mit der Stelle für Rückkehrhilfe in Ex-Jugoslawien“ in Zusammenarbeit mit dem Masterlehrgang „Master of Social Work – Soziale Arbeit und Menschenrechte“ in Berlin) sowie eine „Krisenintervention“ (im Fall des Suizidversuchs eines abgelehnten Asylbewerbers und der Maßregelung eines diesen Vorgang kritisierenden Mitarbeiters der entsprechenden Asylberatungsstelle) (vgl. TikK-paper 2003).

Rückvermittlung in die Lehre und Forschung

Über einen Lehrauftrag, den das TikK-Team (Gülcan Akkaya, Hanspeter Fent und Jürg Walker in Kooperation mit einem hauptamtlichen Dozenten, Werner Obrecht, der einen Teil der Theorie abdeckte) an der Hochschule für Soziale Arbeit Zürich im Schwerpunkt „Interkulturelle Koexistenz“ wahrnahm, wurde diese innovative Praxis und ihre theoretische Reflexion in die Ausbildung ‘eingespeist’.[15]

Durch die Lehrtätigkeit des TikK-Teams – ich hospitierte einen Tag lang bei diesem Seminar – wurde deutlich, wie eine theoretisch reflektierte Praxis und eine Hochschule, die solche aufbereitetete Praxiserfahrungen einbezieht, exemplarisch kooperieren können mit dem Ergebnis einer zwar praxisnahen, aber nicht praktizistisch verkürzten Ausbildung von hochqualifizierten Fachkräften im sozialen Bereich. Diese Multifunktionalität macht das TikK (als eine auch intermediäre Einrichtung der Verknüpfung von Aufgaben des Sozialwesens mit dem Bildungs- und Ausbildungswesen) zu einem innovativen Organisationstyp, der die bisherigen bzw. üblichen Bereichsgrenzen überschreitet.

Erwähnung verdient neben den Aktivitäten in der Hochschullehre und in der Weiterbildung schließlich auch die Publikationstätigkeit der MitarbeiterInnen des TikK, auf die hier nicht weiter eingegangen werden kann.[16] Immer wieder wurde hier auch gezeigt, wie die Arbeit des TikK wissenschaftlich begleitet und evaluiert wurde: In einer dreiteiligen, über mehrere Jahre hinweg (1997, 1999, 2000) sich erstreckenden Studie sind die Ergebnisse der akribischen Auswertung von ca. 100 Fällen vorgelegt worden (vgl. die dreibändige Tikk-Evaluation), ein Beispiel für gelungene Praxisforschung, durch die ein zusätzlicher Erkenntnisgewinn für innovative Formen Sozialer Arbeit zu erzielen ist.

Fazit

Portraitiert wurde hier ein – nach meiner Einschätzung – exemplarisches Modell einer hochprofessionellen, zukunftsbezogenen Sozialen Arbeit. Beeindruckend ist das facettenreiche Profil des TikK: In seinen gemeinwesenorientierten, vernetzenden Arbeitsformen, Interventions- und Präventionsaspekte, Arbeit und Bilden/Weiterbilden kombinierenden Tätigkeiten vereinigt es Funktionen, die gewöhnlich auf unterschiedliche Institutionen verteilt sind. Es ist dadurch in der Lage, die unterschiedlichsten Akteure zusammenzuführen und die dadurch potenzierten Ressourcen zu erschließen und zu bündeln. Es praktiziert zudem nicht nur modernste Arbeits- und Organisationsformen – einschließlich freilich auch mancher 'Zugeständnisse' an ökonomische Anforderungen der Zeit –, sondern wendet diese in einer wissenschaftlich basierten, politisch reflektierten und normativ orientierten Weise auf zentrale Gegenstände und Problematiken der Gegenwartsgesellschaft an. So kann man in der Arbeit des TikK eine Form Sozialer Arbeit sehen, die vermutlich auch Dieter Oelschlägel und die anderen Mitglieder jenes BdWi-Arbeitskreises Soziale Arbeit und Erziehung von 1984, wie eingangs dieses Artikels erinnert, als „fortschrittlich“ bezeichnet hätten. Unabhängig von diesem Prädikat handelt es sich bei der Arbeit des TikK um eine qualitativ bemerkenswerte Soziale Arbeit unter den Bedingungen einer sich zunehmend weiter ausprägenden – nach wie vor und mehr denn je kapitalistischen – Weltgesellschaft.

Anmerkungen

1 Den BdWi gibt es immer noch, im Namen inzwischen ergänzt um die „Wissenschaftler*innen*“

2 Vgl. Oelschlägel 1994: 18, 24

3 So etwa der Fischer-Taschenbuch-Renner „Sozialarbeit unter kapitalistischen Produktionsbedingungen“, hg. von Walter Hollstein/Marianne Meinhold, Frankfurt a.M. 1973.

4 Vgl. die unten im Anhang abgedruckten Textauszüge aus dem „Kommunistischen Manifest“, die die Aktualität einer Analyse demonstrieren, hinter der vieles, was dazu heute geschrieben wird, zurückbleibt. Der heute „Globalisierung“ genannte Prozess begann für Marx und Engels mit dem Kapitalismus, mit der „Epoche der Bourgeoisie“, deren revolutionäre geschichtliche Rolle und die für sie charakteristische permanente Revolutionierung und Modernisierung sie bei all ihrer scharfen Kritik daran zugleich überschwenglich priesen.

5 Im folgenden Portrait stütze ich mich neben eigenen Erfahrungen und Beobachtungen während meiner Hospitationsphase auf meist unveröffentlichte Papiere des TikK, auf die Evaluationsberichte des Instituts *cultur prospectiv* und insbesondere auf ein ausführliches Papier von Silvia Staub-Bernasconi, das sie als Initiatorin und Projektleiterin des TikK 1999 für ein Unesco-Seminar verfasst hatte (Staub-Bernasconi 1999).

6 In Verbindung mit der SGG wurde z.B. auch in Hamburg des Projekt „Seitenwechsel" initiiert, bei dem Führungskräfte aus der Wirtschaft für eine begrenzte Zeit „Sozialeinsätze" leisten und umgekehrt Sozialtätige ein Praktikum in einem Unternehmen machen können.

7 Vgl. die Berichte der TikK-Evaluation

8 Präsident (im deutschen Vereinsrecht: erster Vorsitzender) ist Peter Binz, Vizepräsidentin Silvia Staub-Bernasconi, ferner gehören dem Verein Vertreter der beiden Hochschulen und der übrigen Partner bzw. Sponsoren an. Geschäftsführer des TikK ist seit dessen Gründung 1995 Hanspeter Fent, ein erfahrener Sozialarbeiter (als ein an der Zürcher Hochschule für Soziale Arbeit, wie er sagt, ursprünglich „Makro-Ausgebildeter" habe er im Laufe von zwanzig Jahren Berufserfahrung zu einer „Mikro-Makro-Identität gefunden"). Er und Gülcan Akkaya, eine kurdischstämmige Sozialarbeiterin, bilden z.Zt. (die vakante dritte Stelle wird im September 2003 neu besetzt) das hauptamtliche Team, das durch fünf weitere Honorarkräfte unterschiedlicher Nationalität verstärkt wird; das TikK-Team ist bewusst interkulturell zusammengesetzt („Was wir predigen, wollen wir selber auch tun").

9 Die Internetadresse des „Fonds gegen Rassismus EDI" lautet: www.edi.admin.ch/ara

10 Im Evaluationsbericht heißt es dazu: „Die Überforderung von kleineren und mittleren Gemeinwesen, Ausländer- und Integrationsfragen lösen und den Vollzug von kantonalen und gesamtnationalen Regeln durchführen zu müssen, erzeugt den Bedarf an Hilfsangeboten. Dieser ist in Gemeinden mit hohem Anteil von Ausländern und gleichzeitiger Betroffenheit durch die Krise industrieller Arbeitsplätze besonders hoch." (TikK-Evaluation II: 58). Oder: „Man findet in Gemeinden daher häufig gerade im Bereich Ausländer- und Integrationsfragen das Gefühl einer Überlastungskrise. Sie geht darauf zurück, dass man Gesetze und Maßnahmen zwar auf hoher Ebene, im Bund oder Kanton beschließt, ihren Vollzug aber letztlich der Gemeinde überlässt." (ebd. II: 12)

11 Im Evaluationsbericht werden drei Stufen oder Grade von „Erfolg" unterschieden: (1) eine Intervention wird „als sehr erfolgreich eingestuft, wenn es TikK nicht nur gelingt, eine Lösung des Konflikts einzuleiten, sondern wenn durch das Initiieren eines Lernprozesses zudem eine andauernde Verhaltensänderung bei den beteiligten Personen gefördert wird." (I: 21). An zweiter Stelle (2) gelten die Fälle, die nicht mit einer Lösung, aber mit langfristigen Lernprozessen abgeschlossen wurden. An dritter Stelle (3), wenn eine Lösung eingeleitet wurde, ohne dass Lernprozesse ausgelöst wurden.

12 Ein Beispiel für einen bottom-up-Fall: „Der Fall Wattwil zeigt, wie sich aus einem Einsatz an einem konkreten Brennpunkt – einem sich wandelnden Jugendtreffpunkt – eine Dynamik entwickeln kann, die Akteurkreise auf allen unterschiedlichen Ebenen einbezieht und sensibilisiert. Durch den Einsatz des TikK erfolgte eine Moblisierung vor allem bei den intermediären Akteuren. In der Folge der Eskalation im Jugendtreff, in die Jugendliche einer türkischen Migrantenfamilie verwickelt waren, zeigten sich die Folgen der fehlenden Koordination und Vernetzung der existierenden sozialen Institutionen so deutlich, dass die Gemeindebehörde mit einem weiteren Auftrag zur Vernetzung des Angebotes der sozialen Dienste an das TikK gelangte."(TikK-Evaluation II: 44) „Dem TikK gelang eine Sensibilisierung der gesamten Gemeindebehörden und intermediärer

Akteure über die Intervention an zwei Brennpunkten: dem Jugendschopf und bei der erwähnten türkischen Familie" (ebd.).

13 „Da die Akteure meist Alltagsbeschreibungen und -erklärungen verwenden, um den Verlauf eines Konflikts festzuhalten und Handeln zu rechtfertigen, wird versucht, die in den Beschreibungen enthaltenen Deutungen zu versachlichen" (II: 3). Dies geschieht durch die Bildung von Kategorien, die anhand konkreter Fallbeispiele entwickelt wurden. Die Codierung folgt der Leitidee eines „dynamischen Codes", um die spezifische Entwicklung der einzelnen Konfliktsituation zu erfassen. Die Anwendung eines dynamischen Codes erlaubt es, Veränderungen der Konfliktsituation über die Zeit zu erfassen sowie Veränderungen von Akteurnetzen, Koalitionen und Allianzen zwischen Akteuren, schließlich Veränderungen der Konfliktwahrnehmung durch die Akteure.

14 Vgl. z.B. Staub-Bernasconi 1995, Obrecht 2001, Geiser 2000

15 Lehr- und Vortragstätigkeiten werden seitens des TikK auch an anderen Hochschulen wahrgenommen, so in Basel, Luzern oder in Graz/Österreich.

16 Vgl. z.B. Fent, 2000; TikK-paper 2001; TikK-paper (Gülcan Akkaya) 2002

Anhang: Ein früher Text zur Globalisierung

„(463)... Die große Industrie hat den Weltmarkt hergestellt, den die Entdeckung Amerikas vorbereitete. Der Weltmarkt hat dem Handel, der Schiffahrt, den Landkommunikationen eine unermeßliche Entwicklung gegeben. Diese hat (464) wieder auf die Ausdehnung der Industrie zurückgewirkt,....

Die Bourgeoisie, wo sie zur Herrschaft gekommen, hat alle... idyllischen Verhältnisse zerstört. Sie hat... kein anderes Band zwischen Mensch und Mensch übriggelassen als das nackte Interesse, als die gefühllose 'bare Zahlung'. Sie hat... (465)... an die Stelle der zahllosen verbrieften und wohlerworbenen Freiheiten die eine gewissenlose Handelsfreiheit gesetzt....

Die Bourgeoisie hat... den Arzt, den Juristen, den Pfaffen, den Poeten, den Mann der Wissenschaft in ihre bezahlten Lohnarbeiter verwandelt.....

Die Bourgeoisie kann nicht existieren, ohne die Produktionsinstrumente, also die Produktionsverhältnisse, also sämtliche gesellschaftlichen Verhältnisse fortwährend zu revolutionieren.... Die fortwährende Umwälzung der Produktion, die ununterbrochene Erschütterung aller gesellschaftlichen Zustände, die ewige Unsicherheit und Bewegung zeichnet die Bourgeoisepoche vor allen anderen aus....

Das Bedürfnis nach einem stets ausgedehnteren Absatz für ihre Produkte jagt die Bourgeoisie über die ganze Erdkugel. Überall muß sie sich einnisten, überall anbauen, überall Verbindungen herstellen.

(466) Die Bourgeoisie hat durch ihre Exploitation des Weltmarkts die Produktion und Konsumption aller Länder kosmopolitisch gestaltet. Sie hat zum großen Be-

dauern der Reaktionäre den nationalen Boden der Industrie unter den Füßen weggezogen. Die uralten nationalen Industrien sind vernichtet worden und werden noch täglich vernichtet. Sie werden verdrängt durch neue Industrien, deren Einführung eine Lebensfrage für alle zivilisierten Nationen wird, durch Industrien, die nicht mehr einheimische Rohstoffe, sondern den entlegensten Zonen angehörige Rohstoffe verarbeiten und deren Fabrikate nicht nur im Lande selbst, sondern in allen Weltteilen zugleich verbraucht werden....

... An die Stelle der alten lokalen und nationalen Selbstgenügsamkeit und Abgeschlossenheit tritt ein allseitiger Verkehr, eine allseitige Abhängigkeit der Nationen voneinander. Und wie in der materiellen, so auch in der geistigen Produktion... Die nationale Einseitigkeit und Beschränktheit wird mehr und mehr unmöglich....

Die Bourgeoisie reißt durch die rasche Verbesserung aller Produktionsinstrumente, durch die unendlich erleichterte Kommunikation alle, auch die barbarischsten Nationen in die Zivilisation....Sie zwingt alle Nationen, die Produktionsweise der Bourgeoisie sich anzueignen, wenn sie nicht zugrunde gehen wollen; sie zwingt sie, die sogenannte Zivilisation bei sich selbst einzuführen, d.h. bourgeois zu werden. Mit einem Wort, sie schafft sich eine Welt nach ihrem eigenen Bilde.

Die Bourgeoisie hat das Land der Herrschaft der Stadt unterworfen. Sie hat enorme Städte geschaffen, sie hat die Zahl der städtischen Bevölkerung gegenüber der ländlichen in hohem Grade vermehrt...

Die Bourgeoisie... hat die Bevölkerung agglo-(467)meriert, die Produktionsmittel zentralisiert und das Eigentum in wenigen Händen konzentriert....

.... Die bürgerlichen Produktions- und Verkehrsverhältnisse, die bürgerlichen Eigentumsverhältnisse, die moderne bürgerliche Gesellschaft, die so gewaltige Produktions- und Verkehrsmittel hervorgezaubert hat, gleicht dem Hexenmeister, der die unterirdischen Gewalten nicht mehr zu beherrschen vermag, die er heraufbeschwor... In den Krisen bricht eine gesellschaftliche Epidemie aus, welche allen früheren Epochen als ein Widersinn erschienen wäre – die Epidemie der Überproduktion. Die Gesellschaft findet sich plötzlich in einen Zustand momentaner Barbarei zurückversetzt... Die Produktivkräfte... sind zu gewaltig für diese Verhältnisse geworden, sie werden von ihnen gehemmt... Die bürgerlichen Verhältnisse sind zu eng geworden, um den von ihnen erzeugten Reichtum zu fassen. – Wodurch überwindet die Bourgeoisie die Krisen? Einerseits durch die erzwungene Vernichtung einer Masse von Produktivkräften; anderseits durch die Eroberung neuer Märkte und die gründlichere Ausbeutung alter Märkte. Wodurch also? Dadurch, daß sie allseitigere und gewaltigere Krisen vorbereitet und die Mittel, den Krisen vorzubeugen, vermindert.“

Aus: Karl Marx/Friedrich Engels, Manifest der Kommunistischen Partei (Geschrieben im Dezember 1847/Januar 1848). Abgedruckt in: Karl Marx/Friedrich Engels – Werke. Dietz Verlag, Berlin. Band 4, 6. Auflage 1972, unveränderter Nachdruck der 1. Auflage 1959, Berlin/DDR. S.459-493.

Literatur

Akkaya, Gülcan / Fent, Hanspeter / Staub-Bernasconi, Silvia: Auf dem Weg zu einer zivilen Mediationskultur? Das Team für interkulturelle Konflikte und Gewalt (SOS-TikK). In: Eckart Riehle: Stadtentwicklung, Gemeinwesen und Mediation. Münster/ Hamburg/London 2002, LIT

Bader, Kurt / Oelschlägel, Dieter / Sorg, Richard (Hg.): Fortschrittliche Sozialarbeit unter Krisenbedingungen – Möglichkeiten und Probleme. Sonderheft Soziale Arbeit und Erziehung der Zeitschrift „Demokratische Erziehung", Köln 1984, Pahl-Rugenstein

Bader, Kurt / Sorg, Richard: Fortschrittliche Soziale Arbeit und Erziehung – auch unter Krisenbedingungen? Thesen. In: (Hg.) Kurt Bader, Dieter Oelschlägel, Richard Sorg, 1984, S.6-11

Fent, Hanspeter : Gewalt gegenüber Sozialarbeitenden – sie fällt nicht aus heiterem Himmel! In: SozialAktuell, Fachzeitschrift für Sozialarbeit, Sozialpädagogik, Soziokulturelle Animation, Juli 2000

Geiser, Kaspar: Problem- und Ressourcenanalyse in der Sozialen Arbeit. Eine Einführung in die Systemische Denkfigur und ihre Anwendung. Luzern 2000, Verlag für Soziales und Kulturelles

Obrecht, Werner: Das Systemtheoretische Paradigma der Sozialen Arbeit als Disziplin und als Profession. Eine transdisziplinäre Antwort auf die Situation der Sozialen Arbeit im deutschsprachigen Bereich und die Fragmentierung des professionellen Wissens. Zürcher Beiträge zur Theorie und Praxis Sozialer Arbeit, Bd. 4, 2001

Oelschlägel, Dieter: Einige Notizen zu einer Strategiediskussion in der Sozialarbeit. In: (Hg.) Kurt Bader / Dieter Oelschlägel / Richard Sorg, 1984, S.12-15

Oelschlägel, Dieter: Veränderungen im Politikverständnis der Gemeinwesenarbeit (GWA) seit 1968 – in biographischer Perspektive. In: rundbrief gilde soziale arbeit – GiSA (1/1994) S.18–25

Oelschlägel, Dieter: Gemeinwesenarbeit, in: Hans-Uwe-Otto und Hans Thiersch (Hg.), Handbuch der Sozialarbeit/Sozialpädagogik. Neuwied und Kriftel 2001, Luchterhand, 2. völlig überarb. Aufl., S.653–659

Staub-Bernasconi, Silvia (1995): Systemtheorie, soziale Probleme und Soziale Arbeit: lokal, national, international, Oder: Vom Ende der Bescheidenheit. Bern, Stuttgart, Wien 1995, Haupt. Darin: Ethnospezifische, interkulturelle, transkulturelle Soziale Arbeit – mehr als ein Verwirrspiel?, S.303-317; ferner: Auf der Suche nach einer „beidseits" akzeptierbaren Vorstellung der Integration von Flüchtlingen, S.319-337

Staub-Bernasconi, Silvia: Soziale Probleme – Soziale Berufe – Soziale Praxis. In: Maja Heiner/ Marianne Meinhold/ Hiltrud von Spiegel/ Silvia Staub-Bernasconi, Methodisches Handeln in der Sozialen Arbeit, Freiburg: Lambertus, 4. erw. Aufl. 1998, S.11-137

Staub-Bernasconi, Silvia: Zivilgesellschaft: Integrationshilfe durch NGOs am Beispiel der Schweizerischen Gemeinnützigen Gesellschaft. Das SOS-Team für interkulturelle Konflikte und Gewalt (TikK) als Projekt der Schweizerischen Gemeinnützigen Gesellschaft (SGG). Beitrag zum UNESCO-Seminar „Integration der Einwanderer – schweizerische Antworten", 27.10.1999, Bern (Fassung vom 14.12.1999)

TikK-paper: Jugendarbeit im interkulturellen Kontext. Ein Leitfaden. SOS-TikK/hf/mr/ 06.01, 2001 (unveröffentlicht)

TikK-paper (Gülcan Akkaya): Die Rolle der Kultur bei Interventionen in sogenannt ‚interkulturellen‘ Konflikten“, in: terra cognita, Eidgenössische Kommission für Ausländerfragen, Bern 2002

TikK-paper (Hanspeter Fent / Gülcan Akkaya / Silvia Staub-Bernasconi): Zur Zeit laufende Projekte der „Taskforce interkulturelle Konflikte“ (Zeitraum Mitte 2002 bis Juni 2003), 2003, 7 Seiten (unveröffentlicht)

Verein TiKK (Silvia Staub-Bernasconi / Hanspeter Fent), Strategiepapier zur Zukunft des TikK „Taskforce interkulturelle Konflikte“, 2003 (unveröffentlicht)

TikK-Evaluation

Bd. I. Schlußbericht: Schwerpunkt Mikrofälle, von Susanne Hohermuth und Hans-Peter Meier, CP-Institut „cultur prospectiv“, Zürich 17.11.1997 (31 Seiten)

Bd. II. Schlußbericht: Mesofälle – Brennpunkte Jugend, von Susanne Hohermuth, Hans-Peter Meier und Therese Walter, ebd., Zürich 30.4.1999 (68 Seiten);

Bd. III. Schlußbericht: Mesofälle – Identitätskonflikte, von Susanne Hohermuth, Hans-Peter Meier und Therese Walter, ebd., Zürich März 2000 (51 Seiten);

Synthese. Stand – Einschätzungen – Empfehlungen, von Susanne Hohermuth, Hans-Peter Meier und Therese Walter, ebd., Zürich März 2000 (16 Seiten) (unveröffentlicht)

Regina Kirsch, Jens Maienschein, Florian Tennstedt

Stadtteilzeitungen als Medium Sozialer Arbeit in sozialen Brennpunkten

Einleitung

Für die Akzeptanz und Effizienz der Sozialen Arbeit in der Bevölkerung sind Informationen über ihr Handeln, ihre Absichten und Angebote sowie die von ihr bearbeiteten Problemsituationen notwendig. Die entsprechende Informationsvermittlung erfolgt meist nur durch Broschüren, Informationsblätter und Pressemitteilungen, systematisch praktizierte Öffentlichkeitsarbeit wird in der Regel nur von den Trägern Sozialer Arbeit (Gemeindeverwaltungen, Verbänden der Wohlfahrtspflege etc.) betrieben, nicht von den Akteuren der Sozialen Arbeit selbst. Unter Bezugnahme auf bürokratische und rechtliche Regelungen wird „eigenständige" Öffentlichkeitsarbeit von Sozialarbeitern und Sozialarbeiterinnen vielfach auch nicht gern gesehen, hinzu kommen die üblichen Probleme von Zeit und Geld. Aber es gibt Ausnahmen – die Stadtteilzeitungen in sozialen Brennpunkten bzw. als Medien von Gemeinwesenarbeit (GWA). In den siebziger Jahren galten Stadtteilzeitungen sogar als Sprachrohr der Gegenbewegung zu den bestehenden Machtstrukturen der Gesellschaft. Man wollte – so etwa im Märkischen Viertel in Berlin – „Partei ergreifen", „konkret diejenigen Kräfte und Bewegungen unterstützen, die ihre Sache selbst in die Hand nehmen, die sich nicht von den Bürokraten des Staatsapparates und der Parteien vorschreiben lassen, wie hoch beispielsweise Hütten auf Abenteuerspielplätzen sein dürfen, die sich gegen ungerechtfertigte Mieterhöhungen solidarisieren und im Ernstfall einen Mietstreit wagen oder solche, die sich ihr Recht auf Kommunikation und Organisation nehmen, indem sie eine leerstehende Fabrikhalle besetzen. ‚Partei ergreifen' bedeutet für uns Hilfe zur Selbsthilfe."[1]

Seit den neunziger Jahren wird „Hilfe zur Selbsthilfe" weniger radikal gesehen, das System an sich ist nicht mehr der Gegner, Alternativen im großen Stil sind entfallen und werden kaum noch entwickelt, jedenfalls nicht mehr in der Sozialen Arbeit. Vernetzung und Bürgerbeteiligung, Informationen über bestehende Zustände und Zusammenhänge oder Verbraucherschutz sind die Aktionsfelder der heutigen Stadtteilzeitungen.[2] Dabei sind Stadtteilzeitungen dieser Art nicht ohne Konkurrenz – es gibt kostenlos verteilte Werbezeitungen mit Stadtteilbezug, bei denen allerdings die Information als Werbeträger fungiert,[3] sowie mehr oder weniger regelmäßige Stadtteilnachrichten in vielen Tageszeitungen bzw. Lokalteilen. Die Möglichkeiten der Herstellung von Druckerzeugnissen am PC hat auch die Möglichkeiten von Parteien, Vereinen und Verbänden sowie Kirchengemeinden verbessert, Stadtteilzeitungen herauszugeben.

Als bereits langjährig existierende markante Beispiele für von engagierten Bürgern und Bürgerinnen getragene Stadtteilzeitungen seien zwei Beispiele aus Hessen und Baden genannt: „Westwärts" und „West Seit". Beide Stadtteilzeitungen richten sich eher an eine bürgerlich-mittelständische Bevölkerung und werden getragen durch ein im Grunde klassisches bürgerliches Engagement der Mitglieder der Stammredaktion, deren technisches Know-how und deren langjährige Beziehungen zu ihrem Wohnungsfeld, das die Finanzierung des Drucks durch Anzeigen erleichtert. „Westwärts" ist eine Stadtteilzeitung in Kassel, die seit 1995 besteht und in einer Auflagenhöhe von 11.000 vierteljährlich im Stadtteil „Vorderer Westen" verteilt wird. Träger ist der SPD-Ortsverein Kassel-West, sie ist überwiegend aber parteipolitisch neutral gehalten, also keine Parteizeitung! Sie will vor allem das lokale Informationsdefizit kontinuierlich vermindern, nicht nur über „events" und kurzfristige stadtteilspezifische Skandale berichten, sondern kontinuierliche Arbeit leisten und Hintergrundinformationen wie Partizipationsmöglichkeiten bieten. In Offenburg gibt es die ansprechend gestaltete und von der Bevölkerung (inklusive Geschäftswelt!) gut angenommene Stadtteilzeitung „West Seit" für die Stadtteile Hilboltsweiler und Albersbösch, die von einer engagierten Redaktion mit einem GWA-Sozialarbeiter gemeinsam von allen Vereinen und Institutionen dieser Stadtteile (einschließlich Kirchengemeinden) herausgegeben wird. Rund die Hälfte des Inhalts der Zeitung liefern diese Institutionen im Stadtteil, die andere Hälfte sind Redaktionsbeiträge einschließlich regelmäßiger kritischer „Nachfragen" zu Missständen, Projekten etc.

Im Folgenden soll über zwei Stadtteilzeitungen berichtet werden, die in der Kasseler Nordstadt aus GWA-Hochschulprojekten heraus entstanden, bei denen aber eine dauerhafte „tragende" Verankerung bei der Bewohnerschaft der Stadtteile nicht gelang. Auch das Verhältnis zu den dauerhaft „vor Ort" tätigen Bildungs- und Sozialeinrichtungen mit meist außerhalb der Stadtteile wohnenden Professionellen war eher instabil. Kassel ist die frühere Wirkungsstätte des Jubilars Dieter Oelschlägel, und es nimmt nicht wunder, dass er Mitinitiator der einen, der Philippinenhöfer Zeitung, war, die über sieben Jahre erschien. Aus der Kasseler Südstadt ging er bewusst in den Norden, also in eine traditionell eher benachteiligte Gegend der Städte seit der Industrialisierung und erst recht seit der Deindustrialisierung.

Nordstadtzeitung I
Das Philippinenhof-Projekt: Philippinenhöfer Zeitung (PZ) und Kulturverein

Das Projekt „Stadtteilbezogene Sozialarbeit in der Kasseler Nordstadt (Philippinenhof)" etablierte sich im Wintersemester 1976/77, ein Jahr nachdem der neugegründete Diplomstudiengang Sozialwesen als wissenschaftlicher Kurzstudiengang im Rahmen eines gestuften Studiengangsystems konzipiert und nach einer Modellversuchsphase, beispielhaft für das „Kasseler Modell" an der jungen Reformuniversität, der integrierten Gesamthochschule Kassel, seine Arbeit aufgenommen hat. 22 Studentinnen und Studenten wurden von Prof. Dr. Margarete Tjaden-Steinhauer und Dieter Oelschlägel betreut und arbeiteten eng mit den Praktikerinnen und Praktikern vor Ort zusammen, nachdem die damalige Jugendamtsleiterin Anneliese Wolf die Hochschule gebeten hatte, im Stadtteil Philippinenhof ein Projekt anzusiedeln, „da dort das Verhältnis von sozialen Notlagen und Sozialer Arbeit besonders unausgeglichen sei".

Als Zielsetzung für die Projektarbeit im Philippinenhof-Projekt wurde von den Beteiligten formuliert: „Studenten und Dozenten wollen gemeinsam lernen, wie in verschiedenen Bereichen der Sozialarbeit (Soziale Dienste, Jugendarbeit etc.) in einem Stadtteil gearbeitet werden kann; sie wollen herausfinden, was man für eine solche Sozialarbeit wissen und können muss und sich dieses Wissen und Können aneignen."[4]

Soziale und kommunalpolitische Aktivitäten des Projektes wurden auf zwei Interventionsebenen im Stadtteil anvisiert. Die soziale Unterversorgung des Stadtteils sollte öffentlich gemacht werden, sowohl auf Stadtteilebene als auch Kasselweit mit dem Ziel der Verbesserung der sozialen Infrastruktur im Philippinenhof. Dabei sollte der Philippinenhof nicht als isoliertes Phänomen betrachtet, sondern zu anderen Stadtteilen ins Verhältnis gesetzt und aufgezeigt werden, welche Mängel überhaupt in der sozialen Versorgung der Wohnbevölkerung durch staatliche Stellen vorliegen. Über die praktische Sozialarbeit im Stadtteil sollte eine spürbare Verbesserung der sozialen Versorgung der Wohnbevölkerung herbeigeführt werden, die als konkrete Beweisführung dafür dienen sollte, dass eine positive Veränderung der sozialen Situation möglich und notwendig ist. Über diesen Weg sollten Stadtteilbewohnerinnen und -bewohner, die bereits resigniert hatten, dafür gewonnen werden, ihre Interessen zu formulieren und notwendige Veränderungen mit zu planen und einzuleiten.

Zur Realisierung der Projektinfrastruktur wurden mit der Stadt Kassel Verträge abgeschlossen, die Ausbildungsplätze und Anleitung für die Studierenden sicherstellten, und um die Stadtteilzeitung „Philippinenhöfer Zeitung“ (PZ) herausgeben zu können, wurde Ende 1977 der „Verein für sozialkulturelle Arbeit im Philippinenhof e.V.“[5] gegründet. Insofern war der Ausgangspunkt für die Gründung des Vereins das Hochschulprojekt. Es ging darum, einen Träger für die Stadtteilzeitung zu finden, um ein unabhängiges Erscheinen der Zeitung zu sichern.

Die 23 Gründungsmitglieder des Vereins bestanden aus Studentinnen und Studenten, Dozentinnen und Dozenten sowie Praktikerinnen und Praktiker der Sozialen Arbeit aus dem Stadtteil. Laut Statut war die Zielsetzung des Vereins „die Förderung sozialer und kultureller Aktivitäten im Stadtteil Philippinenhof, insbesondere die Herausgabe einer Stadtteilzeitung.“[6]

Das Hauptanliegen des Vereins war und blieb insofern die Herausgabe einer Stadtteilzeitung, der Philippinenhöfer Zeitung. In der ersten Ausgabe der Zeitung formulierte die Redaktion ihr Anliegen: „Wir stellen uns für die Zukunft vor, dass durch unsere Arbeit die Grundlage für eine Philippinenhöfer Zeitung geschaffen wird: In der die Bürger diese Stadtteils für die Bürger schreiben, in der Probleme des Stadtteils ausgesprochen und diskutiert werden, die informiert, was im Philippinenhof passiert.“

Die privat hergestellte Zeitung im DIN A 4-Format hatte einen Umfang von 20 bis 30 Seiten. Zwei Jahre nach der Gründung berichtete Dieter Oelschlägel in einem Aufsatz der Zeitschrift *Päd extra* von der erfolgreichen Arbeit und davon, dass bis dahin ca. 20 Ausgaben der Zeitung erschienen waren und regelmäßig über 600 Exemplare der PZ für zunächst 40 Pfennig, dann für 60 und zuletzt 1 Mark verkauft wurden. „Sie ist im Stadtteil eine Größe geworden, die in wichtigen Fragen (z.B. mehr Sozialarbeiter im Stadtteil, ein Arzt für den Philippinenhof, Mietwucher) Einfluss nahm und direkt eingriff. Auch im Rathaus wird sie aufmerksam gelesen. Die Zahl der Beiträge und Mitarbeiter aus dem Stadtteil hat im letzten Jahr erheblich zugenommen, obwohl die PZ ohne die Arbeit von Praktikanten und studentischen Vereinsmitgliedern noch nicht überlebensfähig wäre.“[7]

Zur Veranschaulichung der Zeitungsarbeit mit der PZ wird im Folgenden ein kurzer Überblick über Struktur und Aufbau der Zeitung gegeben. Im Zweijahresschritt werden exemplarisch drei Ausgaben vorgestellt. Die regelmäßigen Rubriken waren:

- In eigener Sache, Nachrichten aus der Redaktion;
- Vereinsnachrichten, vor allem vom Fußballverein „Fortuna“ Spielberichte und -ergebnisse;
- die Kinderseiten (gemeinsam mit den Kindern der Kindergruppe und der PZ-Kinderredaktion gestaltet);
- am Philippinenhof tätige Gruppen berichteten aus ihrer Arbeit, wie z.B. die Frauengruppe, der Schnuddelclub (Mutter-Kind-Gruppe), die Beratungsstelle „Treff-

punkt und Beratung“, die Jugendgruppe, die Planungsgruppe Bürgerhausplanung usw.;
- in unregelmäßigen Abständen gab es mundartliche Kommentare von „Effesus und Kubille“,
- Leserbriefe, Termine und Kleinanzeigen.

Konkrete Themen, die im Rahmen der Artikel behandelt wurden, waren in der Anfangszeit der PZ (1978) unter anderem: Verwaltungsausschuss-Sitzung „Warum gibt es bei uns keine Apotheke?“, rege Bürgerbeteiligung bei der ersten öffentlichen Sitzung des Verwaltungsausschusses im Gemeindehaus, Interview mit dem Direktor der Wohnungsbaugesellschaft GWG Habermehl: Keine Zeit für den Philippinenhof; Bürgerhaus in der Schule am Warteberg?, Nordstadt: Jugendarbeit kleingeschrieben, Frühschoppen mit OB Eichel; Philippinenhofer Künstler, z.B. der Holzbildhauer Alfred Sagner; Auto-Slalom am Sandkopf? (Artikel eines Anwohners zum Straßenbau-Vorhaben).[8]

In einer 1980 erschienenen Ausgabe werden die Bürgerinnen und Bürger zum Stadtteilfest eingeladen, dem Pressefest der PZ. Das Programm reichte vom Fußballturnier über die Tombola des Kleintierzüchtervereins, Kaffee und Kuchen von der Frauengruppe, der Vorstellung von der PZ-Redaktion, einem großen Kinderfest, Disco für die Jugendlichen bis zur vom Verein für sozial-kulturelle Arbeit organisierten Podiumsdiskussion zum Thema Bürgerhaus. Abschluss des Festes war ein Tanzabend mit Kapelle. Ein weiterer Artikel der PZ stellte die neue Schule am Hegelsberg und ihr Konzept vor. Ein Interview mit dem neuen Vorsitzenden des Verwaltungsausschusses war zu lesen. Vorgestellt wurde das neue Bürgerhauskonzept der Volkshochschule „Bürgernähe“ – jetzt noch näher? Die Gruppen und Vereine im Stadtteil, aber auch einzelne Bürger und Ehepaare wurden zum Mitmachen aufgefordert. Die Frauengruppe berichtete in einem kleinen Artikel von einer gemeinsamen Fahrt mit den Frauen von der Mieterinitiative Forstfeld/Bettenhausen nach Berlin, wo sie sich mit der Stadtteilarbeit in Kreuzberg beschäftigt und Kontakte zur Kreuzberger Stadtteilzeitung „Südostexpress“ hergestellt haben. Ein weiterer Artikel handelt von der anstehenden Planung eines Spielhauses, das später auch tatsächlich realisiert wurde.[9]

Wieder zwei Jahre später (1982) sind einige Themen in der PZ in einem Zitat aus „In eigener Sache“ der Zeitungsleute zu entnehmen: „Es gibt in unserem Stadtteil immer mehr als genug Gesprächsstoff, um eine Zeitung zu füllen. Waren es in der letzten Ausgabe zahlreiche Faschingsaktivitäten, Trickbetrüger oder auch die Sparpläne der Stadt, die uns in Atem hielten, so sind es diesmal mit scharfer Munition spielende Kinder, die Bebauung des Hegelsberges, der Frühjahrsputz im Wäldchen und vieles mehr.... Zu einer guten Tradition haben sich Feste im Stadtteil entwickelt.

Auch dieses Jahr werden Geselligkeit, Spaß, Information, Spiel und Sport für Jung und Alt bei guter Musik, Essen und Trinken Trumpf sein.... Und noch einmal möchten wir an dieser Stelle auf unsere regelmäßige Redaktionssitzung hinweisen....“[10]

Die kontinuierliche Arbeit sowohl des Projektes, des Vereins und der PZ-Redaktion über einen relativ langen Zeitraum (von insgesamt sieben Jahren) ist auch noch im Rückblick positiv zu bewerten, in Teilen war sie durchaus praxisrelevant. Die PZ hat als studentisches Projekt für den damaligen Zeitpunkt ein hohes Niveau erreicht, gleichfalls die Layout-Gestaltung der Zeitung. Auch heute, ein Vierteljahrhundert später können sich die Ausgaben der PZ noch sehen lassen, was sowohl die inhaltliche als auch die äußere Gestaltung angeht.

Die Bürgerhausplanung[11] war eine wichtige Klammer für die Bürgerbeteiligung im Stadtteil und ein inhaltlicher Schwerpunkt der Vereinsarbeit. Demzufolge war der Planungsstand auch immer wieder Thema in der PZ. Im selbstgeplanten Bürgerhaus sollten verschiedene Gruppen, Vereine und Verbände Platz finden, aber auch die Soziale Arbeit im Stadtteil mit den verschiedenen Zielgruppen einen Ort haben. Nachdem die Pläne für ein neues Bürgerhaus auf Eis gelegt wurden, die städtischen Zuschüsse in allen Bereichen drastisch gekürzt wurden (Verringerung der Stundenzahl für Arbeitskreisleiter, Kürzung der Honorare, Kürzung der Gelder für offene Angebote), war die Vereinsarbeit in Frage gestellt. Als dann seitens der Stadt Kassel noch Stellen von den sowieso kaum vorhandenen hauptamtlichen Stellen abgezogen wurden und hauptamtlichen Mitarbeitern die Anleitung von Praktikanten per Dienstanweisung untersagt wurde, verschlechterten sich die Bedingungen für die von der Hochschule getragene Projektarbeit zunehmend. Hinzu kam, dass die Bürgerbeteiligung und -aktivierung nur bedingt gelungen war und im Hochschulprojekt auch die Ausbildungsdimension immer mehr ins Zentrum rückte und damit sehr unterschiedliche Motivationen und Zielvorstellungen von Studierenden. Zahlenmäßig waren obendrein das Hochschulprojekt und der Verein stark geschrumpft. All dies führte dazu, dass es sinnvoll erschien, die Projektarbeit der Hochschule bzw. des Fachbereichs Sozialwesen im Stadtteil in angemessener Weise zu Ende zu bringen. Die Studierenden im Projekt erstellten eine Abschlussdokumentation, die PZ wurde dem Stadtteilarbeitskreis der Vereine und Verbände übergeben, die Frauengruppe hatte sich selbstständig gemacht und autonom weitergetroffen. Die Beratungsangebote wurden eingestellt und die Kinder- und Jugendarbeit den städtischen Stellen überlassen, sie überlebte das fehlende Hochschulprojekt nur kurze Zeit. Dieter Oelschlägel folgte einem Ruf nach Duisburg und verließ Kassel.

Nordstadtzeitung II: Nordwind und Nordstadtwerkstatt

Fast zwanzig Jahre nach dem dargestellten Philippinenhof-Projekt gab es im Rahmen des Projektstudiums an der GhK wieder ein Nordstadtprojekt (1991–1995), geleitet von Prof. Ingeborg Pressel und Prof. Dr. Florian Tennstedt. Dieses war aber ein reines Ausbildungsprojekt in enger Kooperation mit den inzwischen etablierten sozialen Einrichtungen im Philippinenhof und im („vorgelagerten") Stadtbezirk Nord-Holland. Durchgehendes Thema war die Jugendarbeit und die Schaffung eines städtischen Jugendzentrums, für das Räume gesucht wurden. Diesem Projekt fehlte aber ein dauerhafter Focus, auch war das Interesse der Studierenden an kontinuierlichem Engagement im Stadtteil nicht so stark ausgeprägt wie zur Zeit der PZ, die eher noch „Aufbruchzeit" der GWA und der Gesamthochschule war. Der als „Schnäppchen" mögliche Kauf einer ehemaligen Gaststätte „Haus an der Spitze" und dessen Einrichtung als Jugendhaus war in den 80er-Jahren an der ablehnenden Haltung der Stadt gescheitert. Inzwischen war dort ein von türkischen Gastarbeitern gegründeter Kulturverein eingezogen, hatte die Fatih Camii Moschee für gläubige Sunniten eingerichtet und leistete kulturelle, religiöse und Soziale Arbeit auf seine Weise, bot vor allem Korankurse an. Ein Jugendzentrum gab es nur in einer Kirchengemeinde, das aber nur eine begrenzte Wirkung in dem „multikulturellen" Stadtteil entfaltete.[12]

Die in den 70er Jahren bestehenden Probleme hatten sich verändert, im Wesentlichen als Folge der Deindustrialisierung des alten Arbeiterviertels mit vielen Altbau- und Sozialwohnungen. Inzwischen existierten dort alle Merkmale, die – wie es zwischenzeitlich heißt – einen Stadtteil bzw. ein Quartier als benachteiligt charakterisieren. Einzelne Quartiere waren auch amtlich als soziale Brennpunkte anerkannt. Sozial bedeutsam waren dabei für die Nordstadt allgemein insbesondere der hohe Anteil (über 50 Prozent) von Bewohnern, die aus mehr als 25 Ländern, überwiegend aus der Türkei und Südeuropa stammen und keine deutsche Staatsangehörigkeit (44,4 Prozent) haben, die hohe Arbeitslosigkeit (mit 28,5 Prozent war sie 2000 fast doppelt so hoch wie der Durchschnittswert der Stadt) und die hohe Quote von einem Viertel Sozialhilfebeziehern unter den rund 15.000 Bewohnern. Die sozialen und generativen Probleme waren ethnisch-kulturell überformt, so dass die bestehenden kulturellen und sozialen Einrichtungen besonderen Anforderungen ausgesetzt waren und sind: Sprachprobleme, Abgrenzung und Abschottung; andererseits zeigt der Stadtteil (wie auch die Universität) ein gewisses internationales Flair und ist in vieler Hinsicht interessant und lebenswert mit zahlreichen Grünzügen und Sportstätten, die ausgebaut werden sollen. Das Gelände der Universität Kassel liegt am Rande dieses Gebiets, seit 1987 hat auch der Fachbereich Sozialwesen dort sein Gebäude.[13]

In der Nordstadt, insbesondere im so genannten Stadtbezirk Nord-Holland (so genannt in Anlehnung an die den Stadtbezirk prägende wie zerschneidende Ausfallstraße Holländische Straße) existierten inzwischen eine Reihe sozialer Institutionen mit Hilfsangeboten – dezentralisierter ASD im neuen Bürgerhaus (Philipp-Scheidemann-Haus), sozialpädagogische Familienhilfe nach einem von Ingeborg Pressel wesentlich mitentwickelten Konzept des Diakonischen Werkes, Schuldner- und Verbraucherschutz, neun Kindertagesstätten, Kultur- und Jugendzentrum Schlachthof, AWO-Beratungsstelle für ausländische Mitbürger – und ein koordinierender Stadtteilarbeitskreis.[14] Allgemeiner politischer Ansicht nach federten diese Institutionen den Trend zur relativ benachteiligten Stadtentwicklung im Quartier ab, traten ihm aber nicht wirkungsvoll genug entgegen, ein besonderes Problem war und ist die hohe Arbeitslosigkeit, insbesondere auch bei Jugendlichen.

Die Sozialdezernentin der Stadt Kassel, Ilona Caroli, gab daher 1997 bei Stadtplanerinnen eine Studie „Integriertes Stadtteilentwicklungskonzept" in Auftrag, das im Anschluss an entsprechende NRW-Projekte zugunsten von Stadtteilen mit besonderem Entwicklungsbedarf (z.B. Duisburg-Marxloh), ein entsprechendes Nordstadtprojekt vorschlug. Hierzu sollte dienen:

a die Vernetzung und Verknüpfung von Struktur-, Arbeitsmarkt-, Planungs- und Sozialpolitik in konkreten Projekten,
b die konkrete Einbindung möglichst vieler Bewohnergruppen und Institutionen, zu denen auch die Universität Gesamthochschule Kassel gehörte.[15]

Die Geschichte dieses städtischen Nordstadtprojekts („Caroli-Projekt"), das mit dem inzwischen beendeten Studienprojekt von Ingeborg Pressel und Florian Tennstedt zunächst nichts zu tun hatte, ist hier nicht im Einzelnen nachzuzeichnen. Sinnfällig und wahrnehmbar wurde es durch einen mit 3,5 Stellen ausgestatteten, von der Stadt finanzierten Stadtteilladen der Arbeiterwohlfahrt mit den Bereichen Schuldnerberatung, Altenhilfe und Migration, Hilfe zur Arbeit und Wohnumfeldverbesserung. Aufbau und Ausgestaltung desselben erfolgten ohne Inanspruchnahme der Kompetenz im Fachbereich Sozialwesen. Eine in der Nordstadt ansässige Wohnungsbaugesellschaft stellte zudem Räume für ein Mieterzentrum „Nordpunkt" zur Verfügung, in dem Angebote für Frauen, Kinder und Jugendliche entwickelt und ein interkultureller Mieterbeirat – mit sozialpädagogischer Unterstützung – gebildet wurden. Im Rathaus wurde – abgesichert durch den *Lokale Agenda 21 Prozess* – eine dezernatsübergreifende Zusammenarbeit eingeleitet, dem auf Stadtteilebene ein so genannter Runder Tisch entsprach.[16]

Am Fachbereich Sozialwesen bildete sich zur gleichen Zeit als „Ausläufer" des Studienprojekts Pressel/Tennstedt, das Brigitte Hossenfelder und zuletzt Regina Kirsch fortgesetzt hatten, sowie im Anschluss an eine Lehrveranstaltung zur „Sozialen Stadt“ eine von Florian Tennstedt und Peter Hammerschmidt angebotene „Nordstadtwerkstatt“, in die Studenten mit der Absicht eintraten, über mehrere Semester und verbindlicher als beim Projektstudium für und in die Nordstadt zu wirken. Die langfristige Hoffnung war eine alte, nämlich die Einrichtung eines Jugendzentrums im jugendreichsten Kasseler Stadtteil, die mit dem Kampf für das „Haus an der Spitze“ begonnen hatte. Außerdem führte am Fachbereich Sozialwesen Dr. Peter Hammerschmidt im Auftrag des Hessischen Landesamtes für Umwelt und in Kooperation mit der kommunalen Arbeitsförderung der Stadt Kassel eine einjährige Studie zur Integration von Arbeitslosen durch, die Teil des *Lokalen Agenda 21 Prozesses* sowie des Nordstadtprojekts der Stadträtin Caroli war.[17]

Was im Nordstadtprojekt der Stadt Kassel (gewollt) fehlte, war eine systematisch betriebene GWA, die Bewohner und Nachbarschaft in den Erneuerungsprozess einbezog, „örtliche Spezialisten“ aktivierte und als politische Motoren für die Quartiersentwicklung gewann. Dieses konnte auch die „Nordstadtwerkstatt“ für sich allein nicht leisten, zumal die ethnisch heterogene Bevölkerung schwer für irgendein dauerndes Engagement zu gewinnen war, im Zweifel waren Teehäuser für Männer und Korankurse für Frauen attraktiver! Im Übrigen existierten zwei türkische Fußballvereine und ein auf Drogenprävention ausgerichteter Midnightbasketball, an dem Teilnehmer der „Nordstadtwerkstatt“ maßgeblichen Anteil hatten.[18]

Immerhin, das ergab die Diskussion unter den beteiligten Studentinnen und Studenten, konnte ein substantieller Beitrag der Nordstadtwerkstatt zum Gelingen einer verbesserten Entwicklung der Nordstadt ein typisches GWA-Medium sein, eine Stadtteilzeitung nach bekannten Mustern, das an die Traditionen der PZ anknüpfte und zugleich für Studenten wie Bewohner konkrete Beteiligungsmöglichkeiten eröffnete. Der Fachbereich Sozialwesen stellte die technische Infrastruktur und persönliche Kompetenz durch die Sozialpädagogin und Dokumentarin Heidi Winter bereit.[19] Nach etwa einjähriger Vorbereitung und zugesagter Hilfe durch eine im Zeitungsmachen erfahrene Studentin – Natalie Bayas – erschien im Juli 1999 die erste Ausgabe des „Nordwind“, die in einer Auflage von 4.000 Exemplaren in der gesamten Nordstadt flächendeckend durch die „Nordstadtwerkstatt“ – anders als die PZ – nicht verkauft, sondern, wie die beiden eingangs genannten Stadtteilzeitungen „Westwärts“ und „West Seit“, kostenlos verteilt wurde. Die Gründungsintention beschreibt recht gut das Editorial dieser Erstausgabe:

„Liebe Leserinnen und Leser!
‚In der Nordstadt tut sich was‘ – aber die Bürgerinnen und Bürger bekommen’s nicht mit. Das hörten wir, wir, eine Projektgruppe ‚Nordstadtwerkstatt‘ der Universität Gesamthochschule Kassel im vergangenen Jahr öfter. ‚Nordwind‘ soll hier Abhilfe schaffen. Ergänzend zu den vorhandenen Kasseler Medien soll ‚Nordwind‘ ein besonderes Magazin zur sozialen Stadterneuerung sein, informieren über das, was es

in der Nordstadt gibt und geben soll, was ihre Bürgerinnen und Bürger für ihren Stadtteil als Gemeinwesen tun, was sie von ihm erwarten und wünschen, was sie entwickelt haben und noch entwickeln wollen. Wir planen, daß der ‚Nordwind' etwa alle zwei bis drei Monate erscheint. Die ehrenamtliche Redaktion versteht sich dabei nur als Anregerin – nur wenn die Nordstadtbürgerinnen und -bürger mitmachen, die für sie gedachte Zeitung ‚tragen', macht unser ‚Nordwind' Sinn, kann er auf Dauer interessante Ein- und Überblicke vermitteln und wichtige Hinweise und Informationen geben, vielleicht auch etwas ‚Wind' machen, bewegen und voranbringen, so wie ein leichter Wind schon ein großes Segelboot zu neuen Ufern bringen kann (siehe Titelbild!)."[20]

Die ausschließliche Finanzierung der Stadtteilzeitung „Nordwind" durch Anzeigen ließ sich aber nur über fünf Ausgaben durchhalten, also knapp anderthalb Jahre. Danach brachen die ganzseitigen Anzeigen der „Großkunden" (u.a. Stadtsparkasse) weg, und sie durch Kleinanzeigen zu ersetzen, die nach wie vor im Stadtteil akquiriert wurden, war wegen der dafür notwendigen Zusatzzeit nicht möglich, immerhin unterstützte auch das Freie Radio Kassel die Arbeit weiterhin durch größere Anzeigen. Inzwischen hatte sich der „Nordwind" aber etabliert und das städtische Nordstadtprojekt war in das Förderprogramm „Soziale Stadt" aufgenommen, so dass von dorther eine erhebliche Mitfinanzierung erfolgte.[21] Auf dieser Grundlage wurden dann – bis Oktober 2002 – acht weitere Ausgaben in der bewährten Form gestaltet, insgesamt also 13 Ausgaben in drei Jahren, darunter eine vom „Internationalen Bund" (IB) mitgetragene Jugendausgabe. Die Redaktionsgruppe der studentischen Nordstadtwerkstatt hatte sich in diesen drei Jahren als personell relativ konstant erwiesen, die Fluktuation war gering.[22] Für ein Hochschulprojekt war das eine ganze Weile. Aus den Reihen der Nordstadtbewohner oder in den ansässigen Bildungs- und Sozialeinrichtungen Tätigen (vielfach Absolventen des Fachbereichs Sozialwesen!) konnten aber keine Mitarbeiterinnen oder Mitarbeiter gewonnen werden, am engsten war der Kontakt zum noch zu Zeiten von Dieter Oelschlägel gegründeten, zunächst in Konflikt mit der Stadt Kassel, nun von ihr geförderten Jugend- und Kulturzentrum „Schlachthof", das auch Ende Mai das alljährliche Stadtteilfest veranstaltete, bei dem der „Nordwind" seinen „Stand" hatte und über das er regelmäßig ausführlich berichtete.

Der Kontakt des städtischen Nordstadtprojekts zum Fachbereich Sozialwesen war in diesen drei Jahren nicht enger, sondern eher lockerer geworden. Die Fluktuation im Stadtteilladen und anderen Teilprojekten war so groß, dass dies schwierig war – abgesehen von der engagierten Stadtteilmanagerin Petra Schütz-Iller, von Hause aus Stadt- und Landschaftsplanerin – bildete sich keine kontinuierliche, persönliche Zusammenarbeitsstruktur heraus.[23] Der am Kontakt mit der Hochschule besonders interessierte und die Nordstadtwerkstatt stets fördernde langjährige Ortsvorsteher und Stadtverordnete Werner Zimmer verstarb 2001,[24] der in der Nordstadt als Träger vieler Einrichtungen tätige Kreisverband Kassel der AWO geriet (2002) in Konkurs, Honorarzahlungen blieben aus, und das städtische Nordstadtprojekt griff bei der „Rekrutierung“ neuer Mitarbeiter und Mitarbeiterinnen nicht auf die Kompetenz der Studenten und Absolventen des Fachbereichs Sozialwesen zurück, sondern auf die des Fachbereichs Stadt- und Landschaftsplanung. Im Vordergrund der von Land, Bund und schließlich EU („Urban“) geförderten Arbeit standen die baulichen Maßnahmen – statt Jugendhaus zunächst „Unterstände“ zur Cliquenbetreuung, aber auch neue Spielplätze etc. – und die Arbeitsförderung, die von der Stadtverwaltung mit Boxcamp[25] aus bestimmt wurden. Mit der Einrichtung einer so genannten Stadtteiletage wurde schließlich auch eine Nordstadt- und Philippinenhofjugendliche gruppenbezogen erreichende Einrichtung geschaffen, hieran war aber der Fachbereich Sozialwesen schon nicht mehr beteiligt. Die Dinge nahmen also ihren Gang, und die Rolle des Fachbereichs bzw. die Sozialwesenkomponente war eher tangential.[26] Ein gewisses Highlight war das in der Nordstadt angesiedelte documenta 11-Projekt „Bataille Monument“ des Künstlers Thomas Hirschhorn, das für einen Sommer (2002) internationale Aufmerksamkeit nebst Touristen in die Nordstadt mit entsprechenden Jobs brachte und eng mit dem Jugendprojekt „Boxcamp“ zusammen arbeitete. GWA im Sinne von Dieter Oelschlägel gab es also im Rahmen von Nordstadtwerkstatt und Nordstadtprojekt nicht, wohl aber einen neuen Anlauf dazu.

Der „Nordwind“ galt und gilt inzwischen aber als unverzichtbares Medium, so dass das Stadtteilmanagement Nordstadt-Projekt die Zeitschrift fortführte und bis jetzt fortführt – in neuer Trägerschaft, in neuem Gewand und gewandeltem Inhalt, besonders engagiert ist dabei die Kassler Produktionsschule „BuntStift“.

Vorläufige Bilanz –
Erfahrungen und Regeln für eine Stadtteilzeitung

Im Rahmen der Nordstadtwerkstatt wurde eine Studienarbeit von Redaktionsmitglied Jens Maienschein geschrieben, in der dieser und zwanzig Stadtteilzeitungsredaktionen (mit Schwerpunkt Saarland und Berlin) befragt und die eigenen Erfahrungen beim „Nordwind“ dargestellt und reflektiert hat. Dabei kommt er zu dem Ergebnis, dass die für den Kasseler „Nordwind“ zentrale Thematik „MigrantInnen“ nur in dem Kasseler Projekt Nordwind explizit aufgegriffen wurde, nur hier wurde und wird versucht, die Sprachbarrieren zu überwinden durch einen Teil in türkischer Sprache bzw. teilweise durch Übersetzungen. Vor allem formulierte er so etwas wie Grundregeln für die Arbeit einer Stadtteilzeitung, die sich aus den erfragten wie eigenen Erfahrungen ergeben und die hier abschließend als Anregung und Hilfe für nachfolgende Gründer wiedergegeben werden sollen:

Eine besondere Bedeutung kommt der *Redaktion* einer Stadtteilzeitung zu. Als Vermittler zwischen den verschiedenen Interessengruppen im Stadtteil wird eine gewisse Steuerung des Gesamtprozesses unvermeidbar bleiben. Die Zeitung muss „bürgernah" sein, soll also Kritik an Missständen üben können und versuchen, sich für die Belange der BürgerInnen einzusetzen. Gleichzeitig darf sie aber auch nicht „unzensiert" jede Äußerung aus der Bevölkerung aufgreifen. Leicht besteht die Gefahr, zu einem „Hetzblatt" gegen Kommune und öffentliche Instanzen zu werden, die ja oftmals als „Sündenbock" für Missstände in den Köpfen der Menschen stehen. Um in der Bevölkerung akzeptiert zu werden, muss die Zeitung auch „Biss" haben, ihre Aktionen dürfen sich nicht als „Seifenblasen" entpuppen. Dies würde die Zeitung als harmloses Werbeblättchen, oder als „Pseudo-Bürgerzeitung" unwiderruflich in die Unbedeutsamkeit drängen. Um diesen „Drahtseilakt" zu vollziehen, sich einerseits für ein besseres Leben im Stadtteil aktiv einzusetzen, sich aber andererseits auch mit den gegebenen politischen Strukturen zu arrangieren und auch Kooperationspartner einzubeziehen, ist die Errichtung einer Stammredaktion wichtig, wie es auch in den meisten Stadtteilzeitungen üblicherweise gehandhabt wird. Diese „strategische Insel", auf der Selbstverständnis und Konzepte immer wieder aufs Neue den sich oft ändernden äußeren Umständen angepasst werden müssen, ist unverzichtbar. Anpassung meint hier nicht etwa eine Unterordnung der eigenen Ansprüche unter die bestehenden Machtstrukturen im Stadtteil, sondern eine Flexibilisierung von Strategiekonzepten. Die Inhalte der Zeitung und somit auch deren Wirkung in der Bevölkerung sind hier grundsätzlich zu diskutieren und zu reflektieren. Hier sollten auch die verschiedenen Teilaufgabenbereiche der Zeitung zusammenkommen. Die Stammredaktion wäre also hier ein Vernetzungsgremium innerhalb der Zeitung. Auch im Hinblick auf mögliche Sponsoren oder Kooperationspartner muss grundsätzlich hier eine Vorabsprache erfolgen. Zusammen mit den Kooperationspartnern ist dann die Einrichtung einer weiteren, erweiterten Redaktionssitzung von Vorteil. Diese könnte dann einmal pro Auflage stattfinden, wichtigste Sitzung ist dabei die Schlussredaktion. Diese muss absolute Priorität zu allen anderen Gremien und Besprechungen der Zeitung und ihrer Mitarbeiter haben.

Zu den *Kooperationspartnern* sei noch bemerkt, dass diese nicht aus eigenen, persönlichen Interessen oder Überzeugungen ausgewählt werden dürfen. Im Vordergrund muss dabei immer die strategische Frage stehen, was für den Stadtteil bzw. die dort lebenden Menschen wichtig ist. Die Kooperationspartner können daher auch aus den verschiedensten Bereichen stammen. Diese können, um nur einige zu nennen, sein: Ortsbeiräte, Kommunalpolitiker und Dezernenten, Polizei, Wohnungsbaugesellschaften, Mieterbeiräte und -vereine, Sportvereine, Hochschulen, Schulen, Kindergärten, Institutionen wie Jugend-, Sozial- und Wohnungsamt, Kulturzentren, Jugendzentren, Kirchen aller Konfessionen und deren Einrichtungen, Moscheen,

Firmen und Geschäfte des Stadtteils, Beschäftigungsprojekte, Schuldner- und Mieterberatungsstellen, sozialpädagogische Familienhilfe, Selbsthilfeorganisationen und -initiativen, Kulturvereine und natürlich auch bereits bestehende GWA-Projekte. An dieser Vielfalt wird auch nochmals die Notwendigkeit deutlich – die ja auch von der GWA her bekannt ist –, sich mit den Gegebenheiten im Stadtteil genauestens auszukennen.

Wo GWA-Projekte vorhanden sind, sind auch meistens, zumindest was die Personalkosten beteiligter GemeinwesensarbeiterInnen betrifft, Fördermittel vorhanden. Durch Überzeugungsarbeit können auch hier noch weitere Kooperationspartner eingebunden werden. In der GWA ist Zeitungsarbeit als Öffentlichkeitsarbeit allgemein anerkannt und akzeptiert. Als klassische Förderer der GWA in Form der Trägerschaft können konfessionelle Wohlfahrtsverbände bezeichnet werden.

Für die *Finanzierung der Druck- und Herstellungskosten* wird bei den meisten Zeitungen der Weg über Werbeanzeigen gewählt. Dieser Weg ist ein empfehlenswertes Prinzip der Arbeit überhaupt. Gerade hierdurch wird ja auch eine gewisse Akzeptanz und Verwurzelung der Zeitung im Stadtteil erreicht. Geschäftsleute sind Anlieger des Stadtteils, oftmals sogar gleichzeitig auch seine BewohnerInnen. Sie sind zu einem beträchtlichen Teil am Gebilde „Stadtteil“ und der damit verbundenen Infrastruktur beteiligt. Außerdem können diese vorhandenen Strukturen als Auslagestellen genutzt werden.

Wo allerdings (noch) kein GWA-Projekt vorhanden ist, wie in dem Kasseler Hochschulprojekt „Nordstadtwerkstatt“, sind Werbeanzeigen wahrscheinlich anfangs der einzige Weg, eine unabhängige Stadtteilzeitung zu etablieren. Sinn und Nutzen von Werbeanzeigen sind aber dennoch zu überprüfen. Die hochsensible Grenze zwischen einem Medium Sozialer Arbeit, finanziert mit Mitteln der freien Wirtschaft, und einem Medium der freien Wirtschaft, das nebenher noch eine „soziale Botschaft“ enthält, sollte bedacht werden. Diese Grenze kann nur im Einzelfall, beruhend auf Erfahrungen vor Ort, ausgemacht und ergründet werden.

Betrachtet man den erheblichen Arbeitsaufwand, den die Betreuung der Anzeigenkunden mit sich bringt, so wird man, langfristig gesehen, nicht ohne eine Finanzierung der Personalkosten auskommen, was für die redaktionelle Arbeit ebenfalls gilt. Möglicherweise könnten hier in der Zukunft neue Modelle entwickelt werden, wie beispielsweise ABM-Stellen, ASS-Stellen oder auch die, teilweise schon erfolgreich praktizierte Zusammenarbeit mit Beschäftigungsprojekten städtischer und freier Träger.

Wie kommt die Zeitung zum Bürger? Zunächst lässt sich anmerken, dass zwei verschiedene Möglichkeiten der Verteilung denkbar sind: Man kann die Zeitung entweder an alle Haushalte des Stadtteils/Stadtgebiets durch Einwurf in die Hausbriefkästen verteilen oder in Geschäften und Institutionen des Stadtteils auslegen. Beide Formen haben Vorteile wie auch Nachteile.

Zunächst lässt sich feststellen, dass durch die *Verteilung der Zeitung* an alle Haushalte potentiell die meisten Menschen im Stadtteil erreicht werden. Dies bringt einen nicht zu unterschätzenden, erheblichen Aufwand mit sich. Einerseits muss die Verteilung finanziert und organisiert werden, andererseits schlägt sich dies natürlich auf die Höhe der Druckkosten nieder, da diese Form der Verteilung der Zeitung die maximale Auflagenhöhe und somit auch maximale Druckkosten bedeutet. Bei einem Stadtteil, wie beispielsweise der Kasseler Nordstadt mit etwa 16.000 Anwohnern, würde die Auflagenhöhe bei Abdeckung aller Haushalte ca. 6.000 betragen.

In Bezug auf die Gesamtkonzeption einer Stadtteilzeitung lässt sich die Umsetzung der Verteilung derselben als mögliches Vernetzungsglied im Stadtteil ausmachen. Wo Bürgernähe fehlt, kann diese durch Kooperation mit bestehenden Projekten (z.B. Beschäftigungsprojekte mit Langzeitarbeitslosen aus dem Stadtteil) oder Institutionen (z.B. Schulen, Jugendzentren, Kirchen) hergestellt werden.

Zu erwähnen sei weiterhin der gesteigerte Wert einer Werbeanzeige für ihren Inserenten, bei einer „Direktlieferung“ seiner Anzeige „frei Haus“. Bei einem zu großen Werbeumfang besteht jedoch grundsätzlich die Gefahr, dass die Zeitung selbst als „Werbeblättchen“ verkannt wird und ungelesen zur Mülltonne wandert.

Selbst bei einer kostenlosen *Auslage der Zeitung* in den wichtigsten Geschäften, Institutionen und Arztpraxen wird man doch einen Teil der Anwohner des Stadtteils zunächst nicht erreichen. Wer beispielsweise selten im Stadtteil einkauft, wird so nur zufällig erreicht werden. Hinzu kommt, dass in den Geschäften oft nur wenig Zeit bleibt und so der erste äußere Eindruck der Zeitung bestimmt, ob sie mitgenommen wird oder nicht. Wer generell keine Werbeauslagen oder ähnliches beachtet, weil diese oft nur unnötigen Ballast bedeuten oder sowieso später im Mülleimer landen, hat hier nur wenig Chancen, die Zeitung mitzubekommen.

Doch die Möglichkeit der Verteilung der Zeitung durch Auslagestellen bietet auch einige erhebliche Vorteile für die Arbeit. Zum einen die oben bereits erwähnte Kostenersparnis: Um beim Beispiel der Kasseler Nordstadt zu bleiben, reduziert sich hier die Auflagenhöhe auf ca. 3 200 Exemplare. Die Auslagestellen sind in kürzester Zeit bedient, müssen aber gegebenenfalls nachbeliefert werden. Auch hier wäre eine Vernetzung mit verschiedenen Projekten im Stadtteil denkbar. Des Weiteren erscheint hier aber noch ein anderer Punkt, der sich als erheblicher Gewinn gegenüber einer Verteilung an alle Haushalte auszeichnet: Die Verteiler der Auslagestellen erfahren auf ihrer „Tour“ durch die Geschäfte eine Welle von Rückmeldungen, die durchaus für die Zeitungsmacher von großem Nutzen sein können. Menschen, die sich vielleicht normalerweise nicht trauen würden, der Redaktion selbst ein „Feedback“ zu geben, melden dies im Kontakt zum Verkäufer im Einkaufsladen an. Sie fragen nach, wann die neueste Stadtteilzeitung erscheint oder geben positive oder negative Rückmeldungen zum Inhalt. Allein schon durch die Beobachtung oder durch die Nachfrage, „wie denn die Zeitung so geht“, können so wichtige Informationen gewonnen werden, die nicht zuletzt auch für das Selbstverständnis der „Macher“ von großer Bedeutung sein können. Hier wird also kein neues System in den Stadtteil eingeführt, sondern schon vorhandene Strukturen werden „benutzt“, Ressourcen des Stadtteils sinnvoll ausgenutzt.

Für die auslegenden Geschäfte ergibt sich ein werbewirksamer Vorteil, wenn die Auslagestellen in der Zeitung aufgeführt werden: Förderung der lokalen Ökonomie als Nebenprodukt sozialer Arbeit.

Eine zusätzliche Einnahmequelle kann durch den *Verkauf der Zeitungen* entstehen. Dabei bleibt jedoch zu prüfen, ob hierdurch die Zugangsschwelle zu der Zeitung nicht zu hoch wird. Des Weiteren müsste auch noch überprüft werden, ob der relativ hohe Arbeits- und Organisationsaufwand und die dabei entstehenden Kosten nicht den Nutzen übersteigen würden. In der praktischen Anwendung ist der Verkauf von Stadtteilzeitungen nur bei einigen kleineren Projekten mit einer Auflagenhöhe von bis zu 300 üblich, die PZ mit 600 ist gegenüber dem Durchschnitt ungewöhnlich.

Denkbar wäre auch eine Mischform, also Verteilung und Auslagestellen. Es können beispielsweise Kinder die Zeitung direkt aus Schulen und Kindergärten mit nach Hause nehmen oder Vereine sie an ihre Mitglieder verteilen.

Ausblick

Funktionierende Beispiele für Stadtteilzeitungen gibt es viele. Die Soziale Arbeit im Stadtteil hat damit eine große Chance. Dies ein wenig verdeutlicht zu haben, wünschen wir uns als Resultat dieses Dieter Oelschlägel gewidmeten Berichts. Wie in vielen anderen Bereichen der Sozialen Arbeit auch, ist die Praxis oft der Motor. Die Praxis selbst wiederum bleibt aufgefordert, sich zu vernetzen und gegenseitig an den verschiedenartigen Ausgangslagen voneinander zu lernen, die Ausbildungsprojekte von Hochschulen können dabei eine Initialfunktion übernehmen, nicht aber eine tragende Rolle. Ganz ehrenamtlich geht es in benachteiligten Stadtteilen mit besonderem Entwicklungsbedarf auf Dauer nicht.

Anmerkungen

1 Autorengruppe „Märkische Viertel Zeitung", 1974, S. 172

2 Empirisch ausgewertet wurden für diese Arbeit im Wesentlichen Stadtteilzeitungen aus Südwestdeutschland, insbesondere die Stadtteilzeitungen des „Forum Gemein Wesen Arbeit Saar": „Molschder Blatt", „Burbacher Dorfblatt", „Alt-Saarbrigger Schniss", „Wackenberger Echo", „Wolkenkratzer", „Kolonieschacht Nachrichten", „Rauchzeichen" – Zeitung für die Kohlenmühl und „Der Treffpunkt", Merzig.

3 Hierauf hat sich vor allem ein Fritzlaer Verlag spezialisiert, der Stadtteilzeitungen/ Gemeindezeitungen z.T. auch als amtliche Nachrichtenblätter konzipiert hat, Stadtteilzeitungen in ökonomisch schwachen Regionen sind aber für ihn nicht lohnend.

4 Projekt „Stadtteilbezogene Sozialarbeit in der Kasseler Nordstadt (Philippinenhof)", Dokumentation, 1978, a.a.O., S.2

5 Vgl. Dieter Oelschlägel: Wir sind der Kulturverein, Erfahrungen aus einem Projekt „Sozialkultureller Arbeit im Stadtteil". In: Päd extra Sozialarbeit, 5/1980, S.42–46

6 Vereinsbroschüre, Kassel, Mai 1979, S.1

7 D. Oelschlägel: Wir sind der Kulturverein, Erfahrungen aus einem Projekt „Sozialkultureller Arbeit im Stadtteil". In: Päd extra Sozialarbeit, 5/1980, S.44

8 PZ Philippinenhöfer Zeitung, Eine Zeitung für den Philippinenhof/Warteberg, Nr.5/78, Impressum, verantwortlich im Sinne des Presserechts: Thomas Lehn, Dankwart Pankow, Hans-Jürgen Speth, außerdem haben an der PZ mitgearbeitet: Ingo Blank, Rainer Fischer, Frauengruppe: Frau Gawasmeh, Monika Horstmann, Kinderredaktion: Wolfgang Prier, Heidi Weise, Horst Weise, Manfred Zeyen.

9 PZ Philippinenhöfer Zeitung, Eine Zeitung für den Philippinenhof/Warteberg, Nr.5/80, Impressum, verantwortlich im Sinne des Presserechts: Wolfgang Huhn, Christa Hollmann, Herausgeber: Verein für sozialkulturelle Arbeit e.V., Außerdem haben mitgemacht: Herr u. Frau Kipinski, Renate Bohne, Regine Pfeiffer, die Frauengruppe Philippinenhof, der Schnuddel- und Spielclub, die PZ-Kinderredaktion, der Kleintierzuchtverein 05 Nord, Lucie Jansen, Gabi Markgraf, Rainer Suppa, Silvia Bock, Heidi u. Horst Weise, Jörg Robbert, Klaus Wellhäuser, Freia Neßhold, Ulrike Kurz, Schulabgänger der 8. und 9. Klasse der Wartebergschule.

10 PZ Philippinenhöfer Zeitung, Die Zeitung für den Philippinenhof/Warteberg, Nr.3/82, Impressum, Herausgeber: Verein für sozial-kulturelle Arbeit im Philippinenhof e.V., verantwortliche Redaktion: Wulf Erdmann, Bernhard Thüne-Schoenborn, Peter Battenberg, Michael Kurz, Gabi Buse, Helga Meyer. An dieser PZ haben noch mitgearbeitet: Eltern aus dem Philippinenhof, Kinder aus dem Philippinenhof, Gundula Helmert, unsere Saubermänner.

11 Wolfgang Rettberg / Rainer Suppa: Unser Haus ist nützlich und schön, Bürger planen ein Bürgerhaus. In: Sozialmagazin, 1/ 1982, S.10–13.

12 Inzwischen (seit 2001) gibt es eine Jugendetage in einem ehemaligen Fabrikgebäude, das auch von Jugendlichen aus dem Philippinenhof genutzt wird. Bekannt und beliebt ist vor allem das Boxkamp. Vgl. Lothar Kannenberg: Durchboxen. Ich lebe. Kassel 2002

13 Dieser Stadtteil wurde auch durch ein DFG-Projekt von Göttinger Stadtsoziologen unter Mitwirkung einer Absolventin des Fachbereichs Sozialwesen auf Selbsthilfepotentiale hin erforscht. Vgl. Rolf Keim / Rainer Neef: Ressourcen für das Leben im Problemquartier. In: aus politik und zeitgeschichte, B-10-11, 2000, S.30–39, vgl. auch: Nord-Holland. Aus Kassels Kreuzberg in 12 Minuten zur Innenstadt. Hessisch-Niedersächsische Allgemeine Nr. 191 v. 18.8.2000.

14 Vgl. dazu die Selbstdarstellungen in: Nordstadt Kompaß 2000. Ein Wegweiser durch unseren Stadtteil. Kassel 2000

15 Arbeitsgruppe Dialogische Planung: Integriertes Stadtteilentwicklungskonzept Nordstadt Kassel. Eine Vorstudie, 1997

16 Vgl. Ilona Caroli: Zwei Jahre Nordstadtprojekt, Maßnahmen, Projekte, Ziele und Wirkungen – eine Bilanz. In: Nordstadt Kompaß 2000, S.167ff.

17 Hammerschmidt, Peter: ... die Arbeit haben, arbeiten sich tot, andere sind arbeitslos. Bericht über ein Lokale-Agenda-21-Pilotprojet zu Arbeitslosigkeit in einer nordhessischen Stadt. Kassel 1999

18 Hier müssen Armin Jakob und Simone Mikeler genannt werden, Träger der Initiative war der (im Wesentlichen von Kasseler Grünen) gegründete Verein Komma e.V.

19 Das Impressum der ersten Ausgabe nennt neben dem Herausgeber Nordstadt-Werkstatt als Kooperationspartner die Koordinationsstelle „Nordstadtprojekt" der Stadt Kassel. Der „Nordwind" war und ist unabhängig von der Pressestelle der Stadt Kassel. Redaktionsmitglieder der Gründungszeit waren: Natalie Bayas, Andrew Fredd, Peter Hammerschmidt, Armin Jakob, Andreas Karasch, Dirk Linke, Jens Maienschein, Mesut Mengil, Simone Mikeler, F.T., Sabine Weskott und Heidi Winter.

20 Nordwind, Juli 1999, S.3, auf S.2 auch in türkischer Sprache.

21 Vgl. Christine Mussel / Peter Kreil / Antonia Pettermann: Kassel-Nordstadt. In: Deutsches Institut für Urbanistik (Hg.): Die Soziale Stadt. Eine erste Bilanz des Bund-Länder-Programms. Berlin 2002, S.168–181; allgemein dazu: Politische Steuerung der Stadtentwicklung. Das Programm ‚Die Soziale Stadt' in der Diskussion. Darmstadt 2001, sowie Henning Schridde: Die Soziale Stadt in der Politikverflechtung. ZSR, Jg.47, S.105–135.

22 In der Ausgabe 13 vom Oktober 2002 wurden genannt bzw. verabschiedeten sich: Natalie Bayas, Jörg Feldmeier, Julia Hellwig, Peter Hammerschmidt, Armin Jakob, Gunnar Lamm, Dirk Linke, Jens Maienschein, Mesut Mengil, Simone Mikeler, Jörg Neumann, Bettina Schmid, Sabine Schön, Florian Tennstedt, Sabine Weskott und Heidi Winter.

23 Das war auch Folge der Finanzierung der Stellen durch ABM- bzw. ASS-Mittel; in der Ausgabe 13 werden aber auch beklagt der Tod des Ortsvorstehers Werner Zimmer, die „Versetzung" des AWO-Beraters Hasan Sinanoglu, die Kündigungen des AWO-Geschäftsführers Jens Jäger, der Stadtteilladen-Mitarbeiterin Petra Thaidigsmann, der „Mieteraktivistin" Gabriele Mann, der Internationaler Bund (IB)-Mitarbeiterin Elke Lenz und die Versetzung der Pfarrerin Heidrun Strippel nach Hanau.

24 Vgl. den Nachruf auf diesen im Nordwind Nr. 9 vom August/September/Oktober 2001, S.15

25 Vgl. dazu Anm. 12.

26 Auch der von Florian Tennstedt und Simone Mikeler geleitete „Stadtteilarbeitskreis" stellte angesichts der Inaktivität der Teilnehmer seine Tätigkeit ein, die Aktivitäten konzentrierten sich auf den sog. „Runden Tisch" der vom Stadtteilmanagement eingerichtet worden war und der überwiegend Freitag vormittags während der Dienstzeit der Angestallten stattfand, was aber Ehrenamtlichen bzw. anderweitig Berufstätigen die Teilnahme erschwerte.

Burkhard Hill

Musik und Soziokultur im Gemeinwesen

Zu Beginn möchte ich mit einigen biographischen Anmerkungen einen Bezug zum Wirken von Dieter Oelschlägel herstellen, um dann Entwicklungsverläufe und Perspektiven sozialer Kulturarbeit aufzuzeigen, wobei das Medium Musik im Mittelpunkt steht und die Zielgruppen Jugendliche bzw. junge Erwachsene besonders berücksichtigt werden.

Projektstudium und kulturelle Bildung in den 70er Jahren

Ich habe Mitte bis Ende der 70er Jahre in Kassel an der Gesamthochschule in dem von Dieter Oelschlägel maßgeblich mitgestalteten Modellstudiengang Sozialwesen studiert und konnte davon mein ganzes Berufsleben profitieren. Das dort im Curriculum verankerte Theorie-Praxis-Verhältnis ist meines Erachtens bis heute modellhaft. Es ermöglichte in einem intensiven Projektstudium ein reflektiertes Handeln vor dem Hintergrund von relevanten Theorien. Ein solches Curriculum benötigte auch entsprechende Praxisprojekte in der Region. So veränderte und bereicherte der Studiengang die Szene in der Stadt und ihrer Umgebung. In den späten 70er Jahren war Kassel, ansonsten eine eher mittelmäßige Stadt, zu einem interessanten „Pflaster" mit vielen Stadtteilprojekten und einer soziokulturellen Szene geworden, aus der sich Zeitungsprojekte, Stadtteilläden, Straßenfeste und vieles mehr entwickelte. Interdisziplinarität war an der jungen Gesamthochschule auf der Tagesordnung. So arbeiteten ArchitektInnen, StadtplanerInnen, SozialarbeiterInnen, KünstlerInnen in verschiedenen Projekten gemeinsam mit den dort lebenden Menschen an der Gestaltung von Lebenswelt.[1] Damals habe ich mich der Jugendbildungsarbeit im ländlichen Raum, etwas abseits vom eher städtisch geprägten GWA-Mainstream, zugewandt. Wir arbeiteten im Projekt mit unterschiedlichen Mitteln daran, Jugendliche an den Diskussionen und Entscheidungsprozessen im ländlichen Gemeinwesen zu beteiligen. Wir wendeten uns langsam mehr den handlungsorientierten Methoden zu, angeregt vom Lehrlingstheater in einer hessischen Bildungsstätte.[2] Wir entdeckten spielerische Elemente und sammelten den Stoff für Spielszenen aus dem Alltag und der Geschichte der Dörfer. Feste und Veranstaltungen boten Anlässe für die Präsentation von Broschüren, kleinen Theaterstücken, Filmen und Fotodokumentationen der Jugendlichen. Oft kam es dabei zu Gestaltungsvorschlägen für die Dorferneuerung, insbesondere auch zur Realisierung von Interessen der Jugendlichen nach eigenen Räumen. Solcherart auf einen lebensweltlichen und medialen Zugang zu Jugendlichen eingestimmt, entwickelte sich ein entsprechender Schwerpunkt auch in meiner folgenden Berufstätigkeit. Für einen praktizierenden Rockmusiker eröffneten sich zudem durch die „Cultural studies“[3] und ihre Rezeption in Deutschland in den frühen 80er Jahren neue Felder. Musik wurde als zentrales Medium der Jugendkulturen[4] identifiziert und bald darauf entstanden erste Konzeptionen für die „Rockmusik in der Jugendarbeit“. Es war auch der Beginn einer Bewegung, in der die Soziokultur als konzeptioneller Rahmen für die Kulturarbeit im Gemeinwesen entwickelt wurde. Musik wurde neben anderen kreativen Ausdrucksformen als relevantes Gestaltungsmittel einer soziokulturellen Praxis akzeptiert.

Ein Festival als regionale Bühne - Soziokultur auf dem Land

Für den ländlichen Bereich sei hier beispielhaft das Open-Flair-Festival in Eschwege angeführt, das Mitte der 80er Jahre unter dem Motto entstand, für Jugendliche eine „lebendige Provinzkultur“ zu schaffen. Gruppen, Initiativen und Verbände erhielten Gelegenheit, ihre Produktionen auf großer Bühne zu präsentieren. Es entstanden Auftragsproduktionen, die im gesamten nordhessischen Raum von Jugendlichen bearbeitet wurden und tatsächlich eine lebendige Szene entstehen ließen.[5] Die Jugendkulturarbeit im ländlichen Raum umfasste im Werra-Meißner-Kreis zahlreiche „Spurensicherungen“ als lokale Geschichtsdokumentation durch Jugendliche auf der Basis von Narrationen aus der Dorfbevölkerung, zahlreiche Musik- und Theaterprojekte sowie Bandworkshops und Wettbewerbe für regionale Bands.[6] Anstatt der Klage „Nichts los in der Provinz!“ sollten Jugendliche durch Eigeninitiative und durch öffentliche Förderung mehr Anregungen und Gelegenheiten finden, jugendkulturelle Praxis als Kontrast zur erwachsenenzentrierten Vereinskultur zu etablieren. Diese Projekte und Initiativen haben - aus heutiger Sicht - nicht nur in Nordhessen dazu beigetragen, ein Netzwerk von „alternativen“ Projekten und Initiativen entstehen zu lassen.

Von der Stadtteilarbeit zum Soziokulturellen Zentrum

Im städtischen Bereich entwickelten sich seit den späten 70er Jahren die Soziokulturellen Zentren mit einer Mischung aus Stadtteilzentrum, Treffpunkt für Initiativen, Migrantengruppen, Kulturprojekten und einem Veranstaltungsprogramm aus der alternativen Kulturszene, darin eingebunden auch Initiativen für Kinderläden,

Selbsthilfegruppen, dezentrale soziale Beratungsdienste usw. Zum Beispiel ging das Kasseler Kulturzentrum Schlachthof aus einer Stadtteilinitiative hervor, konnte mit städtischer Unterstützung feste Räume beziehen und eine umfangreiche Angebots- und Programmstruktur entwickeln. In einem Stadtteil mit hohem Ausländeranteil nutzten neben einer Arbeitsloseninitiative, neben Tanz- und Musikgruppen zunehmend auch Migrantengruppen das Zentrum zur Kulturpflege. Vernetzt mit verschiedenen studentischen Projekten und dem übrigen Programm ergab sich ein lebendiges Bild, am besten zu beobachten in der von allen genutzten Küche und Kneipe. Es war ein akustisches Erlebnis, durch das Haus zu gehen und Klänge aus den verschiedensten Kulturkreisen zu hören: Menschen aus Eritrea, Spanien, Italien, der Türkei vergewisserten sich nicht zuletzt über die Musik ihrer kulturellen Herkunft. Begegnung und Verständigung fand am sichtbarsten während der großen Straßenfeste statt, wenn Musik, Tänze und kulinarische Spezialitäten nebeneinander präsentiert wurden. Interkulturelle Musikprojekte, zum Beispiel zwischen MusikerInnen aus Eritrea und der Jazzinitiative, kreierten „Weltmusik" für das Straßenfest. Unvergessen sind die spanischen Tanzproben im Saal mit einer Lautstärke, die das Proben der Rockband im Keller darunter fast unmöglich machten.

Rockmusik aus sogenannten sozialen Brennpunkten

Die Verknüpfung eines Gemeinwesenansatzes mit Musik wurde im „Rockmobil" der Landesarbeitsgemeinschaft Soziale Brennpunkte Hessen hergestellt. Hier hatte Günter Pleiner in den 80er Jahren zunächst die Idee, mit Jugendlichen aus einer Siedlung am Rande von Gießen,[7] die ursprünglich als Notquartier gedacht war, auf die dortigen Lebensumstände durch Straßenmusik aufmerksam zu machen. Zunächst mit Wanderklampfen ausgestattet, zogen Sie in die Fußgängerzone, informierten durch Plakate und sangen populäre Lieder. Später wurden Verstärker angeschafft, um die Lautstärke zu erhöhen. Immer mehr Jugendliche aus der Siedlung wollten mitmachen, die Band wurde größer, es kamen reguläre Auftritte hinzu, von den Gagen wurden Instrumente gekauft, es wurde regelmäßig geprobt usw. Auf diese Weise entstand ein Konzept zur Verbindung von Rockmusik, Jugendarbeit, Stadtteilbezug und Öffentlichkeitsarbeit, das später mobil auf mehrere Regionen ausgedehnt wurde. „Rockmobil" wurde zu einem Markenzeichen für die Gruppenarbeit mit Musik. Das Projekt wendete sich mobil und am Bedarf orientiert an diejenigen, die sonst keine Gelegenheit zu musizieren hätten. Das Gemeinwesenprojekt wurde so durch Jugendkulturarbeit ergänzt, die an der aktuellen Jugend-Musik-Kultur ansetzte.

Das veränderte Musikverständnis in der Sozialen Arbeit

Durch die hier knapp skizzierten Entwicklungen etablierte sich langsam auch ein verändertes Musikverständnis in der Sozialen Arbeit. Die Soziale Kulturarbeit[8] hatte den Alltag und die kulturelle Praxis der Menschen in den Mittelpunkt des Interesses gerückt, weshalb entsprechende Arbeitsmethoden benötigt wurden. Bis dahin hatte ein von der Musiktherapie und der Heilpädagogik geprägtes Verständnis vorgeherrscht, in dem Musik als Medium der Intervention verstanden wurde. In therapeutischen oder heilpädagogischen Settings ging es um die Beseitigung von Blockaden, um Beziehungsaufbau, um nonverbale Kommunikation, um die Reflexion von Gruppenprozessen, anders in der überwiegend schulischen Musikpädagogik, die sich (rezeptiv) überwiegend mit E-Musik bzw. (aktiv) mit der Vermittlung von Instrumentaltechniken im Einzelunterricht beschäftigte. Die populäre Musik hatte in beiden Feldern als kulturelle Praxis bis dahin keinen Platz. Das Aufbrechen dieses hochkulturell dominierten Musikverständnisses brachte für die Soziale Arbeit einen erweiterten Handlungsspielraum. Gruppen konnten ihre eigene kulturelle Praxis entwickeln, aktiv gestalten, sich in ihrer sozialen Umgebung präsentieren und jugendkulturelle Impulse aufgreifen. Das aktive Tun wurde dem passiven Konsum entgegengesetzt, wobei die populäre Musik eine neue Attraktivität bot.[9] Bis in die Gegenwart hinein sind Musikprojekte Bestandteil der Jugendkulturarbeit, teils mit veränderten Musikstilen (Hip-Hop-Mobil), als Mädchenprojekte, als regionale Amateurmusikförderung, in der sozialen Gruppenarbeit.[10] Dies gilt besonders auch für die interkulturelle Arbeit, wo die Musikausübung selbstverständlich zur Kulturpflege gehört.

Musik kann verbinden oder der sozialen Abgrenzung dienen

In nahezu allen konzeptionellen Überlegungen zum Einsatz von populärer Musik in der Sozialen Kulturarbeit wurde mit dem Argument gearbeitet: „Musik verbindet!“ Dies verdient jedoch auch eine kritische Betrachtung. Die populäre Musik ist nicht nur ein Medium, das (jugendkulturell) Gemeinsamkeit stiftet, sondern das auch der Abgrenzung dienen kann. In den Anfangstagen der Rockmusik war beispielsweise die Abgrenzung gegenüber den Erwachsenen dominant. Rockmusik etablierte sich als reine Jugendmusik. Später bildeten sich stilistische Binnendifferenzierungen, wodurch die jugendkulturellen Stilbildungen vielfältig und unübersichtlich wurden. Zwischen Hip-Hoppern, Grufties, Schwermetallern, Indie-Rockern usw. liegen seither Welten: Wenn Jugendliche sich negativ über den Musikgeschmack anderer auslassen, dann kritisieren sie die gesamte Haltung und Orientierung der anderen. Mitarbeiter von Jugendzentren lernen diese unversöhnlichen Grenzen in der Regel sehr schnell, wenn sie vergeblich versuchen, verschiedene Jugendkulturen zusammen zu bringen. Es herrscht Null-Toleranz, denn Musik und Mode stehen für zentrale Identifikationsmuster. Die Identitätsfindung geschieht hierbei durch kollektive Stilbildung und Abgrenzung. Was für Jugendliche gilt, findet sich auch noch unter Erwachsenen. Die Kultursoziologie[11] hat aufgezeigt, dass Lebensstil und Musikgeschmack eng miteinander verknüpft sind. Insofern steht die alltagskulturelle Praxis symbolisch für soziale Milieus und ihren „Habitus“ (Bourdieu). Wie sehr inzwischen auch die aktive Musikausübung entlang den bestehenden jugendkulturellen und sozialen Grenzen verläuft, zeigt eine Studie von Krause.[12] Migrantenjugendliche betätigen sich durchweg lieber als DJs und Hip-Hopper in demselben Jugendzentrum, in dem Mittelschichtsjugendliche im Keller in einer Indie-Band proben, ohne miteinander Kontakt zu haben. Dies ist kein Einzelphänomen, sondern wurde flächendeckend beobachtet. Es gibt also einen unmittelbaren Zusammenhang zwischen der sozialen Herkunft und dem bevorzugten jugendkulturellen Stil, in dem sich soziale Ungleichheit und Migrationshintergründe abbilden.

Am Beispiel der seit den 80er Jahren zunehmenden rechten Rockmusik kann gezeigt werden, dass die populäre Musik ideologisch ihre „Unschuld“ verloren hat, dass sie sich zur affektiven Mobilisierung von Hass, Menschenverachtung, Ausländerfeindlichkeit, Gewaltbereitschaft eignet. Galt die Rockmusik früher als „progressiv“, weil ihre Protagonisten sich für Frieden, Gerechtigkeit, humanitäre Gesinnungen einsetzten, so wurde dieser Mythos inzwischen zerstört.

Zuletzt muss auch in der populären Musik mit ihren ästhetischen Standards (zumindest im Mainstream) ein deutlicher Wertewandel vermerkt werden. An den Casting-Shows und den daraus hervorgehenden Bands wird deutlich, dass hier industriell durchgestylte Produkte unter Beteiligung von menschlichen Identifikationsfiguren hergestellt werden. Diese benötigen für ihren Job eine hohe Leistungs- und Anpassungsbereitschaft, ohne die sie im Show- und Medienbusiness nicht bestehen können. Es werden inzwischen hohe Standards vorgegeben, die in den Performances zu erreichen sind, um „Superstar“ zu werden. Im Gegensatz zur Anfangszeit der Rockmusik, als es im Zuge kreativer Selbstverwirklichung noch viel Neues zu entdecken gab, scheint heute im Wesentlichen die ständige Perfektionierung bereits bekannter Muster gefragt zu sein. Gegen diese Tendenzen muss sich die Soziale Kulturarbeit mit ihrem Anspruch auf die Förderung kreativer Eigentätigkeit immer stärker behaupten.

Die Finanzmisere der kommunalen Kulturförderung

Die Soziale Kulturarbeit hat es in den vergangenen Jahren schwer gehabt. Bei knappen öffentlichen Kassen werden Einsparungen zuerst im Bildungs- und Kulturbereich umgesetzt. Während also die Ausgaben für die Sozial- und Jugendhilfe unausweichlich steigen, bestehen in den Bildungs- und Kulturetats die letzten Reserven zur Deckung von Haushaltslöchern. In München, wo von den im DAX notierten Spitzenunternehmen (z.B. Allianz, BMW, Siemens) in den Jahren 2002/03 keines mehr Gewerbesteuer zahlte, brachen durch die reformierte Unternehmensbesteuerung wichtige Einnahmen weg. Erhebliche Kürzungen im Jugend- und Kulturbereich wurden bereits 2003 umgesetzt und sind auch weiter geplant: Personaleinsparungen in den Jugendhäusern, Schließung von Stadtteilbibliotheken, Kürzungen in der Projekt- und Veranstaltungsförderung. Die soziokulturelle Arbeit hängt noch immer am Tropf der öffentlichen Haushalte, da das Kultursponsoring nur Bruchteile der Finanzierungen abdecken kann. So fördert BMW in München zwar regelmäßig Projekte der Jugendkultur, zum Beispiel ein Musical oder ein Musikvideo mit Jugendlichen aus dem Stadtteil Hasenbergl. Diese Projekte sind aber eher die Highlights, deren Produktionen vorzeigbar sein müssen, um den gewünschten Präsentationseffekt zu erzielen. Die Basisarbeit ist unspektakulärer, besteht im Bereitstellen von Probenräumen, in Veranstaltungen und Workshops mit den Jugendlichen vor Ort. Das übernehmen zumeist die Einrichtungen der Jugendarbeit, indem sie dies als eine Schwerpunktsetzung ihrer Konzeption begreifen. Trotzdem sieht die Lage in München sicher noch weit besser aus als in vielen anderen Städten. Das Rockmobil in Kassel zum Beispiel wurde bereits vor Jahren eingestellt, weil der Trägerverbund die Finanzierung nicht mehr sicherstellen konnte. Die Landesarbeitsgemeinschaft Soziale Brennpunkte Hessen stellte ihre Arbeit Ende 2003 mangels Landesförderung ganz ein. In Neubrandenburg (Mecklenburg-Vorpommern) wurden hingegen soziokulturelle Projekte, z. B. das kommunale Kino, das Soziokulturelle Zentrum, die Initiative für ein Medienzentrum, zugunsten der „hochkulturellen" Konzertkirche gekürzt, wo - trotz knapper Kassen - Events zwischen Klassik und High-Fidelity-Jazz gefördert werden. Die Förderung soziokultureller Arbeit, also einer nachbarschaftlichen kulturellen Praxis, die auf aktive Beteiligung und Gestaltung setzt und Generationen übergreifend wie interkulturell angelegt ist, findet offenbar immer weniger Raum. Fehlende Mittel und ein geänderter Zeitgeist spielen dabei eine Rolle. Entwicklungsimpulse kommen zwar durch Sonderprogramme („Soziale Stadt", siehe die Beiträge in diesem Band), über deren Nachhaltigkeit jetzt allerdings noch wenig gesagt werden kann.

Professionalisierung – von der Soziokultur zur Eventkultur

Die Soziokultur hat in den vergangenen zwei Jahrzehnten seit ihrer Blüte mehrere Veränderungen erfahren. Zunächst ist das aus der Alternativkultur entwickelte Verständnis einer aktivierenden Kulturarbeit („Kultur heißt selber machen!") zugunsten einer Professionalisierung „von innen" heraus an den Rand gedrängt worden. In den Kindertheater-, Clowns- und Straßentheaterprojekten wurden berufliche Perspektiven und Spezialisierungen entdeckt, die zur Professionalisierung auf allen Ebenen führte, sowohl in der künstlerischen Darbietung wie in der Vermarktung. Gleiches gilt für Musikgruppen, wobei der zunehmende Leistungsanspruch sich in der wachsenden Zahl der Wettbewerbe und Bildungsangebote (Instrumentalworkshops) sowie in den Ansprüchen des Publikums zeigte. Die technischen Entwicklungen taten ein Übriges. Die Erwartungen an Bühne, Licht und Sound stiegen ständig. Der Mythos des Handgestrickten und Selbstgemachten, der in den späten 1970er und frühen 1980er Jahren durchaus ein belebendes Element der „Kultur von unten" war, wurde durch Perfektion verdrängt. Dementsprechend wandelten sich auch die Veranstaltungsformen. Auf den Musik- und Kleinkunstbühnen etablierte sich die aus der Alternativkultur hervorgegangene Kabarett und Comedy-Szene oder die semiprofessionellen Jazz-, Ethno- und Independent-Bands. Es entstanden Programmkinos. Theaterprojekte bespielten die unterschiedlichen Gastspielbühnen. Bei Festivals, Sommer- und Straßenfesten findet man bis heute zwar noch das bunte Nebeneinander, aber eben doch „professioneller". An Stelle des „Selbermachens" steht inzwischen die Abwechslung von Event zu Event. Die vielen Nischen (Comedy, Weltmusik usw.) werden noch von kleinen kommerziellen Veranstaltern oder von teilkommerziellen Einrichtungen in Kultur- und Jugendzentren bedient, aber es handelt sich dabei weitgehend um fertige Programme, um Events und Konsumkultur. Die Standards, was als präsentabel gilt, sind im Zuge dessen erheblich gestiegen und hemmen die Eigentätigkeit. Beispielsweise haben junge Nachwuchsbands kaum noch eine Chance, öffentlich aufzutreten. Voraussetzung ist professionelles Demo- und Werbematerial, was mit erheblichen Kosten verbunden ist. Die Medialisierung und die Kommerzialisierung des Kulturbetriebes haben zu veränderten Hör- und Sehgewohnheiten geführt. Denen kann die Soziokultur als aktivierende Kulturarbeit, so nicht folgen. Wo also liegen angesichts dessen heute noch ihre Chancen?

Aktive Gestaltung der Lebenswelt

Gerade im weitgehend kommerzialisierten Kulturbetrieb muss es jedoch Nischen und Freiräume geben, in denen Experimente möglich sind. Nach wie vor ist in der Praxis zu beobachten, dass es für viele Menschen eine besondere Attraktivität besitzt, sich mit kulturellen Produktionen an die unmittelbare Nachbarschaft zu wenden. Das zeigt ein Beispiel von jungen Sinti im Münchner Hasenbergl, die den Musikraum des Jugendzentrums benötigen, um zu proben. Ihr Ziel ist gar nicht die große Öffentlichkeit, sondern vor ihren im Stadtteil lebenden Familien zu spielen. Auch der dortige Kinderchor braucht noch die Sympathien aus dem Publikum, natürlich auch den Saal für die Probe und das Sommerfest als Auftrittsmöglichkeit. Ohne diese Rahmenbedingungen fehlte jegliche Motivation. Gleiches gilt für eine türkische Saßgruppe in einem anderen Haus oder für die jugendlichen Hip-Hopper und Breaker, die in vielen Jugendzentren proben und ihr Publikum zunächst in der unmittelbaren Umgebung finden. Vieles lebt hierbei von der Anerkennung, die in der unmittelbaren Nachbarschaft, in der Schule oder im Jugendzentrum erworben wird. Auch das macht eine soziale Stadt attraktiv: die kreativen Anregungen, die vor Ort gegeben werden. Es gilt nach wie vor: Kultur heißt selber machen!

In der interkulturellen Arbeit ist die Alltagskultur als Hintergrund für die Kommunikation umso bedeutsamer, je mehr Menschen aus unterschiedlichen Kulturen auf engem Raum zusammenleben. Voraussetzung ist, um andere zu verstehen, sich der eigenen Kultur zu vergewissern. Neben den auf Vereinsbasis organisierten Migrantencafes, wo Mann unter sich bleibt, sind es die öffentlichen Räume, in denen die Beschäftigung mit der eigenen Kultur ebenso möglich ist, wie die Begegnung und der Austausch mit anderen. Kulturelle Praxis schafft dafür willkommene Anlässe, sei es bei Festen und Veranstaltungen in und außer Haus. Solche Einrichtungen brauchen eine entsprechende Infrastruktur, angegliedert an Sozialzentren, Bürgerhäuser oder Kulturzentren, und eine professionelle Betreuung durch SozialarbeiterInnen mit Kenntnissen aus dem Stadtteil, die unterstützend tätig sind.

Möglichkeit zum spielerischen Umgang mit Andersartigkeit

In den öffentlichen Einrichtungen kann die Verständigung zwischen den Nationalitäten und Kulturen tatsächlich einen Boden finden. Musik- bzw. Kulturprojekte sind allgemein dazu geeignet, die Unterschiede gegenstandslos werden zu lassen. In den vielen Musik-, Tanz- und Musicalprojekten der Jugendkulturarbeit wird dieser Anspruch bereits umgesetzt. Dies ist umso wichtiger, als die Schule als Sozialisationsinstanz den Bereich der musischen Bildung immer mehr vernachlässigt. Musikunterricht ist eine Seltenheit, Musikprojekte ebenso und das Wenige ist oft in den Freizeitbereich verlegt worden. Dort, wo Jugendliche verschiedenster ethnischer und sozialer Herkunft aufeinander treffen, gibt es also immer weniger Anregungen und Gelegenheiten, mit diesen kulturellen Differenzen spielerisch und kreativ umzugehen. Ich sehe eine wichtige Aufgabe sozialer Kulturarbeit darin, die spielerischen Austragungsorte der Verschiedenheit zu organisieren, anstatt sich aussichtslos in der Konkurrenz mit der Kommerzkultur zu messen. Der kommerzielle Bereich folgt anderen Gesetzen. Durch den Zwang zum ökonomischen Gewinn ist hier vieles an Experimenten nicht mehr möglich.

Soziale Kulturarbeit als Bereicherung der Lebenswelt

Durch die Angebote der Freizeit- und Kulturindustrie ist besonders der Konsumismus gefördert worden. Aber die Bedingungen, die dazu führen, dass Neues entstehen und präsentiert werden kann, scheinen langsam weg zu brechen. Für die Soziale Kulturarbeit muss es also nach wie vor darum gehen, die Menschen in ihrem Zusammenleben zu unterstützen, ihre kulturellen Aktivitäten im Kleinen zu fördern, Anregungen und Hilfestellungen zu geben, Kenntnisse zu vermitteln. Die sozialen Veränderungen in der Bundesrepublik lassen schon jetzt erkennen, dass die soziale Ungleichheit ständig wächst. Der Optimismus der 80er Jahre, dass gesellschaftliche Teilhabe in allen Bereichen aufgrund eines allgemeinen Wohlstands umfassend möglich wird, ist durch die Entwicklungen der letzten Jahre überholt worden. Die Möglichkeiten von Kindern, Jugendlichen und jungen Erwachsenen (insbesondere auch von Migranten) privat Musik-, Ballett-, Theaterunterricht wahrzunehmen, eine Band zu gründen, sind aus sozialen und ökonomischen Gründen für viele schon jetzt eingeschränkt. Die lebensweltorientierte Soziale Arbeit muss daher stärker auch ein „kulturelles Mandat“ behaupten und wahrnehmen. Denn ohne dies wird die Verödung von Lebenswelten mangels nicht kommerzieller Aktivitäten und Alternativen voranschreiten. Die Argumentation klingt wie in den frühen 70er Jahren, als die alternative Kulturbewegung zum Aufbruch blies. Sie ist angesichts der Tatsache aber wieder aktuell, dass ohne die Infrastruktur einer sozialen Kulturarbeit die vielen kleinen Ansätze, über kreatives Schaffen an einer individuellen und kollektiven Identität und an einer unmittelbaren Lebensqualität zu arbeiten, nicht mehr ermöglicht werden. Dazu braucht es die Jugend- und Kulturzentren mit entsprechender Ausstattung, ebenso die künstlerisch gebildeten Fachkräfte. Es braucht die Möglichkeit zur Nutzung von Turnhallen, Gemeindesälen und öffentlichen Plätzen für kulturelle Aktivitäten. Es braucht die für Jugendliche erschwinglichen Übungsräume in den Kellern öffentlicher Gebäude und auch die Konzertveranstalter, die bei der Programmgestaltung nicht immer auf den Profit schauen. Die Soziale Kulturarbeit ist mit solchen Zielvorgaben nach wie vor ein wichtiger Bestandteil lebenswerter Wohnquartiere. Sie muss die Nischen der kulturellen Eigentätigkeit, mit Musik als einem wichtigen Ausdrucksmittel, langfristig sichern. Dazu wird in der gegenwärtigen Situation, in der Wettsparen auf höchster politischer Ebene angesagt ist, einiges an Standfestigkeit erforderlich sein, wenigstens einige Felder Sozialer Kulturarbeit zu erhalten und nicht gänzlich kaputt gespart zu werden.

Anmerkungen

1 Beispielhaft ist die Dokumentation einer Fotoaktion in der Kasseler Nordstadt mit überlebensgroßen Portraits von Bewohnern, Bildern aus dem Alltag und schriftlichen Kommentaren von dort lebenden Menschen. Gunter Rambow u.a.: „... das sind eben alles Bilder der Straße" - Die Fotoaktion als sozialer Eingriff. Frankfurt am Main 1979 (Syndikat)

2 Basierend auf Ideen von Willy Praml und Detlef Lecke vom Verein Kulturelle Erziehung in Dietzenbach

3 CCCS (Centre for Contemporary Cultural Studies) in Birmingham, insbesondere die Studien zur Populärkultur, z. B. Paul Willis: „Profane Culture" - Rocker, Hippies, Subversive Stile der Jugendkultur. Frankfurt am Main 1981 (Syndikat).

4 Simon Frith: Jugendkultur und Rockmusik. Reinbek bei Hamburg 1981 (Rowohlt TB)

5 Motor der Entwicklung waren der Kreisjugendring und die Kreisjugendpflege in Eschwege.

6 Manfred Kalupp hat im Rahmen einer Diplomarbeit der GhK (1987) ein Projekt „Rockszene WIZ" mit Workshops und Konzerten durchgeführt und ausgewertet, wobei Fördermittel des Fonds Soziokultur eingeworben worden waren.

7 Projektgruppe Margaretenhütte: Die Siedlung am Rande der Stadt. 1985 (Eigenverlag); Günter Pleiner: Rockmobil - die rollende Musikschule für Jugendliche aus Sozialen Brennpunkten, in: hessische jugend, Nr. 2/1988, S. 11-13

8 Sebastian Müller-Rolli (Hrsg.): Kulturpädagogik und Kulturarbeit, Weinheim und München 1988 (Juventa), darin besonders: Rainer Treptow: Kulturelles Mandat. Soziale Kulturarbeit und kulturelle Sozialarbeit, S. 81-104

9 vgl. Wolfgang Hering, Burkhard Hill, Günter Pleiner: Praxishandbuch Rockmusik in der Jugendarbeit. Opladen 1993 (Leske und Budrich)

10 Günter Pleiner, Burkhard Hill: Musikmobile, Kulturarbeit und populäre Musik. Opladen 1999 (Leske und Budrich)

11 Vgl. Pierre Bourdieu: Die feinen Unterschiede. Frankfurt am Main 1982 (Suhrkamp) und Gerhard Schulze: Die Erlebnisgesellschaft. Frankfurt/Main (Campus) sowie die Sinus Milieustudie von Flaig/Meyer/Ueltzhöffer: Alltagsästhetik und politische Kultur. Bonn 1994 (Verlag J.H.W. Dietz Nachf.)

12 Krause, Martin: Jugendkultur und Popularmusikförderung am Beispiel des Landkreises Fürstenfeldbruck. Diplomarbeit, Fachhochschule München, 2003

Simone Odierna

Forumtheater im Gemeinwesen

Politik auf dem Theater
Es ist nicht genug verlangt, wenn man vom Theater nur Erkenntnisse, aufschlußreiche Abbilder der Wirklichkeit verlangt. Unser Theater muß die Lust am Erkennen erregen, den Spaß an der Veränderung der Wirklichkeit organisieren. Unsere Zuschauer müssen nicht nur hören, wie man den gefesselten Prometheus befreit, sondern auch sich in der Lust zu schulen, sich zu befreien. Alle die Lüste und Späße der Erfinder und Entdecker, die Triumphgefühle der Befreier müssen vom unserem Theater gelehrt werden.
Bertolt Brecht, 1953 (1977)

Methode des Forumtheaters

Forumtheater ist eine Form des politischen Theaters. Es stammt aus Lateinamerika und wurde in den 60er Jahren von Augusto Boal als eines der verschiedenen neuen Volkstheaterkonzepte[1] des „Theaters der Unterdrückten" / „theatre of the oppressed" (Boal 1979 und 1989: 56ff, 82ff) entwickelt. Boal erarbeitete mit seiner Theatergruppe in Kollektivarbeit[2] Stücke, die sich an diejenigen richteten, die in Armut und Elend lebten. Gespielt wurde auf dem Land, in Slums, vor Analphabeten und im Zuge von Streiks und Landbesetzungen. Ziel der verschiedene Volkstheateraktionen war ein Diskurs des Publikums darüber, wie seine Welt sein *sollte*, letztlich das Erproben von Neuem, dem „Morgen".

Die Schauspieler agierten zu diesem Zeitpunkt bereits nicht mehr auf einer Illusionsbühne, gespielt wurde inmitten des Publikums in gleicher Augenhöhe mit ihm. Die „vierte Wand", der magische Eindruck, der im bürgerlichen Theater durch die Bühne entsteht, entfällt dadurch. Grotowski beschreibt dieses Vorgehen: „Die Eliminierung der Dichotomie Bühne – Zuschauerraum ist dabei nicht das Wichtigste – es schafft einfach eine nackte Laborsituation, eine geeignete Fläche für die Forschung." (Grotowski 1994: 21)

Anders als beim Brecht'schen Theater wird damit auch nicht versucht, durch (An-) Teilnahme der Zuschauer den „magischen Moment des Abstands" zu tilgen, wie

Dario Fo (1978: 71), beschreibt, der sich ebenfalls mit der politischen Aktivierung der Zuschauer befasst. Boal geht noch weiter: Er bezieht die Zuschauenden in die Stücke ein, lässt sie schließlich mit der Form des Forumtheater erproben, wie sich die Welt (ein Stückchen) verbessern lässt.

Es handelt sich beim Forumtheater um eine Variante des Mitspieltheaters. In dieser Mitspieltheaterform werden auch die Zuschauenden in die Szene einbezogen. Der Aufbau einer Forumtheaterszene ist einfach. Es handelt sich um ein sehr kurzes Stück von einigen Minuten Länge, das „Realbild“, *die Realszene*, einer klaren Unterdrückungssituation. Das Thema ist unterschiedlich: die Grundstruktur kann zur Problematisierung aller denkbaren Konflikte genutzt werden: Landlose – Landbesitzer, Arbeit – Kapital, Rassismus, Sexismus, Mobbing im Betrieb, Gestaltung des Stadtteils – alles ist möglich!

Es agieren mindestens drei Personen:[3] Protagonist (Opfer), Antagonist (Täter) und mindestens eine dritte Person, der oder die Ambivalente, eine Person, die dem Opfer in der *Realszene* nicht beisteht, die aber möglicher Bündnispartner für das Opfer ist. Ziel der Arbeit beim Forumtheater ist es nun, die in der kurzen Szene plastisch dargestellte Unterdrückungssituation zum (für das Opfer) Besseren hin zu verändern.

Bei einer Forumtheateraktion wird den Zuschauenden erst eine kurze Szene vorgestellt. Die Szene beinhaltet eine Alltagssituation mit einem Opfer, einer/m Täter/in und möglichen BündnispartnerInnen des Opfers. Die Szene wird dann von der Theatergruppe mehrfach und immer wieder genau gleich[4] gespielt. Im Verlauf der Forumtheateraktion wird sie von den Zuschauenden durch das Eintauschen / Ersetzen von Personen verändert, die sich anders verhalten als in der Ursprungsszene. Die Personen, die sich Eintauschen möchten, sagen: „Stop!“ und ersetzen zuerst den Antagonisten, später auch den Protagonisten oder die ambivalenten Personen des Stückes. Die ausgetauschten Spielenden bleiben (als zweites Ich) am Bühnenrand stehen.

„Wenn die Zuschauer selbst auf die Bühne kommen und zeigen, was ihnen durch den Kopf geht, machen sie das auf ihre eigene, ganz persönliche Weise, die nur von ihnen selbst so dargestellt werden kann. Kein Künstler kann das für sie übernehmen“ (Boal 1999: 20). Die Zuschauenden befinden sich zusammen mit den Schauspielenden[5] gemeinsam im *ästhetischen Raum*. Anders als die Realität ist der ästhetische Raum von einer extremen Plastizität. Diese extreme „Formbarkeit des ästhetischen Raums erlaubt und fördert absolute Kreativität. Der ästhetische Raum besitzt dieselbe Plastizität oder Gestaltungskraft wie der Traum und beruht doch auf der gleichen Substantialität und Festigkeit wie die physische Realität. Wir sind

„dort“ im Traum genauso wie der ästhetischen Raum im „hier und jetzt“ ist. Deshalb können wir im Theater konkrete Träume haben“ (Boal 1999: 31).

Jede anwesende Person kann den ästhetischen Raum durch Umsetzung ihrer persönlichen Imagination beliebig formen. Indem sie die Bühne betritt und die *Realszene* durch ihre Aktionen verändert, hin zu ihrer persönlichen *Idealszene* für die gegebene Situation, entsteht eine neue von möglichst vielen Möglichkeiten zur Veränderung. Im ästhetischen Raum, einem „angstfreien Raum“, kann erprobt werden, sich ideal zu verhalten, zum Beispiel sich zu wehren, anstatt eine Unterdrückungssituation zu ertragen. Die „Katharsis“ wird nicht wie im griechischen Theater durch bloßes Anschauen der „lehrreichen“ Stücke, sondern durch Verändern der Realität erzeugt.

- Ziel des Forumtheaters ist es, möglichst viele Varianten von besseren Lösungen der in der Ausgangsszene vorgestellten Konfliktsituation zu finden.
- In der abschließenden Forumdiskussion wird von den Zuschauenden, Schauspielenden und denen, die sich eingetauscht und die Szene verändert haben, diskutiert, welche Lösungen warum die besten waren. „Was lernen wir daraus für die Realität?“
- Die Methode des Forumtheaters bietet eine Art „Lernlabor“ zur Problematisierung von jeder Form von Unterdrückung als Lösungsmuster von Konfliktsituationen sowie zum (angstfreien) Erproben von neuen Lösungen für eine vorgegebene modellhafte Konfliktsituation.

Nach seinem Gefängnisaufenthalt[6] 1971 muss Boal Brasilien verlassen. Er arbeitet in mehreren lateinamerikanischen Ländern und ab 1976 auch in Europa. In der Emigration in Europa führt Boal Forumtheateraktionen vor größeren Gruppen und zu neuen Themen durch. Beispielsweise wird in Sizilien auf dem Marktplatz des (Mafia-)Dorfes Godrano folgendes Stück gespielt (Boal 1989: 93):

Inhalt:[7] Giuseppina, ein 20jähriges Mädchen, möchte nach dem Abendessen einen Spaziergang machen. Sie bittet ihre Mutter um Erlaubnis und schlägt vor, einer ihrer drei Brüder möge sie begleiten. Keiner der Brüder hat Lust dazu, mit ihr zu gehen. Die Brüder können tun, was sie wollen, sie sind Männer. Entscheidungsgewalt hat der Vater. Er verbietet der Tochter, alleine aus dem Haus zu gehen. In der anschließenden Forumtheateraktion wird von den DorfbewohnerInnen erprobt, welche Lösung des Konfliktes für das Opfer die beste Lösung ist: Es gab verschiedene Varianten. Bei den Frauen kam die Idealszene am besten an, in der Giuseppina gegen den Willen des Vaters ausgeht. „Nach der Aufführung sahen wir wenige zufriedene Männer, aber viele fröhliche Frauengesichter“ (a.a.O.: 94).

Boal ist – wie er im Rahmen eines Seminars in Essen 2001 erzählte – anfänglich überrascht, welches Interesse in Europa im Gegensatz zu den „praktischen Problemen" in Lateinamerika (Landlosigkeit, Armut, Streiks etc.) zum Beispiel an Themen wie der Unterdrückung der Frau und „Beziehungsfragen" besteht.

Praxis in Duisburg

Bruckhausen: zwischen Stadtautobahn, Bahnlinie und Thyssen-Kokerei, es gibt dort eine Luft, die Kinder krank werden lässt und die sehr unangenehm riecht. Jahrzehntelang liegt der Stadtteil im Schatten eines Gasometers.[8] Er hat einen extrem hohen Anteil von AusländerInnen und SozialhilfeempfängerInnen, der deutsche Mittelstand verlässt zunehmend das Quartier. Es gibt keine „Ämter", man muss für alle Amtsgänge in einen anderen Stadtteil fahren. Duisburg-Bruckhausen ist ein typischer Multiproblem-Stadtteil. Es ist der Bereich, in dem in den ersten Duisburger Jahren Dieter Oelschlägel's Arbeitsschwerpunkt liegt. Er hat dort viele Projekte durchgeführt, zahlreiche Studierende haben ihre Ausbildung in der Gemeinwesenarbeit in Lehrforschungs- und Praxisprojekten absolviert. Es gab damals einen „Verein für einen Nachbarschaftstreff" aus Studierenden und AnwohnerInnen, den (selbstorganisierten) Nachbarschaftstreff, eine Werkstatt zur Reparatur der Dinge des Alltags etc.

Eine erste Forumtheateraktion im Rahmen der Gemeinwesenarbeit in Bruckhausen haben Dieter Oelschlägel und ich dort 1987 organisiert. Die Forumtheateraktion fand im damaligen „Nachbarschaftstreff Duisburg-Bruckhausen" statt. Das Thema der Szene knüpfte an der Alltagsrealität der BewohnerInnen an, Inhalt war „der Gang zum Sozialamt", Zielgruppe die von Studentinnen im Praxissemester begleitete deutsch-türkische Frauengruppe.

Story: Im Sozialamt – der zuständige Sozialamtssachbearbeiter (eindeutig ein Exemplar aus Zeiten „vor dem Neuen Steuerungsmodell") sitzt privat telefonierend im Büro und lässt die Sozialhilfeempfänger lange auf dem Gang warten. Nachdem er sich endlich bequemt hat, die Protagonistin, eine Sozialhilfeempfängerin, einzulassen, wehrt er alle Bitten (Wintermantel, Kohlegeld) der Klientin ab. Diese geht enttäuscht und erzählt den anderen Wartenden draußen traurig, dass sie nichts bekommen würde.

Die Forumtheateraktion läuft gut – nachdem sich anfänglich niemand einzutauschen wagte. Viele deutsche und türkische Frauen gehen auf die Bühne, stellen ihre *Idealbilder* von der Situation vor und versuchen, die Situation der Protagonistin zu verbessern. Einige werden „abgewimmelt", andere bleiben beharrlich. Die Frauen beginnen die Story zu ändern, wo es ihnen passt, unterbrechen sich teilweise beim Spielen, um sich abzulösen, da die Idealbild-Ideen der Vorgängerin ihnen nicht gut genug erscheinen. Manche der Frauen kommen mit zwei oder drei Kindern auf die Bühne, andere hindern den Sachbearbeiter am Telefonieren und zwingen ihn, ihren Fall zu bearbeiten, eine junge Frau ruft den Vorgesetzten des Sachbearbeiters, der sie dann unterstützt etc.

Die Forumtheateraktion ist ein voller Erfolg, die deutschen und türkischen Frauen und die begleitenden Studentinnen sind begeistert, die Presse berichtet im Lokalteil über die Aktion. Er herrscht Zufriedenheit. Wir werten die Aktion aus, die Studentinnen, welche die Frauengruppe begleiten, benutzen die Erfahrungen aus der Aktion in ihrer Beratungsarbeit. Wir wollen eigentlich noch weitere Forumtheateraktionen im Stadtteil durchführen, aber es kommt aus verschiedenen Gründen nicht dazu.

14 Jahre später im Jahr 2001: Die Situation im Stadtteil ist deutlich verändert. Eine zuständige Sozialarbeiterin, die in einer Duisburger Stabsstelle arbeitet und bei Dieter Oelschlägel studiert hat, sagt von Bruckhausen, der Stadtteil sei „gekippt". Wer von der deutschen und türkischen Bevölkerung irgend kann, zieht dort fort, sorgt dafür, dass seine Kinder „irgendwo anders" in die Grundschule gehen.

Wieso? Der Stadtteil ist renoviert worden, ist optisch „chic": neues Pflaster, Bäume... Das Quartier gehört zu den „Stadtteilen mit besonderem Erneuerungsbedarf" der „Sozialen Stadt". Alles sieht relativ sauber aus im Vergleich zu früher. Wieso „gekippt"?

Die Kokerei soll zwar bald schließen, stinkt aber immer noch zum Himmel. Außer zahlreichen SozialhilfeempfängerInnen gibt es kaum noch deutsche BewohnerInnen, dafür einen sehr hohen AusländerInnen-Anteil. Es leben überwiegend Türken im Stadtteil, es gibt einen türkischen Wochenmarkt und mehrere besonders konservative bis fundamentalistische Moscheen. Sozialeinrichtungen, Ämter, weiterführende Schulen gibt es nicht. Besser situierte türkische und deutsche Familien wandern in andere Stadtteile ab. Gewalt ist ein Problem geworden in Bruckhausen!

Gemeinwesenarbeit im Sinne von Dieter Oelschlägel kommt nicht mehr vor: Die „Soziale Stadt" zeigt in Bruckhausen wenig Aktivitäten in dieser Richtung. Dafür wurde viel in Baumaßnhamen investiert. Die Universität hat sich aus dem Stadtteil Ende der 1980er zurückgezogen. Der Nachbarschaftstreff und die evangelische Kirche haben die Aktivitäten eine Zeit lang weiter getragen. Der „Verein für einen Nachbarschaftstreff" hat sich vor einigen Jahren wegen Mangel an Aktiven aufgelöst. Die evangelische Gemeinde, ehemals Träger von mehreren Beschäftigungsprojekten, einem Mittagstisch für Bedürftige, Kinder- und Jugendarbeit etc., steht vor dem „aus", da kaum mehr evangelische Christen in Bruckhausen leben und es sich nicht mehr „rechnet", eine eigene Pfarrei zu finanzieren.

Forumtheater kann man auf jede konkrete Situation zugespitzt herstellen, wie ich oben bereits betonte. Fremdenfeindllichkeit ist für die MigrantInnen und die deutschen BewohnerInnen ein alltägliches Thema. Wir kooperieren also 2001 mit dem einzigen, der aus der GWA-Zeit noch da ist, dem Pfarrer. Er erzählt über den Sachstand im Stadtteil, besonders auch über fehlende kommunale Aktivitäten im Bereich Gemeinwesenarbeit. Er berichtet uns von Jugendlichen, die in Duisburg[9] immer wieder die Erfahrung machen, dass sie als „Kanaken" nicht hereingelassen werden. Anderseits können türkische Jugendliche ihre deutschen Freunde nicht mit in „Türkendiscos" nehmen. Die Studierenden haben in der Improvisation eine passende Szene bereits hergestellt:

Ort der Handlung in unserer Forumtheaterszene ist eine Disco. Einige Jugendliche werden freundlich begrüßt und hineingelassen. Eine junge Türkin lässt der Türsteher aber nicht in die Disco, Begründung: Sie trage nicht das „richtige" Schwarz. Auf die Frage, ob sie nicht in die Disco dürfe, weil sie Ausländerin sei, wird der Türsteher aggressiv und schickt sie zum „Döneressen". Eine weitere Jugendliche, die sich solidarisieren könnte, zögert erst und geht dann achselzuckend in die Disco hinein.

Die Uraufführung findet in der evangelischen Kirche statt. Der Raum ist brechend voll: Viele Kinder und Jugendliche sind da, viele Anwohner, Presse, die Vertreterin des Kindertheaters.[10] Wir spielen die Szene insgesamt elf Mal! Ein körperlich sehr kleiner türkischer Junge, ein typischer „underdog", tauscht sich alleine mit drei Idealbildern ein, die Zuschauenden erspielen neben einigen scheiternden Versuchen (es werden vom türkischen Türsteher keine Deutschen mehr eingelassen...) viele positive Lösungen für die Szene.

Der Forumtheaterabend hat einen großen Erfolg und ein positives Echo in der lokalen Presse. Die Videoaufnahme der Forumtheateraktion wird im auf den Auftritt folgenden Winter im Rahmen einer Initiative gegen Ausländerfeindlichkeit zur Vorbereitung einer Öffentlichkeitsarbeitsaktion vor der betreffenden Disco im Duisburger Zentrum benutzt.

In den Semestern darauf produzieren wir jeweils ein neues Stück für immer andere Grundschulen im Duisburger Norden zum Thema: „Zivilcourage / Gewaltprävention". Anfänglich treten wir noch mit jedem Stück einmal zur „Uraufführung" in Bruckhausen auf, aber der Pfarrer wird nach Idar-Oberstein versetzt, es gibt keine Pfarrei mehr und nun bleiben uns nur noch die Auftritte in Schulen.

Wir haben die Methode des Forumtheaters inzwischen verfeinert und den Bedürfnissen der LehrerInnen angepasst: Die Problemsituation wird entlang den in der Klasse vorherrschenden aktuellen Probleme entwickelt (Handydiebstahl, Diebstahl von anderen kleinen Wertgegenständen, Ausgrenzung von Kindern etc.). Wir filmen den Auftritt und stellen die Videos den LehrerInnen für die Nachbereitung zur Verfügung. Langfristig planen wir eventuell Unterrichtseinheiten zu entwickeln, in welche die Forumtheaterszene dann eingebettet sein soll.

Inzwischen gehört unser Auftritt ins (quasi „feste") Repertoire des Spielkorbs, des Kindertheaterprogrammes des Theaters der Stadt Duisburg. Und das beste: Die Studierenden lernen viel,[11] und unser Auftritt ist für die (armen) Grundschulen in Duisburg kostenlos.

Aber: Wir arbeiten in Duisburg (noch nicht wieder) in Kooperation mit GWA-Projekten, wir kooperieren mit dem Theater der Stadt Duisburg und mit den LehrerInnen der Schulen, die sich für einen Auftritt „bewerben".

Was kann Forumtheater für die aktuellen Formen der Gemeinwesenarbeit leisten?

Im Augenblick ist ein wesentliches Feld für Gemeinwesenarbeit (auch) die „Soziale Stadt"! In München gab es beispielsweise einige Versuche in Milbertshofen im Münchner Norden mit Forumtheater zu arbeiten, allerdings gestaltet sich der Einsatz der Methode dort aus organisatorischen Gründen bislang noch schwierig.[12] Bei der Recherche im Internet findet sich unter dem Bereich der „Sozialen Stadt" zum Thema „Forumtheater" nur *ein* Eintrag, der sich auf einen Forumtheaterauftritt auf einer Tagung in Linz (Oberösterreich) vom Oktober 2002 bezieht.[13] Die Methode wird aber ansonsten in der Bundesrepublik von einer Reihe von Theatern (z.B. in Essen, Osnabrück etc.) und Freien in der Kulturarbeit, der Schule und in der politischen Bildung benutzt. Schade, dass in der „Sozialen Stadt" offenbar noch wenig auf sie zurückgegriffen wird, denn die Methode hat große Potenziale, wie ich im Folgenden noch zeigen möchte.

Forumtheaterszenen können zu jeder Konfliktsituation im Gemeinwesen (z.B.: es fehlt ein Jugendtreff, ein Einkaufszentrum, eine Grünzone) in wenigen Stunden entwickelt werden. Man kann nach ein bis zwei Tagen Proben oder einem Arbeitswochenende sofort eine auf einen aktuellen Problemfall im Quartier bezogene Szene präsentieren und das Thema somit für das Gemeinwesen veränderbar machen. Dies, indem man das Problem auf dem Markt, im Bürgerhaus, dem Seniorenheim, in der Kirchengemeinde oder der Schulaula in einer Forumtheaterszene visualisiert und den Zuschauenden damit die Gelegenheit gibt, die Realität im ästhetischen Raum als veränderbar zu begreifen und damit auch in der Realität veränderbar zu machen.[14] Sei es Ausländerfeindlichkeit, Gewalt, Gewalt gegen Frauen, Mobbing oder „Wie wehre ich mich, wenn man mich fertigmachen will?" man kann mit Publikum jeder Art und jeden Alters[15] dazu eine Forumtheateraktion durchführen und für die Gemeinwesenarbeit nutzbar machen.

Der Königsweg zur Partizipation: Legislatives Theater

Eine Möglichkeit der Einmischung im Gemeinwesen ist auch die Weiterentwicklung des Forumtheaters: das Legislative Theater:

„*O **Teatro Legislativo** é a forma de implantar por completo o conteúdo político do Teatro do Oprimido. A partir dos problemas cotidianos da população, é feito um levantamento de informações para a elaboração de leis. Os grupos populares montam peças de Teatro Fórum e as apresentam para diversos públicos. As intervenções realizadas pela platéia no Teatro Fórum são anotadas em relatórios. A análise destes relatórios são a base para a formulação de novas leis.*“ (Ana Paula de Macedo Soares, com consultoria de Maria do Carmo A. A. Carvalho e Roseli Zerbinato da Silva dicas@polis.org.br, 15.11.2003)

„Das legislative Theater ist eine Form der Umsetzung des politischen Inhaltes des Theaters der Unterdrückten. Auf der Grundlage alltäglicher Probleme der Bevölkerung wird eine Bestandsaufnahme von Informationen durchgeführt, um Gesetze auszuarbeiten. Die „Joker-Gruppen“[16] entwickeln Forumtheaterstücke und führen sie vor verschiedenen Zuschauergruppen auf. Die Verbesserungsvorschläge, die durch die Zuschaurer beim Forumtheater entwickelt werden, werden in Berichten festgehalten. Die Analyse dieser Berichte ist die Basis für die Ausformulierung neuer Vorschriften und Gesetze“.[17]

Konkret erprobte Augusto Boal dies während seiner Zeit als Stadtrat in Rio de Janeiro. Er nutzte das Mittel des Theaters zur Entwicklung einer neuen Beziehung zwischen Gesetzgebenden und Bürgern. Oberziel von Augusto Boal ist die Demokratisierung durch konkrete Partizipation der BürgerInnen am kommunalen Geschehen. Als Stadtrat wurde die Gestaltung von Kommunalpolitik durch das Theater sein Anliegen. So entstand aus dem Forumtheater das Legislative Theater.

Boal war vier Jahre lang Stadtrat. Seine Gruppe von Trainern[18] war während dieser Zeit in den Stadtteilen und bei Interessengruppen unterwegs, um dort Forumtheaterstücke über die Alltagsprobleme „vor Ort“ zu entwickeln, die in der Öffentlichkeit dann in Forumtheateraktionen vorgestellt wurden.

Die verschiedenen Themen werden von Boals politisch-legislativem Team gesammelt, thematisch gruppiert und ausgewertet. Nach der Analyse werden die in den Forumtheateraktionen entwickelten Lösungen in „Projekte zur Erarbeitung eines neuen Gesetzes, in Änderungen existierender Vorschriften, zu Initiativen oder politischen Aktionen verwandelt." (http://home.arcor.de/Letsch/cto-rio.htm)

Die Gruppen, mit denen gearbeitet wird, sind aus Krankenhäusern, Favelas[19], der Ökologiebewegung, Menschenrechtsorganisatonen, es sind Eltern, Homosexuelle, psychisch Kranke. Die Themen reichen von Kinderbetreuung über verbesserte Behandlung von Alten und psychisch Kranken bis hin zu barrierefreien Wegen für körperlich Behinderte und Opferschutzprogrammen.

Die daraus entstehenden, legislative Initiativen, Gesetzesinitiativen[20], sind vielfältig:
- Gesetz, das öffentliche Krankenhäuser zur Bereitstellung geriatrischer Hilfe verpflichtet,
- Gesetz gegen Diskriminierung von Personen wegen ihrer sexuellen Orientierung in Geschäft, Industrie und öffentlichem Sektor,
- Gesetz, das Markthändler zum Gebrauch von Abfalltüten verpflichtet,
- Änderung des Gesetzes zur Sicherung der Patienten in der Psychiatrie vor irreversiblen oder gewaltsamen Behandlungen,
- Gesetzesprojekt zur Eröffnung von Kinderkrippen in öffentlichen Schulen für LehrerInnen und MitarbeiterInnen in diesen Schulen,
- Gesetz zur Einrichtung niedriger Straßenbegrenzungen, um Gefahrenstellen für Blinde zu sichern und Änderung im städtischen Haushaltsplan zur Bereitstellung von Mitteln für behindertengerechten Ausbau der U-Bahn,
- Programm zum Schutz von Kriminalitäts-Opfern und zum Zeugenschutz.

Zudem werden die Gruppen durch regelmäßig alle zwei Monate stattfindende „Festivals des Theaters der Unterdrückten" vernetzt. Es entsteht eine rege Diskussion untereinander und mit „dem Rathaus". Es finden Sitzungen des Stadtrates auf öffentlichen Plätzen statt.

Boals Vorgehen ist nicht *direkt* auf die Situation in der Bundesrepublik zu übertragen. Wir kennen hier nicht die vielfältigen mit kulturellen Mitteln im Alltag präsenten Formen der – auch politischen – Äußerung zum Beispiel im Rahmen des Karnevals[21] und der Capoeira, die ein einfaches Anknüpfen an im öffentlichen Raum Vorhandenem ermöglichen. Dies heißt aber nicht, dass neue Formen der Bürgerbeteiligung nicht realisierbar sind! Meiner Einschätzung nach könnte man analog zum Vorgehen im legislativen Theater in kommunalen Partizipationsprozesse angelehnt an die Methode Boals arbeiten. Warum sollte es nicht möglich sein, die Entscheidungen über die Gestaltung eines öffentlichen Platzes oder einer neuen Einkaufs- und Begegnungszone im Rahmen der „Sozialen Stadt", die Konzeption eines Jugendzentrums oder die Gestaltung einer SeniorInnen-Wohnanlage durch legislatives Theater in einem partizipativen und demokratischen Prozess vorzubereiten? Wir sollten es probieren. Wenn ich in der dritten Welt[22] *etwas* gelernt habe, dann: Wir könnten von der „Dritten Welt" lernen und dort erprobte und funktionierende Formen adaptieren!

Literatur

Boal, Augusto: Theater der Unterdrückten. Übungen und Spiele für Schauspieler und Nicht-Schauspieler. Frankfurt am Main 1979, 1989 (Suhrkamp)

Boal, Augusto: Der Regenbogen der Wünsche. Seelze/Velber 1999 (Kallmeyer)

Brecht, Bertold: Über Politik auf dem Theater. Methoden aus Theater und Therapie. Suhrkamp, Frankfurt am Main 1971 (Suhrkamp)

Fo, Dario: Dario Fo über Dario Fo. Köln o.J., vermutlich 1978? (Prometh-Verlag)

Grotowski, Jerzy: Für ein armes Theater. Berlin 1994 (Alexander-Verlag)

Piscator, Erwin: Theater der Auseinandersetzung. Ausgewählte Schriften und Reden. Suhrkamp, Frankfurt am Main 1977 (Suhrkamp)

Tucholski, Kurt: Zuckerbrot und Peitsche. 1930

Anmerkungen

1 Die anderen von Boal und seiner Gruppe entwickelten Theaterformen sind: Propagandatheater, Didaktisches Theater, Folklore (eine Art „Capoeira", Mischung aus Theater, Politik und Musik zu aktuellen Themen), Collage, Zeitungstheater, Statuentheater, unsichtbares Theater, legislatives Theater (siehe unten) etc.

2 Wesentlich für Boal´s Arbeit ist es, dass die „Stücke" nie eine Einzelleistung sind. Alle Ideen, alle Fähigkeiten aller Beteiligten fließen ein. Boal wähnt sich nie im Vollbesitz der Wahrheit. Er unterstützt mit seiner Arbeit immer *nur* die Leistung der Gruppe, mit der er arbeitet.

3 Szenen mit vier bis zehn Personen können vorkommen, aber zu viele agierende Personen auf der Bühne bringen die Zuschauenden erfahrungsgemäß in Verwirrung.

4 Das ist für Studierenden, mit denen ich arbeite, eine *sehr* hohe Anforderung, denn ihnen stehen nur zwei volle Tage Theaterarbeit als Qualifizierungsmöglichkeit zur Verfügung – aber: es funktioniert und das ausgesprochen gut!

5 Im Forumtheater braucht man nur Schauspielende, ausgebildete Schauspieler sind nicht nötig.

6 Hintergrund: politische Aktivitäten. Boal wurde in der Untersuchungshaft gefoltert. Nach seiner Entlassung musste er emigrieren.

7 Junge Frauen durften in Sizilien in den 70er Jahren des vorigen Jahrhunderts in ländlichen Regionen in traditionellen Dörfern nicht einfach alleine auf die Straße gehen.

8 der inzwischen abgerissen wurde

9 Das gilt im Revier aber überall, z.B. auch in In-Discos in Dortmund!

10 In den nächsten vier Wochen treten wir mit dem Stück noch in den anderen Stadtteilen des Duisburger Nordens (insgesamt „Brennpunktbereich") in Schulen aller Schultypen auf. In den Semestern darauf produzieren wir ein jeweils ein neues Stück für immer andere Grundschulen im Duisburger Norden.

11 Alle TeilnehmerInnen des Seminars haben folgende Erfahrungen gemacht bzw. Kenntnisse/Fähigkeiten erlangt:
– verschiedene Methoden von Warming up (Körperarbeit),
– freie und gelenkte Improvisation,
– erste Grundlagen des Szenenaufbaus,
– Sich-Einfühlen in verschiedene Rollen,
– Auftreten auf eine Bühne /Aneignung der Bühne,
– Erfahrungen mit Auftritten vor fremdem Publikum,
– Improvisieren in einer/mehreren Rolle/n vor und mit dem Publikum.
Darüber hinaus sind sie durch die Erfahrung der Opfer-Täter-Improvisationen und der Forumtheateraktionen in hohem Maße sensibilisiert für theatergestützte Formen des Konfliktmanagements.

12 Es besteht aber seitens Tilo Klöck Interesse, einen Erfahrungsaustausch zum Einsatz der Methode im Bereich der „Soziale Stadt" zu beginnen.

13 Normalerweise sind die Aktivitäten im Bereich der „Sozialen Stadt" recht gut dokumentiert. In München gab es z.B. einige Versuche im Münchner Norden mit Forumtheater zu arbeiten.

14 Ich habe mit SchülerInnen, Studierenden oder LehrgangsteilnehmerInnen schon Szenen zu „Anmache in der Kneipe bzw. nach einer Party", „Gewalt gegen Frauen" (Sexismus), Fremdenfeindlichkeit im Bus oder in der Disco (Rassismus), Diebstahl unter Kindern (Zivilcourage), Mobbing im Betrieb und in der Schule (Ausgrenzung) etc. hergestellt.

15 Forumtheater funktioniert bereits im fortgeschritteneren Kindergartenalter! Wir hatten bei Auftritten 2001 in Bruckhausen schon Fünfjährige, die mitgespielt haben.

16 Boal benutzt in diesem Zusammenhang immer den Begriff „Coringas", das entspricht dem „Joker", der überall einsetzbaren Karte des Kartenspiels. Ich habe den Begriff daher gewählt.

17 Übersetzung der Autorin

18 Den in Brasilien so genannten „coringas" / „Jokern", was bei uns „AnimateurInnen", „entsprechend qualifizierten StadtteilarbeiterInnen" entspräche – das Quartiermanagement könnte derartige Funktionen übernehmen – wäre es denn dafür theaterpädagogisch qualifiziert! In unserem Fach stehen in den nächsten Jahren für derartige Einsätze qualifizierte Absolventinnen zur Verfügung.

19 Slums, ungeplante Wohnsiedlungen am Rande der Stadt

20 Das brasilianische Rechtssystem ist anders gestaltet als das deutsche, der Begriff „leis" wird für Vorschriften und Gesetze benutzt, es ist den brasilianischen Texten daher nicht zu entnehmen, ob es sich jeweils um eine Rechtsvorschrift oder ein Gesetz auf der kommunalen Ebene handelt. Wenn in dieser Textpassage „Gesetze" steht ist der Begriff im Sinne von „Kommunale Vorschriften/Gesetze" zu verstehen.

21 Hier wird von den karnevalsaktiven Städten und Gemeinden vornehmlich „auf der Rheinschiene" abgesehen!

22 Im Rahmen eines zweieinhalbjährigen Aufenthaltes in der Republik Kap Verde, Sahelzone, Westafrika.

Lothar Stock

Gemeinwesenarbeit in Ostdeutschland

Ausgangsvoraussetzungen und Rahmenbedingungen für die aktuelle Praxis

Die Soziale Arbeit insgesamt, insbesondere aber die Gemeinwesenarbeit, traf und trifft in Ostdeutschland auf gänzlich andere Ausgangsvoraussetzungen und Rahmenbedingungen, als sie aus der alten Bundesrepublik her bekannt sind. Diese deutlichen Unterschiede zu beleuchten, soll Inhalt des nachfolgenden Beitrages sein. Hintergrund der Ausführungen bilden zum einen eigene praktische Erfahrungen in einem vom Fachbereich Sozialwesen der Fachhochschule Merseburg in den Jahren 1995 bis 1998 durchgeführten Handlungsforschungsprojekt zum Aufbau stadtteilbezogener und gemeinwesenorientierter sozialer Angebote, zum anderen aktuelle Entwicklungen im Rahmen von Projekten des Quartiermanagements bzw. der „Sozialen Stadt" in Leipzig. Der Beitrag bewegt sich dabei allerdings eher auf einer analytischen Ebene und greift nur sehr bedingt an wenigen Stellen zur Illustration der Analyse auf die konkreten Praxiserfahrungen zurück.

Der Zugang zu der unterschiedlichen Betrachtungsweise von Ost- und Westdeutschland erschließt sich auf mindestens drei verschiedenen Ebenen: den gesellschaftlichen Rahmenbedingungen des ehemaligen DDR-Staates, deren Widerspiegelung in den Einstellungen und Lebensweisen der Individuen und letztlich in der Sozialen Arbeit selbst, insbesondere hinsichtlich ihres Selbstverständnisses und ihrer Entwicklungsgeschichte im ehemals real-existierenden Sozialismus. Diese drei Ebenen sollen zunächst in knapper Form skizziert werden, bevor dann vor diesem Hintergrund auf die verschiedenen Etablierungsversuche der Gemeinwesenarbeit in Ostdeutschland ausführlich eingegangen wird.

Die sozialistische Stadt, Nachbarschaftsbeziehungen und Gemeinwesenaktivitäten

Innerhalb der zentralstaatlichen Planungen der SED-Regierung wurde der Städtebaupolitik eine generell hohe Bedeutung zugemessen, sollte der Wohnungsbau „doch sowohl die Vergegenständlichung des Sozialismus sein als auch zur Herausbildung eines sozialistischen Bewusstseins bei der Bewohnern" (Herlyn, Hunger 1994: 312) führen. Am Beispiel der „Chemiearbeiterstadt" Halle-Neustadt formuliert Schlesier die ideologische Vorgabe für den Bau neuer Wohnsiedlungen wie folgt: „Der Wohnkomplex einer Stadt im Sozialismus ist nicht durch Differenzierung nach Einkommensklassen, Berufsständen oder an deren Unterschieden gekennzeichnet" (Schlesier u.a. 1972: 85).

Bereits der Deutschen Bau-Enzyklopädie von 1959 sind hinsichtlich des „sozialistischen Wohnkomplexes" folgende allgemeine Charakteristika zu entnehmen:

- Der Bau neuer Wohnungen hatte sich an den „durchschnittlichen Grundbedürfnissen" der Wohnbevölkerung zu orientieren, gesunde Wohnverhältnisse zu garantieren sowie Unterschiede in der gesellschaftlichen Schichtung auszugleichen; eine gemischte Sozialstruktur innerhalb der Wohngebiete war anzustreben.
- Das Wohnungsangebot hatte vor allen Dingen familiengerecht zu sein und dementsprechend waren die „Gemeinbedarfseinrichtungen" an den Bedürfnissen junger Familien mit Kindern auszurichten.
- Die Bewohnerinnen und Bewohner sollten als „Mitglied einer großen Gemeinschaft" Verantwortung für das sozialistische Gemeinwesen tragen.
- Im Rahmen des allgemeingültigen Prinzips der „durchlässigen Stadt der kurzen Wege" war für die Neubaugebiete eine gute verkehrstechnische Anbindung sowohl an das Stadtzentrum als auch an die Arbeitsstätten zu gewährleisten.

Wenn auch im Verlauf der 1980er Jahre aufgrund ökonomischer Restriktionen von den ideologisch geforderten sozial-infrastrukturellen Versorgungsansprüchen zunehmend abgewichen werden musste, so war das städtische Erscheinungsbild zum Zeitpunkt der „Wende" in Ostdeutschland dennoch ein grundsätzlich anderes, als das in der seitherigen Bundesrepublik existierende. Die Anfang der 1990er Jahre von Rommelspacher anschaulich beschriebene Dreiteilung der westdeutschen Großstadt in die Stadt der Prosperität und des Reichtums mit möglicherweise gar weltweiter Ausstrahlung und damit aber auch gleichzeitig gegebener globaler Konkurrenz mit anderen Wirtschaftsmetropolen, in die Stadt des Mittelstandes mit der ständigen Gefahr des sozialen Abstiegs und schließlich in die Stadt der „Ausgegrenzten, Armen, Ausländer und Arbeitslosen" (Rommelspacher in: Oelschlägel 1991: 22) steht im gänzlichen Gegensatz zu den oben skizzierten und auch im Wesentlichen in die Praxis umgesetzten Leitsätzen der real-sozialistischen Stadtentwicklung. Die Bewohnerstruktur in den dortigen Wohngebieten war stattdessen eher heterogen zusammen gesetzt, wobei infolge der insgesamt weitgehenden Homogenität der DDR-Gesellschaft ausgesprochen benachteiligte oder gar verarmte Stadtteile ohnehin nicht entstehen konnten. Allerdings ist eine gewisse Überalterung im innerstädtischen, unsanierten und nicht selten dem zeitlichen Verfall preisgegebenen Wohnungsbestand konstatierbar und zurück zu führen auf die staatlich gelenkte Wohnungsvergabepolitik, die einseitig die bevorzugte Berücksichtigung junger Familien vorsah.

Die Wohnsituation in den ostdeutschen Plattenbausiedlungen zum Zeitpunkte der „Wende“ kann daher in keiner Weise mit den aus Westdeutschland bekannten Verhältnissen in den Trabantenstädten des sozialen Wohnungsbaus der 1960er und 70er Jahre verglichen werden. Sowohl in der Bevölkerungsstruktur als auch hinsichtlich der sozialen Problematik sind hier deutliche Unterscheidungen vorzunehmen, die selbst heute noch, zumindest in Teilbereichen der Wohngebiete, weiterhin Bestand haben. Die vorschnelle Klassifizierung dieser zur DDR-Zeiten aufgrund ihrer zeitgemäßen Wohnungsausstattung eher „bevorzugten Wohngebiete“ als „Soziale Brennpunkte“ (Belardi 1996: 56ff.) trifft in dieser generellen Form nach wie vor nicht zu. Bei genauerer Betrachtung wird nämlich offensichtlich, dass innerhalb der Siedlungen erhebliche Differenzierungen zwischen den einzelnen Wohnkomplexen bzw. Bauabschnitten bestehen. Neben Straßenzügen mit heute tatsächlich erheblicher sozialer Problematik, finden sich anderenorts im Stadtteil aber auch schon fast idyllische „grüne Ecken“ vor. Grundsätzlich lässt sich feststellen: Je später die Häuser gebaut wurden, umso mangelhafter sind die gewählten Baumaterialien und ebenso die sozialen Infrastruktureinrichtungen, die insbesondere im Kinder- und Jugendbereich mit der „Wende“ zudem noch weiter abgebaut wurden.

Die nachbarschaftlichen Kontakte und Beziehungen der Bewohnerinnen und Bewohner untereinander waren zu DDR-Zeiten – und sind es zum Teil auch heute noch – wesentlich ausgeprägter als im Westen, wo doch bereits seit langem eine fortschreitende Individualisierung in allen Lebensbereichen und somit erst recht in der äußerst privaten Sphäre des Wohnens stattgefunden hat. Sicherlich waren die intensiven Nachbarschaftskontakte zum Teil der ökonomischen Mangelsituation im Reproduktionssektor geschuldet, sodass man auf die gegenseitige nachbarschaftliche Hilfe und Unterstützung angewiesen war. Die gemeinsamen Aktivitäten waren teilweise von staatlicher Seite verordnet wie beispielsweise der „Subotnik“, der Samstag, an dem sich die Hausgemeinschaft, ganz gemäß den Vorgaben in der oben zitierten Bauenzyklopädie, durch Säuberung und Gestaltung der Außenanlagen der Verantwortung für das sozialistische Gemeinwesen annahm. Andererseits wurden aber auch die notwendigen Voraussetzungen zur Kommunikation miteinander im Wohngebiet beim Bau der neuen Wohnkomplexe sozialplanerisch geschaffen. Gemeinschaftsräume auf Haus-, zuweilen sogar auf Etagenebene gehörten hier ebenso dazu wie großzügig gestaltete Grünflächen zwischen den einzelnen Häuserreihen mit zahlreichen Spielmöglichkeiten für die Kinder sowie Sitzgelegenheiten für die Erwachsenen. Noch heute findet auf diesen Freiflächen zwischen den Häusern, also unmittelbar vor der eigenen Haustür, in den Sommermonaten so manche Grillparty statt – im sozialen Wohnungsbau West nur sehr schwer vorstellbar.

Soziale Arbeit im Sozialismus

Das Marx'sche Menschenbild und ebenso die sozialistische Gesellschaftstheorie erklären soziale Probleme generell als ein Übergangsphänomen hin zum kommunistischen Staat. Dementsprechend wurde auch in der DDR einer eigenständigen, institutionalisierten Sozialen Arbeit eine nur sehr geringe Bedeutung beigemessen. An deren Stelle traten allerorts die Betriebskollektive mit ihren zahlreichen sozialen Angeboten, angefangen vom Betriebskindergarten über die Ferienkolonie bis hin zum Feierabendheim für aus dem Arbeitsleben Ausgeschiedene oder gesellschaftliche Fürsorgeorganisationen wie die Volkssolidarität. Für die Gemeinwesenarbeit hatte dies zur Folge, dass im Gegensatz zur Bundesrepublik, wo unmittelbar nach Kriegsende im Rahmen des us-amerikanischen „Re-education"-Programms unter anderem auch an die Tradition der Nachbarschaftshäuser aus der Weimarer Republik wieder angeknüpft wurde, in der DDR eine derartige Entwicklung ausblieb. Die Theorie und Praxis der Gemeinwesenarbeit als Teilbereich der Sozialen Arbeit blieb somit weitgehend verschüttet, zumal soziale Problemlagen und Fehlentwicklungen im Wohngebiet bzw. im Stadtteil – im Westen die klassischen Ansatzpunkte der Gemeinwesenarbeit – vom ideologischen Anspruch durch die zentralstaatlichen Planungen behoben werden sollten bzw. erst gar nicht entstehen konnten. In den politisch initiierten Gremien auf Wohngebietsebene, beispielsweise den Wohngebietssausschüsse, Hausgemeinschaften, aber insbesondere im „Abschnittsbevollmächtigen" (heute vielerorts personell identisch mit dem „Bürgerpolizisten") kamen jedoch auch (unbewusst) Arbeitsansätze und Handlungsformen der Gemeinwesenarbeit zum Tragen.

Unbekannt blieben jedoch in Ostdeutschland die im Westen zum Teil heftigen, nicht nur theoretisch geführten, sondern mancherorts in der kommunalpolitischen Auseinandersetzung vor Ort auch konkret durchlebten Debatten über „aggressive Ansätze" der Gemeinwesenarbeit, an deren Ende sich die GWA zu Beginn der 1980er Jahre von der eigenständigen „Dritten Methode" hin zum Arbeitsprinzip in der Sozialen Arbeit gewandelt hatte (Boulet, Krauß, Oelschlägel 1980). Zum Zeitpunkt der „Wende" hatte die Gemeinwesenarbeit in Westdeutschland bereits ihren skandalisierenden (in Bezug auf bestehende Ungerechtigkeiten und soziale Ungleichheit) und aktivierenden (in Bezug auf benachteiligte Bevölkerungsgruppen) Charakter weitgehend verloren und stattdessen den Weg hin zum Management sozialer Problemlagen auf der Ebene des Stadtteils eingeschlagen. Gemeinwesenarbeit kann jedoch nur im Zusammenspiel dieser beiden Aspekte – dem „Basisbein" und dem „Institutionenbein" – vollständig begriffen werden. Hinsichtlich der Vermittlung von Handlungsperspektiven des ersteren fehlt – historisch bedingt – in Ostdeutschland eine Traditionslinie der Gemeinwesenarbeit, die allerdings auch auf gesamtdeutscher Ebene heute mehr und mehr in Vergessenheit geraten ist. Eine kritische Aufarbeitung der Geschichte der Gemeinwesenarbeit in der alten Bundesrepublik schließt dies selbstverständlich mit ein.

Erste Implementierungsversuche von Gemeinwesenarbeit

Zentrale Ansatzpunkte der Gemeinwesenarbeit in Westdeutschland bildeten soziale Problemlagen (z.B. unzureichende soziale Infrastruktur) und Fehlentwicklungen (z.B. hohe Fluktuation) im Wohngebiet bzw. im Stadtteil. Prädestinierte Ansatzorte von Gemeinwesenprojekten waren die Obdachlosenghettos am Stadtrand der Großstädte, die ebenfalls räumlich ausgelagerten Trabantenstädte des sozialen Wohnungsbaus sowie Sanierungsgebiete im innerstädtischen Bereich. Allen diesen Wohnlagen war gemeinsam, dass hier Bevölkerungsgruppen lebten, deren Interessen in der lokalen Kommunalpolitik wenig bis gar kein Gehör fanden. Umfassende soziale und räumliche Segregation widerfuhr denjenigen Menschen, die für „nicht-mieteradäquates“ Verhalten mit einem Leben in den Obdachlosensiedlungen zu büßen hatten. Derartige Wohngebiete waren in der ehemaligen DDR nicht existent und in den Plattenbauten zeigte sich die Bevölkerungsstruktur, wie dargelegt wurde, in einem gänzlich anderen Bild als im sozialen Wohnungsbau Westdeutschlands. Dennoch wurden diese Großsiedlungen zum bevorzugten Ansatzort erster gemeinwesenorientierter Projekte und Einrichtungen im Osten (z.B. Fritz-Heckert-Siedlung in Chemnitz oder Leipzig-Grünau). Die Gemeinwesenarbeit traf dort jedoch nicht, zumindest noch Mitte der 1990er Jahre, und nicht flächendeckend auf die aus dem Westen gewohnte „klassische Zielgruppe“ von Armen und Ausgegrenzten, sondern vielmehr beispielsweise auf den zu DDR-Zeiten hoch qualifizierten Chemiefacharbeiter oder auch auf die im Rahmen der „Wende abgewickelte“ Hochschulprofessorin. Nicht weitgehend isolierte Individuen und ausschließlich sozial benachteiligte Bevölkerungsgruppen, die wohlmöglich noch mit sozialpädagogischem Handlungsrepertoire zur Wahrnehmung ihrer eigenen Interessen befähigt werden müssen, erwarteten die Gemeinwesenarbeit (oder auch nicht), sondern eine in weiten Bereichen eigenständige und ihre Anliegen in die eigenen Hände nehmende Bewohnerschaft, die – siehe da – so ganz ohne professionelle Sozialarbeit nach der „Wende“ an vielen Orten selbstständige Bewohnerforen, Bürgervereine oder ähnliche Organisationen initiiert hatte und diese seitdem mit den ihr zur Verfügung stehenden Ressourcen betrieb. Dies eröffnete der Gemeinwesenarbeit zwar einerseits ganz andere personelle Ressourcen und Potenziale, barg aber gleichzeitig auch die Gefahr der professionellen Vereinnahmung bislang weitgehend autonomer Initiativen der Bewohnerinnen und Bewohner im Stadtteil in sich. Vorruheständlerinnen und Vorruheständler, „abgewickelte“ Wissenschaftlerinnen und Wissenschaftler oder anderweitig durch die „Wende" arbeitslos gewordene Menschen mit langjähriger Berufssozialisation brauchen nicht per se eine bevormundende und in der Regel auch diskriminierende, zuweilen sogar stigmatisierende Sozialarbeit, auch nicht in Form von professionell betriebener Gemeinwesenarbeit. „Tue nie etwas für jemanden, das dieser auch selbst tun kann" lautet doch die eherne Regel von Saul Alinsky (1999). Von den Professionellen in der Gemeinwesenarbeit war also eine hohe Sensibilität in der Umgehensweise mit derartigen Strukturen der Bewohnerselbstorganisation auf Stadtteilebene gefragt.

Generell spielte allerdings die Gemeinwesenarbeit bei der Expansion der westdeutschen Sozialarbeit in die neuen Bundesländer unmittelbar nach der „Wende" nahezu keine Rolle. Ausschlaggebend hierfür war das nach wie vor fehlende einschlägige Finanzierungsinstrument. So wurde in den gesetzlich explizit genannten Arbeitsfeldern der Sozialen Arbeit etwa der Schuldnerberatung im BSHG oder der Hilfen zur Erziehung nach dem KJHG das hinzugewonnene Terrain einvernehmlich unter den Wohlfahrtsverbänden aufgeteilt und von diesen auch unverzüglich besetzt. Die Gemeinwesenarbeit kam hierbei nicht vor. Auch die zahlreichen vor Ort neu entstehenden, von den traditionellen Verbänden unabhängigen Initiativen insbesondere im Kinder- und Jugendbereich fokussierten eindeutig diesen Bereich staatlich fixierter Förderungskonditionen, wenngleich doch die Jugendhilfe an vorderster Stelle mit dazu beitragen soll, „positive Lebensbedingungen für junge Menschen und ihre Familien sowie eine kinder- und familienfreundliche Umwelt zu erhalten oder zu schaffen" (§ 1, Abs. 3 KJHG) und somit explizit einen Generalauftrag zur Gemeinwesenarbeit und ihren spezifischen Handlungsansätzen enthält. Auch § 11 KJHG (Jugendarbeit) spricht unmissverständlich von „gemeinwesenorientierte(n) Angebote(n)" als integralem Bestandteil der Jugendarbeit freier und öffentlicher Träger. In einem konkreten Finanzierungsparagraphen, wie dies in den verschiedenen nunmehr wiederum ausschließlich auf das Individuum bezogenen „Hilfen zur Erziehung" (§§ 27ff. KJHG) der Fall ist, findet diese Vorgabe des Kinder- und Jugendhilfegesetzes dann allerdings keinen Niederschlag. Entsprechend unberücksichtigt blieb daher auch die Gemeinwesenarbeit beim Aufbau der Sozialen Dienste und Einrichtungen im Kinder- und Jugendbereich in Ostdeutschland.

Anknüpfungspunkte für die Gemeinwesenarbeit gab es am ehestens noch im kulturellen Bereich, wo bereits unmittelbar nach der „Wende" auf der Ebene des Stadtteils vielerorts Initiativen von Kulturschaffenden entstanden, in denen nunmehr versucht wurde, die vormals in regulärer Beschäftigung und fester Anstellung betriebene Arbeit auf der Grundlage von Arbeitsbeschaffungsmaßnahmen fortzusetzen. Entsprechend ihrem eigenen künstlerischen Selbstverständnis zog es jedoch die Mehrzahl dieser Initiativen eher in den Bereich der Soziokultur als in die eindeutig sozialarbeiterisch geprägte Gemeinwesenarbeit. Der Verband für sozio-kulturelle Arbeit hatte dann auch in der Folgezeit einen ungleich stärkeren Zulauf aus Ostdeutschland zu verzeichnen als der Verband für sozial-kulturelle Arbeit. Die gemeinsamen Wurzeln dieser beiden Organisationen ehemals im Verband Deutscher Nachbarschaftsheime blieb den Akteurinnen und Akteuren in der Soziokultur bis heute jedoch weitgehend unbekannt.

Als Fazit lässt sich somit festhalten, dass Arbeitsansätze der Gemeinwesenarbeit in den ersten Jahren nach der „Wende" im Bereich der professionellen Sozialen Arbeit in Ostdeutschland weitgehend unberücksichtigt blieben, stattdessen entstanden in zahlreichen Stadtteilen Bewohnerinitiativen im nicht-professionellen Bereich. Der Bürgerladen in Halle-Neustadt – eine der wenigen Organisationen, die den Weg zum Verband für sozial-kulturelle Arbeit fand – sowie die heute nahezu 40 Bürgervereine in Leipzig seien hier exemplarisch als Beispiele für diese Entwicklung genannt.

Die Verwaltung entdeckt die Gemeinwesenarbeit

Im Zuge der ab Mitte der 1990er Jahre in der Sozialen Arbeit generell, insbesondere aber in der Kinder- und Jugendhilfe geforderten Sozialraumorientierung der Sozialen Dienste und Einrichtungen gewinnt auch die Gemeinwesenarbeit in Ostdeutschland an Bedeutung. Gemeinwesenorientierte Arbeitsansätze werden nunmehr auch dort verstärkt von den Kommunalverwaltungen eingeklagt. Dies erfolgt primär im Hinblick auf die angestrebte Effektivierung der Sozialen Arbeit und die damit intendierte Kosteneinsparung bei den sozialen Angeboten und Dienstleistungen im Stadtteil. Angesichts eines durchaus vorhandenen „Wildwuchses" aus den ersten Jahren nach der „Wende" sind derartige vordringlich fiskalische Motivgründe nicht weiter verwunderlich. Ebenso wenig überraschend ist es auch, dass der die Bewohnerinnen und Bewohner aktivierende oder gar der skandalisierende Aspekt vormaliger Gemeinwesenarbeit bei diesen kommunalpolitischen Vorgaben keinerlei Rolle spielt. Die vielerorts von der Verwaltung nun geforderten Sozialraumanalysen haben keineswegs die Aktivierung der dortigen Wohnbevölkerung zur selbstständigen Wahrnehmung ihrer ureigenen Interessen zum Ziel, sondern sollen vielmehr – je nach Situation mehr oder weniger verwaltungstechnisch – die soziale Angebotsstruktur der öffentlichen und freien Träger im Stadtteil beleuchten und im Ergebnis das Verhältnis von Angebot und Nachfrage in diesem Bereich in Einklang bringen. In der Stadt Leipzig beispielsweise hatte dies in den zurückliegenden drei Jahren zur Folge, dass mehrere Träger in der Kinder- und Jugendhilfe sich gezwungenen sahen, ihre vorhandenen, zum Teil langjährigen Angebote auf diesem Gebiet der Sozialen Arbeit von einem Stadtteil hin zu einem anderen zu verlagern, denn die von der Verwaltung aus betriebene Sozialraumanalyse hatte an der einen Stelle eine Überversorgung der Zielgruppe offenbart, während in anderen Stadtbezirken ein Fehlbedarf an Einrichtungen im Kinder- und Jugendbereich diagnostiziert wurde. Die emotionalen Verstrickungen, die derartige vom Schreibtisch aus initiierte Wanderungsbewegungen nicht nur bei den Nutzerinnen und Nutzern sozialer Dienstleistungen, sondern auch bei den dort beschäftigten Professionellen hinterlassen, müssen hier nicht weiter ausgeführt werden.

Selbstverständlich spricht nichts dagegen, dass die soziale Infrastruktur im Stadtteil quantitativ wie qualitativ bedarfsgerecht und problemadäquat ausgerichtet wird – das war ja schließlich auch immer mit ein zentrales Anliegen der Gemeinwesenarbeit – wogegen hier jedoch ausdrücklich Position bezogen werden soll, ist die in diesem Zusammenhang von den kommunalen Stellen in aller Regel lediglich einseitig betriebene Anwendung des Handlungsrepertoires der Gemeinwesenarbeit. Gerade in Ostdeutschland, wo die Tradition der 1970er Jahre doch weitgehend unbekannt ist, ist auch die Gefahr der Nicht-Zurkenntnisnahme dieses anderen Arbeitsansatzes der Organisierung von Interessen der Wohnbevölkerung sowie der Veröffentlichung sozialer Missstände besonders groß. Hierbei fällt auch den Hochschulen im Rahmen der Ausbildung eine entscheidende Rolle zu, indem es nicht genügt, den Studierenden allein theoretisches Wissen über die beiden unterschiedlichen Säulen der Gemeinwesenarbeit („Basisbein" und „Institutionenbein") zu vermitteln, sondern ebenso im Verlauf des Studiums konkrete Handlungsorientierungen im Hinblick auf die Skandalisierung ungerechter gesellschaftlicher Zustände als auch in Bezug auf Organisierungs- und Aktivierungsstrategien der betroffenen Wohnbevölkerung praktisch eingeübt werden müssen. Mitunter ist auch die Ausbildungsinstitution selbst gefordert, mit mehr oder weniger deutlichem Beispiel voranzugehen.

Allheilmittel Quartiermanagement bzw. „Soziale Stadt"?

Einen vermeintlich letzten Schub erfuhr die Gemeinwesenarbeit – nicht nur in Ostdeutschland, sondern auch bundesweit – durch die sich zuspitzenden sozialen Problemlagen in vielen Stadtteilen. Zeitgleich wuchs sowohl in der Politik als auch in Teilen der Verwaltung die Erkenntnis, dass rein zielgruppenbezogene Maßnahmen sowie ein sektoral voneinander isoliertes Vorgehen den in den verschiedenen Wohngebieten bestehenden Krisensituationen in keiner Weise mehr gerecht werden konnten. Der Weg für umfassendere Vorgehensweisen in den Problemwohngebieten war geebnet, Quartiermanagement und „Soziale Stadt" hießen die neuen Konzepte. Das Ende 1999 aufgelegte Bund-Länder-Programm „Stadtteile mit besonderem

Entwicklungsbedarf – die soziale Stadt“ wurde insbesondere im Rahmen der Programmbegleitung vom Deutschen Institut für Urbanistik umfänglich dokumentiert. Die dort generell am Programm als auch an dessen Umsetzung an den einzelnen Standorten geäußerte Kritik, insbesondere auch zur Rolle der Gemeinwesenarbeit in diesen Projekten, soll hier nicht noch einmal wiederholt werden, stattdessen rücken die ostdeutschen Spezifika noch einmal gesondert in den Mittelpunkt der Betrachtungen.

Anders als im Westen Deutschlands, wo viele der in das Programm „Soziale Stadt“ einbezogenen Standorte auf eine langjährige Tradition als verfestigtes Armutsquartier oder doch zumindest als Problemwohngebiet zurück blicken konnten, haben die ostdeutschen Programmgebiete eine derartige Entwicklung erst forciert nach der „Wende“ eingeschlagen. Im Hinblick auf die Bevölkerungsstruktur in den „Stadtteilen mit besonderem Entwicklungsbedarf“ kann daher im Osten trotz aller Wegzüge seit Anfang der 1990er Jahre nach wie vor von einer in der Regel größeren Heterogenität ausgegangen werden. Dagegen können die Gebiete der „Sozialen Stadt“ im Westen im ungleich stärkeren Maße auf Erfahrungen mit Gemeinwesenarbeit in irgendeiner Form zurückgreifen. Dafür findet man hier aber innerhalb der Verwaltung und zum Teil auch bei den Trägern der Sozialen Arbeit deutlich festgefahrenere Strukturen mit nicht selten starken gegenseitigen Abgrenzungstendenzen. Insofern wiegen sich die Vor- und Nachteile der Programmstandorte in West- und Ostdeutschland im Prinzip weitgehend auf.

Entscheidend bei der Programmumsetzung wirkten sich dann aber doch die in den ostdeutschen Maßnahmegebieten in aller Regel gänzlich fehlenden Gemeinwesensarbeitsstrukturen aus. Viel einfacher und auch umfassender noch als im Westen wurden die sozialen Akteure in den dortigen Projekten vielfach „über den Tisch gezogen“ und mussten sich fortan insbesondere den städteplanerischen Interessen nahezu völlig unterordnen. Die fehlenden Kenntnisse und vor allem keinerlei Erfahrungen in der Gemeinwesenarbeit taten bei den vor Ort tätigen Sozialarbeiterinnen und Sozialarbeitern dann ein Übriges, um die qua Förderrichtlinien vorgeschriebene Bürgerbeteiligung vielerorts noch nicht einmal in Ansätzen zu etablieren. Die in den ostdeutschen „Soziale Stadt“-Standorten vorfindbaren positiven Rahmenbedingungen wie eine weniger verfestigte vor Ort Struktur und eine größere Heterogenität in der Wohnbevölkerung der Programmgebiete konnten somit als Entwicklungspotenziale – auch der Gemeinwesenarbeit – nur sehr eingeschränkt genutzt werden. Schließlich wurde eine Vielzahl der „Sozialen Stadt“-Projekte in Ostdeutschland an Träger aus dem privat-gewerblichen Bereich vergeben, die mit einer Aktivierung der Bevölkerung im Sinne der traditionellen Gemeinwesenarbeit nichts „am Hut“ haben. Die von den Programmrichtlinien geforderte Bürgerbeteiligung wird hier oftmals lediglich als leider unabwendbares Übel angesehen, wofür dann gezwungenermaßen noch eine Sozialarbeiterin bzw. ein Sozialarbeiter im Projekt anzustellen ist. Da auch der Folgeauftrag für die Firma gesichert werden soll, lässt man sich – wie in Leipzig geschehen – in den Leistungsvertrag beispielsweise widerstandslos hineinschreiben, dass jegliche Form der projektbezogenen Öffentlichkeitsarbeit vorher über den Schreibtisch des zuständigen Amtsleiters in der Stadtverwaltung zu gehen hat. Solch ein Grad an Unterwürfigkeit ist noch nicht einmal von den traditionellen Wohlfahrtsverbänden zu erwarten. Die Grundlagen für eine an den Interessen der Wohnbevölkerung anknüpfende Gemeinwesenarbeit sind unter derartigen Abhängigkeiten und Restriktionen jedoch mit Sicherheit nicht gegeben.

Fazit

Die Gemeinwesenarbeit bewegt sich in Ostdeutschland nach wie vor auf einem schwierigen Terrain. Ohne eigene historische Tradition nach dem Zweiten Weltkrieg, ohne explizites Finanzierungsinstrument und mit entsprechend geringer lokaler Praxis muss sie sich einerseits stets der Gefahr der sozialarbeiterischen/sozialpädagogischen Vereinnahmung von eigenständigem Bürgerengagement bewusst sein. Die Klientelisierung von Menschen, die immerhin ein etabliertes Gesellschaftssystem zum Sturz gebracht haben, könnte ansonsten sehr schnell die Folge sein. Ziel der Gemeinwesenarbeit kann daher nicht die Übernahme derartiger Bürgeraktivitäten sein, sondern allein die Stärkung von deren Eigenständigkeit und letztlich auch die finanzielle Absicherung dieses Engagements, selbst wenn dies in Konkurrenz mit den Ressourcen für die eigene Arbeit tritt. Gemeinwesenarbeit andererseits unter professionellen Ambitionen von außen in den Stadtteil hinein zu tragen, erweckt bei den dort wohnenden Menschen wohl eher Assoziationen zu ehemals staatlich verordneten Gemeinschaftsaktivitäten aus der DDR-Vergangenheit wie etwa dem eingangs erwähnten „Subotnik“. Hier muss das Feld für die Gemeinwesenarbeit nach wie vor äußerst behutsam, die Erfahrungen sowie die subjektiven Empfindlichkeiten der Bevölkerung aus 40 Jahren Realsozialismus respektierend, vorbereitet werden. Schließlich muss sich die Gemeinwesenarbeit in den neueren Konzepten von Quartiermanagement und „Sozialer Stadt“ noch viel intensiver als im Westen mit ihrer eigenständigen Fachlichkeit und mit ihrem spezifischen Handlungsrepertoire profilieren und sich damit von ihrer eigenen Vereinnahmung insbesondere durch die Stadtplanung befreien.

Literatur

Alinsky, S.D.: Anleitung zum Mächtigsein. Ausgewählte Schriften. Göttingen 1999

Belardi, N.: Gemeinwesenarbeit tut not. In: Sozialmagazin 1996, Heft 3, S. 56-60

Boulet, J.; Krauß, E.J.; Oelschlägel, D.: Gemeinwesenarbeit. Eine Grundlegung. Bielefeld 1980

Deutsche Bau-Enzyklopädie: Der sozialistische Wohnkomplex. Berlin 1959

Deutsches Institut für Urbanistik: Arbeitspapiere zum Programm Soziale Stadt. Bd. 1ff. Berlin 1999–2003

Deutsches Institut für Urbanistik: Strategien für die Soziale Stadt. Erfahrungen und Perspektiven – Umsetzung des Bund-Länder-Programms „Stadtteile mit besonderem Entwicklungsbedarf – soziale Stadt“. Berlin 2003

Herlyn, U.; Hunger, B.: Ostdeutsche Wohnmilieus im Wandel. Eine Untersuchung ausgewählter Stadtgebiete als sozialplanerischer Beitrag zur Stadterneuerung. Basel u.a. 1994

Rommelspacher, T.: Bruckhausen im Kontext des Reviers. In: Oelschlägel, D. (Hg.): Alles im Griff? Lebensbewältigung armer Menschen im Spannungsfeld von Sozialarbeit, Wissenschaft und Kommunalpolitik. Duisburg 1991

Schlesier, K.H. u.a.: Halle-Neustadt. Plan und Bau der Chemiearbeitstadt. Berlin 1972

Stock, L.: GWA im Osten oder „Wo ist denn hier bitte schön der Brennpunkt?“. In: Forum für Community Organizing (Hg.), Rundbrief Nr. 9, 1995, o.S.; o.Ort

Stock, L.: Bürgerbeteiligung in der „Sozialen Stadt“ – Fördervoraussetzung oder Antagonismus? Erfahrungen aus dem (Leipziger) Osten. In: Forum für Community Organizing (Hg.). Rundbrief Juli 2002, S.11–16; o.Ort

Jochen Köhnke

Düsseldorf, Karl-Marx-Stadt, Chemnitz, Münster

Orte der Gemeinwesenansätze in Ost und West

Düsseldorf 1980

Die Landeshauptstadt Nordrhein-Westfalens, wirtschaftliches Hauptzentrum, Behörden- und Bezirksregierungsstadt, wichtiger Standort für und von Banken und Versicherungen, Dienstleistungs- und Handelszentrum, eine wohlhabende Stadt. Der Ausländeranteil liegt knapp unter 14 Prozent. Das sind fast 80.000 Personen von den 575.000 Einwohnern. Hineingezoomt in diese für die damalige Zeit relativ hohe Zahl ergibt sich folgendes Bild. Deutsches Zentrum der japanischen Wirtschaft, hohes Potential internationaler Firmen mit internationalem Personal, international agierende Universität mit internationalen Professoren und weiterem Personal. Die Stadt ist gesund und hat einen relativ geringen Anteil an Menschen mit besonderer sozialer Problematik.

Wir betrachten den Düsseldorfer Süden präziser. Aus einem Stadtteil mit dörflichem Charakter (1960 ca. 200 Einwohner) wird in rund 10 Jahren ein Stadtteil mit 20.000 Einwohnern.

Der Stadtteil entwickelte sich in baulicher Hinsicht zunächst exzellent. Eine unmittelbare S-Bahn-Linie quer durch die Stadt erreicht Garath wie auch eine Bundesstraße, eine Autobahn, Nahverkehrszüge und Busse. Die bauliche Entwicklung allerdings beginnt nach den damals geltenden hohen Anforderungen an Trabantenstädte und nimmt in Form eines Kleeblattes seinen Verlauf, der im Südosten des Stadtteils endet. In dieser zeitlichen Entwicklung werden Baugelder auf dem Markt immer teuerer. Was Architekten und Investoren dazu veranlasst, von den ursprünglichen Mischungsverhältnissen zwischen Einfamilienhausbebauung, Eigentum und Mietwohnungsbau das Verhältnis zugunsten des hochgeschossigen Mehrfamilienhaus im Mitwohnungsbau zu verändern. An der Kompensation dieser Reaktion auf den Geldmarkt – dies sei jetzt schon vermerkt – leidet der Stadtteil bis zum heutigen Tage.

Wir gehen näher in den Stadtteil hinein und betrachten nunmehr ausschließlich Garath-Südost. Wir finden vor Wohnungen, die durchaus attraktiv geschnitten und für damalige Verhältnisse komfortabel ausgestattet sind. 80 Prozent dieser Wohnungen befinden sich in drei- bzw. viergeschossigen Gebäuden, 20 Prozent in acht- und mehrgeschossigen Gebäuden in Betonfertigteilbauweise. Die Ausstattung mit Kindergärten, Kinderhortplätzen, einer Schule für Lernbehinderte, zwei Hauptschulen, eine Realschule und einem Gymnasium, die im unmittelbaren Umfeld von Garath existieren, kann als überdurchschnittlich gut für diesen Zeitraum betrachtet werden. Auch die Funktionstrennung zwischen Wohnquartieren und Dienstleistungensquartieren wird als überdurchschnittlich positiv bewertet, weil dabei das ruhige Wohnen und gefahrlose Spielen der Kinder als Vorteil gesehen wird.

Trotz dieser insgesamt positiven Indikatoren ist festzustellen, dass durch den Zuzug bestimmter Bevölkerungsgruppen schon Mitte der 70er Jahre öffentlich festgestellt wird, dass es sich bei Garath-Südost um einen sozialen Brennpunkt handle. Es ist festzustellen, dass die Haushaltseinkommen in Garath-Südost durchweg unter den Grenzen des Wohnungsbaugesetzes liegen, ein Drittel der Haushalte Sozialhilfe bezieht und insgesamt der Großteil der dort Lebenden mit dem eigenen Stadtteil unzufrieden ist. Die Betreuungsdichte des allgemeinen Sozialdienstes, des Jugendamtes der Stadt Düsseldorf weist das Vierfache des Durchschnitts der sonstigen Stadt aus. Kurz zusammengefasst: Wir finden eine überaus dichte Bebauung vor, die durch Wohnungsnot erzwungen war, eine einseitige Belegung mit kinderreichen Familien und mit Menschen mit geringem Einkommen, eine hohe Anzahl von Multiproblemfamilien und einen besonders hohen Anteil von Einelternfamilien, die wiederum besondere Bedarfe nach sich ziehen.

Demgegenüber steht die Flucht der in Relation noch einkommensstärkeren Haushalte. Die anerkannten sozialen und politischen Methoden versagen und in der Stadt ist das Stigma derart stark, dass man von einem Umkippen des Stadtteils in unmittelbarer zeitlicher Nähe spricht. Mit dem Rücken an der Wand sucht Stadtverwaltung, Kirche und Politik nach neuen Lösungsstrategien. Die Angst vor der „Verslumung“ treibt die Aktiven parteiübergreifend an. Dies findet zu einem Zeitpunkt statt, als die BürgerInnen wenig Vertrauen zu den öffentlichen Institutionen und Organisationen haben, darüber hinaus keine Nachbarschaften im klassischen Sinne bestehen. In dieser Situation ergreift die Verwaltung auf Druck der Kirche die Initiative und versucht Gemeinwesenarbeit zu installieren. Zunächst noch nebulös wird der allgemeine Sozialdienst damit beauftragt, einen Koordinationskreis zu bilden, in dem sich diejenigen vor Ort zusammenfinden können, die Interesse an einer positiven gemeinsamen Entwicklung und Absprache haben. Dies wird unterstützt durch das Ministerium für Stadtentwicklung, Wohnen und Verkehr und durch das Amt für Wohnungswesen. Parallel wird ein Förderantrag beim Land gestellt, der auf das Erscheinungsbild des Stadtteils und auf die Mieterstruktur sowie Infrastruktur abzielt. In der Folge sollten ein wert- und nutzungsverbessernder Prozess sowie einen sozialen Prozess in Gang gesetzt werden. Parallel zur administrativen Entwicklung entstand der Koordinationskreis Anfang 1987 unter Leitung des allgemeinen Sozialdienstes. Diesem gehörten bei seiner Gründung Vertreter der Politik, der Planung, der Sozialarbeit, des Schulbereichs und kirchlicher Institutionen an. Die Sitzungen fanden nicht öffentlich statt und eine unmittelbare BürgerInnen-Beteiligung war zu diesem Zeitpunkt nicht angedacht. Die inhaltliche Arbeit wurde jedoch durch Aushang der Sitzungsprotokolle transparent gemacht. Erste Ergebnisse des Koordinationskreises waren die Initiierung von zwei Stadtteilbüros, die je von einem evangelischen und einem katholischen Träger in eigens dafür umfunktionierten Wohnungen betrieben wurden. Die Arbeit vor Ort bewegte sich trotz der durchaus guten Ansätze im Wesentlichen in den klassischen Formen der sozialen Gruppenarbeit und der Einzelfallhilfe. Um das Blickfeld zu erweitern, bat man Prof. Oelschlägel, Mercator-Universität, um Prozessbegleitung. Ziel dieser Prozessbegleitung war es, das Handlungsfeld der handelnden Sozialarbeit zu vergrößern. Ein wesentliches Ergebnis der fachlichen Begleitung war die stärkere Akzeptanz der unmittelbaren Bürgerbeteiligung. In der Folge entstanden elf Bürgerinitiativen und Planungsgruppen, die durch einen eigenen Sprecher im Koordinationskreis aufgenommen wurden und somit ein eigenes von Verwaltung und Politik unabhängiges Sprachrohr einerseits und Informationssystem andererseits darstellten. Diese Entwicklung kann aus heutiger Sicht als erster identifikationsfördernder Prozess und somit als Wende der bis dahin im emotionalen Bereich steigenden Negativentwicklung betrachtet werden. Die Bürgerinitiativen hatten somit in einem äußerst fachkompetenten Koordinationskreis Mitspracherechte. Hieraus entwickelte sich in der Folge ein Bürgerforum, welches als koordinierende Einheit 25 Initiativen im Stadtteil vertrat. Es wurde gemeinsam eine Verbesserung des Wohnumfeldes erarbeitet, eine aktivierende Befragung durchgeführt, die bessere Auslastung der bestehenden sozialen Infrastruktur erreicht sowie konkrete Ansätze zur Integration der damaligen Problemgruppen entwickelt. Ein so genanntes duales Prinzip entstand, welches parallel tatsächliche Wert- und Nutzungsverbesserungen und die soziale Entwicklung fokusierte.

Durch die enge Nahtstelle von Gemeinwesenarbeit und Kommunalpolitik insbesondere bezirklicher Kommunalpolitik besteht ein dauerhaftes Spannungsverhältnis zwischen den systemimanenten Erhaltungsstrategien und den „neuen Forderungen“. Die Freizügigkeit innerhalb großer Verwaltungen existiert diesbezüglich noch nicht ausreichend, so dass die Konflikte genau an dieser Stelle vorprogrammiert sind. Dieser Konflikt hat letzten Endes auch dazu geführt, dass eine Neuorientierung und auch Neupositionierung 1992/1993 erfolgte. Die Geschäftsführung stellte sich zeitweilig diametral politischen Entwicklungen entgegen. Hier entstand sozusagen die „Sollbruchstelle“, welche die Verwaltung als Gesamtteil der kommunalen Einheit gegebenenfalls loyal zwingt, im Sinne von repräsentativer politischer Gestaltung tätig zu werden. Im Einzelfall kann dass den Interessen von Gruppen in Gemeinwesenprojekten zuwider laufen. Dies ist hier offensichtlich geschehen. Dennoch ist festzuhalten, dass Gemeinwesenarbeit als Krisenmanagement eingesetzt erfolgreich Bürgerbeiteiligungskonzepte entwickeln konnte und über zunächst Anwaltssozialarbeit zu begleitender Sozialarbeit auf gleicher Augenhöhe gelangen konnte. Insofern ist die „dritte Methode“ der Sozialarbeit ausdrücklich geeignet um Krisenmanagement in Stadtteilen erfolgreich zu praktizieren. Bei genauer Betrachtung des Verlaufs ist jedoch auch festzustellen, dass aus dem Krisenmanagement heraus geleistete Gemeinwesenarbeit auch als profilaktische soziale Arbeit verstanden werden kann, denn im Ergebnis werden die individuellen wie kollektiven Stärken im Stadtteil durch die Bürgerinnen und Bürger stärker ausgelebt und stärker öffentlich gemacht, was logischerweise eine geringere Sozialproblematik insgesamt im Stadtteil nach sich zieht. Abschließend sei festgehalten, dass durch die laufende öffentliche Wahrnehmung und somit auch laufend abgestimmte Öffentlichkeitsarbeit das Gesamtprojekt nie aus den Augen der Öffentlichkeit verschwand.

Karl-Marx-Stadt/Chemnitz

1989 Umbruch und Neuorientierung

1990 im ehemaligen Chemnitz zurzeit noch mit dem Namen Karl-Marx-Stadt versehen Neuorientierung. Neuorientierung unter kaum nachvollziehbaren Bedingungen, denn die Erwartungshaltungen in der breiten sozialen Arbeit, in der Gesundheitsarbeit, in der Jugendarbeit sind höchst unterschiedlich. Hilfe erscheint notwendig, doch wer hilft wem, wer will sie, diese Hilfe. Jugendämter werden gegründet, alte Strukturen oft mit Brachialgewalt niedergerissen, Kompetenzen der östlichen Kollegen ignoriert, nicht wahrgenommen, oft belächelt, Neuaufbau ist nötig, muss sein. Es stimmt, die Gesetze sind so, die gesellschaftliche Situation in diesem Moment verlangt den Aufbruch, verlangt eine Reaktion auch aus den Verwaltungen heraus gegenüber denen, die diese „Befreiung“ erstritten haben. Was ist das für eine Arbeit, die dort geleistet wurde? Ist es eine Art andere Gemeinwesenarbeit? Ist es soziale Gruppenarbeit? Ist es Einzelfallhilfe. Wie ordnen, wie sortieren wir das was wir vorfinden. Wie ordnen und sortieren wir den „Jugendhilfeausschuss“, der oftmals aus Partei und Blockwart und weiteren „unfachlichen Bürgern“ zusammengesetzt war und über Heimaufnahmen entscheidet. Wir, die wir aus dem Westen kommen, sind gut gehalten, gut beraten, vorsichtig und sensibel nach vorne zu gehen. Wir, die wir in dieser Zeit das Kinder- und Jugendhilferecht (KJHG) *vor* der Bundesrepublik in den ehemaligen Ländern der DDR einführen, sind gut beraten, aufmerksam zu sein. Wir sind gut beraten damit, das, was die Kolleginnen und Kollegen wissen und mit sich führen, sensibel und vorsichtig aufzunehmen und im Diskurs mit ihnen zu bewerten, um die „alten neuen Standards" auch in den neuen Ländern einzuführen. In dieser Zeit gründet sich die Sächsische Sozialakademie, denn die fachliche Hilfe, aus dem Westen dringend erhofft und oft erbeten, kommt in der Geschwindigkeit nicht wie gewünscht. Nein die Kollegen können ja nach Frankfurt, nach München, nach Münster reisen, aber ein Dependenz in Sachsen ist nicht denkbar. Da will wohl keiner hin oder kaum jemand. In dieser Situation wird ebenso wie in der klassisch-fachlichen Ausbildung in Fort- und Weiterbildung ein wesentliches Ziel verfolgt. Dieses Ziel heißt, Wertschätzung und Achtung nicht zu verlieren und ein neues Miteinander zu kreieren – mit all den Problemen, mit all den Schwierigkeiten, auch mit all den Härten, die insbesondere für die große Schar der sozial engagierten Fachkräfte in den Städten auf uns zukommen. Allein die Verwaltung des Chemnitzer Jugendamtes in der Gesamtheit – Kindergärten, Kinderheime, Horte, allgemeiner Sozialdienst, wirtschaftliche Erziehungshilfe und vieles mehr – umfasste zu diesem Zeitpunkt 4.500 Mitarbeiter. Das ist mehr als die gesamte Verwaltung der Stadt Münster in Nordrhein-Westfalen. Ein Prozess der schmerzlich begann und auch heute noch nicht in komplett abgeschlossen ist. Eine Reduzierung des Jugendamtes auf rund 1.500 Mitarbeiter innerhalb weniger Jahre mit der Perspektive einer weiteren Abschmelzung stand dem Aufbau der freien Trägerlandschaft und der Wohlfahrtsverbände gegenüber. Und all dies mit den Kriterien und Anforderungen der zu diesem Zeitpunkt aktuellen neuen Erwartungshaltung an Fachlichkeit in der Sozialarbeit. Gemeinwesenarbeit, stadtteilorientierte Arbeit als additive und teilweise selbstständige Elemente zur sozialen Gruppenarbeit und Einzelfallhilfe waren zu diesem Zeitpunkt nicht gelernte, nicht gelehrte und auch nicht eingeübte Praxen. Nicht zu vergessen sei hierbei, dass diese „dritte Methode" der Sozialarbeit auch in vielen westlichen Städten nur auf dem Papier aber nicht in der Praxis zu finden war.

Zu diesem Zeitpunkt begann eine intensive Beratung und Schulung von Fachkräften in der sozialen Arbeit, die die Anerkennung als Sozialarbeiterin oder Sozialarbeiter oder auch in anderen Professionen innerhalb der sozialen Ebene erreichen wollten. Hierzu bedurfte es, auch wegen der Anerkennung, Hilfe von westlichen anerkannte Dozentinnen und Dozenten, unter anderem des in Chemnitz geborenen Prof. Dieter Oelschlägel, der sich 1982 aktiv in die Weiter- und Ausbildung der Sächsischen Sozialakademie einschaltete. Als Grundlage für die heutige praktische Gemeinwesenarbeit in dem Projekt Hutholz, welches durch die Sächsische Sozialakademie begleitet und im folgenden Abschnitt näher beschrieben wird, konnte in dem so genannten Drei-Säulen-Modell *Einzelfallhilfe – soziale Gruppenarbeit – Gemeinwesenarbeit* über die Sächsische Sozialakademie eine gute Grundlage gelegt werden, auf gleicher Augenhöhe miteinander zu lehren und mit der inneren

Akzeptanz ausgestattet, dann auch in den Arbeitsfeldern tätig zu werden. Die oben genannten veränderten Lebenslagen und die damit verbundenen Entwicklungen waren Begründung des Projekts. Aktivierungen und positive Verstärkung der Bewohnerschaft, also als Experten vor Ort, gelang. Bemerkenswert ist hierbei, dass sich ca. 30 Prozent der betroffenen Bevölkerung aktiv im Projekt einbrachte. Das Projekt Hutholz ist in Zeiten sinkender kommunaler Zuschüsse und sinkender finanzieller Einsätze in den sozialen Feldern insgesamt ein ausdrücklich anerkanntes und zielführendes Projekt, welches schon jetzt nach diesem kurzen Projektzeitraum als erfolgreich gelten kann.

Münster

Die Stadt hat ca. 270.000 Einwohner, ist Oberzentrum Westfalens, gelegen in Nordrhein-Westfalen, ist Sitz von Banken, Versicherungen, Verwaltungen, Universitätsstadt mit besonderer Lebensart und hoher Kultur, sie ist Stadt des Westfälischen Friedens, Fahrradhauptstadt Deutschlands, Umweltstadt, Bewerberin als Kulturhauptstadt, eine Stadt mit hohem Niveau im Bereich der Bildung, eine von nur noch zwei kreisfreien Städten Nordrhein-Westfalens mit eigener Budgetverantwortung des städtischen Haushaltes. Eine Stadt aber auch mit besonderen Herausforderungen im sozialen Bereich. Wir gehen näher in die Stadt und sehen, aus der Krise auf dem Balkan wachsend, 1998 eine überproportional große Menge an Menschen, die in die Stadt strömen, aus ihren Herkunftsländern flüchtend. Sie sind zum großen Teil illegal eingereist, was gleichbedeutend ist damit, dass für diese Menschen keine staatliche bzw. Landesversorgung im finanziellen Bereich zu erwarten ist. Eine Lage, die die Kommune bis zum heutigen Tage vor besondere Aufgaben und Herausforderungen stellt, mit denen sie alleine – auch finanziell – zurecht kommen muss. Die Flüchtlinge nehmen innerhalb von eineinhalb Jahren um 1.600 zu. Die Unterbringung in den bisher bestehenden Einrichtungen ist damit nicht mehr möglich, zumal einige davon aus verschiedenen Gründen nicht weiter nutzbar sind. Zum Bersten ist die Enge in den Einrichtungen. Es gibt Doppelbelegungen in Wohnungen, in denen Verwandte ihre Verwandten aufnehmen, damit sie ein Dach überm Kopf haben.

1999 kommt es zu weiteren Eskalationen – weitere Zuzüge, wenig Wegzüge, keine landesweite oder bundesweite Verteilung, der Versuch einer Verteilung scheitert. Die Flüchtlinge – weitestgehend Roma, Aschkali, Ägypter – erscheinen problematisch. Die negativen Begleiterscheinungen lassen unmittelbar und sofort feststellten. Die Stärken und positiven Bedingungen sind nicht erkennbar.

Eine denkbar schwierige Ausgangsbasis für die weiteren Zuzüge und eine schwierige konfliktreiche Gemengelage in der Stadt. Eine Krise? Ende 1999 entscheidet der Oberbürgermeister von Münster, dass bezüglich der Problematiken im Flüchtlingsbereich und im Spätaussiedlerbereich eine Dezernentenstelle zu schaffen ist. Diese soll koordinieren, kooperieren, Konfliktlösungsstrategien entwickeln und Münster als weltoffene Stadt auch in diesem Bereich präsentieren. Das soziale Klima in der Stadt ist dem Oberbürgermeister hohes Gut. Die objektive Beurteilung von Sachzusammenhängen in der Kommunal-, Landes- und Bundespolitik ebenfalls. So formuliert er unter anderem: „Nicht die Flüchtlinge, die zu uns kommen, sind das Problem, sondern die Umstände, die die Menschen dazu veranlassen flüchten zu müssen". Unter der schwierigen Diskussionslage in der Stadt Münster zu diesem Zeitpunkt eine mutige und klare Aussage, die unwidersprochen bleibt.

Das Dezernat nimmt die Arbeit auf und beginnt – neben der Sichtung der Dokumente, Unterlagen, Statistiken usw. – mit etwa 70 Expertinnen/Experten die Arbeit mit Interviews von Politikern, Polizisten, Bezirksbürgermeisterinnen und -meistern, Sozialarbeitern, Verwaltungskräften, freien Trägern, Initiativen und vielen mehr bis hin zu betroffenen Bürgern in bestimmten Stadtregionen. Zeitlich parallel werden interne und externe Arbeitskreise entwickelt, von denen besonders zu benennen ist ein Koordinationskreis, der freie Träger, Wohnungswirtschaft, Wohlfahrtsverbände, unabhängige Organisationen, Kirchen und andere zu dieser Thematik zusammenfasst und der als höchste Aufgabe die Begleitung der Verwaltungsarbeit sicherstellt. Dieses Gremium ist kein Betroffenenvertretungsgremium, sondern eine einem Beirat ähnlichen Stelle. Die bis dahin bestehenden gut funktionierenden inneren Strukturen im Flüchtlingssozialdienst innerhalb des Sozialamtes, innerhalb des Amtes für Kinder, Jugend und Familie sowie ein intern durch das Dezernat geleiteter interdisziplinärer Arbeitskreis bestehen ebenfalls weiter wie auch die Ratskommission zur Unterbringung von Aussiedlern, Asylbewerbern und Flüchtlingen.

Die neue Herangehensweise auch im Sinne einer aktivierenden Befragung führt unter anderem zu folgendem Ergebnis:

- Alle Stadtbezirke sind subjektiv der Auffassung, dass sie gemessen an den sozialen Herausforderungen im entsprechendem Stadtteil mehr leisten müssten als die anderen fünf Stadtteile.
- Die subjektive Empfindung bezieht sich auch auf die Thematik der Flüchtlingsunterbringungen.
- Eine „gerechte" Verteilung wird für die Zukunft erwartet. Eine planvolle nachvollziehbare Verteilung ebenfalls.

Die Einrichtungen, die in der Stadt zu verteilen wären, sollen nicht mehr in der Größe gebaut werden wie bisher (bis zu 235 Personen pro Einrichtung), sondern nur noch für etwa 50 Personen. Es wird davon ausgegangen, dass das subjektive wie objektive Sicherheitsbedürfnis der umliegenden Bevölkerung sich bei größeren Einrichtungen erheblich verstärkt und umgekehrt Einrichtung von bis zu 50 Personen auch den Flüchtlingen selbst eine entsprechendes Sicherheitsgefühl geben. Darüber hinaus wird wirtschaftlich begründet, dass die Nachsorge von Einrichtungen in dieser Größe finanziell wesentlich günstiger dargestellt werden kann, da die bauliche Unterhaltung bei kleineren Einrichtungen erheblich günstiger ist. Auch wird für den Bereich der sozialen Betreuung festgestellt, dass die Versorgung innerhalb der Sozialarbeit – im Rahmen von Einzelfallhilfe und auch teilweise bei sozialer Gruppenarbeit – in überschaubaren Einrichtungen effizienter, effektiver und letzten Endes dann auch finanziell günstiger darstellbar und umsetzbar sind. Die zu bauenden Einrichtungen sollen künftig als solche nicht mehr erkennbar sein, was bedeutet, dass sie in aufgelockerter Bauweise und in Anbindung an die bestehende Wohnbebauung und auf der Grundlage standardisierter Raumprogramme in münsteraner Stadtteilen zu platzieren sind. In einem parallel begonnener Mediationsprozess zwischen Fraktionen, Bezirksvertretungen und der Verwaltung werden Prioritäten zu Bewertung geeigneter Stadtteile bzw. Standorte entwickelt, diese Kriterien sollen nunmehr Gültigkeit erhalten. Auf all diesen Grundlagen und Voraussetzungen, die schon eine erhebliche Beteiligung der deutschen Betroffenen und eine mittelbare Beteiligung der Flüchtlinge als Betroffenen zugrunde legen, wird die Verwaltung durch Ratsauftrag beauftragt, den begonnenen Mediationsprozess mit dem Ziel konkreter Standortvorschläge aufzuzeigen und weiterzuführen und die Kriterien, die für eine Standortempfehlung verbindlich gemacht werden können, konkret aufzuarbeiten. Darüber hinaus werden konzeptionelle Grundlagen zur Betreuung und Integration ausländischer Flüchtlinge in den Stadtteilen in Zusammenarbeit mit den Wohlfahrtsverbänden und Flüchtlingsorganisationen angemahnt.

Diese Entscheidungen, die aufgrund der Vorarbeit im Mediationsprozess *einstimmig* im Rat gefallen sind, werden im weiteren Verlauf des Gesamtprozesses der Flüchtlingsarbeit in Münster als Münsterkonsens bezeichnet, da sich die Parteienvertreterinnen und -vertreter verständigt haben, unter anderem auch das Thema Flüchtlinge im Konsens zu behandeln und nicht zu Wahlauseinandersetzungen zu nutzen.

Im Mediationsprozess wurden folgende Entscheidungskriterien für die Ansiedlung von Flüchtlingseinrichtungen gefunden (dies in der Rangfolge der folgenden Nennungen):
- Einwohnerstruktur
- soziales Klima
- Konfliktpotential
- Lagequalität

- Infrastruktur
- Mobilität
- Beschäftigungsmöglichkeiten
- Bebauungsdichte/Abstandsfläche
- Wirtschaftlichkeit
- konfliktarme Wegeführung.

Die Standortempfehlungen waren somit über einen Mediationsprozess zu entwickeln und sind, um es vorweg zu nehmen, erfolgt. Die Stadt Münster hat sich entschieden zwölf neue Standorte entsprechend dieser Empfehlungen bebauen zu lassen, das stellt letzten Endes in der Perspektive nicht nur eine sozialarbeiterisch und optisch bessere Lösung dar, sondern auch eine wirtschaftlich günstigere, war über Grundstücksverkauf und Rückmieten der Objekte ermöglicht wird. Die Objekte verfügen pro Person über zwölf Quadratmeter Wohnfläche und sind in den Zuschnitten besser als die früheren Unterbringungen. Darüber hinaus sind die Wohneinheiten für je etwa acht Personen im Innenzuschnitt so organisiert, dass die sozialen Gemeinschaftsräume wie Küche, Toilette usw. jeweils nur von einen Personenkreis von acht Personen genutzt wird. Auch dies wird zu nachhaltiger Kostenminimierung beitragen.

Auf der Grundlage dieses Konzepts entstand in der Hauptsache aus den Bezirken, aber auch aus den anderen politischen und sonstigen Bereichen, die dringende Forderung, additiv zum bestehenden Betreuungskonzept und dem derzeitigen Betreuungsschlüssel eine angemessene Betreuung zu sichern. Hieraus sind in der weiteren Entwicklung die Leitziele und Integrationsanforderungen für die Flüchtlingsarbeit in Münster entstanden, die ebenfalls im Rahmen des Münsterkonsenses 2002 einstimmig beschlossen wurden. Zentrales Thema in unserer heutigen Betrachtung ist die Aussage, dass zu den Eckpfeilern des Integrationskonzeptes die *gemeinwesenorientierte Arbeit* und somit auch das Engagement vor Ort gehört. In diesem Zusammenhang wird etwa ein Jahr vor Beginn eines Baus einer Einrichtung in dem entsprechenden Stadtteil für diese geworben, erläutert, was in dieser Einrichtung passiert, und im Stadtteil mit den dortigen Organisationen und Einzelpersonen geklärt, ob und in welchem Maße Ressourcen aus dem Stadtteil zur Verfügung stehen bzw. Menschen sich engagieren wollen. Am deutlichsten wird dies an zwei praktischen Beispielen, die in der Zwischenzeit als erfolgreich betrachtet werden dürfen. In der ersten Einrichtung, die zu betrachten ist, leben ungefähr 50 Roma-Flüchtlinge. Die Einrichtung dieser Institution war höchst umstritten, und eine große Welle der Empörung begleitete die Umbaumaßnahmen und die Eröffnung. Parallel dazu initiierte die Verwaltung mit maßgeblicher Unterstützung der katholischen Kirche vor Ort Runde Tische, die die Aufgabe hatten, mit den Menschen vor Ort die „Problemlage“ zu erörtern und auf Wünsche, Fragen, Ängste und Forderungen zu reagieren. Darüber hinaus auch Informationen über die Flüchtlingsarbeit, die Flüchtlingsgruppe und die Perspektiven zu geben. Im Rahmen dieser Runden Tische wurde ebenfalls intensiv erörtert ob und in welchem Maße es sinnvoll ist, sich zu engagieren und in welchen Bereichen dies auch sinnvoll sein könnte, da das Engagement im Rahmen des Gemeinwesens hauptsächlich aus zwei Perspektiven betrachtet wurde. Die eine Perspektive kann als caritative Grundphilosophie verstanden werden, die zweite Alternative als sich frühzeitig einmischen im eigenen Gemeinwesen, um den sozial anerkannten Stand des Stadtteils zu erhalten und sich selbst auch weiter wohlfühlen zu können. Beiden Begründungen war zu eigen, dass eine additive Aktivität zur städtischen Sozialarbeit stattfinden könnte. Die städtische Sozialarbeit, zu diesem Zeitpunkt mit ca. einer Drittelstelle für die Einrichtung im sozialarbeiterischen Bereich ausgestattet und professionell geführt, setzte schon ein hohes Niveau voraus. Ergänzend hierzu – es sei nebenbei bemerkt, dass in Nordrhein-Westfalen für derartige Flüchtlinge keine Schulpflicht besteht – wurde als Hauptproblem festgestellt, dass ausgenommen der Kinder, die in die Schule gingen, sämtliche Flüchtlinge keinen Anspruch auf Sprachunterricht und schon gar nicht auf Orientierungs- oder Kulturkurse hatte. Dies wurde in den Runden Tischen als Manko empfunden. Die Teilnehmer luden sich selbstständig Roma-Familien ein und besprachen diese und andere Probleme mit diesen Familien. Als Ergebnis erzielten die Runden Tischen bei professioneller Begleitung durch die Sozialarbeiter in einer unabhängigen Unterstützerorganisation der Kirchen und der Stadt das Ergebnis, dass sie zunächst Kontakt mit den dann neuen Nachbarn aufnehmen und nach der Kontaktaufnahme erst entscheiden wollten, welche nachbarschaftlichen Kontakte zum Wohle des Zusammenlebens entstehen könnten. Vor diesem Hintergrund wurde nach der Eröffnung der Einrichtung festgestellt, dass die gegenseitige Akzeptanz miteinander etwas tun haben zu wollen am stärksten bei den Frauen und Kindern ausgeprägt war, und hieraus entstanden Unterstützungen speziell zu den Themen Sprache, kulturelle Orientierung und Schulunterstützung. Nach anfänglich 16 teilnehmenden Ehrenamtlichen aus der unmittelbaren Wohnumgebung entwickelte sich das Ehrenamtteam auf 25 Personen. Im Rahmen einer Weihnachtsfeier formulierte eine der ehrenamtlichen Damen es folgendermaßen: „Natürlich ist es gut für die Flüchtlinge, dass wir ihnen bei manchen Dingen helfen, aber in der Hauptsache macht es mir Spaß, mit meinen Nachbarn die Dinge gemeinsam zu entwickeln." Also ein ausführliches Plädoyer, dass auch im Nachbarschaftskontakt Vorteile für alle Beteiligten entstehen können.

Das weitere Beispiel soll aufzeigen, dass die Gemeinwesenarbeit auch hochprofessionell von Dritten begonnen werden kann, ohne dass die Initiierung durch die Verwaltung stattfinden muss. In einer Vorbereitung bezüglich der Neueröffnung einer weiteren Einrichtung für Flüchtlinge in Münster hat sich im Stadtteil eine

Gruppe gebildet, die sich speziell um die Thematik Stadtteilentwicklung bemüht. Der Stadtteil wächst erheblich, in den nächsten Jahren rechnet man mit einem Zuwachs um etwa ein Drittel, und im Rahmen dieser Entwicklung im baulichen Sektor ist auch die Flüchtlingseinrichtung geplant. Somit geriet für die Aktiven im Stadtteil ebenso wie für die Stadtteilpolitiker neben einer Dreifachsporthalle, einer Jugendeinrichtung und einem Altenheim die Flüchtlingseinrichtung in das Blickfeld. Auch in diesem Fall wurde die Sinnhaftigkeit und Notwendigkeit zunächst kontrovers diskutiert, jedoch im weiteren Verlauf des Verfahrens die Notwendigkeit einer vernünftigen Unterbringung für Flüchtlinge nicht mehr in Frage gestellt und auch nicht bezweifelt, dass der Stadtteil über die entsprechenden Ressourcen verfügt, da sonst keine weiteren besonderer Belastungen vorlagen. Im Stadtteil existiert der Verein *Offene Jugendarbeit Albachten*, der sich hauptsächlich um die Jugendarbeit, aber auch um sonstige Belange kümmert. Der Vorsitzende des Vereins ist Fachmann in sozialen Fragen und hat insbesondere maßgeblich an den Entwicklungen des Qualitätsmanagements im sozialen Bereich innerhalb des Bundesministeriums Anteil. Nach internen Diskussionen im Ortsteil und im Verein entschieden sich die Engagierten dazu, einen eigenen Lenkungskreis zur Integration von Flüchtlingen zu bilden. Dieser Lenkungskreis hat alsdann übernommen, einerseits öffentliche Veranstaltungen zu organisieren, andererseits eine Entwicklung von ehrenamtlicher Arbeit, die sich in der Zukunft mit den entsprechenden Flüchtlingen ins Benehmen setzen wird. Darüber hinaus ist der dortige Sportverein besonders aktiv und hat von den Flüchtlingen bereits einige längerfristig im Verein eingebunden.

Die Verwaltung erbringt selbstverständlich das Grundleistungsprofil der Sozialarbeit im Rahmen des Sozialdienstes für Flüchtlinge und wird im Rahmen der Aufgaben/Stellenbeschreibung der Sozialarbeit die Gemeinwesenarbeit vor Ort begleiten und stützen.

Es mag uns in diesem Zusammenhang nicht verwundern, dass der Mitinitiator des Gesamtkonzeptes Mitstreiter von Prof. Oelschlägel war und ist.

Die unterschiedlichen Prozesse, auf diesen wenigen Seiten nicht vollständig oder umfassend dargestellt (Entschuldigung dafür bei denen, die in diesen Projekten fleißig und umfangreich mitgewirkt haben), belegen die unterschiedliche Bandbreite des Einsatzes von Gemeinwesenarbeit und die Weiterentwicklung über die Jahre. Dennoch sind die Probleme, die in Düsseldorf Garath-Südost bezüglich der Rollenverteilung und Systemimanenz kontra „unlegitimierter Basisdemokratie Vermarktung“ nicht ausgeräumt. Dies gilt bis zum heutigen Tag und es wird eine unserer größten Herausforderungen für die Zukunft sein, den tätigen Kolleginnen und Kollegen genau in diesem Feld den notwendigen Freiraum zu verschaffen.

Antje Graupner / Manuela Lehnert / Thomas Lang

Vom GWA-Projekt zum Nachbarschaftszentrum in Chemnitz-Hutholz

Fünf Jahre Gemeinwesenarbeit an der Sächsischen Sozialakademie e.V.

Am südlichen Rand von Chemnitz befindet sich der Stadtteil Hutholz. Auf einer Fläche von 128 ha. entstand er in den Jahren von 1983 bis 1989 als letztes Teilgebiet der drittgrößten Plattenbausiedlung Ostdeutschlands, des so genannten Heckert-Gebietes. Dieser Stadtteil Hutholz wurde für circa 17.000 Menschen geplant und gebaut. Die Veränderung der gesellschaftlichen Verhältnisse hinterließen ihre Spuren.

Nach 1990 verbesserte sich die soziale Infrastruktur, es entstanden vielfältige Angebote. Gleichzeitig zeigten sich aber die Veränderungen im Leben der Bürger durch Arbeitslosigkeit, Verschuldung, die Zunahme von Sozialhilfebezug, es entstand eine neue Armut und daraus resultierten auch zunehmend soziale Unterschiede. Und so war bereits im Jahr 1996 die Einwohnerzahl dieses Stadtteiles auf 14.500 gesunken. Es wurden Tendenzen der Segregation in sozialen und alterstrukturellen Entmischungen deutlich.

Seit 1992 lehrt Dieter Oelschlägel in der Aus-, Weiter- und Fortbildung der Sächsischen Sozialakademie e.V. (SSA) und dies besonders zum Thema Gemeinwesenarbeit. Mit den TeilnehmerInnen begab er sich auch auf Stadtteilerkundungen ins Hutholz. Bei Besichtigung verschiedener Stadtteile mit Teilnehmern von Fachkonferenzen und Vertretern der Chemnitzer Stadtverwaltung wurde der Bedarf an Gemeinwesenarbeit gerade für diesen Bereich des Heckert-Gebietes artikuliert.

Auch die Sozialstudie des Fritz-Heckert-Gebiets unterstützt diese Position. Sozialplanerischer und sozialökonomischer Handlungsbedarf war angezeigt, es blieb die Frage nach der Umsetzung.

Aus der Sicht von Dieter Oelschlägel waren durch die Ausgangssituation, die veränderten Lebenslagen der Bevölkerung und die abzusehende Entwicklung im Stadtteil, die Voraussetzungen und der Handlungsbedarf für Gemeinwesenarbeit gegeben. Es galt dem Entstehen sozialer Brennpunkte entgegenzuwirken (präventiver

Ansatz von GWA) und die Benachteiligungen unter den Aspekten der Bürgerbeteiligung und Stärkung des Selbsthilfepotentials zu vermindern bzw. aufzuheben. Gemeinwesenarbeit schien für die Umsetzung der Handlungsfelder, die Aktivierung, Vernetzung, Kooperation usw., zur Verbesserung des Wohnumfeldes, der Lebensumstände und Lebenslagen, für die sozialkulturelle Infrastruktur und Funktionsmischung unter der Berücksichtigung der Nutzung vorhandener Ressourcen notwendig.

Gemeinsam mit der Stadtverwaltung, besonders dem Chemnitzer Jugendamt, wurde ein Konzept zur gemeinwesenorientierten Sozialarbeit im Stadtteil Hutholz erarbeitet, was nach den Beratungen und entsprechenden Beschlüssen der Sächsischen Sozialakademie e.V. als dem Träger dieses Projektes übergeben wurde.

Ausgangspunkt für die Entstehung des Projektes waren diese neu entstandenen multiplen Problemlagen, die ein geeignetes Instrument zur Minderung bzw. Behebung dieser Dysfunktionen erforderten. Es ging dabei nicht um Defizitbearbeitungen, sondern neben der sozialräumlichen und ganzheitlichen Betrachtung des Stadtteiles vor allem um die Einbeziehung und Aktivierung der Bewohner als eigentliche Experten ihres Stadtteiles und als Akteure in der Entwicklungsgestaltung ihrer Lebenswelt.

Auf der Grundlage des „Konzeptes für gemeinwesenorientierte Sozialarbeit Stadtteil Hutholz“ wurde 1997/98 ein Leistungsvertrag zwischen der Stadt Chemnitz und der Sächsischen Sozialakademie e.V. (SSA) als Trägerin des Projektes abgeschlossen. Der Träger schildert noch einmal die besonderen Situationen und den gemeinwesenorientierten Ansatz sozialer Arbeit als angemessene und geeignete Strategie zur Bewältigung der Probleme und Konfliktsituationen: „Die Schaffung einer Anlaufstelle für die Probleme aller Altersstufen und der Aufbau von GWA durch einen hauptamtlichen Mitarbeiter soll unter Mitwirkung der Bürger zum Abbau des sozialen Brennpunktes und zur sozialen Befriedung dieses Stadtteiles beitragen.“

Für den erfolgreichen Aufbau von GWA war ein Leistungszeitraum von mehreren Jahren erforderlich. „Orientiert an der Lebenswelt der Bürgerinnen und Bürger sind Handlungsstrategien zu entwickeln, die auf vorhandene Ressourcen zurückgreifen. Unter Einbeziehung hauptamtlicher Mitarbeiter sollen die Bürgerinnen und Bürger aktiviert werden, sich zu beteiligen, für sie sichtbare Veränderungen ihrer Lebens- und Wohnbedingungen zu schaffen.“ Im Paragraph 1 des Leistungsvertrages wurde der Gegenstand des Vertrages *Aufbau und Koordinierung von GWA im Stadtteil Hutholz* in eigener Verantwortung des Trägers benannt. Entsprechende vom Träger zu erbringende Leistungsverpflichtungen wurden in den folgenden Paragraphen beschrieben.

Im April 1998 begann das Stadtteilprojekt Hutholz zu arbeiten. Zunächst mit einer sozialpädagogischen Fachkraft und unter der wissenschaftlichen Anleitung, Begleitung und Beratung von Dieter Oelschlägel. Seine fachtheoretischen Kenntnisse und praktischen Erfahrungen waren in der Aufbauphase des Projektes für die fachliche Fundiertheit, die Herangehensweise besonders wertvoll. Personelle Verstärkung bekam das Projekt im September 1998 durch eine Studentin im Praktikum.

Für die Erfüllung und Abrechnungsarbeit der Leistungsverpflichtungen über einen mehrjährigen Projektzeitraum erfolgte im Rahmen eines Zielfindungsprozesses die Festsetzung von lang-, mittel- und kurzfristigen Zielen. Mit der Sicherheit eines mehrjährigen Leistungszeitraumes wurden folgende langfristigen Ziele festgelegt:

- Schaffung eines Netzwerkes freier und öffentlicher Träger, Bürger und kommerzieller Anbieter
- Schaffung kleinräumiger Projekte und Initiativen
- Schaffung eines funktionierenden Stadtteilbüros als Koordinierungs- und Kommunikationszentrum mit einem hohen Maß an Bürgerbeteiligung.

Da es sich bei GWA um einen Prozess handelt, bedarf es der Entwicklung von Handlungsstrategien, die mit mittelfristigen Zielen untersetzt sind. Als diese wurden festgehalten:

- der Aufbau eines Stadtteilbüros als Anlaufstelle und Kommunikationszentrum für Bewohnerbelange in geeigneten Räumen unter professioneller Leitung
- das Erstellen einer Stadtteilanalyse auf der Grundlage gesammelter Fakten zum Gebiet und im Vergleich mit der aktuellen Situation.

Entsprechend der Zielstellung und auf der Grundlage des Leistungsvertrages waren folgende Inhalte Bestandteil der Projektarbeit und entsprachen weitgehend diesen Nahzielen:

- Kontaktaufnahme zu BürgerInnen und Einrichtungen des Stadtteiles
- Bedarfsanalyse
- Ressourcenerschließung
- Aufbau der Anlaufstelle
- Bürgeraktivierung
- Aufbau erster Initiativgruppen usw.

Was wurde erreicht? Im April 1998 wurde die Projektarbeit auf der Basis von GWA als durchgängiges Arbeitsprinzip aufgenommen. Die Suche nach geeigneten niederschwelligen Räumen gestaltete sich anfangs schwierig, so dass das Stadtteilprojekt im November 1998 im neu eröffneten Bürger- und Kulturzentrum (BuK) mit dem Baukoordinationsamt einen Raum teilen musste. Diese Doppelnutzung stellte einen vorübergehenden Kompromiss dar, da sie dem notwendigen, eigenständigen und niederschwelligen Raumangebot entgegensteht und die selbstständige Nutzung von eigenständigen Bewohnergruppen nicht fördert. Dennoch waren mit der vertraglichen, personellen und räumlichen Absicherung der Projektarbeit wesentliche Voraussetzungen geschaffen.

Die Mitarbeiterin war einmal Ansprechpartnerin vor Ort und zum anderen im Sinne einer aufsuchenden Strategie im Stadtteil anzutreffen. So wurden erste Arbeitsinhalte mit methodenintegrierenden Verfahren realisiert:

- konzeptionelle Orientierung als Schaffung der Arbeitsgrundlage
- Analyse des Stadtteiles, Erhalt von Stadtteilkenntnissen und Informationsgewinnung (eine umfassende Stadtteilanalyse war mit dem personellen Potenzial nicht möglich), Spielplatzbeobachtungen, Beobachtungen zum Wohnumfeld, Befragung von im Stadtteil professionell Tätigen
- Aufbau von Bewohnerkontakten z.B. über Interviews, die Kinder und Jugendliche durchgeführt haben
- Aufbau geeigneter Vernetzungs- und Kommunikationsstrukturen (Hausrat, Kernarbeitskreis, Stadtteilrunde)
- Bildung von Arbeitsgremien für die Koordination der Zusammenarbeit mit stadtteilansässigen professionell Tätigen, Ämtern und Vermietern usw.
- Bildung erster Interessengruppen (Hutholzgeister und spätere Bürgerinitiative)
- erste Bewohnergruppen fanden zueinander (Kinder und Jugendliche aus dem Stadtteil als so genannte Hutholzgeister), die Bürgerinitiative formiert, wobei Probleme im Wohnumfeld aufgegriffen und im Rahmen von Ortsbegehungen bearbeitet wurden, später wurden Kontakte zu zuständigen Ämtern oder Vermietern hergestellt, in denen Partner zur Lösung der Probleme gefunden wurden
- Begleitung, Beratung und Unterstützung der Bürgerinitiative Hutholz
- Vorbereitung und Durchführung von Teilprojekten wie Fotowettbewerb „Chemnitz-Hutholz – ein Stadtteil mit vielen Gesichtern“, Stadttreilrallye gemeinsam mit dem BIK e.V., Projekte mit Hutholzgeistern wie Selbstgestaltung eines Theaterstückes zu einem Stadtteilthema im Rahmen der stadtteilorientierten Arbeit mit Kindern und Jugendlichen
- Öffentlichkeitsarbeit, vorstellen des Projektes zu verschiedenen Anlässen und in der Tagespresse
- Absicherung von Sprechzeiten.

Während des ersten Projektzeitraumes wurden die Erfahrungen im Stadtteil Hutholz der Stadt Chemnitz von den Mitarbeitern des Projektes, von Profis der Stadtteilrunde, dem wissenschaftlichen Begleiter und anderen als „Thesen und Standortbestimmungen von GWA in Chemnitz“ zusammengestellt, Entwicklung, Notwendigkeit und Bedarf wurden aufgezeigt, Lehren gezogen, aber auch Grenzen nachgewiesen.

So konnte am Ende des ersten Projektzeitraumes von drei Jahren auf der Grundlage der Arbeitsberichte und der Bewertung durch den wissenschaftlichen Berater folgendes eingeschätzt werden:

- Das Projekt wird von den Bewohnern angenommen, aber die Suche nach neuen, geeigneten und der Niederschwelligkeit rechnungtragenden Räumen muss fortgesetzt werden, weil sonst eine Fortsetzung der Arbeit erschwert wird, da Schwellenängste nicht ausreichend abgebaut und das Erreichen einer breiten Bewohnerschaft nicht möglich ist.
- GWA hat sich im Stadtteil etabliert, ist vorangekommen und erfährt von Seiten der Partner zunehmende Akzeptanz.
- Leistungsverpflichtungen aus dem Leistungsvertrag wurden erfüllt.
- Positionen für einen möglichen nächsten Projektzeitraum, wie die Feststellung der Qualität der begonnenen Arbeit, deren Fortsetzung und Intensivierung notwendig ist, beispielsweise durch Personalerweiterung, Raum und Angebote im niederschwelligen Bereich, Intensivierung der wissenschaftlichen Begleitung des Projektes und die Absicherung der Finanzierung.

Der Bedarf für GWA im Stadtteil Hutholz war weiterhin gegeben. Das Projekt sollte darum über einen längeren Zeitraum laufen, um Erfolge sichtbar zu machen, diese sicherzustellen und nachhaltig zu wirken.

Nach der ersten Abrechnung des Leistungsvertrages wurde dieser schließlich um drei weitere Jahre verlängert. Eine Reihe der Forderungen des ersten Zeitraumes, wie die Notwendigkeit personeller, räumlicher und finanzieller Nachbesserungen wurde umgesetzt und die in der ersten Phase geschaffenen Grundlagen für erfolgreiche Gemeinwesenarbeit mussten in der Berücksichtigung des sozialen, strukturellen und städtebaulichen Wandels kontinuierlich fortgeführt und weiterentwickelt werden. Gekennzeichnet ist die Situation im Stadtteil während des zweiten Projektzeitraumes von der weiteren Schließung sozialer und gewerblicher Einrichtungen, beginnend mit dem Abriss von Wohngebäuden im Quartier Hutholz-Nord, der Unsicherheit bis hin zu Existenzängsten und dem damit verbundenen verstärkten Wegzug.

Mit dem Erscheinen des integrierten Stadtentwicklungsprogrammes (InSEP) im September 2001 wurden die Bewohner erstmals über geplante Abrissvorhaben informiert. Durch den flächenhaften Abriss von 3.100 Wohneinheiten wurde das Gebiet zum Stadtumbaugebiet erklärt. Die vorgesehene Bürgerbeteiligung beschränkte sich lediglich auf die Möglichkeit ein dem InSEP beigelegtes Formular auszufüllen. Viele Bewohner nutzten nun das GWA-Projekt als Anlaufstelle, sich Informationen einzuholen, das InSEP einzusehen und auch außerhalb der Formularausfüllung ihre Meinung zu den geplanten Abrissvorhaben zu äußern und an entsprechende Stellen weiterzuleiten. Es entstand eine Bürgeriniative. Interessierte sich die Bürgerinitiative anfänglich für kleinräumliche Wohnumfeldverbesserungen, war hier spätestens der Wendepunkt gekommen, den Stadtteil in seiner Gesamtheit im Blick zu haben, ihn als liebens- und lebenswerten Wohnstandort zu erhalten.

Die Iniative forderte eine wirkliche Bürgerbeteiligung mit Mitspracherechten bei der Planung der Abrissvorhaben, der Umgestaltung des Stadtteiles bis hin zu Bewohnerversammlungen zur Information aller. Es konnte erreicht werden, dass in der Fortschreibung des InSEP der geplante flächenhafte Rückbau für das Hutholz relativiert, über Rück- und Umbauvarianten nachgedacht wurde.

Im Februar 2002 gründete sich aus einer eilig ins Leben gerufenen Mieterinitiative ein Mieterbeirat für einen der größten Vermieter bzw. eines der größten Wohnungsunternehmen im Stadtteil. Dieses Unternehmen hat die meisten Abrissvorhaben im Stadtteil, um den Forderungen der Mieter Nachdruck zu verleihen. Die Iniative wurde von den Mitarbeitern des Projektes begleitet, unterstützt und die Bewohnergruppen wurden beraten. Es wurden Rahmenbedingungen für Treffmöglichkeiten auf den verschiedenen Ebenen und für verschiedene Gremien geschaffen.

Für den weiteren Projektverlauf der GWA in Hutholz wurde mit einem so genannten Ablaufplan gearbeitet, der mittel- und kurzfristige Ziele sowie Methoden zur Umsetzung der Arbeitsinhalte enthält und die Abrechenbarkeit der Aufgaben erleichtert. Hemmnisse und Grenzen, die dem Anspruch auf Niederschwelligkeit entgegenstanden, sollten beseitigt werden. Die Rahmenbedingungen wurden durch Veränderung der personellen und räumlichen Situation wesentlich verbessert. 2001 erhielt das Projekt im Juli durch eine sozialpädagogische Fachkraft und im Dezember durch zwei technische Mitarbeiter Verstärkung. Die 2000 erarbeitete Konzeption zur Umnutzung einer Kindertagesstätte sollte mit deren Umbau in die Tat umgesetzt werden. Alle Vorbereitungen dazu waren im Dezember 2001 erledigt, der Umbau konnte beginnen.

Die Mitarbeiter des Projektes und anderer Einrichtungen des Trägers, ehrenamtliche Helfer und Jugendliche legten fleißig mit Hand an, so dass die neuen Räume im März 2002 bezugsfähig waren. Einem Umzug stand nichts mehr im Wege. Da es ein Treff für Nachbarschaften sowie Bewohner aller Altersgruppen und für alle Anlässe, Aktivitäten und Initiativen werden sollte und das Gebäude im Zentrum von Hutholz-Süd lag, wurde es kurzerhand Nachbarschaftszentrum genannt. Dem Charakter der Niederschwelligkeit wurde entsprochen und gleichzeitig eine qualitativ neue Stufe der Projektarbeit eingeleitet.

Im Vorfeld hatte man sich darüber verständigt, dass die neuen Räume nicht ohne konkrete Vorstellungen der Bewohner mit Leben zu erfüllen sind. Als Mittel dazu wurde eine aktuelle Befragung gewählt, denn die Situation im Stadtteil bot sich geradezu an. Gemeinsam mit Bewohnern und Projektmitarbeitern wurde eine aktivierende Befragung vorbereitet. Neben der Gewinnung von Praktikanten und ehrenamtlichen Helfern für diese Befragung wurde eine professionelle Schulung durch eine Dozentin der SSA realisiert. Zur Vorbereitung gehörte ferner die Erarbeitung einer Logistik, die Information der Bewohner über Aushänge und Presse und für das Team der Befrager die Ausstellung entsprechender Ausweise. Ziel dieser Methode war unter anderem eine weitere Informationsgewinnung über den Stadtteil und seine Bewohner, die Situationseinschätzung durch diese. Im Zeitraum von knapp vier Wochen wurde im Quartier Hutholz-Süd die aktivierende Befragung durchgeführt. Dabei wurden 559 Haushalte aufgesucht, davon wurden 358 angetroffen und in diesen Haushalten 211 (59 %) Gespräche mit Einzelpersonen oder Gruppen geführt. Auf Wunsch einiger Bewohner wurde mit Fragebögen gearbeitet.

Die Auswertung der Befragung wurde den Bewohnern in zwei Versammlungen vorgestellt und erläutert.

Ein Bericht zur aktivierenden Befragung, in dem Ziel, Methodik und Ergebnisse zu erfassen, wurde ebenfalls erstellt. Durch die Befragung brachten die Mitarbeiter den Bewohnern den Inhalt des Projektes und damit ihre Arbeit näher, warben für das neu entstehende Nachbarschaftszentrum, knüpften neue Kontakte und konnten einige zur Mitarbeit ermutigen.

Zeit für einen zufriedenen Rückblick auf eine sehr ergiebige Befragung blieb nicht, es ging gleich an die Planung und Vorbereitung der Inbetriebnahme des Nachbarschaftszentrums. Am 30. April 2002 wurde dieses gemeinsam mit Offiziellen, Bewohnern, professionell im Stadtteil Tätigen und vielen anderen Gästen feierlich mit einem bunten Programm, gestaltet durch Einrichtungen des Stadtteiles, eröffnet. Seither hat sich das Nachbarschaftszentrum zu einer Stätte für Begegnungen, Kommunikation, Interaktion, Eigeninitiative und Aktivität sowie für generationenübergreifende Aktionen, Feste und Feiern entwickelt. Knapp 3.700 Besucher kamen seit der Eröffnung aus unterschiedlichen Anlässen, Beweggründen und zu vielfältigen Angeboten. Dabei ist zu berücksichtigen, dass diese Angebote größtenteils von den Bewohnern organisiert und gestaltet wurden. Die neuen Räume ermöglichten neben Veranstaltungen, Beratungen und anderem im Rahmen der Projektarbeit auch eine flexible und spontane Nutzung durch die Bewohner.

Selbstständige, selbsttätige Gruppen entstanden auf Eigeninitiative, wie etwa Seniorensport, Frauenfrühstück/Müttertreff, Kreativgruppe Frauen, Kochkurse Frauen, Skatrunde etc. Weiter bestehen Interessengruppen, die durch Mitarbeiter betreut, begleitet, beraten und unterstützt werden, wie beispielsweise die Bürgerinitiative Hutholz, der Mieterbeirat, der Seniorentreff und der Hutholzstammtisch.

Schließlich entstanden niederschwellige und bedürfnisorientierte Angebote, wie etwa die Beratung in Alltagsfragen durch Mitarbeiter, die Vermittlung an zuständige Ämter oder Institutionen bzw. andere geeignete Ansprechpartner, die Hilfe in Alltagsangelegenheiten, eine kleine Bücherei, Büchertauschbörse, Büchergeschenkbörse, Auslage der Tagespresse, Nutzung des PCs für Bewerbungsschreiben und ähnliches, lockere ungezwungene und gemütliche Gesprächsrunden mit möglicher Nutzung der Teeküche sowie die Such-/Find-Litfaßsäule.

Im Vordergrund der niederschwelligen und alltagsnützlichen Angebote stand dabei immer die Förderung des Selbsthilfepotenzials der Bewohner und die Nutzung der Ressourcen. Das Nachbarschaftszentrum ist multifunktional und berücksichtigt verschiedene Interessen und Bedürfnisse der Bewohner. Wichtig ist auch, dass die Mitarbeiter des Projektes von den Bewohnern anerkannt und geachtet werden. Ihre Arbeit wird von einigen Bewohnern aktiv ehrenamtlich unterstützt, die vertrauensvolle Basis ermöglicht Nähe, ohne dabei die notwendige Professionalität aus den Augen zu verlieren. Die Mitarbeiter wissen daher um Problemlagen, Konflikte, Zufriedenheit, aktuelle Situation usw. der eigentlichen Experten des Stadtteiles und können flexibel reagieren. Es gibt enge Kontakte zur Jugendgerichtshilfe, zum Bürgerpolizist und zu den Streetworkern, zur mobilen Jugendarbeit. Jugendlichen bzw. jungen Erwachsenen wird im Projekt die Möglichkeit zur Ableistung von gemeinnützigen Stunden in ihrem unmittelbaren Wohnumfeld gegeben.

Neben der Intensivierung der Bewohnerkontakte wurden auch die bestehenden Vernetzungs- und Kommunikationsstrukturen über den Stadtteil hinaus erweitert, so beispielsweise in der Stadtteilrunde Hutholz, in der GWA-Runde in Chemnitz, in der Landesarbeitsgemeinschaft Quartiersmanagement und im Bundesnetzwerk GWA und soziale Stadtentwicklung.

Ein wesentlicher Aspekt der Projektarbeit ist die enge Zusammenarbeit und Kooperation mit der benachbarten Kindertagesstätte, die damit auch einen besonderen Stellenwert im Gemeinwesen einnimmt.

Wenn nach fünf Jahren resümiert werden kann, dass das Projekt eine gute Entwicklung genommen hat, akzeptiert wird und als wichtige soziale Netzstelle für die Situation im Wohngebiet tätig sein kann, um bestimmten Negativentwickungen vorzubeugen, ist das schon ein großer Erfolg. Die Bürger im Stadtteil sind auf der Grundlage ihrer Interessen und Bedürfnisse aktiviert. Sie werden bei Problemlösungen unterstützt und befähigt, diese erfolgreich anzugehen. Die Bürgerbeteiligung wurde befördert (Beispiel InSEP), die Bürgerinitiative begleitet und unterstützt, die stadtteilorientierte Arbeit mit Kindern und Jugendlichen aktiviert.

In der Summe des Erreichten kann aufgelistet werden:

– die Zusammenarbeit mit der Kinderbeauftragten der Stadt Chemnitz (Übernahme von Spielplatzpatenschaften durch die Hutholzgeister)
– die Zusammenarbeit mit den im Stadtteil ansässigen sozialen Einrichtungen und Institutionen und die Mitarbeit in entsprechenden Gremien (Stadtteilrunde, Kernarbeitskreis usw.)
– die Organisation und Durchführung von Stadtteilaktivitäten (z.B. Stadtteilfest, Stadtteilrallye)
– die Schaffung von Ermöglichungsstrukturen für Bewohner des Stadtteiles, für Ehrenamt, Ableistung gemeinnütziger Stunden, Absolvierung von Praktika, stadtteilübergreifende Arbeit mit anderen Projekten der Stadt Chemnitz (Bürgerbüro Leipziger Straße, Soziale Stadt, Bürgerhaus Müllerstraße, Bürgerbüro Brühl Nord usw.)
– aktivierende Befragung zur Informationsgewinnung, Bedarfsermittlung, Vorbereitung des neu entstehenden Nachbarschaftszentrums im Stadtteil Hutholz
– Aufbau des Nachbarschaftszentrums und dessen Belebung
– fachtheoretische Fundierung der Projektarbeit, Beratung mit dem wissenschaftlichen Begleiter des Projektes, Fortbildungen, Erarbeitung bzw. Überarbeitung von Konzeptionen, Ablaufplänen usw.
– Mitarbeit in Fachgremien (LAG Quartiers- und Stadtteilmanagement Sachsen, Bundesnetzwerk Gemeinwesenarbeit und soziale Stadtentwicklung)
– Öffentlichkeitsarbeit für das Projekt, für den Stadtteil und für das neu entstandene Nachbarschaftszentrum (Veröffentlichungen in der Tagespresse, Dokumentationen, Ausstellungen, Aushänge usw.)
– Initiierung und Mitwirkung von Mikroprojekten im Rahmen des NOS-Programms (lokales Kapital für soziale Zwecke).

Das Stadtteilprojekt Hutholz hat sowohl im Stadtteil als auch bei seinen Bewohnern seit der Entstehung des Nachbarschaftszentrums eine breite Akzeptanz erfahren und ist über den Stadtteil hinaus aktiv geworden. Das Projekt hat sich im Sinne und zum Nutzen der Bürger entwickelt und ist zu einer festen Größe sozialer Arbeit in Chemnitz geworden.

Mit diesem Projekt, das von Beginn an durch Dieter Oelschlägel in seiner Geburtsstadt unterstützt wurde, hat sich GWA in Chemnitz etabliert und die Möglichkeiten, unter geeigneten Bedingungen die Entwicklung von GWA weiter fortzuschreiben, voranzutreiben und auf andere Stadtteile auszudehnen, wurden geschaffen.

Dieter von Kietzell

Gemeinwesenarbeit unter den Bedingungen extremer Armut und Gewalt

Dieter Oelschlägel ist ein Hochschullehrer, wie es nur noch wenige gibt. Seine Gedanken sind aus der Praxis, zumindest aus eigener Projekterfahrung entwickelt, sie zielen wesentlich auf Einmischung in kommunale Politik. Seine Lehre entsteht aus der Analyse von Lebenswelten und empathischem Verstehen von belastenden Situationen der Menschen in benachteiligten Stadtvierteln sowie der Beobachtung politischer Tendenzen. So fand er das durchgängige Thema für seine Arbeiten: Gemeinwesenarbeit (GWA) als Strategie des Widerstandes gegen Ausgrenzung und Peripherisierung.

Sehr früh bemerkte er, wie der Konsens sich auflöst, auf dem Soziale Arbeit beruht. Zustimmend zitierte[1] er bereits 1985 Bernd Maelicke, man könne nicht mehr davon ausgehen, „dass der Sozialstaat mit seinem Leistungskatalog die verschlechterten Lebensbedingungen wird ausgleichen können... Jetzt allerdings ist die Frage, ob nicht Sozialpolitik auch zunehmend Ausgrenzung bedeutet – Ausgrenzung von Randgruppen, von immer größeren Teilen der Bevölkerung... Wenn man einmal angefangen hat damit, bestimmte Bevölkerungsgruppen nicht mehr zu integrieren, dann ist das Konzept ausweitbar auf all diejenigen, die politisch nicht relevant sind oder die keine besondere Unterstützung erfahren."[2]

Heute ist dieses „Konzept einer Sozialpolitik" (!) nicht nur deutlicher geworden, sondern es wurde ausgeweitet. Projekten, die mit den Ausgegrenzten arbeiten, werden die Fördermittel gestrichen. Einer Gemeinwesenarbeit, wie Dieter Oelschlägel sie entworfen hat, in der Solidarität einen Leitbegriff bildet, wird ihre Verankerung in der Sozialpolitik entzogen. Beteiligung von benachteiligten Bevölkerungsgruppen am Gesellschaftsprozess, zum Beispiel bei der Mitwirkung am Entstehen einer „Sozialen Stadt", wird immer häufiger zu einem irrelevanten Alibi.

Sollte Dieter Oelschlägel sich nun, wie es heute vielfach geschieht, „neue Mehrheiten" suchen durch Neuformulierung seines „Arbeitsprinzips" und seines Leitbegriffes? Ich denke, das wird er nicht tun, und ich würde mich freuen, wenn er seinem Arbeitsprinzip,[3] seinem Lebenswerk und sich selber treu bleibt. Zu seiner Unterstützung berichte ich hier von gesellschaftlichen Verhältnissen, in denen die desintegrierenden Prozesse, die Verarmung und Gewalt, sehr viel weiter fortgeschritten sind als bei uns. Was wir derzeit erleben an so genannter Flexibilisierung des Arbeitsmarktes, an Entmachtung der Gewerkschaften, an Privatisierung sozialer Einrichtungen, an so genannter Eigenverantwortung für Lebenskrisen ist dort nahezu an einen Endpunkt gekommen. Aber es gibt wunderbare Projekte einer GWA, in denen Solidarisierung entsteht.

Ich war im Februar und März dieses Jahres für einige Wochen in El Salvador. Ich habe an einer dortigen Universität Vorlesungen und Seminare gehalten und vor allem Projekte besucht und mit zahlreichen Schlüsselpersonen gesprochen.[4] El Salvador ist mit ca. 21.000 qkm etwa so groß wie Hessen, es zählt 5,5 Millionen Einwohner. 15.000 qkm sind Anbaufläche für Zuckerrohr, Baumwolle und Kaffee, alles Produkte, die auf dem Weltmarkt kaum noch Absatzchancen haben. Nach dem Ausbau der Kaffeeplantagen in Brasilien, Indonesien und vor allem Vietnam sind die Erzeugerpreise für Kaffee so gesunken, dass viele Plantagenbesitzer ihre *fincas* nicht mehr abernten und sie sichtlich verwildern lassen. Die Familien der Plantagenarbeiter haben dadurch ihre Lebensgrundlagen verloren. Im Unterschied zu Guatemala gibt es noch keine Infrastruktur für Tourismus, schon gar kein Sensorium für Ökotourismus wie in Costa Rica.

Hierzulande wird sich mancher an die militärischen Konflikte erinnern, in denen sich in den 80er und 90er Jahren des vorigen Jahrhunderts die langen sozialen Spannungen in Nicaragua, Guatemala und El Salvador entladen haben. Sogar in deutschen Kirchengemeinden wurde damals Geld für „Waffen für El Salvador“ gesammelt, weil auch in den Kirchen und unter Theologen (Helmut Gollwitzer!) diese Aufstände als legitime Befreiungskämpfe galten. 1992 führten als erstes in El Salvador die Friedensverhandlungen zum Waffenstillstand. Die Frente Farabundo Marti der Nationalen Befreiung (FMLN) wurde als politische Kraft anerkannt und kann sich seither an Wahlen beteiligen. Dieser Friedensschluss nach zwölf Jahren des Bürgerkrieges wurde vom Volk mit großen Hoffnungen gefeiert. Geradezu tragisch ist, dass die FMLN den Sieg, den sie militärisch nicht erreichen konnte, parlamentarisch eindeutig gewonnen hätte, wenn sie sich nicht wieder in vier Fraktionen gespalten hätte, die gegeneinander antreten. Wo die FMLN den Bürgermeister gestellt hat, wie zum Beispiel in der Hauptstadt, wurde dieser bald so korrupt, dass die Basis ihm das Vertrauen entzog, woraufhin er zum politischen Gegner überwechselte. Derzeit wird das Land von der „Arena“-Partei regiert, die bei uns als nationalkonservativ gilt. Aber unsere Kategorien passen nicht. Ist es konservativ, wenn eine Regierung die gesellschaftlichen Strukturen dem Neoliberalismus ausliefert? Ist es national, wenn eine Regierung sich vorbehaltlos den USA unterwirft und den Dollar als Zahlungsmittel einführt?

In El Salvador wie erst recht in Guatemala ist die Armut heute schlimmer als vor dem Aufstand. Sicher hat es in Zentralamerika zumindest seit den Verwüstungen durch die Kolonisation Armut gegeben. Kinder sind an Hunger gestorben. Aber der Neoliberalismus hat neue Formen der Armut hervorgerufen, die sich in vierfacher Weise zeigen:

Das *aktuelle Thema* ist die *privatización*, die *Privatisierung des Gesundheitssystems*. Bisher gibt es in Stadtteilen und Dörfern Medizinstationen mit Ärzten und Schwestern, in denen auch PatientInnen ohne festes Einkommen gegen eine geringe Gebühr oder unentgeltlich ambulante ärztliche Hilfe finden. Jetzt sollen nach einer Gesetzesvorlage diese Medizinstationen privatisiert werden und Behandlungen werden nur noch gegen Bargeld oder Vorlage eines Versicherungsausweises möglich. Patienten, die beides nicht mitbringen, werden zurück auf die Straße geschickt. Ohne festes, erhebliches Einkommen, wie es nur ein geringer Teil der Bevölkerung erzielen kann, sind die Policen einer privaten Krankenversicherung völlig unerschwinglich – also der Endpunkt einer Entwicklung, wie sie sich in Ansätzen bei uns abzeichnet. Gegen diese Entwicklung der privatisación hat sich ein breiter Widerstand formiert. Sechs mal sind in *marchas blancas*, also in Protestzügen mit weißen Kitteln, hunderte von Ärzten, Medizinpersonal, Pastoren, Gewerkschaftler auf die Straße gegangen, mit erheblichen Risiko, weil Polizei in Zivil Leute, die sie für Organisatoren hält, willkürlich herausgreift und verschwinden lässt. Es waren die Fachkräfte der Sozialarbeit und Sozialpädagogik, die mit ihrem Klientel an den marchas blancas teilnahmen. Sie haben vermitteln können, welche Folgen diese *privatización* haben wird. So wird auch unter den Bewohnern der elendsten Stadtviertel die Gesundheitsversorgung als ein gesellschaftspolitisches Problem begriffen, es werden Spruchbänder gemalt und Trommeln mitgebracht – muss es erst so weit kommen, bis solche Konsequenzen bei uns denkbar sind? Bislang waren die *marchas blancas* ein erstaunlicher Erfolg, die Gesetzesvorlage wurde zurückgezogen, vermutlich bis nach der nächsten Wahl.

Die *zweite Erscheinungsweise* von Armut sind die *maquilas*. Der Staat hat Gebiete ausgewiesen, in denen sich Firmen ansiedeln können, die keine Steuern zahlen müssen und für die keine Auflagen des Umweltschutzes gelten. Es handelt sich überwiegend um Firmen aus Korea, Taiwan oder Indonesien, die aus Asien Halbfertigprodukte importieren und sie in den maquilas weiter bearbeiten lassen. Es sind Kleidungsstücke, zum Teil auch elektronische Geräte. Diese werden dann unter anderem nach Europa gebracht, auf Grund von Einfuhrbestimmungen immer noch als „Halbfertigprodukte", weil etwa in Irland in die T-Shirts noch ein Etikett eingenäht wird. Solche Produkte können bei uns so billig sein, weil in den maquilas unvorstellbare Arbeitsbedingungen herrschen. Wer zweimal fehlt, sei es auch aus dem triftigen Grund einer Erkrankung, wird entlassen. Der Gang auf die Toiletten wird kontrolliert, deswegen trinken die Arbeiterinnen, es sind fast nur Frauen dort beschäftigt, trotz der großen Hitze kaum etwas. Es ist Tradition, dass Frauen während ihrer Regel einen Tag frei bekommen. In den maquilas wird aber verlangt, dass sie sich deswegen vor ihren Vorgesetzten ausziehen. Gezahlt wird ein Minimallohn von 130 Dollar pro Monat. Überstunden wegen erhöhtem Arbeitsanfall werden gefordert, aber nicht vergütet. Die Belastung des Wassers und die Luftverpestungen durch die maquilas sind entsetzlich, in den Medizinstationen bilden sich Warteschlangen an den Beatmungsgeräten für Kinder.

Gibt es Widerstand gegen die *maquilas*? Nein, im Gegenteil. Frauen sagten mir, die Arbeit in einer maquila sei „100% besser als Arbeitslosigkeit". Bürgermeister konkurrieren um die Ansiedlung solcher Fabrikationsstätten. Jede auch nur geringste Form des Protestes gegen diese Arbeitsbedingungen führt sofort zur Entlassung. Die Eigentümer der *maquilas* haben mit dem Staat vereinbart, dass es in diesen Zonen, die „frei" sind von allen Regulierungen der Produktion und des Arbeitsmarktes, keine Interessenorganisation der Arbeitenden geben darf. Jeder Arbeitgeber setzt für seinen Betrieb Lohn und Arbeitsformen fest. Flexibilisierung des Arbeitsmarktes, keine Flächentarifverträge, Entmachtung der Gewerkschaften in nahezu letzter Konsequenz – die Gewerkschaften bei uns sollten sich vor Ort darüber informieren. Solange bei uns die Schnäppchen der billigen Bekleidungsstücke (mit dem Etikett z.B. „made in Ireland") so gut gehen und niemand darüber nachdenkt, warum diese Waren so billig sein können, sollten wir nicht über die Geduld der Frauen in den *maquilas* räsonieren.

Eine *dritte Erscheinungsform* der Armut stellen die *remesas* dar, die Überweisungen von Familienangehörigen, die als Illegale in die USA gegangen sind. Zwar wird die Grenze zu Zentralamerika am Rio Grande streng bewacht, aber die Illegalen werden in den USA gebraucht. Niemand weiß, wie viele Personen aus El Salvador zumindest vorübergehend emigriert sind. Es handelt sich jedenfalls um jüngere, aktive Menschen. Aus diesem Grund sind in den letzten Jahren die Zahl der Studierenden an den Hochschulen eklatant zurückgegangen. Die *remesas*, die die Illegalen an ihre Familien überweisen, bilden in El Salvador einen wesentlichen Teil der Unterhaltssicherung der Bevölkerung. Es gibt in diesem Land keine Sozialhilfe, von der die Erwerbslosen, deren Anteil die amtliche Statistik mit 49 Prozent angibt, leben könnten. Experten schätzen, dass die Zahl der Menschen ohne festes Erwerbseinkommen bei 70 bis 80 Prozent liegt. Es gibt nur eine minimale Zahl von traditionellen Kleinbetrieben, die Sozialabgaben leisten. Aber wenn sie in Krisen geraten, kündigen sie und stellen zu ungünstigeren Bedingungen wieder ein. Das Gleiche gilt für die Alterssicherung. Vor allem die alten Menschen sind darauf angewiesen, von ihren Familien getragen zu werden. In den eher seltenen Fällen, wo die Familien dazu nicht bereit sind, ziehen die Alten unter eine Plastikplane auf ein unbebautes Gelände. Neben den Einkünften aus informeller Arbeit, Hilfsdiensten, die stundenweise gesucht werden, bilden die *remesas* die wichtigste Einkommensquelle. Fragt man die Menschen, wovon sie sich ernähren, so erfährt man, dass irgendeiner in der Familie etwas einbringt. Allerdings sind die *remesas* ein heikles Thema, es ist sichtlich peinlich, darüber zu reden, dass die Arbeit im eigenen Land nicht zum Lebensunterhalt reicht. Andererseits zeigt diese Form solidarischer Notbewältigung die Grundlage, auf der eine gemeinwesenorientierte Arbeit ansetzt.

Die *vierte Erscheinungsform* der Armut ist die hier *unvorstellbare Gewalt.* Die Perspektivlosigkeit der Jugend äußert sich darin, dass sich junge Menschen zu *maras*, Jugendbanden, zusammenschließen und dort ein Erlebnis von Stärke suchen, Bewährungsaufstieg durch den Erweis von Brutalität. Was bei uns harmlose Grafitti sind, sind in der Hauptstadt San Salvador die Markierung von Herrschaftsbezirken der *maras* und es kann lebensbedrohlich für einen Jugendlichen werden, durch einen fremden Bezirk zu gehen. Eine Mitarbeiterin der GTZ, der deutschen staatlichen Gesellschaft für technische Zusammenarbeit, erzählte mir, dass sie Gelder für gut ausgestattete Jugendzentren mitgebracht habe. Aber sie kann ein solches Jugendhaus nicht errichten, weil es Bandenkriege mit tödlichen Ausgängen auslösen würde. Die offizielle Statistik zählt sieben Morde täglich in der Hauptstadt. Als ich dort war, wurden nachts zerstückelte Leichenteile in Straßen und auf Plätzen ausgelegt, um Einflusszonen zu markieren. Was kann eine stadtteilbezogene soziale Arbeit unternehmen? Ich habe zwei Beispiele kennengelernt, wo Jugendliche zusammen mit nahezu allen Erwachsenen, auch mit der Polizei, ein Warn- und Hilfesystem entwickelt und mit einer *mara* abgesprochen haben, dass ihr Stadtteil, in dem allerdings ohnehin nichts zu rauben ist, eine „Freizone" bleibt – ein makabres Beispiel von Stadtteilsolidarität.

Wie wird generell eine Sozialarbeit gelehrt und praktiziert, die auf einen Stadtteil bezogen ist? Es gibt in der spanischen Sprache keine Übersetzung des auch im deutschen recht künstlichen Begriffes Gemeinwesenarbeit. Aber nahezu alle Projekte, die ich gesehen habe, praktizieren das, was Dieter Oelschlägel als die professionellen Standards dieser Handlungsstrategie benannt hat. Es geht in erster Linie um Aktivierung der Bewohnerschaft, ferner um Vernetzung der Fachkräfte, um Erschließung von Ressourcen innerhalb und außerhalb des Stadtteils, nicht zuletzt um Einmischung in die Politik. Das Ziel ist, die erkennbare Abwärtsspirale der Lebensbedingungen umzukehren in eine Aufwärtsentwicklung, die die Lebensbedingungen erlebbar verbessert. Ich denke, dass Dieter Oelschlägel in El Salvador mit einiger Begeisterung die Realisierung seines Arbeitsprinzips entdecken könnte, vermutlich deutlicher und entschlossener als hierzulande. Er würde sich bestätigt sehen, seinen Leitbegriff „Solidarisierung" nicht in Frage zu stellen.

Ich möchte als Beleg dafür zunächst einige Projekte schildern. Denn wenn ich über GWA in El Salvador nachdenke, dann fallen mir als erstes Menschen ein, die mir unvergesslich bleiben.

Studierende der Universität, Fachbereich Sozialarbeit, haben sich auf einer der großen Müllhalden der Hauptstadt umgesehen. Dort lebten über 60 Menschen einschließlich Kindern und undefinierbar alten Personen. Die *basuseros*, die Müllmenschen, leben auf den Abfallhalden, das heißt, sie graben sich nachts, wenn es bitter kalt wird, in den Müll ein. Morgens, wenn neue Abfälle abgeladen werden, stürzen sie sich darauf, durchwühlen ihn mit bloßen Händen, verzehren sofort, was sie an Essbarem finden. Was sonst einen Wert hat, verstecken sie, denn die Konkurrenz untereinander ist gnadenlos gewalttätig. Jeder kämpft für sein eigenes Überleben. Die Hände sind von den giftigen Abfällen zerfressen, die Mägen und Atmungsorgane sind vergiftet. Es sind rauhe, Gewalt bereite Leute. Morde werden häufig auf den Müllhalden vollstreckt. Die Opfer werden gefesselt gebracht und gegen ein Entgelt von den *basuseros*, den dortigen Männern, mit der Machete zerstückelt.

Die Studierenden erfuhren nach längerer Zeit des Kontaktes, dass sich etwa 60 *basuseros*, Leute vom Müll, ein anderes Leben vorstellen konnten. Die Studierenden haben in einer Sponsoring-Aktion bei reichen Amerikanern Geld gesammelt, außerhalb der Stadt ein Grundstück und Baumaterialien erworben. Dann haben sechs Studierende zusammen mit ihrem Professor und den Leuten vom Müll Hütten gebaut. Bezogen wurden sie erst, als alle fertig waren, denn nun sollte eine *communidad*, ein Gemeinwesen, entstehen. Alle bauten füreinander, legten dann einen gemeinsamen Gemüsegarten an, wo viele Lebensmittel für den täglichen Bedarf angepflanzt wurden. Die nächste Aufgabe war, dieser *communidad* eine Struktur zu geben. Gemeinschaftsaufgaben wurden vereinbart, Funktionsträger gewählt, zum Beispiel eine *secretaria*, die die Aufgabe bekam, jeden aufzuschreiben, der morgens weggeht und abends wiederkommt. Denn nun soll sich ein neues Bewusstsein bilden: „Jeder von uns ist wichtig. Wir wollen niemand mehr verlieren, wir brauchen Jede und Jeden." Die gemeinsame Gartenarbeit, die Pflege der Wege wurde geregelt, auch die Abnahme von Wasser. Denn das Geld der gesammelten Spenden reichte nur für eine Wasserzapfstelle, aus der zweimal in der Woche für wenige Stunden Wasser entnommen werden kann. Die Eltern achten darauf, dass die Kinder zur Schule gehen und ihre Aufgaben ordentlich erledigen. Die Studierenden begleiten diesen Prozess, unterstützen ihn durch gelegentliche Moderation. Aber im Wesentlichen war es bei meinem Besuch bereits gelungen, dass die Bewohner eine Selbstverwaltung praktizieren, denn dort, wo ihre *communidad* entstanden ist, gibt es nahezu keinerlei kommunale Administration. Alle administrativen Funktionen haben sie in die eigenen Hände genommen. Die Studierenden haben jetzt insbesondere die Aufgabe, die Kinder bei den Schulaufgaben zu unterstützen und den Erwachsenen Lesen und Schreiben beizubringen.

Nicht als ich dort war, erst wieder zu Hause habe ich mich gefragt, ob ich es gewagt hätte, mit solch einem Klientel, durch die Lebensumstände so gewaltbereit sozialisiert, ein Gemeinwesenprojekt zu beginnen. Ich bin fasziniert von dem Erfolg einer weithin funktionierenden Selbstverwaltung. Mehr noch, ich bin überrascht, wie Menschen, deren leitender Wert über Jahre der Kampf ums eigene Überleben gewesen ist, dazu gekommen sind, aufeinander zu achten und ein Miteinander zu organisieren. Stolz zeigten mir diese Leute, die auf dem Müll gelebt hatten, wie ordentlich ihre Häuser sind, wie gepflegt ihr Garten.

Eine junge Frau, die sichtlich schwanger war, fragte der Professor: „Wie kannst Du schwanger werden, wenn du jetzt deine eigene Wohnung hier hast?“ Die anderen Männer fielen grinsend ein: „Sie weiß ja nicht einmal, von wem sie schwanger ist.“ Unvergesslich ist mir die stille, ruhige Antwort dieser jungen Frau: „Ja, es stimmt, alle Männer, die ich gehabt habe, sind gegangen. Aber jetzt freue ich mich – und Gott freut sich mit mir – dass ich mein Kind in dieser sauberen Umgebung zur Welt bringe.“

Ein Mann reichte mir zur Begrüßung immer seinen Arm, nicht die Hand. Ich sah, dass die Haut seiner Hand bis auf die Knochen zerfressen war. Andere Männer spotteten: „Mit der Hand kann er niemals mehr eine Machete halten.“ Er antwortete: „Nein, aber das brauche ich nicht mehr, jetzt lebe ich hier in dieser *communidad*.“

Dieses Projekt hat mir gezeigt, wie durch Gemeinwesenarbeit eine völlige Veränderung der Lebensbedingungen möglich ist. Mehr noch, nicht nur die Lebensbedingungen haben sich geändert, sondern das Bewusstsein vom Wert des eigenen Lebens und des Lebens in der *communidad*. In der spanischen Sprache gibt es das Wort *autoestima*, zu deutsch etwa das Wissen um den Wert des Lebens, die Selbstachtung. Darin schwingen Elemente mit, die wir mit Empowerment bezeichnen. Aber *autoestima* geht noch tiefer, es ist mehr als Ermutigung und Stärkung der eigenen Kräfte. Es ist die Empfindung, dass die eigene Person, auch die der Anderen in der *communidad*, etwas wichtiges ist. Darum also die *secretaria*, die aufpasst, dass keiner mehr verloren geht. Darum die Freude über die Geburt des eigenen Kindes, darum das Wissen, nie mehr mit einer Machete jemand anderes umzuhauen, darum die Sorgfalt, das wenige Wasser gerecht zu verteilen, darum die Aufmerksamkeit auf die selbstständige Regelung der *communidad*.

Die Frage liegt nahe, wovon sich die *communidad* ernährt. Ich bekam als Antwort: „Einer hat immer etwas.“ Diese Auskunft ist unbefriedigend. Aber sie sagt auch sehr viel über das Gelingen des Projektes. Vermutlich sind es vor allem Einkünfte aus informeller Arbeit. Wer kann, macht sich morgens auf den weiten Weg in die Stadt, um sich umzusehen, wo er oder sie gebraucht werden.

Ein anderes Projekt wird auch Einkünfte erzielen: Ein Professor für Ökologie nahm mich mit in die Umgebung. Zu besichtigen war zunächst Wildnis. Der Professor und ein Junge, der dort lebt, rupften Blüten und Pflanzen ab, die dort wachsen und ließen mich riechen und schmecken. Der Junge und der Professor wussten, wofür diese Gewächse gebraucht werden. Es sind Heilkräuter für unterschiedliche Krankheiten, Vitaminspender, Grundstoffe für Kosmetika. Der Professor will dort weitere derartige Pflanzen und Bäume kultivieren, dann ernten, verarbeiten, verschicken und verkaufen. In der näheren Umgebung leben noch in Blechverschlägen oder Lehmhöhlen Menschen, die in diesem Projekt Arbeit und Verdienst finden werden. Die Nachfrage nach solchen Naturstoffen sei enorm, erklärte mir der Professor. Die StudentInnen werden die ArbeiterInnen anleiten, und auch hier wieder mit ihnen Alphabetisierung betreiben. Es werden statt der erbärmlichen jetzigen Behausungen Hütten gebaut und eine *communidad* in Selbstverwaltung entstehen. Der Professor zeigte mir den Platz, wo eine Medizinstation errichtet werden soll. Eine Schule ist geplant, eine Halle für die Verarbeitung der Naturstoffe, eine andere für den Versand. Dieses Mal erschien mir dieses Vorhaben aber doch als ein sehr großes Rad, das hier gedreht werden soll, ausgehend von einer Universität, die nahezu pleite ist und auf keinen Fall auch nur einen Dollar in dieses Projekt investieren kann, mit ArbeiterInnen, die zur Zeit noch überwiegend als Analphabeten in Wellblechverschlägen oder Höhlen leben, mit einer Produktion, für die weithin Neuland betreten werden und einem Absatz, der erst noch erschlossen werden muss. Meine Frage lag nahe: „Wann soll dieses Projekt denn beginnen?“ Als Antwort erhielt ich: „Es hat doch schon begonnen, dort hinten, sehen Sie, planieren die Bagger die Zugänge und die Menschen ringsum werden von den Studierenden auf das Projekt vorbereitet.“

In diesem Beispiel war es ein Professor, der die Initiative ergriffen hatte. „Woher nehmen Sie den Mut?“ Er hat gelacht: „So leben wir hier. Ohne Mut könnten wir nicht überleben. Jeder hier braucht sehr viel Mut. Das ist unser Kapital, das wir einbringen.“

Andere Projekte kann ich nur andeuten: In einer Frauengruppe, fast alles Witwen oder verlassene Mütter, war eine Zeit lang die Situation besprochen worden. Dabei ist der Gedanke aufgekommen, etwas zu unternehmen, mit dem Geld verdient werden kann. Die Frauen wollten Brot backen und verkaufen. Aber niemand hatte einen Backofen, keine konnte selber backen. War dies ein illusionäres Vertrauen in die eigenen Kräfte, eine unrealistische Phantasie? Ein Mann wurde gefunden, der den Frauen das Backen beibrachte und es wurde ein alter, aber durchaus noch brauchbarer Ofen angeschafft. Dann ging die Idee in Erfüllung, die Frauen backen abwechselnd für ihr Wohnquartier Brot aus guten Zutaten, zu einem erschwinglichen Preis und verdienen sich Geld.

In einem Fluss, aus dem zwei Gemeinden Trinkwasser entnehmen, wurde das Wasser stinkend und ungenießbar. In Verdacht geriet bald eine Fabrik, die zum adidas-Konzern gehört und anscheinend die Abwässer ungeklärt in den Fluss einleitet.

Eine Gruppe aus den Gemeinden hat nicht locker gelassen, bis die Vermutung erhärtet werden konnte und nun begannen die langwierigen Verhandlungen mit der regionalen Administration – freundlich, aber beharrlich. Noch ist nicht heraus, wer den längeren Atem hat, die Frauen aus den Gemeinden oder der adidas-Konzern.

Auf dem Gelände eines aufgelassenen Bahndamms hatten Flüchtlinge in der Zeit des Bürgerkrieges Hütten aus Wellblech errichtet – eine illegale Landnahme. In zähen Gesprächen konnte zwar keine Legalisierung der Siedlung, aber immerhin eine unbefristete Duldung erreicht werden. Als für das Wohnen somit eine dauerhafte Perspektive erreicht worden war, folgten die nächsten Schritte: In diesem Fall leistete ein Pfarrer die Gemeinwesenarbeit. Eine Medizinstation wurde errichtet, eine Kirche und eine Schule. In einer kleinen Werkstatt werden Lastwagen und Trecker repariert und damit Geld verdient. Das Besondere an dieser *communidad*: Alle zusammen mit besonderer Unterstützung vor allem der LehrerInnen und des Pastors erreichten, dass dieses Gemeinwesen nicht einbezogen wird in die Bandenkämpfe der Umgebung. Besonders in der Schule wurde intensiv daran gearbeitet, dass die Karriere in eine Jugendbande kein erstrebenswertes Identitätsmuster bildet. „Wie macht Ihr das?" habe ich gefragt. „Wir haben sehr kleine Klassen gebildet. So können wir jedes unserer Kinder ernst nehmen und sprechen mit jedem seine Lebensperspektive durch. Jedes Kind merkt, dass es für uns wichtig ist. Wir sind selten enttäuscht worden." Die LehrerInnen dieser kirchlichen Schule hatten, als ich dort war, seit drei Monaten kein Gehalt bekommen. „Natürlich bleiben wir hier, wir können doch dieses Projekt jetzt nicht verlassen."

Zusammengefasst: Wie besonders das letzte Beispiel noch einmal zeigt, ist der Kern dieser Gemeinwesenarbeit – von SozialarbeiterInnen angeleitet, gelegentlich von einem Pastor – die Weckung und Stützung von *autoestima*. In einer Gesellschaft mit für uns unvorstellbarer Armut und Gewalt, die aus Perspektivlosigkeit entsteht, ist es das Wichtigste, die Selbstachtung, das tiefe Wissen über den Wert des Lebens zu stärken. Dazu gehört das Zutrauen in die eigenen Fähigkeiten, der Mut, etwas neues anzufangen und sich nicht einschüchtern zu lassen. Dazu kommt in einer Gesellschaft mit so verbreiteter Armut, dass die Solidarität und das Teilen eine wichtige, oft die einzige Ressource ist. Vermutlich aus der Zeit des Aufstandes ist die Erfahrung geblieben, dass Forderungen nach lebenswerten Bedingungen auch nach außen, in die Administration und die Politik eingebracht werden müssen. Dieter Oelschlägel schreibt: „Eine Grundlage von Solidarität ist die Formulierung eines Eigeninteresses. Ich kann nur solidarisch sein, wo ich selber ein Interesse formuliere."[5] In El Salvador ist es aber das kollektive Eigeninteresse, weil hier erfahrungsgemäß die größte Ressource liegt. Freilich muss diese Chance häufig erst ins Bewusstsein gebracht werden und nicht selten ist es erforderlich, Menschen aus ihren Frustrationen zurückzuholen.

Meine Erfahrungen aus El Salvador lassen sich nicht direkt übertragen auf unsere deutsche Gemeinwesenarbeit. Ich habe vor allem das Staunen gelernt, ferner die Einsicht in die große Bedeutung von *autoestima* in einer Gesellschaft, in der die Menschen durch Armut und Gewalt erniedrigt sind. Mir ist vor Augen geführt, wohin uns der Weg des Neoliberalismus führen wird, wenn wir zulassen, dass die Traditionen verblassen und die Kräfte geschwächt werden, die dagegen Widerstand leisten können. Außerdem ist mir die resignative Attitüde unmöglich geworden, „man kann ja doch nichts ändern".

Aus einer armen, gewalttätigen Gesellschaft habe ich die Erfahrung mitgebracht, die Dorothee Sölle in einem Vortrag so formuliert hat: „Resignation ist ein Luxus, den sich nur reiche Leute leisten können. Arme Leute brauchen zum Überleben die Hoffnung und den Mut zum Arbeiten und Kämpfen."

Anmerkungen

1 Dieter Oelschlägel: Strategiediskussion in der Sozialen Arbeit und das Arbeitsprinzip Gemeinwesenarbeit. In: Brennpunkte sozialer Arbeit. Claus Mühlfeld u.a. (Hg.): Frankfurt/M 1985, S.7ff.

2 Bernd Maelicke: Sozialmagazin, 1984, Nr.10, S. 15

3 Vgl. Stellungnahme in: GWA – eine Idee wächst in vielen Feldern. In: Wolfgang Hinte, Maria Lüttringhaus, Dieter Oelschlägel: Grundlagen und Standards der Gemeinwesenarbeit. Münster 2001, S. 28

4 Vorher hatte ich Projekte in Guatemala und Costa Rica kennen gelernt

5 Dieter Oelschlägel: GWA – eine Idee wächst aus vielen Feldern. In: Wolfgang Hinte, Maria Lüttringhaus, Dieter Oelschlägel: Grundlagen und Standards der Gemeinwesenarbeit. Münster 2001, S. 29

Jacques Boulet

Some time in September 1998

In a place not very near to here and on edge

Commitment to place and community at „glocal" levels: topo-monogamy and/or geographical promiscuity and/or mundial omnipresence?

Dieser Beitrag hat eine mehrjährige Entstehungsgeschichte. Der Inhalt geht zum Teil zurück zu Erfahrungen, die ich während eines dreijährigen Aufenthaltes als Freiwilliger von 1966 bis 1969 in Afrika gemacht habe. Die tief-existentiellen Erfahrungen dieser Zeit haben mich dazu gebracht, den Begriff „Gemeinwesen" (oder „community") viel umfassender als üblich zu verstehen und – in der Tat – zu empfinden. Als ich nach vielen Jahren – und nach längeren Perioden des Arbeitens und Lebens in Holland, Deutschland, den Vereinigten Staaten und schließlich Australien – dann wiederum für Evaluationszwecke in Afrika Zeit verbrachte, kamen viele Erinnerungen und Gefühle wieder zurück und ich beschloss, sie in einer Reflektion über die Bedeutung von „Platz", „Heim" und „Gemeinwesen" zu behandeln. Diese Gedanken wurden mit Freunden und anderen während eines ökologisch-philosophischen Colloquiums *„A Sense of Place: Living With the Edge"* in der Nähe von Melbourne, in November 1998 ausgetauscht, einiges floss auch in eine Sozialarbeiter-Konferenz in Melbourne in 2001 ein. Der Beitrag wurde in beiden Fällen zugeschnitten auf die Thematik der Verbindungen zwischen dem Globalen und dem Lokalen – dem „Glokalen". Für die letzte Konferenz gab es dann den Titel *„The Global, the Local and the Spaces-in-Between: asserting Social Work's place in the changing landscape"*. Es scheint mir eine zutreffende Auswahl zu sein für diese Festschrift für Dieter, weil er es war, der es mir während unserer gemeinsamen Kasseler Zeit erlaubt hat, meine immer noch zögernden Ideen über die Verbindungen zwischen persönlicher Erfahrung, strukturellen Gegebenheiten und konkretem Lebensraum zum Ausdruck zu bringen. Ich habe Dieter arg vermisst in der Zwischenzeit... möchte ihm aber zeigen, dass unsere damaligen Überlegungen mich in der Tat zu dem gemacht haben, was ich jetzt immer noch zu sein versuche: ein reflektierender Aktivist.

Jacques Boulet
Some time in September 1998

Just imagine the scene...

I'm sitting in my room on the seventh floor of Hôtel Ivoire Intercontinental in Abidjan, Ivory Coast, West Africa. It is September 1998. I'm shipwrecked; Air Afrique, my carrier, couldn't manage to replace a disabled plane in Niamey, Niger and I'm forced to wait for – what turns out to become another – two days before flying on to Chad – the first leg of my trip across three countries in the region. I am on the road for World Vision, evaluating various Australian-funded Community Development projects. We – that is our little group of stranded passengers – have been told to stay put in the hotel, ready to race to the airport as soon as they'd find another plane and resume regular service. A bit like being kept in a „holding pattern"; although for us, passengers on the ground, a rather luxurious „holding tank" would be a better metaphor....

To „*kill*" time, I alternate between Mahler's Fourth Symphony on the hotel Intercom and the news bits on TV, Canal France International (CFI), with Bill (Clinton) and Monica (Lewinsky), Kossovo and (the meanwhile late) Congolese President Kabila, and with Pat Rafter, making us (assorted Australians) proud and serving himself rich at the US Open. Every half hour – for all those in Africa who may be interested in these things – CFI repeats important cultural events happening across Europe and for the fourth time I hear/read that the painter Maeght is having an exhibition in Hamburg/Germany on „*Landscape as Stranger*", which – of course – (un) eases me back into thinking about my contribution to the „*Sense of Place*" Colloquium – wanting to say meaningful things about the „*community/global/local edge*" and about „*developing commitment to place and community at „local' levels*", which was the suggested sub-theme for the gathering I felt most attracted to – not surprisingly, having lived in, worked with/in/for and taught about „community" for the past thirty-five years (or so) across meanwhile four continents (and counting).

From my air-conditioned cocoon, easily in front of my lap-top, formerly-Hungarian, formerly-Australian- now New York-based philosopher, Agnes Heller's „*Where are we at home?*" (1995) comes to mind, in which she tells of a world-wise middle-aged co-traveler, who she encountered in a „*Jumbo jet en route to Australia*". She was a successful businesswoman, with apartments in three cities in three continents and as Agnes asked, „*where she was at home*", her somewhat startled and delayed response was: „*perhaps where my cat lives...*". And since lap-tops are carried along much more easily than lap-cats, our/my/Heller's „***geographic promiscuity***" confirms and ultimately seals what she calls „*the abandonment of, perhaps the oldest tradition of the homo sapiens, privileging one, or certain, places against all the others*". And Heller moves on to describe her travel companion's (and her and our own) culture as „*not a culture of a certain place; it is the culture of a time. It is a culture of the* *absolute present*" – the **omnipresent/presence of mundial (global) extension**; access to „**real time**" per modem or mobile – at all times, from any- and everywhere.

And I was just „killing" it – time, that is...!

Imagine the next scene...
It's two days later and I'm about to loose all that I had written for the Sense of Place Colloquium – but I didn't know that just yet. For the moment, I'm sitting – alone – in a Landcruiser somewhere in Southern Chad; it's pitch-black outside and the rain patters on the roof. From time to time, the now receding lightning flashes – leftovers from a tremendous tropical thunderstorm – eerily illuminate the surrounds; the vehicle is parked at the head of a long queue of stranded trucks and in front of a „*barrière de pluie*", a rain barrier or, more prosaically, a road block, one of many which get put up as soon as rain sets in. It would be too dangerous to continue driving, as parts of the road just disappear into raging torrents or are flooded and transform into giant puddle-lakes or slippery ice rinks.

No pleading to be allowed to pass and drive to the – very nearby – small town of Pala has helped; driver and companion have gone to find a still more important „*cousin*" to help negotiate our passage with the recalcitrant barrier keepers. Apparently, the bridge over the river is impassable and we are supposed – by law – to wait for six hours after the rain has stopped before being allowed to drive on.

From time to time, a torch light bobs up across what must be the road, which seems to descend sharply towards the river. An Arab voice, very close by, sing-whispers prayer chants; small groups of people pass by and it feels as if they are staring into the vehicle. Some animals shout, close by. The other passenger of our Cruiser has left the backdoor open and I decide to go and close it. Making that decision took quite a bit of time and I catch myself wondering why? It *does* feel „*unheimlich*" (lit. „un-homely", strange, alien)... I don't want to turn on the inside light: I don't want to be visible; but I don't like not being able to see... A bit of rain and cool air enters through the split of the window I've left open...
And suddenly, after half an hour – half a night? – it's all over; my two companions return with an elderly man; the barrière is opened; we descend the slippery road towards the bridge (or whatever is left of it) – Jim Jim, driver extraordinaire, asks me to get out of the car and walk past the enormous six-by-six meter wide and four meter deep hole next to the bridge and he carefully maneuvres the Cruiser across.

And I'm back in the company of lesser strangers... or just about...

In the still driving rain we reach the Catholic Mission of Pala, I get a room and – ah! – the familiarity, the „*heimlichkeit*" („homeliness"), of a barren room with a bed and a chair, light (still...the generator is turned off at ten), a toilet, you know... civilisation-with-the-lot!

The next morning, after an exhausting-exhausted night, I decide to continue writing and... my previously faithful lap-top gives up on me, as it didn't get enough power to sufficiently boot up the previous evening. Whatever I try, I have irretrievably lost my four pages of thoughts about „*commitment to place*"...

Surely,
this must be the revenge of the local over the geographically promiscuous,
over my attempts at omnipresence?
How do I dare to write about „commitment to place"
whilst being caught in flagranti,
thousands of miles from (what has become?) „my place"
and flirting with other places...
with their scents and smells, their noises, their darknesses
and their other inhabitants.
I am a *flâneur*, a bird of passage, a nomadic monad... and even my „cat2 has given up on me...

One-before-final scene...

Yesterday I've arrived in Dakar, Senegal, staying in the Hôtel Méridien Président, sixth floor, room 629, staring out over the Atlantic, from the climate-controled comfort of yet another cocoon: same chairs, same bed, same fridge, same TV-set, same everything as in – probably – 25,000 other Méridien rooms across the world. One of the advertising blurbs in the plastic holder on my bedside table promises me a free weekend anywhere in one of their hotels, when I prove my „*loyalty*" *(commitment?)* to the hotel-chain (*after about twelve nights in some of their beds anywhere/everywhere/somewhere/nowhere*). A bit like that other global merchant MacDonald's, who – in exchange for having or taking-away some of its fast food – promises me V.I.P. status in its parking lots, where-ever its golden arches beacon-beckon and deliver „mass-heimlichkeit", the assurance of the known-and-trusted in a scary sea of diarrhea-inducing strange and smelly street-vendor who-knows-whats... or along lonely, dark, free- and highways... or in city centres, or... on your street corner probably...?

I open my window and step onto the balcony, out of the cocoon and into the tropical moist-balmy wind blowing in from the ocean and – instantly – I re-sense/re-live/re-member the Kinshasa/Congo experience of 32 years ago. April 1966, for the first time, sticky-tropical air climbing up the legs of my pants, step by step, as I descend from the Boeing 707 and onto the tarmac of N'djili airport. Indeed, the „*spell of the sensuous*", (as David Abram (1995) calls his marvelous book) – across time, across space, through-but-with-me across time across space... My first conscious experience of un-mediated hot-moist air, at the age of twenty-three, away from the moderate/moderating climates in Belgium, where all weather change is buffered-out by gradual un-dressing in spring and gradual re-dressing in fall....

The previous evening, as we were dining on local fish in a seaside restaurant, my friend/acquaintance Emmanuel N'dione, involved in some of the global networks I am part of myself, tells me that he has no „sense" of *what/where Australia is, „it's off the planet"* in as far as he's concerned. But this morning, as I was helping myself with cereal from the breakfast buffet at the hotel, a man next to me, pouring orange juice, was wearing a T-shirt with the „ubiquitous" (omnipresent?) hopping black-on-yellow („made-in-Australia") kangaroo, warning that any of these creatures could suddenly cross the road over the next 14 km.... Agnes Heller would have had a field day, studying geographic promiscuity-gone-exhibitionist!

But what is it that we really want to „*say*" when we wear these T-shirt-billboards? Probably – and exhibitionistically? – „*been there, done that*"? But who cares to know? Counting on the voyeuristic stares of others, do we hope for some kind of connection? Something like: „*been there too, done that too*"? Or are we telling other people somehow: „that's how you have to see me...; I want you to know what/who I (don't) like, what/who I (don't) love, where I come from, where I've been, what I smoke/drink/eat/listen to, I want you to know what I **consume** –
because that's what/who I am, that's how I want you to take me –
or leave me..."
„Commitment to place" as portable/prêt-a-porter identity exhibitionism??
Telling people in certain places that we come from, have been in (have consumed) <u>other</u> places???
Or – striking a long bow – for Australians and occasional visitors to Australia:
„terra nullius" gone AWOL???*

And contrast all of that with a last scene from my 1998 trip.

I have arrived in Thiès, middle-sized town of 250,000, seventy K. north of Dakar, still in Senegal. We set to work on our evaluation until – late in the afternoon – a huge tropical rainstorm breaks over the town. I'm brought to the hotel in the dark – one Italo-Australian woman and her Irish partner and a Senegalese, all „local" project workers, and me – and we drink a few „*Flags*", the local beer. I'm exhausted and go to bed.

Of course, I don't sleep well, having the choice between air-conditioned-cool-but-noisy sleeplessness or silent-but-hot sleeplessness and I alternate a few times between the two. But at six-thirty in the morning, as I open the window to the sounds of (made-in-Australia?) budgie parrot calls (as I later discover from a cage downstairs), I stare straight into the fresh-green of eucalyptus leaves... and one-and-a-half metres away from it, two young Norfolk pines...; and in the midst of a large collection of stone animal statues, I will later find a Great Red (kangaroo, that is)... And no one in the hotel has any idea as to how and when all that Australiana arrived in the middle of West Africa...
And whether I like it or not, there's a sense/scent of „home"...
or what is that feeling which creeps up in me, living in my fourth continent,
which happens to be Australia...?

What does it all mean, I wonder?

Continuing my conversation-on-the-edge with Agnes Heller, if we have lost our sense of place/space and if we do/are to live in the „absolute (omni-)present", precariously suspended across the *virtual space* (the black hole) created by the tightropes of our mobile phones, the internet and our frequent flyer loyalty points, *what is there left for us to be committed to*?
What „on earth" can still provide us with „an edge of and to the sacred" (David Tacey)?

Agnes Heller constructs – as a cop-out? as an un-real, idealistic-traditional-transcendental space? – *„a 'third home', the home of the absolute spirit, and we can still choose to dwell there. In this home, we can be at home at all places and in all times.*" But isn't that yet another way of carrying a portable/prêt-à-porter identity? At which she – notably – arrives after having diagnosed (identified?) people like me as „*the third-world romantics [of] just a few decades ago*", the last example of „*all*

the representative modern European cultures [who] have been stricken by longing; longing for another place, another time, for a real home."
And it finally boils down – according to Heller – to a matter of *choice*; and to the „fact" that *„[n]ot all homes require commitment or responsibility."* There's the *„free-floating*" experience of flying over the Mediterranean, causing *„strong emotions*", *but not obliging*; and there's the *„song of the nightingale and the shade of the chestnut tree*", *which* **do** *oblige*, *„for we cannot take it for granted that they will be there tomorrow*" and, predictably (?): *„[e]ach of us is in the world of our self-appointed and shared destiny.*"
The autonomous individuals of late/post-modernity,
free-floatingly picking-and-choosing what we wish to – momentarily – commit ourselves to.... Or what???

But compare all of this rather *voluntaristic* positioning with Haitian-American Edwidge Danticat's *Breath, Eyes, Memory* (1994), which she introduces with the following sentence: *„I come from a place where breath, eyes and memory are one; a place from which you carry your past like the hair on your head.*" And compare it also with the other acquaintance Agnes Heller introduces us to in her essay, the restaurateur of a small *„trattoria"* on a *„piazza"* in Rome; when asked for directions to a certain building relatively close-by, he apologised for not being able to help, as he *„had never in his life left the piazza"* and its immediate environment. The *„piazza"* was his „home"....
So where does all of that leave me/us?
And how can I bend this line of questioning into relevance
for activist social- and community work-in-a-glocal-context...?

Commitment to place and community: another take...

Apart from having my nose a bit out of joint because of being labeled a *„romantic"* (and given that I'm still at it at sixty!), I cannot really be satisfied with Agnes Heller's rather cavalier way of (not) dealing with commitment to place (let alone to *community*) *„at both local and global levels"*. Having been an „activist" for the better part of my life („better" in both the quantitative and qualitative senses) – and in spite of the post-modern moral-ethical void which has engulfed many of our discourses – I continue to need a somewhat more concrete (practical-political) description of what we should mean with *„commitment"* to both place and community. For too long have I been part of professions which insist on the „theory-practice" relationship as being central to their self-conception and critical self-reflection, to agree with Heller's escape clauses.

In addition, our ecological consciousness – however slowly (re-) emerging and ranging from its eco-spiritual, eco-philosophical, eco-psychological and other theoretical and practical expressions and praxis – certainly demands more than just our longing for tree shadow and birdsong (even if they *are* important and in their *own* right!). It demands urgent care for our places, for the aggregate of our places, the earth, our mother, as the aboriginal peoples everywhere keep reminding us; and as its bounty is not limitless and forever exploitable, we will have to re-think how we, as humanity, locally and globally, distribute it justly – as we will not be able to predict where and when its exhaustion will undermine our survival most deeply and most consequentially.

Community and social work have a somewhat mixed relationship with the reality of place; social work usually confines its attention to „place“ to the most peripheral of its intervention modalities – community development – and even there it does not enjoy unequivocal attention, let alone support. Whilst there's a lot of reference to „community-based practice“ and such nomenclature, many of us remember some rather unqualified attacks – from a certain „left“ – on „localism“ and on community work as a „spray-on solution“ (various contributions from Bryson and Mowbray (1981) during the mid-eighties, still lingering about in bibliographies and regularly being re-iterated, but still awaiting a deserved and written response). Whilst that „left“ rejected a focus on place and community, because it was identified as an attempt at exempting the state from its (welfare) obligations, the „right“ – more often than not – saw community „action“ as a form of rebellion and only would accept local places as the territories where nuclear families (housewives, especially) mingle and own or rent private dwellings, where Neighbourhood Watch protects our videos and where men come back to, to have dinner, consummate their nuclear families and sleep. I hope the reader – and those I refer to – will forgive the hyperbole and sarcasm; but I have to be brief and can only very summarily refer to some of the revisionist historical work which is now emerging and clearly documents how communities – West and East and South – have been robbed of their „places“, their land, their „commons“ and their livelihoods ever since the early traces of private and corporate property were instituted by an unholy alliance of monarchs, merchants, military and missionaries some five hundred years ago (Curry, J. & McGuire S., 2002; Williamson, T. et al., 2002; Bollier, D., 2002; Boulet, J., 2003). And I'm sure that we're still reeling from that loss, individually and socially and, indeed, ecologically and spiritually.

And there's – of course – those we refer to as *„dis-placed“* and who – significantly – turn up in our welfare case files and more or less successfully accumulate under our collective „immigration-assimilation-integration-multiculturalism“ stories. We do *sense* that there's a problem with them losing their „place“ – but in the rarest of instances do we seem to realise it in our practices or even our theoretical understanding of their predicaments. Part of that, of course, is caused by our generally tenuous relationship to „place“; but it also has to do with the widespread reductionism within social and community work theory and practice, which all too readily zooms in on the (assumed or real) *emotional-psychological* processes of „clients“, systematically ignoring the fact that we humans are *relational* beings, existing in relationship to others and to what surrounds us. And that should lead us to pay attention to the „lost places“ (*where breath, eyes and memory are one*!) inside of the people we meet in our offices, whom we need to „settle“ – usually provisionally and in rather inhospitable places – or who we send back to their own, rather inhospitable places, as „illegal migrants“ or „illegal asylum seekers“.

As James DeFilippis (2001) admonishes us: „*Our Resistance must be as local as capitalism: Place, Scale and the Anti-Globalization Protest Movement*“ because the „*exploitation and oppression that are part of neo-liberal globalization, and which provide the moral and intellectual justification for the protests, are primarily felt at the local level. Despite this, it is clear that local and community organizations and organizers have largely passed on participating in the recent protests.*“

Such reality, therefore, demands another kind of commitment, I think, a commitment evoked at the 1997 *World Congress on Action Learning and Action Research* in Cartagena (Colombia), entitled „*Convergence in Knowledge, Space and Time*“, by that sympathetic but critical friend of the social work profession, Paulo Freire, in his posthumously read message to the 1,800 participants of the Congress:
„*I hope we can meet in another opportunity to reminisce and to think about how to continue with our struggles. Above all we must fight against the power of the dominant neo-liberal ideology that keeps on offending and attacking the human nature while reproducing itself socially and historically, threatening dreams, utopias and hopes.*“ (ALAR, 3/1, 1998)
The same Congress was summarised by Orlando Fals Borda (1998), who concluded: „*There have been lots of stimulating ideas, but never claiming what Percy Bysshe Shelley called the 'divine right of intellectuals', especially poets, to be 'the unacknowledged legislators of the world'.*“ (ibid.)

And whilst Agnes Heller, our recurring „intellectual“ conversation companion throughout this article, equally contributed ideas to the Conference about „*applied hermeneutics*“ and Emmanuel Wallerstein shared grand visions of „*SpaceTime Theory*“, it was Gadamer's critical hermeneutics, which provided the strongest basis for Fals Borda's concluding valedictory address. He suggested a convergence of praxis, deep thought and ethos, based on „*a fusion of horizons*“, as a „*way to discover angles beyond the near to improve actual conditons, a method to focus better the fringes between disciplines....*

As new horizons rise in the near future within transformational TimeSpace, other hopes and possibilities appear. It is likely that our age will keep on giving us some additional space and some remade time for our convergent knowledge to acquire significance, and thus save us from anomie and greater stress and frustration."
Obviously, a language that commits;
a language that points at responsibilities
and therewith requires us to further
develop (or re-adjust) our sense of time, space and place and
which locates us as responsible actors in our respective places,
participating in and being part of a greater spirit and reality of place and of all places.

And here I'd like to go back to an old friend of a book, Prigogine and Stengers' *Order out of Chaos* (1984); they conclude:
„...there is a need for new relations between man and nature and between man and man (sic). We can no longer accept the old a-priori distinction between scientific and ethical values. This was possible at a time when the external world and our internal world appeared to conflict, to be nearly orthogonal. Today we know that time is a construction and therefore carries an ethical responsibility." (my emphasis)
I would suggest that that applies even (and especially) if we are said to live in Heller's „absolute present"!

In addition to which I would like to repeat some parts of an invitation I sent to friends and members of the various local/global networks I am part of (Boulet, 1997), to come and celebrate the opening of *Borderlands*, a (Melbourne-based) centre dedicated to the „re-capturing" of our local (suburban) space(s) and place(s) and – since we cannot separate our experience of space and time – to the re-capturing of our „*glocal*" space/time.

„...let me conclude this seemingly enormous „agenda" by expressing my conviction that *unless* we manage to *connect* – in practice and in theory, locally and globally – the various dimensions and areas described above (community, ecology, diversity and validating people's knowledge), we're setting ourselves up for failure and disappointment. This is especially so when *Borderlands* and the people who will make it happen intend to also think and work towards the development of a (re) new(ed) *spirituality*. If spirit is that which stitches the parts into the whole; if spirit is that which connects; we have to acknowledge the ravages undue divisions of labour and „expert" specialisms have done and are doing to us and to the world. **Borderlands** should be about *all-at-once*. And to those of us/you, who – lovingly and with concern – point out that we haven't got that much time left to re-direct the present towards a better future, I would like to repeat the lines „barefoot economist" Manfred Max-Neef used for his 1996 New-Year's message:

„If, instead of infinite duration, eternity is timelessness,
then eternal life is here and now.
If, furthermore, the future becomes an alibi for eluding the responsibilities demanded from us by the present...
... let us construct a generous daily life, in order to make our eternity worthwhile."

Since we have to come up with better conceptualisations – both theoretically, practically and philosophically – as to what we mean with *„commitment"* – professional and personal – as well as with the significance of the local/global levels of our practice, the preceding reflections have hopefully given you some idea of *„where I come from"* and of where my *sense of place* would lead me when applying it to social and community work praxis.

Bibliography

Abram, David (1995) The Spell of the Sensuous New York: Vintage Books

Bollier, David (2002) Silent Theft: the private plunder of our common wealth New York & London: Routledge.

Boulet, Jacques (1997) „Borderlands Subversity: A neighbourhood place for local-global reflection and action" in Community Quarterly No. 44/45 pp. 3 -10 (also accessible on http://www.borderlands.org.au)

Boulet, Jacques (2003) „Globalisation, International Social Development and Social Work" in Allan, J., Brinkman, L. and Pease, B. (eds.) Critical Social Work Theory and Practice. Crows Nest: Allen & Unwin.

Curry, Janel & McGuire, Steven (2002) -Community on Land: Community, Ecology and the Public Interest Lanham: Rowman & Littlefield.

Danticat, Edwidge (1994) Breath, Eyes, Memory London: Abacus (Little, Brown & Co.)

DeFilippis, James (2001) „Our Resistance Must Be As *Local* As Capitalism: Place, Scale and the Anti-Globalization Protest Movement", paper presented on COMM-ORG: the On-Line Conference on Community Organizing and Development. http://comm-org.utoledo.edu/papers.htm

Fals Borda, Orlando (1998) Proceedings of the 1997 World Congress on Action Learning and Action Research in Cartagena (Colombia), „Convergence in Knowledge, Space and Time" Cartagena and Brisbane: ALARPM

Freire, Paulo (1998) „Message to the World Congress on Action Learning and Action Research" in ALAR, 3/1

Heller, Agnes (1995) „Where are we at home?" in Thesis Eleven # 41

Prigogine, Ilya and Stengers, Isabelle (1984) Order out of Chaos New York: Vintage

Tacey, David (1995) The Edge of the Sacred Melbourne: Harper Collins

Williamson, Thad, Alperovitz, Gar & Imbroscio, David (2002) Making a Place for Community: Local Politics in a Global Era New York & London: Routledge.

* „Terra Nullius" or „nobody's land", was the 18th Century English legal doctrine, justifying the taking possession of the land belonging to the native peoples in Australia on behalf of the Crown and – later – white settlers.

AWOL: Absent With-Out Leave; military term for desertion or staying absent from the barracks without permission.

Reinhard Aehnelt

„Soziale Stadt" in Havanna

Vom Ansatz her weisen das Bund-Länder-Programm „Soziale Stadt" und die Bemühungen in Havanna, Stadtentwicklung ressortübergreifend und mit den Bewohnern zu betreiben, durchaus Ähnlichkeiten auf: Quartiersentwicklung wird diesseits und jenseits des Atlantik zunehmend zum Sozialmanagement. Und auch wenn die Entwicklungen in der Praxis recht unterschiedlich verlaufen, zeigt sich hier wie dort: Staatliche Bürokratien sind zäh und die sozialen Probleme auch.[1]

Dass man in Deutschland seit Mitte der 1980er Jahre nicht mehr zur Avantgarde gehört, was gemeinwesenorientierte Stadterneuerungsprogramme angeht, ist wohl bekannt. Dass allerdings sogar ein Land wie Kuba auf diesem Feld schneller auf die internationale Entwicklung reagiert hat, überrascht erst einmal. Denn das Inselparadies konserviert auf eigensinnige Weise eine einzigartige Mischung aus sozialistischer und lateinamerikanischer Bürokratie, die gemeinhin nicht zur Innovation neigt.

Kursänderungen kommen in Kuba traditionsgemäß von oben und seit der Revolution von 1959 heißt das in der Regel: von Fidel Castro. So war es auch in diesem Fall. Es begann 1988, als in Kuba eine Phase angebrochen war, die man „Berichtigung von Fehlern" nannte. Bei der ging es darum, Licht in das dschungelhafte Dunkel der Planungsbürokratie zu bringen, die sich unter den Treibhausbedingungen der sowjetischen Alimentierung derart fabelhaft entwickelt hatte, dass man oben nicht mehr wusste was unten geschah und umgekehrt.[2]

Auch in der Stadtentwicklung war es zu erstaunlichen Fehlentwicklungen gekommen. Baukombinate verzichteten auf den Innenausbau von Gebäuden, weil die Herstellung der Rohbauten höhere Prämien einbrachte. Auf diese Weise warteten überall Betonskelette auf ihre Vollendung und setzten schon die Patina an, die die hohe Luftfeuchtigkeit in Havanna allen Bauwerken verleiht. Auf Qualität wurde immer weniger geachtet und auch städtebauliche Kriterien waren eher hinderlich, wenn es darum ging, Beton in möglichst großen Mengen zu verbauen. Die Neubausiedlung Alamar wucherte ungebremst die Ostküste entlang, während die Altstadt zunehmend zerfiel.

Derentwegen war aber Havanna 1982 zum Weltkulturerbe ernannt worden, was die lange Zeit vernachlässigte kubanische Hauptstadt zunehmender Beachtung seitens der internationalen Fachwelt aussetzte. Die ausländischen Besucher rümpften über vieles sichtbar die Nase und so gelang es einer Gruppe von Planerinnen und Planern, ihren Präsidenten davon zu überzeugen, auch auf dem Gebiet der Stadtplanung Vorzeigbares zu schaffen. Der machte sich die Sache tatsächlich zu eigen und nur so konnte ein für kubanische Verhältnisse geradezu atemberaubend anspruchsvolles Programm formuliert werden: Integrierte Planung von unten und unter Beteiligung der Bewohner.

Im Rückblick sagt Gina Rey, die damalige Leiterin der Oberen Planungsbehörde und energische Verfechterin der neuen Strategie: „Man erklärte mir die Vorstellungen von Fidel und sie leuchteten mir sofort ein. Mir war klar: Das war es, auf das ich seit langem gewartet hatte und von dem ich wusste, dass es mit der Planungsbehörde nicht zu machen war. Von oben war es einfach nicht möglich, gleichzeitig die Qualität der Architektur und der Stadtgestalt sowie die Lebensbedingungen der Bevölkerung zu verbessern".[3]

So wurde 1988 die Gruppe für integrierte Hauptstadtentwicklung ins Leben gerufen. Sie nahm sich nichts Geringeres vor als „eine Änderung der Konzeptionen und der Denkweisen, eine koordinierte, partizipative und multidisziplinäre Arbeit, welche die Stadt als lebendigen Organismus ansieht und das Materielle mit dem Geistigen, Technologie mit Sozialem, Tradition mit Moderne, Wirtschaft und Technik mit Gestaltung und Kunst und die Theorie mit der praktischen Erfahrung verbindet." Die Gruppe wurde bewusst außerhalb der Planungshierarchie etabliert und hatte beratende Funktion. Man erarbeitete Pläne, Gutachten und Stellungnahmen, veranstaltete Fachtagungen und besuchte internationale Konferenzen, vor allem aber wurden in mehreren Gebieten „integrierte Stadtteilwerkstätten" eingerichtet.

Diese „*talleres*" (Werkstätten), die wie eine Art Gebietsmanagement agieren sollten, wurden durch ein Team von Architekten, Soziologen, Ökonomen sowie einer Schlüsselperson aus dem jeweiligen Gebiet besetzt. Sie bezogen kleine Büros vor Ort und knüpften Kontakte zu den Bewohnern und den lokalen Institutionen, machten sich mit den Defiziten der Quartiere vertraut und entwickelten Konzepte zur Verbesserung von Wohnungsversorgung, Infrastrukturangeboten, Grünflächen und nachbarschaftlichem Leben.

Von Anfang an bestand das größte Problem darin, dass die Teams nicht in die staatliche Planungshierarchie integriert waren.[4] Extrem zentralisiert gesteht diese in Kuba den kommunalen Gebietskörperschaften kaum Einfluss auf die Entscheidungen zu, die im Wesentlichen auf gesamtstaatlicher oder Provinzebene getroffen werden. In seinem behäbigen Wirken erinnert das administrative Räderwerk Kubas an eine Zuckerfabrik aus den 30er Jahren, deren monströse Mechanik aus Treibriemen, Zahnrädern und Förderbändern von einem einzigen Antrieb ächzend und rüttelnd in Gang gehalten wird, um fast nichts zu produzieren.

Als die *talleres* ihre Arbeit aufnahmen, gab es für Havanna nur die 15 Bezirke (*municipios*) mit jeweils rund 150.000 Einwohnern als unterste Verwaltungsebene. Weil dort der Kontakt zu den Bewohnern fast gänzlich abgebrochen war, wurden ab 1990 kleinräumiger agierende Gremien, die Volksräte (*consejos populares*) eingeführt. Inzwischen gibt es in der Hauptstadt über 100 davon und sie werden durch die Abgeordneten gebildet, die aus demselben Stadtteil kommen, bis dahin aber keine gebietsbezogenen Aufgaben gehabt hatten. Vertreter der Massenorganisationen sowie lokaler Betriebe und Einrichtungen komplettieren das Gremium. Die *consejos* sollen die Bezirksregierung unterstützen, verfügen jedoch nicht über eigene Kompetenzen und Finanzmittel.

Mit viel Elan und wenig Erfahrungen nahmen die neu gebildeten Volksräte ihre Arbeit auf. In den Konzepten der *talleres* sahen sie eine willkommene Grundlage für ihre Arbeit, umgekehrt übernahmen die Gebietsmanager gern die Aufgabe ihrer Beratung, bot sich doch hier eine Perspektive, Einfluss auf das kommunale Geschehen zu bekommen. Mit den Bewohnern wurden Versammlungen durchgeführt, die Probleme erörtert und vordringliche Projekte festgelegt. Am Ende gab es eine Menge schöner Pläne, an dem Versuch jedoch, die Ergebnisse in den Prozess der staatlichen Planung einzufügen, scheiterten die *talleres* ebenso wie die *consejos populares*.

Mag sein, dass dazu die tiefe Krise beigetragen hat, in die das Land seit 1990 mit dem Verschwinden der Sowjetunion hineingeriet und die staatliches Handeln für über zehn Jahre mehr oder weniger auf die Sicherung des Existenzminimums reduzieren sollte. Aber vor allem erwiesen sich letztlich die Planungshierarchien als vollkommen unfähig oder unwillig, sich der gebietsbezogenen Logik zu öffnen. Auch Gina Rey, die bereits vor einigen Jahren ihre leitende Funktion in der Gruppe für die Hauptstadtentwicklung aufgegeben und sich in die Universität zurückgezogen hat, musste resigniert feststellen: „Es war mit der Gruppe nicht möglich, die Dinge zu realisieren, die ich für die Stadt als notwendig angesehen habe. Es ist uns nie gelungen, dafür die notwendige Finanzierung zu erhalten."

Trotzdem sind die *talleres* noch lebendig und ihre Zahl ist inzwischen auf 20 in ganz Havanna angewachsen. Allerdings haben sie ihre Arbeitsschwerpunkte und auch ihre Selbstdefinition geändert. Als in der Stadt nichts mehr gebaut wurde, haben die Ingenieure und Architekten die Stadtteilbüros verlassen, um mit Planung und Bau touristischer Einrichtungen Geld zu verdienen oder ins Ausland zu gehen. Geblieben sind Soziologinnen, Sozialarbeiterinnen und ehemalige Lehrerinnen, womit sich die Arbeit zunehmend auf Projekte im sozialen und kulturellen Bereich verlagert hat.

Dieser Wechsel in der Aufgabenstellung ist aber auch direkt der langanhaltenden wirtschaftlichen Krise zu verdanken: Da es mit den traditionellen Mechanismen immer weniger möglich war, die Versorgung der Bevölkerung sicherzustellen, griffen mehr und mehr Menschen zur Selbsthilfe. In der ersten Hälfte der 90er Jahre ist eine beachtliche Zahl von Projekten entstanden, einerseits um die drängenden Versorgungsprobleme in den Griff zu bekommen, andererseits, weil viele Leute plötzlich von ihren Arbeitsmöglichkeiten abgeschnitten waren. Ihr Aktionsradius beschränkte sich allein aufgrund fehlender Transportmöglichkeiten notgedrungen auf die Stadtteilebene.

So schwer die Krise war, setzte sie doch eine Menge an Phantasie und Improvisationsgeschick frei: Viele besannen sich auf die eigenen Fähigkeiten und warteten nicht mehr auf Anweisungen von oben, es setzte sich ein reger Austausch von Dienstleistungen und Waren in Gang, künstlerische Talente wurden entwickelt, um das Vakuum der Freizeitangebote zu füllen. Heraus kam eine Vielzahl von Projekten lokaler Ökonomie, städtischer Landwirtschaft und kultureller Arbeit außerhalb der Institutionen, die zwar zuständig waren, aber unfähig, auf die neue dramatische Lage zu reagieren.

Vielerorts wurden Vorgärten, Innenhöfe oder städtische Brachen zu Anbauflächen für Obst, Gemüse und Blumen umfunktioniert, mit deren Ertrag man sich selbst und die Nachbarschaft versorgte. Verschüttete Kenntnisse über Heilpflanzen und Konservierungsmethoden wurden ausgegraben oder man eignete sich entsprechende Kenntnisse neu an. Musiker und Tänzer gründeten neue Gruppen und entdeckten Talente unter den Jugendlichen, die inzwischen vor lauter Langeweile zu kriminellen Handlungen und Gewalttätigkeit neigten. Solche Initiativen befanden sich durchaus im Einklang mit den Appellen der Staatsführung und wurden geduldet, bloß die eigentlich zuständigen staatlichen Stellen legten der neuen Konkurrenz Steine in den Weg wo immer sie nur konnten.

Andere Projekte sollten trotz ihres Erfolges ins Gerede kommen: In Novoa, einem ziemlich verwahrlosten Vorort, war eine Diskothek in der Halle des Wochenmarktes eingerichtet worden, weil es dort absolut nichts gab für die Jugendlichen, und weil das Transportsystem zusammengebrochen war. Das heruntergekommene Bauwerk wurde gereinigt, bekam einen neuen Fußboden, unter größten Schwierigkeiten wurde eine Anlage besorgt und vom Eintrittsgeld bezahlte man nicht nur die Aufpasser, sondern richtete auch noch eine eigene Straßenreinigung ein, verbesserte die Müllabfuhr und schaffte Straßenlaternen an, um den Stadtteil sicherer und sauberer zu machen. Eine derart gut funktionierende lokale Ökonomie rief bald die politischen Sittenwächter auf den Plan und da es in Kuba keine Möglichkeit gibt, als private Gesellschaft legal Geld zu verwalten, wurde das Projekt Opfer gezielter Denunziationen.

In Kuba wäre es vorher gänzlich undenkbar gewesen, dass sich Initiativen außerhalb der Massenorganisationen bilden, die alle öffentlichen Aktivitäten in die gewünschten Kanäle leiten und überwachen sollen. Dass dies in den 90er Jahren dennoch möglich war, lag an dem zeitweiligen Kontrollverlust, den die Krise hervorgerufen hatte. Es mussten einfach alle Möglichkeiten genutzt werden, um überhaupt über die Runden zu kommen. Aber es gibt zwei Grenzen, die nicht überschritten werden dürfen: Es darf kein Geld verdient werden außerhalb staatlicher Betriebe und außerhalb des engen Rahmens freiberuflicher Tätigkeit, die aber seit 1993 nur individuell und in wenigen Berufen ausgeübt werden darf. Und es dürfen keine organisierten Strukturen entstehen, die sich staatlicher Kontrolle entziehen.[5]

Umso erstaunlicher, dass es auch im Bereich religiöser Betätigung, die in Kuba lange Zeit in der Öffentlichkeit gänzlich verboten war und deren Angehörige diskriminiert und verfolgt worden sind, zu einer Reihe von Initiativen und Projekten gekommen ist, die bis heute unbehelligt arbeiten können. Aber auch hier hat die Toleranz Grenzen: Einem Projekt, das eine Brachfläche durch den Anbau von Bäumen und Heilpflanzen wiederbeleben und das Ergebnis den „heiligen Wald" nennen wollte, wurde nahe gelegt, doch lieber den Namen „städtischer Forst" zu wählen. Und auch der geplante Verkauf der Pflanzen wurde nicht gestattet.

Zweifellos tragen die *talleres* zur Unterstützung der lokalen Initiativen bei. Sie stellen Räume zur Verfügung, besorgen Material und kümmern sich um die Fortbildung der ehrenamtlich Tätigen. Nach eigener Definition haben sie inzwischen eine „erzieherische, orientierende und stimulierende" und damit die unausgesprochene Funktion, dem ungeordneten Treiben der Basis einen legalen und halbwegs kontrollierbaren Rahmen zu geben. Stolz bericht Caridad, die als ehemalige Lehrerin und Parteimitglied einen *taller* leitet: „Es gibt hier keine Initiative, die wir nicht unterstützen".

Durch ihre enge Zusammenarbeit mit den *consejos populares* werden sie von der Bevölkerung mehr und mehr als Teil der staatlichen Verwaltung angesehen. Dass sie von der Bürokratie noch nicht geschluckt worden sind, liegt sicher auch daran, dass sie als eine der ganz wenigen offiziell nicht-staatlichen Organisationen in Kuba von internationalen Organisationen Geld bekommen können. Die relativ geringen finanziellen Hilfen kanadischer, italienischer und norwegischer Einrichtungen reichen immerhin aus, da und dort Bürgerhäuser herzurichten, die Müllabfuhr zu verbessern, Grünflächen anzulegen und Farben für Wandbilder bereitzustellen.[6]

Aber auch internationales Engagement wird derzeit zunehmend argwöhnisch als Einmischung von außen betrachtet. Die neue Eiszeit in den Beziehungen zu den USA, die Kubas Staatsführung der Achse des Bösen zuordnet und immer offener deren Beseitigung anstrebt, ließ in den letzten Monaten auch die Uhren für die aufkeimende Zivilgesellschaft rückwärts gehen. Die Aufbruchsstimmung der 90er Jahre, die einen Aufschwung der bürgerschaftlichen Initiativen mit sich gebracht hatte, ist vorbei und es deutet alles darauf hin, dass die bescheidenen Freiheiten, die die „Spezialperiode" gebracht hat, weiter eingeschränkt werden.

Aber das ist gar nicht die eigentliche Gefahr für die Stadtteilinitiativen: Vor allem werden sie durch die zunehmende Normalisierung des wirtschaftlichen Lebens in Frage gestellt: Die zeitweilig Arbeitslosen müssen wieder zur Arbeit, in den Geschäften wird wieder angeboten, was man sich vorher selbst herstellen musste, und statt im eigenen Stadtteil zu bleiben, kann man wieder in die Kinos und Diskotheken im Zentrum fahren. So wie die Kubaner die Fahrräder in den Keller gestellt haben, als es wieder Kraftstoff gab, so könnte es sein, dass sie auch durch die Versorgung von oben das Interesse an Projekten von unten verlieren.

Anmerkungen

1 Alle Zitate stammen aus Gesprächen, die im Rahmen eines internationalen Forschungsprojektes in Havanna im September 2002 und März 2003 geführt wurden sowie aus Veröffentlichungen und internem Material der dargestellten Initiativen.

2 vgl. Kosta Mathey: Housing Policies in the socialist Third World. München 1990, S.40; Sönke Widderich: Möglichkeiten und Grenzen der Sanierung des historischen Zentrums von Havanna, Kieler Arbeitspapiere zur Landeskunde und Raumordnung. Kiel 1997, S.24; Hans-Jürgen Burchardt: Kuba – Der lange Abschied von einem Mythos. Stuttgart 1996, S. 21

3 Auch andere Autoren weisen auf die notwendige Unterstützung von Fidel Castro hin, um ein solches Projekt möglich zu machen – vgl. ISR Studienprojekte, Projektbericht Nr. 26, TU Berlin, November 1993

4 Irma Leinauer u.a. machen schon früh auf den beschränkten Einfluss der GDIC aufmerksam: „Die Befugnisse der GDIC über Entscheidungen der Stadtentwicklungsplanung sind nicht gesetzlich verankert. So stellt sie außerhalb der Planungshierarchie Kubas eine Institution dar, die zwar als Aushängeschild für eine interdisziplinäre, gesamtstädtische und behutsame Stadtentwicklungsplanung steht, jedoch in keiner Weise ausreichend Einfluss besitzt, um andere Planungsinstanzen nachhaltig zu beeinflussen." Irma Leinauer u.a., in: Kosta Mathey (Hg.): Phänomen Cuba. Karlsruhe 1994, S. 75

5 Vgl. hierzu ausführlicher die Forschungsergebnisse aus der philosophischen Fakultät von Havanna, Abt. Soziologie: Aurora Vázquez Penelas, Roberto Dávalos Domínguez (comp.): Participación social, desarrollo urbano y counitario, La Habana 1996; Roberto Dávalos Domínguez, Alaín Basail Rodríguez (comp.): Desarrollo urbano – Proyectos y experiencias de trabajo, La Habana 1997; Roberto Dávalos Domínguez (comp.): Desarrollo local y descentralización en el contexto urbano, La Habana 1998; Roberto Dávalos Domínguez (comp.): Ciudad y cambio social en los 90, La Habana 1999

6 Die gewerkschaftsnahe norwegische Gesellschaft für internationale Zusammenarbeit APN beschreibt ihr 1994 begonnenes Engagement beispielsweise folgendermaßen: „Die nicht staatliche Zusammenarbeit ist in Kuba ein neues Phänomen, das bis zu den 90er Jahren wenig entwickelt war... Angesichts der neuen wirtschaftlichen Lage anerkennt Kuba die positiven Aspekte der Zusammenarbeit mit nicht-staatlichen Organisationen, um die Krise zu überwinden. Insofern haben sich verschiedene NGOs entschieden, Kuba darin zu unterstützen, die erreichten sozialen Erfolge und sein revolutionäres System zu unterstützen." *APN: Participación y desarrollo local, La Habana 2002.*

Mohammad-Anwar Butt

Gemeinwesenarbeit und das neue kommunale System in Pakistan

Am 14. August 2001 wurde in Pakistan das neue kommunale System – Devolution of Power Plan 2000 – eingeführt, mit dem Ziel neue Administrations- und Institutionsstrukturen einzusetzen, die mehr Möglichkeiten und größere Handlungsräume zur Befriedigung der Grundbedürfnisse des Volkes Pakistans anbietet. Das System fördert eine Kultur der Entwicklung durch Bürgerbeteiligung auf kommunaler Ebene.[1] Um das Ziel des Devolution Planes 2000 zu erreichen, hat man administrative Strukturen auf Distriktebene reorganisiert und zwar fußend mit folgenden fünf Prinzipien: „Devolution of political power, decentralization of administrative authority, deconcentration of management functions, diffusion of the power authority nexus and distribution of resources to the district level."[2]

Der Kernpunkt des Devolution of Power Plan 2000 bezieht sich darauf, die einfachen Bürger Pakistan zu involvieren, um sie zu befähigen, von ihnen selbst als wichtig erachtete Probleme, gemeinschaftlich lösen zu können. Im diesem Kontext hat man nicht nur die vom Volk gewählte Repräsentative (Nazims & Vize Nazim) auf den drei Ebene – District (Landkreis), Tehsil/Town/Taluka (Kreis) und Union (Gemeinde) – eingesetzt. Man hat im Zuge der Dezentralisierung dreizehn verschiedene Landesdepartments eingerichtet und auf Distriktebene als „Group of Offices" konzipiert. Eines dieser Departments ist die „Community Development (CD) Group of Offices", ein Amt für Community Development – Gemeinwesenarbeit –, zu dem gehören die Behörde für Community Organization, Registration of Voluntary Organizations (Meldebehörde für Freiwilligenorganisationen), Social Welfare (Behörde für Soziale Wohlfahrt), Labour (Behörde für Arbeiter), Co-operatives (Behörde für Genossenschaften) und Sport & Culture (Behörde für Sport & Kultur).

Solche Ämter spielen eine wesentliche Rolle bei der Förderung einer an den Bedürfnissen der Menschen orientierten, nachhaltigen Entwicklung. In den Wohlfahrtsstaaten der Welt sind derartige Ämter eine Selbstverständlichkeit. In der GWA/CD-Geschichte Pakistans ist die Einrichtung solcher Ämter eine einmaliger Versuch. Weder die menschenzentrierte Entwicklung (GWA/CD) noch die Institutionalisierung der GWA/CD ist in der Geschichte Pakistans zu finden.

Bevor ich die Geschichte GWA/CD in Pakistan darstelle, möchte zwei Begriffe erläutern: Unter GWA verstehe ich – wie Dieter Oelschlaegel und andere – „GWA als (...) eine professionelle, berufliche Arbeitsform (im Unterschied zu Bürgerinitiativen etc.) (...), die sich auf ein Gemeinwesen (Stadtteil, Institution etc.) richtet.“[3] Community Development (CD) wird in Pakistan mehrdeutig verwendet: Alle Arbeiten/Projekte, die mit der (physikalischen oder mentalen) Entwicklung zu tun haben, werden „in einem Topf geworfen“, daher benutze ich der Begriff GWA/CD für verschiedene Zwecke.

Die Recherche über GWA/CD in Pakistan bis 1947[4] lässt keinen großen Optimismus zu: In der Kolonialzeit gab es – außer dem „Mass-Education-Programm“ und ein paar Officers-Clubs wie „Military-, Railway- und Lion Rotary Clubs usw.“ – im heutigen Pakistan nichts in dieser Richtung.[5] Im District Gurgoan (Indien) hatte Herr Brayer, Deputy Commissionar, 1920 auf eigene Initiative „Dehat Suddar“ – eine Art Dorfverbesserungsprogramm mit dem Ziel die Lebensbedingungen der ländliche Bevölkerung zu verbessern, eingerichtet.[6] Die Idee der CD – wohl in den 1920er Jahren in London entwickelt – wurden zuerst in afrikanischen Kolonien implementiert, nachdem in den 1940er Jahren eine Reihe von Konferenzen zu diesem Thema stattgefunden hatte. *„The most important of these conferences was held in 1948... it was after this conference that the concept of community development became more clearly formulated and articulated“.*[7]

Am 14. August 1947 wurde Pakistan unabhängig. Der neu geborene Staat wurde als „Missgeburt“ bezeichnet und am gleichen Tag von der Weltöffentlichkeit als zum Scheitern verurteilt betrachtet. Grund dafür war die Entfernung zwischen Ost- und West-Pakistan, die etwa ca. 1500 Kilometer beträgt. Außerdem gab es zwischen beiden Landesteilen keinen Landweg und der Luftweg führte über Indien.

Die Geburt des neuen Staates war nicht nur von Unruhen und blutigen Auseinandersetzungen begleitet, sondern brachte auch gravierende politische, soziale und wirtschaftliche Probleme mit sich. In Pakistan fehlte es an allem, vom Bürobedarf bis zu geschultem Fachpersonal. 7,8 Millionen Muslime waren nach Pakistan gekommen, um in einem freien, islamischen Land zu leben, und ebenso viele Hindus und Sikhs waren nach Indien gegangen. Dadurch entstanden nicht nur bei der Konsolidierung Probleme, sondern auch in allen Bereichen des Alltagslebens wie zum Beispiel bei der Wohnungsbeschaffung, der Ernährung, Beschäftigung usw. Der größte Teil der Umsiedler stammte aus ländlichen Gebieten[8] und konnte die im Wirtschaftsleben von den nach Indien umgesiedelten Hindus und Sikhs hinterlassenen Lücken in „Binnen- und Außenhandel, Industrie, Bankwesen – bis hinunter zu den mittleren und kleinen Angestellten –“[9] nicht füllen.

Wenn man die Entstehung Pakistans im Auge behält, kommt man zu dem Schluss, dass, gerade weil die soziale Situation sich wegen der Flüchtlinge aus Indien verschlechterte, man doch für den sozialen Sektor etwas mehr hätte tun sollen. Aber die Regierung Pakistans hat in den darauf folgenden Jahren (bis 1999) nur etwa drei Prozent des gesamten Haushalts für Bildung und Gesundheitswesen ausgegeben.[10] Im Jahre 1951 bat die pakistanische Regierung die Vereinten Nationen (VN) um technische Hilfe für staatliche Gemeinwesenarbeit. Darauf schickten die VN 1952 ein Expertenteam nach Pakistan, um erste technische Hilfe für GWA in Pakistan zu leisten.[11] Hier begann eine neue Ära von CD/GWA in den öffentlichen und privaten Sektoren. Das erste staatliche Programm, unterstützt von den USA[12] wurde im Jahre 1953 unter „Village Agriculture & Industrial Development Programm (V-AID) gestartet. Das Ziel war, die Lebensbedingungen der ländliche Bevölkerung zu verbessern. Es wurde aber mit „Top-Down Approach" – von oben nach unten – (zentrale Verwaltung mit Commissionar an der Spitze mit bürokratische Verhalten) zu implementieren versucht. Im V-AID Programm hat man versucht, die ländliche Bevölkerung um Infrastrukturen wie Straßen, Schulen, Erwachsenenbildung usw. herum anzusiedeln und damit die Befriedigung der Grundbedürfnisse zu erzielen.[13] Das Programm wurde aber im Juli 1961 wegen Einstellung des Finanzhilfen aus den USA beendet.[14] Im Jahre 1963 wurde ein anderer Versuch unter dem Titel „Rural Works Programme (RWP)" gestartet.[15] Als Vorbild für das Programm wurde das V-AID-Programm gewählt. Ziel war hier die Beschaffung von Arbeitsmöglichkeiten für die ländliche Bevölkerung. Das Verwaltungsgremium war wieder zentralisiert – Commissionar an der Spitze. Nach sechs Jahren ging das Programm 1969 zu Ende.

Das „Integrated Rural Development Programm" (IRD) begann im Jahre 1971 und hielt sich bis 1979.[16] Ziel war – wie bei allen Rural Development Programmen – die Erhöhung des Lebensstandards der ländliche Bevölkerung. Das gleiche zentralisierte Verwaltungssystem wurde übernommen und an der Vorgehensweise – von oben nach unten – hatte sich nichts geändert. Nach eine Serie von Rural Development Programme wurde das „Matching Grant Programme" (MGP) 1980 in zwei Provinzen, Punjab und Sindh, vorgestellt. Hier hatte man die erste Schritte in Richtung einer *Community Partizipation* eingeleitet. Man wollte durch *Community Partizipation* (Minimum 50 Prozent der gesamt Kosten eines Projektes als Community-Barbeitrag) das Gemeinwesen entwickeln.[17] Ziel war wieder die Erhöhung des Lebensstandards der ländliche Bevölkerung des Landes durch „Bottom Up Approach" und durch eine zentralisierte Verwaltung. Dieses Programm wurde, wie die anderen auch, 1985 beendet.[18] Nach einer „Verschnauf-Pause" von 1985-1992 folgten zwischen 1993-2000 im öffentlichen Bereich das „Social Action Programme" (SAP), das „Integerated Rural and Urban Development Programme" (IRUDP) und das „Khushal Pakistan Program" (KPP). Man wollte durch diese Programme, die alle durch „Top-Down Approach“ und die zentralisierte Verwaltung gekennzeichnet waren, ein gemeinsames Ziel, die Armutsbekämpfung, erreichen. Aber es wurde nicht die Armut bekämpft, sodern die Armen.

Nichtstaatliche Aktivitäten wurden von zahlreichen Nichtregierungsorganisationen (NROs) ergriffen, um zu einer dauerhaften wirtschaftlichen Entwicklung Pakistans beizutragen. Einige erfolgreiche NROs sind Liari Community Development Project, Aurat Foundation, Agha Khan Rural Support Programme (AKRSP), Rural Support Programmes (RSPs) und Edhi Foundation etc. Die Wirkung dieser NRO-Initiativen blieb aber begrenzt. Sie konnten ihre Aktivitäten nur auf etwa vier Prozent der Fläche Pakistans ausdehnen. Außerdem sind die NROs Pakistans, wie auch anderswo in Entwicklungsländern, mehr mit sich selbst beschäftigt als mit den Problemen des Gemeinwesens.[19] Hinzu kommt, dass die NROs für ihre Tätigkeit auch heute noch die Städte vorziehen – dies obwohl 70 Prozent der Bevölkerung Pakistans auf dem Land lebt und die Lebensbedingungen der dort lebenden Menschen schlechter sind. Nach einer Studie von NRO-RC – einem Projekt der Agha Khan Foundation, Karachi – gibt es heute über 45.000 NROs in Pakistan. Wie viel heute davon wirklich noch existieren, ist nicht zu klären. Eine ausführliche Darstellung der NROs und ihrer Tätigkeiten würde den Rahmen dieses Artikels überschreiten.

Außer den oben genannte GWA/CD-Programmen gab es bis 1999 auch noch sieben Community-Development-Projekte des Bundesministerium für Social Welfare, zwei in Islamabad, jeweils eins in den unter Bundesverwaltung stehenden nördlichen Gebieten Gilgit, Skardu und Chilas und jeweils eins in Chitral und Jakobabad. Folgende Dienste werden in diesen Projekten angeboten:

- Wohnheime für arbeitende Frauen
- Berufsausbildung für Männer
- Mutter-Kind-Gesundheitsdienste
- religiöse Erziehung für Kinder
- Vorschulen
- Förderung von Freizeit- und Jugendaktivitäten
- Bibliotheken und Leseräume
- Erwachsenenbildung/Alphabetisierungskurse

Daneben befasst sich das Ministerium mit Gesundheitsvorsorge, Aktivierung und psychologischer Unterstützung von Schülern, mit Kinderarbeit, Frauenförderung, der Durchführung von Trainingsmaßnahmen und Kursen für Sozialarbeiter (Social Welfare Training Institute) sowie Altenarbeit. Wenn man diese Arbeitsbereiche betrachtet, stellt man fest, dass kein Lebensbereich übrig bleibt, der nicht von diesem Ministerium abgedeckt wird.

Es stellt sich folgende Frage: Ist der Bruchteil von drei Prozent der Haushaltsmittels, welche für den gesamten sozialen Bereich ausgegeben wird und den das Ministerium bekommt, ausreichend, um diese Aktivitäten zu finanzieren oder existieren sie nicht vielmehr lediglich auf dem Papier?

Auch wenn man die Institutionalisierung der GWA/CD analysiert, kommt man zum Ergebnis, dass die ersten Institutionen, die man damit in Verbindung bringen kann, schon Mitte der 50er Jahre auf nationaler und Provinzebene gegründet wurden:[20] das National Council of Social Welfare 1956; die West and East Pakistan Councils and Directorates of Social Welfare 1956. 1970 wurden dann die West and East Pakistan Councils and Directorates of Social Welfare ersetzt durch vier Provincial Directorates/Departments of Social Welfare of Punjab, Sindh, North-West Frontier Province and Balochistan. Gleichzeitig wurde auf Bundesebene das Bundesministerium für Frauen, Entwicklung, Soziale Wohlfahrt und spezielle Bildung, Islamabad, gegründet.

Man könnte eine berechtigte Frage stellen: Seit 1952 wird in Pakistan über GWA/CD geredet – warum hätte GWA/CD nicht in Pakistan in Wirklichkeit stattfinden können?

Wenn man die nur geringfügig vorhandene Literatur liest, kommt man zu folgender Schlussfolgerung. Die Ursachen dafür, dass die GWA/CD in Pakistan nicht funktionierte sind folgende:

1. „Top-Down Approach"
2. bürokratische Zentralverwaltung
3 Implementierung gemäß politischer Zweckmäßigkeit und Korruption
4. Mangel an Community Partizipation
5. keine Kontrollmöglichkeiten für das Gemeinwesen
6. Unterbrechung von Programmen
7. Einstellung von finanziellen Mitteln

Top-Down Approach ist so zu verstehen: Von in Islamabad, Lahore, Karachi, Quetta and Peshawar[21] sitzenden Funktionären wurde entschieden, was ein kleines Dorf dringend braucht. Das heißt, statt den „felt needs" (was in Wirklichkeit gebraucht wird, z.B. eine Schule) werden vom grünen Tisch aus „perceived needs" („sie brauchen das" z.B. ein Krankenhaus) befürwortet und bevorzugt. Das Krankenhaus wurde dann zentral verwaltet. Die Belegschaft wurde nach politischer Zugehörigkeit und nicht nach Zweckmäßigkeit eingestellt. Die auf Papier vorhandenen Belegschaften erschienen nie zum Arbeiten, und kassierten Tausende von Rupien[22] Monatsgehältern von der Staatskasse. Eine bestimmte Prozentsumme der einkassierten Gehälter wurde an die Beamten und Politiker bezahlt. Das Gebäude wurde entweder von Politikern als Viehstall oder für Gäste benutzt oder in vielen Fällen hat man die Türen, Fenstern und andere Einrichtung entwendet. Solche Gebäude sind in Pakistan noch heute zu finden, sie wurden unter irgend einer Initiative (GWA/CD-Projekt) gebaut, aber nie genutzt. Verschwendung oder nicht zweckgemäße Verwendung von Geldern hat aber dazu beigetragen, dass die ausländische Sponsoren von GWA/CD-Programmen (vorwiegend die USA und die Weltbank), die dafür bestimmte finanzielle Hilfe eingestellt haben und das Resultat damit die Unterbrechung des Programmes war, weil die Regierung Pakistans selbst keine Mittel für diese Projekte zur Verfügung stellen konnte.

Die Erfahrungen der letzten 50 Jahren haben bewiesen, dass die einseitige „Top-Down"-Entwicklungsplanungspolitik der Regierungen – etwas genauer gesagt: des veralteten und korrumpierten postkolonialen Systems – keinen positiven Effekt hatte. Die Regierungen haben nie eine „Bottom-Up-Planungspolitik" offiziell unterstützt. Das ist ein klassisches Beispiel verpasster Möglichkeiten von Community Partizipation! Ohne Zweifel wäre ein „Bottom-Up Approach" ein angemessenes Instrument, das Gemeinwesen für eine Aktion zu motivieren und zu beteiligen.

Wie am Anfang bereits erwähnt, mit der Einführung des neuen kommunalen System am 14. August 2001 begann eine Abwendung vom alten Paradigma im Bereich GWA/CD. Das neue kommunale System bietet nicht nur ein alternatives kommunales Verwaltungssystem zum veralteten, korrumpierten neokolonialen System an, sondern es hat das Ziel, die Bevölkerung Pakistans zu ermächtigen, durch Partizipation an Entscheidungsprozessen teilzunehmen und damit das eigene Schicksal selbst zu bestimmen. Das ultimative Ziel des Devolution Power Plan 2000 ist es, dass die Individuen Objekte des Handeln werden. Nicht nur die Gemeinwesen sollen dadurch die Lebensbedingungen ihre Bewohnern verbessern, sondern es soll auch eine spürbare Veränderung im Verhaltens der Bewohner sichtbar werden.

Um die lokalen Probleme der Entwicklung auf lokaler Ebene zu lösen, bietet das neue kommunale System verschiedene institutionalisierte Mechanismen der Community Partizipation an, damit eine dauerhafte und nachhaltige GWA/CD stattfindet. Die wichtigste Institution der Community Partizipation ist die Einführung von „Citizen Community Boards" (CCBs).

Zum ersten Mal in der Geschichte Pakistans verankerte man das Konzept der Community Partizipation (CCBs) im kommunalen System. Das Kapital X der „SBNP Local Government (Model) Ordinance 2001"[23] beschreibt die Formation, Funktion und Implementation der CCBs im Detail.[24] Durch die Einführung und Institutionalisierung von CCBs in das neue kommunale System wird aktiven Bürgern formell ermöglicht, sich für das Gemeinwesen zu engagieren. In jedem Gebiet, definiert als Union (Gemeinde), Tehsil/Town/Taluka[25] (Bezirk) oder District (Kreis), können sich mindestens fünfundzwanzig nicht gewählte Personen zusammen finden und sich für die Entwicklung des Gemeinwesens organisieren. Sie müssen sich bei dem „District Registration Office" als ein CCB melden. Alle Mitglieder werden freiwillig für das CCB tätig. Die Hauptaufgabe der CCBs ist die Ressourcen der Gemeinwesen mobilisieren, um die lokalen Probleme mit dem Mittel der „Hilfe zur Selbsthilfe" zu lösen. Die kommunalen Verwaltungen müssen dabei finanzielle und technische Hilfe leisten. Die lokalen Probleme können folgende Arbeitsbereiche haben: Verbesserung der vorhandene öffentlichen Einrichtungen, Entwicklung und Verwaltung von neuen Einrichtungen, Wohlfahrt für Behinderte, Obdachlose, Witwen und Familien im Not, Ausbildung der Freiwilligenorganisation für gemeinnützige Zwecke (voluntary associations, wie Eltern/Lehrer; Farm/Wasser oder Bewohner/Polizei etc.)[26] oder ein Problem, das das Gemeinwesen für sich als wichtig betrachtet. Auf jeder lokalen Gebietsebene sind 25 Prozent der gesamten Entwicklungshaushaltmittel für die Aktivitäten der CCBs reserviert.[27] Die Gelder sind auf das Folgejahr übertragbar.[28]

In einem lokalen Gebiet können sich mehrere CCBs registrieren lassen. Eine CCBs kann bis zu 80 Prozent der gesamten Kosten eines Gemeinwesenprojektes von einer kommunale Verwaltung erhalten.[29] Die Projekte müssen mit der „felt needs" des Gemeinwesens vereinbar sein, und CCBs müssen die Projekte durch Projektkomitees implementieren.

Mit der Einsetzung neuer Ämter für GWA/CD und der Einführung des CCB-Konzeptes hat die Regierung Pakistans wichtige und notwendige Schritte in Richtung einer nachhaltigen GWA/CD eingeleitet. Die Bevölkerung hat positiv reagiert und das Konzept der CCBs ist begrüßt worden. Innerhalb kurzer Zeit, ist die Anzahl der CCBs von 1.508 (April 2003) auf 3.500 (Oktober 2003) angestiegen und das trotz der Abwesenheit von Regeln der Registration usw.[30] Die Kommunen haben mehr als 15 Billionen Rupien für die CCBs Aktivitäten reserviert. [31]

Der Ersatz des alten kolonial-administrativen Systems auf kommunaler Ebene durch ein neues an den Menschen orientiertes System war notwendig und wurde von der vielen als die Lösung bezeichnet, auf die man schon lange gewartet hat. Aber das System befindet sich in einer Übergangsphase. Die Entwicklung und die Konsolidierung der Finanz- und Administrationstrukturen der Kommunen ist langsamer als man sich das vorgestellt hatte. Der Devolution Power Plan 2000 könnte durch zwei Elemente negativ beeinflusst werden:

1. Das neue kommunale System – wie auch die andere Verfassungsänderungen – sind durch einen Erlass, Legal Framework Order, 2002 (LFO 2002)[32] des Präsidenten Pakistans in der Abwesenheit des Parlaments eingeführt. Gemäß der pakistanischen Verfassung müssen alle Verfassungsänderungen im Nachhinein vom

Parlament ratifiziert werden. Viele neu gewählte Parlamentarier aus verschiedenen Parteien werden aus politischen und anderen Gründen LFO 2002 in Frage stellen, obwohl sie selbst auf Grundlage der LFO 2002 gewählt wurden.

2. Wie schon oben erwähnt, wurde im neuen kommunalen System die veraltete kolonialen Administration – District Management Group (DMG), Deputy Commissioner an der Verwaltungsspitze – durch die neue District Admistration mit gewählten Nazims[33] ersetzt. Seit der Unabhängigkeit 1947 ist die DMG Alleinherrscher in Pakistan.[34] Sie ist daher in der pakistanische Bürokratie tief verwurzelt. Obwohl sie jetzt nicht mehr an der Verwaltungsspitze sind, haben sie gehobene (zweite) Positionen wie District Coordination Officers (DCOs) und Exective District Officers (EDOs) in der neuen kommunalen Administration besetzt. Die meisten gewählten Nazims sind neu gewählt und haben kaum Administrationserfahrungen. Bei dieser Situation nutzen viele der DMGs ihre Erfahrungen aus dem alten System „divide and rule" aus und bremsen den reibungslosen Übergang der Devolution durch verschiedene Hindernisse. Grund dafür ist: *Wenn* jemand durch Devolution etwas verloren hat, dann sind es die DMGs und kein anderer! Aber: Die Bevölkerung steht auf der Gewinnerseite, denn der Devolution Plan 2000 bedeutet nicht mehr als „Empowerment through Partizipation", was auch das Ziel der GWA/CD ist.

Literatur

Afzal, Mohammad Dr.: in: „Government and Administration in Pakistan" edited by Jameelur Rehman Khan, Pakistan Public Administration Research Centre, Govt.of Pakistan Islamabad, Pakistan 1987

Baig, Dr. Qadeer: Eine Presentation am 25. Oktober 2003 zur „Accelerating Publick Private Partnership" Faran educational Society, Karachi, Pakistan 2003

Budget Model Rules, Volume II, Citizen Community Boards (CCBs), issued by NRB, February 2003, Islamabad, Pakistan

Büscher, Horst: „Die Entwicklung der Wirtschaft 1947-1971" in: Pakistan, Malik/ Schimmel (Hg.), Tübingen 1976, S.345-356

Butt, Mohammad-Anwar: Gemeinwesenarbeit (GWA) als entwicklungspolitische Strategie..., Uni. Duisburg 2000, Germany

Datta, Asit: „Entwicklung und die Perspektiven der NGOs", Referat in: Rundbrief, Zeitschrift des Arbeitskreises afrikanisch-asiatischer Akademikerinnen und Akademiker, Jahrgang 11/Heft 4/12.1996, Göttingen

Haq, Mujeeb-ul-: in: „Community Development(Urdu)" B.A Unit 1-9, Allama Iqbal Open Uni. Islamabad, Pakistan 1990

http://www.tu-berlin.de/fbz/sozpaed/tps/integrat.html

Oelschlägel, Dieter: Referat auf der Fachtagung „Wenn Gesellschaft grenzt aus? Was kann Gemeinwesenarbeit zur Teilhabe leisten?" des Forum Weingarten 2000 e.V. am 16./ 17.10.1999 in der Ev. Fachhochschule für Sozialwesen Freiburg, Germany

Oelschlägel, Dieter: „Duisburger Materialien zu den Sozialwissenschaften 22, Uni. Duisburg 1993, Germany

Punjab Local Government (Citizen Community Boards) Rules, 2003, April 2003, Lahore, Pakistan

Shahabuddin, Agha: Princiles and Practice of Community Development, Sindh Local Government & Rural Development Academy Tandojam, Pakistan

The SBNP Local Government (Model) Ordinance, 2001, NRB, August 2001, Islamabad, Pakistan

The Balochistan Local Government Ordinance, 2001 (BLGO 2001), Government of Balochistan, August 2001, Quetta, Pakistan

The Punjab Local Government Ordinance, 2001 (PLGO 2001, Government of Punjab, August 2001, Lahore, Pakistan

The North-West Frontier Province Local Government Ordinance, 2001 (N.W.F.P. LGO 2001, Government of N.W.F.P, August 2001, Peshawar, Pakistan

The Sindh Local Government Ordinance, 2001 (SLGO 2001), Government of Sindh, August 2001, Islamabad

Anmerkungen

1 Local Government Proposed Plan, S.18

2 Local Government Plan 2000, S.1

3 Dieter Oelschlägel 1993, Duisburger Materialien zu den Sozialwissenschaften 22, S.6

4 Am 14. August 1947 Pakistan wurde unabhaängig

5 Vgl. Butt, Mohammad Anwar 2000, S.45f

6 Prof. Qamar-ul-Islam, S.15

7 Alpheus Manghezi 1976, S.40

8 Dr. Buescher 1976, S.346

9 Ebenda

10 Vgl. Dr. Mohammad Anwar Butt 2000, S.48

11 Muhammad Mujeeb-ul-Haq, S.103

12 Agha Shahabuddin, S.15

13 Dr. Mohammad Afzal, S.637

14 Ebenda, S.637

15 Muhammad Mujeeb-ul-Haq, S.112

16 Prof. Qamar-ul-Islam, S.19

17 Ebenda, S.22

18 Ebenda S.24

19 Vgl. Asit Datta, S.7-10

20 Zum damaligen Zeitpunkt gab es nur zwei Provinzen: Ost- und West-Pakistan

21 Islamabad ist die Hauptstadt Pakistans. Lahore, Karachi, Quetta and Peshawar sind die Landeshaupstädte von Punjab, Sindh, Balochistan and North-West Frontier Province (NWFP).

22 Pakistanische Währung

23 National Reconstruction Bureau (NRB) ein „Thinktank" eingesetzt vom Präsidenten Pakistans im Feb. 2000 mit der Aufgabe, u.a ein Konzept für neue kommunale Administrationstrukturen zu formulieren. NRB formulierte zusammen mit Provinzen eine Gesetzvorlage für das neue kommunale System „Sindh Balochistan North-West Frontier Province Punjab Local Government (Model) Ordinance, 2001 und übergab es an die Provinzen. Die Provinzen verkündeten nach notwendigen Änderungen am 14. August 2001, eigene Local Government Ordinancen und damit wurde das kommunale System am gleichen Tag in vier Provinzen Pakistans eingesetzt

24 SBNP Local Government (Model) Ordinance, 2001, S.54ff

25 In vier Landeshauptstädten, Lahore, Karachi, Quetta und Peshawar, wurden die City District erklärt. Tehsil ist die Bezeichnung für Bezirk außer in der Sindh Provinz. In der Sindh Provinz bezeichnet man Tehsil als Taluka. In den vier City Distrikts werden die Bezirke stattdessen als Tehsil Town bezeichnet.

26 Punjab Local Government (Citizen Community Boards) Rules, 2003

27 LGOs, 2001, Section 109

28 Ebenda

29 Ebenda, Section 119

30 CCBs Rules, die die Prozedur für die Registration von CCBs, Abwicklung des Projekts und die Implementationsprozess usw. Ausführliche Darstellungen wurden von den Provinzen zwischen April und August 2003 offiziell angekündigt.

31 Eine Umfrage der NRB 2003

32 LFO, 2002

33 Ähnlich wie Bürgermeister

34 Während einer Gerichtsverhandlung sagte einen DMG Offizier: „DMG is born to rule.“

„Er steht dem Staat noch ungefestigt gegenüber!"

Sabine Hering im Gespräch mit Dieter Oelschlägel

Ich würde gerne am Anfang etwas über deine Eltern erfahren...
Meine Mutter kam aus einer Kaufmannsfamilie, der Großvater hatte einen kleinen Laden. Sie selber hat in einer Bibelschule eine Ausbildung gemacht, aber ehe sie in die Mission gehen konnte, hat sie meinen Vater geheiratet – oder umgekehrt. Ich kann mich an meine Eltern erinnern als eine strenggläubige, pietistische und bibelfeste Familie – und in diesem Sinne bin ich auch erzogen worden.
Dein Vater hat das auch mitgemacht?
Der hat es nicht nur mitgemacht, beide sind unabhängig voneinander Pietisten geworden – und in diesem Milieu heiratet man jemand, der auch so denkt wie man selber. Mein Vater war, als ich geboren wurde, Beamter, den Dienstrang weiß ich nicht. Er kam aus ärmlichen Verhältnissen, hatte im Vogtland Bürstenbinder gelernt, bis er von einem Gönner aufgefordert wurde, eine Verwaltungslehre zu machen, die er dann auch mit Erfolg absolviert hat. So ist er Verwaltungsbeamter in einem kleinen Ort geworden, der damals schon zu Chemnitz gehörte.
Das ist ja eine erstaunliche Karriere. Wie ist es dazu gekommen? War er besonders tüchtig oder ehrgeizig?
Ich habe meinen Vater als Finanzgenie wahrgenommen, der alle meine Hausaufgaben – selbst als ich schon auf der Oberschule war – im Kopf ausrechnen konnte. Ich glaube, er war auch sehr solide und sehr zuverlässig und hatte deshalb eine hohe Akzeptanz. Ehrgeizig war er nicht – Pietisten sind nicht ehrgeizig.
Ein halbes Jahr nach deiner Geburt begann der Krieg – was hieß das für eure Familie?
Mein Vater war aufgrund seiner Stellung in der Verwaltung unabkömmlich, das heißt, er ist nicht eingezogen worden. Er war der einzige männliche Beamte im Ort, der Bürgermeister und Gemeindesekretär in einer Person war. Für mich hieß das, dass ich vom Krieg bis die ersten Bombenangriffe kamen, so gut wie nichts mitbekommen habe – mit der Ausnahme vielleicht, dass ich unter der Abwesenheit der Brüder meiner Mutter gelitten habe, die ich sehr liebte, weil sie sehr heitere und für einen Jungen durch ihre Sportlichkeit und ihr handwerkliches Geschick sehr attraktive Männer waren. Einer meiner Onkel hat mir einen ganz massiven Panzer geschenkt, den er selber in den Schützengräben zusammen gebastelt hat – er ist nicht aus dem Krieg zurück gekommen.

Wie sah euer soziales Umfeld aus?

Ich bin nicht nur in einem pietistischen Elternhaus, sondern – wie man heute sagen würde – in einem pietistischen Milieu aufgewachsen, mit Bibelstunde, mit Chor, mit Mandolinenorchester – und ich immer dabei.

Was hast du dabei für eine Rolle zugewiesen bekommen?

Erst war ich Kind und ging zur Kinderstunde. Dann war ich größeres Kind, dann musste ich in der Kinderstunde schon Helfer sein. Dann habe ich Mandoline gelernt und Harmonium – und dann habe ich im Chor gesungen – alles, was man da so macht. Und das Kontrastprogramm war dann die Schule mit FDJ und allem Drum und Dran.

Du bist ja erst nach Kriegsende in die Schule gekommen...

Ich bin 1945 in die Schule gekommen. In der Grundschule war der Kontrast noch nicht so dramatisch, aber in der Oberschule musste ich in die FDJ, wenn ich zum Abitur kommen wollte – und das war schon ein ganz erheblicher Gegensatz zu meinem häuslichen Leben.

Wie sind denn deine Eltern mit diesem politischen Kontrast umgegangen?

Wie das Pietisten machen: Man ist dafür und dagegen. Da in der Bibel steht, dass eine jegliche Obrigkeit von Gott ist, ist man dafür, man lehnt sich nicht auf. Da es aber keine fromme Obrigkeit ist, fühlt man sich ihr gegenüber nicht verpflichtet – und ist dagegen. Sie haben sich im Grunde weggeduckt und haben sich ein System innerhalb des Systems aufgebaut. Ich stelle mir das ein bisschen so vor wie die Türken in Deutschland: Man hat eine eigene Gemeinde, eine eigene Infrastruktur und eigene Normen.

Du hast also das politische Geschehen nur gebrochen durch die pietistische Brille mitbekommen.

Das weniger, weil Politik bei uns zuhause kein Thema war. Aber in der Schule, da wurde ich dann in Gesellschaftskunde und im Geschichtsunterricht mit dem materialistischen Weltbild konfrontiert – allerdings auch das gebrochen, weil die meisten Lehrer gerade erst aus dem Krieg zurück kamen und auch noch nicht umerzogen waren.

Waren die Lehrer wenigstens bemüht, sich dem neuen Weltbild anzupassen, oder gaben sie sich latent kritisch?

Sie waren zum Teil ganz offen kritisch, zum Teil spöttisch, zum Teil gleichgültig – sie hatten nach dem Krieg einfach ganz andere Sorgen als die „political correctness".

Wie war die Beziehung zu den anderen Kindern? Bist Du dazu angehalten worden, nur mit pietistischen Kindern zu spielen?

Das ergab sich von selber. Die Nachbarskinder, mit denen ich hauptsächlich gespielt habe, kamen fast alle aus demselben Milieu.

Das heißt, dass es sich bei Euch mehr oder weniger um einen pietistische Stadtteil gehandelt hat?

Das nicht direkt, aber in unserer Straße sind eine ganze Reihe von Häusern zur gleichen Zeit gebaut worden, in denen pietistische Familien wohnten.

Dann verstehe ich deine besondere Beziehung zu Settlements – du bist sozusagen in einem solchen aufgewachsen.

In der Tat. Meine Eltern haben das Land, auf dem sie gebaut haben, sogar selber gerodet und dann mit gleichgesinnten Leuten ihre Häuser darauf errichtet.

Und wie war das mit den anderen Kindern?

Mit meinen Klassenkameraden hatte ich in meiner Freizeit weniger zu tun. Trotzdem war ich auch in der Schule beliebt, war gut im Fußball und gehörte zu der Gruppe innerhalb der Klasse, in der gerne irgendwelche Streiche ausgeheckt wurden. Da ich im Unterricht nicht schlecht war, konnte ich mir das in gewisser Weise leisten.

Du warst also ein guter Schüler, hattest du irgendwelche Lieblingsfächer?

Ich kann mich daran erinnern, dass ich eine Lehrerin hatte, die mir 50 Pfennig versprochen hat, wenn ich im Laufe einer Woche keinen Mist mache. Oder an einen Lehrer, der ein Schlüsselbund nach mir geworfen hat – aber an Inhalte habe ich aus der Schulzeit überhaupt keine Erinnerungen mehr.

Du hast erst gesagt, du hättest nichts vom Krieg mitbekommen, bis die ersten Bombenangriffe kamen. Seid ihr und eurer Haus davon betroffen gewesen?

Nein, unser Ort lag zu weit außerhalb von Chemnitz, das allerdings zu über 70 Prozent zerstört worden ist. Davon habe ich noch das Spektakel, den roten Himmel und das Brummen der Flieger in Erinnerung. Wir selber aber haben nur ein paar Bombensplitter im Garten gefunden. Unsere Familie ist sehr heil durch den Krieg gekommen.

Bisher haben wir nicht über etwaige Geschwister gesprochen....

Ich war Einzelkind. Daran ändert sich auch nichts mehr, denn meine Mutter ist inzwischen 95. Ich habe mir immer ein kleines Schwesterchen gewünscht, aber das war kein Thema, über das bei uns geredet wurde. Als ich 14 Jahre alt war, haben meine Eltern mir gesagt, dass ich ein Adoptivkind sei, das sie kurz nach der Geburt aus dem Kinderheim geholt haben.

Hat dich das damals oder später umgetrieben?

Als man mir das mitgeteilt hat, habe ich gesagt: „Das interessiert mich nicht." Und es hat mich bis heute nicht interessiert.

Das rüttelt doch endlich mal an dem Vorurteil, dass adoptierte Kinder zwangsläufig ein Leben lang ruhelos nach ihren Eltern suchen... Deshalb zurück zu deinen „sozialen" Eltern: Was hat dein Vater nach dem Krieg gemacht?

Er hat drei Jahre – bis Ende 1947 – in der Verwaltung gearbeitet, sozusagen als Aufbauhelfer, und ist dann erst sehr spät entnazifiziert worden. Danach ist er bei einem Freund in den Bürobedarfsgroßhandel eingestiegen und ist dort Prokurist gewesen.

Auch das scheint ja wiederum sehr glimpflich gelaufen zu sein – aus der Frühzeit der DDR kennt man ja durchaus andere Geschichten...

In der unmittelbaren Nachkriegszeit ging es in der DDR nicht radikal zu – das kam erst in den 50er Jahren. Für die ersten Jahre ist der Umgang mit meinem Vater nicht ungewöhnlich gewesen, auch wenn das pietistische Milieu in unserem kleinen Ort dabei durchaus eine Rolle gespielt hat. Wie im Westen auch war man damals im Osten darauf angewiesen, Fachleute zu finden – und dazu gehörten auch diejenigen, die zum Beispiel den Ort gut kannten. Die sowjetische Besatzungsoffiziere waren an dem Punkt sehr pragmatisch.

Wie ist es dir weiter ergangen? Gab es irgendwelche Ideen, was du werden solltest?

Ich sollte auf jeden Fall Abitur machen – das hat ja dann auch geklappt, wie auch immer. Ich habe später von meinen Eltern erfahren, dass dies zwischenzeitlich auch aus politischen Gründen in Frage gestanden hat. Ich wollte immer gerne Literaturwissenschaft oder etwas anderes Unnützes studieren. Das war natürlich nicht nach dem Geschmack meiner Eltern. Die wollten gerne, dass ich mich für Theologie oder Medizin entscheide. Am besten beides – so wie Albert Schweitzer.

Und wie fandest Du das?

Während der Oberstufe hatte ich schon in Leipzig in die Theologie reingeschnuppert und fand das stinklangweilig. Deshalb ist dann „Medizin" daraus geworden.

Das heißt, du hast erst mal ganz klassisch Abitur gemacht am Gymnasium...

Nix da Gymnasium, wir waren doch in der DDR! An der Goetheoberschule in Chemnitz habe ich Abitur gemacht. Dann habe ich mich beworben oder besser: meine Eltern haben mich beworben in Leipzig und in Greifswald – aber es kamen nur Absagen.

Warum?

Es war das Jahr 1956 und die politische Messlatte lag damals sehr hoch: Ich war kein Arbeiter- und Bauernkind, sondern ein Beamtenkind, außerdem war ich in der jungen Gemeinde. In meinem Abiturzeugnis stand: „Dieter steht unserem Staat noch ungefestigt gegenüber." Das alles war für ein Studium keine Empfehlung. Deshalb haben meine Eltern dafür gesorgt, dass ich nach Westberlin kam.

Wie haben sie das gemacht?

Wenn ich das wüsste?! Nachdem meine Mutter und mein Vater über eine enge Bekannte von der Möglichkeit erfahren hatten, dass man in Westberlin das Abitur nachmachen und dann dort studieren kann, haben sie befunden, dass das Gottes

Wille sei und haben mich dorthin geschickt. Sie hatten ja über ihre pietistischen Netzwerke überall Brüder und Schwestern, die ihnen dabei behilflich waren.

Ich bin dann mit 17 Jahren von zu Hause aufgebrochen, habe im Grunewald in einem Internat gelebt, das in einer alten herrschaftlichen Villa untergebracht war – mit Schlafsälen zu acht – und habe dort bei ausgemusterten alten Lehrern mein Westabitur gemacht.

Du bist also in Chemnitz noch während der Oberstufe abgegangen?

Nein, ich habe dort mit 17 ein reguläres Abitur gemacht, das aber im Westen nicht anerkannt wurde. Man musste ja ideologisch wieder umgestrickt werden. Wie nach 1989 die Sozialarbeiter im Osten nachqualifiziert werden mussten, hat man uns damals auch noch ein Jahr lang „nachqualifiziert". Wir wurden hauptsächlich in Erdkunde, Englisch und Geschichte unterrichtet, weil das die Fächer waren, wo am meisten Korrektur- und Nachholbedarf vermutet wurde.

Du hattest also mit 18 schon zwei Abiturzeugnisse in der Tasche – alle Achtung. Was hast du dann gemacht?

Dann habe ich Medizin studiert. Ich war ja ein braves Kind. Damals war an der FU die Welt noch in Ordnung. Man sah noch ordentlich aus, hat sich gesiezt und musste morgens um sieben im Hörsaal sein, um noch einen Platz zu kriegen. Bei den Vorlesungen und allen anderen Veranstaltungen musste man An- und Abtestate erwerben – natürlich nicht bei den Professoren, sondern bei deren Assistenten. Einen Teil der Professoren bekamen wir gar nicht zu Gesicht, weil der Herr Professor „durch" den Assistenten Sowieso lesen ließ.

Wie lange hast du das gemacht?

Das habe ich vier Semester gemacht. Dann bin ich mit Pauken und Trompeten durchs Vorphysikum gefallen. Gott sei Dank – so sage ich heute – haben sie mich damit aus der Ärztekarriere rausgekickt. Zunächst aber musste ich das Desaster meinen Eltern erklären, die nicht sehr glücklich darüber waren, wie man sich denken kann – und dann musste ich Geld verdienen.

Wie hast Du das gemacht?

Das ist wieder über meine „frommen Beziehungen" gelaufen. Ich habe mich durch die Vermittlung psychiatrischer Einrichtungen, die ich aus Praktika bereits kannte, in einer Klinik als Pflegehelfer beworben und bin auch dort eingestellt worden. Ich habe da von 1959 bis 1964 gearbeitet und auch gewohnt und habe in einer geschlossenen Abteilung der Psychiatrie meinen Dienst geschoben.

Dort also kommt ein Teil deiner sozialen Praxis her?

Da kommt ein Teil meiner sozialen Praxis und ein großer Teil meines schlechten Lebenswandels her. Krankpfleger sind Suffköppe (heute natürlich nicht mehr!) – und als junger Mensch will man da ja auch mithalten.

Wie hast du die Arbeit empfunden? War sie belastend, langweilig, überfordernd, unterfordernd – du wolltest ja eigentlich mal was anderes machen...

Mir hat die Arbeit über weite Strecken Spaß gemacht. Ich hatte in den ersten Jahren einen sehr guten Stationsarzt, der mir viel erklärt hat. Ich habe viel gelernt über den Umgang mit Menschen und fand mich auch von den Kollegen sehr ernst genommen, was ja bei meinem Alter keine Selbstverständlichkeit war. Da ich damals noch nicht wusste, was ich weiter machen sollte, habe ich das erstmal alles in mich aufgesogen.

Was für eine Art Psychiatrie war das damals – vor den später einsetzenden Reformen? Wie schrecklich oder normal hat man sie sich vorzustellen?

Damals gab es noch Insulinschocks, relativ häufige Fixierungen und einen für mich damals erstaunlich rigiden Umgang mit den Patienten: Es wurde unter anderem ein Krankenbuch geführt, wo jegliche „renitente" Äußerung festgehalten wurde. Es war also noch so, wie man sich Psychiatrie im schlimmsten Fall vorstellt – und das alles in der Kombination mit demonstrativer Frömmigkeit, regelmäßigem Beten und Gottesdiensten.

Wie ist es zu der Entscheidung gekommen, diese Existenz abzuschließen und andere Dinge zu tun?

Da gab es zwei Faktoren: Zum einen haben meine Kollegen mich immer genervt, weil sie meinten, ich hätte doch Abitur und müsse nicht als Pfleger versauern. Und der zweite Faktor war, dass ich im Grunewald beim Baden ein Mädchen kennen gelernt habe, das mir das Studieren schmackhaft gemacht hat. Sie fand, das Lehrerstudium sei für mich eine ideale Berufsperspektive, weil es kurz sei und man sich nicht so anstrengen müsse.

Daraufhin bist du zur PH gegangen...?

Nicht ohne mich vorher mit diesem Mädchen verlobt zu haben. An der PH habe ich dann ein Lehramtstudium mit den Fächern Germanistik und Geschichte aufgenommen. Das hat mir viel Spaß gemacht. Besonders stolz bin ich auf meine Hausarbeit über „Die Farbe Blau in der deutschen Lyrik". Die habe ich heute noch. Aber am Unterrichten hatte ich gar keine Freude. Es gab damals das „Berliner Modell", im Rahmen dessen man nach dem Grundstudium schon diverse Unterrichtspraktika absolvieren musste. Aber ich kam mit den Gören nicht zurecht – ich fand den Unterricht, den ich hielt „langweilig", und die Kinder erst recht. Deshalb war ich richtig glücklich, als die Studentenbewegung kam und ich etwas anderes machen konnte.

Das heißt, du hast noch verschiedene Phasen von Hochschule mitgekriegt: von dem verschulten Medizinstudium, über das reformierte Lehrerstudium bis zur „Studentenrevolution". Wie bist du – fromm und gottesfürchtig wie du warst – an die Umstürzler geraten?

Weil ich fromm und gottesfürchtig war. Ich bin gefragt worden, ob ich nicht in die Studentenvertretung gehen wolle – als Bollwerk gegen die Linken, versteht sich. So kam ich in den AStA und habe dort zwei Semester lang „das schlimmste verhindern" sollen. Das „Schlimmste" waren damals zwei SDS-Vertreter, die ab und zu Flugblätter verteilten – mehr war damals an der PH nicht.

Dabei hast du dich dann langsam aber sicher radikalisiert?

Da damals auch die evangelische Studentengemeinde anfing, sich langsam nach links zu bewegen, blieb mir gar nichts anderes übrig. Im Blick auf die „notleidenden Menschen in der dritten Welt" und die Empörung über deren Unterdrückung haben wir uns systematisch den fortschrittlichen politischen Positionen im eigenen Land genähert. Plötzlich fand ich mich jedenfalls als AStA-Vorsitzender für den SHB wieder, also nicht auf dem ultralinken Flügel, aber doch deutlich „links". Das bin ich von 1966 bis 1969 gewesen – vollberuflich.

Was heißt vollberuflich?

Man wurde freigestellt von der Uni, kriegte 450 DM, das war mehr als ich in der Klinik verdient habe. Man konnte sehr gut davon leben. Man hatte aber auch einen mittleren Betrieb zu bewältigen. Damals war das Studentenwerk noch dem AStA unterstellt, so dass ich neben Politik auch noch Milchausgabe, Studentenspeisung und ähnliches zu betreuen hatte. Um das alles zu bewältigen, hatte ich neben den Referenten noch zwei Sekretärinnen und eine Reihe von Mitarbeiterinnen.

Hattest du das Gefühl, du seiest dort der richtige Mann am richtigem Platz?

Nicht immer, aber immer öfter. Man lernt da ja eine ganze Menge. Das war lehrreicher als manches Seminar. Ich hatte ein gutes Team, mit dem sich viel bewegen ließ: Wir haben an der PH die Seminarkritik eingeführt – zunächst als „Rezension", die schriftlich ausgeführt werden sollte. Das hat viel Aufregung gegeben. Wir haben weiterhin an der PH eine Form der kritischen Universität installiert, die soweit akzeptiert worden ist, dass die Leute Scheine dafür bekommen haben. Wir wollten weniger eine Gegenuniversität auf die Beine stellen, als vielmehr die PH von innen heraus verändern. Das ging allerdings nur, weil damals schon uns nahestehende Professoren wie C.W. Müller und Gunther Soukup unsere Vorhaben unterstützt haben.

Es gab an der PH also nicht die Frontstellung zwischen Lernenden und Lehrenden, die damals eher üblich war?

Es gab auch Professoren, die uns gegenüber konfrontativ eingestellt waren. Zum Glück war der Rektor auf unserer Seite. Er hat uns beispielsweise, als wir die PH am Wochenende besetzen wollten, den Schlüssel zugesteckt. Er bekam ihn dann am Sonntagabend von uns zurück gebracht – und wir wurden bei ihm zu einem Glas Wein eingeladen. Das war damals eher unüblich.

Es hat vermutlich nicht wenige Leute gegeben, die das „die reformistische Variante" genannt hätten.

Das ist richtig, aber das hat mich nicht gestört. Ich habe dieses Konzept immer so durchgezogen. Ich hatte im Gegensatz zu vielen Studierenden, die damals direkt vom Abitur zur Uni kamen, schon die ganze Psychiatrie hinter mir und habe das alles eher pragmatisch gesehen – abgesehen davon, dass ich immer bestimmten Sprüchen gegenüber eher skeptisch war.

Ich erinnere mich: „Das muss man alles nicht so verkniffen sehen..." war schon immer einer deiner Lieblingssprüche. Trotzdem hast du ja eine nicht unbeachtliche studentenpolitische Karriere gemacht...

Richtig. Ich bin ja nicht nur jahrelang AStA-Vorsitzender gewesen, sondern auch Senatssprecher, das heißt, ich war einer der beiden studentischen Vertreter im Akademischen Senat und habe dort noch eine Weile meine „reformistische Politik" mit Erfolg praktizieren können. Und ich war für die Berliner Pädagogischen Hochschulen und Fachhochschulen in der Hochschulkommission vom Verband Deutscher Studentenschaften. Und zu den Hochzeiten der Studentenbewegung war ich auch im Koordinierungsrat der Berliner Hochschulen tätig. Aus dieser Zeit kenne ich alle die damaligen Führer der Studentenbewegung, die Prominentenriege wie Dutschke und Rabehl (die meisten von denen hatten übrigens auch eine fromme und gottesfürchtige Vergangenheit hinter sich) – wir sind aber auch bei der SPD eingeladen gewesen und haben dort mit Leuten wie Willy Brandt diskutiert.

Der Hauch der großen Geschichte – trotzdem hast du dich dort wieder verabschieden müssen, um dein Studium zu Ende zu bringen...

Weil 1969 in Berlin das Diplomstudium eingeführt worden ist, das es mir aufgrund der entsprechenden Regelungen ermöglichst hat, in einem Semester mein Vordiplom und in einem weiteren Semester das Hauptdiplom zu machen, habe ich mich ganz schnell entschlossen, mich wieder dem Studium zuzuwenden.

In Sozialpädagogik, nehme ich an...

Nein, ich habe mich im Schwerpunkt Erwachsenenbildung eingeschrieben – ich weiß auch nicht mehr warum. Ich hatte mich damals mit Gerd Gehrmann angefreundet, mit dem ich dann auch zusammen die Diplomarbeit geschrieben habe. Ich habe aber hauptsächlich Veranstaltungen aus dem Bereich der Sozialpädagogik besucht – vor allem C.W. Müllers berühmte über zwei Semester gehende Hauptvorlesung zur Einführung in die Sozialpädagogik. Die war immer rappelvoll.

Gab es damals eigentlich bei den Studierenden eine dezidierte Vorstellung, warum die Sache „Sozialpädagogik" hieß und nicht „Sozialarbeit"? Habt Ihr Euch darüber Gedanken gemacht?

Nein, überhaupt nicht. Das, was behandelt worden ist, waren durchaus auch die klassischen Felder der Sozialarbeit: Wir haben uns ausgiebig mit dem Allgemeinen

Sozialdienst (ASD) beschäftigt, wir haben über Heimerziehung und Strafvollzug diskutiert. Es hieß „Sozialpädagogik“, war aber beides.

Wie lautete denn das Thema der Diplomarbeit von Gerd und dir?

Wir haben versucht, unsere Erfahrungen aus der Hochschulpolitik im Rahmen des Diploms nutzbar zu machen und haben zusammen eine Arbeit mit dem Titel „Das politische Bewusstsein von PH-Studenten“ geschrieben. Wir haben die alte Friedeburg-Untersuchung abgekupfert auf PH-Ebene.

Was kam dabei raus? Kann man das auf irgendeine Formel bringen?

PH-Studenten sind pragmatischer, berufsorientierter und nicht so ideologiegläubig. Eigentlich kam raus: Sie haben ein anderes Politikverständnis – jedenfalls in dem Umkreis, den wir untersucht haben. Die Sozialpädagogen waren die „linkesten“. Die Lehramtsleute und Berufspädagogen waren mehr oder weniger liberal. Auch die Auseinandersetzungen zwischen Linken und Frauenbewegung, die damals an der FU durchaus bereits eine Rolle spielte, hat es an der PH noch nicht gegeben. Ich kann mich jedenfalls an diese Auseinadersetzungen nicht erinnern, die kamen erst mit den Kinderläden und in der Wohngemeinschaftsära.

Das Stichwort erinnert mich daran, mich mal wieder nach deinem Privatleben während der Zeit als Studentenfunktionär zu erkundigen...

Bis Mitte 1969 habe ich – nach der Verlobung im Grunewald – noch ein paar weitere Verlobungen zelebriert, die sich aber alle früher oder später in Luft aufgelöst haben. Nachdem ich wegen meines Lebenswandels aus meinem Domizil in der Klinik rausgeflogen bin, wo ich noch eine ganze Weile wohnen konnte, weil ich auch noch Nachtwachen gemacht habe, bin ich in die evangelische Studentengemeinde gezogen. Das war zwar noch keine Wohngemeinschaft, aber es ging dort damals recht lustig zu. Und da habe ich Dagmar, meine spätere Frau, kennengelernt, die ebenfalls Lehramt studierte. Dagmar hatte ein kleines Kind – und so bin ich in die Kinderladenbewegung geraten. Wir sind ziemlich schnell zusammengezogen. Bei mir war ja nicht viel zusammen zu packen, Alles, was ich damals besaß, passte in einen Käfer.

Kannst Du bitte für die Nachgeborenen erläutern, was ein Kinderladen damals war?

Es gab zwei Probleme, die uns zu Kinderladeneltern gemacht haben: Zum einen haben wir beiden studiert und brauchten eine Kinderbetreuung. Zum anderen hat Felicitas jedesmal einen fürchterlichen Zirkus veranstaltet, wenn sie in den Kindergarten um die Ecke sollte. Sie mochte den einfach nicht. Deshalb haben wir uns entschieden, uns einem dieser Kinderläden anzuschließen – und das war besser, da ist sie gerne hin gegangen.

Haben die Eltern dort auch die Betreuung übernommen, oder habt ihr euch eine Erzieherin engagiert?

Zuerst waren es die Eltern, die umschichtig betreut haben, und dann haben wir uns erst Studenten und dann auch Erzieherinnen mit Examen „gekauft". Die Spannbreite der Kinderläden war damals sehr groß: Es gab die antiautoritären, die sozialistischen, die psychoanalytischen....

... und eurer war der reformistische!

...und unserer war der reformistische, na klar.

Habt ihr euch viele Gedanken über das Erziehungskonzept in dem Kinderladen gemacht, oder kam das eher naturwüchsig?

Oh nein! Wir haben gelesen wie die Teufel. Neill und Hoernle und Vera Schmidt und Reich und Marx und Mao. Wir haben in der Regel zweimal in der Woche Elternabend gehabt – bis die Eltern dann selber in Therapie gegangen sind. Es hat sich sehr schnell herausgestellt, dass das Erziehungsproblem nicht das der Kinder, sondern das der Erwachsenen war.

Du hattest somit jetzt ein Diplom, eine Frau und ein Kind. Was kam dann?

Ich habe dann über meine Kontakte zur evangelischen Studentengemeinde eine Stelle in einem Berliner Gemeinwesenprojekt in Heerstraße Nord angeboten bekommen. Gleichzeitig hatte ich mich in Hamburg am Institut für Hochschuldidaktik beworben, aber die Heerstraße interessierte mich viel mehr. Ich war dort Pädagoge in einem „Teampfarramt". Es gab damals unter den Linken in der Kirche einen sehr starken stadtorientierten Impuls. Unseres war das erste Teampfarramt in Berlin, bestehend aus zwei Pfarrern, einer Sozialarbeiterin und zwei Pädagogen, von denen ich einer war.

Der Gemeinde hat es nichts ausgemacht, dass du ein Linker warst, dass du unverheiratet mit einer Frau zusammen gelebt hast und überhaupt wie du aussahst....?

Das spielte überhaupt keine Rolle. Die beiden Pastoren waren auch Linke. Die Leute waren das damals gewohnt. Der andere Pädagoge hat Jugendarbeit gemacht – und ich war für Elternarbeit und Kinderarbeit zuständig.

Konntest du das aufgrund deiner Ausbildung, oder war das learning by doing?

Eher learning by doing. Für die Elternarbeit fühlte ich mich ganz gut ausgebildet, ich hatte ja Erwachsenenbildung studiert und bei C.W. Müller etwas über *social group work* gelernt. Die Arbeit mit den Kindern musste ich erst lernen – offene Arbeit mit 80 Kindern, da wurde ich einfach reingeschmissen. Auch die Gemeinwesenarbeit, die ja eigentlich der Rahmen für alle diese Aktivitäten war, habe ich dort erst kennengelernt.

Nach welchen Konzepten habt ihr die Gemeinwesenarbeit betrieben?

Wir hatten ganz unterschiedliche Ausgangspositionen. Dabei kam ich mit meinen materialistischen marxistischen Vorstellungen ganz wunderbar mit der christlichen Sozialarbeiterin mit der katalytischen Position nach Richard Hauser zurecht. Wir trafen uns auf der Ebene des „gemeinsamen Lernens", einer teaminternen selbstorganisierten Fortbildung und waren auch im alltäglichen Vollzug unserer Arbeit nicht weit auseinander.

Gab es eine Rückkoppelung deiner Erfahrungen an die PH?

Ich hatte einen Lehrauftrag, im Rahmen dessen ich die Arbeit in Heerstraße Nord in Theorie-Praxis-Seminaren vermittelte und unter anderem mit der Arbeit im Märkischen Viertel verglichen habe. Ich habe C.W. Müller auch zu den Tagungen der Victor-Gollancz-Stiftung begleitet und habe im ersten Reader, der damals von der Stiftung veröffentlicht wurde, zwei Artikel über unsere Arbeit in Heerstraße Nord geschrieben. Durch diesen Arbeitszusammenhang bin ich 1972 als Assistent von Müller wieder an die PH zurückgekehrt und bin dort noch zwei Jahre geblieben, bis ich dann nach Kassel gegangen bin.

Wie war das – Assistent von C.W. Müller zu sein?

Es war schön, aber nicht nur schön. Am wichtigsten war mir, Müller bei der Didaktik zuzugucken. Davon profitiere ich heute noch. Die Zeit war aber auch sehr arbeitsintensiv und stark durch die endlosen kontroversen politischen Debatten gekennzeichnet.

Warum hast du Berlin verlassen und bist nach Kassel gegangen?

Nach zwei Jahren war mein Vertrag ausgelaufen, und als ich mich nach einer möglichen Verlängerung erkundigt habe, sagte C.W.: „Ein junger Mensch muss hinaus ins Leben!" Also musste ich mich umsehen.

Was war im Angebot?

Eigentlich kam nur Kassel in Frage, weil ich Kollegen von der GhK aus meiner GWA-Gruppe bei der Gollancz-Stiftung kannte, die mich unbedingt haben wollten. Und dann habe ich mich dort beworben und wurde gleichzeitig mit Jacques Boulet als Curriculumsplaner im Modellversuch soziale Studiengänge eingestellt. Ein Jahr später wurde das Team durch eine gewisse Frau Hering und den Herrn Adrian Gärtner ergänzt.

Was würdest du für Lehren aus der Zeit im Modellversuch ziehen?

Positiv bilanziere ich in Kassel alles, was mit dem Projektstudium zusammenhängt. Es wäre gut gewesen, wenn andere Hochschulen das auch so eingeführt hätten – und wenn Kassel es weiter gemacht hätte. Den Aufbaustudiengängen wie sie in Kassel praktiziert wurden, stehe ich bis heute skeptisch gegenüber, auch wenn ich die Idee der Akademisierung des sozialen Berufs richtig und wichtig finde. Insgesamt war es für mich eine faszinierende Zeit, weil wir im Modellversuch sehr viel Spielräume hatten.

Am Ende haben die Hochschullehrer aber trotzdem gemacht, was sie wollten – und wir mussten sehen, wo wir blieben – mit unserer (De-)Qualifikation als Planer...

Ich habe es deshalb sehr wichtig gefunden, dass wir die Möglichkeit hatten, neben der Planungsarbeit auch noch über die Projekte an inhaltlichen Themen weiter zu arbeiten. Wenn ich nicht noch in Kassel das GWA-Buch zusammen mit Boulet und Krauß geschrieben hätte, wäre das meiner weiteren Karriere nicht sehr förderlich gewesen.

Damals war ja eine Blütezeit der GWA, was man von der Gegenwart nicht behaupten kann...

Das sehe ich anders: Es gibt heute noch eine Vielzahl von Gemeinwesenprojekten, über die aber niemand schreibt und die deshalb auch nicht zur Kenntnis genommen werden. Damals waren die Projekte im Umfeld der Hochschulen oder im Rahmen der Gollancz-Stiftung angesiedelt und genossen allgemeine Beachtung aufgrund der Kontroversen, die es darüber gab.

Du warst ja damals so etwas wie der Papst der Gemeinwesenarbeit und ebenfalls durch den Modellversuch renommiert. Es war eigentlich klar, dass du früher oder später eine Professur antreten wirst – wie bist du angesichts dessen mit der Frage der Promotion umgegangen?

Ich habe zwei Anläufe gemacht, mit denen ich gescheitert bin – und dann habe ich gedacht: „Ach, was soll es!", weil ich dann im Dezember 1981 hier in Duisburg auch ohne Promotion berufen worden bin, auf eine Stelle für Methoden der Sozialarbeit/Erwachsenenbildung – da konnte ich mein Diplom wieder rausziehen.

Du hast aus meiner Wahrnehmung in Duisburg zwei Schwerpunkte ausgebildet: Ein sehr lebhaftes Interesse an Geschichte und dann – außerhalb dessen – ein Standbein in der Kommunalpolitik. Sehe ich das richtig?

Erstmal habe ich hier alles gemacht, was liegen geblieben war und mit Sozialarbeit zu tun hatte. Dann bin ich relativ bald wieder in die Gemeinwesenarbeit eingestiegen und habe dreizehn Jahre lang ganz intensiv das Projekt „Bruckhausen" betrieben, ein Armutsstadtteil. Das war zunächst ein klassisches Uni-Projekt, das durch einen Impuls der Kirchengemeinde entstand, sich aber später verselbstständigt hat. Die Kirche spielte im Weiteren keine große Rolle, weil dort vorwiegend Türken wohnen und deshalb ein unabhängiger Träger erforderlich war. 1997 haben wir das Projekt begraben müssen. Parallel dazu habe ich aber schon angefangen, mich in die Kommunalpolitik in Dinslaken einzumischen.

Als was?

Ich bin durch eine Bekannten in den Kulturausschuss der Stadt geraten – und fand mich dann bei den Grünen wieder, ohne selber schon grün zu sein. 1987 habe ich die Arbeit aufgenommen und 1994 war ich bereits Fraktionsvorsitzender. Wir haben mit dieser kleinen Fraktion, um ein paar Highlights zu nennen, einen Kulturentwicklungsplan gegen den Widerstand der beiden großen Fraktionen durchgesetzt. Weiterhin haben wir durchgesetzt, dass es in Dinslaken jetzt die Stelle eines Sozialplaners gibt.

In Dinslaken lebst du ja mit Marianne, deiner zweiten Frau, und einem munteren Nachkömmling, der inzwischen schon fast erwachsen ist, zusammen.

Das Kind Jacob – das übrigens schon 17 Jahre alt ist und einen großen Bruder hat, der in Ibiza lebt und arbeitet – ist ein Prachtkind geworden. Marianne ist in Dinslaken Gleichstellungsbeauftragte, was den Vorteil hat, dass wir ähnliche Erfahrungen machen und uns gegenseitig – zumindest moralisch – stützen können. Politisch können wir uns leider nur wenig Bälle zuspielen.

Ich komme noch mal auf deine historischen Neigungen zurück. Wie bist du darauf gekommen?.

Über den Verband der Nachbarschaftsheime, die mich gebeten haben, zu ihrem 40. Jahrestag die Festschrift zu machen. Da habe ich angefangen, mich mit der Geschichte der Settlementbewegung zu beschäftigen. Und dann kam eins zum anderen – unlängst beispielsweise ein Projekt zur Geschichte der Trabrennbahn in Dinslaken. Das hat mir alles sehr viel Spaß gemacht.

Willst du das weitermachen, wenn du endlich ganz viel Zeit und Ruhe hast?

Ich sitze noch an einem Projekt zur Geschichte der Zwangsarbeit in Dinslaken, das will ich auf alle Fälle zu Ende machen. Die in Dinslaken vorhandenen Archivalien habe ich schon gesichtet – und auch einige Zeitzeugeninterviews gemacht. Das muss aber noch geschrieben werden.

Was hast du denn ansonsten für Pläne für den „Ruhestand". Du hast doch bestimmt schon eine ganze Reihe von Ideen?

Soll ich es dir verraten? Jetzt, wo ich es nicht mehr brauche, will ich noch promovieren. Und sei es nur für den Grabstein. Natürlich was Historisches – ich weiß aber noch nicht genau, welches Thema ich nehme. Politik mache ich auch mindestens noch eine Legislaturperiode. Das Kind muss noch richtig groß gezogen werden. Und das reicht dann auch, glaube ich. In Dinslaken werden wir auf jeden Fall bleiben. Das ist Heimat geworden – im besten Sinne.

Sabine Weiss

Theorie und Praxis zum Nutzen der Heimatstadt oder vom Propheten im eigenen Lande ...

In biblischen Zeiten sollen sie es schwer gehabt haben, die Propheten. Während sich ihr Ruf anderen Orts herumsprach und festigte, war ihnen die Anerkennung in der Heimat meistens versagt. Möglicherweise mag das damit zusammen gehangen haben, dass sie unbequeme Wahrheiten gepredigt und somit das eigene Nest beschmutzt hatten. Viel stärker aber dürfte der Umstand ins Gewicht fallen, dass sich die Bewohner der biblischen Stätten einfach nicht haben vorstellen können, dass jemand aus ihrer Mitte ihnen möglicherweise mehr zu sagen hätte, als sie alle gemeinsam eh schon wussten. Da konnte er oder sie dreimal studiert sein, da konnte sich der Ruf weit in der Gegend verbreitet haben, für die Bewohner der Heimatstadt blieb unser Prophet oder Gelehrter immer der Nachbar von nebenan. Und stets wird sich jemand gefunden haben, der eine meist unvorteilhafte Begebenheit aus der Kinder- und Jugendzeit des berühmten Zeitgenossen zu berichten wusste.

Nun, von einer solch biblischen Karriere war Dieter Oelschlägel in Dinslaken glücklicher Weise nicht betroffen, er kam ja bereits als Zugereister nach Dinslaken und über seine einschlägigen Jugendsünden ließ sich hier nichts feststellen. Aber auch die Skepsis, die den einheimischen Wissenschaftlern in ihren jeweiligen Heimatstädten oft genug entgegen gebracht wird, wollte sich in diesem Fall nicht recht einstellen. Im Gegenteil, die Heimatstadt und „ihr Professor“ konnten im Lauf der Jahre viel voneinander profitieren. Dieter Oelschlägels fachliches Wort gilt etwas in Dinslaken und das über die Parteigrenzen hinweg.

Zunächst jedoch machte sich Dieter Oelschlägel weniger als Sozialwissenschaftler, sondern als Kulturpolitiker seiner Fraktion einen Namen. Seit 1986 beriet er die Fraktion der GRÜNEN, ehe er 1988 als sachkundiger Bürger im Kulturausschuss selbst das Wort ergreifen konnte. Immer wieder forderte er eine Kulturentwicklungsplanung ein, konnte sich damit aber erst durchsetzen, als die GRÜNEN gemeinsam mit der CDU aus den Kommunalwahlen 1999 als Sieger und Mehrheitspartner hervorgingen.

Für Dieter Oelschlägel ist die Qualität kommunalpolitischer Entscheidungen nur so gut, wie sie auf einer sachorientierten und planerisch fundierten Entscheidungsgrundlage beruht, und in diesem Sinne lenkte er den Diskussionsprozess in „seinen" Fachausschüssen, dem Kultur- und dem Jugendhilfeausschuss. War sein erstes Projekt in der neuen Heimatstadt Dinslaken noch ein Einzelthema im Rahmen der Kulturpolitik („Geschichte lernen im Museum" am Beispiel einer Ausstellung über die Trabrennbahn Dinslaken), so trug seine Beharrlichkeit in Sachen Grundlagenerhebung ab 1995 immer mehr Früchte.

Mit dem Lernforschungsprojekt „Altenplanung Dinslaken", wurde in den Jahren 1995 und 1996 erstmals deutlich, was die Stadt Dinslaken an ihrem Stadtverordneten und Professor tatsächlich hat. Noch heute sind die Ergebnisse und Lösungsansätze dieser Studie eine wesentliche Grundlage für die städtische Entscheidungsfindung, selbstverständlich unter Einbeziehung der aktuellen Veränderungen und der Ergebnisse der beiden Seniorenbefragungen, die Dieter Oelschlägel in den Jahren 2000 bis 2003 für die beiden Stadtteile Dinslaken-Hiesfeld und Dinslaken-Lohberg durchgeführt hat.

Wesentliche Bedeutung im kommunalen Geschehen hatte auch die „Sozialraumanalyse Dinslaken-Lohberg", vorgelegt in zwei Teilen 1998 und 1999. Ausgerüstet mit jahrzehntelang gesammelten Erfahrung in der gemeinwesenorientierten Arbeit konnte Dieter Oelschlägel mit seinem studentischen Team wesentliches Material zusammenstellen, das letztlich zur Aufnahme des Dinslakener Stadtteils Lohberg in das Handlungsprogramm für Stadtteile mit besonderem Erneuerungsbedarf führte. Die wissenschaftliche Arbeit von Dieter Oelschlägel führte somit direkt zum Beginn eines Erneuerungsprozesses in dem bergbauorientierten Stadtviertel, dessen gesamtstädtischer Ruf durch eine deutliche Ballung sozialer und interkultureller Probleme über Jahrzehnte in Misskredit geraten war.

Am Beispiel des Stadtteilerneuerungsprozesses Lohberg lassen sich gut die unschätzbaren Vorteile aufzeigen, die „der Professor im eigenen Stadtrat" bietet. Unstrittig ist die hohe Erfahrung, die Dieter Oelschlägel aus vielen Jahren Gemeinwesenarbeit mitbringt. Eine Erfahrung dazu, die theoretische und praktische Ansätze ideal miteinander verzahnt, denn Dieter Oelschlägel war nie ein Sozialwissenschaftler, der die Wirklichkeit in der Hauptsache am Computer und aus der Literatur heraus beschrieben hat. Er kennt die Quartiere, über die er arbeitet. Er kennt die Bürgerinnen und Bürger, die Akteure im Lebensalltag des Viertels und in den übergeordneten Entscheidungsebenen. Er kennt die wissenschaftliche Zielbestimmung genau so wie die Mühen der praktischen Umsetzung.

Wie eben gesagt, an der Erfahrung, an der Kompetenz gab es keinen Zweifel. Verstärkend und mindestens ebenso fruchtbringend kommt allerdings dazu, dass Dieter Oelschlägel auch immer „in eigener Sache" geforscht und gearbeitet hat. Nicht vordergründig auf der Suche nach Ruhm und Anerkennung, sondern als Stadtverordneter, der sich die Verbesserung der Lebensumstände seiner Stadt nun einmal zum Ziel gesetzt hat, als Fraktionsvorsitzender, dem es natürlich auch darum geht, dass seine Arbeit mit wichtigen Fraktionsinitiativen verknüpft wird, aber auch einfach als Dinslakener Bürger, dem das Wohl seiner Heimatstadt am Herzen liegt.

Berufliche Qualifikation, persönliches Herzblut und eine unprätentiöse Beharrlichkeit, auf diese Dinge konnte sich die Stadt Dinslaken als Partner und Auftraggeber bei Dieter Oelschlägel immer verlassen. Und so kommt es vielleicht auch, dass viele der von ihm vorgeschlagenen Konzepte doch häufiger ihren Niederschlag in der kommunalpolitischen Praxis gefunden haben, als die von anderen kommunalen Gutachtern ohne diese spezielle Bindung und Orientierung an die Heimatstadt.

Eine mir selbst sehr wichtige Forschungstätigkeit von Dieter Oelschlägel soll nicht unerwähnt bleiben. Er war es, der im politischen Raum die Situation der Zwangsarbeiterinnen und Zwangsarbeiter im zweiten Weltkrieg thematisierte und letztlich den Weg ebnete zu einer eigenen Entschädigungspraxis der Stadt, die vorrangig denjenigen Gefangenen gilt, die aus formalen Gründen nicht mit einer offiziellen Anerkennung im Rahmen des nationalen Entschädigungsfonds rechnen können.

Dieter Oelschlägel hatte zunächst mit einem studentischen Team, dann aber auch in eigener wissenschaftlichen Arbeit die einschlägigen Archive durchsucht, hat Erkenntnisse über die Lebensumstände vieler Frauen und Männer gesammelt, die im zweiten Weltkrieg aus ihrer Heimat verschleppt und zur Arbeit in Dinslaken gezwungen wurden. Ihm verdanken wir, dass dieses dunkle Kapitel der Heimatgeschichte nicht als „terra incognita" dem Vergessen anheim fiel, sondern dass es nunmehr möglich ist, sich dieser Vergangenheit zu stellen und im gesellschaftlichen Diskurs unserer Stadt einen offenen Umgang damit zu pflegen.

Der Prophet gilt also schon etwas im eigenen Lande, auch bei kritischen Erkenntnissen und Schlussfolgerungen bildet das Wort von Professor Dieter Oelschlägel eine gewichtige Stimme in der örtlichen Politik. Die Ergebnisse seiner wissenschaftlichen wie politischen Tätigkeit haben den Alltag unserer Stadt beeinflusst, und es ist in meinen Augen ein Glücksfall, dass sich Dieter Oelschlägel nach langen Jahren der wissenschaftlichen Wanderschaft ausgerechnet in Dinslaken niedergelassen hat. Bleibt zu wünschen, dass er nach seiner Emeritierung noch lange aktiv in seiner Heimatstadt mitarbeiten kann.

Zusammenstellung der Projekte mit Bezug zur Stadt Dinslaken

- SS 90 und WS 90/91: Geschichte lernen im Museum (Ausstellung Trabrennbahn Dinslaken), LFP. Partner: Trabrennverein Dinslaken

- WS 95/96 und SS 96: Altenplanung Dinslaken (Repräsentativbefragung), LFP. Partner: Stadt Dinslaken – Sozialamt
- SS 97 und WS 97/98: Sozialgeschichte sozialer Arbeit und sozialer Probleme in Dinslaken (LFP): Offene Jugendarbeit – Zwangsarbeit in Dinslaken I – Geschichte der AWO Dinslaken – Frauengeschichte. Partner: Stadt Dinslaken – Stadtarchiv und Gleichstellungsstelle, AWO Dinslaken
- SS 97 und WS 97/98: Sozialraumanalyse Dinslaken-Lohberg (LFP + PP). Partner: Stadt Dinslaken – Jugendamt und Jugendhilfeausschuss
- WS 97/98 und SS 98: Kulturmarketing: Befragungen zu kulturellen Bedürfnissen Dinslakener Bürgerinnen und Bürger (LFP). Partner: Freilicht-AG Dinslaken
- SS 98 und WS 98/99: Sozialraumanalyse Lohberg II (Image Lohbergs, Polizei und Bürger, Sprachverhalten und Sprachförderung), LFP. Partner: Stadt Dinslaken
- WS 99/00 und SS 00: Seniorenbefragung Dinslaken-Hiesfeld. Partner: Seniorenvertretung Dinslaken
- WS 00/01 und SS 01: Zwangsarbeit in Dinslaken II (LFP). Partner: Stadt Dinslaken – Stadtarchiv und Rat
- WS 02/03: Seniorenbefragung Dinslaken-Lohberg. Partner: Forum Lohberg e.V.

AutorInnen

Dr. *Reinhard Aehnelt*, Sozialwissenschaftler, Studium in Marburg, zwischen 1977 und 1984 wissenschaftliche Mitarbeit und Promotion an der Gesamthochschule Kassel, danach eineinhalbjähriger Aufenthalt in Mexiko. Forschung und Mitarbeit bei einem nicht-staatlichen Institut für Gemeinwesenentwicklung in Guadalajara. Ab 1986 Sozialplanung und gutachterliche Tätigkeit im Rahmen der Stadterneuerung in West-Berlin, ab 1991 im Ostteil der Stadt. Danach wissenschaftlicher Mitarbeiter am Institut für Stadtentwicklung und Wohnen des Landes Brandenburg und später Leiter des Bereichs Stadt- und Regionalforschung bei Infratest in Berlin. Zur Zeit unter anderem Mitarbeit an einem dreijährigen Forschungsvorhaben des BMBW mit dem Ziel der Entwicklung von Indikatorensystemen zur Messung von Lebensqualität in Klein- und Mittelstädten und Projektleitung der Zwischenevaluation des Bund-Länder-Programms „Die soziale Stadt".

Prof. Dr. *Kurt Bader*, geb. 1943 in Palästina, Studium der Architektur in Wien, promoviert in Erziehungswissenschaften, habilitiert in päd. Psychologie in Berlin. Planungsaufgaben beim Senator für Schulwesen, Berlin, Fortbildung von ErzieherInnen und SozialarbeiterInnen, Leiter einer Kindertagesstätte, Mitarbeit an kritisch-psychologischen Forschungsprojekten und Lehre an der FU Berlin; seit 1981 Hochschullehrer am Fachbereich Sozialwesen der FH in Lüneburg – Schwerpunkte unter anderem psychische Verarbeitungsformen, Gemeinwesenentwicklung, Alternativen zur Psychiatrie, Kunst und Kultur. Zahlreiche Veröffentlichungen, Projekte und Ausstellungen. Zur Zeit: Projekt „Kunstarbeit-Offenes Atelier", Forschungsprojekt „Lebenswelten und Psychiatrie"; begeisterter Vater dreier Kinder.

Dr. *Rudolph Bauer*, bis 2002 Professor der Sozialarbeitswissenschaft (Wohlfahrtspolitik und Soziale Dienste) im Fachbereich Human- und Gesundheitswissenschaften der Universität Bremen; Forschungsarbeiten zu den Themenbereichen Lokale Sozialpolitik und Nonprofit-Organisationen.

Dr. *Ulrike Berendt*, Professorin für Praxisorientierte Sozialwissenschaften insbesondere Familie und Wohnen an der Universität Duisburg-Essen. Lehr- und Arbeitsschwerpunkte: Familie und sozialer Wandel, Stadt- und Regionalentwicklung, Soziale Probleme.

Dr. *Jacques Boulet,* Studium der Sozialarbeit in den sechziger Jahren; anschließend Entwicklungsarbeit in Afrika; studierte GWA und Sozialplanung in Den Haag (Niederlande) und siedelte Anfang der sechziger nach Deutschland um; zunächst Freiburg und später Kassel, an der dortigen Gesamthochschule war er zusammen mit Dieter Oelschlägel Curriculmplaner („Modellversuch Soziale Studiengänge"). Anfang der achtziger Jahre Studium in den USA und Promotion in Sozialarbeit und Soziologie. Seit 1985 in Australien, Dozent für Sozialarbeit an der University of Melbourne und am Royal Melbourne Institute of Technology. Seit er dort gekündigt hat, lebt und arbeitet er in der alternativen Kooperative „Borderlands".
www.borderlands.org.au

Dr. *Mohammad-Anwar Butt*, geb. 1954 in Kunjah (Pakistan). 1988–1994 Studium der Sozialwissenschaften an der Gerhard-Mercator-Universität Gesamthochschule Duisburg, Diplomarbeit „Militärdiktaturen in der dritten Welt, das Beispiel Pakistan 1977–1988". 1995–2000 Promotion (Dr. Phil) an der Gerhard-Mercator-Universität Duisburg: „Gemeinwesenarbeit als entwicklungspolitische Strategie". 1995–2001 als Lehrbeauftragter für den Fachbereich Soziale Arbeit und Erziehung an der Gerhard-Mercator-Universität Duisburg. Schwerpunkte: Gemeinwesenarbeit im Vergleich, NROs, Kinderarbeit, Familienstrukturen und Entwicklungspolitik. Seit Oktober 2001 tätig als Consultant im National Reconstruction Bureau, Islamabad (Berater im Nationalen Wiederaufbau Büro der Regierung Pakistans) gesponsert von UNDP (Good Governance Project) in Bereichen Community Development & Capacity Building, Gemeinwesenarbeit und Bildung.

Stefan Gillich, geb. 1957, Dipl. Sozialpädagoge, Dipl. Pädagoge, Dozent für Fort- und Weiterbildung am Burckhardthaus in Gelnhausen, Ev. Institut für Jugend-, Kultur- und Sozialarbeit. Arbeitsschwerpunkte: Gemeinwesenarbeit und Streetwork/ Mobile Jugendarbeit. Verantwortlich u.a. für die im zweijährigen Rhythmus stattfindende Werkstatt Gemeinwesenarbeit und Grundlagenkurse zu Gemeinwesenarbeit. Über ein Jahrzehnt Erfahrungen in der praktischen Arbeit mit Menschen in Wohnungsnot.

Prof. Dr. *Susanne Elsen,* lehrt an der Fachhochschule München, der Hochschule für Soziale Arbeit Zürich und der Freien Universität Bozen. Sie verfügt über langjährige Erfahrung in der Praxisentwicklung, Forschung und Lehre im Bereich Gemeinwesenarbeit und Lokale Ökonomie im In- und Ausland. Sie ist Initiatorin und Studiengangsverantwortliche des Masterstudiengangs „Gemeinwesenentwicklung, Quartiersmanagement und Lokale Ökonomie" der als Kopperationsprojekt deutschsprachiger Hochschulen durchgeführt wird.

Antje Graupner, geb. 1963 in Chemnitz, Lehrerin für untere Klassen, staatlich anerkannte Erzieherin, staatlich anerkannte Fachkraft für soziale Arbeit, Projektmitarbeiterin GWA, GWA-Runde Chemnitz, Lokale AGENDA 21 Chemnitz (Beiratsmitglied)

Dr. *Hartmut Häußermann*, geb. 1943 in Waiblingen, Studium von Soziologie, Politik und Volkswirtschaft an der Freien Universität Berlin, Promotion „Politik der Bürokratie", 1976 Professor für Stadt- und Verwaltungssoziologie im Fachbereich Architektur und Stadtplanung der Universität GH Kassel, 1978 Wechsel an die Universität Bremen, dort ab 1988 Sprecher der Zentralen Wissenschaftlichen Einrichtung „Arbeit und Region", seit 1993 Professor für Stadt- und Regionalsoziologie im Institut für Sozialwissenschaften der Humboldt-Universität zu Berlin. Seit 2002 Präsident des Research Committee on the Sociology of Urban and Regional Development der International Sociological Association (ISA). Mitherausgeber verschiedener Fachzeitschriften, Autor zahlreicher Bücher und Artikel zu Fragen der Stadtentwicklung und Stadtpolitik.

Prof. Dr. *Sabine Hering*, geb. 1947 in Hamburg, hat Soziologie, Linguistik und Literaturwissenschaft studiert. Dissertation (1973) über Resozialisierung im Strafvollzug. Von 1973–1975 wissenschaftliche Mitarbeiterin am Institut für Erziehungswissenschaft der Universität Tübingen. Von 1975–1984 Planerin und Dozentin an der Gesamthochschule Kassel. Danach Mitarbeiterin in dem von ihr gegründeten Archiv der deutschen Frauenbewegung, freiberufliche Forscherin und Erwachsenenbildnerin. 1989 Habilitation an der TU Berlin. 1992 Gastprofessorin an der Universität in Frankfurt am Main, seit 1993 Professorin an der Universität Siegen mit den Schwerpunkten Frauen- und Mädchenbildung, Geschichte der Sozialen Arbeit, Geschichte der Frauenbewegung, Erwachsenenbildung.

Prof. Dr. *Burkhard Hill*, geb. 1954, Studium der Sozialpädagogik an der Gesamthochschule Kassel 1976–1980; Sozialpädagoge in der Jugendarbeit, in der Bildungsarbeit und in der ländlichen Kulturarbeit 1980–1988; wissenschaftlicher Mitarbeiter bei „Rockmobil" der Landesarbeitsgemeinschaft Soziale Brennpunkte Hessen e.V. 1989–1993; berufsbegleitend Promotionsstudium und Promotion an der Universität Gesamthochschule Kassel von 1988–1995; Professur für Jugendarbeit und Medienpädagogik an der Fachhochschule Neubrandenburg 1994–2000; Professur für berufliches Handeln in der Sozialen Arbeit mit kreativen Medien seit 2000 an der Fachhochschule München. Projekte und Begleitforschungen in der Jugendkulturarbeit sowie in der lebensweltorientierten Jugendhilfeplanung.

Prof. Dr. *Wolfgang Hinte*, geb. 1952, geschäftsführender Leiter des „Instituts für Stadtteilbezogene Soziale Arbeit und Beratung“ (ISSAB) der Universität Duisburg-Essen; Gemeinwesenarbeit in verschiedenen Städten im Ruhrgebiet; langjährige Beratungs- und Seminarpraxis sowie Organisationsentwicklung und Personalqualifizierung im sozialen und pädagogischen Bereich bei öffentlichen und freien Trägern; zahlreiche Veröffentlichungen zu Verwaltungsreform, Quartiermanagement, Sozialraumbezug in der kommunalen Sozialpolitik sowie Lern- und Qualifizierungsprozesse in Aus- und Fortbildung.

Prof. Dr. *Manfred Kappeler*, Ausbildungen: Bäcker, Sozialarbeiter, Psychotherapeut für Kinder und Jugendliche. Studium der Erziehungswissenschaften. Fünfundzwanzig Jahre Praxis der Sozialen Arbeit: Heimerziehung, Bewährungshilfe, Offene Jugendarbeit, Drogenarbeit, Fort- und Weiterbildung sozialpädagogischer Fachkräfte. Seit 1989 Professor für Erziehungswissenschaft/Sozialpädagogik an der Technischen Universität Berlin, Institut für Sozialpädagogik. Schwerpunkt: Außerschulische Jugendarbeit, Drogenarbeit, Fremdunterbringung von Kindern und Jugendlichen.

Dieter von Kietzell, Professor, Fachgebiete Gemeinwesenarbeit und gesellschaftsbezogene Sozialethik, hat bis 1999 am Fachbereich Sozialwesen der Ev. Fachhochschule Hannover gelehrt, seither freiberuflich tätig in Evaluation, Forschung und Praxisberatung zu Themen der sozialen Stadtentwicklung.

Regina Kirsch, geb. 1950, Frauenbeauftragte der Universität Kassel, Dipl. Supervisorin und Dipl. Sozialarbeiterin, langjährige Mitarbeiterin am Fachbereich Sozialwesen der Universität Gesamthochschule Kassel zuständig für die Koordination und Betreuung der Praxisanteile im Studium, für das Projektstudium und die berufspraktischen Studien.

Prof. Dr. *Tilo Klöck*, Diplom-Pädagoge, Sozialwissenschaftler, Jahrgang 1954, lehrt seit 1995 an der Fachhochschule München, leitet den Studienschwerpunkt Interkulturelle Arbeit, die berufsbegleitende Zusatzausbildung Genderpädagogik und ist im Reformbeirat des Sozialreferats der Landeshauptstadt München mit der Dezentralisierung der größten Sozialverwaltung Deutschlands, der Regionalisierung der Sozialen Arbeit und der Stadtentwicklungsplanung beschäftigt. Er evaluierte die Entwicklung und Perspektiven von Gemeinwesenarbeit als Arbeitsprinzip in München, leitet das Quartiersmanagement im Stadtteil Milbertshofen und ist für den Masterstudiengang Gemeinwesenentwicklung, Quartiersmanagement und Lokale Ökonomie mit verantwortlich. Zuvor war er Dozent im Burckhardthaus Gelnhausen und an der Universität Tübingen in der Praxisforschung und Jugendhilfeplanung tätig, und davor im Netzwerk Selbsthilfe, der AG SPAK, der Selbstverwaltungswirtschaft und Kulturarbeit. Herausgeber von GWA-Jahrbüchern, einschlägige Publikationen über Solidarische Ökonomie und Empowerment, Politikstrategien, Konfliktorientierung und Geschlechterdifferenz etc.

Jochen Köhnke, geb. 1955 in Düsseldorf, Dezernent der Stadt Münster für Aussiedler-, Flüchtlings- und Asylbewerberangelegenheiten, Diplom-Sozialarbeiter. Tätigkeitsfelder: Einzelfallhilfe, soziale Gruppenarbeit, Gemeinwesenarbeit. Leiter des Koordinationskreises Garath-Südost vor Ort. Leiter des Projektbüros stadtteilorientierte/straßenorientierte Sozialarbeit auf der Kiefernstraße in Düsseldorf (teilbesetzte Straße, ca. 800 Besetzer, 400 Altmieter mit hohem Ausländeranteil/Deeskalation und Dekriminalisierungsprojekt mit hohem Anteil integrativer Arbeit). Leitung der speziellen Sozialdienste im allgemeinen Sozialdienst Düsseldorf. Ab 1990 Beratung im Sozialdezernat der Stadt Karl-Marx-Stadt/später Chemnitz und kooperative Amtsleitung des Jugendamtes Chemnitz inklusive des Auf- und Umbaus des Jugendamtes. Ab Ende 1993 Bürgermeisteramtsleiter der Stadt Chemnitz. Ab 1997 Dezernent für den Bereich der Oberbürgermeisterin der Stadt Münster. Ab 2000 Dezernent für Aussiedler-, Flüchtlings- und Asylbewerberangelegenheiten der Stadt Münster. Nebenberuflich Dozent bei der Sächsischen Sozialakademie im AWO-Bildungswerk; diverse Vorträge über Integrationsoffensive für Flüchtlinge, Asylbewerber und Spätaussiedler.

Dr. *Peter Krahulec*, geb. 1943 in Prag, lebt mit Frau und drei Kindern in Fulda und arbeitet als Professor an den dortigen FH im Fachbereich Sozialwesen; durchs soziokulturelle Umfeld praktisch zum Nonkonformismus sozialisiert, lernte er den „aufrechten Gang“ in den sozialen Bewegungen (insbesondere der Friedens-, jetzt der Männerbewegung) und versteht sich als Scharnierperson zu den Mehrheitskernen; mischt sich ein und publiziert (ca. 140 Beiträge) zu den Bereichen: Gemeinwesenarbeit / Regionalentwicklung; Gedenkstättenpädagogik / Zivilcourage ; Friedenspädagogik / gewaltfreie Aktionen; interkulturelle Begegnungen, weil - mit Buber – alles wahre Leben Begegnung ist; Männersozialisation – weil auch ein anderes Leben möglich ist; ist Vorstands- bzw. Beiratsmitglied u.a. bei: „Sozialextra“, „Wissenschaft und Frieden“, „Studienkreis Deutscher Widerstand“, „Centrum für Begegnung, Verständigung und Kooperation in Europa“.

E. Jürgen Krauß, Jahrgang 1943. 1959–1966 kaufmännische Ausbildung und Berufstätigkeit; 1964/65 Wehrersatzdienst; 1966–1970 Studium der Sozialarbeit an der Ev. Höheren Fachschule für Sozialarbeit Kassel mit Abschluss Sozialarbeiter grad.; 1970–1972 Gemeinwesenarbeit in München-Hasenbergl; 1973–1986 Tätigkeit als lehrender Sozialarbeiter an der Gesamthochschule Kassel, FB Sozialwesen, insbes. Stadtteilprojekte, Methoden, insbes. GWA, Mitarbeit an der Curriculumentwicklung etc.; 1976–1980 Studium der Supervision im Aufbaustudiengang Supervision der GHK mit Abschluss Dipl.-Supervisor; 1986 bis heute Tätigkeit an der Universität Kassel als wissenschaftlicher Mitarbeiter von Prof. Dr. Friedrich Ortmann im Bereich Sozialplanung und kommunale Sozialpolitik.

Wolfgang Krebs, Jahrgang 1943, Diakon und Sozialarbeiter, nach fünfjähriger sozialarbeiterischer Tätigkeit in einem evangelischen Kirchengemeindeverband in einem sozialen Brennpunkt, Neubausiedlung mit einem Komplex sog. Übergangswohnungen für ehemals Obdachlose; Studium in Tübingen (bei Thiersch) mit Abschluss Diplompädagoge, Schwerpunkt: Gemeinwesenarbeit/Sozialplanung; danach habe ich (rd. 20 Jahre lang) als Dozent im Burckhardthaus dessen Tradition im Bereich Gemeinwesenarbeit fortgeführt und weiterentwickelt, am bekanntesten sind sicher die Werkstätten GWA geworden, deren Tradition bis heute reicht. Seit 1997 arbeite ich ehrenamtlich u.a. bei den Bundesarbeitsgemeinschaften Streetwork/Mobile Jugendarbeit und Schuldnerberatung, leite gegen Honorar Seminare und widme mich ansonsten Fahrten in und durch die Sahara.

Dr. *Thomas Lang*, geb. 1941 in Chemnitz, Medizinpädagoge, Diplom-Pädagoge, Geschäftsführer der Sächsischen Sozialakademie e.V., Mitglied in verschiedenen Fachkommissionen, Schulleiter der Fachschule für Sozialwesen der Sächsischen Sozialakademie e.V.

Manuela Lehnert, geb. 1974 in Hartmannsdorf, Diplom-Sozialpädagogin / Diplom-Sozialarbeiterin (FH), Projektleiterin GWA, Mitarbeit in LAG für Quartiersmanagement und soziale Stadtentwicklung Sachsen

Dr. *Maria Lüttringhaus*, geb. 1964, Sozialpädagogin (FH) und Diplompädagogin, selbstständig tätige Trainerin in der beruflichen Fortbildung, Projektberatung und Organisationsberatung; freie Mitarbeiterin am Institut für Stadtteilbezogene Arbeit und Beratung (ISSAB) der Universität Essen-Duisburg; Dozentin am Ev. Burckhardthaus in Gelnhausen. Berufliche Schwerpunkte: Quartiermanagement, Sozialraum- und Ressourcenorientierung in Sozialen Diensten; Gemeinwesenarbeit; Stadtteilentwicklung; Aktivierungs- und Partizipationsformen. Kommunalpolitische Aktivitäten: seit 1995 Mitglied der GRÜNEN Ratsfraktion in Essen; drei Jahre Fraktionsvorsitzende.

Jens Maienschein, geb. 1966, Studium der Sozialarbeit und Sozialpädagogik am Fachbereich Sozialwesen der Universität Kassel, Praxis- und Projekttätigkeit im Kinder-, Jugend- und Kulturbereich, 2004 Abschluss.

Prof. Dr. *Peter Marchal*: geb. 1939 in Beuster/Altmark. Nach dem Abitur in Hamburg 1959 Studium der Wirtschaftswissenschaften, Soziologie, Psychologie u.a. in Hamburg, Frankfurt/M und Gießen. Promotion im Bereich der Gewerkschaftstheorie und -programmatik bei Prof. Dr. Helge Pross in Gießen 1970. Volontär, dann Redakteur (Hörfunk) beim Südwestfunk in Baden-Baden 1969–73. Redakteur in der Wirtschaftsredaktion „Die Zeit" 1973–75. Hochschullehrer Universität-Gesamthochschule Siegen für Medienwissenschaft und -praxis vorwiegend in der Ausbildung von Sozialarbeitern/-pädagogen 1975–2004 (mit den Schwerpunkten nichtkommerzielle Öffentlichkeitsarbeit, praktische Medienarbeit, Medienpädagogik, Kommunikatortheorie, Rundfunkgeschichte und Dokumentarfilm). 1977–79 engagiert im Studienschwerpunkt Altenarbeit, anschließend bis 1987 Stadtteil- und Gemeinwesenarbeit, Fritz-Erler-Siedlung Kreuztal/Südwestfalen, dann wieder ab 2000 im Handlungsfeld Stadtteilarbeit an mehreren Standorten in und um Siegen.

Emilija Mitrovic, Jahrgang 1953, Studium im Fachbereich Sozialwesen an der Gesamthochschule Kassel von 1975 bis 1980 im Schwerpunkt Gemeinwesenarbeit vor allem bei Dieter Oelschägel und Margarete Tjaden-Steinhauer, Mitbegründerin des Projektes Stadtteilarbeit im Philippinenhof. Spätere Schwerpunkte: Soziokulturelle Stadtteilarbeit in Nürnberg, feministische Ansätze von Sozialpolitik und Sozialarbeit in der sozialpädagogischen Fortbildung beim Hamburger Senat, Forschungsarbeiten zu „Fürsorge im Nationalsozialismus" und „Prostitution als Frauenarbeitsplatz". Seit 15 Jahren Lehrbeauftragte am Fachbereich Sozialpädagogik der Hochschule für angewandte Wissenschaften in Hamburg. Mitglied im Bundesvorstand des BdWi. Aktuell: Durchführung einer Feldstudie für den ver.di Bundesvorstand in fünf deutschen Großstädten über die gesellschaftlichen Auswirkungen des Prostitutionsgesetzes von 2001. Erziehung einer pubertierenden Tochter.

Dr. *C. Wolfang Müller*, Universitätsprofessor für Erziehungswissenschaft/Sozialpädagogik (emer.), Technische Universität Berlin; im Erstberuf Dolmetscher und Journalist; später Jugendpfleger und Dozent für Jugendpflege im Institut für Jugendgruppenarbeit „Haus am Rupenhorn" in Berlin. Zweitstudium der Erziehungs- und Gesellschaftswissenschaften in Berlin und den USA (Harkness Fellow). Hauptwerke „Wie helfen zum Beruf wurde" Band 1 und 2 im Beltz Verlag in vielen Auflagen; „Helfen und Erziehen – Soziale Arbeit im 20. Jahrhundert" Beltz 2001; „Schreiblust – Von der Freude am wissenschaftlichen Schreiben" Beltz/Votum 2001.

Dr. *Simone Odierna*, Studium der Soziologie, Volkswirtschaft, Sozialen Arbeit an der FU-Berlin und der GH-Duisburg und im Weiterbildungsstudium Arbeitswissenschaft an der TU-Hannover, Promotion an der Universität Dortmund bei Sigrid Metz-Göckel. Fortbildung zur Theaterpädagogin an der Akademie Remscheid. Heute ist sie Lehrbeauftragte an der Fachhochschule München und der Universität Duisburg – Essen und lebt als Moderatorin und Gutachterin in München. Langjährige Tätigkeit in der politischen Jugend- und Erwachsenenbildung und Kulturarbeit; Praxis in der Jugend- und Frauenarbeit; Forschung in den Bereichen Kultur, Jugend, Frauen sowie Arbeits- und Verwaltungsorganisation. 2000/2001 wissenschaftliche Mitarbeiterin an der Universität Duisburg, Fachsprecherin und Geschäftsführerin des Faches Soziale Arbeit und Erziehung / Praxisorientierte Sozialwissenschaften. In dieser Funktion übernahm sie die Herausgabe der Festschrift für Prof. Dieter Oelschlägel, Zusammenarbeit mit Dieter Oelschlägel u.a. in Sachen „Forumtheater in Bruckhausen".

Richard Sorg, geb. 1940, Professor an der Hochschule für angewandte Wissenschaften (HAW, ehemals Fachhochschule) Hamburg. Studium der evangelischen Theologie, der Philosophie, Soziologie und Politikwissenschaft in Tübingen, Westberlin, Zürich und Marburg/Lahn; bis 1978 wissenschaftlicher Mitarbeiter am Fachbereich Gesellschaftswissenschaften an der Philipps-Universität Marburg; 1978–1985 Hochschullehrer an der Fachhochschule Wiesbaden, Fachbereich Sozialwesen; seit 1985 Professor für Allgemeine Soziologie am Fachbereich Sozialpädagogik der Fachhochschule Hamburg.

Sabine Stövesand, Diplompädagogin; Stipendium und langjährige Mitarbeit beim ASA-Programm der Carl-Diusberg-Gesellschaft; 15 Jahre Praxis in der Sozialen Arbeit (Frauenhaus, Geschäftsführerin der GWA St.Pauli-Süd), berufsbegleitende Ausbildung in den Bereichen soziales Management, Gemeinwesenökonomie, Kommunikationstraining; Teilnehmerin der documenta 11 mit dem Gruppenprojekt „Park Fiction"; aktive Genossenschafterin im Stadtteil St. Pauli; z.Zt. Förderprofessur am FB Sozialpädagogik der HAW Hamburg; Promovendin bei Dr. Silvia Staub-Bernasconi

Peter Szynka, Dipl.soz.wiss., Referent für Wohnungslosenhilfe und Europafragen beim Diakonischen Werk Oldenburg, diverse Fachartikel zu den Themen Wohnungslosigkeit und Community Organizing

Prof. Dr. *Günter Rausch*, geb. 1952 in Lohr a.Main/Bayern. Vier Jahre Ausbildung in der Kommunalverwaltung, zwei Jahre Berufstätigkeit im Hauptamt einer Kleinstadt. Zweiter Bildungsweg, Studium der Sozialarbeit in Freiburg im Breisgau. 15 Jahre Berufspraxis als Gemeinwesenarbeiter in verschiedenen sozialen Brennpunkten Freiburgs. Nebenberuflich engagiert in Bürger- und Mieterinitiativen, Friedens- und Umweltbewegung, Lokaler Agenda und in der Gewerkschaft (heute: Verdi). Studium der Erziehungswissenschaften, Schwerpunkt Erwachsenenbildung und Kommunikationswissenschaft, Promotion (Dr. paed.). Zwei Jahre Fort- und Weiterbildungsdozent, seit 1996 Dozent an der EFH Freiburg, Professur für Gemeinwesenarbeit sowie Studiengangsleitung für den Masterstudiengang Sozialmanagement.

PD Dr. *Thomas Rommelspacher,* geb. 1947, Studium der Sozialwissenschaften an der Ruhr-Universität Bochum. 1971–81 Stadt- und Regionalplaner in freien Planungsbüros, danach Soziologe an der Universität Duisburg. Promotion an der FU Berlin, Habilitation an der GH Kassel. Arbeitsschwerpunkte: Stadt- und Regionalsoziologie, besonders altindustrialisierter Regionen; Soziologie der gesellschaftlichen Naturbeziehungen. 1985-–99 Ratsmitglied in Essen, seit Juni 2000 Mitglied des Landtags von NRW. Sprecher für Stadtentwicklung, Bauen und Wohnen der Grünen Fraktion.

Dr. *Margarete Tjaden-Steinhauer*, 1936, Sozialwissenschaftlerin; 1964, 1975 bis 2001 Professorin im Fachbereich Sozialwesen der Gesamthochschule/Universität Kassel, jetzt i.R.; Hauptarbeitsgebiete: gesellschaftliche Ungleichheit, patriarchal-sexistische Herrschaftsverhältnisse. Letzte Veröffentlichungen (Mitverfasserin): Gesellschaft von Olduvai bis Uruk, Soziologische Exkursionen, Kassel (Verl. Jenior & Pressler) 1998; Gesellschaft von Rom bis Ffm, Ungleichheitsverhältnisse in West-Europa und die iberischen Eigenwege, Kassel (Verl. Winfried Jenior), 2001; im Erscheinen: Urte Sperling/Margarete Tjaden-Steinhauer (Hg.): Gesellschaft von Tikal bis irgendwo, Europäische Gewaltherrschaft, gesellschaftliche Umbrüche, Ungleichheitsgesellschaften neben der Spur, Kassel 2004 (im selben Verlag)

Dr. *Lothar Stock,* Dipl. Päd.; geb. 1955. Seit 1999 Professor für Sozialarbeitswissenschaft an der Hochschule für Wirtschaft, Technik und Kultur Leipzig (FH), Fachbereich Sozialwesen; Schwerpunkte: Methoden der Sozialen Arbeit / Gemeinwesenarbeit, Sozialpolitik, Armutsforschung. 1975–1980 Studium der Erziehungswissenschaften in Frankfurt/M.; 1980–1984 Gemeinwesenarbeiter, Arbeitsgemeinschaft Schelmengraben e.V. /Wiesbaden; 1985–1994 zunächst Referent für Soziale Sicherung, ab 1991 Geschäftsführer der Landesarbeitsgemeinschaft Soziale Brennpunkte Hessen e.V, Frankfurt/M.; 1994–1999 Lehrkraft für besondere Aufgaben, FH Merseburg, Fachbereich Sozialwesen. 1998 Promotion: Armut im Landkreis Merseburg-Querfurt. Vorstandsmitglied der Bundesarbeitsgemeinschaft Soziale Stadtentwicklung und Gemeinwesenarbeit und beim Forum Community Organizing e.V.

Florian Tennstedt, geb. 1943, Studium der Rechts- und Sozialwissenschaften, nach Tätigkeit in Göttingen, Braunschweig und Bielefeld seit 1974 Professor für Sozialpolitik an der Universität (Gesamthochschule) Kassel, Fachbereich Sozialwesen.

Sabine Weiss, Jahrgang 1958, ist in Duisburg-Hamborn aufgewachsen und war dort bis 1998 politisch für die CDU tätig. 1999 wurde sie als gemeinsame Kandidatin von CDU und BÜNDNIS 90/DIE GRÜNEN zur Bürgermeisterin der Stadt Dinslaken gewählt. Sabine Weiss studierte nach einem freiwilligen sozialen Jahr und einer vierjährigen Tätigkeit in einer Obdachlosensiedlung in Essen an der Ruhr-Universität Bochum Jura und war als Anwältin in Duisburg und Dinslaken tätig. Angestoßen durch ihr berufliches Engagement gegen Frauenhandel gründete sie 1992 den Verein Pangasinan e.V., der ein privates Entwicklungshilfeprojekt in einem philippinischen Dorf betreibt.

Prof. Dr. *Wolf Rainer Wendt*, Dipl.-Psych., geb. 1939 in Schwerin (Mecklenburg); als Jugendlicher eineinhalb Jahre aus politischen Gründen in der DDR inhaftiert; nach Flucht und nachgeholtem Abitur Studium der Philosophie, Psychologie und Soziologie an der Universität Tübingen und der TU Berlin. In Tübingen 1967 Diplom-Psychologe, Abschluss der Promotion 1970. Praktisch tätig beim Jugendamt Stuttgart, Leiter der Abt. Sozialpädagogische Heime, Adoptions- und Pflegestellenwesen bis Ende 1977. Seitdem Leiter des Studienbereichs Sozialwesen der Berufsakademie Stuttgart. 1989 Mitbegründer und seit 1993 Vorsitzender der Deutschen Gesellschaft für Sozialarbeit.

Georg Zinner, geb. 1948, Bankkaufmann, Sozialarbeiter, Diplom-Soziologe. Studium in München und Berlin. Berufspraxis in der Kinder- und Jugendarbeit, Obdachlosenarbeit und im Allgemeinen Sozialdienst. 1974 bis 1985 Lehrbeauftragter an der Alice-Salomon-Fachhochschule in Berlin. Seit 1978 Geschäftsführer des Nachbarschaftsheim Schöneberg e.V., eines Trägers zahlreicher gemeinwesenorientierter sozial-kultureller Projekte im Berliner Südwesten. Seit 1979 Vorstandsmitglied des Paritätischen Wohlfahrtsverbandes, Landesverband Berlin e.V., von 1985–1994 dessen Vorsitzender. Verschiedene Funktionen beim Paritätischen Gesamtverband. Seit 2001 Mitglied im Vorstand des Verbandes für sozial-kulturelle Arbeit e.V. Veröffentlichungen insbesondere zu den Themen bürgerschaftliches Engagement, freie Wohlfahrtspflege, Nachbarschafts- und Stadtteilzentren.

Publikationen Gemeinwesenarbeit

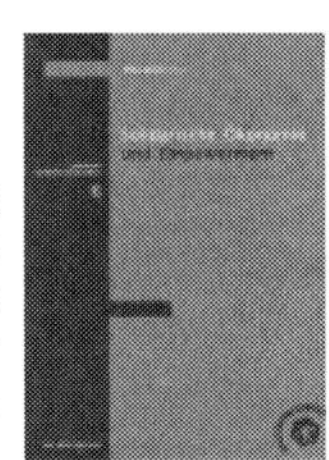

Tilo Klöck (Hg.)

Solidarische Ökonomie und Empowerment

Jahrbuch GWA 6

Es gibt Modell, die eine besondere Qualität und Beschäftigungswirksamkeit entfalten und zeigen, daß mehr geht als man denkt! Sie gehen von den Fähigkeiten und Bedürfnissen der Beteiligten aus und schaffen Freiräume für Selbstorganisation. Die Beiträge des Bandes machen Ansätze einer nachhaltigen lokalen Entwicklung durch den Aufbau sozialer Unternehmen, Genossenschaften, Wohn- und Selbsthilfeprojekten sichtbar.

ISBN 3–930830–07–8 • 306 S. • 25 Euro

Maria Bitzan/Tilo Klöck (Hg.)

Politikstrategien – Wendungen und Perspektiven

Jahrbuch GWA 5

Gegen die verbreitete Orientierungs- und Lustlosigkeit wollen die hier versammelten Beiträge eher pragmatisch als in abgehobenen Strategie- und Theoriediskussionen vorgehen; sie stammen von Frauen und Männern aus Wissenschaft und Praxis, der Aus- und Fortbildung.

ISBN 3–923126–91–3 • 304 S. • 20,50 Euro

M. Mohrlok/R. Neubauer/W. Schönfelder/M. Strieder

Let's organize!

Gemeinwesenarbeit und *community organization* im Vergleich

Pressestimme: „Die Entwicklung, die Geschichte, die Rahmenbedingungen und die Praxis von GWA und Community Organization werden eingehend und zugleich spannend erörtert.“ (Gefährdetenhilfe)

ISBN 3–923126–81–6 • 380 S. • 24,50 Euro

Anne Rösgen

Lernfeld Lebenswelt

Zur Bildungsarbeit mit gering qualififizierten Frauen Ausgehend von Projekt-Erfahrungen zeigt Anne Rösgen die Möglichkeiten eines lebensweltorien ierten Bildungsansatzes auf, der auch die Kompetenzen der Teilnehmerinnen mit einbezieht.

ISBN 3–923126–70–0 • 220 S. • 10,50 Euro

Maria Bitzan, Tilo Klöck

Wer streitet denn mit Aschenputtel?

Konfliktorientierung und Geschlechterdifferenz

Die AutorInnen plädieren für genaue Konfliktanalysen, bewußte Konfliktstrategien und konsequente Geschlechterdifferenzierung in Problemdeutung, Handlungsansatz und Zielperspektive.

ISBN 3–923126–75–1 • 364 S. • 24,50 Euro

AG SPAK B Ü C H E R – Holzheimer Str. 7 – 89233 Neu-Ulm – Fax: 07308 / 91 90 95
Email: spak-buecher@leibi.de – www.leibi.de/spak-buecher